Gonglu Gongcheng Shiyan Jiance Renyuan Kaoshi Yongshu

公路工程试验检测人员考试用书

Jiaotong Anquan Sheshi ji Jidian Gongcheng

交通安全设施及机电工程

（第二版）

交通运输部工程质量监督局
交通运输部职业资格中心 组织编写

韩文元　包左军　主编

人民交通出版社

内容提要

本书为交通运输部工程质量监督局和交通运输部职业资格中心组织编写并审定的《公路工程试验检测人员考试用书》之一。

本书共分三篇，第一篇是交通安全与机电工程两个科目所共同掌握的基础知识和通用试验方法；第二篇是交通安全设施试验检测；第三篇为机电工程试验检测。本书理论联系实际，强调实用性和可操作性，内容全面、系统；选材时，着重考虑了我国公路交通工程设施产品多、标准多、专业宽、工程应用复杂等特点，注意以颁布实施的有效标准为依据，以产品为线索，将交通安全设施和机电设施联系在一起，将交通工程的基本概念、基本理论、设施的技术要求与检测方法介绍给读者。一些章节是编者根据多年的试验室和工程检测实践对有关检测方法进行的归纳与探索。

本书宜作为公路交通工程试验检测技术人员考试复习教材，也可供相关专业技术人员和高等院校交通工程专业师生教学参考。

图书在版编目(CIP)数据

交通安全设施及机电工程/交通运输部工程质量监督局，交通运输部职业资格中心组织编写. --2 版. --北京：人民交通出版社，2012.3

公路工程试验检测人员考试用书

ISBN 978-7-114-09696-9

I. ①交… II. ①交… ②交… III. ①公路运输—交通运输安全—安全设备—资格考试—教材②公路运输—机电工程—资格考核—教材 IV. ①U491.5②U41

中国版本图书馆 CIP 数据核字(2012)第 043683 号

书　　名：公路工程试验检测人员考试用书　交通安全设施及机电工程(第二版)
著 作 者：交通运输部工程质量监督局
　　　　　交通运输部职业资格中心
责任编辑：曲　乐　刘永超
出版发行：人民交通出版社
地　　址：(100011)北京市朝阳区安定门外外馆斜街 3 号
网　　址：http://www.ccpress.com.cn
销售电话：(010) 59757973
总 经 销：人民交通出版社发行部
经　　销：各地新华书店
印　　刷：北京市密东印刷有限公司
开　　本：787×1092　1/16
印　　张：39.25
字　　数：914 千
版　　次：2010 年 6 月　第 1 版　2012 年 3 月　第 2 版
印　　次：2013 年 3 月　第 2 次印刷　累计第 7 次印刷
书　　号：ISBN 978-7-114-09696-9
定　　价：98.00 元

《公路水运工程试验检测人员考试用书(第二版)》

编审委员会

序

工程试验检测贯穿于设计、施工、监理、验收、养护、维修等各个环节，已成为控制和评判工程质量的重要基础，对保证工程质量起着举足轻重的作用。工程试验检测对专业性、技术性、实际操作性要求高，而检测人员素质的高低直接影响到试验检测结果的准确性。特别是近年来，许多新技术、新材料在工程上的广泛应用，使得检测岗位更需要高素质的复合型人才。因此，为保证试验检测数据的公正、准确、可靠、有效，就必须有行之有效的制度来加强对试验检测从业人员的管理，不断提高试验检测从业人员水平。

交通运输部历来对工程试验检测工作十分重视。1998 年，颁布了《公路水运工程试验检测人员资质管理暂行办法》等一系列规章制度，强化对试验检测人员的管理。2003 年，印发了《关于公布已取消和改变管理方式的交通部行政审批项目后续监管措施的通知》，明确要求对公路水运工程试验检测人员实施从业标准管理。2005 年，颁布了《公路水运工程试验检测管理办法》，再次明确自 2007 年 11 月 31 日起，试验检测从业人员需通过业务考试方能上岗，随后我局印发了《公路水运工程试验检测人员考试办法》，全面开展公路水运工程试验检测人员业务考试。2009 年以来，我局会同部职业资格中心在全国范围内先后组织了四次公路水运工程试验检测人员过渡考试，共有约 32 万人参加考试。

试验检测从业人员的素质，决定着试验检测工作的质量和水平。组织实施试验检测从业人员的考试和继续教育，是提高试验检测人员业务能力和水平的有效途径。为此，我局会同部职业资格中心组织编写了《公路水运工程试验检测人员考试用书》。该套用书结合当前我国公路水运工程建设技术水平和国家、行业有关标准、规范的发展情况，紧扣 2012 年新版试验检测考试大纲要求，全面系统地介绍了公路水运工程试验检测基础理论和实用技术，可作为公路水运工程试验检测人员考试的复习指导用书，同时也适用于广大试验检测人员业务学习和继续教育，具有较强的实用性和可操作性，基本能满足公路水运工程试验检测工作的实际需要。

在该套用书的编写过程中，部职业资格中心精心组织，克服时间紧、任务重的困难，按时完成了编写任务；人民交通出版社为编写工作的完成提供了有力的保证；有关专家认真审查、严格把关，提出了很好的意见和建议。在此向他们表示衷心的感谢！

交通运输部工程质量监督局

2012年3月

出版说明

质量是工程的生命，试验检测是工程质量管理的重要手段。客观、准确、及时的试验检测数据，是工程实践的真实记录，是指导、控制和评定工程质量的科学依据。加强公路水运工程试验检测，充分发挥其在质量控制、评定中的重要作用，已成为公路水运工程质量管理的重要手段。

随着我国公路水运工程建设标准、规范体系的不断完善和试验检测技术的日益发展，对试验检测人员的职业能力和水平提出了更新、更高的要求。原交通部1998年以来陆续颁布了《公路水运工程试验检测人员资质管理暂行办法》、《公路水运工程试验检测管理办法》和《公路水运工程试验检测人员考试办法》等一系列规章制度，启动了公路水运工程试验检测人员从业资格管理。2007年，原交通部基本建设质量监督总站以省为单位组织了公路水运工程试验检测人员业务考试；2009年以来，交通运输部工程质量监督局会同交通运输部职业资格中心，在全国范围内先后组织了四次公路水运工程试验检测人员过渡考试。

为满足试验检测行业发展要求，并为试验检测人员考试提供复习参考，部质监局会同部职业资格中心组织编写了《公路水运工程试验检测人员考试用书》。本套考试用书内容丰富、系统、涵盖面广，每本用书内容相对独立、完整、自成体系，结合当前我国公路水运工程建设技术水平和国家、交通运输部有关标准、规范的发展情况，收录了当前公路水运工程试验检测的前沿理论和新技术。整套考试用书有理论，有基本操作讲解，有实例，全面系统地介绍了公路水运工程试验检测理论和实用技术。作为公路水运工程试验检测人员考试的复习指导用书，本套考试用书在编写时，紧密结合考试大纲要求，适用于广大试验检测人员全面系统地学习和掌握公路水运工程试验检测技术，具有较强的实用性和可操作性，基本能够满足公路水运工程试验检测工作的实际需要。

本套考试用书包括《公共基础》、《公路工程试验检测人员考试用书》、《水运工程试验检测人员考试用书》，共9册。

《公共基础》由解先荣主编，主要介绍公路水运工程试验检测发展概况、公路水运工程试验检测管理有关法律法规、试验检测基础知识等。

《公路工程试验检测人员考试用书》包括《材料》、《公路》、《桥梁》、《隧道》、《交通安全设施及机电工程》5 册。《材料》由李福普、李闯民主编，内容包括土工试验、集料、水泥和水泥混凝土、沥青和沥青混合料、钢材以及土工合成材料等的试验检测。《公路》由和松主编，主要介绍公路工程质量检验评定和路基路面现场测试等。《桥梁》由何玉珊、章关永主编，主要介绍桥梁工程质量等级评定、桥梁工程结构常用仪器设备的性能和使用、桥梁静动力荷载试验等。《隧道》由陈建勋主编，主要介绍超前支护与围岩施工质量检查、开挖质量检测、施工监控量测、混凝土衬砌质量检测等内容。《交通安全设施及机电工程》由韩文元、包左军主编，主要介绍交通工程试验检测基础知识，交通管理设施、监控设施、通信设施、收费设施等的试验检测。

《水运工程试验检测人员考试用书》包括《材料》、《地基与基础》和《结构》3 册。《材料》由谭华主编，主要从所用的工程部位、组批原则、取样方法、检验项目、试验设备、试验步骤、试验结果分析等环节详细阐述了水运工程常用材料的试验检测。《地基与基础》由徐满意、周福田主编，主要介绍土工基础知识、常用的土工试验方法、主要的原位测试方法、主要的地基处理方法和复合地基桩身质量检测等。《结构》由朱光裕主编，主要介绍混凝土结构力学及缺陷现场检测、结构与构件的静动力试验、桩的静荷载试验、基桩高应变动力检测、锚杆试验与检测技术等。

本套考试用书以国家和交通运输部颁发的有关法规及标准规范为依据，虽经全面审查和补充修改，但其中仍难免有不足之处，诚挚希望广大读者在学习使用过程中及时将发现的问题函告我们，以便进一步修改和补充。该套考试用书在编写过程中得到人民交通出版社和有关专家的大力支持，在此一并致谢。

交通运输部工程质量监督局
交通运输部职业资格中心
2012 年 3 月

前言

交通工程试验检测技术是一门实践性很强的工程学科，涉及专业繁多、标准体系复杂，既有试验室产品材料检测，又有工程质量验收检测。到目前为止，已经颁布实施的公路交通工程标准已达120多项，正在编写的有70多项，直接引用的标准600多项，涉及专业20多个，在短时间内掌握这么多标准和知识是非常困难的事。以前的交通工程试验检测教材往往偏重理论，而忽略了标准和试验方法的运用，导致考生学习与实践脱节，或者复习无从下手。本教材结合编者在交通工程试验检测领域的实践经验，以现行有效的国家或行业标准为基础，以应用交通工程产品为线索，以解决试验检测过程中的主要难点和疑点为目标，帮助考生系统、全面、科学地掌握交通工程试验检测所需的基本概念、基础理论、常用产品及技术要求、试验检测方法。

本书根据《公路水运工程试验检测人员考试大纲》(2012版)中的《交通安全设施》和《机电工程》考试科目要求编写，在结构体系与章节安排上仍保留了第一版的特色，与第一版相比，主要变化为：更正了第一版中的部分勘误，对二十一章作了较大修改；对截至2011年底颁布实施的标准内容进行了更新；删除了部分不常用的术语定义，增加了计重收费的概念，强化了ETC及防雷接地的内容。全书共分三篇，第一篇是交通安全与机电工程两个科目所共同掌握的基础知识和通用试验方法，包括交通工程概论、检测通用名词术语、交通工程标准体系、抽样基础、通用检测仪器设备及试验方法、工程质量检验评定方法概述六章；第二篇是交通安全设施部分，供报考交通安全设施科目的考生参考，包括交通安全设施检测概论、道路交通标志、道路交通标志反光材料、道路交通标线、路面标线涂料、公路安全护栏、隔离设施、防眩设施、突起路标、轮廓标、通信管道、防腐粉末涂料、交通安全设施工程验收检测十三章；第三篇为机电工程部分，供报考机电工程科目的考生参考，包括交通机电工程检测基础、车辆检测器、气象检测器、闭路电视监视系统、可变标志、监控中心设备安装及软件调测、监控系统计算机网络、通信管道与光电缆线路、光纤数字传输系统、数字程控交换系统、紧急电话系统、无线移动通信系统、通信电源、收费站入口车道设备、收费站出口车道设备、收费站设备及软件、收费中心设备及软件、IC卡发卡编码系统、内部有线对讲及紧急报警系统、低压配电设施、照明设施、隧道机电设施二十二章。

本书编写分工如下：第一篇第一至第六章、第二篇第一章、第三篇第一章由韩文元编写，第二篇第二、三、六、七、十一、十三章由郭东华编写，第二篇第四、五、八、九、十、十二章由刘恒权编写，第三篇第二、三、四、十四、十五、十六、十七、十八、二十二章由朱立伟编写，第三篇第五、六、七、八、九、十、十一、十二、十三、十九章由蒋海峰编写，第三篇第二十章由包左军编写，第三篇第二十一章由杨勇编写。全书由国家交通安全设施质量监督检验中心韩文元、包左军主编，江苏省交通科学研究院黄孙俊审校。

鉴于近几年标准处于集中更新期，限于编写人员学识和水平，时间仓促，错误之处在所难免，敬请读者批评指正。

主　编

2012 年 3 月

目　录

第一篇　基础知识

第一章　交通工程概论……3
　第一节　交通工程学概述……3
　第二节　交通工程设施简介……13
第二章　交通工程设施检测通用名词术语……19
　第一节　光学……19
　第二节　电学……26
　第三节　材料力学……32
第三章　交通工程标准体系……36
　第一节　概述……36
　第二节　产品标准的组成……41
　第三节　公路交通工程设施标准体系……43
第四章　抽样基础……50
　第一节　基本概念……50
　第二节　交通工程设施抽样检验技术……53
第五章　通用检测仪器设备及试验方法……59
　第一节　通用仪器设备……59
　第二节　数据处理基础……66
　第三节　通用试验方法……72
第六章　检验评定标准概述……80
　第一节　概述……80
　第二节　工程质量评定方法……81

第二篇　交通安全设施

第一章　交通安全设施检测概论……89
　第一节　概述……89
　第二节　逆反射术语和定义简介……92
　第三节　交通安全设施的常用防腐处理技术及质量要求……93
第二章　道路交通标志……105
　第一节　概述……105

第二节 技术要求…… 106
第三节 生产及施工工艺…… 111
第四节 检测方法…… 113
第三章 道路交通标志反光材料…… 117
第一节 概述…… 117
第二节 技术要求…… 120
第三节 生产工艺…… 125
第四节 检测方法…… 126
第四章 道路交通标线…… 131
第一节 概述…… 131
第二节 技术要求…… 135
第三节 道路交通标线的施工工艺…… 143
第四节 检测方法…… 147
第五章 路面标线涂料…… 152
第一节 概述…… 152
第二节 技术要求…… 155
第三节 路面标线涂料的成分构成和生产工艺…… 160
第四节 检测方法…… 166
第六章 公路安全护栏…… 179
第一节 概述…… 179
第二节 技术要求…… 180
第三节 生产及施工工艺…… 189
第四节 检测方法…… 193
第七章 隔离设施…… 197
第一节 概述…… 197
第二节 技术要求…… 200
第三节 生产及施工工艺…… 204
第四节 检测方法…… 205
第八章 防眩设施…… 211
第一节 概述…… 211
第二节 技术要求…… 219
第三节 生产工艺和施工方法…… 222
第四节 检测方法…… 224
第九章 突起路标…… 230
第一节 概述…… 230
第二节 技术要求…… 235
第三节 突起路标的生产工艺和施工方法…… 243

第四节　检测方法…… 245

第十章　轮廓标…… 255

第一节　概述…… 255

第二节　技术要求…… 260

第三节　轮廓标生产工艺和施工方法…… 266

第四节　检测方法…… 268

第十一章　通信管道…… 273

第一节　概述…… 273

第二节　技术要求…… 273

第三节　通信管道的施工工艺…… 283

第四节　通信管道的检测方法…… 284

第十二章　防腐粉末涂料…… 299

第一节　概述…… 299

第二节　技术要求…… 300

第三节　防腐粉末涂料的成分构成、生产工艺和施工方法…… 303

第四节　防腐粉末涂料的检测设备、检测方法及检验规则…… 307

第十三章　交通安全设施工程验收检测…… 313

第一节　交通安全设施工程验收检测概述…… 313

第二节　交通安全设施工程的抽样要求…… 314

第三节　交通安全设施工程的检测方法…… 314

第四节　检测结论…… 326

第三篇　机 电 工 程

第一章　交通机电工程检测基础…… 331

第一节　公路机电系统概论…… 331

第二节　电子技术…… 334

第三节　计算机与信息技术…… 348

第四节　通信技术…… 355

第五节　电气工程…… 359

第六节　交通机电工程检测的特点…… 371

第二章　车辆检测器…… 393

第一节　概述…… 393

第二节　环形线圈车辆检测器的技术要求和试验方法…… 395

第三节　施工质量要求及检验评定标准…… 403

第三章　气象检测器…… 405

第一节　概述…… 405

第二节　气象检测器的技术要求及试验方法…… 409

第三节 施工质量要求及检验评定标准…… 417
第四章 闭路电视监视系统…… 419
第一节 概述…… 419
第二节 视频传输性能主要指标及测量方法…… 424
第三节 工程安装质量要求及检验评定标准…… 428
第五章 可变标志…… 429
第一节 概述…… 429
第二节 技术要求…… 431
第三节 检验方法…… 449
第四节 工程安装质量及评定方法…… 455
第六章 监控中心设备安装及软件调测…… 458
第一节 概述…… 458
第二节 地图板…… 459
第三节 大屏幕投影安装质量及检验评定…… 468
第四节 监控中心设备安装及系统调测…… 470
第七章 监控系统计算机网络…… 473
第一节 网络布线的主要指标…… 473
第二节 网线安装质量及评定标准…… 479
第八章 通信管道与光、电缆线路…… 481
第一节 概述…… 481
第二节 工程施工质量及检验评定标准…… 482
第九章 光纤数字传输系统…… 485
第一节 基本概念…… 485
第二节 公路光纤数字传输系统工程安装质量及检验评定标准…… 490
第十章 数字程控交换系统…… 500
第一节 概述…… 500
第二节 高速公路数字程控交换系统安装质量及检验评定标准…… 501
第十一章 紧急电话系统…… 504
第一节 概述…… 504
第二节 技术要求…… 504
第三节 施工与安装质量要求…… 510
第十二章 无线移动通信系统…… 511
第一节 概述…… 511
第二节 无线移动通信系统安装质量及检评…… 512
第十三章 通信电源…… 514
第一节 概述…… 514
第二节 高速公路通信电源工程安装质量检验评定标准…… 514

第十四章　收费站入口车道设备 …… 519
第一节　概述 …… 519
第二节　入口车道设备技术要求及试验方法 …… 525
第三节　安装质量及检验评定标准 …… 534
第十五章　收费站出口车道设备 …… 536
第一节　概述 …… 536
第二节　出口车道设备技术要求及试验方法 …… 536
第三节　安装质量及检验评定标准 …… 544
第十六章　收费站设备及软件 …… 546
第一节　概述 …… 546
第二节　收费站设备性能及软件测试技术要求 …… 546
第三节　安装质量要求及检验评价标准 …… 550
第十七章　收费中心设备及软件 …… 551
第一节　概述 …… 551
第二节　收费(分)中心软件测试技术要求 …… 551
第三节　安装质量及检验评定标准 …… 553
第十八章　IC卡发卡编码系统 …… 554
第一节　概述 …… 554
第二节　公路收费非接触式IC卡收发卡机技术要求及试验方法 …… 554
第三节　安装质量及检验评定标准 …… 557
第十九章　内部有线对讲及紧急报警系统 …… 558
第一节　概述 …… 558
第二节　内部有线对讲及紧急报警系统安装质量及检验评定 …… 558
第二十章　低压配电设施 …… 560
第一节　概述 …… 560
第二节　技术要求 …… 561
第三节　施工工艺 …… 565
第四节　施工质量要求及检测方法 …… 568
第二十一章　照明设施 …… 571
第一节　概述 …… 571
第二节　技术要求 …… 572
第三节　升降式高杆照明装置 …… 576
第四节　施工质量要求与检测方法 …… 577
第二十二章　隧道机电设施 …… 579
第一节　概述 …… 579
第二节　环境检测设备性能、安装质量及检验评定标准 …… 581
第三节　报警与诱导设施 …… 584

第四节 通风设施……………………………………………………………… 585
第五节 照明设施……………………………………………………………… 588
第六节 消防设施……………………………………………………………… 596
第七节 本地控制器…………………………………………………………… 602
第八节 隧道监控中心设备及软件…………………………………………… 607
参考文献……………………………………………………………………… 609

第一篇

基 础 知 识

第一章

交通工程概论

第一节　交通工程学概述

一、交通工程学的定义

交通工程学是一门发展中的交叉学科，它与运输工程、道路工程、汽车工程、电子工程、信息工程、系统工程、人机工程、心理学和经济学密切相关，它的内容涵盖了自然科学和社会科学的成分，而且仍在不断地丰富。至今，各国甚至一个国家的不同学者之间还没有一个统一的定义。例如作为世界上成立最早的交通工程师协会——美国交通工程师协会，早期给交通工程学下的定义是：交通工程学是工程学的一个分支，它研究道路规划、几何设计、交通管理和道路网、站点、毗邻用地与各种交通方式的关系，以便使客货运输安全、有效和方便。而到了1983年又重新定义为：交通工程学是运输工程学的一个分支，它涉及规划、几何设计、交通管理和道路网、站点、毗邻用地以及与其他交通方式的关系。后者删减了研究目的，仅仅定义了所属的学科和研究内容。

纵观交通工程学在我国研究、发展与应用30多年的历史，我们可以给交通工程学一个较全面的定义：交通工程学是研究人、车、路与交通环境之间关系规律及其应用的一门工程技术科学，它的目的是应用科学原理最大限度地发挥路网的通行能力，安全、快速、舒适、经济地运送客货，它的研究内容主要是交通规划、道路线形设计、交通设施、交通运营管理。这个定义包含了交通工程学的研究对象（人、车、路、交通环境）、研究内涵（揭示研究对象之间的关系、规律）和在我国五大学科门类中所属类别（工程技术科学）。

二、交通工程学研究的主要内容

交通工程学的定义中已从4个方面描述了本学科的主要研究内容，结合实际工作可细分为以下几个部分。

1.道路交通特性

任何一门应用学科都是伴随着社会实践而发展起来的，交通工程学是为了解决道路交通问题而产生的。要解决某一地区的交通问题，首先应掌握构成该地区交通要素的人（驾驶员和行人）、车、路以及交通流的特性，即交通特性。

1）驾驶员和行人的交通特性

驾驶员和行人是构成交通的主体，是道路、车辆的使用者，其行为直接受生理、心理影响，应当从交通心理学的角度来研究驾驶员的视觉特性、反应特性、酒精对驾驶的危害性、驾驶员的驾驶适应性，以及疲劳、情绪、意志、注意力等对行车的影响；另外，由于新技术的应用，目前十分重视交通环境中新的设施、设备对人们交通行为的影响。

2)车辆的交通特性

(1)车辆构造概述

车辆是构成交通流的客体，主要用途是运输，亦即载运人和货物，是交通流的主要表现形态。在我国道路交通中的车辆，广义上讲包括自行车、二轮或三轮机动车、汽车。公路交通中主要研究的汽车是指具有四轮以上的、借助于自身动力装置驱动的、非轨道无架线车辆。汽车区别于沿敷设的轨道或电力架行的火车、有轨电车和无轨电车、进行农田作业的拖拉机和自行式工程机械。在分类统计时，二轮或三轮机动车，具有武器和装甲的作战车辆不算汽车。

汽车一般由发动机、底盘、车身和电气设备 4 个基本部分组成。其中：发动机由曲柄连杆机构、配气机构、燃料供给系统、冷却系统、润滑系统、点火系统、起动系统(即 2 大机构 5 大系统)构成。底盘由传动系、行驶系、转向系和制动系组成，其作用是支承、安装汽车发动机及其各部件、总成，形成汽车的整体造型，并接受发动机的动力，使汽车产生运动，保证正常行驶。车身安装在底盘的车架上，用于驾驶员、旅客乘坐或装载货物；乘用车、客车的车身一般是整体结构，货车车身一般由驾驶室和货箱两部分组成。电气设备由电源和用电设备两大部分组成；电源包括蓄电池和发电机，用电设备包括发动机的起动系、汽油机的点火系和其他用电装置。

(2)车辆的交通特性

现代车辆越来越复杂，有众多的特性和参数，其中车辆拥有量和车辆运行特性是与交通工程学密切相关的两个参数。

①车辆拥有量：车辆拥有量是一个城市或一个地区交通状况的具体体现。研究车辆历年的增长率、按人口平均的车辆数、车辆增长与道路增多的关系、车辆组成以及车辆拥有量的发展趋势，可为交通规划提供依据。

②车辆运行特性：研究车辆的尺寸大小与质量，研究车辆的操纵性、通行性能、加速性、制动性能等与安全可靠性、经济特性、交通效率的关系。

3)道路的交通特性

道路是交通的载体，是道路交通的最重要组成部分，从大的方面讲，桥梁、隧道也是道路的组成部分。道路交通特性主要研究道路规划指标如何适应交通的发展、道路线形标准如何满足行车要求、线形设计如何保证交通安全以及道路与环境如何协调等。要做好这些研究，应对道路、桥梁、隧道的基本知识有所了解。

(1)道路的组成

道路由路基和路面组成。

①路基。路基指的是按照路线位置和一定技术要求修筑的作为路面基础的带状构造物，路基与桥梁、隧道相连，共同构成一条线路。路基依其所处的地形条件不同，有两种基本形式：路堤和路堑，俗称填方和挖方。路基经常受到地质、水、降雨、气候、地震等自然条件变化的侵袭和破坏，抵抗能力差。因此，路基应具有足够的坚固性、稳定性和耐久性。

②路面。路面结构层指的是构成路面的各铺砌层，按其所处的层位和作用，主要有面层、基层和垫层。路面不但要承受车轮荷载的作用，而且要受到自然环境因素的影响。由于行车荷载和大气因素对路面的影响作用，一般随深度而逐渐减弱，因而路面通常是多层结构，将品

质好的材料铺设在应力较大的上层，品质较差的材料铺设在应力较小的下层，从而形成了路基之上采用不同规格和要求的材料，分别铺设垫层、基层和面层的路面结构形式。

a. 面层

面层位于整个路面结构的最上层。它直接承受行车荷载的垂直力、水平力以及车身后所产生的真空吸力的反复作用，同时受到降雨和气温变化的不利影响最大，是最能直接反映路面使用性能的层次。因此，与其他层次相比，面层应具有较高的结构强度、刚度和稳定性，并且耐磨、不透水，其表面还应具有良好的抗滑性和平整度。道路等级越高、设计行车速度越大，对路面抗滑性、平整度的要求越高。

修筑高等级道路面层所用的材料主要有沥青混凝土和水泥混凝土等。

沥青面层往往由 2～3 层构成。表面层有时称磨耗层，用来抵抗水平力和轮后吸力引起的磨耗和松散，可用沥青玛蹄脂碎石混合料或沥青混凝土铺筑。中面层、下面层为主面层，它是保证面层强度的主要部分，可用沥青混凝土铺筑。

b. 基层

基层位于面层之下，垫层或路基之上。基层主要承受面层传递的车轮垂直力的作用，并把它扩散到垫层和土基，基层还可能受到面层渗水以及地下水的侵蚀，故需选择强度较高，刚度较大，并有足够水稳性的材料。

用来修筑基层的材料主要有：水泥、石灰、沥青等稳定土或稳定粒料（如碎石、砂砾），工业废渣稳定土或稳定粒料，各种碎石混合料或天然砂砾。

基层可分两层铺筑，其上层称基层或上基层，起主要承重作用，下层则称底基层，起次要承重作用。底基层材料的强度要求比基层略低些，可充分利用当地材料，以降低工程造价。

考虑到扩散应力的需要和施工的方便，基层的宽度应较面层每侧要宽，底基层每侧比基层要宽。透水性基层、级配粒料基层的宽度宜与路基同宽。

c. 垫层

垫层是介于基层与土基之间的层次，并非所有的路面结构中都需要设置垫层，只有在土基处于不良状态，如潮湿地带、湿软土基、北方地区的冻胀土基等，才应该设置垫层，以排除路面、路基中滞留的自由水，确保路面结构处于干燥或中湿状态。

垫层主要起隔水（地下水、毛细水）、排水（渗入水）、隔温（防冻胀、翻浆）作用，并传递和扩散由基层传来的荷载应力，保证路基在容许应力范围内工作。

修筑垫层的材料，强度不一定很高，但隔温、隔水性要好，一般以就地取材为原则，选用粗砂、砂砾、碎石、煤渣、矿渣等松散颗粒材料，或采用水泥、石灰煤渣稳定的密实垫层。一些发达国家采用聚苯乙烯板作为隔温材料。垫层宽度每侧应比底基层至少宽出 25cm，或与路基同宽。

(2)公路线形

从修建成本角度考虑，公路需要与地形地貌、山川河流、村庄城镇相结合，不可能是一条直线；从交通安全角度考虑，公路线形也不是一条简单的平曲线或竖曲线，而应该是一条自由舒展的三维立体线形，它既能满足行车的力学性能，又能满足线形连续、指标均衡、视觉良好、景观协调、安全舒适等要求。公路线形包括平面线形、横断面线形和纵断面线形，平面线形有直线、圆曲线、回旋线、缓和曲线以及线形组合，表征这些线形的指标有直线长度、平曲线长度、曲率半径、视距等；纵断面线形主要是直线和圆曲线，有凸形纵断面和凹形纵断面，表征指标有纵坡坡长、最大坡度、最小坡度、最小竖曲线半径等；纵面线形应平顺、圆滑、视觉连续，并与地形相适应，与周围环境相协调。

(3)桥梁的基本构成

桥梁主要由上部结构、下部结构和附属结构组成。

上部结构由桥跨结构、支座系统组成。桥跨结构或称桥孔结构，是桥梁中跨越桥孔的、支座以上的承重结构部分。按受力图示不同，分为梁式、拱式、刚架和悬索等基本体系，并由这些基本体系构成各种组合体系。它包含主要承重结构、纵横向联结系、拱上建筑、桥面构造和桥面铺装、排水防水系统、变形缝以及安全防护设施等部分。

支座系统是设置在桥梁上、下结构之间的传力和连接装置，其作用是把上部结构的各种荷载传递到墩台上，并适应活载、温度变化、混凝土收缩和徐变等因素所产生的位移，使桥梁的实际受力情况符合结构计算图示，一般分为固定支座和活动支座。

下部结构由桥墩、桥台、墩台基础几部分组成。桥墩、桥台是在河中或岸上支承两侧桥跨上部结构的建筑物。桥台设在两端，桥墩则在两桥台之间。除此之外，桥台还要与路堤衔接，并防止其滑塌。为保护桥台和路堤填土，桥台两侧常做一些防护和导流工程。墩台基础保证桥梁墩台安全并将荷载传至地基的结构部分。

附属构件主要包括伸缩缝、灯光照明、桥面铺装、排水防水系统、栏杆(或防撞栏杆)等几部分。

伸缩缝：在桥跨上部结构之间，或桥跨上部结构与桥台端墙之间，为保证结构在各种因素作用下的变位而设置的缝隙。为使车辆在桥面上行驶顺直，无任何颠动，此间要设置伸缩缝构造。对大桥或城市桥的伸缩缝，不但要求结构牢固，外观光洁，而且要求经常扫除深入伸缩缝中的垃圾泥土，以保证它的功能正常。

灯光照明：现代城市中，标志式的大跨桥梁都装置了多变幻的灯光照明，使城市夜景光彩夺目。

桥面铺装(或称行车道铺装)：铺装的平整、耐磨、不翘壳、不渗水是保证行车舒适的关键，特别在钢箱梁上铺设沥青路面的技术要求更加严格。

排水防水系统：应迅速排除桥面上的积水，并使渗水可能降低至最小限度。此外，城市桥梁排水系统应保证桥下无滴水和结构上的漏水现象。

栏杆(或防撞栏杆)：它既是保证安全的构造措施，又是宜于观赏的最佳装饰件。

(4)隧道基本结构

隧道结构构造由主体构造物和附属构造物两大类组成。主体构造物是为了保持岩体的稳定和行车安全而修建的人工永久建筑物，通常指洞身衬砌和洞门构造物。附属构造物是主体构造物以外的其他建筑物，是为了运营管理、维修养护、给水排水、供配发电、通风、照明、监控、通信、安全等建造的。在山岭岩石隧道中施工一般采用新奥法。新奥法是新奥地利隧道施工方法的简称，它是从岩石力学的观点出发而提出的一种合理的施工方法，是采用喷锚技术、监控量测等与岩石力学理论构成的一个体系而形成的一种新的工程施工方法。新奥法的基本原则为："少扰动、早喷锚、勤量测、紧封闭"。

4)交通流的特性

交通流通常用交通量、车速、车流密度三个参数来表征。交通流的运行有其规律性,既要对交通量、车速、车流密度的变化规律及其相互关系进行研究,又要对车头时距分布和延误的变化规律进行研究。只有对交通流进行定量分析,掌握了各种特征参数的具体数据,才便于针对具体情况进行科学的交通规划、线形设计和交通管理。

另外,掌握交通流的运行特性对划分道路的服务水平、进行技术改造也有重要意义。在《公路工程技术标准》(JTB B01—2003)中,将道路服务水平定义为:道路上的运行速度和交通量与可能通行能力之比,综合反映道路的服务质量。

服务水平划分为四级,是为了说明公路交通负荷状况,以交通流状态为划分条件,定性地描述交通流从自由流、稳定流到饱和流和强制流的变化阶段。因此,采用四级服务水平,可以方便地评价公路交通的运行质量。

服务水平的划分:高速公路、一级公路以车流密度作为主要指标;二三级公路以延误率和平均运行速度作为主要指标;交叉口则用车辆延误来描述其服务水平。

一级服务水平:交通量小、驾驶者能自由或较自由地选择行车速度并以设计速度行驶,行驶车辆不受或基本不受交通流中其他车辆的影响,交通流处于自由流状态,超车需求远小于超车能力,被动延误少,为驾驶者和乘客提供的舒适便利程度高。

二级服务水平:随着交通量的增大,速度逐渐减小,行驶车辆受别的车辆或行人的干扰较大,驾驶者选择行车速度的自由度受到一定限制,交通流状态处于稳定流的中间范围,有拥挤感。到二级下限时,车辆间的相互干扰较大,开始出现车队,被动延误增加,为驾驶者提供的舒适便利程度下降,超车需求与超车能力相当。

三级服务水平:当交通需求超过二级服务水平对应的服务交通量后,驾驶者选择车辆运行速度的自由度受到很大限制,行驶车辆受别的车辆或行人的干扰很大,交通流处于稳定流的下半部分,并已接近不稳定流范围,流量稍有增长就会出现交通拥挤,服务水平显著下降。到三级下限时,行车延误的车辆达到80%,所受的限制已达到驾驶者所允许的最低限度,超车需求超过了超车能力,但可通行的交通量尚未达到最大值。

四级服务水平:交通需求继续增大,行驶车辆受别的车辆或行人的干扰更加严重,交通流处于不稳定流状态。靠近下限时每小时可通行的交通量达到最大值,驾驶者已无自由选择速度的余地,交通流变成强制状态。所有车辆都以通行能力对应的、但相对均匀的速度行驶,一旦上游交通需求和来车强度稍有增加,或交通流出现小的扰动,车流就会出现走走停停的状态,此时能通过的交通量很不稳定,其变化范围从基本通行能力到零,时常发生交通阻塞。

2. 交通调查

交通调查包括交通量调查、车速调查、车流密度调查、延误调查、交通起讫点调查等项内容。这些是交通工程学的基本调查项目,是开展交通分析的基础。为满足什么要求而调查、如何进行调查(包括如何选取调查时间和调查地点,采用何种调查方法,如何制订调查方案)、如何取样、如何进行数据分析,都是交通工程学要研究的问题。

3. 交通流理论

交通流理论是研究各种不同状态的交通流特性,研究如何利用各种交通流特征参数来表征其相互关系,寻求最恰当的模型描述各种交通状态,推导表达公式,为制订交通治理方案、增加交通设施、评定交通事故提供依据。到目前为止，人们已用概率论方法、流体力学理论、跟驰理论、排队论等对交通流进行研究。

4. 交通规划

交通规划是根据城市性质、用地功能分区与布局、工作与居民地点的分布，研究规划年限(包括近期和远期)内的城市客运量与货运量，以及车辆出行的次数与流向的变化规律，计算交通出行在各用地分区之间如何分配；根据国民经济的发展水平和城市规划用地布局，分析城市交通特点，研究和选择高效的交通方式；配合城市道路系统规划的初步方案，研究城市客运和货运的交通流量和流向分布图，从而为修正或规划道路系统提供依据。

交通规划依其规划的范围内容不同，可分为综合交通规划、道路交通规划、场站交通规划等。从时间跨度来说，可分为战略交通规划、中长期交通规划和近期交通规划。

5. 交通管理

交通管理包括的内容比较多，如交通管理的原则、措施、设施、法规等；又如根据交通条件和道路情况，如何进行交通组织优化，使交通流迅速通过，减少交通延误；再如根据车流特性，如何采取交通管理措施，保证交通安全等。

利用交通信号进行控制是目前最常见的一种交通控制方式，它可以从时间上将不同流向的车流进行分离。如何高效地利用道路的时空资源，如信号配时优化、交通渠化、车道功能划分、绿波控制、面控制等都是交通管理研究的内容。值得强调的是，我国大多数城市中，机动车与非机动车混行的现象相当普遍，这与国外的交通状况存在显著差别。从我国经济发展的状况看，这种现象还将在相当长的一段时间里长期存在。我们必须从我国的实际情况出发，研究适合中国交通特点的交通管理方法。

6. 停车

随着车辆的增加，一些大城市已经出现停车难的局面，停车成为城市交通的棘手问题，亟待解决。于是人们不得不根据车辆和出行的分布规律，研究如何选取停车场的位置，并规划停车场的合理规模。如何合理布置停车场的车位，使停车场得到最大限度的利用；如何制订与交通需求管理相适应的停车政策，才能以停车为手段，促进人们出行行为的理性发展。在一些大城市，由于用地紧张，因此还必须考虑如何高效地利用有限的空间，比如研究向空中、地下和水下发展的停车场，修建停车楼以及地下、水下车库。

7. 交通事故与安全

在全世界范围内，交通事故是一个严重的问题。据世界卫生组织统计，在一些工业发达国家，全国的总死亡人数中有4%死于车祸，而在15～24岁的男青年死亡人数中，有50%死于道路交通事故。美国从1776～1976年的200年间，因战争死亡的人数约为115.6万人，而1900～1976年的76年间，公路车祸死亡的人数竟达210万人。在我国，交通事故也已成为社会性的大问题。因此，研究和掌握发生交通事故的规律，研究交通事故与人、车、路之间的相互关系以及减少交通事故发生的措施，对保证交通安全极为重要。交通安全研究的主要内容有：交通事故的定义、分类、表达方式、变化规律、影响因素，交通事故生成机理以及安全保障措施等。近些年，国内外学者也借鉴了安全学科的研究方法，从安全理论研究交通安全问题，引入了事故致因理论、风险评估、安全评价，还提出了本质交通安全的基本体系，研究不发生交通事故的道路安全系统。

8. 城市交通

城市应该为人们从事工作、生活和休息提供良好的条件。一个城市若要达到这一要求，交通是很重要的条件。因此，研究各种交通方式(包括行人、自行车、小汽车、公共汽车和轨道交通)的特点、适用条件，以及各种交通方式如何衔接，如何为居民交通提供最大方便，保证城市交通可持续发展。

9. 交通环境保护

交通产生的振动、噪声和机动车尾气对大气的污染，已构成社会公害，危及人身健康，影响工作效率。据研究，95～100dB 的音量，影响人的听力，100dB 以上的音量，可使人耳聋。大气污染使人患肺气肿、支气管炎、心脏病的几率大幅度提升等。因此，我们要制定环境保护标准，研究减少噪声、减少排放废气和振动的实用措施，保证交通的可持续发展。

三、交通工程学的发展概况

1. 交通工程学的诞生

交通工程学是伴随着汽车工业和道路交通事业的发展而发展起来的。为了管理好汽车，维护交通秩序，在 1921 年美国专门设立了交通工程师职业，一些交通工程技术人员为了便于技术交流，讨论共同关心的交通问题，在 1930 年成立了世界上第一个交通工程师协会，该协会的成立标志着交通工程学的正式诞生。

2. 交通工程学的发展

从交通工程学的研究内容来说，我国是起源最早的国家之一。早在 2000 多年前的周朝时代，已有道路规划，也有交通管理法规。如“男子由右，妇人由左，车从中央”，并种植行道树，作为道路导向的标志。秦朝不仅修筑了通向全国的驰道网，而且统一了全国的车轨距离，使造车和修路有了标准。唐朝建都长安，按棋盘形规划建成城市道路网。

在西方，约公元前 400 年，古罗马修筑了 29 条以罗马城为中心，辐射广大地区的大道。在城市交通方面，采用了单向交通，规定高峰期间在市中心商业大街上不准停车，限制一般车辆进城等，可以说，这是交通控制的萌芽。

1868 年，英国伦敦威斯敏斯特地区的煤气交通信号灯，是近代交通设施的雏形。到了 1885 年，德国制造出世界上第一辆汽车，成为现代交通工具的标志。至此，构成现代交通的人、车、路及交通管理设施基本形成。

20 世纪初期，交通工程学的主要内容是交通管理，诸如为驾驶员颁发驾驶执照，设立交通标志，安装信号灯，施划交通标线等。

1932 年，德国修建了世界上第一条高速公路，开始研究车辆与道路的关系。20 世纪 30 年代，还出现了以概率论研究交通流量和速度关系的数学模型。

20 世纪 40 年代，随着道路的修筑，汽车数量的增加，交通工作者认识到只顾修路不考虑交通量的特点是不能有效解决交通量增长对交通建设需求的，必须重视建设前期与土地使用有关的交通规划和交通调查工作，根据交通调查预测未来交通流量、流向，并对道路布局、标准、几何线形等提出要求，还要考虑交通管理、配备交通设施以提高运行效率。这期间在交通流理论方面，在不同设想的基础上，创立了跟随理论、流体力学理论和排队理论。

20 世纪 50 年代，西方国家为了恢复“二战”期间被破坏的工业体系，进行了大规模的高速公路建设，汽车工业也迅猛发展。美国修建了近 7 万 km 的高速公路系统，到 1960 年汽车保有量达 7 386 万辆；德国从 1955 年开始每年计划修建 150km 的高速公路，1960 年汽车保有量达 639 万辆；英国从 1957 年开始每年计划修建 110km 的高速公路，1960 年汽车保有量达 944 万辆；日本修建的第一条高速公路——名神高速公路，1960 年汽车保有量达 189 万辆。这期间，交通规划、通行能力问题、线形设计、立体交叉设计、停车问题等都得到研究和实践。

20 世纪 60 年代后期，随着道路的大量建成，汽车数量激增，开始出现交通拥堵，交通事故频发等后果。人们认识到在交通工程中，人的因素占重要地位。人的生理机能、心理状态、感觉及反应的灵敏度和准确性、情绪及对车辆性能的适应程度等都对交通有很大的影响。把心理学引入交通工程，形成了交通心理学专题，从而沟通了人、车、路三者的相互关系。

20 世纪 70 年代，遇到了石油危机，资本主义国家经济上又出现了不景气，人们开始注意能耗与效率问题，创立了运输系统管理，它的研究内容是用最少的投资，在短期内采取多种措施，达到减少拥塞和疏通交通的作用。用系统工程改善交通，是这一时期交通工程研究的一项新趋势。这期间，人们认识到重新起用公共交通是解决"车害"的有效措施之一，所以公共交通在交通工程研究中得到重视。

到了 20 世纪 80 年代，工业发达国家道路网已经基本建成，多数城市发展也已定型，大规模交通建设和规划时代已经过去，交通工程研究问题多集中于交通管理和交通安全。这期间，电子技术、计算机技术和通信技术也已成熟，多数国家开始研究交通自动控制问题，交通机电设施得到长足发展，交通信号灯及控制机、车辆检测器、可变标志、自动控制系统及算法等相继投入使用，对提高道路通行能力、减少交通事故起到了积极作用。这一时期，交通工程专家更加认识到高新技术对解决交通问题的重要性。

从 20 世纪 90 年代至今的 20 年间，交通工程研究的重点内容是智能运输系统(Intelligent Transportation System，简称 ITS)。在研究的起始阶段，日本、美国和西欧等发达国家为了解决共同所面临的交通问题，竞相投入大量资金和人力，大规模地进行道路交通运输智能化的研究试验。起初进行道路功能和车辆智能化的研究，随着研究的不断深入，系统功能扩展到道路交通运输的全过程及其有关服务部门，发展成为带动整个道路交通运输现代化的智能运输系统，其服务领域也深入到先进的交通管理系统、出行信息服务系统、商用车辆运营系统、电子收费系统、公共交通运营系统、应急管理系统、先进的车辆控制系统。智能运输系统实质上就是利用高新技术对传统的运输系统进行改造而形成的一种信息化、智能化、社会化的新型运输系统。它使交通基础设施能发挥最大的效能，从而获得巨大的社会经济效益，主要表现在：提升交通的安全水平、拓展道路网的通行能力、提高汽车运输生产率和经济效益、节约能源、减少环境污染。

3. 我国交通工程学研究及应用概况

我国交通工程研究起步较晚，1972 年交通部公路科学研究所研究成功定周期信号控制机，1973 年该所成立"标志标号"研究室，开始系统地研究道路的交通标志、标线和信号在交通管理中的应用问题，标志着我国交通工程研究的开始。

1976 年开始研究城市交通线控问题，开发车辆检测器和感应式信号控制机；1977 年酝酿修建我国的第一条高速公路，1978 年西安公路学院招收第一届交通工程自动控制专业本科生；1979 年美籍华人张秋先生来华讲学，较全面地介绍了美国交通工程学的内容，同年底上海成立了上海市交通工程学会；以后相继成立了全国性及地方性的交通工程学会，更多的大专院校也设立专业课程和研究机构，开始全面研究交通工程以解决中国的交通问题。

从 1981 年"六五"开始，交通部和国家都先后投入技术力量和财政资金对当时的交通拥堵和安全问题进行研究，并列入国家科技攻关项目，至"六五"结束的 1985 年，已经形成了以磁感应线圈和超声波为代表的车辆检测器、以检测器为基础的交通调查设备、多普勒测速仪、场致发光交通标志、低功耗信号灯、自适应抗干扰公路通信网等一批交通管理设备。

1986 年开始的"七五"科技攻关时期，公路交通工程研究的内容逐渐转向为高速公路建设和管理所急需的技术。在硬件设施方面，开发了环形线圈车辆检测器、可变标志、地图板、紧急电话、视频传输设备、低速数据传输和控制设备、收费车道控制机、电动栏杆等监控、通信、收费机电设备，还开发研究了波形梁钢护栏、道路标线涂料、反光膜、突起路标等安全设施和产品。1988 年沪嘉高速公路建成通车，结束了我国大陆没有高速公路的历史；1990 年被誉为"神州第一路"的沈大高速公路全线建成，标志着我国高速公路发展进入了一个新的时代，高速公路建设为我国交通工程研究和应用开拓了一片新的领域。在城市交通管理方面，公安部交通管理科学研究所、同济大学等以南京为试验基地，开展了城市交通计算机区域控制研究，开发了控制设备和计算机程序，随后，北京市公安局也从英国引进了 SCOTT 城市区域交通控制系统并得到了广泛应用。

从 1990 年开始，高速公路已进入快速发展时期，交通规划、工程设计、施工规范、产品标准等也得到充分重视。例如，为了集中力量、突出重点，加快我国高速公路的发展，1992 年，交通部制定了"五纵七横"国道主干线规划并付诸实施，从而为我国高速公路持续、快速、健康发展奠定了基础。在标准规范方面，相继颁布实施了《高速公路交通安全设施设计及施工技术规范》(JTJ 074—1994)、《公路交通标志板技术条件》(JT/T 279—1995)、《路面标线涂料》(JT/T 280—1995)、《高速公路波形梁钢护栏》(JT/T 281—1995)等交通工程标准，一些交通管理设施开始批量生产，1996 年成立"全国交通工程设施(公路)标准化技术委员会"，至此，我国的交通工程产业已经形成。

到了 20 世纪 90 年代初，我国交通工程研究工作者已经注意到世界发达国家在交通工程研究的前沿技术问题，开始我国的智能运输系统研究，"智能交通系统关键技术及示范工程"被列入国家"十五"科技攻关项目。从 1995 年开始，交通部即组织代表团参加 ITS 世界大会，并在交通部公路科学研究所成立了智能运输系统研究中心(ITSC)，进行了智能运输系统发展战略研究、GPS 定位与导驶系统研究、基于 GPS 的路政车辆管理系统等项目的研究；鉴于 ETC(不停车收费)在我国的需求，交通部联合部分省交通厅开始网络环境下不停车收费系统的联合攻关。为了协调全国的 ITS 开发与应用，1999 年 11 月，国家批准在交通部公路科学研究所组建国家智能交通系统工程技术研究中心(简称国家 ITS 中心)，该中心在推进交通和运输领域 ITS 工程应用及产业化，协助国家制定 ITS 领域的标准和规范，研究和开发 ITS 领域的新技术、新产品，并使之产业化等方面做了大量工作，取得了一批成果，制定了"中国智能交通系统体系框架"；2003 年以该中心为依托单位，成立"全国智能运输系统标准化技术委员会"。至此，我国交通工程研究和应用也逐渐发展为成熟。

4. 我国的公路安全保障工程

汽车工业的发展和高等级公路的建设，为实现快速、便捷的交通创造了必要的载运工具和基础设施，提高了人们的生活质量，甚至极大地改变了人们的生活方式。然而，人们也不得不面对日益严重的环境和道路交通安全问题。据世界卫生组织统计，2004 年全世界有 120 万人死于道路交通事故。发达国家道路交通事故已成为其重要的“致死疾病”。交通运输设施，特别是高速公路的建设对环境造成的破坏及开放交通后产生的安全问题已构成一种“人类行为与自然作用”共同所致的“灾害”，严重影响着人类的生存环境与人民生命财产的安全。

随着我国公路交通运输业和基础设施的建设和发展，带来的环境和道路安全问题也已引起了人们的高度重视。从 1990 年开始，我国道路事故死亡人数持续大幅度增长。2001 年，全国共发生道路交通事故760 327起，伤 54.9 万人，死亡人数突破 10 万人，达到106 367人，直接经济损失 30.9 亿元。交通事故给人民生命财产带来了严重威胁，引起了党和政府的高度重视，要采取各种措施降低交通事故。在 2004 年初的全国交通工作会议上，交通部做出决定：作为 2004 年中国交通系统重点实施的八件事之一，从 2004 年开始计划用 3 年时间在中国内地实施以“消除隐患、珍视生命”为主题的公路安全保障工程，对国省干线公路上的急弯、陡坡、视距不良等路段开展以交通工程措施为主要手段的综合整治，改善安全防护设施，为行车安全创造条件，促进公路交通的可持续发展，并明确 2004 年重点抓好 210、319、202、105、109 五条国道计 1 万 km 的实施工作，第一期工程投资超过了 50 亿元人民币。经过了 6 年综合整治工作，安保工程取得了显著效果，到 2009 年末，我国道路交通事故死亡人数已经下降到 7 万人以下，为67 759人。

四、交通工程学常用的分析方法

交通工程是一门综合性应用学科，主要研究人、车、路、环境之间的相互关系规律。各因素之间相对独立，又相互联系，适合用系统工程的方法进行分析。所谓系统是由相互作用、相互依赖而又相互区别的若干单元组成的，具有特定功能的有机整体。一般说来，系统具有整体性、相关性、目的性、环境适应性四个特点。从形态上，系统可分为自然系统与人造系统、实体系统与概念系统、动态系统与静态系统、控制系统与行为系统。道路交通系统多数是自然系统与人造系统复合而成的实体系统，例如道路网络系统、交通控制系统、公路运输系统、交通环境保护系统。

随着技术的发展和人类对自然社会认识的深入，出现了许多庞大的巨系统，用传统的方法将系统分割后分别研究再组合在一起，得到的结论往往偏离了实际，这就迫使人们从工程的角度，整体上研究系统的功能要求、结构组成、技术性能、经济效果、社会作用、生态影响，以求得到最优解，这就是系统工程的起源。美国 1975 年的科学技术词典将系统工程定义为：系统工程学是研究许多密切联系的单元组成的复杂系统的设计科学。设计该复杂系统时，应有明确的目标和功能，各单元之间以及单元与系统之间有机相连、配合协调，使得系统总体能达到最优目标，但在设计时要考虑参与系统中的人的因素与作用。系统工程的基本方法是：系统分析、系统设计与系统的综合评价。要实现系统的最优化，首先要对系统进行分析，通过系统分析确定系统的目的，根据不同的目的建立相应的数学模型，对模型进行优化分析并结合边界条件求出模型的最优解；对每个最优解进行评价，选择出技术先进、经济合理的方案作为最优系统方案。交通工程常用的系统分析方法有线性规划、非线性规划、图与网络理论、排队论、预测理论与方法（时间序列法、回归分析法、灰色模型法、马尔科夫链法、蒙特卡罗法、神经网络法、经验法、弹性系数法等）、决策方法等。

第二节　交通工程设施简介

一、概述

从交通工程学的定义来看,交通工程设施是交通工程学的一部分,是实现交通管理最终目标的物质体现。广义上,为交通服务的设施都是交通工程设施。考虑我国道路交通的发展、实践和管理应用状况,本书将交通工程设施限定为满足道路交通管理和运营而建造、设置的构造物和装置,不含服务区、停车场、收费站等基础设施。

1.交通工程设施的定义

交通工程设施是指与道路基础设施相配合,为提高道路通行能力、减少交通事故、降低交通公害程度、增加经济效益,使道路出行者快速、安全、舒适地到达目的地,而沿道路或管理场所设置的构件、装置、设备或系统的总称。

2.交通工程设施的功能与作用

从上述定义可以看出,交通工程设施的功能体现在两个方面:一是安全防护功能,二是管理服务功能。安全是人类的基本需求之一,道路不仅仅是将始发地和目的地连接在一起的媒介,在满足交通出行条件的同时,更重要的还应有效地解决交通出行者的安全性问题,在安全得到保障后再解决人类的更高一级的需求,即舒适性、便利性、信息通达性以及环保性等。因此,在道路及其沿线设置的交通工程设施对提高行车安全性、道路通行能力和运行效率,保证车辆连续运行、降低能耗、保护交通环境、提高出行者的舒适程度和方便程度具有重要意义。可以说,道路基础设施建成以后,其能力的发挥取决于交通工程设施。

3.交通工程设施的分类

从目前实际应用状况分析,交通工程设施分为交通安全设施和交通机电设施。

交通安全设施包括:道路交通标志、道路交通标线、安全护栏、隔离设施、防眩设施、突起路标、轮廓标等。考虑到与土建工程施工配合,在高速公路建设中,通常将地下通信管道也列入交通安全设施部分。

交通机电设施包括:监控设施、通信设施、收费设施、低压配电设施、照明设施、隧道机电设施等内容。

4.交通工程设施通用质量要求

1)产品质量的概念

产品质量是由各种要素所组成的,这些要素亦被称为产品所具有的特征和特性。不同的产品具有不同的特征和特性,其总和便构成了产品质量的内涵。产品质量要求反映了产品的特性和特性满足顾客和其他相关方要求的能力。顾客和其质量要求往往随时间而变化,与科学技术的不断进步有着密切的关系。这些质量要求可以转化成具有具体指标的特征和特性,通常包括使用性能、安全性、可用性、可靠性、可维修性、经济性和环保等几个方面。

产品的使用性能是指产品在一定条件下,实现预定目的或者规定用途的能力。任何产品都具有其特定的使用目的或者用途。

产品的安全性是指产品在使用、储运、销售等过程中,保障人体健康和人身、财产安全免受伤害的能力。

产品的可靠性是指产品在规定条件和规定的时间内，完成规定功能的程度和能力。一般可用功能效率、平均寿命、失效率、平均故障时间、平均无故障工作时间等参量进行评定。

产品的可维修性是指产品在发生故障以后，能迅速维修恢复其功能的能力。通常采用平均修复时间等参量表示。

产品的经济性是指产品的设计、制造、使用等各方面所付出或所消耗成本的程度；同时，亦包含其可获得经济利益的程度，即投入与产出的效益能力。

产品的环保要求是随着人们对环境保护意识的提高而提出的，例如产品不含有害物质、可回收利用、节能等要求。

2)交通工程设施质量通用要求

上面提出了产品质量是由系列属性组成的，交通工程设施是用于交通管理的特殊产品，由安全设施和机电设施组成。安全设施一般是一种静态的机械装置或构件，设计生产定型后，其形态和结构是不变的，其质量特性主要有：外观质量、结构尺寸、材料要求（机械力学性能）、防腐涂层质量、耐久性，对于交通标志标线等视觉设备还有光度性能、色度性能等要求。现代机电产品一般是光机电一体化产品，除了安全设施要求的性能外，还有电器安全性能、环境适应性能、通信接口以及在微电脑控制下自动完成的特殊功能要求等。

顾名思义，交通工程设施是看得见、摸得着的实体，材料和加工制造是不可缺少的两个方面，与此相关涉及了众多学科，有金属材料、高分子材料、结构力学、机械加工与制造、光学、物理、化学、表面工程、电子工程、计算机应用、软件工程、通信工程、无线电、自动控制、信息工程、车辆工程、交通工程、道路、桥梁、隧道等专业。承担交通工程设施的检测机构应配备相应的专业人才和检测设备才能满足证实交通工程实施符合质量特性的要求，除人员、设备外，检测机构还应具有符合要求的试验场所。

二、交通工程设施质量状况

我国交通工程学的研究是从交通工程设施入手的，交通标志是最早的安全设施，信号灯是最早的机电设施。20 世纪 50～70 年代，设施的种类不多，设施的质量特别是电子设备主要受技术条件限制，故障率较高，但是技术人员都已尽了最大努力，不存在偷工减料行为，交通行业也没有形成产业和质量检测队伍。我国交通工程设施的规模性应用是伴随着高速公路建设而发展起来的。1988 年沪嘉高速公路的建成通车，也标志着我国能够自行生产交通波形梁钢护栏、交通标线涂料、交通标志、隔离栅、视频监控、车辆检测器、可变标志等系列交通工程设施。到了 1998 年，国家加大对交通基础设施投资力度，以每年5 000多亿元投入大规模建设，这其中 10%～15%投向了交通工程设施，有力地带动了交通工程产业的发展。全国以交通工程产品为主业的大小生产企业达到 500～600 家，竞争局面开始出现，技术问题、利益问题带来的产品质量和工程质量问题逐渐暴露，对行车安全造成了严重威胁。例如我国北方某高速公路发生的一起特大交通事故：一辆牌照为 P41215 的大货车，追尾撞击前方同向行驶的 HN0576 大货车，致使该大货车撞开中央分隔带护栏进入对向车道，与对向正常行驶的 D45371 大客车正面相撞，直接导致 17 人死亡，1 人重伤，事故涉及的三辆车全部报废。据现场勘探资料分析，这起事故除了大货车车速过快超过了护栏的设计防护能力外，护栏的产品质量和安装质量也是导致这场惨剧的原因之一。图 1-1-1 和图 1-1-2 是该案的现场照片和实测数据。

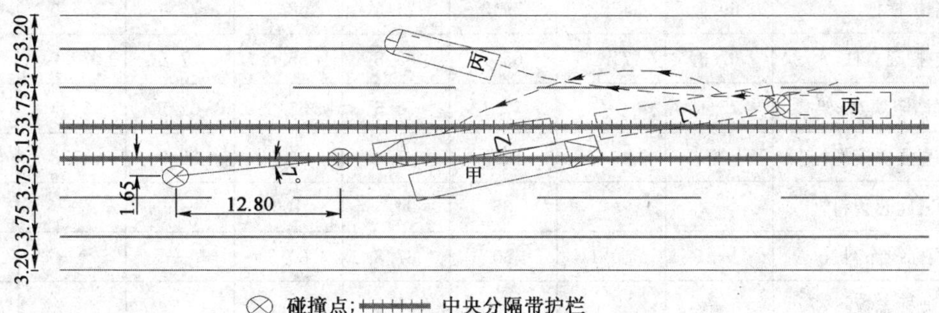

图 1-1-1　碰撞事故示意图(尺寸单位:m)

图 1-1-2　护栏施工质量不合格

事故勘探报告表明：事故路段护栏用拼接螺栓抗拉荷载只有 73kN，护栏立柱的抗拉强度也小于 375MPa，部分护栏横梁中心高度只有 520mm。

类似案例随着高速公路通车里程的增长也越来越多，也引起了各级交通管理部门的高度重视，交通部从 1999 年开始组织了交通行业产品质量监督抽查，对掌握整个行业交通产品的质量状况，提高抽查产品的质量起到了积极作用(表 1-1-1)。但由于抽查范围有限，交通工程专业检测监理队伍技术状况不够理想，监督管理不到位，整体质量水平仍待改善。

2001～2010年交通行业监督抽查交通安全产品抽样合格率统计表(单位:%)　表1-1-1

产品名称	2001年	2004年	2005年	2006年	2007年	2008年	2009年	2010年
钢护栏板	69.4	47.2	79.2	71.6	68.1	76.3	75.0	78.0
钢护栏圆立柱	67.3	71.1	65.1	63.8	65.6	77.5	76.9	77.6
钢护栏防阻块/托架	77.1	—	77.1	72.5	61.3	62.5	54.5	71.5
钢护栏高强拼接螺栓	0	26.4	19.5	37.4	60.7	38.9	47.8	42.4
通信管道硅芯塑料管	—	—	36	94.3	100	—	—	—
路面标线涂料	—	10.1	80	87.3	80.8	—	—	—
交通标志板	—	—	13.3	51.6	100	—	—	—
反光膜	—	—	100	92.7	100	—	—	—
轮廓标	—	—	—	—	0	41.6	—	—
LED车道控制标志	—	—	—	0	0	62.5	—	—
收费车道交通信号灯	—	—	—	—	0	50	—	—

三、交通工程设施质量控制

质量控制是为保证产品的生产过程和出厂质量达到质量标准而采取的一系列技术检查和有关作业活动，是质量保证的基础，而检测是质量控制的基础。将产品质量检验的原理推广应用到工程质量管理便形成了工程质量检测，在建筑工程和交通工程中，产品质量检验和工程质量检验同时并存。美国J. M. 朱兰认为，质量控制是将测量的实际质量结果与标准进行对比，并对其差异采取措施的调节管理过程。这个调节管理过程由一系列步骤组成：选择控制对象、选择计量单位、确定评定标准、创造一种能用度量单位来测量质量特性的仪器仪表、进行实际的测量、分析并说明实际与标准差异的原因、根据这种差异作出改进的决定并加以落实。因此也可以说，检测这个术语来源于产品质量检验，是质量管理的重要组成部分。

在我国公路交通建设领域，广泛采用了生产企业自检、社会监理、政府监督的质量控制模式。生产企业通过检测，提高了产品质量和效益，降低了产品的废品率；购买方（施工方或建设单位）通过检测，使得产品的质量得到保障，降低了使用风险。

1. 检测与测量的基本概念

在国家计量标准《通用计量名词及定义》(JJG 1001—91)中，对“测量”给出了明确的定义：测量是指为确定量值而进行的一组操作。这就是说，测量的对象必须是可测量的量，是有值和单位的，如长度3.02mm，长度是一个物理量，它的值是3.02，单位是毫米。一般来说，主观评价项目不可测量，例如我们常说的护栏板的锈蚀程度表征为“无明显锈蚀”，这时的锈蚀程度是不可测量的；当锈蚀程度表征为不大于20μm时，这时的锈蚀程度是可测量的。

“检测”这个概念还没有统一的标准定义，一般认为：检测是指对给定的产品，按照规定程序对某一种或多种特性进行处理或提供服务所组成的技术操作。这里的处理包含为了证明而进行的检查、测量、试验与验证等，比测量概念外延要广，含有与给定的技术文件对比的过程，既有对量值的测量，也有对某个或模组属性进行主观评价的内容，并伴随有符合或不符合给定技术文件要求的结论。另外，定义中的产品是广义的，可以是具体的实物产品，也可以是一个实体工程或一个服务过程。

与检测相关的另一个术语是"计量"，在国家计量标准《通用计量名词及定义》(JJG 1001—91)中对计量有专门定义：计量是指为了单位统一和量值准确可靠的测量。这个术语在我国得到广泛的重视，有计量学科，有计量研究院、计量学院、计量学会等多个组织，还有为计量专门设定的《计量法》。

2. 交通工程设施检测的发展

交通工程设施检测同一般产品检测一样，也是伴随着产品和工程建设的需要逐渐形成和发展起来的。1990 年，交通部批准成立了交通部交通工程监理检测中心，负责对产品质量和工程质量的检测和监督监理工作，为工程建设起到技术支持的作用。在 1994 年交通部相继颁布实施了《高速公路交通安全设施设计及施工技术规范》(JTJ 074—1994)、《公路交通标志板技术条件》(JT/T 279—1995)、《路面标线涂料》(JT/T 280—1995)、《高速公路波形梁钢护栏》(JT/T 281—1995)四项交通工程标准，为产品和工程检测提供了技术依据。1993 年实施的《中华人民共和国产品质量法》和 1989 年实施的《中华人民共和国标准化法》为开展质量监督检测提供了法律依据，在产品质量法中规定："产品质量应当检验合格"，在标准化法中规定："对需要统一的技术要求，应当制订标准"，"处理有关产品是否符合标准的争议，以检验机构的检验数据为准"。

随着法律法规的完善和一系列标准规范的实施，到了 1996 年，交通部的两个检测中心都通过了国家计量认证考核，交通安全设施检测技术已经基本成熟，具备了开展产品和安全工程检测的条件。1998 年虎门大桥机电工程验收检测开创了我国交通机电工程检测的新领域，为后来《公路工程质量检验评定标准　第二册　机电工程》(JTG F80/2—2004)的编写提供了第一手基础数据，至此，交通工程检测基本包括了交通工程设施的所有内容。交通工程检测为提高产品和工程建设质量，促进产业发展提供了可靠的技术支持。

3. 监督抽查简介

监督抽查是政府实施质量控制的一种手段，依据《产品质量法》第 15 条规定，国家对产品质量实行以抽查为主要方式的监督检查制度，对可能危及人体健康和人身、财产安全的产品，影响国计民生的重要工业产品，以及消费者、有关组织反映有质量问题的产品进行抽查。即产品质量监督抽查是国家的一项制度，是从源头上抓产品质量的一项重要手段。《产品质量法》第八条还规定："国务院产品质量监督部门主管全国产品质量监督工作，国务院有关部门在各自的职责范围内负责产品质量监督工作。"这是进行行业监督抽查的主要法律依据。

早在 1985 年，国务院就授权当时的国家标准局所属的质量监督局组织了对重要产品的监督抽查工作，1988 年交通部也编写了《交通部工业产品质量监督抽查试行办法》。随着大规模的交通建设，产品质量问题逐渐显现，特别是一些交通安全产品例如护栏、涂料、交通标志等由于质量问题严重威胁到了行车安全，从 1999 年开始，交通部连续组织实施了较大规模的监督抽查工作。

监督抽查是一项政策性很强的工作，一般由政府部门组织，检测机构实施。需要对国家有关监督抽查方针政策、法律法规、标准规范、技术文件，认真学习领会，制定符合行业特点的信息收集、抽样检测、结果通报、处理反馈等实施方案。第一次交通工程产品的行业监督抽查是 2000 年 12 月至 2001 年 8 月在全国范围内进行的，抽查领域包括生产企业仓库、高速公路施工现场、已完工的路段。通过这次监督抽查活动，基本掌握了波形梁钢护栏产品的生产质量情况，通过结果通报，引起了各省市交通主管部门和业主单位对交通工程产品质量的重视，督促生产企业、施工企业、监理单位认真学习理解产品标准，规范企业的从业行为。

一般监督抽查要经过计划、前期准备、现场抽样、检测及结果处理、结果公布等阶段，详见图 1-1-3。

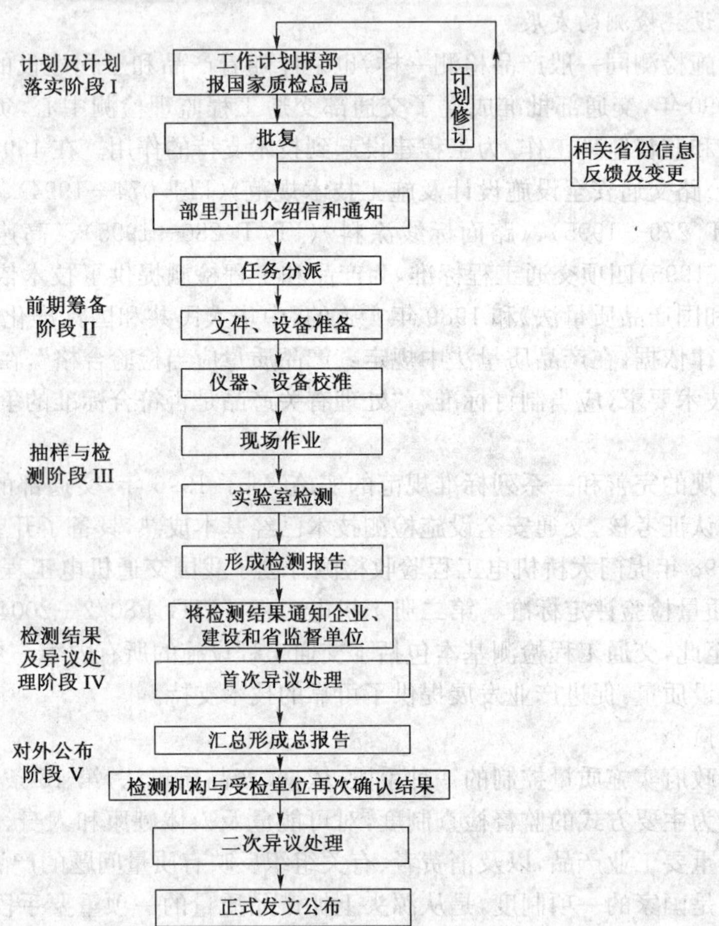

图 1-1-3　行业监督抽查工作流程图

第二章

交通工程设施检测通用名词术语

第一章介绍了交通工程学的基本概念、研究内容及交通工程设施与交通工程学的关系，是交通工程检测的基础，有助于我们全面掌握交通工程设施检测的基本理论和方法。这一章重点介绍与交通工程检测密切相关的基本概念。

第一节　光　学

光是人类、生物以至自然界赖以生存和发展的重要物质，光学是研究光的行为和性质，以及光和物质相互作用的物理学科，人类从外界获取的信息 70％以上来自于光。早期的光学主要研究可见光，人们从研究可见光的传播规律形成的微粒说把光看成是由微粒组成，认为这些微粒按力学规律沿直线飞行，因此光具有直线传播的性质，这期间发现的反射定律和折射定律奠定了几何光学的基础。但是，随着光学研究的深入，人们发现了许多不能用直进性解释的现象，例如干涉、衍射等，而用光的波动性就很容易解释。于是，光学的波动说又占了上风，两种学说的争论构成了光学发展史上的一根红线，形成了今天对光的较全面认识，即光的波粒二象性学说：光是一种电磁波，可由电动力学中的麦克斯韦方程组描述；同时，光具有波粒二象性，需要用量子力学表达。现代光学已扩展到从微波、红外线、可见光、紫外线直到 X 射线的宽广波段范围内，关于电磁辐射的发生、传播、接收和显示，以及跟物质相互作用的对全波段电磁波的研究。

交通标志标线和诱导设施的主要功能就是向人眼传递清晰的光学信息，本节主要介绍交通安全设施和机电工程设施都经常用到的几个光学术语。

一、光谱分布

前已提及，光也是一种电磁波，其波长范围为 10^{-4}～10^{9}nm。光波可大致分为红外线、可见光和紫外线三个部分。红外线又可分为：近红外线（780～2 500nm）、中红外线（2 500～15 000nm）和远红外线（15 000nm 以上）；可见光又可分为：红光（640～780nm）、橙光（595～640nm）、黄光（565～595nm）、绿光（492～565nm）、青光（455～492nm）、蓝光（424～455nm）和紫光（380～424nm）；紫外线又可分为：近紫外线（250～380nm）、远紫外线（200～250nm）和真空紫外线（1～200nm）。波长小于 200nm 的光，在空气中很快就被吸收，只能在真空中传播，故称真空紫外线。

太阳发出的光谱很宽，从几个纳米到远红外线，但是能够到达地面的只有 290～2 500nm 这一部分，其他部分都被大气层所吸收。

二、光的反射

1. 光的传播规律

几何光学中，光的传播规律有三条。一是光的直线传播规律：在同种均匀介质中光沿直线传播；二是光的独立传播规律：两束光在传播过程中相遇时互不干扰，仍按各自途径继续传播，当两束光会聚同一点时，在该点上的光能量是简单相加；三是光的反射和折射定律：光传播途中遇到两种不同介质的分界面时，一部分反射，一部分折射，反射光线遵循反射定律，折射光线遵循折射定律。

上面的传播规律是光在理想的均匀介质中发生的，遵循反射规律的反射也叫镜面反射，通常平行光线入射到光滑表面上时反射光线也是平行的。当光入射到实际的材料表面时还会产生漫反射和逆反射。

漫反射：平行光线射到凹凸不平的表面上，反射光线射向各个方向，这种反射叫做漫反射。

逆反射：反射光线从靠近入射光线的反方向，向光源返回的反射。

普通的材料都会产生镜面反射和漫反射，只有经过特殊加工的材料才产生逆反射，逆反射材料是一类重要的交通安全设施专用材料，人类发明逆反射材料后，交通安全状况得到了明显改善，这部分内容在交通安全设施中还会重点介绍。

2. 全反射和临界角

1)全反射

当光从光密介质进入光疏介质时，折射角大于入射角。当入射角增大到某一角度时，折射角等于 90°，此时，折射光完全消失，入射光全部返回原来的介质中，这种现象叫做全反射。

2)临界角

(1)定义：光从光密介质射向光疏媒质时，折射角等于 90°时的入射角，叫做临界角，用字母 C 表示。临界角是光由光密介质射向光疏媒质时，发生全反射现象时的最小入射角，是发生全反射的临界状态，当光由光密媒质射入光疏媒质时：

若入射角 $i<C$，此时既有反射，又有折射，而不发生全反射现象。

若入射角 $i\geqslant C$，则发生全反射现象。

(2)临界角的计算：

$$\sin C=\frac{1}{n} \tag{1-2-1}$$

式中：n——光密介质的折射率。

全反射的发现奠定了光纤传输的理论基础，是通信技术发展的一次革命。

三、光源的色温

1. 光源

光源在物理学上是指能发出一定波长范围的电磁波(包括可见光与紫外线、红外线和 X 光等不可见光)的物体。通常人们将光源理解为能主动发出可见光的发光体。凡物体自身能发光者，称做光源，又称发光体，如太阳、恒星、灯以及燃烧着的物质等都是。但像月亮表面、交通标线等依靠它们反射外来光才能使人们看到它们，这样的反射物体不能称为光源。在我们的日常生活中不仅有可见光光源，还有红外线等不可见光源。可见光以及不可见光的光源被广泛地应用到工农业、医学和国防现代化等方面。

从发光原理来分，光源可以分为四种。

第一种是热效应产生的光，太阳光就是很好的例子。此外，蜡烛等物品也一样，此类光随着温度的变化会改变颜色，一般是随着温度的升高颜色由红变白。

第二种是原子发光，常见的发光二极管(LED)是原子跃迁释放能量发光；另一种是霓虹灯和荧光灯灯管内壁涂抹的荧光物质被电磁波能量激发而产生光。原子发光具有独自的基本色彩，所以彩色拍摄时我们需要进行相应的补正。

第三种是同步加速器激发的粒子发光，也叫同步辐射发光，同时携带有强大的能量，原子炉发的光就是这种，我们在日常生活中几乎没有接触到这种光的机会。

第四种是动植物发光，例如萤火虫，有些海洋生物也可以发光。

2.光源的色温(CT，colour temperature)

光源所发出的光的颜色与黑体在某一温度下(例如将铂加热)辐射的颜色相同时，黑体对应的温度就称为该光源的色温，用绝对温度 K(kelvim)表示。黑体辐射理论是建立在热辐射基础上的，所以白炽灯一类的热辐射光源的光谱能量分布与黑体的光谱能量分布比较接近，都是连续光谱，用色温的概念完全可以描述这类光源的颜色特性。

3.相关色温(CCT，correlated colour temperature)

当光源所发出的光的颜色与黑体在某一温度下辐射的颜色接近时，黑体对应的温度就称为该光源的相关色温，单位为 K。

由于气体放电光源一般为非连续光谱，与黑体辐射的连续光谱不能完全吻合，所以都采用相关色温来近似描述其颜色特性。

色温(或相关色温)在 3 300K 以下的光源，颜色偏红，给人一种温暖的感觉。色温超过 5 300K时，颜色偏蓝，给人一种清冷的感觉。通常气温较高的地区，人们多采用色温高于 4 000K的光源，而气温较低的地区则多用 4 000K 以下的光源。

4.显色指数(Ra，colour rendering index)

太阳光和白炽灯均辐射连续光谱，在可见光的波长范围内(380～780nm)，包含着红、橙、黄、绿、青、蓝、紫等各种色光。物体在太阳光和白炽灯的照射下，显示出它的真实颜色，但当物体在非连续光谱的气体放电灯的照射下，颜色就会有不同程度的失真。我们把光源对物体真实颜色的呈现程度称为光源的显色性。

为了对光源的显色性进行定量的评价，引入显色指数的概念。以标准光源为准，将其显色指数定为 100，其余光源的显色指数均低于 100。显色指数用 Ra 表示，Ra 值越大，光源的显色性越好。

四、光度学

光度学是研究光在发射、传播、吸收和散射等过程中各种光学量计量的学科。目前光度学研究的光学量有发光强度、光通量、照度、亮度等的定义及计量，以及同其他物理量之间的关系，与此相关还研究光学量测量仪器的设计、制造和测量方法等内容。测量方法可分为目视测量(主观光度学)与仪器测量(客观光度学)两类。光度学的研究对交通工程设施准确测量及设计有重要意义。

1. 发光强度

发光强度是表征光的强弱的物理量。一般来说，发光强度随方向而异，所以经常说某方向的发光强度。发光强度是光学计量中最基本的量，也是国际单位制中七个基本量之一，其量值的定义是随着科学的进步而变化的，最初人们用蜡烛发出光的强弱表征发光强度，其单位用烛光表示。从1948年起用坎德拉表示发光强度的单位，坎德拉是一个基本单位，符号为cd。1948～1978年，坎德拉是用铂凝固点温度下的黑体辐射的亮度来定义的。这期间，黑体辐射的理论已经成熟，只要温度能准确地定出，黑体的辐射，包括可见光，就可以完全确定。为了与过去使用的烛光标准相衔接，把铂凝固点黑体的亮度定义为60烛光每平方厘米，后来又改为在101 325Pa的压力下，处于铂凝固温度的黑体，在(1/600 000)m^2表面垂直方向上的发光强度。根据这个定义，一些国家复现了坎德拉，图1-2-1所示是复现坎德拉的光度基准原器的示意图。

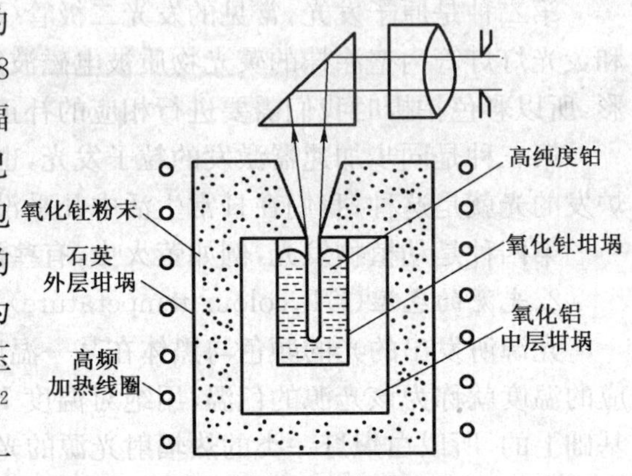

图 1-2-1 光度基准原器示意图(1948～1978年)

原器的中央为一长约45mm、内径2.5mm、壁厚0.2～0.3mm的细管，其下部装有氧化钍粉末。细管、坩埚及其盖子都是用熔融的氧化钍粉末压模烧结成形。细管周围装满纯度约为0.999 99的铂。当铂在高频感应加热下熔化后，再适当地降低加热功率，使铂冷却。在铂从液态变为固态的相变过程中。铂的温度将有几分钟的时间保持不变，这时从细管内壁通过上盖小孔发出的光就作为光度基准，精度为0.2%～0.3%。

由于铂凝固点温度下黑体的辐射亮度实现起来有一定的困难，并且各国之间存在较大的误差，国际计量局在1979年第十六届国际计量大会上废除了铂凝固点全辐射体光度基准，通过了发光强度坎德拉的新定义：坎德拉是一光源在给定方向上的发光强度，该光源发出频率为540×10^{12}Hz的单色辐射，且在此方向上的辐射强度为1/683瓦特每球面度。

这是一个开放性的定义，没有规定复现坎德拉的具体形式，而是建立在辐射度学的基础之上的。或者说，新定义标志着光辐射计量从以光源为基础转向以光探测器为基础。显然，只要测得辐射强度或辐射功率，便可通过已知的关系式求出发光强度。该定义把光度和辐射度统一在一个计量基准之上，我国根据坎德拉的新定义，用7只锥腔补偿型电校准常温绝对辐射计和4种有色光学玻璃组合而成的$V(\lambda)$修正滤光器建立起光度计量基准，并由其标定一组发光强度灯的值，作为发光强度副基准，来保持和进行量值传递，均达到了国际先进水平。

2. 人眼的光谱特性和视见函数

研究和试验表明，人眼对不同波长的光具有不同的视觉灵敏度，正常视力的观察者，对波长555nm的黄绿色光的变化最敏感，对于短于或长于该波长的光灵敏度都变差，而对紫外光和红外光，则无视力感觉，将人眼的这种特性称为人眼的光谱特性。

国际照明委员会(CIE)将视见函数定义为："在规定的光谱条件下，引起人眼视觉程度相等的、波长为λ和λ_m的两个辐射量之比，λ_m选在555nm处，视见函数用$V(\lambda)$符号表示"。取人眼对波长为555nm的黄绿光的光谱视效率为最大，取值为1，其他波长的可见光的视效率均小于1；红外光和紫外光的视效率为零。

某波长的光的视见函数与波长为555nm的黄绿光视见函数的比称为该波长的相对视见函数。

3.光通量

光通量是表征光源辐射功率大小的物理量，它等于单位时间内某一波长的辐射能量和该波长的相对视见函数的乘积。由于人眼对不同波长光的相对视见函数不同，所以不同波长光的辐射功率相等时，其光通量并不相等。例如，当波长为555nm的黄绿光与波长为650nm的红光辐射功率相等时，前者的光通量为后者的10倍。

光通量的单位是流明，符号为1m。流明是发光强度为1坎德拉的均匀点光源，在1球面度立体角内发射的光通量。

光通量是每单位时间到达、离开或通过曲面的光能的数量。如果将光作为穿越空间的粒子(光子)，那么，到达曲面的光束的光通量与1s时间间隔内撞击曲面的粒子数成一定比例。

因为1单位立体角内发射1流明的光，光强为1坎德拉。sr为球面度，是立体角的单位。立体角的最大数值为4π球面度。如果一只40W普通白炽灯的光通量为350lm，则它的平均光强为：

$$350\mathrm{lm}/4\pi\mathrm{sr}=28\mathrm{cd}$$

4.照度

照度是表征被光源照射点处明暗程度的光度量，单位是勒克斯，符号为lx。在数量上等于光源照射在被照物体单位面积上的光通量，$1\mathrm{lx}=1\mathrm{lm}\cdot\mathrm{m}^{-2}$。

5.亮度

亮度是表征光源表面明亮程度的光度量，单位是尼特，符号为nt。在数量上，光源在某一方向的亮度是光源在该方向上的单位投影面积，单位立体角内发射的光通量，$1\mathrm{nt}=1\mathrm{cd}\cdot\mathrm{m}^{-2}$。

太阳表面的亮度为$2\times10^{9}\mathrm{cd/m^2}$；

白炽灯的亮度约为$(3\sim5)\times10^{6}\mathrm{cd/m^2}$；

普通荧光灯的亮度只有$(6\sim8)\times10^{3}\mathrm{cd/m^2}$。

6.亮度因数

在规定观测条件和照明条件下，表面上某点在给定方向的亮度因数等于该方向的亮度与相同条件下全反射或全透射的漫射体的亮度之比。

7.发光效率

光源所发出的总光通量与该光源所消耗的电功率(W)的比值，称为该光源的光效，单位为流明/瓦(lm/W)。

五、色度学

色度学是研究人眼对颜色的视觉规律、颜色测量理论与技术的科学，它是一门以物理光学、视觉生理与心理、心理物理等学科为基础的综合性科学。色度学与物理光学等学科的基础不同，物理光学可以认为是客观的科学，是与人的主观无关的。而色度学却是一种主观的科学，它以人类的平均感觉为基础，因此它属于人类工程学范畴，以对光强的度量来说，物理光学以光的辐射能量这个客观单位来度量，而色度学却以色光对人眼的刺激强度来度量。每个人的视觉并不是完全一样的，在正常视觉的群体中间，也有一定的差别。目前在色度学上为国际所引用的数据，是由在许多正常视觉人群中观测得来的数据而得出的平均结果，从技术应用理论上来说，已具备足够的代表性和可靠的准确性。

色度学的主要任务是研究人眼彩色视觉的定性和定量规律及应用。彩色视觉是人眼的一种明视觉。彩色光的基本参数有：明亮度、色调和饱和度。

明亮度是光作用于人眼时引起的明亮程度的感觉。一般来说，彩色光能量大则显得亮，反之则暗。

色调反映颜色的类别，如红色、绿色、蓝色等。彩色物体的色调决定于在光照明下所反射光的光谱成分。例如，某物体在日光下呈现绿色是因为它反射的光中绿色成分占有优势，而其他成分被吸收掉了。对于透射光，其色调则由透射光的波长分布或光谱所决定。

饱和度是指彩色光所呈现颜色的深浅或纯洁程度。对于同一色调的彩色光，其饱和度越高，颜色就越深，或越纯；而饱和度越小，颜色就越浅，或纯度越低。高饱和度的彩色光可因掺入白光而降低纯度或变浅，变成低饱和度的色光。因而饱和度是色光纯度的反映。100％饱和度的色光就代表完全没有混入白光的纯色光。

色调与饱和度又合称为色度，它既说明彩色光的颜色类别，又说明颜色的深浅程度。

应强调指出，虽然不同波长的色光会引起不同的彩色感觉，但相同的彩色感觉却可来自不同的光谱成分组合。例如，适当比例的红光和绿光混合后，可产生与单色黄光相同的彩色视觉效果。事实上，自然界中所有彩色都可以由三种基本彩色混合而成，这就是三基色原理。

基于以上事实，有人提出了一种假设，认为视网膜上的视锥细胞有三种类型，即红视锥细胞、绿视锥细胞和蓝视锥细胞。黄光既能激励红视锥细胞，又能激励绿视锥细胞。由此可推论，当红光和绿光同时到达视网膜时，这两种视锥细胞同时受到激励，所造成的视觉效果与单色黄光没有区别。

三基色是这样的三种颜色：它们相互独立，其中任一色均不能由其他二色混合产生；它们又是完备的，即所有其他颜色都可以由三基色按不同的比例组合而得到。有两种基色系统，一种是加色系统，其基色是红、绿、蓝；另一种是减色系统，其三基色是黄、青、紫(或品红)。不同比例的三基色光相加得到的彩色称为相加混色，其规律为：

红＋绿＝黄

红＋蓝＝紫

蓝＋绿＝青

红＋蓝＋绿＝白

彩色还可由混合各种比例的绘画颜料或染料来配出，这就是相减混色。因为颜料能吸收入射光光谱中的某些成分，未吸收的部分被反射，从而形成了该颜料特有的彩色。当不同比例的颜料混合在一起的时候，它们吸收光谱的成分也随之改变，从而得到不同的彩色，其规律为：

黄＝白－蓝

紫＝白－绿

青＝白－红

黄＋紫＝白－蓝－绿＝红

黄＋青＝白－蓝－红＝绿

紫＋青＝白－绿－红＝蓝

黄＋紫＋青＝白－蓝－绿－红＝黑

相减混色主要用于美术、印刷、纺织等，我们讨论的图像系统用的是相加混色，注意不要将二者混淆。

根据人眼上述的彩色视觉特征，就可以选择三种基色，将它们按不同的比例组合而引起各种不同的彩色视觉。这就是三基色原理的主要内容。

色度计量是指对颜色量值的计量。人眼的视觉能在一定程度上分辨出各种颜色，但却不能确切地给出颜色的量值。

当前国际上通用的表示颜色的方法，是国际照明委员会(CIE)制定的“1931CIE—XYZ”表色系统。

为统一量值，在色度计量中应使用国际照明委员会所推荐的标准照明光源。对光源的色度计量，实际上就是对光源的相对光谱功率分布的计量，对不发光的透射样品或反射样品的色度计量，则是对样品的光谱透射比或光谱反射比的计量。

通常实际使用的色度计量器具主要有标准色板、色度计、色差计以及光谱光度计等。

六、眩光(glare)

视野中由于不适宜亮度分布，或在空间、时间上存在极端的亮度对比，以致引起视觉不舒适和降低物体可见度的视觉条件。

视野内产生人眼无法适应之光亮感觉，可能引起厌恶、不舒服甚或丧失明视度。在视野中某一局部地方出现过高的亮度或前后发生过大的亮度变化。眩光是引起视觉疲劳的重要原因之一。

眩光(glare)通常被用来描述明亮的阳光海滩或是积雪的山顶这样一种环境状况。1984年北美照明工程学会对眩光的定义为：在视野内由于远大于眼睛可适应的照明而引起的烦恼、不适或丧失视觉表现的感觉。眩光的光源分为直接的，如太阳光、太强的灯光等，间接的，如来自光滑物体表面(高速公路路面或水面等)的反光。根据眩光产生的后果主要归结为三种类型：不适型眩光、光适应型眩光和失能型眩光。

不适型眩光是指在某些太亮的环境下感觉到的不适，例如坐在强太阳光下看书或在一间漆黑的房子里看高亮度的电视，当人眼的视野必须在亮度相差很大的环境中相互转换时，就会感到不适。这种不舒服的情况会引起眼的一种逃避动作而使视力下降。

在生活中我们可以通过调整某些环境因素来尽量保持视野中各种光线亮度的趋向一致，才能减少这种眩光对我们的影响。例如当人在漆黑的房子里看电视时点一盏小灯便可避免不适型眩光。平时生活中经常遇到的使用计算机引发的视疲劳其实也与不适型眩光有关，计算机显示屏本身的亮度与周围环境的光线是否协调很关键。比如显示屏放在明亮的窗前时眼睛会感到来自显示屏周围的眩光，这时重新调整显示屏的位置或安装窗帘则可以解决问题；相反，如果周围环境光线太暗，使用者也会感到来自屏幕的眩光而产生后像效应，导致视疲劳与视物模糊。如果引起眩光是来自光滑物体表面的反光，这种反光是特殊的，其中大部分被形成了偏振光,即光线被限定在一个平面中振动,这时普通的滤光镜并不起作用,只有用偏振光眼镜来消除这种眩光。

另一种眩光被称为光适应型眩光,指的是当人从黑暗的电影院(或地下隧道)走入阳光下双眼视觉下降的一种现象。主要原因是由于强烈的眩光源在人眼的视网膜上形成中央暗点,引起长时间的视物不清。当某些人患有眼底疾病(尤其是黄斑病变)时,由于视网膜上光感受细胞的明适应功能受到损害,对这种眩光的反应会更重。

最后一种眩光被称为失能型眩光。失能型眩光是指由于周边凌乱的眩光源引起人眼视网膜像对比度下降从而导致大脑对像的解析困难的一种现象,类似于幻灯机在墙上的投影受到旁边强光的干扰而导致成像质量下降的现象。CIE 对于眩光限制的质量等级见表 1-2-1。

CIE 对于眩光限制的质量等级 表 1-2-1

质 量 等 级	作业或活动的类型
A(很高质量)	非常精确的视觉作业
B(高质量)	视觉要求高的作业;中等视觉要求的作业,但需要注意力高度集中
C(中等质量)	视觉要求中等的作业,注意力集中程度中等,工作者有时要走动
D(质量差)	视觉要求和注意力集中程度的要求比较低,而且工作者常在规定区域内走动
E(质量很差)	工作者要求限于室内某一工位,而不是走来走去,作业的视觉要求低,或不为同一群人持续使用的室内区域

如果单从眩光来评判照明质量的分级,从 A 向 E 变化,亮度限制的要求逐渐降低,眩光逐渐增加,照明的质量逐渐下降。A 类照明质量非常好,C 类是中等质量,E 类的质量非常差。

小结

光学计量是研究光度和色度计量的科学。光度学主要研究发光强度、光通量、照度和亮度的计量;色度学主要研究物体颜色的配色与计量表达。光学是交通工程设施的技术基础内容之一,有关光度学和色度学的定义和计量方法对掌握交通工程设施的原理、标准、技术要求具有重要作用。发光强度是光学计量的基础,被列为七个国际单位制之一,其单位是坎德拉,定义了坎德拉之后,光通量、照度和亮度可以依据定义被导出,坎德拉是基本单位,其他的为导出单位。色度计量是指对颜色量值的计量,人眼视觉能在一定程度上分辨出各种颜色,对精度要求不高的色度测量可以用人的眼睛主观判定,但人眼不能确切地给出颜色的量值,当前国际上通用的表示颜色的方法,是国际照明委员会(CIE)制定的"1931CIE—XYZ"表色系统。

第二节 电 学

学科的相互交叉、渗透,形成了各种应用学科,如果说作为交通工程机电检测工程师掌握电子、电工技术是基本要求,那么,交通安全工程师所涉及的检测对象虽然不像机电设施那样与电学密切相关,但所应用的检测工具、仪器设备等都是与电学所分不开的。掌握电压、电流、电阻、功率、直流电、交流电、安全电压等级、绝缘、电源变换等基础知识,对正确开展检测、保障检测人员在工作过程中的人身安全都是不可缺少的。

一、电压

1. 电的起源

从最初人们发现摩擦起电现象，直到20世纪初，原子结构被发现，电的起源和原理才被比较精确地描述，即：物质是由分子或原子构成的，原子是由原子核和核周围高速运转的电子构成；原子核由带正电的质子和不带电的中子构成，质子的电荷量等于电子的电荷量，因此原子呈中性。当摩擦时，外部高速运转的电子转移到别的物体上，失去电子的物体带正电，获得电子的物体带负电。带等量正负电荷的两个物体接触时，正负电荷会相互转移，使物体恢复到不带电的状态，即中和状态。中和发生的过程即是电子转移流动和放电的过程，伴随着放电的是光能、热能、声能释放和传播的现象。

2. 电位的定义

人类最早认识的是摩擦起电，并发现两种物质不需要接触在一起就有"同性相斥、异性相吸"的现象，由此推断两种物质周围存在着一种"场"，所以先认识到的是"电场"的概念，电荷同性相斥、异性相吸是由于"场"的作用，"场"有强弱，电位是表征电场特性的物理量。电场力把单位正电荷从某一点移动到无穷远(或大地)时所作的功，就是电场中该点的电位。电位的单位是"伏特"，用符号"V"表示。电场中两点之间的电位差称为"电压"。甲、乙两点之间，如果乙点的电位是零，则甲点的电位就是甲、乙两点之间的电压。电压有方向性，电压的正方向是从高电位指向低电位。电压的单位和符号与点位相同。

3. 电路电压的定义

与电场类似，在电路中之所以有电流流动是因为存在电位差，任意两点之间的电位差称为这两点的电压。电压的高低，用单位"伏特"表示，简称"伏"，符号为"V"。高电压可以用千伏(kV)表示，低电压可以用毫伏(mV)表示。

4. 电源

电源是提供电压的装置，是电的源泉。人们除了发现摩擦起电外，还发现了不用摩擦运动的两种不同的金属也能发电。1791年伏特作了一系列实验研究后，终于发现两片不同金属不用动物体也可以有电产生，并据此发明了电池。伏特电池的发明，使得科学家可以用比较大的持续电流来进行各种电学研究，促使电学研究有了一个巨大的进展。伏特电池是一种方向不变的直流电，后来人们发明的太阳能电池、温差电池等也是直流电，现在我们常用的交流电是通过水利、火力、核能推动的交流发电机产生的。

5. 电动势

电动势是描述电源性质的物理量。电源的电动势是指非静电力把正电荷从负极移到正极所作的功与该电荷电量的比值，称电源的电动势。

$$E=W/q(E\text{ 为电动势})$$

这里的非静电力是指除静电力外能对电荷流动起作用的力，并非泛指静电力外的一切作用力。非静电力有不同的来源，在化学电池(干电池、蓄电池)中，非静电力是一种与离子的溶解和沉积过程相联系的化学作用；在温差电源中，非静电力是一种与温度差和电子浓度差相联系的扩散作用；在一般发电机中，非静电力起源于磁场对运动电荷的作用，即洛伦兹力。变化磁场产生的有旋电场也是一种非静电力，但因其磁力线呈涡旋状，通常不用作电源，也难以区分内外。

在电源内部，非静电力把正电荷从负极板移到正极板时要对电荷作功，这个作功的物理过程是产生电源电动势的本质。非静电力所作的功，反映了其他形式的能量有多少变成了电能。因此在电源内部，非静电力作功的过程是能量相互转化的过程。

二、电流

电流是指电荷的定向移动。电流的大小称为电流强度（简称电流，符号为 I），是指单位时间内通过导线某一截面的电荷量，每秒通过 1 库仑的电量称为 1“安培”（A）。安培是国际单位制中所有电性的基本单位。除了安培（A），常用的单位有毫安（mA）及微安（μA）。

电流的微观表达式为：

$$I=nesv$$

式中：n——单位体积内的自由电荷数；

e——电子的电量；

s——导体横截面积；

v——自由电子定向移动的速率。

1. 电流的基本计算式

$$I=C/T(\text{电量/时间})=U/R(\text{电压/电阻})$$

2. 电流的方向

物理上规定电流的方向是正电子的流动方向或者负电子流动的反方向。

一般情况下，电子指的是负电子，除非特别说明是正电子。

3. 电流形成的原因

电压是使电路中电荷定向移动形成电流的原因。

4. 电流产生的条件

(1)必须具有能够自由移动的电荷。

(2)导体两端存在电压（要使闭合回路中得到持续电流，必须要有电源）。

5. 电流的单位——安培

电流的单位为安培。其定义是：安培是一恒定电流，若保持在处于真空中相距 1m 的两条无限长而圆截面可忽略的平行直导线内，则两条导线之间产生的力在每米长度上等于 2×10^{-7}N。该定义在 1948 年第九届国际计量大会上得到批准，1960 年第十一届国际计量大会上，安培被正式采用为国际单位制的基本单位之一。

6. 电流的测量

用电流表测量电流，电流表的使用方法及注意事项：

(1)禁止把电流表直接连到电源的两极上。

(2)确认目前使用的电流表的量程，被测电流不要超过电流表的量程。

(3)电流表要串联在电路中。

(4)测量直流时，正负接线柱的接法要正确，电流从正接线柱流入，从负接线柱流出。

(5)确认每个大格和每个小格所代表的电流值。先试触，出现：①指针不偏转；②指针偏转过激；③指针偏转很小；④指针反向偏转等异常时，要先查找原因，再继续测量。

7. 电流的三大效应

(1)热效应。

(2)磁效应。

(3)化学效应。

8. 额定电流

额定电流是指电气设备等在额定输出时的电流。

电气设备标出的电流值称为额定电流。设计时已考虑到其电流线圈允许长期通过的最大电流为额定电流的 2 倍(近几年生产的电度表电流线圈允许长期通过的最大电流为额定电流的 4 倍)。

熔断器的熔体都有两个参数:额定电流与熔断电流。所谓额定电流是指长时间通过熔体而不熔断的电流。熔断电流一般是额定电流的 2 倍。

三、电阻

导体对电流的阻碍作用就叫该导体的电阻。

电阻器简称电阻(resistor,通常用 R 表示),是电子电路中使用最多的元件。电阻的主要物理特征是变电能为热能,也可以说它是一个耗能元件,电流经过它就产生热能。电阻在电路中通常起分压、分流的作用,对信号来说,交流与直流信号都可以通过电阻。

电阻都有一定的阻值,它代表这个电阻对电流流动阻挡力的大小。电阻的单位是欧姆,用符号"Ω"表示。

欧姆是这样定义的:当在一个电阻器的两端加上 1V 的电压时,如果在这个电阻器中有 1A 的电流通过,则这个电阻器的阻值为 1Ω。

在国际单位制中,电阻的单位是 Ω(欧姆),此外还有 kΩ(千欧),MΩ(兆欧)。它们之间的换算关系是:

$$1M\Omega=1\,000k\Omega$$
$$1k\Omega=1\,000\Omega$$

电阻的阻值标法通常有色环法、数字法。色环法在一般的电阻上比较常见。由于手机电路中的电阻一般比较小,很少被标上阻值,即使有,一般也采用数字法,即:10^1 表示 10Ω 的电阻;10^2 表示 100Ω 的电阻;10^3 表示 1kΩ 的电阻;10^4 表示 10kΩ 的电阻;10^6 表示 1MΩ 的电阻;10^7 表示 10MΩ 的电阻。

如果一个电阻上标为 22×10^3,则这个电阻为 22kΩ。

四、欧姆定律

在同一电路中,导体中的电流跟导体两端的电压成正比,跟导体的电阻成反比,这就是欧姆定律。

$$电压=电阻\times电流(U=R\cdot I)$$
$$电流=电压\div电阻(I=U/R)$$
$$电阻=电压\div电流(R=U/I)$$

注意:对这个公式的描述"电阻跟导体两段电压成正比,跟电流成反比"是错的。电阻是导体本身的固有特性，只和导体的长度、横截面积、材料和温度有关，而和电压、电流无关。

五、电功率

电功率是衡量用电器消耗电能快慢的物理量，也就是电流在单位时间内所做的功，用 P 表示，它的单位是 W(瓦特，简称瓦)，此外还有 kW(千瓦)。它们之间的关系是：

$$1\text{kW}=1\,000\text{W}$$

作为表示消耗能量快慢的物理量，一个用电器功率的大小等于它在 1 秒(1s)或 1 小时(1h)内所消耗的电能。如果在 t 这么长的时间内消耗的电能为 W，那么，这个用电器的电功率 P 就是：

$$P=W/t$$

电功率可以由电压与电流的乘积求得，即：

$$P=UI$$

每个用电器都有一个正常工作的电压值，叫额定电压。用电器在额定电压下的功率叫做额定功率。

六、直流电

直流电(direct current)是大小和方向都不随时间变化的电流，又称恒定电流。其所通过的电路称直流电路，是由直流电源和电阻构成的闭合导电回路。在该电路中，形成恒定的电场。在电源外，正电荷经电阻从高电势处流向低电势处，在电源内，靠电源的非静电力的作用，克服静电力，再从低电势处到达高电势处，如此循环，构成闭合的电流线。所以，在直流电路中，电源的作用是提供不随时间变化的恒定电动势，为在电阻上消耗的焦耳热补充能量。

在比较简单的直流电路中，电源电动势、电阻、电流以及任意两点电压之间的关系可根据欧姆定律及电动势的定义得出。复杂的直流网络可根据基尔霍夫方程组求解，它包括节点电流方程和回路电压方程两部分。前者指出，对于任一节点(3 个或 3 个以上支路的交点)，流入和流出节点的各电流的代数和为零，这是恒定条件的要求；后者指出，对于任一闭合回路(网格)，各部分电压降的代数和为零，这是静电场环路定理的结果，两者构成了完备的方程组。

测量直流电路中电流、电压、电阻、电源电动势等物理量的仪表称为直流仪表。常用的有电流计、安培计、伏特计、电桥、电势差计等。

直流电源有化学电池、燃料电池、温差电池、太阳能电池、直流发电机等。直流电主要应用于各种电子仪器、电解、电镀、直流电力拖动等方面。

在电力传输上，19 世纪 80 年代以后，由于不便于将直流电低电压升至高电压进行远距离传输，直流输电曾让位于交流输电。20 世纪 60 年代以来，由于采用高电压、大功率变流器将直流电变为交流电，直流输电系统又重新受到重视并获得新的发展。

七、交流电

有了对电的发现与了解，18 世纪研究电的科学家们又发现不同的金属释放电子的能力不同，将能力高(如锌)与能力低(如铜)的两种金属，用适当的溶液及导线相连，则会产生持续性的电流，这种电流便是“直流电流”，而类似的装置即为今日常用电池的基本构造。直流电的发明为当时的生活带来许多便利，但以今日的科技水准观之，却有不易大量生产以及持续性不够久的缺点。幸而在19世纪中叶科学家发现了磁场，同时也发现导线在磁场中移动会产生电流，更因此而发明了便宜又好用的交流电，丰富了人类的生活。

所谓交流电即是随时间而改变方向的电流，因导线在磁场中无法永远在同一方向移动，而必须作周期性的往返运动，因此其产生的电流也会定期改变方向，就像我们的呼吸一样，吸饱气时必须呼气才能吸一下口气，而我们肺部也就跟着作氧气与二氧化碳的周期性交换动作。

图1-2-2是一个简单的交流发电机原理示意图。图中环状线圈借着连接其上的转轴不断旋转，并与南北两磁极连成的磁力线相交而产生交流电。转轴前端的电刷则将线圈所产生的电流引出送到输配电系统，再送到工厂或家中使用。简而言之，我们只要想办法让一组环状导电线圈在磁场中持续转动，原则上就可以得到电流。

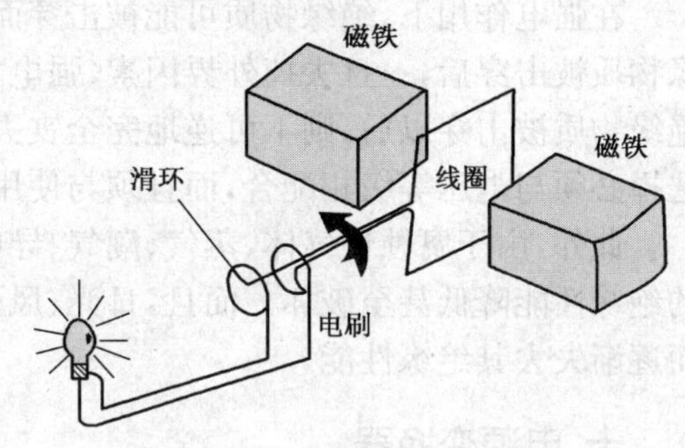

图1-2-2　交流发电机原理示意图

八、安全电压

电压可分为高电压与低电压。高低压的区别是：以火线对地间的电压值为依据，对地电压高于250V的为高压，对地电压小于250V的为低压。

其中，安全电压指不会使人直接死亡或残疾的电压。我国国家标准GB/T 3805—2008规定，对人体安全的电压，干燥情况下交流电不大于33V，直流电不高于70V。

以下是一些常见电压：

电视信号在天线上感应的电压约为0.1mV。

维持人体生物电流的电压约为1mV。

碱性电池标称电压为1.5V。

电子手表用氧化银电池两极间的电压为1.5V。

一节蓄电池的电压为2V。

手持移动电话的电池两极间的电压为3.6V。

汽车蓄电池的电压乘用车为12V，有些大型车辆为24V。

家庭电路的电压为220V。

动力电路电压为380V。

无轨电车电源的电压为550～600V。

列车上方电网电压为1 500V。

电视机显像管的工作电压在10kV以上。

发生闪电的云层间电压可达10^3kV。

九、安全绝缘

电气绝缘有两种作用，一种是对于电子信号来说，为了避免信号的相互干扰而采取的措施；另一种是为了安全目的而将带电装置或元件隔离，避免人员触电或电气短路而采取的措施。这里重点指的是后者，就是使用不导电的物质将带电体隔离或包裹起来，以对触电起保护作用的一种安全措施。良好的绝缘对于保证电气设备与线路的安全运行，防止人身触电事故的发生，是最基本的和最可靠的手段。

绝缘通常可分为气体绝缘、液体绝缘和固体绝缘三类。在实际应用中，固体绝缘仍是使用最为广泛，且最为可靠的一种绝缘物质。

在强电作用下，绝缘物质可能被击穿而丧失其绝缘性能。在上述三种绝缘物质中，气体绝缘物质被击穿后，一旦去掉外界因素(强电场)后即可自行恢复其固有的电气绝缘性能；而固体绝缘物质被击穿以后，则不可逆地完全丧失了其电气绝缘性能。因此，电气线路与设备的绝缘选择必须与电压等级相配合，而且须与使用环境及运行条件相适应，以保证绝缘的安全作用。

此外，由于腐蚀性气体、蒸气、潮气、导电性粉尘以及机械操作等原因，均可能使绝缘物质的绝缘性能降低甚至破坏。而且，日光、风雨等环境因素的长期作用，也可以使绝缘物质老化而逐渐失去其绝缘性能。

十、电源变换器

我们检测工作中常用的便携式检测仪器大都采用直流供电，以适应野外检测的需要，回到室内需要对仪器设备充电，这里有一个将交流变为直流的装置，叫电源适配器，通常也叫充电器；现在还有一些检测设备功率较大，在现场也需要交流供电，通常借助于汽车蓄电池将直流变换为交流，这种变换叫逆变器。无论是充电器还是逆变器都叫电源变换器，前者是将交流高压变换为直流低压，是一种安全变换；后者则相反，要注意安全。

第三节 材 料 力 学

力学是研究物质机械运动规律的科学，是机械工程、土木工程、道路桥梁、航空航天工程、材料工程等的基础。力学具备完整的学科结构和体系，在人类的实践活动中无处不在，并且深刻地影响着人类的实践活动。本节主要介绍与交通工程检测和实践有关的几个基本概念。

一、力学的分类

力学可粗分为静力学、运动学和动力学三部分。静力学研究力的平衡或物体的静止问题；运动学只考虑物体怎样运动，不讨论它与所受力的关系；动力学讨论物体运动和所受力的关系。

按研究对象的物态进行区分，力学可以分为固体力学和流体力学。根据研究对象具体的形态、研究方法、研究目的的不同，固体力学可以分为理论力学、材料力学、结构力学、弹性力学、板壳力学、塑性力学、断裂力学、机械振动、声学、计算力学、有限元分析等；流体力学包含流体力学、流体动力学等。

根据研究对象所建立的模型不同，力学也可以分为质点力学、刚体力学和连续介质力学。连续介质通常分为固体和流体，固体包括弹性体和塑性体，而流体则包括液体和气体。

许多带“力学”名称的学科，如热力学、统计力学、相对论力学、电动力学、量子力学等，在习惯上被认为是物理学的其他分支，不属于力学的范围。

二、材料力学

材料力学是机械类、土木类等各专业的基础，是固体力学的一个分支。材料力学主要研究构件和机械零件的强度、刚度和稳定性问题。通过研究构件在轴向拉伸或压缩、剪切、扭转和弯曲基本变形下的强度和刚度以及压杆的稳定性问题，逐步将研究内容由简单应力状态推广到复杂应力状态，由基本变形推广到组合变形，由静载问题推广到动载和疲劳问题。

三、材料的力学性能

材料的力学性能是指材料在不同环境（温度、介质、湿度）下，承受各种外加载荷（拉伸、压缩、弯曲、扭转、冲击、交变应力等）时所表现出的力学特征。

四、力的定义

力是物体对物体的相互作用，力具有大小、方向、作用点。力的国际单位是牛顿，简称牛，符号为N。

力作用的结果可使物体的运动状态和形状与大小发生改变。交通工程检测中常见的有重力、拉力、压力、弯曲力、剪切力等。实践中注意重力与质量的区别。物体含有物质的多少叫质量，质量不随物体形状、状态、空间位置的改变而改变，是物体的基本属性，通常用 m 表示，在国际单位制中质量的单位是千克（kg），例如我们在对突起路标进行抗压荷载试验时，施加的是正向压力，当通过一质量为10kg的钢板加压时，应对试验结果进行修正，修正后的结果为：试验机示值(N)＋10×9.8(N)，这里的10kg钢板产生了98N的压力加在了突起路标上。

五、应力、应变

材料构件单位面积所承受的力称为应力。

当材料构件在外力作用下不能产生位移时，它的几何形状和尺寸将发生变化，这种形变就称为应变。物体受力产生变形时，体内各点处变形程度一般并不相同，应变就是用以描述一点处变形程度的力学量。

六、材料受力变形

材料受力后发生的变形分为弹性变形和塑性变形；当外力撤销后材料可以恢复原来形状的变形称为弹性变形；当外力撤销后材料不能恢复原来形状的变形称为塑性变形。

七、正向应力与剪应力

同截面垂直的应力称为正应力或法向应力；同截面相切的应力称为剪应力或切应力。

应力会随着外力的增加而增长，对于某一种材料，应力的增长是有限度的，超过这一限度，材料就要破坏。对某种材料来说，应力可能达到的这个限度称为该种材料的极限应力。极限应力值要通过材料的力学试验来测定。

将测定的极限应力作适当降低，规定出材料能安全工作的应力最大值，这就是许用应力。材料要想安全使用，在使用时其内应力应低于它的极限应力；否则，材料就会在使用时发生破坏。

有些材料在工作时，其所受的外力不随时间而变化，这时其内部的应力大小不变，称为静应力；还有一些材料，其所受的外力随时间呈周期性变化，这时内部的应力也随时间呈周期性变化，称为交变应力。

材料在交变应力作用下发生的破坏称为疲劳破坏。通常材料承受的交变应力远小于其静载下的强度极限时，破坏就可能发生。另外，材料会由于截面尺寸改变而引起应力的局部增大，这种现象称为应力集中。对于组织均匀的脆性材料，应力集中将大大降低构件的强度，这在构件的设计时应特别注意。

八、屈服强度

当材料所受应力超过弹性极限后，变形增加较快，此时除了产生弹性变形外，还产生部分塑性变形。当应力达到一个值后，塑性应变急剧增加，曲线出现一个波动的小平台，这种现象称为屈服。这一阶段的最大、最小应力分别称为上屈服点和下屈服点。由于下屈服点的数值较为稳定，因此以它作为材料抗力的指标，称为屈服点或屈服强度。

屈服是指达到一定的变形应力之后，材料开始从弹性状态非均匀地向弹—塑性状态过渡，它标志着宏观塑性变形的开始。通常建筑钢材以屈服强度作为设计应力的依据。有些钢材(如高碳钢)无明显的屈服现象，通常以发生微量的塑性变形(0.2%)时的应力作为该钢材的屈服强度，称为条件屈服强度。

九、拉伸强度

拉伸强度是指材料在拉伸应力下产生最大均匀塑性变形的应力值。

在拉伸试验中，试样直至断裂为止所受的最大拉伸应力即为拉伸强度，其结果以兆帕(MPa)表示。拉伸强度的计算公式如下：

$$\sigma_t = p/(b \times d)$$

式中：σ_t——拉伸强度(MPa)；

p——最大负荷(N)；

b——试样宽度(mm)；

d——试样厚度(mm)。

注意：计算时采用的面积是断裂处试样的原始截面积，而不是断裂后端口截面积。

十、伸长率

材料在拉伸试验中，试样原始标距的伸长量与原始标距之比的百分数。

在描述材料的伸长率时应注意区分以下几个概念。

1. 断裂总伸长率和断后伸长率

断裂总伸长率 A_t 是指断裂时刻的总伸长与原始标距之比。实际操作中通常借助引伸计直接测量断裂时的标距，这时的标距同时包括了弹性变形部分，即比例延伸部分。

断后伸长率 A 是指断裂残余伸长(断后标距－原始标距)与原始标距之比。实际操作中一般是将试样从试验机上取下，对接在一起后，测量断后标距。这时弹性变形部分已经恢复，比例延伸不包含在断后标距内，断后标距通常小于断裂时标距。

2. 最大力总伸长率和最大非比例伸长率

最大力总伸长率 A_{gt} 是指最大力时对应的总伸长与原始标距之比，最大非比例伸长率 A_g 是指最大力时对应的非比例延伸与原始标距之比。

以上概念可用图 1-2-3 表示。图中：R_m 为试验过程中的最大应力；A_g 为最大力时对应的非比例伸长率；A_{gt} 为最大力时对应的总伸长率；A 为断后伸长率；A_t 为断裂时总伸长率。

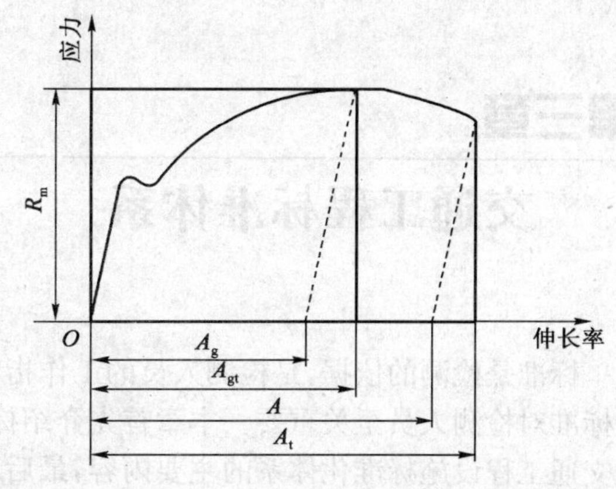

图 1-2-3　材料拉伸试验有关定义

第三章

交通工程标准体系

标准是检测的依据，是检测人员的工作指南，可以说，检测的每一项工作都与标准相关，所以标准对检测人员至关重要。本章首先介绍标准、标准化及标准体系的一般概念，然后重点介绍交通工程设施标准化体系的主要内容，最后就如何掌握标准作简要总结。

第一节　概　述

一、基本概念

1. 标准

1983 年我国颁布的国家标准 GB/T 3935.1—83 对标准的定义是：标准是对重复性事物和概念所做的统一规定。它以科学、技术和实践经验和综合成果为基础，经有关方面协商一致，由主管机构批准，以特定形式发布，作为共同遵守的准则和依据。

按照 2002 年发布的《标准化工作指南　第 1 部分　标准化和相关活动的通用词汇》(GB/T 2000.1—2002)第 2.3.2 条，标准(standard)的定义是：为了在一定的范围内获得最佳秩序，经协商一致并由公认机构批准，共同使用的或重复使用的一种规范性文件。标准宜以科学、技术和经验的综合成果为基础，以促进最佳的共同效益为目的。

相对旧定义，新定义更简洁，但是其内涵并没有实质性改变，两者都包含了标准的基础、目的、过程方法、效力、形态等。从字面上看，两者都没有明确标准的对象是什么。但是在 GB/T 2000.1—2002 标准中对"标准化的对象"、"协商一致"、"规范性文件"等还有进一步的解释。

"标准化的对象"是指需要标准化的主题，可用"产品、过程和服务"表述，含有材料、元件、设备、系统、接口、协议、程序、功能、方法或活动的意思。对这些对象或对象的某一部分都可以制定标准。

"协商一致"是指普遍同意，可进一步理解为有关重要方面没有坚持反对意见，负责制定标准方按程序对有关各方的观点进行了研究和对争议经过了协商。需特别注意的是，协商一致并不意味着没有争议。

"规范性文件"是指为各种活动或活动的结果提供规则、导则或规定特性的文件。这就是说，标准在存在形态上可以是规则、导则、特性要求等文件。

2. 标准化

在 GB/T 2000.1—2002 中对标准化的定义是：为了在一定范围内获得最佳秩序，对现实问题或潜在问题制定共同使用和重复使用的条款的活动。这些活动包括编制、发布和实施标准的过程。标准化的主要作用在于为了其预期的目的，改进产品、过程或服务的适用性，防止贸易壁垒，促进技术合作。

标准与标准化的关系是：标准是标准化的结果，标准化是标准的过程。标准的制（修）订是需要经过科学研究或吸收科学研究的成果，具有研究性质。标准化是一个基本固定的过程，一般不带有研究的内容。所以标准可以作为科技成果，标准化不作为科技成果。在理解时还要注意标准化和标准化学科的区别，标准化学科包含了更多的内容。

3. 标准体系

一个国家或行业的标准数量很多，可达上万个。将标准进行分类管理是一种通用做法，按照专业、学科、产业或行业进行科学划分归类，构成了一个个子系统，这些由标准组成的子系统即构成了标准体系，子系统的集合就是国家标准体系。

据此，我们给标准体系一个定义：一定范围内的标准按其内在联系形成的科学的有机整体，称为标准体系。标准体系是一簇有联系的标准的集合，标准体系具有集合性、目标性、可分解性、相关性和动态性。将标准体系简单理解为标准的集合是片面的。

标准体系一般以树状结构图和体系表的形式表示。

交通工程设施标准体系是国家标准体系的一部分，在 2004 年形成了第一版，现在正在补充修订，具体内容在下面将有介绍。

二、标准的分类

标准的种类繁多，为了不同的目的，可以从不同的角度以不同的方法对其进行分类。标准的分类方法主要有以下几种。

1. 按标准的性质分类

按标准的性质不同可分为强制性标准和推荐性标准两类。

1）强制性标准

强制性标准是指在一定范围内，国家运用行政的和法律的手段强制实施的标准。对于强制性标准，有关各方没有选择的余地，必须毫无保留地绝对贯彻执行。根据我国标准化法的规定，凡涉及安全、卫生、健康方面的标准，保证产品技术衔接及互换配套的标准，通用的试验、检验方法标准，国家需要控制的重要产品的产品标准，都是强制性标准。违反强制性标准要受到经济的、行政的，乃至法律的制裁。强制性标准具体包括：

(1)药品标准、食品卫生标准、兽药标准。

(2)产品及产品生产、储运和使用中的安全、卫生标准，劳动安全、卫生标准，运输安全标准。

(3)工程建设的质量、安全、卫生标准及国家需要控制的其他工程建设标准。

(4)环境保护的污染物排放标准和环境质量标准。

(5)重要的通用技术术语、符号、代号和制图方法。

(6)通用的试验、检验方法标准。

(7)互换配合标准。

(8)国家需要控制的重要产品质量标准。

2)推荐性标准

推荐性标准是指并不强制厂商和用户采用,而是通过经济手段或市场调节促使他们自愿采用的国家标准或行业标准(主要是产品标准和与之相关的其他技术标准)。对于推荐性标准鼓励各方自愿采用,有关各方有选择的自由。但一经选定,则该标准对采用者来说,便成为必须绝对执行的标准了,即"推荐性"转化为"强制性"。例如我国交通行业标准《公路波形梁钢护栏》(JT/T 281—2007)已经设计文件指定变为强制性标准,必须执行。

根据 WTO 的有关规定和国际惯例,标准是自愿性的,而法规或合同是强制性的,标准的内容只有通过法规或合同的引用才能变成强制执行的文件。

2.按标准化的对象分类

按标准化的对象不同可将标准分为技术标准、管理标准和工作标准。

1)技术标准

技术标准是指对标准化领域中需要协调统一的技术事项所制定的标准,是从事生产、建设及商品流通的一种共同遵守的技术依据。也就是说,技术标准是根据生产技术活动的经验和总结,作为技术上共同遵守的法规而制定的各项标准,如为科研、设计、工艺、检验等技术工作,为产品或工程的技术质量,为各种技术设备和工装、工具等制定的标准。技术标准是一个大类,可以进一步分为:基础性技术标准,产品标准,工艺标准,检测试验标准,设备标准,原材料、半成品和外购件标准,安全、卫生、环境保护标准等。

(1)基础性技术标准

基础性技术标准是指以一定范围内的标准化对象的某些共性(如概念、数系、通则等)为对象所制定的标准。这类标准的使用范围广,使用频率高,而且常常是制定其他具体标准的基础,具有普遍的指导意义。

(2)产品标准

产品标准是指为保证产品的适用性,对产品必须达到的某些或全部要求所制定的标准。产品标准是设计、生产、制造、质量检验、使用维护和贸易洽谈的技术依据,它包括产品的适用范围、品种规格,产品的技术要求(即质量标准),产品的试验方法、检验规则,产品的包装、运输、储存等方面的标准。

(3)检测试验标准

检测试验标准是指以通用的试验、检查、分析、抽样、统计、计算、测定、作业等各种方法为对象所制定的标准,如试验方法、分析方法、抽样方法、设计规范、计算公式、工艺规程等方面的标准。检测试验标准是为了提高工作效率,保证工作结果必要的准确一致性,对生产技术和组织管理活动中最佳的方法所做的统一规定。对属于某个具体产品的试验方法和检验方法,应属于该产品标准,而不是一个独立的方法标准。

(4)安全、卫生、环保标准

安全标准是指以保护人和物的安全为目的而制定的标准,主要包括安全技术操作标准、劳保用品的使用标准、危险品和毒品的使用标准等。对于某些产品,为了保证使用安全,也在产品标准中规定了安全方面的要求。

卫生标准是指为保护人的健康,对食品、医药及其他方面的卫生要求所制定的标准。其范围包括食品卫生标准、药物卫生标准、生活用水标准、企业卫生标准、环境卫生标准等。

环境保护标准是指为了保护人身健康、社会物质财富、保护环境和维护生态平衡，对大气、水、土壤、噪声、振动等环境质量、污染源、监测方法以及满足其他环境保护方面要求所制定的标准，主要有“三废”排放标准、噪声控制标准、粉尘排放标准等。

(5)工艺标准

工艺标准是指对产品的工艺方案、工艺过程、工序的操作方法和检验方法以及对工艺装备和检测仪器所作的技术规定。

(6)设备标准

设备标准是指以生产过程中使用的设备为对象而制定的标准。其主要内容包括设备的品种、规格、技术性能、加工精度、试验方法、检验规则、维修管理以及对包装、储运等设备的技术规定。

(7)原材料、半成品和外购件标准

原材料、半成品标准是指根据生产技术以及资源条件、供应情况等，对生产中使用的原料、材料和半成品所制定的标准，其目的是指导人们正确选用原材料和半成品，降低能耗和成本。

外购件标准是指对不按本企业编制的设计文件制造，并以成品形式进入本企业的零部件所制定的标准。外购件包括通用件、标准件、专用件。外购件标准是供需双方必须遵守的技术要求。

2)管理标准

管理标准是指对标准化领域中，需要协调统一的管理事项所制定的标准，是正确处理生产、交换、分配和消费中的相互关系，使管理机构更好地行使计划、组织、指挥、协调、控制等管理职能，有效地组织和发展生产而制定和贯彻的标准，它把标准化原理应用于基础管理，是组织和管理生产经营活动的依据和手段。

管理标准主要是对管理目标、管理项目、管理程序、管理方法和管理组织方面所作的规定。按照管理的不同层次和标准的适用范围，管理标准又可划分为管理基础标准、技术管理标准、生产经营管理标准、经济管理标准和行政管理标准等五大类标准。

3)工作标准

工作标准是指对标准化领域中需要协调统一的工作事项所制订的标准。它是对工作范围、构成、程序、要求、效果和检验方法等所作的规定，通常包括工作的范围和目的，工作的组织和构成，工作的程序和措施，工作的监督和质量要求，工作的效果与评价，相关工作的协作关系等。工作标准的对象主要是人。工作标准的主要内容包括：岗位目标、工作程序和工作方法、业务分工与业务联系(信息传递)方式、职责与权限、质量要求与定额、对岗位人员的基本技能要求、检查与考核办法。

3.按标准的外在形态分类

按标准的外在形态，标准可分为文字图表标准和实物标准。文字图表标准，即用文字或图表对标准化对象作出的统一规定，这是标准的基本形式。实物标准(亦称样标)，即标准化对象的某些特性难以用文字准确地描述出来时，可制成实物标准，如颜色的深浅程度。

三、标准的级别

根据《中华人民共和国标准化法》(以下简称《标准化法》)的规定，我国标准分为国家标准、行业标准、地方标准和企业标准四个级别。

1. 国家标准

国家标准是指对关系到全国经济、技术发展的标准化对象所制定的标准，它在全国各行业、各地方都适用。《标准化法》规定："对需要在全国范围内统一的技术要求，应当制定国家标准。"国家标准由国务院标准化行政主管部门制定发布，以保证国家标准的科学性、权威性、统一性。

按《中华人民共和国标准化法实施条例》的规定，下列需要在全国范围内统一的标准化对象，应制定国家标准：

(1)互换、配合、通用技术语言要求。

(2)保障人体健康和人身、财产安全的技术要求。

(3)基本原料、材料、燃料的技术要求。

(4)通用基础件的技术要求。

(5)通用的试验、检验方法。

(6)通用的管理技术要求。

(7)工程建设的勘探、规则、设计、施工及验收等的重要技术要求。

(8)国家需要控制的其他重要产品的技术要求。

国家标准一般为基础性、通用性较强的标准，是我国标准体系中的主体。国家标准一经批准发布实施，与国家标准相重复的行业标准、地方标准即行废止。

国家标准一般 3～5 年后，就要被修订或重新制定。此外，随着社会的发展，国家需要制定新的标准来满足人们生产、生活的需要。因此，标准是一种动态化文件。

强制性国家标准是保障人体健康，人身、财产安全的标准和法律及行政法规规定强制执行的国家标准。

国家标准的编号由国家标准代号、标准发布顺序号和发布的年号组成。国家标准的代号由大写的汉语拼音字母构成，强制性标准的代号为"GB"；推荐性标准的代号为"GB/T"。标准顺序号用阿拉伯数字，后面加"—"，再加发布年号表示，如 2000 年发布的 GB/T 2001—2000 标准。

2. 行业标准

对于需要在某个行业范围内全国统一的标准化对象所制定的标准称为行业标准。《标准化法》规定："对没有国家标准而又需要在全国某个行业范围内统一的技术要求，可以制定行业标准。"行业标准由国务院有关行政主管部门主持制定和审批发布，并报国务院标准化行政主管部门备案。机械、电子、建筑、化工、冶金、轻工、纺织、交通、能源、农业、林业、水利等行业，都制定有行业标准。

下列事物应制定行业标准：

(1)专业性较强的名词术语、符号、规划、方法等。

(2)指导性技术文件。

(3)专业范围内的产品，通用零部件、配件、特殊原材料。

(4)典型工艺规程、作业规范。

(5)在行业范围内需要统一的管理标准。

行业标准的编号由行业标准代号、标准顺序号和年号组成。行业标准的代号由国务院标准化机构规定，不同行业的代号各不相同。行业标准中同样分强制性标准和推荐性标准。推荐性标准的编号应在其标准代号之后加上"/T"，而强制性标准则不需要。

行业标准专业性较强，是国家标准的补充。随着市场经济的发展，行业管理必将加强，行业标准也将会有所发展。

3. 地方标准

地方标准是在国家的某个省、自治区、直辖市范围内需要统一的标准。《标准化法》规定："没有国家标准、行业标准而又需要在省、自治区、直辖市范围内统一的工业产品的安全卫生要求，可以制定地方标准。地方标准由省、自治区、直辖市标准化行政主管部门制定，并报国务院标准化行政主管部门和国务院有关行政主管部门备案。"

根据《标准化法》规定，制定地方标准的对象需要具备三个条件：

(1)没有相应的国家标准或行业标准；

(2)需要在省、自治区、直辖市范围内统一的事或物；

(3)工业产品的安全卫生要求等。

地方标准的编号由地方标准代号、标准顺序号和发布年号组成。地方标准代号由汉语拼音字母"DB"加上省、自治区、直辖市行政区划代码前两位数字加斜线，组成强制性地方标准代号；若再加上"/T"则组成推荐性地方标准代号。

4. 企业标准

企业标准是指由企业制定的产品标准和为企业内需要协调统一的技术要求和管理、工作要求所制定的标准。《标准化法》规定："企业生产的产品没有国家标准和行业标准的，应当制定企业标准，作为组织生产的依据，企业的产品标准须报当地政府标准化行政主管部门和有关行政主管部门备案，已有国家标准或行业标准的，国家鼓励企业制定严于国家标准或行业标准的企业标准，在企业内部适用。"

《标准化法》适用于中国境内的一切企事业单位、机关、科研机构及学术团体。取得企业法人资格的企业应按照《标准化法》的规定制定企业标准，将其作为组织生产的依据，并按规定上报有关部门备案。企业内所实施的标准一般都是强制性的。

企业标准的编号由企业标准代号、标准顺序号和发布年号组成。企业代号可用汉语拼音字母或用阿拉伯数字或两者兼用，具体办法由当地行政主管部门规定。

第二节　产品标准的组成

交通工程检测工程师在检测工作中主要应用两种标准，一是产品标准，二是工程质量检验评定标准。实质上，工程检验评定标准也是以产品标准为基础，所以应重点掌握产品标准。本节主要介绍产品标准的结构内容。

一、标准的结构

在结构上，标准一般由各类要素组成。在2000年以前我们常说，标准由概要要素、技术要素和补充要素组成。在2000年以后，按照GB/T 1.1—2000的描述，构成标准的要素按照性质分为规范性要素和资料性要素两类。

1. 规范性要素

规范性要素是指声明符合标准而应遵守的条款，分为一般要素和技术要素。

(1)规范性一般要素

描述标准的名称、范围、规范性引用文件以及使用标准而不可缺少的文件清单的内容。

(2)规范性技术要素

规定标准技术内容的要素。构成标准的实体,例如名称术语、质量特性要求及试验方法等。

2.资料性要素

标识标准,介绍标准,提供标准的附加信息的内容或条款,分为概述要素和补充要素。

(1)资料性概述要素

标识标准,介绍标准内容,说明背景、制定情况以及该标准与其他标准或文件的关系的要素,例如标准的封面格式、目次、前言、引言等。

(2)资料性补充要素

提供标准的附加信息,以帮助理解或使用标准的要素,例如标准的附录格式、参考文献和索引等内容。

二、标准的一般内容

前文已经讲到,标准由资料性要素和规范性要素构成。资料性要素一般是格式性的内容,各标准基本相同;规范性要素是体现标准特点的实质性内容,产品标准的规范性要素一般由八章构成。

第一章是标准的范围

描述标准的主要结构内容、适用范围或条件、不适用范围或条件。

第二章是规范性引用文件

将标准中引用的标准按照标准序号由小到大排列,先国家标准后行业标准和地方标准,国际标准也可引用,企业标准一般不引用。需要注意的是,规范性引用标准前有一段引导语,这段引导语经常有些小变动。例如2000年后的引导语是"下列文件中的条款通过本标准的引用而成为本标准的条款。凡是注日期的引用文件,其随后所有的修改单(不包括勘误的内容)或修订版均不适用于本标准,然而,鼓励根据本标准达成协议的各方研究是否可使用这些文件的最新版本。凡是不注日期的引用文件,其最新版本适用于本标准。"2009年以后的引导语是"下列文件对于本标准的应用是必不可少的。凡是注日期的引用文件,仅注日期的版本适用于本标准。凡是不注日期的引用文件,其最新版本(包括所有的修改单)适用于本标准。"

第三章一般是名词术语或定义

对于对引起混淆的非公共性术语给予界定、说明或解释,有些术语随着时间的推移已经变为普通名词,就没必要在解释,例如LED,稍懂点专业的人都知道它是发光二极管的意思,就没必要每次都要定义。

第四章一般是产品的分类与命名标识

对于系列产品分类与命名方法,通过本章规定。产品的命名是指产品的型号规格及标识方法,在国外标准中一般称为订货信息,只要需方提出产品的型号,供方就知道具体是哪一种对应的产品,不需要过多地解释,提高了社会效率。

第五章是标准的技术要求

该部分是标准的实质性内容。标准的主要工作是确定各项技术要求，这些要求是以科学研究和试验为基础的，有些指标可以直接引用国际标准或先进国家标准，但是应考虑与我国国情的结合。

第六章是试验方法

一般是对第五章规定的技术要求，提出进行检验、验证的条件、方法及结果判定等内容，以证实产品质量符合标准要求。

第七章是检验规则(分为形式检验、出厂检验)

形式检验是对产品质量进行的全面考核，一般应对产品标准中规定的所有技术要求全部进行检验(必要时，还可增加检验项目)。

一般在下列情况之一时，应进行形式检验：

a. 新产品或者产品转厂生产的试制定型鉴定；

b. 正式生产后，如结构、材料、工艺有较大改变，考核对产品性能影响时；

c. 正常生产过程中，定期或积累一定产量后，周期性地进行一次检验，考核产品质量稳定性时；

d. 产品长期停产后，恢复生产时；

e. 出厂检验结果与上次形式检验结果有较大差异时；

f. 国家质量监督机构提出进行形式检验要求时。

形式检验主要适用于产品定型鉴定和评定产品质量是否全面达到标准和设计要求，是生产企业生产能力的证明。一些重要的产品，如机电产品、国家许可的产品，规定形式检验必须由指定的检验机构进行。

出厂检验作为产品质量长期稳定性的一种控制手段，一般选取在生产过程中容易变动的指标进行抽样检验，出厂检验项目少于形式检验，并且方便易行。

第八章一般是产品的标识、包装、运输和储存条件

产品标识上至少应有产品的名称、型号规格、生产企业名称、地址等内容，在我国没有产品标识的产品按“三无”产品处理，销售单位和使用单位都要受到处罚。根据《产品质量法》第27条，对销售使用“无品牌、无生产厂商标识、无厂商厂址”的产品按第五章“罚则”有关条款执行。一般处罚深度是：责令停止生产、销售，没收违法生产、销售的产品，并处违法生产、销售产品(包括已售出和未售出的产品，下同)货值金额等值以上3倍以下的罚款；有违法所得的，并处没收违法所得；情节严重的，吊销营业执照；构成犯罪的，依法追究刑事责任。

第三节　公路交通工程设施标准体系

一、标准体系的基本结构

公路交通工程设施标准体系是国家标准体系的一部分，是提出、编写、修(制)定公路交通工程设施个体标准的重要依据，是促进交通工程设施标准化工作走向科学、规范、系统的基础性标准。在编写标准体系时的指导思想是尽快建立起适用于我国公路交通工程设施的国家标准和行业标准，具有实用性和可操作性，易于管理。

体系的基本结构分为两层。首层为交通工程设施的基础标准和试验标准，是其他公路交通工程设施共同引用的标准。第二层次为按照交通工程设施的专业划分为8个方面：交通安全设施标准体系，监控设施标准体系，通信设施标准体系，收费设施标准体系，服务设施标准体系，公路沿线供配电设施标准体系，公路照明设施标准体系，公路管理设施标准体系，用结构图表示如图1-3-1所示。图中的相关标准是已经有的其他行业的国家标准或行业标准。

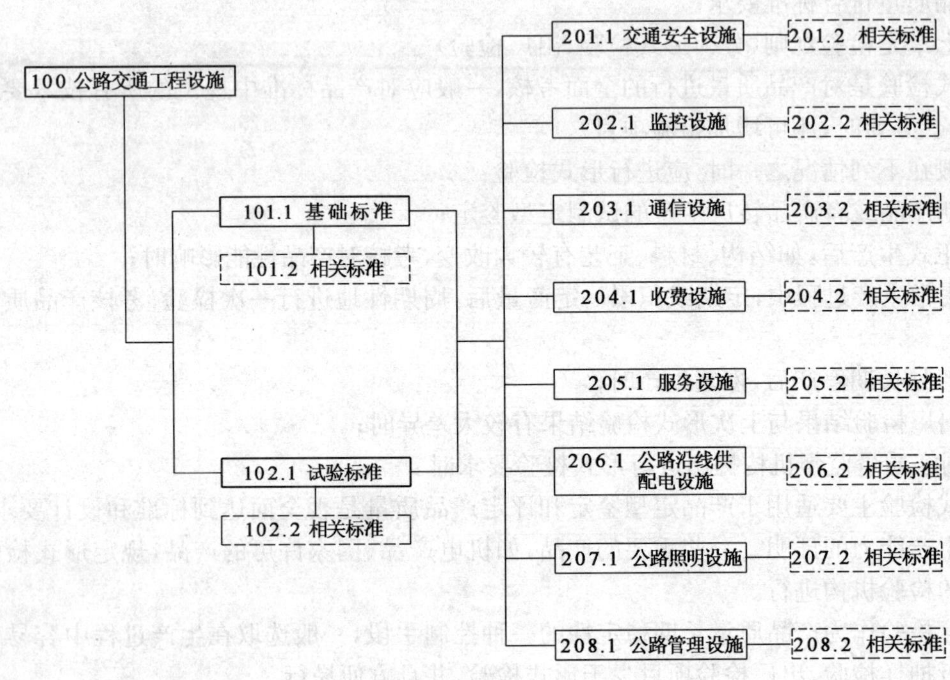

图1-3-1 公路交通工程设施标准体系结构图

二、常用交通工程标准

自1994年颁布实施第一个交通工程设施标准《高速公路交通安全设施设计及施工技术规范》(JTJ 074—94)以来，经过近三代人，20年的努力，到目前为止，已经建立起结构体系较为完整、门类齐全、基本能够适应交通建设和管理需要的公路交通工程标准化体系，截至2009年底已经颁布实施的专用标准有112项，正在修(制)定的有35项，准备修(制)定的约150项。表1-3-1和表1-3-2列出了已经颁布实施的交通工程专业标准，供读者参考。需要说明的是，交通工程试验检测工程师考试要求所掌握的只是其中的一部分常用标准。

TC223标委会管理的国标(37项) 表1-3-1

标准名称	标准号	级别	性质	类别	状态
1. 道路交通标志和标线第1部分：总则	GB 5768.1—2009	国标	强制	基础	继续有效
2. 道路交通标志和标线第2部分：道路交通标志	GB 5768.2—2009	国标	强制	基础	继续有效
3. 道路交通标志和标线第3部分：道路交通标线	GB 5768.3—2009	国标	强制	基础	继续有效

续上表

标准名称	标准号	级别	性质	类别	状态
4.道路交通标志和标线第4部分:工作区控制	GB 5768.4—××	国标	强制	基础	制订
5.道路交通标志和标线第5部分:速度控制	GB 5768.5—××	国标	强制	基础	制订
6.道路交通标志和标线第6部分:铁路平交口	GB 5768.6—××	国标	强制	基础	制订
7.道路交通标志和标线第7部分:自行车和行人	GB 5768.7—××	国标	强制	基础	制订
8.奥林匹克专用车道标志和标线	GB 21253—2007	国标	强制	基础	继续有效
9.公路交通标志反光膜	GB/T 18833—2002	国标	推荐	产品	继续有效
10.道路交通标志板及支撑件	GB/T 23827—2009	国标	推荐	产品	继续有效
11.道路交通标线质量要求和检测方法	GB/T 16311—2009	国标	推荐	方法	继续有效
12.突起路标	GB/T 24725—2009	国标	推荐	产品	继续有效
13.太阳能突起路标	GB/T 19813—2005	国标	推荐	产品	继续有效
14.路面标线用玻璃珠	GB/T 24722—2009	国标	推荐	产品	继续有效
15.道路预成形标线带	GB/T 24717—2009	国标	推荐	产品	继续有效
16.防眩板	GB/T 24718—2009	国标	推荐	产品	继续有效
17.交通锥	GB/T 24720—2009	国标	推荐	产品	继续有效
18.行人反光标识夜间光度性能及测试方法	GB/T 21380—2008	国标	推荐	方法	继续有效
19.光致发光(磷光)安全标记光学性能要求	GB/T 21382—2008	国标	推荐	方法	继续有效
20.新划路面标线初始逆反射亮度系数及测试方法	GB/T 21383—2008	国标	推荐	方法	继续有效
21.公路沿线设施塑料制品耐候性要求及测试方法	GB/T 22040—2008	国标	推荐	方法	继续有效
22.高速公路交通工程钢构件防腐技术条件	GB/T 18226—2000	国标	推荐	基础	继续有效
23.公路沿线设施太阳能供电系统通用技术规范	GB/T 24716—2009	国标	推荐	基础	继续有效
24.高速公路隧道监控系统模式	GB/T 18567—2001	国标	推荐	基础	继续有效
25.高速公路LED可变信息标志	GB/T 23828—2009	国标	推荐	产品	继续有效
26.高速公路LED可变限速标志	GB 23826—2009	国标	强制	产品	继续有效
27.公路收费制式	GB/T 18277—2000	国标	推荐	基础	继续有效
28.公路收费方式	GB/T 18367—2001	国标	推荐	基础	继续有效
29.公路收费亭	GB/T 24719—2009	国标	推荐	产品	继续有效
30.公路收费用票据打印机	GB/T 24723—2009	国标	推荐	产品	继续有效
31.收费专用键盘	GB/T 24724—2009	国标	推荐	产品	继续有效
32.高速公路有线紧急电话系统技术要求	GB/T 19516—2004	国标	推荐	产品	继续有效

续上表

标准名称	标准号	级别	性质	类别	状态
33. 公路用玻璃纤维增强塑料产品第1部分:通则	GB/T 24721.1—2009	国标	推荐	产品	继续有效
34. 公路用玻璃纤维增强塑料产品第2部分:管箱	GB/T 24721.2—2009	国标	推荐	产品	继续有效
35. 公路用玻璃纤维增强塑料产品第3部分:管道	GB/T 24721.3—2009	国标	推荐	产品	继续有效
36. 公路用玻璃纤维增强塑料产品第4部分:非承压通信井盖	GB/T 24721.4—2009	国标	推荐	产品	继续有效
37. 公路用玻璃纤维增强塑料产品第5部分:标志底板	GB/T 24721.5—2009	国标	推荐	产品	继续有效

TC223 标委会管理的交通行业标准(75 项) 表 1-3-2

标准名称	标准号	级别	性质	类别	状态
1. 公路交通安全设施质量检验抽样及判定	JT/T 495—2004	行标	推荐	基础	继续有效
2. 逆反射术语	JT/T 688—2007	行标	推荐	基础	继续有效
3. 逆反射系数测试方法共平面几何法	JT/T 689—2007	行标	推荐	方法	继续有效
4. 逆反射体光度性能测试方法	JT/T 690—2007	行标	推荐	方法	继续有效
5. 水平涂层逆反射亮度系数测试方法	JT/T 691—2007	行标	推荐	方法	继续有效
6. 夜间条件下逆反射体色度性能测试方法	JT/T 692—2007	行标	推荐	方法	继续有效
7. 荧光反光膜和荧光反光标记材料昼间色度性能测试方法	JT/T 693—2007	行标	推荐	方法	继续有效
8. 逆反射测量仪	JT/T 612—2004	行标	推荐	产品	被 GB/T 26377—2010 代替
9. 公路交通标志板	JT/T 279—2004	行标	推荐	产品	被 GB/T 23827—2009 代替
10. 公路临时性交通标志技术条件	JT/T 429—2000	行标	推荐	产品	待修订国标
11. 公路作业人员工作服	JT/T 492—2003	行标	推荐	产品	被 GB/T 25281—2010 代替
12. 路面标线用玻璃珠	JT/T 446—2001	行标	推荐	产品	被 GB/T 24722—2009 代替
13. 道路预成形标线带	JT/T 493—2003	行标	推荐	产品	被 GB/T 24717—2009 代替
14. 锥形交通路标	JT/T 595—2004	行标	推荐	产品	被 GB/T 24720—2009 代替
15. 公路防撞桶	JT/T 596—2004	行标	推荐	产品	待修订国标
16. 公路用玻璃纤维增强塑料产品第1部分:通则	JT/T 599.1—2004	行标	推荐	产品	被 GB/T 24721.1—2009 代替
17. 公路用玻璃纤维增强塑料产品第2部分:管箱	JT/T 599.2—2004	行标	推荐	产品	被 GB/T 24721.2—2009 代替
18. 公路用玻璃纤维增强塑料产品第3部分:管道	JT/T 599.3—2004	行标	推荐	产品	被 GB/T 24721.3—2009 代替

续上表

标 准 名 称	标　准　号	级别	性质	类别	状态
19.公路用玻璃纤维增强塑料产品第4部分:防眩板	JT/T 599.4—2004	行标	推荐	产品	被GB/T 24718—2009代替
20.公路防眩设施技术条件	JT/T 333—1997	行标	推荐	产品	被GB/T 24718—2009代替
21.路面标线涂料	JT/T 280—2004	行标	推荐	产品	继续有效
22.路面防滑涂料	JT/T 712—2008	行标	推荐	产品	继续有效
23.路面橡胶减速带	JT/T 713—2008	行标	推荐	产品	继续有效
24.公路用防腐蚀粉末涂料及涂层第1部分:通则	JT/T 600.1—2004	行标	推荐	产品	继续有效
25.公路用防腐蚀粉末涂料及涂层第2部分:热塑性聚乙烯(PE)粉末涂料及涂层	JT/T 600.2—2004	行标	推荐	产品	继续有效
26.公路用防腐蚀粉末涂料及涂层第3部分:热塑性聚氯乙烯(PVC)粉末涂料及涂层	JT/T 600.3—2004	行标	推荐	产品	继续有效
27.公路用防腐蚀粉末涂料及涂层第4部分:热固性聚酯(Polyester)粉末涂料及涂层	JT/T 600.4—2004	行标	推荐	产品	继续有效
28.交通钢构件聚苯胺防腐涂料	JT/T 657—2006	行标	推荐	产品	继续有效
29.公路波形梁钢护栏	JT/T 281—2007	行标	推荐	产品	待修订国标
30.公路三波形梁钢护栏	JT/T 457—2007	行标	推荐	产品	待修订国标
31.突起路标	JT/T 390—1999	行标	推荐	产品	被GB/T 24725—2009代替
32.轮廓标技术条件	JT/T 388—1999	行标	推荐	产品	被GB/T 24970—2010代替
33.塑料防眩板	JT/T 598—2004	行标	推荐	产品	被GB/T 24718—2009代替
34.隔离栅技术条件	JT/T 374—1998	行标	推荐	产品	2012年5月1日将被GB/T 26941.1—2011～GB/T 26941.6—2011
35.公路地下通信管道高密度聚乙烯硅芯塑料管	JT/T 496—2004	行标	推荐	产品	继续有效
36.公路沿线设施塑料制品耐候性指标及测试方法	JT/T 593—2004	行标	推荐	产品	被GB/T 22040—2008代替
37.钢构件镀锌层附着性能测定仪	JT/T 684—2007	行标	推荐	产品	继续有效
38.玻璃珠选形器	JT/T 674—2007	行标	推荐	产品	继续有效
39.道路交通标线涂层湿膜厚度梳规	JT/T 675—2007	行标	推荐	产品	继续有效
40.突起路标耐冲击性能测试仪	JT/T 682—2007	行标	推荐	产品	继续有效
41.通信管道静摩擦系数测量仪	JT/T 683—2007	行标	推荐	产品	继续有效
42.反光膜附着性能测试仪	JT/T 685—2007	行标	推荐	产品	继续有效
43.反光膜耐冲击性能测定仪	JT/T 686—2007	行标	推荐	产品	继续有效
44.反光膜防粘纸可剥离性能测试仪	JT/T 687—2007	行标	推荐	产品	继续有效
45.高速公路交通数据报表格式	JT/T 456—2001	行标	推荐	基础	待修订国标
46.高速公路可变信息标志信息的显示和管理	JT/T 607—2004	行标	推荐	管理	继续有效

续上表

标准名称	标准号	级别	性质	类别	状态
47. 高速公路 LED 可变信息标志技术条件	JT/T 431—2000	行标	推荐	产品	被 GB/T 23828—2009 代替
48. 高速公路 LED 可变限速标志技术条件	JT 432—2000	行标	强制	产品	被 GB/T 23826—2009 代替
49. 内部照明标志	JT/T 750—2009	行标	推荐	产品	继续有效
50. 翻版式可变标志	JT/T 751—2009	行标	推荐	产品	继续有效
51. 高速公路光纤型可变限速标志	JT 453—2001	行标	推荐	产品	作废
52. 光纤型车道控制标志	JT 454—2001	行标	推荐	产品	作废
53. 环形线圈车辆检测器	JT/T 455—2001	行标	推荐	产品	2012 年 5 月 1 日将被 GB/T 26942—2011 代替
54. 公路 GSM/CDMA 数字紧急电话系统	JT/T 621—2005	行标	推荐	产品	继续有效
55. 高速公路监控设施通信规程第 1 部分:通用规程	JT/T 606.1—2004	行标	推荐	产品	待修订国标
56. 高速公路监控设施通信规程第 2 部分:环形线圈车辆检测器	JT/T 606.2—2004	行标	推荐	产品	待修订国标
57. 高速公路监控设施通信规程第 3 部分:LED 可变信息标志	JT/T 606.3—2004	行标	推荐	产品	待修订国标
58. 公路收费亭	JT/T 422—2000	行标	推荐	产品	被 GB/T 24719—2009 代替
59. 公路收费车道控制机	JT/T 602—2004	行标	推荐	产品	被 GB/T 24968—2010 代替
60. LED 车道控制标志	JT/T 597—2004	行标	推荐	产品	继续有效
61. 收费栏杆技术条件第 1 部分:电动栏杆	JT/T 428.1—2000	行标	推荐	产品	被 GB/T 24973—2010 代替
62. 收费栏杆技术条件第 2 部分:手动栏杆	JT/T 428.2—2000	行标	推荐	产品	被 GB/T 24974—2010 代替
63. 汽车号牌视频自动识别系统	JT/T 604—2004	行标	推荐	产品	待修订
64. 公路收费非接触式 IC 卡第 1 部分:物理特性	JT/T 452.1—2001	行标	推荐	产品	继续有效
65. 公路收费非接触式 IC 卡第 2 部分:电气特性	JT/T 452.1—2001	行标	推荐	产品	继续有效
66. 高速公路监控系统地图板装置	JT/T 601—2004	行标	推荐	产品	待修订国标
67. 公路收费非接触式 IC 卡收发卡机	JT/T 603—2004	行标	推荐	产品	待修订国标
68. 公路收费车道图像抓拍与数字化规程	JT/T 605—2004	行标	推荐	产品	待修订国标
69. 公路收费用费额显示器	JT/T 641—2005	行标	推荐	产品	2012 年 6 月 1 日将被 GB/T 27879—2011 代替

续上表

标准名称	标准号	级别	性质	类别	状态
70.公路沿线设施太阳能供电系统通用技术规范	JT/T 594—2004	行标	推荐	产品	被 GB/T 24716—2009 代替
71.公路隧道照明灯具	JT/T 609—2004	行标	推荐	产品	继续有效
72.升降式高杆照明装置技术条件	JT/T 312—1996	行标	推荐	产品	2012 年 5 月 1 日将被 GB/T 24973—2010 代替
73.公路照明技术条件	JT/T 367—1997	行标	推荐	产品	被 GB/T 24969—2010 代替
74.隧道可编程控制器	JT/T 608—2004	行标	推荐	产品	继续有效
75.公路隧道环境检测设备技术条件	JT/T 611—2004	行标	推荐	产品	继续有效，新国标 GB/T 26944.1—2011～GB/T 26944.4—2011 已经颁布

上述标准是交通工程标委会(TC 223)负责管理制定的交通工程专用标准，大部分机电标准直接采用了通信、电子、信息、计算机等行业标准而未直接列出。交通工程专用标准引用了大量国家和其他行业的标准，例如仅机电产品环境例行试验的试验方法标准 GB/T 2423 系列就有 50 多项。据统计，要完成交通工程专业所有检测任务，需要的直接相关标准达 600 多项。另外，在未来几年，标委会将本着服务发展、技术先进、提高安全、推进效益的原则，补充完善现有交通工程标准体系，重点领域是交通安全与管理服务，在未来 5 年将完成 65 项国标，85 项行标，共计 150 项标准修(制)定任务，总专用标准数量将达到 200 多项。

三、交通工程设施标准要点分析

如上所述，交通工程设施标准体系如此庞大，如何掌握确实是一件不轻松的工作，我们分析以下这些设施标准，大都有一些共同特点。

1.交通安全设施

交通安全设施标准可分为两大类，一类是像波形梁钢护栏这样的防护产品，另一类是像交通标志一类的逆反射类警示产品。对于防护类产品，其技术要素一般围绕外观质量、结构尺寸、材料力学性能、耐久性或防腐性能四部分制定；对于警示类产品，其技术要素除了包含上述四项内容外，还包括逆反射系数、色品坐标等光度性能和色度性能要求。

2.交通机电设施

现代的机电设施大都是光机电一体化设备，其组成相对于交通安全设施较为复杂，对于室外设备除了一般交通安全设施的内容外，还有电气安全、环境例行试验、特殊功能、通信接口等内容。交通机电产品的技术要素一般有：外观质量、结构尺寸、元器件及材料要求、外壳防腐性能、电气安全、环境适应性、通信接口及功能要求等六个方面，对于警示设备也有光度和色度性能要求。其中的外壳防腐性能、电气安全、环境适应性、通信接口等要求及试验方法都是通用的，只要掌握了一个产品标准，其他的就基本掌握了。只是要注意，使用的环境不同，选用的温度等级也不同。

第四章

抽样基础

试验室检测一般是送样检测，样品是已经准备好的明确的产品。而在工程现场，检测人员面对的是批量产品，委托方要求都是"我这一批产品是否可用"。我们进行检测的第一步就是从批量产品中抽取样品。如何抽取和如何判定？这就是抽样技术。在这一章，我们以交通行业标准《公路交通安全设施质量检验抽样及判定》(JT/T 495—2004)为基础，作重点讲解。

第一节　基本概念

1.什么是抽样检验

抽样检验是相对全数检验而言的。全数检验即100％检验，通过全数检验可达到对产品100％合格与否的判定，不存在错判风险；在实际检验中效率极低，对某些项目甚至是不可能的，因为一旦检验完毕，整个产品也就报废，失去了使用价值。

抽样检验是从每批产品中抽取适当数量的部分产品作为样本，对样本中的每一件产品进行检验，通过这样的检验来判别整个批的产品质量是否符合标准要求和能否被接收，是一种科学的统计检验方法，即通过样本的质量特性推断总体的质量状况的检验方法。抽样检验的优点是：量少、效率高、经济可行；缺点是：存在错判风险。

2.抽样检验的两类风险

(1)弃真错误和生产方风险α

设p为被检验批的真实质量水平，可理解为实际不合格率；

设p_0为双方约定或标准规定的质量水平，也可理解为约定不合格率。

当$p\leqslant p_0$时，把合格批判为不合格批拒收的错误，称为第一类错误(弃真错误)，出现这种错误的概率叫第一错判概率，用α表示，此概率即生产方风险。

(2)存伪错误和使用方风险β

当$p\geqslant p_0$时，把不合格批判为合格批接收的错误，称为第二类错误(存伪错误)，出现这种错误的概率叫第二错判概率，用β表示，此类概率又称为使用方风险。

通俗一点说，抽样检验对供方和需方都存在风险。供方的风险来自"弃真错误"，即把好的判成坏的而予以拒绝；需方的风险来自"存伪错误"，即把坏的判成好的而予以接收。

3.抽样检验的基本要求

实际检验中抽取的样品是否代表了整个检验批的质量水平是抽样检验的关键，这就要求抽样人员在主观上要增强责任心，针对被检批的堆放形态，采用分层、系统、随机的方法，抽取样品，而不能为了简单省事，仅从表层或专抽缺陷产品组成样本。在客观上选择合理的抽样方法和抽样方案(抽样标准),在检验时严格按照产品标准检验判定每个单位样品,按照抽样标准对整个批作出合格与否的判定。

目前国家颁布了23个抽样标准,其中有20个抽样方案,2个方法,1个导则。JT/T 495—2004依据交通产品特点和工程实际情况选择了其中的4个标准,并对抽样方案要素作了具体规定,做到简单、易用、可操作。JT/T 495—2004虽然是对交通安全设施制定的抽样方法,但是对于单位产品特征明显的机电产品也是适用的,例如一批信号灯、一批车道控制器、一批紧急电话、一批IC卡等。需要注意的是,抽样方法只是完成了检测任务的第一步,将样品从批中抽了出来,如何检验是用不同的产品标准来实现的,所以JT/T 495—2004的方法对机电产品也是有效的。

4.抽样检验的常用名词术语

(1)单位产品(item)　可独立描述和考察的事物。一件产品,一个部件,一箱突起路标,一定体积、重量的产品,一套螺栓,一个服务过程等都可看做单位产品。

其实,此定义在GB/T 2828—1987版本中是"为实施抽样检查的需要而划分的基本单位",其更容易理解,不过旧版本的工作是实物产品,没有涉及服务、过程等广义产品。一项服务有多道作业程序,每项程序也都有要求,这些要求就是质量特性,也存在合格、不合格之分。

(2)批(lot)　汇集在一起的一定数量的某种产品、材料或服务。在实际检测中,"批"这个术语通常用作修饰词,不含具体数量的意义,例如一批产品,一批护栏,一批灯具,一批隔离栅等。

(3)连续批(continuing lot)　待检批可利用最近已检批所提供的质量信息的连续提交检验批。

(4)批量(lot size),符号N　批中产品的数量。

(5)样本(sample)　取自一个批并且提供有关该批信息的一个或一组产品。

(6)样本量(sample size),符号n　样本中产品的数量。

(7)不合格(nonconformity)　不满足规范的要求。

(8)不合格品(nonconforming item)　具有一个或一个以上的不合格的产品。

(9)(总体或批)不合格品百分数[percent nonconforming(in a population or lot)]　批中所有不合格品总数除以批量,再乘以100,即:

$$不合格品百分数=\frac{批(总体)中不合格品数}{批量(总体量)}\times 100$$

(10)(总体或批)每百单位产品不合格数[nonconformities per 100 items(in a population or lot)]　总体或批中的不合格数除以总体量或批量,再乘以100,即:

$$每百单位产品不合格数=\frac{批中所有单位产品不合格总数}{批量}\times 100$$

注:一个不合格产品可有多项不合格,因此每百单位产品不合格数可能大于100。

(11)过程平均(process average),符号p　一系列初次提交检验批的平均质量(用每百单位产品不合格品数或不合格数表示)。

(12)接收质量限(acceptance quality limit),符号AQL　当一个连续系列批被提交验收抽样时,可允许的最差过程平均质量水平。

AQL 这个符号，在验收型检验中称做合格质量水平，其英文全称是 acceptance quality level，其意义与接收质量限基本一致。

(13)检验(inspection) 为确定产品或服务的各特性是否合格，测定、检查、试验或度量产品或服务的一种或多种特性，并且与规定要求进行比较的活动。

(14)计数检验(inspection by attributes) 关于规定的一个或一组要求，或者仅将单位产品划分为合格或不合格，或者仅计算单位产品中不合格数的检验。

抽样检验分为计数检验和计量检验两大类，计量检验一般对可测量的质量特性有效，例如拉力、抗压强度、几何尺寸等。但不适用于主观特性，例如色泽鲜艳、无裂痕、无严重锈蚀等。计数检验具有较强的适应性，既适用客观量，也适用主观量，交通工程设施的标准一般都是主客观综合标准，用计数型抽样检验具有更好的操作性。

(15)合格判定数(接收数)(acceptance number)，符号 Ac 作出批合格判断时样本中所允许的最大不合格品数或不合格数。

(16)不合格判定数(拒收数)(rejection number)，符号 Re 作出批不合格判断时样本中所不允许的最小不合格品数或不合格数。

注：一般来说，对于一次抽样方案，Re=Ac+1。例如，合格判定数为 1，即允许有一个不合格，则不合格判定数为 2，即不允许有 2 个不合格。

(17)判定数组(estimating array) 合格判定数和不合格判定数或者合格判定数系列和不合格判定数系列结合在一起，称为判定数组。

(18)抽样方案(sampling plan) 所使用的样本量和有关批接受准则的组合称为抽样方案。

注：根据批量大小、接收质量限、检验严格程度等因素决定出样本大小和判定数组，有了这两个参数就可以对给定的批进行抽样和判定。

(19)抽样程序(sampling procedure) 使用抽样方案判断批接收与否的过程。

(20)一次抽样方案(single sampling plan) 由样本大小 n 和判定数组(Ac、Re)结合在一起组成的抽样方案。

(21)正常检验(normal inspection) 当过程平均优于接受质量限时抽样方案的一种使用方法。此时抽样方案具有为保证生产方以高概率接收而设计的接收准则。

(22)检验水平(inspection level)，符号 IL 提交检验批的批量与样本大小之间的等级对应关系称为检验水平，有时也称监督水平。

(23)样本大小字码(code of sample size) 根据提交检验批的批量与检验水平确定的样本大小字母代码。

(24)批合格概率(probability of acceptance)，符号 Pa 对一个过程平均质量水平(不合格品百分数或每百单位产品不合格数)已知的批，按给定抽样方案判该批为合格批的可能性大小，称为批合格概率，有时也称批接收概率。

(25)孤立批(lot in isolation) 脱离已生产或汇集的批系列，不属于当前检验批系列的批。一般来说，在生产线上的连续批，批与批之间的质量水平是可相互参照的，孤立批一般是指批的质量信息缺失，无上下批的质量信息可供参考，供需双方都无可靠的证据说清楚批的质量水平是多少。

(26)极限质量(limiting quality),符号LQ　对于孤立批,为进行抽样检验,限制在某一低的接收概率的过程平均质量水平。

注:实际上,极限质量也是一种不合格品率。

(27)监督质量水平(audit quality level),符号D_0(或p_0)　监督总体中允许的不合格品数或不合格品率的上限值。当监督总体量较小时用不合格品数表征监督质量水平,用符号D_0表示;当监督总体量较大时用不合格品率表征监督质量水平,用符号p_0表示。

(28)监督检验等级(audit inspection level)　监督抽样检验中样本量与检验功效之间的对应关系,称为监督检验等级。

注:监督检验等级代表了监督检验的严格程度,分第一监督检验等级和第二监督检验等级。样本量越大,检验的功效越高。对于涉及人身安全的产品,监督抽样检验时,应选用功效高的监督检验等级。

(29)错判风险(type I error probability),符号α　将实际上符合规定质量要求的监督总体判为不可通过的概率。

(30)特殊样本数(special sample size)　指对破坏性或检测时间较长的检验项目而规定的样本大小。

注:特殊样本一般从按抽样方案已经抽出的样本中再次随机抽取。

(31)特殊合格判定数(special acceptance number),符号As　特指重要的质量特性和特殊样本规定的质量特性的合格判定数。

(32)试样(a portion of sample)　指为了满足检验要求,从样品上(中)裁下或取出的样块或部分样品。

第二节　交通工程设施抽样检验技术

一、抽样检验的一般规定

1.抽样原则

抽样时应遵循科学、经济的原则。抽出的样本质量特性应能代表检验批的质量。通过对样本的检验作出检验批是否可以被接收的结论,使错判和漏判的概率都达到最小。用最少的费用、时间和人力作出科学的判定,具有可操作性。

2.抽样检验的分类

按照检验目的和检验实施主体将公路交通安全设施抽样检验分为工厂验收检验(简称工厂验收)、工地抽查验收检验(简称工地抽验)、国家或行业组织的监督抽查检验(简称监督抽查)三种。

工厂验收一般由订货方在产品生产地组织实施,工地抽验一般由监理方在产品到达工地后、安装前组织实施,监督抽查由国家或交通建设主管部门组织有资质的质量监督检测机构在产品生产工厂、流通领域、工地安装现场以及安装后的工程上进行。

3.三种检验的相互关系

工厂验收在供货方检验合格的批中抽样,工地抽验在工厂验收合格的批中抽样,监督抽查可在任何时间、地点对产品进行抽样。

4.检验中缺陷(不合格)的分类与处置

(1)分类 公路交通安全设施有缺陷的产品分为A、B、C三类。

A类:主要质量特性不符合产品技术标准要求。

B类:外观有较明显缺陷,其他质量特性符合产品技术标准的要求。

C类:外观有轻微缺陷,其他质量特性符合产品技术标准的要求。

(2)对于从不合格批中剔出来的有缺陷的产品的处置

对于A类缺陷品,应无条件拒收。

对于B类缺陷品,经订货方同意后,可以修复的应予以降价、降级使用。

对于C类缺陷品,经订货方同意后,可以修复的一般予以接收。

注:产品标准或合同中允许的缺陷不在上述三类缺陷之内。

(3)不合格批的处置 在工厂验收时出现不合格批,应予拒收。经订货方同意,供货方可以对该不合格批进行100%的检验,剔除所有缺陷品后重新组批提交检验。

在工地抽验时出现不合格批,供货方需对不合格批进行100%检验,剔除所有缺陷品后方可使用。考虑经济和工期等因素,经业主和监理工程师同意,对剔除的B类和C类缺陷品应修复后降级使用,对A类缺陷品不得使用并应当场销毁。

在监督抽查中没有通过的批,由监督部门按照国家监督抽查有关规定处置。

5.抽样标准的选用

(1)在工厂验收时,采用GB/T 2828,并规定AQL=1.0。

(2)在工地抽验时,采用GB/T 2828,并规定AQL=4.0。

(3)在验收检验中,当供货方不能提供批的质量信息时,应作孤立批处理,按GB/T 15239的规定执行。

(4)对路面标线涂料和玻璃珠等散粒料或液体进行检验时,按GB/T 3186的规定执行。

(5)监督抽查时:

当批量≤250时,采用GB/T 15482;

当批量>250时,采用GB/T 14437。

6.组批原则

通常每个检验批应由同型号、同等级、同种类(尺寸、特性、成分等),且生产工艺、条件和时间基本相同的单位产品组成。批量的大小与施工标段、施工企业及供货单位有关,划分批量应充分考虑上述因素,不同供货单位的产品不能组成同一个批次。

7.质量特性(检验项目)

质量特性应与产品技术标准一致,本标准涉及的公路交通安全设施质量特性应不少于附录A规定的项目,订货方可以附加其他技术要求。

二、验收型抽样检验技术

在工程实践工作中,交通工程检测工作者遇到最多的是验收型检验。业主或施工企业订货,交给生产企业组织生产后,是否允许这批货物出场,需要验收检验;当货物运抵工地后,是否允许这批产品安装,也需要验收检验。因此,验收检验是最常用的一种抽样检验方法。按照交通行业标准,验收型检验使用GB/T 2828或GB/T 15239。

需要说明的是，现在 GB/T 2828 已经更新为《计数抽样检验程序　第 1 部分：按接收质量限（AQL）检索的逐批检验抽样计划》（GB/T 2828.1—2008），GB/T 15239 已经更新为《计数抽样检验程序　第 2 部分：按极限质量水平（LQ）检索的孤立批检验抽样方案》（GB/T 2828.2—2008），但实质内容没有太大变化，所以本书仍以交通行业标准 JT/T 495—2004 为基础讲述。

1. 采用 GB/T 2828 抽样检验程序

1）一般程序。一般程序包括以下方面：①确定单位产品的质量特性；②确定接收质量限；③确定检验水平；④规定检验严格程度；⑤按组批原则组成批并提交；⑥确定抽样方案；⑦抽取样本；⑧检验样本；⑨判断批质量是否合格；⑩批检验后的处置。

2）实施细则

（1）接收质量限 AQL（指百单位产品的不合格品数）：工厂验收时，AQL≤1.0；工地抽验时，AQL≤4.0。

（2）检验水平：一般检验水平 II。

（3）严格程度：本标准直接采用正常检验。

（4）抽样方案：按一次抽样方案。

（5）样本数与合格判定数组。特殊样本数和特殊合格判定数按 JT/T 495—2004 附录 A 的规定执行，其他检验项目根据接收质量限和其他相关信息，查 GB/T 2828 的有关表格，得到样本数及合格判定数组，常用数据如表 1-4-1 所示。

一次抽样、一般检验水平 II、正常检验时的样本数及判定数组表　　表 1-4-1

批　量	AQL＝1.0		AQL＝4.0	
	样本数	判定数组[Ac,Re]	样本数	判定数组[Ac,Re]
1～8	2	[0,1]	2	[0,1]
9～15	3	[0,1]	3	[0,1]
16～25	5	[0,1]	5	[0,1]
26～50	8	[0,1]	8	[1,2]
51～90	13	[0,1]	13	[1,2]
91～150	20	[0,1]	20	[2,3]
151～280	32	[1,2]	32	[3,4]
281～500	50	[1,2]	50	[5,6]
501～1 200	80	[2,3]	80	[7,8]
1 201～3 200	125	[3,4]	125	[10,11]
3 201～10 000	200	[5,6]	200	[14,15]
10 001～35 000	315	[7,8]	315	[21,22]

（6）抽取样本。用 GB/T 10111 规定的方法在待检批中进行简单随机抽样，也可视情况采用其他随机抽样方法。

（7）检验样本。对抽出的样本按 JT/T 495—2004 附录 A 规定的检验项目，按相应产品技术标准中的检验方法及样品是否合格的判别准则，逐一检验样本中每一个样品，统计出被检样

本中的不合格品数 A。

(8)判断受检批是否合格。当检验样本中的不合格品数 $A \leqslant Ac$,并且相关不合格数不大于 JT/T 495—2004 附录 A 中特殊合格判定数 As 时,则判该批为合格批;否则,为不合格批。

2. 采用 GB/T 15239 抽样检验程序

对于孤立批的验收检验按下列程序进行。

1)一般程序

一般程序包括以下方面:①确定单位产品的质量特性;②确定极限质量水平;③确定检验水平;④按组批原则组成批并提交;⑤确定抽样方案;⑥抽取样本;⑦检验样本;⑧判断批质量是否合格;⑨批检验后的处置。

2)实施细则

(1)极限质量水平 LQ:

工厂验收时,LQ=2;

工地抽验时,LQ=5。

(2)检验水平:一般检验水平 III。

(3)抽样方案:一次抽样方案。

(4)样本数 n 和合格判定数组[Ac,Re]。

当 LQ=2 时,判定数组按表 1-4-2 规定选取。

孤立批 LQ=2 时的抽样方案表　　表 1-4-2

批量 N	样本数 n	判定数组[Ac,Re]	批量 N	样本数 n	判定数组[Ac,Re]
201～3 200	200	[1,2]	10 001～35 000	500	[5,6]
3 201～10 000	315	[3,4]			

注:当 $N \leqslant 200$ 时的批,全部检验。

当 LQ=5 时,判定数组按表 1-4-3 规定选取。

孤立批 LQ=5 时的抽样方案表　　表 1-4-3

批量 N	样本数 n	判定数组[Ac,Re]	批量 N	样本数 n	判定数组[Ac,Re]
81～500	80	[1,2]	1 201～3 200	200	[5,6]
501～1 200	125	[3,4]	>3 200	315	[10,11]

注:当 $N \leqslant 81$ 时的批,全部检验。

(5)抽取样本。用 GB/T 10111 规定的方法在待检批中进行简单随机抽样,也可视情况采用其他随机抽样方法。

(6)检验样本。对抽出的样本按 JT/T 495—2004 附录 A 规定的检验项目,按相应产品技术标准中的检验方法及样品是否合格的判别准则,逐一检验样本中每一个样品,统计出被检样本中的不合格品数 A。

(7)判断受检批是否合格。当不合格品数 $A \leqslant Ac$,并且相关不合格数不大于 JT/T 495—2004 附录 A 中特殊合格判定数 As 时,则判该孤立批为合格批;否则,为不合格批。

三、监督型抽样检验技术

监督型抽样检验一般应用于政府主管部门组织实时的监督抽查,例如交通运输部组织的交通产品行业监督抽查，各省交通运输主管部门组织的行政区内的监督抽查等，检测机构一般是监督抽查的执行者，而不是组织者。

根据监督批的大小分为小总体抽样程序和大总体抽样程序，小总体抽样程序适用于批量小于等于 250 的监督批，大总体抽样程序适用于大于 250 的监督批。

在 2009 年 1 月 1 日之后，国家抽样标准中，对 GB/T 15482 和 GB/T 14437 进行了更新，分别以《计数抽样检验程序　第 11 部分：小总体声称质量水平的评定程序》(GB/T 2828.11—2008)和《计数抽样检验程序　第 4 部分：声称质量水平的评定程序》(GB/T 2828.4—2008)代替。对于小总体抽样程序，GB/T 2828.11—2008 与 GB/T 15482 相比，除了几个名称有所改变外，抽样方案并无实质改变。对于大总体抽样程序，GB/T 2828.4—2008 与 GB/T 14437 相比，抽样方案改动较大，取消了用公式试算不合格数的方法，样本数和不合格判定数都用查表检索法。但考虑到行业标准 JT/T 495—2004 还没有更新，本书第一版仍按行业现行标准讲述。

1. 小总体监督抽样程序(监督批小于等于 250)

1)监督抽查的一般程序

一般程序包括以下几个方面：①确定监督总体；②确定单位产品的质量特性；③确定监督质量水平；④确定监督检验等级；⑤确定抽样方案；⑥抽取样本；⑦检验样本；⑧判断监督总体是否通过；⑨监督检验后的处置。

2)实施细则

(1)确定监督总体　根据监督的需要确定监督总体。监督总体中的产品可以是同厂家、同型号、同一生产周期生产的产品，也可是不同厂家、不同生产周期生产的同类产品。

(2)监督质量水平 D_0　工厂监督抽查时 $D_0=2.0$，即用监督总体中的不合格品数是否超过了 2 个的抽样方案；工地监督抽查时 $D_0=5.0$，即用监督总体中的不合格品数是否超过了 5 个的抽样方案。

(3)检验等级　选用第二监督检验等级，即不合格判定数 Re=2。

(4)样本数　特殊样本数和特殊合格判定数按 JT/T 495—2004 附录 A 的规定执行，其他性能指标的样本根据批量大小和监督质量水平 D_0 查表 1-4-4 可得出样本数 n。

第二监督检验等级抽样方案表　　表 1-4-4

批量 N		10	15	20	25	30	35	40	45	50	60	70	80	90	100
样本数 n	$D_0=2$	3	4	5	6	7	8	9	10	11	14	16	18	19	21
	$D_0=5$	2	2	2	2	3	3	3	4	4	5	6	6	7	8

批量 N		110	120	130	140	150	170	190	210	230	250
样本数 n	$D_0=2$	25	25	30	30	35	35	40	45	50	60
	$D_0=5$	9	10	10	11	12	13	15	16	18	19

(5)抽取样本　用 GB/T 10111 规定的方法在整个监督总体中进行简单随机抽样，也可视情况采用其他随机抽样方法。

(6)检验样本　对 JT/T 495—2004 附录 A 规定的检验项目，按相关的产品技术标准中规定的检验方法及样品是否合格的判别准则，逐一检验样本中的每一个样品，统计出被检样本中的不合格品数 A。

(7)判断受检批是否通过监督抽查 当检验样本中的不合格品数 A 小于检验等级中规定的不合格判定数 Re=2,并且相关不合格数不大于 JT/T 495—2004 附录 A 中特殊合格判定数 As 时,则判该监督总体为通过监督抽查;当 $A \geqslant \text{Re}$ 时,则判该监督总体为不通过,即监督抽查不合格。

2. 大总体监督抽样程序(监督批大于 250)

1)监督抽查的一般程序

一般程序包括以下方面:①确定监督总体;②确定单位产品的质量特性;③确定监督质量水平,即监督批中允许的不合格品数;④确定错判风险;⑤确定抽样方案;⑥抽取样本;⑦检验样本;⑧判断监督总体是否通过;⑨监督检验后的处置。

2)实施细则

(1)确定监督总体 根据监督的需要确定监督总体。样本应在监督总体中随机抽取,总体量一般大于 250,且总体量与样本量之比大于 10。

(2)监督质量水平 p_0

在工厂监督抽查时 $p_0=1\%$;

在工地监督抽查时 $p_0=5\%$。

(3)错判风险 α 本标准取 α 为 0.05。

(4)样本数 n 与不合格判定数 Re 样本数 n 按批量的 1.0%取,当 n 取值为非整数时,进位到整数。

当样本数 $n \leqslant 50$ 时,按表 1-4-5 取 Re 值。

不合格判定数 Re　　表 1-4-5

样本数	n	3~10	11~31	32~44	45~48	49~50
不合格判定数	$p_0=1\%$	1	2	2	2	3
	$p_0=5\%$	2	4	5	6	6

当 $n>50$ 时,按公式(1-4-1)试算不合格判定数 Re。

$$2(\sqrt{(1-p_0)\text{Re}}-\sqrt{(n-\text{Re}+1)p_0}) = 1.64 \tag{1-4-1}$$

当 Re 的值使上式左边的值最接近 1.64 时,此值即作为不合格判定数。

(5)抽取样本 用 GB/T 10111 规定的方法在整个监督总体中进行简单随机抽样,也可视情况采用其他随机抽样方法。

(6)检验样本 对 JT/T 495—2004 附录 A 规定的检验项目,按相关的产品技术标准中规定的检验方法及样品是否合格的判别准则,逐一检验样本中的每一个样品,统计出被检样本中的不合格品数 A。

(7)判断监督总体是否可通过监督抽查 当检验样本中的不合格品数 A 小于不合格判定数 Re,并且相关不合格数不大于 JT/T 495—2004 附录 A 中特殊合格判定数 As 时,则判该监督总体通过监督抽查;当 $A \geqslant \text{Re}$ 时,则判该监督总体没有通过监督抽查,即监督抽查不合格。

第五章

通用检测仪器设备及试验方法

在第三章讲到交通安全设施和交通机电设施，在标准上有许多相似之处，例如都有外观质量、几何尺寸、材料性能、耐腐蚀、耐老化、光度、色度等技术要求。因此所用的检测仪器设备和试验方法也基本上是相同的，为了本书的系统性，将两类设施通用之处归并在一起讲述。

第一节　通用仪器设备

一、几何尺寸

1. 游标卡尺

尺身和游标尺上面都有刻度。以精确到 0.1mm 的游标卡尺为例，尺身上的最小分度是 1mm，游标尺上有 10 个小的等分刻度，总长 9mm，每一分度为 0.9mm，比主尺上的最小分度相差 0.1mm。量爪并拢时尺身和游标的零刻度线对齐，它们的第一条刻度线相差 0.1mm，第二条刻度线相差 0.2mm，……第 10 条刻度线相差 1mm，即游标的第 10 条刻度线恰好与主尺的 9mm 刻度线对齐。

当量爪间所量物体的线度为 0.1mm 时，游标尺向右应移动 0.1mm。这时它的第一条刻度线恰好与尺身的 1mm 刻度线对齐。同样，当游标的第五条刻度线跟尺身的 5mm 刻度线对齐时，说明两量爪之间有 0.5mm 的宽度，……依此类推。

在测量大于 1mm 的长度时，整的毫米数要从游标“0”线与尺身相对的刻度线读出。

(1)游标卡尺的使用

用软布将量爪擦干净，使其并拢，查看游标和主尺身的零刻度线是否对齐。如果对齐就可以进行测量；如没有对齐则要记取零误差。游标的零刻度线在尺身零刻度线右侧的叫正零误差，在尺身零刻度线左侧的叫负零误差(这件规定方法与数轴的规定一致，原点以右为正，原点以左为负)。

测量时，右手拿住尺身，大拇指移动游标，左手拿待测外径(或内径)的物体，使待测物位于外测量爪之间，当与量爪紧紧相贴时，即可读数。

(2)游标卡尺的读数

读数时首先以游标零刻度线为准在尺身上读取毫米整数，即以毫米为单位的整数部分。然后看游标上第几条刻度线与尺身的刻度线对齐，如第 6 条刻度线与尺身刻度线对齐，则小数部分即为 0.6mm(若没有正好对齐的线，则取最接近对齐的线进行读数)。如有零误差，则一律用上述结果减去零误差(零误差为负，相当于加上相同大小的零误差)，读数结果为：

$$L=整数部分+小数部分-零误差$$

判断游标上哪条刻度线与尺身刻度线对准，可用下述方法：选定相邻的三条线，如左侧的线在尺身对应线之右，右侧的线在尺身对应线之左，中间那条线便可以认为是对准了。

如果需测量几次取平均值，不需每次都减去零误差，只要从最后结果减去零误差即可。

(3)游标卡尺的保管

游标卡尺使用完毕，用棉纱擦拭干净。长期不用时应将它擦上黄油或机油，两量爪合拢并拧紧紧固螺钉，放入卡尺盒内盖好。

游标卡尺有 0.1mm、0.05mm 和 0.02mm3 种最小读数值。

(4)注意事项

①游标卡尺是比较精密的测量工具，要轻拿轻放，不得碰撞或跌落地下。使用时不要用来测量粗糙的物体，以免损坏量爪，不用时应置于干燥地方防止锈蚀。

②测量时，应先拧松紧固螺钉，移动游标不能用力过猛。两量爪与待测物的接触不宜过紧。不能使被夹紧的物体在量爪内挪动。

③读数时，视线应与尺面垂直。如需固定读数，可用紧固螺钉将游标固定在尺身上，防止滑动。

④实际测量时，对同一长度应多测几次，取其平均值来消除偶然误差。

2.钢卷尺

钢卷尺用于测量长度，主要规格有 1m、2m、3m、5m、10m、15m、30m、50m 等系列，分度值为 1mm。

1)主要用法

(1)直接读数法

测量时钢卷尺零刻度对准测量起始点，施以适当拉力(拉尺力以钢卷尺鉴定拉力或尺上标定拉力为准，用弹簧秤衡量)，直接读取测量终止点所对应的尺上刻度。

(2)间接读数法

在一些无法直接使用钢卷尺的部位，可以用钢尺或直角尺，使零刻度对准测量点，尺身与测量方向一致；用钢卷尺量取到钢尺或直角尺上某一整刻度的距离，余长用读数法量出。

2)钢卷尺测量中的几点注意事项

精确的钢卷尺出厂时和使用一段时间后都必须经过检定并注明检定时的温度、拉力与尺长。尺上标注的长度为名义长度，其与实际长度的差值称为尺长改正 Δl，尺子受到不同的拉力时会使尺长改变。为避免这项改变，要求使用钢卷尺时按照尺上标注拉力进行。钢卷尺在不同温度下，其尺长也会变化。因此，必须采用以温度 t 为变量的函数来表示尺长，这就是尺长方程式，其一般形式为：

$$l_t=l+\Delta l+\alpha\cdot l(t-t_0) \tag{1-5-1}$$

式中：l_t——钢卷尺在温度 t 时的实际长度；

l——钢卷尺名义长度；

Δl——尺长改正数，即钢卷尺在温度 t_0 时实际长度与名义长度之差；

α——钢卷尺热膨胀系数；

t_0——钢卷尺检定时的温度；

t——钢卷尺使用时的温度。

3)钢卷尺在使用中，产生误差的主要原因

(1)温度变化的误差

一般钢卷尺的热膨胀系数为 $\alpha=1.25\times10^{-5}$，对每米每摄氏度温差变化仅八万分之一，但相同的钢卷尺在温差较大的环境下还是会产生较大的长度变化，影响测量结果。温度变化的误差在尺长方程式中已考虑了。

(2)拉力误差

拉力大小会影响钢尺的长度，在测量时如果不用弹簧秤衡量拉力，会产生误差。钢的弹性模量 $E=2\times10^6\text{kg/cm}^2$，根据胡克定律，30m 的尺长在±5kg 拉力误差时会产生±1.8mm 的长度误差。

(3)钢尺不水平的误差

测量水平距离时钢卷尺应尽量保持水平，否则会产生距离增长的误差。对于 30m 的尺长，尺的两端高差达 0.4m 时会产生约 2.6mm 的误差，相对误差为 1/11 200。

3.钢直尺

钢直尺是最简单的长度量具，它的长度有 150mm、300mm、500mm 和 1 000mm 四种规格。钢直尺用于测量零件的长度尺寸，它的测量结果不太准确。这是由于钢直尺的刻线间距为 1mm，而刻线本身的宽度就有 0.1～0.2mm，所以测量时读数误差比较大，只能读出毫米数，即它的最小读数值为 1mm，比 1mm 小的数值，只能估计而得。

4.螺旋千分尺

螺旋千分尺主要用于板厚的精确测量。

螺旋千分尺是依据螺旋放大的原理制成的，即螺杆在螺母中旋转一周，螺杆便沿着旋转轴线方向前进或后退一个螺距的距离。因此，沿轴线方向移动的微小距离，就能用圆周上的读数表示出来。螺旋千分尺的精密螺纹的螺距是 0.5mm，可动刻度有 50 个等分刻度，可动刻度旋转一周，测微螺杆可前进或后退 0.5mm，因此旋转每个小分度，相当于测微螺杆前进或后退 0.5/50＝0.01mm。可见，可动刻度每一小分度表示 0.01mm，所以螺旋千分尺可精确到 0.01mm。由于还能再估读一位，可读到毫米的千分位，故又名千分尺。

二、涂层厚度

涂层厚度是金属构件防腐层的重要指标。常用防腐层有镀锌层、镀铝层、高分子涂层、金属加高分子复合涂层。

1.磁性测量仪

采用磁感应原理，利用从测头经过非铁磁覆层而流入铁磁基体的磁通的大小，来测定覆层厚度。也可以测定与之对应的磁阻的大小，来表示其覆层厚度。覆层越厚，则磁阻越大，磁通越小。利用磁感应原理的测厚仪，原则上可以有导磁基体上的非导磁覆层厚度。一般要求基材导磁率在 500 以上。如果覆层材料也有磁性，则要求与基材的导磁率之差足够大(如钢上镀镍)。当软芯上绕着线圈的测头放在被测样本上时，仪器自动输出测试电流或测试信号。早期的产品采用指针式表头，测量感应电动势的大小，仪器将该信号放大后来指示覆层厚度。近年来的电路设计引入稳频、锁相、温度补偿等新技术，利用磁阻来调制测量信号。还采用专利设计的集成电路，引入微机，使测量精度和重现性有了大幅度的提高（几乎达一个数量级）。现代的磁感应测厚仪及磁吸力测厚仪、电涡流测厚仪的分辨率达 0.1μm，允许误差达 1%，量程达 10mm。

磁吸力测厚仪可用来精确测量钢铁表面的油漆层，瓷、搪瓷防护层，塑料、橡胶覆层，包括镍铬在内的各种有色金属电镀层，以及化工石油行业的各种防腐涂层。

2. 电涡流测厚仪

高频交流信号在测头线圈中产生电磁场，测头靠近导体时，就在其中形成涡流。测头离导电基体越近，则涡流越大，反射阻抗也越大。这个反馈作用量表征了测头与导电基体之间距离的大小，也就是导电基体上非导电覆层厚度的大小。由于这类测头专门测量非铁磁金属基材上的覆层厚度，所以通常称之为非磁性测头。非磁性测头采用高频材料做线圈铁芯，例如铂镍合金或其他新材料。与磁感应原理比较，主要区别是测头不同，信号的频率不同，信号的大小、标度关系不同。与磁感应测厚仪一样，电涡流测厚仪也达到了分辨率 0.1μm，允许误差 1%，量程 10mm 的高水平。

采用电涡流原理的涂层测厚仪，原则上对所有导电体上的非导电体覆层均可测量，如航天航空器表面，车辆、家电、铝合金门窗及其他铝制品表面的漆，塑料涂层及阳极氧化膜。覆层材料有一定的导电性，通过校准同样也可测量，但要求两者的导电率之比至少相差 3～5 倍（如铜上镀铬）。虽然钢铁基体亦为导电体，但这类任务还是采用磁性原理测量较为合适。

3. 超声波测厚仪

超声波测厚仪是根据超声波脉冲反射原理来进行厚度测量的，当探头发射的超声波脉冲通过被测物体到达材料分界面时，脉冲被反射回探头，通过精确测量超声波在材料中传播的时间来确定被测材料的厚度。凡能使超声波以一恒定速度在其内部传播的各种材料均可采用此原理测量。按此原理设计的测厚仪可对各种板材和各种加工零件作精确测量，也可以对生产设备中各种管道和压力容器进行监测，监测它们在使用过程中受腐蚀后的减薄程度，可广泛应用于石油、化工、冶金、造船、航空、航天等各个领域。

1)超声波测厚仪一般测量方法

(1)在一点处用探头进行两次测厚，在超声波测厚仪两次测量中，探头的分割面要互为 90°，取较小值为被测工件厚度值。

(2)30mm 多点测量法：当测量值不稳定时，以一个测定点为中心，在直径约为 30mm 的圆内进行多次测量，取最小值为被测工件厚度值。

(3)精确测量法：在规定的测量点周围增加测量数目，厚度变化用等厚线表示。

(4)连续测量法：用单点测量法沿指定路线连续测量，间隔不大于 5mm。

(5)网格测量法：在指定区域画上网格，按点测厚记录。此方法在高压设备、不锈钢衬里腐蚀监测中广泛使用。

2)影响超声波测厚仪示值的因素

(1)工件表面粗糙度过大，造成探头与接触面耦合效果差，反射回波低，甚至无法接收到回波信号。对于表面锈蚀，耦合效果极差的在役设备、管道等，可通过砂、磨、锉等方法对表面进行处理，降低粗糙度，同时也可以将氧化物及油漆层去掉，露出金属光泽，使探头与被检物通过耦合剂能达到很好的耦合效果。

(2)工件曲率半径太小,尤其是用小径管超声波测厚仪测厚时,因常用探头表面为平面,与曲面接触为点接触或线接触,声强透射率低(耦合不好)。可选用小管径专用探头(6mm),较精确地测量管道等曲面材料。

(3)检测面与底面不平行,声波遇到底面产生散射,探头无法接收到底波信号。

(4)铸件、奥氏体钢因组织不均匀或晶粒粗大,超声波在其中穿过时产生严重的散射衰减,被散射的超声波沿着复杂的路径传播,有可能使回波湮没,造成不显示。超声波测厚仪可选用频率较低的粗晶专用探头(2.5MHz)。

(5)探头接触面有一定磨损。常用测厚探头表面为丙烯树脂,长期使用会使其表面粗糙度增加,导致灵敏度下降,从而造成显示不正确。可选用500号砂纸打磨,使其平滑并保证平行度。如仍不稳定,则考虑更换探头。

(6)被测物背面有大量腐蚀坑。由于被测物另一面有锈斑、腐蚀凹坑,造成声波衰减,导致读数无规则变化,在极端情况下甚至无读数。

(7)被测物体(如管道)内有沉积物,当沉积物与工件声阻抗相差不大时,超声波测厚仪显示值为壁厚加沉积物厚度。

(8)当材料内部存在缺陷(如夹杂、夹层等)时,显示值约为公称厚度的70%,此时可用超声波探伤仪进一步进行缺陷检测。

(9)温度的影响。一般固体材料中的声速随其温度升高而降低,有试验数据表明,热态材料每增加100℃,声速下降1%。对于高温在役设备常常碰到这种情况。应选用高温专用探头(300~600℃),切勿使用普通探头。

(10)层叠材料、复合(非均质)材料。要测量未经耦合的层叠材料是不可能的,因超声波无法穿透未经耦合的空间,而且不能在复合(非均质)材料中匀速传播。对于由多层材料包扎制成的设备(像尿素高压设备),测厚时要特别注意,测厚仪的示值仅表示与探头接触的那层材料厚度。

(11)耦合剂的影响。耦合剂是用来排除探头和被测物体之间的空气,使超声波能有效地穿入工件达到检测目的。如果选择种类或使用方法不当,将造成误差或耦合标志闪烁,无法测量,应根据使用情况选择合适的种类。当在光滑材料表面施测时,可以使用低黏度耦合剂;当在粗糙表面、垂直表面及顶表面施测时,应使用黏度高的耦合剂。高温工件应选用高温耦合剂。其次,耦合剂应适量使用,涂抹均匀,一般应将耦合剂涂在被测材料的表面,但当测量温度较高时,耦合剂应涂在探头上。

(12)声速选择错误。测量工件前,根据材料种类预置其声速或根据标准块反测出声速。当用一种材料校正仪器后(常用试块为钢)又去测量另一种材料时,将产生错误的结果。要求在测量前一定要正确识别材料,选择合适声速。

(13)应力的影响。在役设备、管道,大部分有应力存在,固体材料的应力状况对声速有一定的影响,当应力方向与传播方向一致时,若应力为压应力,则应力作用使工件弹性增加,声速加快;反之,若应力为拉应力,则声速减慢。当应力与波的传播方向不一致时,波动过程中质点振动轨迹受应力干扰,波的传播方向产生偏离。根据资料表明,一般应力增加,声速缓慢增加。

(14)金属表面氧化物或油漆覆盖层的影响。金属表面产生的致密氧化物或油漆防腐层,虽与基体材料结合紧密,无明显界面,但声速在两种物质中的传播速度是不同的,从而造成误差,且随覆盖物厚度不同,误差大小也不同。

三、力学

交通工程设施力学性能测量精度较高,因材料要求不同,控制方式不同,拉伸速度范围很宽,从1～500mm/min。一般要求配置电子万能材料试验机才能完成试验任务。

1. 电子万能试验机一般构成

(1)驱动传感器运动的部件为滚珠丝杆。如果丝杆有间隙的话,将直接影响最大变形和断后伸长率的试验数据。目前市场上的电子万能试验机有用T形普通丝杆的,这样,一是间隙比较大,二是摩擦力比较大,使用寿命短。江都市天源试验机械有限公司所用丝杆为台湾ABBA高精度无间隙滚珠丝杆,表面淬火硬度为HRC58-62,使用寿命可达几十年,并且保证精度不变。

(2)电子万能试验机的传动系统。目前市场上的试验机传动系统有的采用减速机,有的采用普通皮带。这两种传动方式的主要弊端:前种需要定期加润滑油,后种则保证不了传动的同步性,影响试验结果。天源仪器的试验机传动系统采用全圆弧同步带减速,保证了传动的同步精度,传动精度高,效率高,传动平稳,噪声低,不用维护,使用寿命长。

(3)电子万能试验机的力值传感器。因为传感器的好坏决定了试验机的精度和测力稳定性。目前市场上的拉力机用传感器,小力值一般用S型传感器,大力值一般用轮辐式传感器。传感器内部一般为电阻应变片式,如果应变片精度不高,或固定应变片用的胶抗老化能力不好,或者传感器的材料不好,都将影响传感器的精度和使用寿命。天源仪器所采用的进口传感器为世界著名传感器制造商美国传力传感器,该传感器精度高,线性好,性能非常稳定,几十年都不会变化。

(4)电子万能试验机的动力源(电动机),也叫马达。目前市场上有的试验机采用普通三相电动机或变频电动机,这种电动机采用模拟信号控制,控制反应慢,定位不准确,一般调速范围窄,有高速就没了低速,或有低速就没了高速,并且速度控制不准确。天源仪器所用的电动机为日本松下全数字交流伺服电动机,控制方式采用全数字脉冲控制,调速范围广,可达0.001～1 000mm/min,控制定位准确,反应快,0.01s可加到满速度,该电动机能保证满量程速度控制准确,且使用寿命长,可达几十年,且不用维护。

(5)电子万能试验机的测控系统——软件和硬件。目前市场上大部分拉力机的测控系统采用的是8位单片机控制,采样速率低,且抗干扰能力差,另外就是AD转换器,如果AD转换器的位数也就是分辨率低的话,那么测量也不会准。天源仪器的测控系统采用先进的32位ARM技术研制的控制器HytestV6.0,此控制器是基于32位ARM平台,并运行实时多任务操作系统,使程序运行更加平稳,系统更加稳定,采样速率可达每秒200次,再加上24位高精度低噪声高速AD转换器,使整个测控系统精度更高,可稳定地控制整个试验过程。上位机的软件为衡翼公司历时2年研制的全数字三毕环控制软件,有两种控制方式:a. PID控制调节方式;b. 模糊控制调节方式(业界首家),使整个试验过程可达到恒力值控制、恒位移控制、恒变形控制、低频疲劳控制和程序任意控制。

2.选用注意事项

1)需测试材料的拉力范围

拉力范围的不同，决定了所使用传感器的不同，也就决定了拉力机的结构，但此项对价格的影响不大(门式除外)。对于一般软包装生产厂家，拉力范围在100N就已经足够，即采用单臂式的就可以了。

与单臂式相对应的结构是门式结构，它适应于比较大的拉力，如1t或以上，所以软包装厂家基本用不着。

2)试验行程的问题

根据软包装薄膜需要测试的性能和要求，行程在600～1 500mm即可。材料伸长率超过1 000%的，可以选用行程为1 000mm或是1 200mm的。

3)标准配置问题

智能化的三种基本配置：主机、微电脑、打印机。如果微电脑功能强，可以直接打印，另外，也可配备普通电脑。有了电脑，就可以进行复杂的数据分析，如数据编辑、局部放大、可调整报告形式、进行成组式样的统计分析等。

如配用电脑，厂家应配置相应控制系统。

4)输出结果

试验结果输出可任意设置为最大力值、伸长率、抗拉强度、定力伸长、定伸长力值、屈服强度、弹性模量、最大试验力8项。这可以说是微电脑操作时，输出的最全面的结果。国外一些厂家的产品，一般可以输出这8项。国内有的厂家可以输出5～6项，有的厂家就只能输出最大力值、平均值、最小值三项。

5)可做实验项目

软包装要求拉力机一机多用，即在配备不同夹具的基础上，可做拉伸、压缩、弯曲、撕裂、剪切、180°剥离、90°剥离试验。

市场上有一些高档拉力机除以上项目外，因其传感器精度高(有的达到三十五万分之一)还可以测试摩擦系数。

6)产品机械主要配置

传动：有丝杠传动和齿条传动。前者昂贵，用于高精度，测试重复性高；后者便宜，用于低精度，测试重复性低。

丝杠对拉力精度测量具有决定作用。常用的有滚珠丝杠、梯形丝杠、一般丝杠。其中，滚珠丝杠的精确度最高，但是其性能的发挥要靠电脑伺服系统操作，整套价格也比较昂贵。采用一般丝杠和梯形丝杠就可以达到软包装所要求的精度，即0.1%～1%的精度。

传感器：光电感应是其中比较先进的技术，一般可用十万次以上。

7)试验速度

市场上的设备其速度有的在10～500mm/min，有的在0.001～500mm/min。前者一般使用普通调速系统，成本较低，粗糙，影响精度；后者使用伺服系统，价格昂贵，精度高。对于软包装企业，选用伺服系统，调速范围在1～500mm/min的就足够了，这样既不影响精度，价格又在合理范围之内。

8)测量精度

精度包括测力精度、速度精度、变形精度、位移精度。这些精度值最高可达到±0.5%。但对于一般厂家,达到1%精度就足够了。

四、光学

1.逆反射测量仪

工程中常用的是便携式逆反射测量仪,主要有交通标志、突起路标、反光标线逆反射测量仪。仪器的技术要求和校准要分别符合国家标准《逆反射测量仪》(GB/T 26377—2010)和交通计量检定规程《逆反射测量仪》(JJG 059—2004)的要求。

2.色度测量仪

色度测量仪器分为表面色、逆反射色和光源色。表面色一般用色差计,逆反射色和光源色一般用非接触式色度计。逆反射色还需要有光源在逆反射条件下做照明辅助。由于设施的尺寸范围有限,所以视场角用2°小视场。

五、电工

交通安全设施和机电工程通用的电工测量设备是万用表。

万用表主要用于测量电压、电流、电阻,有的还带有测量电感、电容的功能。

第二节 数据处理基础

一、测量误差

1.误差的定义

测量结果减去被测量的真值所得的差,称为测量误差,简称误差。测量误差也称测量的绝对误差,用公式可表示为:

$$\begin{aligned}\text{误差}&=\text{测量结果}-\text{真值}\\&=(\text{测量结果}-\text{总体均值})+(\text{总体均值}-\text{真值})\\&=\text{随机误差}+\text{系统误差}\end{aligned}\tag{1-5-2}$$

测量结果是由测量所得到的赋予被测量的值,是客观存在的量的实验表现,是对测量所得被测量之值的近似或估计,不仅与量的本身有关,还与测量程序、测量仪器、测量环境以及测量人员等有关。真值是量的定义的完整体现,是与给定的特定量的定义完全一致的值,是通过完美无缺的测量才能获得的。所以真值反映了人们力求接近的理想目标或客观真理,实际上是不能确定的。

2.误差的分类

测量误差由随机误差和系统误差构成。

(1)随机误差

在重复性条件下,对同一被测量进行无限次测量所得结果与其平均值之差称为随机误差。

随机误差在测量过程中是不可避免的，由一些独立的、微小的、偶然的因素引起，影响量的变化，这种变化在时间上和空间上是不可预知的或随机的，会引起被测量重复观测值的变化，故也称之为"随机效应"。

随机误差的统计规律性，主要包括对称性、有界性和单峰性。对称性是指绝对值相等而符号相反的误差，出现的次数大致相等，也即测得值是以其算术平均值为中心而对称分布的。有界性是指测量值误差的绝对值不会超过一定的界限，也即不会出现绝对值很大的误差。单峰性是指绝对值小的误差比绝对值大的误差数量多，也即测得值以其算术平均值为中心而相对集中地分布。

(2)系统误差

在重复性条件下，对同一被测量进行无限多次测量所得结果的平均值与被测量的真值之差，称为系统误差。由于只能进行有限次的重复测量，真值也只能用约定真值代替，因此可能确定的系统误差也只能是估计值。系统误差大多来源于影响量，对测量结果的影响若已识别并可定量表述，则也称之为"系统效应"。

系统效应的大小若是显著的，可通过估计的修正值或修正因子予以补偿。

二、数据处理

1. 近似数的概念

人们日常生活中接触到的数，分为准确数和近似数。对于任何数，包括无限不循环小数和循环小数，截取一定位数后所得的即是近似数。根据误差公理，测量总是存在误差的，测量结果只能是一个接近于真值的估计值，其数字也是近似数。

任何一个数最末一位数字所对应的单位量值，称为该数的(末)。例如：用分度值为 1mm 的钢卷尺测量某物体的长度，测量结果为 15.6mm，最末一位的量值 0.6mm，即为最末一位数字 6 与其所对应的单位量值 0.1mm 的乘积，故 15.6mm 的(末)为 0.1mm。

在计量学中将绝对误差的绝对值称为模，当近似数的绝对误差的模小于 0.5 倍的该近似数的(末)时，从左边的第一个非零数字算起，直到最末一位数字为止的所有数字，为该近似数的有效数字。如：将无限不循环小数 $\pi=3.141\,59\cdots\cdots$ 截取到百分位，可得到近似数 3.14，此时引起的绝对误差的模为：

$$|3.14-3.141\,59\cdots\cdots|=0.001\,59\cdots\cdots$$

而近似数 3.14 的(末)为 0.01，$0.5\times0.01=0.005>0.001\,59$。

根据近似数的定义，3.14 有 3 位有效数字。

2. 近似数的加、减运算

如参与运算的数不超过 10 个，运算时以各数中(末)最后的数为准，其余的数均比它多保留一位，多余位数应舍去。计算结果的(末)，应与参与运算的数中(末)最大的数相同。如计算结果需参与下一步运算，可多保留一位有效数字。

如：$18.3+1.454\,6+0.876\Longrightarrow18.3+1.45+0.88=20.63\approx20.6$

若参与下一步运算，结果取 20.63。

3. 近似数的乘、除(或乘方、开方)运算

在进行数的乘除运算时，以有效数字位数最少的数为准，其余数的有效数字均比该数多保

留一位。运算结果(积或商)的有效数字位数,应与参与运算的有效数字最少的数相同。如计算结果参与下一步运算,则有效数字可多取一位。

如:1.1×0.326 8×0.103 00⟹1.1×0.327×0.103=0.037 0≈0.037

若参与下一步运算,结果取0.037 0。

4.数据修约

为了简化运算,准确表达测量结果,必须对有关数据进行修约。

数据修约是根据保留位数要求,对某一拟修约数多余位数的数字进行取舍,按照一定的规则,选取一个修约间隔整数倍的数值来代替该拟修约数。

修约间隔又称为修约区间或化整间隔,用于确定修约保留位数。修约间隔一般以 $k\times10^n$ ($k=1,2,5$;n 为正、负间隔)的形式表示。同一 k 值的修约间隔简称为“k”间隔。修约间隔一经确定,修约数只能是修约间隔的整数倍。如指定修约间隔为0.1,修约数应为0.1的整数倍;指定修约间隔为 2×10^n,修约数的末位应为2的整数倍,即0,2,4,6,8;指定修约间隔为 5×10^n,修约数的末位应为5的整数倍,即0或5。

国家标准《数值修约规则》(GB/T 8170)中,对“1”、“2”、“5”间隔的修约方法做了规定,用以下方法也可进行直观判断。

在为修约间隔整数倍的一系列数中,最接近拟修约数者即为该修约数。如对1.150 001按0.1修约间隔进行修约时,最接近1.150 001的0.1的整数倍的数有1.1和1.2,1.2最接近1.150 001,修约数即为1.2;对1.015修约至十分位的0.2个单位时,修约间隔为0.02,最接近1.015的0.02的整数倍的数有1.00和1.02,1.02最接近1.015,修约数即为1.02;同样,对1.250 5按“5”间隔修约至十分位时,修约间隔为0.5,修约数在1.0和1.5中选择,应取1.5。

在为修约间隔整数倍的一系列数中,若有连续的两个数同等地接近拟修约数,则取修约间隔偶数倍的数为修约间隔。如对1 150按100修约间隔进行修约,有两个连续的为100的整数倍的数 1.1×10^3 和 1.2×10^3 同等接近拟修约数1 150,1.1×10^3 为100的奇数倍(11倍),1.2×10^3 为100的偶数倍(12倍),则取 1.2×10^3 为修约数;对1.500按0.2修约间隔进行修约时,有两个连续的为0.2的整数倍的数1.4和1.6,1.4为0.2的奇数倍(7倍),1.6为0.2的偶数倍(8倍),则取1.6为修约数;同样,对1.250 5按“5”间隔修约到3位有效数字时,修约间隔为0.05,修约数在1.00和1.05中选择,应取1.00(0.05的20倍)。

修约时应注意:应按照要求一次修约完成,不能连续修约。如对12.251按0.1修约间隔进行修约时,不应12.251→12.25→12.2,而应直接修约为12.3。

三、测量不确定度

1.测量不确定度的概念

测量不确定度是指表征合理地赋予被测量之值的分散性、与测量结果相联系的参数。

为表征其分散性,以标准差表示的测量不确定度,称标准不确定度 u。当对同一被测量作 n 次测量,表征测量结果分散性的量称为实验标准差 $s(x)$,按下式计算:

$$s(x)=\sqrt{\frac{\sum_{k=1}^{n}(x_k-\bar{x})^2}{n-1}}\quad(贝塞尔公式)\qquad(1\text{-}5\text{-}3)$$

式中：x_k——第 k 次测量的结果；

$\overline{x}$——n 次测量结果的算术平均值。

通常以独立观测列的算术平均值作为测量结果，测量结果的标准不确定度为：

$$s(\overline{x}) = s(x_k)/\sqrt{n} = u(\overline{x}) \tag{1-5-4}$$

当测量结果是由若干个其他量的值求得时，按其他各量的方差和协方差算得的标准不确定度，为合成标准不确定度。

确定测量结果区间的量，合理赋予被测量之值分布的大部分可望含于此区间时，称此为扩展不确定度。为求得扩展不确定度，对合成标准不确定度所乘之数为包含因子 k（一般取 2～3）。

测量不确定度可能来源于人、机、料、法、环、测、抽、样等方面，具体如下：

(1)被测量的定义不完整或不完善，数学模型的近似和假设；

(2)测量方法不理想；

(3)取样的代表性不够；

(4)环境影响；

(5)读数误差的影响；

(6)仪器设备的分辨率或鉴别力不够；

(7)测量标准或标准物质的不确定度；

(8)引用数据或参数的不确定度；

(9)重复测量时被测量的变化。

2.随机变量及其分布

在相同条件下重复进行多次试验，所观测到的结果具有很大的不确定性，称为随机试验。生活中典型的随机试验有：抛硬币、掷骰子、打靶。

将随机试验的结果量化，即为随机变量。随机变量分离散型和连续型。随机变量是用来表示随机现象结果的，单个的随机变量无规律可循，大量的随机变量是有规律的，即统计规律。

随机变量的统计规律可利用分布函数或分布密度函数表示。进行测量不确定度评定时常见的几种分布有正态分布、均匀分布、t 分布等。

正态分布函数最为常用，公式为：

$$f(x) = \frac{1}{\sqrt{2\pi}\sigma}e^{-\frac{(x-\mu)^2}{2\sigma^2}} \quad (\sigma > 0, -\infty < \mu < \infty) \tag{1-5-5}$$

以下测量结果可以认为近似服从正态分布：

(1)无限多次独立重复测量的结果；

(2)有限次独立重复测量的算术平均值；

(3)由很多相互独立大小相近的分量合成的量。

标准偏差是分布函数曲线横坐标的某个特定位置（随机变量的某个特征值），反映分布曲线起决定作用部分的宽度，反映随机变量的分散性。标准偏差越小，分布曲线越陡峭，随机变量的分散性越小；标准偏差越大，分布曲线越平缓，随机变量的分散性越大。

①随机变量 x 在 $-s$ 到 s 区间出现的概率：

$$\frac{\int_{-s}^{s} p(x)\mathrm{d}x}{\int_{-\infty}^{\infty} p(x)\mathrm{d}x} = 68.27\%$$

②随机变量 x 在 $-2s$ 到 $2s$ 区间出现的概率：

$$\frac{\int_{-2s}^{2s} p(x)\mathrm{d}x}{\int_{-\infty}^{\infty} p(x)\mathrm{d}x} = 95.45\%$$

③随机变量 x 在 $-3s$ 到 $3s$ 区间出现的概率：

$$\frac{\int_{-3s}^{3s} p(x)\mathrm{d}x}{\int_{-\infty}^{\infty} p(x)\mathrm{d}x} = 99.73\%$$

3.测量不确定度的评定方法

测量不确定度评定是将测量结果或测量误差作为随机变量，研究分析其统计规律，并计算其范围的一项活动。

不确定度评定分为标准不确定度的 A 类评定和 B 类评定。

A 类评定是用对观测列进行统计分析的方法来评定标准不确定度。A 类标准不确定度的评定方法有多种，如贝塞尔法、最大极差法、彼得斯法、最大误差法、极差法等，常用贝塞尔法，即使用贝塞尔公式计算实验标准差。

B 类评定是用不同于对观测列进行统计分析的方法来评定标准不确定度，即使用以前的测量数据、有关材料及特点性能的经验、制造说明书、校准/检定等证书提供的数据进行评定。

A 类评定和 B 类评定都是求标准不确定度。A 类评定是通过观测列数据求得标准偏差，继而算出标准不确定度；B 类评定则是先估计被评定的量的变化范围（$\pm a$），再按变量可能的分布情况反算标准偏差（即标准不确定度）。

测量不确定度的评定步骤如下：

(1)产生测量不确定度的原因分析和测量模型化；

(2)标准不确定度分量的逐项评定（A 类评定或 B 类评定）；

(3)计算合成标准不确定度；

(4)计算扩展不确定度；

(5)不确定度报告。

标准不确定度的 A 类评定步骤见图 1-5-1，标准不确定度的 B 类评定步骤见图 1-5-2。

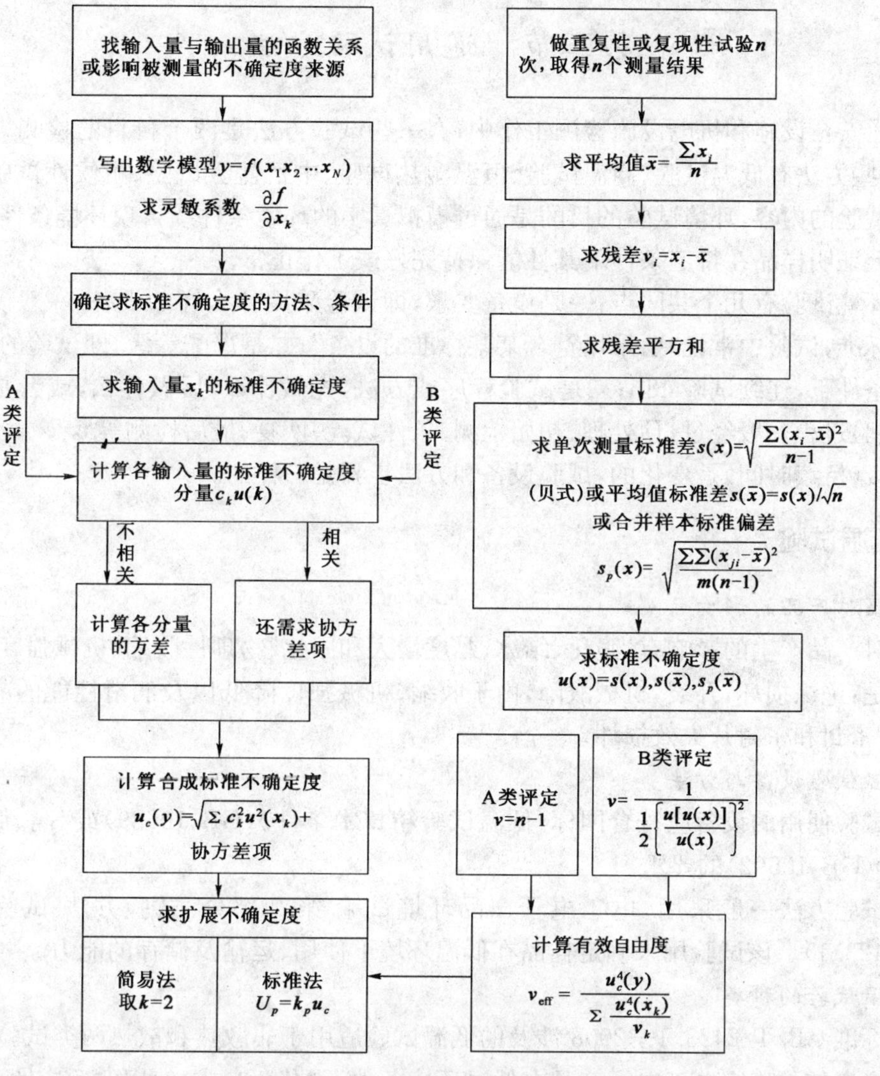

找输入量与输出量的函数关系或影响被测量的不确定度来源
写出数学模型$y=f(x_1x_2\cdots x_N)$
求灵敏系数 $\frac{\partial f}{\partial x_k}$
确定求标准不确定度的方法、条件
求输入量x_k的标准不确定度
A类评定
B类评定
计算各输入量的标准不确定度分量$c_ku(k)$
不相关
相关
计算各分量的方差
还需求协方差项
计算合成标准不确定度
$u_c(y)=\sqrt{\Sigma c_k^2u^2(x_k)+}$协方差项
求扩展不确定度
简易法 取$k=2$
标准法 $U_p=k_pu_c$
做重复性或复现性试验n次，取得n个测量结果
求平均值$\bar{x}=\frac{\Sigma x_i}{n}$
求残差$v_i=x_i-\bar{x}$
求残差平方和
求单次测量标准差$s(x)=\sqrt{\frac{\Sigma(x_i-\bar{x})^2}{n-1}}$
(贝式)或平均值标准差$s(\bar{x})=s(x)/\sqrt{n}$
或合并样本标准偏差
$s_p(x)=\sqrt{\frac{\Sigma\Sigma(x_{ji}-\bar{x})^2}{m(n-1)}}$
求标准不确定度
$u(x)=s(x),s(\bar{x}),s_p(\bar{x})$
A类评定
$v=n-1$
B类评定
$v=\frac{1}{\frac{1}{2}\left[\frac{u[u(x)]}{u(x)}\right]^2}$
计算有效自由度
$v_{\text{eff}}=\frac{u_c^4(y)}{\Sigma\frac{u_c^4(x_k)}{v_k}}$

图 1-5-1　标准不确定度的 A 类评定步骤

确定输入量的变化区间
$\Delta=\pm a$
估计该输入量变化的分布
根据分布及所需的置信概率查找或计算包含因子k
求输入量的标准不确定度
$u(x)=\frac{a}{k}$

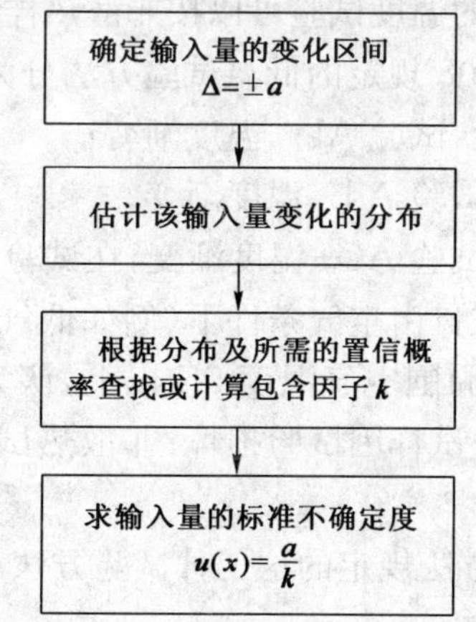

图 1-5-2　标准不确定度的 B 类评定步骤

第三节　通用试验方法

在交通安全设施和机电设施检测工作中，有一些试验方法是两个科目的检测人员所共同掌握的，这些方法有低温试验、高温试验、恒温湿热试验、中性盐雾试验、耐候性试验等。这些都属环境试验的内容，环境试验的目的是通过模拟真实的环境条件或再现环境条件的影响，在一定程度上证明样品在特定条件下其性能保持完好或工作正常。

一般环境试验有几个共同点：一是设备要求，即试验采用什么样的设备，一般设备都有设备的产品标准，试验中常说“要采用符合某某标准的设备”；二是严酷等级，即试验的强度，例如在−40℃条件下，连续试验48h；三是试验程序或方法，先做什么，后做什么，或者是如何放置试样等，试验过程一般经过：预处理、初始检测、条件试验、恢复、最后检测等5步。不同的设施对严酷等级（持续时间）是变化的，试验设备和方法步骤是一样的。

一、低温试验

1.低温对产品的影响

低温对产品产生的影响有：脆化、结冰、黏度增大和固化、物理性收缩、机械强度减低等，导致的后果是：绝缘损坏，开裂，机械故障，由于收缩、机械强度降低以及润滑性能的减少增大了运动磨损，密封和密封片失效损坏。

2.低温试验设备与方法

低温试验使用的设备应符合国标《低温试验箱技术条件》(GB 10589)或《高、低温试验箱技术条件》(GB 10592)的要求。

低温试验方法一般采用《电工电子产品环境试验 第2部分：试验方法 试验A：低温》(GB/T 2423.1)。该试验用来确定样品在低温环境下使用、运输及储存的能力。

3.低温试验的种类

国家标准GB/T 2423.1—2008涉及的低温试验适用于非散热和散热两类试验样品，而且仅限于用来考核或确定电工电子产品在低温环境条件下贮存和（或）使用的适应性。交通安全设施产品的低温试验例如反光膜的温度试验可以按非散热样品参照使用。

国家标准GB/T 2423.1—2008规定的低温试验方法分为三类：

(1)非散热试验样品低温试验，试验Ab—温度渐变；

(2)散热试验样品低温试验，试验Ad—温度渐变；

(3)散热试验样品低温试验，试验Ae—温度渐变，在试验过程中样品通电。

试验样品温度达到稳定后，在自由空气条件下（例如低气流速度循环）测量的试验样品表面上最热点的温度超过试验样品周围空气温度5K以上，认为样品是散热的。一般散热试验采用低气流速度循环试验箱，防止试样因试验损坏；非散热试验采用低气流速度循环试验箱，以缩短试验时间。

实际上，2008版的低温试验方法规定的这三种试验方法是近似的，要求基本一致，无实质性差异，大大方便了实际检测工作。

4. 低温试验的严酷等级

在 GB/T 2423.1—2008 中规定的低温严酷等级如表 1-5-1 所示。

低温试验严酷等级　　表 1-5-1

温　　度(℃)	持续时间(h)
−65,−55,−50,−40,−33,−25,−20,−10,−5,+5	2,16,72,96

对于在交通行业中使用的机电产品,温度按照产品使用环境选用了−5℃、−20℃、−40℃、−55℃四个等级,持续时间视产品应用情况分为 8h 和 16h。试验种类一般选用渐变试验,即将样品从室温放入试验箱,关闭箱门,开启试验,直到规定的试验温度。

5. 试验注意事项

(1)试验箱空间应足够大,样品周围六个方向距离试验箱内壁不小于 200mm;

(2)样品的放置应与实际安装(放)方向一致;

(3)试验箱密封性能要好,能确保在试验过程中不会出现结霜结冰的现象,而且试验过程中试验箱内壁各部分温度和规定试验温度之差不应超过 3%;

(4)试验箱内试验开始时温度从室温降到试验温度,以及试验周期结束后温度从试验温度升高到室温的过程中,温度变化速率不大于 1℃/min;

(5)试验箱要留出足够多的观察窗和走线孔,保证在试验过程中能够观察样品,并进行功能验证,观察窗上不能结霜结冰;

(6)低温试验需开启压缩机,试验过程中应注意压缩机的声音是否异常;

(7)注意低温,防止冻伤。

二、高温试验

1. 高温对产品的影响

高温对产品产生的影响有:热老化(包括氧化、开裂、化学反应)、软化、融化和升华、粘度降低、蒸发、膨胀等,导致的后果是:绝缘损坏,机械故障,机械应力增加,由于膨胀丧失润滑性能或运动部件磨损增大。

高温试验使用的设备应符合国标《高温试验箱技术条件》(GB/T 11158)或《高、低温试验箱技术条件》(GB/T 10592)的要求。

高温试验方法一般采用 GB/T 2423.2。

2. 高温试验设备与方法

高温试验使用的设备应符合国标《高温试验箱技术条件》(GB/T 11158)或《高、低温试验箱技术条件》(GB/T 10592)的要求。

高温试验方法一般采用 GB/T 2423.2《电工电子产品环境试验 第 2 部分:试验方法 试验 B:高温》。

3. 高温试验的种类

高温试验使用的设备应符合国标《高温试验箱技术条件》(GB/T 11158)或《高、低温试验箱技术条件》(GB/T 10592)的要求。

高温试验方法一般采用 GB/T 2423.2《电工电子产品环境试验 第 2 部分:试验方法 试验

B:高温》。

国家标准 GB/T 2423.2—2008 规定的高温试验方法分为四类:

(1)非散热试验样品高温试验,试验 Bb—温度渐变;

(2)散热试验样品高温试验,试验 Bd—温度渐变,非通电试验;

(3)散热试验样品高温试验,试验 Be—温度渐变,通电试验。

4. 高温试验的严酷等级

在 GB/T 2423.2—2008 中规定的高温严酷等级如表 1-5-2 所示。

高温试验严酷等级 表 1-5-2

温　度(℃)	持续时间(h)
30,35,40,45,50,55,60,65,70,85,100,125,155,175,200,250,315,400,500,630,800,1 000	2,16,72,96

对于在交通行业中使用的机电产品,温度按照产品使用环境选用了 45℃、50℃、55℃、85℃四个等级,持续时间视产品应用情况分为 8h 和 16h。试验种类一般选用渐变试验,即将样品从室温放入试验箱,关闭箱门,开启试验,直到规定的试验温度。

5. 试验注意事项

(1)试验箱空间应足够大,样品周围六个方向距离试验箱内壁不小于 200mm;

(2)样品的放置应与实际安装(放)方向一致;

(3)试验箱密封性能要好,温度均匀,能确保在试验过程中不会出现结雾结水的现象,而且试验过程中试验箱内壁各部分温度和规定试验温度之差不应超过 3%;

(4)试验箱内试验温度低于 35℃时,相对湿度不应超过 50%RH;

(5)试验箱内试验开始时温度从室温升高到试验温度,以及试验周期结束后温度从试验温度降低到室温的过程中,温度变化速率在 5min 内平均不能超过 1℃/min;恢复时间至少 1h;

(6)试验箱要留出足够多的观察窗和走线孔,保证在试验过程中能够观察样品,并进行功能验证,观察窗上不能结雾结水;

(7)高温试验注意防止烫伤或空气灼伤。

三、恒温湿热试验

1. 湿度对产品的影响

湿度分为高湿和低湿,高湿即常说的潮湿,低湿是指干燥,高湿和低湿对产品都会产生不利影响,导致产品功能或技能失效。

高湿对产品产生的影响有:潮气吸收或吸附、膨胀、机械强度减低、化学反应、腐蚀、电蚀、绝缘体的导电率增加等,导致的后果是:绝缘损坏,物理性能降低,机械故障。

低湿对产品产生的影响有:干燥、收缩、脆化、动触点摩擦增大、机械强度减低,导致的后果是:开裂、机械故障。

相对来说高湿的危害要比低湿大一些,所以,一般产品标准中都规定高温湿热试验,一般采用恒温湿热。

2. 恒温湿热试验设备与方法

恒温湿热试验使用的设备应符合国标《湿热试验箱技术条件》(GB/T 10586)的要求。

试验方法一般采用 GB/T 2423.3《电工电子产品环境试验 第 2 部分：试验方法 试验 Cab：恒定湿热试验》。

国家标准 GB/T 2423.3—2006 适用于非散热和散热两类试验样品，而且仅限于用来考核或确定电工电子产品在湿热环境条件下贮存和(或)使用的适应性。交通安全设施产品的高温试验例如突起路标的温度试验可以按非散热样品参照使用。

试验时，将无包装、不通电的样品，在“准备使用”状态下，放入试验箱内，样品和试验箱均处于标准大气环境条件下。

3.高温试验的严酷等级

国家标准 GB/T 2423.3—2006 规定了试验的严酷等级，由试验持续时间、温度、相对湿度共同决定。表 1-5-3 为标准规定的试验的温度和相对湿度的组合选项。

试验的温度、相对湿度表　　表 1-5-3

(30±2)℃	(93±3)%RH	(40±2)℃	(93±3)%RH
(30±2)℃	(85±3)%RH	(40±2)℃	(85±3)%RH

国家标准 GB/T 2423.3—2006 推荐的持续时间为：12h、16h、24h 和 2d、4d、10d、21d 或 56d。

对于在交通行业中使用的机电产品，按照产品使用环境选用了 40℃/93%、40℃/95%、40℃/98%三个等级，持续时间为 48h。试验一般选用渐变试验，即将样品从室温放入试验箱，关闭箱门，开启试验，直到规定的严酷等级。

4.试验注意事项

(1)试验箱空间应足够大，其中散热样品在试验时的试验箱的容积至少为散热样品体积的五倍。样品周围六个方向距离试验箱内壁不小于 200mm；

(2)样品的放置应与实际安装(放)方向一致；

(3)试验箱密封性能要好，凝结水应连续排出试验箱外；试验箱内壁和顶部的凝结水不应滴落到试验样品上；而且试验过程中试验箱内壁各部分温度和规定试验温度之差不应超过 8%；试验样品应远离喷雾系统；

(4)试验箱内试验开始时温度从室温升高到试验温度，以及试验周期结束后温度从试验温度降低到室温的过程中，温度变化速率不大于 1℃/min，达到温度稳定的平均时间不超过 5min，而且这一过程中不应产生凝露现象；

(5)试验箱要留出足够多的观察窗和走线孔，保证在试验过程中能够观察样品，并进行功能验证。

四、中性盐雾试验

1.盐雾试验的基本概念

盐雾腐蚀是一种常见和最有破坏性的大气腐蚀。这里讲的盐雾是指氯化物的大气，它的主要腐蚀成分是海洋中的氯化物盐——氯化钠，它主要来源于海洋和内地盐碱地区。盐雾对金属材料表面的腐蚀是由于含有的氯离子穿透金属表面的氧化层和防护层与内部金属发生电化学反应引起的。同时，氯离子含有一定的水合能，易被吸附在金属表面的孔隙、裂缝中，排挤并取代氯化层中的氧，把不溶性的氧化物变成可溶性的氯化物，使钝化态表面变成活泼表面，进一步加快了金属产品的腐蚀速度。

盐雾试验是一种利用盐雾试验设备所创造的人工模拟盐雾环境条件来考核产品或金属材料耐腐蚀性能的环境试验方法。

2.盐雾试验的种类

盐雾试验分为一般盐雾试验和循环盐雾试验（也称交变盐雾试验），一般盐雾试验分为中性盐雾试验、醋酸盐雾试验、铜盐加速醋酸盐雾试验。

(1)中性盐雾试验（NSS试验）是出现最早目前应用领域最广的一种加速腐蚀试验方法。它采用5%的氯化钠盐水溶液，溶液pH值调在中性范围（6.5～7.2）作为喷雾用的溶液。试验温度均取35℃，要求1h的盐雾沉降率在（1～2）mL/80cm^2。

(2)醋酸盐雾试验（ASS试验）是在中性盐雾试验的基础上发展起来的。它是在5%氯化钠溶液中加入一些冰醋酸，使溶液的pH值降为3.1～3.3，溶液变成酸性，最后形成的盐雾也由中性盐雾变成酸性。它的腐蚀速度要比NSS试验快3倍左右。

(3)铜盐加速醋酸盐雾试验（CASS试验）是国外新近发展起来的一种快速盐雾腐蚀试验，试验温度为50℃，盐溶液中加入少量铜盐—氯化铜，强烈诱发腐蚀。它的腐蚀速度大约是NSS试验的8倍。

(4)循环盐雾试验是一种综合盐雾试验，它实际上是中性盐雾试验加恒定湿热试验。它主要用于空腔型的整机产品，通过潮态环境的渗透，使盐雾腐蚀不但在产品表面产生，也在产品内部产生。它是将产品在盐雾和湿热两种环境条件下交替转换，最后考核整机产品的电性能和机械性能有无变化。循环盐雾试验比一般盐雾试验更接近实际腐蚀情况，但是试验设备昂贵，试验周期也长，一般产品标准中都不采用。但是，发展趋势都倾向于循环盐雾试验。

3.盐雾试验的评价方法

盐雾试验结果的评定方法有：评级判定法、称重判定法、腐蚀物出现判定法、腐蚀数据统计分析法等4种。

4.中性盐雾试验的标准

交通工程设施用中性盐雾试验采用的标准有两个，一个是《人造气氛腐蚀试验 盐雾试验》（GB/T 10125—1997），另一个是《电工电子产品环境试验 第2部分：试验方法 试验Ka：盐雾》（GB/T 2423.17—2008），前者适用于交通安全设施和防腐涂层的试验，后者适用于电子产品。

5.中性盐雾试验用设备

中性盐雾试验使用的设备应符合国标《盐雾试验箱技术条件》（GB 10587）的要求。

中性盐雾试验设备一般采用气流式喷雾，所以也叫“气流式盐雾试验箱”。盐雾腐蚀试验箱一般由：内胆、外壳、透明顶盖、加热系统、储液罐、喷雾系统、控制单元等构成，喷雾系统依次由：气源、调压阀、油水分滤器、电磁阀、减压阀、饱和器、喷嘴等构成。

6.中性盐雾试验步骤

1)准备试样

(1)试样的类型、数量、形状和尺寸，应根据被试材料或产品有关标准选择，若无标准，有关各方应协商决定。

(2)试验前试样必须清洗干净，清洗方法取决于试样材料性质，试样表面及其污物清洗不应采用可能侵蚀试样表面的磨料或溶剂。试验前不应洗去试样上有意涂覆的保护性有机膜。

(3)如果试样是从工件上切割下来的，不能损坏切割区附近的覆盖层，除另有规定外必须用适当的覆盖层如油漆、石蜡或胶带等对切割区进行保护。

2)配置溶液

(1)溶液初配

试验用溶液应采用氯化钠溶液，试验所用试剂采用化学纯或化学纯以上的试剂，将氯化钠溶于电导率不超过 20μS/cm 的蒸馏水或去离子水中，其浓度为 50g/L±5g/L。在 25℃时，配制的溶液密度在 1.025～1.040 范围内。

(2)调整 pH

根据收集的喷雾溶液的 pH 值调整初配溶液到规定的 pH 值(6.5～7.2)。

pH 值的测量可使用酸度计，作为日常检测也可用测量精度为 0.3 的精密 pH 试纸。溶液的 pH 值可用盐酸或氢氧化钠调整。

喷雾时溶液中二氧化碳损失可能导致 pH 值变化，应采取相应措施，例如，将溶液加热到超过 35℃才送入仪器或由新的沸腾水配制溶液，以降低溶液中的二氧化碳含量，可避免 pH 值的变化。

(3)过滤

为避免堵塞喷嘴，溶液在使用之前必须过滤。

3)放置试样

(1)试样放在盐雾箱内且被试面朝上，让盐雾自由沉降在被试表面上，被试表面不能受到盐雾的直接喷射。

(2)试样原则上应放平在盐雾箱中，被试表面与垂直方向呈 15°～30°，并尽可能呈 20°，对于不规则的试样(如整个工件)，也应尽可能接近上述规定。

(3)试样可以放置在箱内不同水平面上，但不得接触箱体，也不能相互接触。试样之间的距离应不影响盐雾自由降落在被试表面上，试样上的液滴不得落在其他试样上。对总的试验周期超过 96h 的新检验或试验可允许试样移位。

(4)试样支架用玻璃、塑料等材料制造，悬挂试样的材料不能用金属，而应用人造纤维，棉纤维或其他绝缘材料。

4)设置试验条件

(1)盐雾箱内温度为 35℃±2℃，整个盐雾箱内的温度波动应尽可能小。

(2)在盐雾箱内已按计划放置好试样，并确认盐雾收集速度和条件在规定范围内后，才开始进行试验。

(3)盐雾沉降的速度，经 24h 喷雾后，每 $80cm^2$ 面积上为(1～2)mL/h，氯化钠浓度为 50g/L±5g/L，pH 值的范围是：6.5～7.2。

(4) 用过的喷雾溶液不得再用。

(5)试验期间的温度和压力应稳定在规定范围内。

5)试验周期及试验观察

(1)试验周期应根据被试材料或产品的有关标准选择。若无标准，可经有关方面协商决定。

推荐的试验周期为 2h,4h,6h,8h,24h,48h,72h,96h,144h,168h,240h,480h,720h,1 000h。

(2)在规定的试验周期内喷雾不得中断,只有当需要短期观察试样时才能打开盐雾箱。

(3)如果试验终点取决于开始出现腐蚀的时间,应经常检查试样。因此.这些试样不能同要求预定试验周期的试样放在一起进行试验。

(4)定期目视检查预定试验周期的试样,但是在检查过程中不能破坏被试表面。开箱检查的时间与次数应尽可能少。

6)试样恢复

试验结束后取出试样,为减少腐蚀产物的脱落,试样在清洗前放在室内自然干燥 0.5～1h,然后用温度不高于 40℃的清洁流动水轻轻清洗以除去试样表面残留的盐雾溶液,再立即用吹风机吹干。

7)试验结果评定

试验结束后,按照产品标准进行评定,一般采用前面说的四种方法。交通工程设施通常用外观评定方法,定量指标一般用力学性能变化率表示。

7.中性盐雾试验机一般操作步骤

(1)工作室底部应加入蒸馏水,以不超过箱底部溢水孔橡皮的高度为准,以防箱体老化。

(2)箱体上部四周的密封槽试验前加入蒸馏水,不宜过满,以关闭箱盖后盐雾不外溢为佳。

(3)给空气饱和器(不锈钢圆桶)内加入蒸馏水或去离子水,水位高度为液面计玻璃管上部 4/5 位置,加蒸馏水时,应打开饱和器上部的进水阀,当加到规定水位时,必须关闭阀门。长时间的试验后,饱和器的水分会消耗,水位降低至下部 1/5 位置时,应及时补水,防止缺水后,烧坏饱和器内的加热元件。

(4)用橡胶管把盐雾箱和工作室内喷雾塔底部的进水口连接好,把配制好的盐溶液(按 5%浓度)放入盐雾箱背后的贮液箱内,盐水由于大气压的作用靠平衡自动流入喷雾塔内,盐水不能低于贮水箱的下限标记(即出水口)。

(5)箱体后部的排雾管排出的盐雾对室内设施有影响,允许加长排雾管,使排出的盐雾排出室外,但排雾管不能堵塞,以免影响盐雾的排放。排雾管下方有一排水管,也应把它接到室外。

(6)气压的调节:根据喷雾量大小,按使用说明书调节进气阀的压力。

(7)把箱体里面的漏斗架放好,集雾器上的橡胶管分别和相对应的漏斗连接好,这样在试验中,无需打开箱盖,可以从外面集雾器上读出里面的盐雾沉降量。

(8)设定所需做试验的时间(定时)。

(9)接通电源,设定好试验温度和饱和器温度的值。

(10)设定保护温度,超温保护时自动切断总电源,不要随便拔保护器。

(11)开启试验。

(12)整个试验结束后,应先关掉空气压缩机,及出气阀开关,待试验机压力表指针回转到"0"的状态,便可关掉面板上的喷雾开关和电源开关。

8.两个标准的主要区别

两个标准无实质性差别,GB/T 2423.17—2008 中明确规定试验用溶液的浓度为(5±1)%(质量比),试验用试剂使用高品质的氯化钠,碘化钠的含量不超过 0.1%,杂质含量不超过 0.3%。另外,试验后恢复时用流动水的温度是 35℃,清洗时间规定 5min 自来水,然后用蒸馏水或去离子水冲洗，甩干或气流吹干。

五、耐候性试验

耐候性试验主要考核产品在太阳辐射条件下的耐久性，耐候性试验有自然暴晒和人工加速试验两类，人工加速试验有氙弧灯、紫外灯、碳弧灯三种，氙弧灯可模拟太阳光所有光谱的辐射，紫外灯只模拟了 280～440nm 段，碳弧灯虽然与太阳光谱接近但是现在很少使用。

交通工程设施常用的是氙弧灯人工加速老化试验方法。试验方法采用 GB/T 16422.2。试验设备使用 6 500W 水冷氙弧灯光源，样品架旋转，双面喷淋，温湿度可控。主要试验方法如下：

1. 试样的大小和数量

试样大小一般有试验设备的试验架决定，交通工程产品推荐的试样大小为 142mm×65mm，主要是参考了美国 ATLAS 公司的设备。样品数量一般由产品标准规定。当无规定时，取试验总数量为 20 件，10 件作为测试样，10 件用作参比样，避光保存。

2. 试验设备

选用 GB/T 16422.2—1999 中规定的水冷氙弧灯人工加速耐候性试验箱。光源按照 GB/T 16422.2—1999 中 4.1.1 的方法 A 规定执行。

3. 试验条件

(1)辐照度：波长 290～800nm 之间的光源辐照度为 550W/m²，在平行于灯轴的试样架平面上的试样，其表面上任意两点之间的辐照度差别不应大于 10%。

(2)辐照度控制：在光谱波长 340nm 处光谱辐照度选择 0.50W/(m²·nm)。

(3)黑板温度设定：(65±3)℃，

(4)喷水周期：试验过程中采用连续照射，周期性喷水，喷水周期为 18min/102min(喷水时间/不喷水时间)，即每 120min，喷水 18min。

(5)水质要求：喷淋和氙灯冷却用水为导电电阻大于 1MΩ·cm 的纯净水。

(6)辐射能量：

累积辐射能量按下式计算：

$$Q = ET \times 10^{-3} \tag{1-5-6}$$

式中：Q——累积辐射能量(kJ/m²)；

E——平均辐射照度(W/m²)；

T——总的照射时间(s)。

有的标准只规定辐射时间，例如 600h，1 200h，2 500h 等。

4. 其他规定

其他规定按 GB/T 16422.2—1999 执行。

5. 试验结果的评定

有具体标准规定，交通工程设施一般从外观质量进行评定，例如“人工加速老化试验后，无龟裂、粉化、皱缩等缺陷，颜色无明显失光，经测量后其色品坐标仍在标准规定的范围内”。

第六章 检验评定标准概述

作为交通工程检测工程技术人员，除了掌握试验室内产品检测技术外，还应对安装施工后的工程质量做出准确的判定，本章主要介绍交通行业标准《公路工程质量检验评定标准　第一册　土建工程》(JTG F80/1—2004)第一、二、三章的内容，这三章对机电工程也是适用的，是两科目考生所共同掌握的，考生应重点掌握评分方法。具体到每项分项工程，将在本教材中篇和下篇的有关章节中讲述。

第一节　概　　述

一、基本概念

1. 检验

对检验项目中的性能进行量测、检查、试验等，并将结果与标准规定要求进行比较，以确定每项性能是否合格所进行的活动。

2. 评定

依据检验结果对工程质量进行评分并确定其等级的活动。

3. 关键项目

分项工程中对安全、卫生、环境保护和公众利益起决定性作用的实测项目。

4. 一般项目

分项工程中除关键项目以外的实测项目。

5. 外观(质量)

通过观察和必要的量测所反映的工程外在质量。

6. 权值

根据工程项目或检测指标的重要程度所赋予的数值。

7. 单位工程

在建设项目中，根据签订的合同，具有独立施工条件的工程。

8. 分部工程

在单位工程中，应按结构部位、路段长度及施工特点或施工任务划分为若干个分部工程。

9. 分项工程

在分部工程中，应按不同的施工方法、材料、工序及路段长度等划分为若干个分项工程。

二、总则

1. 检评标准的目的

为了加强公路工程质量管理，统一公路工程质量检验标准和评定标准，保证工程质量，制定本标准。

2. 适用范围

本标准适用于四级及四级以上公路新建、改建工程的质量检验评定，其环保、机电工程部分按相应具体规定执行。

本标准适用于公路工程施工单位、工程监理单位、建设单位、质量检测机构和质量监督部门对公路工程质量的管理、监控和检验评定。

3. 与相关规范关系

公路工程质量检验评定应以本标准为准。质量标准与其他规范不一致时，宜以颁布年份最新者为准。

在公路施工、质量管理和工程质量检验评定中，除应符合本标准外，尚应符合现行国家、交通部颁布的相关规范的规定。

4. 特殊工程

对特大桥梁、特长隧道、特殊地区，或采用新材料、新结构、新工艺的工程，在本标准中缺乏适宜的技术规定时，在确保工程质量的前提下，可参照相关标准或按照实际情况制定相应的技术标准，并按规定报主管部门批准。

第二节 工程质量评定方法

一、工程划分

根据建设任务、施工管理和质量检验评定的需要，在施工准备阶段将建设项目划分为单位工程、分部工程和分项工程(表 1-6-1 和表 1-6-2)。施工单位、工程监理单位和建设单位应按相同的工程项目划分进行工程质量的监控和管理。

一般建设项目的工程划分 表 1-6-1

单位工程	分部工程	分项工程
路基工程(每 10km 或每标段)	路基土石方工程*①(1～3km 路段)②	土方路基*，石方路基*，软土地基*，土工合成材料处治层*等
	排水工程(1～3km 路段)	管节预制，管道基础及管节安装*，检查(雨水)井砌筑*，土沟，浆砌排水沟*，盲沟，跌水，急流槽*，水簸箕，排水泵站等
	小桥及符合小桥标准的通道*，人行天桥，渡槽(每座)	基础及下部构造*，上部构造预制、安装或浇筑*，桥面*，栏杆，人行道等
	涵洞、通道(1～3km 路段)	基础及下部构造*，主要构件预制、安装或浇筑*，填土，总体等
	砌筑防护工程(1～3km 路段)	挡土墙*，墙背填土，抗滑桩*，锚喷防护*，锥、护坡，导流工程，石笼防护等
	大型挡土墙*，组合式挡土墙*(每处)	基础*，墙身*，墙背填土，构件预制*，构件安装*，筋带，锚杆、拉杆，总体*等

续上表

单位工程	分部工程	分项工程
路面工程(每10km或每标段)	路面工程(1～3km路段)*	底基层,基层*,面层*,垫层,联结层,路缘石,人行道,路肩,路面边缘排水系统等
桥梁工程[③](特大、大、中桥)	基础及下部构造*(每桥或每墩、台)	扩大基础,桩基*,地下连续墙*,承台,沉井*,桩的制作*,钢筋加工安装及安装,墩台身(砌体)浇筑*,墩台身安装,墩台帽*,组合桥台*,台背填土,支座垫石和挡块等
	上部构造预制和安装*	主要构件预制*,其他构件预制,钢筋加工及安装,预应力筋的加工和张拉*,梁板安装,悬臂拼装*,顶推施工梁*,拱圈节段预制,拱的安装,转体施工拱*,劲性骨架拱肋安装*,钢管拱肋制作*,钢管拱肋安装*,吊杆制作和安装*,钢梁制作*,钢梁安装,钢梁防护*等
	上部构造现场浇筑*	钢筋加工及安装,预应力筋的加工和张拉*,主要构件浇筑*,其他构件浇筑,悬臂浇筑*,劲性骨架混凝土*,钢管混凝土拱*等
	总体、桥面系和附属工程	桥梁总体*,桥面防水层施工,桥面铺装*,钢桥面铺装*,支座安装,搭板,伸缩缝安装,大型伸缩缝安装*,栏杆安装,混凝土护栏,人行道铺设,灯柱安装等
	防护工程	护坡,护岸*[④],导流工程*,石笼防护,砌石工程等
	引道工程	路基*,路面*,挡土墙*,小桥*,涵洞*,护栏等
互通立交工程	桥梁工程*(每座)	桥梁总体,基础及下部构造*,上部构造预制、安装或浇筑*,支座安装,支座垫石,桥面铺装*,护栏,人行道等
	主线路基路面工程*(1～3km路段)	见路基、路面等分项工程
	匝道工程(每条)	路基*,路面*,通道*,护坡,挡土墙*,护栏等
隧道工程	总体	隧道总体*等
	明洞	明洞浇筑,明洞防水层,明洞回填*等
	洞口工程	洞口开挖,洞口边仰坡防护,洞门和翼墙的浇(砌)筑,截水沟、洞口排水沟等
	洞身开挖	洞身开挖*(分段)等
	洞身衬砌	(钢纤维)喷射混凝土支护,锚杆支护,钢筋网支护,仰拱,混凝土衬砌*,钢支撑,衬砌钢筋等
	防排水	防水层、止水带、排水沟等
	隧道路面	基层*,面层*等
	装饰	装饰工程
	辅助施工措施	超前锚杆、超前钢管等
环保工程	声屏障(每处)	声屏障
	绿化工程(1～3km路段或每处)	中央分隔带绿化,路侧绿化,互通立交绿化,服务区绿化,取弃土场绿化等

续上表

单位工程	分部工程	分项工程
交通安全设施（每20km或每标段）	标志*（5～10km路段）	标志*
	标线、突起路标（5～10km路段）	标线*，突起路标等
	护栏*、轮廓标（5～10km路段）	波形梁护栏*，缆索护栏*，混凝土护栏*，轮廓标等
	防眩设施（5～10km路段）	防眩板、网等
	隔离栅、防落网（5～10km路段）	隔离栅、防落网等
机电工程	监控设施	车辆检测器，气象检测器，闭路电视监视系统，可变标志，光电缆线路，监控（分）中心设备安装及软件调测，大屏幕投影系统，地图板，计算机监控软件与网络等
	通信设施	通信管道与光电缆线路，光纤数字传输系统，数字程控交换系统，紧急电话系统，无线移动通信系统，通信电源等
	收费设施	入口车道设备，出口车道设备，收费站设备及软件，收费中心设备及软件，IC卡及发卡编码系统，闭路电视监视系统，内部有线对讲及紧急报警系统，收费站内光，电缆及塑料管道，收费系统计算机网络等
	低压配电设施	中心（站）内低压配电设备，外场设备电力电缆线路等
	照明设施	照明设施
	隧道机电设施	车辆检测器，气象检测器，闭路电视监视系统，紧急电话系统，环境检测设备，报警与诱导设施，可变标志，通风设施，照明设施，消防设施，本地控制器，隧道监控中心计算机控制系统，隧道监控中心计算机网络，低压供配电等
房屋建筑工程	（按其专业工程质量检验评定标准评定）	

注：①表内标注*号者为主要工程，评分时给以2的权值；不带*号者为一般工程，权值为1。

②按路段长度划分的分部工程，高速公路、一级公路宜取低值，二级及二级以下公路可取高值。

③斜拉桥和悬索桥可参照附表A-2进行划分。

④护岸参照挡土墙。

特大斜拉桥和悬索桥为主体建设项目的工程划分　　表1-6-2

单位工程	分部工程	分项工程
塔及辅助、过渡墩（每座）	塔基础*①	钢筋加工及安装，扩大基础，桩基*，地下连续墙*，沉井*等
	塔承台*	钢筋加工及安装，双壁钢围堰*，封底，承台浇筑*等
	索塔*	索塔*
	辅助墩	钢筋加工，基础，墩台身浇（砌）筑，墩台身安装，墩台帽，盖梁等
	过渡墩	
锚碇	锚碇基础*	钢筋加工及安装，扩大基础，桩基*，地下连续墙*，沉井*，大体积混凝土构件*等
	锚体*	锚固体系制作*，锚固体系安装*，锚碇块体，预应力锚索的张拉与压浆*等

续上表

单位工程	分部工程	分项工程
上部结构制作与防护（钢结构）	斜拉索*	斜拉索制作与防护*
	主缆（索股）*	索股和锚头的制作与防护*
	索鞍*	主索鞍和散索鞍制作与防护*
	索夹	索夹制作与防护
	吊索	吊索和锚头制作与防护*等
	加劲梁*	加劲梁段制作*，加劲梁防护*等
上部结构浇筑与安装	悬浇*	梁段浇筑*
	安装*	加劲梁安装*，索鞍安装*，主缆架设*，索夹和吊索安装*等
	工地防护*	工地防护*
	桥面系及附属工程	桥面防水层的施工，桥面铺装，钢桥面板上防水黏结层的洒布，钢桥面板上沥青混凝土铺装*，支座安装*，抗风支座安装，伸缩缝安装，人行道铺设，栏杆安装，防撞护栏等
	桥梁总体	桥梁总体*
引桥	（参见附表 A-1 桥梁工程）	
引道	（参见附表 A-1 路基工程和路面工程）	
互通立交工程	（参见附表 A-1 互通立交工程）	
交通安全设施	（参见附表 A-1 交通安全设施）	

注：①表内标注*号者为主要工程，评分时给以 2 的权值；不带*号者为一般工程，权值为 1。

二、评定步骤

（1）工程质量检验评分以分项工程为单元，采用 100 分制进行。在分项工程评分的基础上，逐级计算各相应分部工程、单位工程、合同段和建设项目评分值。

（2）工程质量评定等级分为合格与不合格，应按分项、分部、单位工程、合同段和建设项目逐级评定。

（3）施工单位应对各分项工程按本标准所列基本要求、实测项目和外观鉴定进行自检，按检评标准附录 J 中“分项工程质量检验评定表”及相关施工技术规范提交真实、完整的自检资料，对工程质量进行自我评定。

（4）工程监理单位应按规定要求对工程质量进行独立抽检，对施工单位检评资料进行签认，对工程质量进行评定。

（5）建设单位根据对工程质量的检查及平时掌握的情况，对工程监理单位所做的工程质量评分及等级进行审定。

（6）质量监督部门、质量检测机构可依据本标准对公路工程质量进行检测评定。

三、评分方法

1. 分项工程质量评分

分项工程质量检验内容包括基本要求、实测项目、外观鉴定和质量保证资料四个部分。只有在其使用的原材料、半成品、成品及施工工艺符合基本要求的规定，且无严重外观缺陷和质量保证资料真实并基本齐全时，才能对分项工程质量进行检验评定。

涉及结构安全和使用功能的重要实测项目为关键项目（在文中以"△"标识），其合格率不得低于90%（属于工厂加工制造的桥梁金属构件不低于95%，机电工程为100%），且检测值不得超过规定极值，否则必须进行返工处理。

实测项目的规定极值是指任一单个检测值都不能突破的极限值，不符合要求时该实测项目为不合格。

采用检评标准附录B至附录I所列方法进行评定的关键项目，不符合要求时则该分项工程评为不合格。

分项工程的评分值满分为100分，按实测项目采用加权平均法计算。存在外观缺陷或资料不全时，须予减分。

$$分项工程得分=\frac{\sum[检查项目得分\times 权值]}{\sum 检查项目权值}$$

分项工程评分值＝分项工程得分－外观缺陷减分－资料不全减分

(1)基本要求检查

分项工程所列基本要求，对施工质量优劣具有关键作用，应按基本要求对工程进行认真检查。经检查不符合基本要求规定时，不得进行工程质量的检验和评定。

(2)实测项目计分

对规定检查项目采用现场抽样方法，按照规定频率和下列计分方法对分项工程的施工质量直接进行检测计分。

检查项目除按数理统计方法评定的项目以外，均应按单点（组）测定值是否符合标准要求进行评定，并按合格率计分。

$$检查项目合格率(\%)=\frac{检查合格的点(组)数}{该检查项目的全部检查点(组)数}\times 100$$

检查项目得分＝检查项目合格率×100

(3)外观缺陷减分

对工程外表状况应逐项进行全面检查，如发现外观缺陷，应进行减分。对于较严重的外观缺陷，施工单位须采取措施进行整修处理。

(4)资料不全减分

分项工程的施工资料和图表残缺，缺乏最基本的数据，或有伪造涂改者，不予检验和评定。资料不全者应予减分，减分幅度可按本标准3.3.4条所列各款逐款检查，视资料不全情况，每款减1～3分。

2. 分部工程和单位工程质量评分

表1-6-1和表1-6-2所列分项工程和分部工程区分为一般工程和主要（主体）工程，分别给

以1和2的权值。进行分部工程和单位工程评分时，采用加权平均值计算法确定相应的评分值。

$$分部(单位)工程评分值=\frac{\sum[分项(分部)工程评分值\times相应权值]}{\sum分项(分部)工程权值}$$

3.合同段和建设项目工程质量评分

合同段和建设项目工程质量评分值按《公路工程竣(交)工验收办法》计算。

4.质量保证资料

施工单位应有完整的施工原始记录、试验数据、分项工程自查数据等质量保证资料，并进行整理分析，负责提交齐全、真实和系统的施工资料和图表。工程监理单位负责提交齐全、真实和系统的监理资料。质量保证资料应包括以下六个方面：

(1)所用原材料、半成品和成品质量检验结果；

(2)材料配比、拌和加工控制检验和试验数据；

(3)地基处理、隐蔽工程施工记录和大桥、隧道施工监控资料；

(4)各项质量控制指标的试验记录和质量检验汇总图表；

(5)施工过程中遇到的非正常情况记录及其对工程质量影响分析；

(6)施工过程中如发生质量事故，经处理补救后，达到设计要求的认可证明文件等。

四、工程质量等级评定

1.分项工程质量等级评定

分项工程评分值不小于75分者为合格，小于75分者为不合格；机电工程、属于工厂加工制造的桥梁金属构件不小于90分者为合格，小于90分者为不合格。

评定为不合格的分项工程，经加固、补强或返工、调测，满足设计要求后，可以重新评定其质量等级，但计算分部工程评分值时按其复评分值的90%计算。

2.分部工程质量等级评定

所属各分项工程全部合格，则该分部工程评为合格；所属任一分项工程不合格，则该分部工程为不合格。

3.单位工程质量等级评定

所属各分部工程全部合格，则该单位工程评为合格；所属任一分部工程不合格，则该单位工程为不合格。

4.合同段和建设项目质量等级评定

合同段和建设项目所含单位工程全部合格，其工程质量等级为合格；所属任一单位工程不合格，则合同段和建设项目为不合格。

第二篇

交通安全设施

第一章

交通安全设施检测概论

第一节　概　　述

一、交通安全与交通事故

1. 风险与危险

风险是指系统客体所面临的一种威胁，这种威胁一旦发生，将导致系统客体受到伤害。

系统论和能量转移论的观点认为，风险是生产或生活系统所面临的威胁，这种威胁是由于不稳定能量向原本稳定的系统运移的一种趋势所构成，这种能量运移的客观趋势，随时可能击穿系统的能量屏蔽功能，出现能量意外泄漏，导致系统受到伤害或损坏，包括人员、设备和环境等客体。

风险有可接受风险和不可接受风险，不可接受风险即危险，对于系统来说，危险可能发生，也可能不发生，发生的后果有大有小。因此，危险可定义为：超出了人们的预期而给人或物导致伤害或损失事件的可能性与后果的综合。

2. 安全

安全是相对危险而言的，通常指免受人员伤害、财产损失、设备损坏或环境破坏的一种客观状态。

3. 道路交通安全

道路交通安全是指人们在道路交通系统中，按照交通法规的规定，安全地行车、走路，避免发生人身伤亡、财物损失或环境破坏的一种交通运行状态。安全是一种状态，安全管理的主要任务是通过持续的危险识别和风险管理过程，将人员伤害或财产损失的风险降低至并保持在可接受的水平或其以下。

4. 事故

事故是指在生产活动过程中，由于人们受到科学知识和技术力量的限制，或者由于认识上的局限，当前还不能防止，或能防止而未有效控制所发生的违背人们意愿的事件序列。它的发生，可能迫使系统暂时或较长期地中断运行，也可能造成人员伤亡、财产损失或者环境破坏。

事故与安全是对立的，但事故并不是不安全的全部内容，而只是在安全与不安全一对矛盾斗争过程中某些瞬间突变结果的外在表现。

系统处于安全状态并不一定不发生事故，系统处于不安全状态，也未必完全是由事故引起。

危险不仅包含了作为潜在事故条件的各种隐患，同时还包含了安全与不安全的矛盾激化后表现出来的事故结果。

事故发生,系统不一定处于危险状态,事故不发生,也不能否认系统不处于危险状态,事故不能作为判别系统危险与安全状态的唯一标准。

事故总是发生在操作的现场,总是伴随隐患的发展而发生在生产过程之中,事故是隐患发展的结果,而隐患则是事故发生的必要条件。

5. 交通事故

依据2007年颁布实施的中华人民共和国道路交通安全法,交通事故(Traffic Accident)是指车辆在道路上因过错或者意外造成人身伤亡或者财产损失的事件。与原《道路交通事故处理办法》中的道路交通事故定义相比,新定义有了明显变化:第一,交通事故不仅是由特定的人员因违反交通管理法规造成的;也可以是由于地震、台风、山洪、雷击等不可抗拒的自然灾害造成。构成交通事故要有4个要件:即车辆、道路上、交通违法行为或过错、损害后果。

从系统论和能量转移论的观点来看,交通事故是由于不稳定因素产生的能量向车辆运移,以致击穿了车辆固有能量屏蔽能力,使车辆运行状态失控。要避免交通事故必须消除不稳定因素,要减小事故的严重程度必须采取相应的安全预防措施。

二、公路本质安全

公路本质安全是指公路基础设施本身固有的、内在的、能够从根本上防止事故发生的功能。安全是公路的本质属性,公路本身应是安全的。公路本质安全包括以下四种基本安全要素。

1. 明确性

公路设施的基本功能和路权应能明显识别或予以明确标识,不因公路本身的功能或路权不明确而诱导使用者犯错误,引发交通事故。

2. 主动性

公路设施本身因地质、工程、经济等综合原因而不得不存在的低标准路段或不良点段,应采取明示、诱导、防护、减缓乃至消除等主动工程措施,尽可能降低事故发生概率。

3. 宽容性

驾驶者即使操作失误,不应受到严重伤害或引发其他严重交通事故,甚至以生命为代价。

4. 冗余性

公路及附属设施发生故障需养护、维护作业时,能暂时维持正常工作或自动转变为安全状态。

这四种安全要素应是公路基础设施本身固有的,即在其设计建设阶段就应被考虑融入公路主体工程中的基本属性。高度重视发展公路本质安全的系统工程技术,实现公路建设和运营安全,使公路交通系统安全化提高到一个理想的水平,这是世界各国不懈追求的。

三、交通安全设施

在第一章中已经讲到交通安全设施是交通工程设施的一部分,其功能是保障交通安全。本节围绕交通安全设施的定义稍作扩展,以使读者对交通安全设施有一个比较全面的了解。

1. 交通安全设施的定义

为维护交通秩序,确保交通安全,充分发挥道路交通的功能,依照规定在道路沿线设置的交通信号灯、交通标志和标线、防撞护栏和隔离栅等交通硬件设施的总称。

2.交通工程及沿线设施

按照《公路工程技术标准》(JTG B01—2003)的规定，交通工程及沿线设施包括交通安全设施、服务设施和管理设施三种，各项设施应按统筹规划、总体设计、分期实施的原则配置，并结合交通量的增长与技术发展状况等逐步补充完善。

3.交通工程及沿线设施的等级

按照《公路工程技术标准》(JTG B01—2003)的规定，交通工程及沿线设施分为 A、B、C、D 四级。其中，A 级适用于高速公路，B 级适用于作为干线公路的一级公路和二级公路，C 级适用于作为集散公路的一级公路和二级公路，D 级适用于三级公路和四级公路。

4.公路交通安全设施的种类

按照《公路交通安全设施设计规范》(JTG D81—2006)，公路交通安全设施包括护栏、交通标志、交通标线、隔离栅、桥梁护网、防眩设施、轮廓标和活动护栏等。常见的反光膜、路面标线涂料、防腐涂料这三种产品是制造交通安全设施的原材料，不是交通安全设施；突起路标、预成形标线带是交通标线的一部分，应属于交通安全设施；通信管道和机电设备基础是机电工程的内容，但是施工过程是与土建工程同时进行的，为了便于工程建设管理，通常将此两项划归交通安全设施。

另外，交通信号灯主要用于城市道路交通管理，即是安全设施也是管理设施，在公路工程中通常划归为机电工程。

5.公路交通安全设施功能作用

公路交通安全设施主要起安全防护和服务诱导作用，通过科学、合理地设置交通安全设施，最大限度地保障公路使用者的人身和财产安全，为公路使用者提供诱导服务，使其安全、快速、舒适地到达目的地。

6.公路交通安全设施构造要求

公路交通安全设施在满足安全和使用功能的条件下，优先选用符合行业或国家标准的材料，积极而慎重地采用新技术、新材料、新工艺、新产品。

7.公路交通安全设施形式选择

应根据设施的功能要求，本着安全合理、经济实用、技术先进、因地制宜、确保质量的原则选择公路交通安全设施的形式。

8.公路交通安全设施设置原则

公路交通安全设施应结合路网与公路条件、交通条件、环境条件进行总体设计。同一条公路采用的交通安全设施设置原则和设计方案宜保持一致。交通安全设施之间、交通安全设施与公路主体工程和其他设施之间之间应互相协调、配合使用。

9.公路交通安全设施的质量要求

上述 10 种设施、3 种产品和通信管道都有相应的国家标准或行业标准，其中的活动护栏行业标准正在编写中，新颁布的国家标准《隔离栅》也可适用于桥梁护网。这些设施或产品的质量应首先满足国家或行业标准的要求。

此外，交通安全设施应用了大量的钢铁材料，为了保证钢材免受环境腐蚀，需要进行防腐处理。交通工程设施常用的防腐处理工艺有热浸镀锌、热浸镀铝、全聚酯静电喷涂、硫化床浸塑等。近几年，双涂层工艺也日臻成熟，逐步得到应用，改善了公路沿线设施的景观。防腐层的质量应满足《高速公路交通工程钢构件防腐技术条件》(GB/T 18226—2000)的要求。

10. 公路交通安全设施质量检测一般流程

公路交通安全设施质量检测分为实验室检测和工程现场检测，实验室检测一般为送样检测，工程现场检测一般为抽样检测。抽样是检测的第一步，抽样应依据《公路交通安全设施质量检验抽样及判定》(JT/T 495—2004)进行。接下来，依次为样品试验状态调节、制样、试样状态调节(视标准要求可删减)、检测仪器设备准备、检测、原始数据记录、数据处理、恢复仪器设备安全状态、编制检测报告。下面以工程现场对 DB2 类热浸镀锌波型梁钢护栏板镀锌层厚度的检测步骤为例进行说明。

(1)依据 JT/T 495 对波形梁钢护栏板产品批进行抽样，并为样品编号；

(2)准备好测量原始记录表，记录样品编号、生产施工单位、必要的天气状况、检测位置桩号等信息；

(3)打开磁性测厚仪开关，至显示稳定；

(4)用给定的校准片，按规定程序对测厚仪调零、校准；

(5)在原始记录表上记录测厚仪状态；

(6)在被测护栏板样品两端和中间选定 3 个截面，在截面的波峰、波谷及板侧平面部位各测三个数据，共 9 个数据记录在原始记录表中。测量时，应避开镀层表面的滴溜、锌渣等凸起缺陷处；

(7)在同一样品的另一面，重复步骤(6)获得另外 9 个数据；

(8)取这 18 个数据的算术平均值作为测量结果；

(9)在原始记录表上签字和必要的时间等信息；

(10)选定一个与被测镀锌层厚度接近的校准片校验磁性测厚仪，校验结果应在仪器的重复性误差之内；

(11)收起测厚仪，整理数据，编制检测报告。

第二节 逆反射术语和定义简介

逆反射是光线反射的一种特殊类型。依据逆反射原理制成的材料或物体称逆反射材料或逆反射体。利用逆反射材料制造的交通标志、标线、突起路标、轮廓标等是一大类公路交通安全设施，掌握有关逆反射的术语和定义，对准确理解逆反射类交通安全设施的功能、作用以及质量要求和测试原理至关重要。

交通行业标准《逆反射的术语和定义》(JT/T 688—2007)，定义了 41 个术语，按照这些术语的作用可分为基础术语、几何条件术语和应用术语三部分。

基础术语包括：逆反射、逆反射元、逆反射材料、反光膜、逆反射体；

几何条件术语包括：逆反射体中心、光源点、观测点、逆反射体轴、照明轴、观测轴、第一轴、第二轴、基准标记、照明距离、观测距离 d、基准半平面、入射半平面、观测半平面、入射角 β、入射角分量 β_1、入射角 β_2、观测角 α、视角 υ、余入射角 e、余视角 a、方位角 ω_s、道路标线方位角 b、道路标线方位角补角 d、显示角 γ、rho 角 ρ、旋转角 ε；

应用术语包括：发光强度系数 R_1、逆反射系数 R_A、线性逆反射系数 R_M、逆反射亮度系数

R_L、逆反射光通量系数 R_φ、逆反射因数 R_F、逆反射分量 R_T、旋转均匀性。

由于篇幅所限，此处不做详细论述，请读者参阅《逆反射术语》(JT/T 688—2007)。

第三节　交通安全设施的常用防腐处理技术及质量要求

本节介绍了金属腐蚀的机理和后果以及防护方法，考生应重点掌握防腐层的质量要求和检测方法。

一、概述

金属材料的腐蚀，是指金属材料和周围介质接触时发生化学或电化学作用而引起的一种破坏现象。对于金属而言，在自然界大多是以金属化合物的形态存在。从热力学的观点来看，除了少数贵金属(如金、铂等)外，各种金属都有转变成离子的趋势。因此，金属元素比它们的化合物具有更高的自由能，必然有自发地转回到热力学上更稳定的自然形态——氧化物的趋势，所以说金属腐蚀是自发的普遍存在的一种现象，是不可避免的。腐蚀给人类带来的损失是巨大的。据有关资料统计，世界上每年因腐蚀而报废的金属材料和设备约相当于生产量的20%以上，一些发达国家由于金属腐蚀而造成的经济损失大约占国民经济总产值的2%～4%。钢铁腐蚀后的影响，除了直接损耗以外，从钢结构受力分析，在受力情况下钢结构被腐蚀后，若腐蚀 1%，其强度下降 10%～15%。若双面腐蚀各达 5%，其结构将报废。随着全球工业的发展，腐蚀的问题日趋严重。因此，世界各国对防腐技术措施非常重视，将金属防腐技术上升到工程的角度进行研究实施，成为表面工程的一个重要领域。通过不断的研究与发展，发明了多种防腐处理工艺，使腐蚀问题得到了明显缓解，但总的来说，金属的腐蚀仍十分严重。

在交通安全设施中，钢铁腐蚀是主要的，而在钢铁腐蚀中，海洋条件、潮湿气氛和工业密集地区的大气腐蚀占重要位置。和很多强介质腐蚀相比，虽然这类弱介质腐蚀的腐蚀强度相对较低，但因其量大面广，致使造成的损失和影响更为突出。仅以高速公路波形梁钢护栏为例，一公里高速公路约使用 80 吨的钢材，7 万公里使用 560 万吨，如不进行防腐处理，一年腐蚀约 60 万吨，直接损失 30 亿元，5 年后，腐蚀后的钢护栏不仅外观难看，还将失去防护功能。可见防腐处理对公路交通安全设施是非常重要的。

二、常用防腐处理技术

金属材料的防腐蚀方法很多，主要有改善金属的本质，把被保护金属与腐蚀介质隔开，或对金属进行表面处理，改善腐蚀环境以及电化学保护等。

1. 改善金属的本质

根据不同的用途选择不同的材料组成耐蚀合金，或在金属中添加合金元素，提高其耐蚀性，可以防止或减缓金属的腐蚀。例如，在钢中加入镍制成不锈钢可以增强防腐蚀能力。

2. 形成保护层

在金属表面覆盖各种保护层，把被保护金属与腐蚀性介质隔开，是防止金属腐蚀的有效方法。工业上普遍使用的保护层有非金属保护层和金属保护层两大类，通常采用以下方法形成保护层：

(1)金属的磷化处理:钢铁制品去油、除锈后,放入特定组成的磷酸盐溶液中浸泡,即可在金属表面形成一层不溶于水的磷酸盐薄膜,这种过程叫做磷化处理。磷化膜呈暗灰色至黑灰色,厚度一般为 5～20μm,在大气中有较好的耐蚀性。膜是微孔结构,对油漆等的吸附能力强,如用作油漆底层,耐腐蚀性可进一步提高。

(2)金属的氧化处理:将钢铁制品加到 NaOH 和 $NaNO_2$ 的混合溶液中,加热处理,其表面即可形成一层厚度约为 0.5～1.5μm 的蓝色氧化膜(主要成分为 Fe_{3O4}),以达到钢铁防腐蚀的目的,此过程称为发蓝处理,简称发蓝。这种氧化膜具有较大的弹性和润滑性,不影响零件的精度。故精密仪器和光学仪器的部件,弹簧钢、薄钢片、细钢丝等常用发蓝处理。

(3)非金属涂层:用塑料(如聚乙烯、聚氯乙烯、聚氨酯等)喷涂在金属表面,比喷漆效果更佳。塑料覆盖层致密光洁、色泽艳丽,兼具防蚀与装饰的双重功能。搪瓷是含 SiO_2 量较高的玻璃瓷釉,有极好的耐腐蚀性能,因此作为耐腐蚀非金属涂层,广泛用于石油化工、医药、仪器等工业部门和日常生活用品中。

(4)金属保护层:这是以一种金属镀在被保护的另一种金属制品表面上所形成的保护镀层,前一种金属称为镀层金属。金属镀层的形成,除电镀、化学镀外,还有热浸镀、热喷镀、渗镀、真空镀等方法。热浸镀是将金属制件浸入熔融的金属中以获得金属涂层的方法,作为浸涂层的金属通常是采用低熔点金属,如锌、锡、铅和铝等。热镀锌主要用于钢管、钢板、钢带和钢丝,应用最广;热镀锡用于薄钢板和食品加工等的储存容器;热镀铅主要用于化工防蚀和包覆电缆;热镀铝则主要用于钢铁零件的抗高温氧化等。

3. *改善环境*

改善环境对减少和防止金属腐蚀有重要作用。例如,减少腐蚀介质的浓度,除去介质中的氧,控制环境温度、湿度等都可以减少和防止金属腐蚀。也可以采用在腐蚀介质中添加能降低腐蚀速率的物质(缓蚀剂)来减少和防止金属腐蚀。

4. *电化学保护法*

电化学保护法是根据电化学原理在金属设备上采取措施,使之成为腐蚀电池中的阴极,从而防止或减轻金属腐蚀的方法,主要有以下两种。

(1)牺牲阳极保护法:该方法是用电极电势比被保护金属更低的金属或合金做阳极,固定在被保护金属上,形成腐蚀电极,被保护金属作为阴极而得到保护。牺牲阳极一般常用的材料有铝、锌及其合金。此法常用于保护海船外壳、海水中的各种金属设备、构件和防止巨型设备(如储油罐)以及石油管路的腐蚀。

(2)外加电流法:将被保护金属与另一附加电极作为电池的两个极,使被保护的金属作为阴极,在外加直流电的作用下使阴极得到保护。此法主要用于防止土壤、海水及河水中金属设备的腐蚀。在公路交通安全设施中应用最多的是金属和非金属涂层保护法,常用工艺有热浸镀锌、热浸镀铝、聚酯静电喷涂、硫化床浸塑,近几年金属和非金属复合涂层也以优越的防腐性能和良好的装饰性能得到广泛应用。

三、公路交通安全设施防腐层质量要求

公路交通安全设施金属防腐处理工艺的最终结果是在金属构件表面形成一层保护层,在工程中通常叫防腐层。只有符合要求的防腐层才能起到保护作用,早在 2000 年就颁布实施的

国家标准《高速公路交通工程钢构件的防腐技术条件》(GB/T 18226—2000)。该标准规定了高速公路交通工程钢构件的防腐形式及防腐要求，原则上使用于所有公路交通工程各种钢构件的防腐。

1.防腐形式分类

在GB/T 18226—2000中，按钢构件表面保护层的材料分为：镀锌、镀铝、涂塑、镀锌(铝)后涂塑四种。

其中镀锌(铝)后涂塑防腐层，也叫双涂层、复合涂层；标准要求涂塑构件的第一层(内层)为金属镀层，第二层(外层)为非金属涂层。金属镀层应为镀锌或镀铝，为了达到标准要求的厚度，实际上暗含了必须采用热浸镀工艺；非金属涂层可为聚乙烯、聚氯乙烯或聚酯。如果采用单涂塑做保护层时，推荐使用热塑性粉末涂料，通过硫化床工艺形成保护层，不推荐使用聚酯静电喷涂工艺。

为了发展新技术、新材料和新工艺，该标准还规定：如果采用合金或其他材料做保护层，应有可靠的技术数据和试验验证资料保证其防腐性能不低于本标准的相应要求。

2.防腐层厚度和(或)附着量

为了将金属构件和环境腐蚀介质隔开，防腐层需要一定的厚度，对于金属涂层通常用附着量来表征防腐层的厚度大小。因为知道了防腐材料的密度和附着量，也就确定了防腐层的厚度，它们之间的关系如下式：

$$t=\frac{W}{\rho} \tag{2-1-1}$$

式中：t——防腐层厚度(μm)；

W——防腐层附着量(g/m^2)；

ρ——防腐层材料密度(g/cm^3)。

纯锌的标准密度是7.14 g/cm^3，由于一般的热镀锌中含有5%左右的铝，所以镀层的平均密度约7.0 g/cm^3。例如波形梁钢护栏要求镀锌层的单面平均附着量为600 g/cm^2，换算为厚度约85.7μm，有的标准或设计文件直接使用85μm也是来源于此。

为了保证防腐层原材料的质量，标准要求：热浸镀锌所用的锌应为GB/T 470规定的特一号、一号锌锭。热浸镀铝所用的铝应为《重熔用铝锭》(GB/T 1196—2008)规定的特一级、特二级、一级铝锭。各种防腐层的厚度和(或)附着量要求如下。

(1)镀锌防腐层的附着量(标准中称质量)应符合表2-1-1的要求。

镀锌防腐层的附着量　表2-1-1

钢构件类型		平均附着量(g/m^2)	
		I	II
钢板厚度(mm)	≥3～<6	600	
	≥1.5～<3	500	
	<1.5	395	
紧固件、连接件		350	

续上表

钢构件类型		平均附着量(g/m²)	
		Ⅰ	Ⅱ
钢丝直径	＞1.8～2.2	105	230
	＞2.2～2.5	110	240
	＞2.5～3.0	120	250
	＞3.0～3.2	125	260
	＞3.2～4.0	135	270
	＞4.0～7.5	135	290
	＞7.5～10.0	—	300

(2)镀铝防腐层的附着量(标准中称质量)应符合表 2-1-2 的要求。

镀铝防真高层的附着量 表 2-1-2

钢构件类型		平均附着量(g/m²)
钢管、钢板、钢带		120
紧固件、连接件		110
钢丝直径(mm)	＞1.8～2.2	90
	＞2.2～3.0	100
	＞3.0～4.0	110
	＞4.0～10.0	120

(3)双涂层防腐层的附着量(标准称质量)或厚度应符合表 2-1-3 的要求。

双涂层防腐层的附着量 表 2-1-3

钢构件类型		平均镀锌层质量(g/m²)	平均镀铝层质量(g/m²)	涂塑层厚度(mm)	
				聚氯乙烯、聚乙烯	聚 酯
钢管、钢板、钢带		270	61	＞0.25	＞0.076
紧固件、连接件		120	61	＞0.25	＞0.076
钢 丝 直 径	＞1.8～2.0	75	61	＞0.15	＞0.076
	＞2.0～4.0	90			
	＞4.0～5.0	120			

(4)单涂塑构件防腐层厚度应符合表 2-1-4 的要求。

单涂塑构件防腐层厚度 表 2-1-4

钢构件类型		涂塑层厚度(mm)
钢管、钢板、钢带		0.38
连 接 件		0.38
钢 丝 直 径	＞1.8～4.0	0.30
	＞4.0～5.0	0.38

3.防腐层性能要求

1)镀锌层

(1)外观质量。镀锌构件表面锌层应均匀完整、颜色一致,表面具有实用性光滑不允许有流挂、滴瘤或多余结块。镀件表面应无漏镀、露铁等缺陷。有螺纹的构件在热浸镀锌后,应清理螺纹或作离心分离。

(2)均匀性。镀锌构件的锌层应均匀,试样经硫酸铜浸渍试验后,金属构件表面无金属铜的红色沉积物。

(3)附着性。镀锌构件的锌层应与基底金属结合牢固,经钢丝附着性缠绕能试验、板材及连接件经附着性锤击试验后,锌层不剥离、不凸起,不得开裂或起层到用裸手指能够擦掉的程度。

(4)耐盐雾性能

镀锌构件经 200 h 的中性盐雾试验后,基体钢材不应出现腐蚀现象,基体钢材在切割边缘出现的腐蚀除外。

2)镀铝层

(1)外观质量。镀铝构件表面铝层应连续,不允许存在明显影响外观质量的熔渣、色泽暗淡以及假浸、漏浸等缺陷。

(2)均匀性。镀铝构件的铝层应均匀,不允许有针孔,试样经有孔度试验后,无红褐色的氢氧化铁沉积物。

(3)附着性。构件的镀铝层应与基底金属结合牢固,钢丝经附着性缠绕试验、板材及连接件经镀铝层弯曲试验后,铝层不剥离、不凸起,不得开裂或起层到用裸手指能够擦掉的程度。

(4)耐盐雾性能。镀铝构件经 200h 的中性盐雾试验后,基体钢材不应出现腐蚀现象,基体钢材在切割边缘出现的腐蚀除外。

3)涂塑层

(1)均匀性。涂塑层应均匀光滑、连续,无肉眼可分辨的小孔、空间、孔隙、裂缝、脱皮及其他有害缺陷。

(2)附着性。涂塑层应附着良好,对于聚氯乙烯、聚乙烯涂塑层经涂塑层剥离试验后,涂塑层断裂,无剥离;对于聚酯涂塑层,经涂塑层划格试验后,刻痕光滑,涂塑层无剥离脱落现象。

(3)抗弯曲性能。聚氯乙烯、聚乙烯涂塑层经弯曲试验后,试样应无肉眼可见的裂纹或涂塑层脱落。

(4)耐磨性能。经 1 000 转的耐磨性能试验后,质量损失应不超过 100mg。

(5)耐冲击性能。经耐冲击性能试验后,除冲击部位外,涂塑层无碎裂、开裂或脱落现象。

(6)耐化学药品性能。经耐化学药品性能试验后,涂塑层无起泡、软化、丧失黏结等现象。

(7)耐盐雾性能。经 8h 涂塑层耐盐雾性试验后,除划痕部位任何一侧 0.5 mm 内,涂层应无起泡、剥离、生锈等现象。

(8)耐候性能。经 1 000h 的氙弧灯人工加速老化试验后,涂塑层不允许产生裂缝、破损等损伤现象,允许轻微褪色。

(9)耐湿热性能。经 8h 湿热性试验后,除划痕部位任何一侧 0.5mm 内,涂层应无起泡、剥离、生锈等现象。

(10)耐低温脆化性能。经168h的耐低温脆化性能试验后,涂塑层仍满足本条(1)～(8)的要求。

4. 试验检测方法

1)镀锌层附着量试验方法

(1)试样的准备。

①对于钢丝构件,截取三根,每根长度300～600mm。

②对于钢管构件在其两端及中部各截取30～60mm(视规格大小决定)长的管段作为试样。

③对于板状构件,截取三块,每块试样的测试面积不小于10 000mm²,试样表面不应有粗糙面和锌瘤存在。

④附着量采用三点法计算。三根(块)试样附着量的平均值为该试样的平均附着量。

⑤试样用四氯化碳、苯或三氯化烯等有机溶剂清除表面油污,然后以乙醇淋洗,清水冲净,净布擦干,充分干燥后称量,钢管和钢板试样精确到0.01g。钢丝试样精确到0.001g。

(2)试验溶液的配制。将3.5g六次甲基四胺($C_6H_{12}N_4$)溶于500mL的浓盐酸(ρ=1.19g/mL)中,用蒸馏水稀释至1 000mL。

(3)试验方法。试验溶液的数量,按试样表面每平方厘米不少于10mL准备。将称量后的试样放入试验溶液中(保持试验溶液温度不高于38℃),直至镀锌(锌铝合金)层完全溶解,氢气泡显著减少为止。将试样取出,以清水冲洗,同时用硬毛刷除去表面的附着物,用棉花或净布擦干,然后浸入乙醇中,取出后迅速干燥,以同一精确度重新称量。

对于钢丝试样,测量去掉锌层后的直径,两个相互垂直的部位各测一次,取其平均值。对于钢管试样,测量去掉锌层后的三个壁厚,取平均值。对于钢板试样,测量去掉锌层后的三个板厚,取平均值。

(4)附着量计算。

镀锌(锌铝合金)钢丝试样附着量按下式计算:

$$A=\frac{G_1-G_2}{G_2}d\times 1\,960 \tag{2-1-2}$$

式中:A——钢丝单位表面积上的镀锌(锌铝合金)层附着量(g/m²);

G_1——验前试样质量(g);

G_2——试验后试样质量(g);

d——钢丝试样剥离锌层后的直径(mm)。

镀锌钢管、钢板试样附着量按下式计算:

$$A=\frac{G_1-G_2}{G_2}t\times 3\,920 \tag{2-1-3}$$

式中:A——钢管、钢板单位表面积上的镀锌层附着量(g/m²);

G_1——试验前试样质量(g);

G_2——试验后试样质量(g);

t——钢管试样剥离锌层后的壁厚,钢板试样剥离锌层后的板厚(mm)。

2)硫酸铜浸渍试验方法

(1)试样的准备。

①取样

钢丝:在不同部位剪取三根,每根试样长度不小于150mm;

立柱:任取三根,每根试样长度不小于150mm;

板材:截取3块,每块面积不小于100cm^2;

连接件:任取3套原件。

②试样预处理

试样用四氯化碳、苯或三氯化烯等有机溶剂清除表面油污,然后以乙醇淋洗,清水冲净,净布擦干,充分干燥。

(2)试验溶液的配制。

①将36g化学纯硫酸铜($CuSO_4 \cdot 5H_2O$)溶于100mL蒸馏水中,加热溶解后,冷却至室温,加入氢氧化铜或碳酸铜(每1L硫酸铜溶液加入1g),搅拌混匀后,静置24h以上,然后过滤或吸出上面的澄清溶液供使用。该溶液在18℃时,相对密度应为1.18,否则应该以浓硫酸铜溶液或蒸馏水调整。硫酸铜的浓度在任何情况下不应低于标称溶液浓度的90%。

②氢氧化铜制法:用10%的氢氧化钠溶液加入质量比为1∶5的硫酸铜溶液中,生成浅绿色的氢氧化铜沉淀,然后过滤洗涤至溶液无游离碱为止。

(3)试验准备。

①硫酸铜溶液应以不与硫酸铜产生化学反应的惰性容器盛装,容器应有适当的容积,使硫酸铜溶液能将试样浸没,并使试样与容器壁保持不少于25mm的距离。

②硫酸铜溶液注入的数量按试样被测试面积每平方厘米不少于10mL准备。

(4)试验方法。

①将准备好的试样,置于18℃±2℃的溶液中浸泡1min,此时不许搅动溶液,亦不得移动试样,1min后立即取出试样,以清水冲洗,并用软毛刷除掉黑色沉淀物,特别要刷掉孔洞凹处沉淀物,然后用净布擦干立即进行下一次浸蚀,重复上述操作,镀锌层按表B1规定的次数浸置,锌铝合金层按表2-1-5规定次数浸置。

②除最后一次浸蚀外,试样应立即重新浸入溶液。

③试验溶液溶解的锌达到5g/L时应更换溶液。

镀锌层浸置时间及浸置次数　　表2-1-5

品　名			浸置时间(min)	次　数
网片	I		1	1
	II	直径≤2.2mm		2
		直径>2.2mm		3
板材、立柱、连接件				5

(5)浸蚀终点的确定。

①经上述试验后,试样上出现红色的金属铜时为试样达到浸蚀终点。出现金属铜的那次浸蚀不计入硫酸铜试验次数。

②将附着的金属铜用无锋刃的工具将铜刮掉,如铜的下边仍有金属锌(或锌铝合金)时,不算浸蚀终点。

③对金属铜红色沉积下的底面是否存在锌(锌铝合金)层有怀疑时,可将金属铜红色沉积刮除,于该处滴一至数滴稀盐酸,若有锌(锌铝合金)层存在,则有活泼氢气产生。此外,可用锌(锌铝合金)的定性试验来判定:即用小片滤纸或汲液管等把滴下来的酸液收集起来,用氢氧化铵中和,使其呈弱酸性,在此溶液中通过硫化氢,看其是否生成白色沉淀(硫化锌)来加以判定。

④下列情形不作为浸蚀终点:

a. 试样端部 25mm 内出现红色金属铜时;b. 试样的棱角出现红色金属铜时;c. 镀锌(锌铝合金)后损伤的部位及其周围出现红色金属铜时。

(6)试验结果的判定。按表 2-1-5 规定的时间及次数浸置后达不到浸蚀终点时为合格。

3)镀锌层附着性试验方法

(1)试样准备

①对钢丝试样取三根,每根试样长度不小于表 2-1-6 规定,试验前可对试样进行矫直,当用手不能矫直时,可将试样置于木材、塑料或铜的垫板上,以木锤或橡胶锤轻轻打直,矫直后试样表面不得有损伤;

②对于板材、管材及连接件,同时镀三块。

芯棒直径及缠绕圈数 表 2-1-6

钢丝直径(mm)	试样最小长度(mm)	芯棒直径为钢丝直径倍数	缠绕圈数,不小于
2.0	350	5	6
>2.0~3.0	600	7	6
>3.0~4.0	800	7	6

注:芯棒直径不允许有正偏差

(2)试验装置

①缠绕试验装置

a. 缠绕试验装置如图 2-1-1 所示。b. 试验机应符合缠绕松懈试验的技术要求。c. 试验机应能保证试样围绕芯棒沿螺旋方向缠成紧密的螺旋圈。d. 缠绕芯棒直径(自身缠绕除外)应符合表 2-1-6 的规定,但允许偏差不允许有正偏差值,芯棒应具有足够的硬度,其表面粗糙度 Ra 应不大于 6. 3um。e. 试验机应有对试样自由端施加张力的装置。

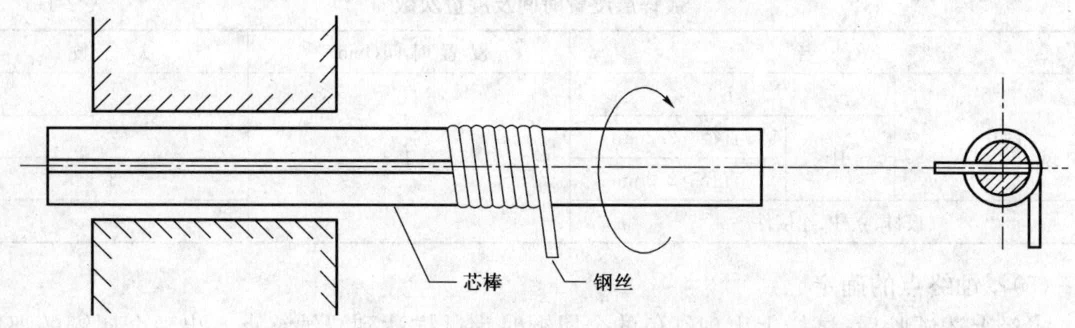

图 2-1-1 缠绕试验装置

②锤击试验装置

参照 JT/T 684—2007 使用镀锌层附着性能测定仪进行锤击试验，镀锌层附着性能测定仪应稳固在木制台上，试验面应保持与锤底座同样高度并与其处于同一水平面上。

(3)试验步骤

①缠绕试验

a. 将试样沿螺旋方向以紧密的螺旋圈缠绕在直径为 D 的芯棒上。b. 一般情况下，试验应在 10～35℃的室温下进行，如有特殊要求，试验温度应为 23℃±5℃。c. 缠绕、松懈的速度应均匀一致，缠绕速度为 5～10 圈/min，必要时可减慢试验速度，以防止温度升高而影响试验结果。d. 为确保缠绕紧密，缠绕时应在试样自由端施加不大于线材公称抗拉强度相应试验力的 5%。

②锤击试验

试件应放置水平，锤头面向台架中心，锤柄与底座平面垂直后自由落下，以 4mm 的间隔平行打击五点，检查锌(锌铝合金)层表面状态。打击点应离端部 10mm 以外，同一点不得打击两次。

(4)试验结果的判定

①缠绕试验后，镀锌(铝)层不开裂或起层到用裸手指能够擦掉的程度。

②锤击试验后，镀锌层不剥离，不凸起。

4)耐中性盐雾性能试验方法

按 GB/T 10125 进行。

5)镀铝层附着量试验方法

(1)试样的准备

①试样

钢丝：每根试样长度 300～600mm；

钢管：每根试样长度 30～60mm；

钢板：试样的面积不小于 4 000mm^2。

对于不规则的样品，用一定直径的钢丝或一定厚度的钢板与被测样品在同一工艺条件下镀铝，钢丝、钢管长度或钢板面积满足上述要求。

②用纯净的溶剂如苯、石油苯、三氯乙烯或四氯化碳洗净表面。再用乙醇淋洗，清水洗净。而后充分干燥。

(2)试验溶液的配制

将氢氧化钠 120g 溶于水中，配制成 1 000mL 的氢氧化钠溶液。溶液温度 60～90℃。

(3)试验操作方法

①用天平称量清洗并干燥后的试样的质量，精确到 0.01g。

②将称量后的试样浸入试验溶液中，每次浸入一个试样，液面须高于试样。网片试样比容器长时，可将试样做适当弯曲或卷起来。试样不允许与试验容器壁接触。

③当试样于溶液中，氢的发生变得很少，镀铝层已消失时，取出试样。在清水中冲洗并用棉花或净布擦干。待干燥后再在天平上称质量，精确到 0.01g。

④如果试样干燥后发热，将其重又浸入测试溶液中，溶解残留于金属层上的铝，重复上述

操作，直至不再引起发热。

注1 连续的气体发生减弱后，试样留在氢氧化钠溶液中时间不应超过10min。

注2 如果需要较长的时间来除去铝层，则需更新氢氧化钠溶液。

⑤对于钢丝试样，测量去掉铝层后的直径，两个相互垂直的部位各测一次，取其平均值。对于钢管试样，测三个壁厚，取平均值。对于钢板试样，测三个板厚，取平均值。

(4)试验结果的计算

①镀铝钢丝试样附着量按下式计算：

$$m_A=\frac{m_1-m_2}{m_2}d\times 1\,960 \tag{2-1-4}$$

式中：m_A——钢丝单位表面上的铝层质量(g/m²)；

m_1——试样剥离铝层前的质量(g)；

m_2——试样剥离铝层后的质量(g)；

d——试样剥离铝层后的直径(mm)；

1 960——常数。

②镀铝钢管、钢板试样附着量按下式计算：

$$m_A=\frac{m_1-m_2}{m_2}t\times 3\,920 \tag{2-1-5}$$

式中：m_A——镀铝层的质量(g/m²)；

m_1——试样剥离铝层前的质量(g)；

m_2——试样剥离铝层后的质量(g)；

t——钢管剥离铝层后的壁厚，或钢板剥离铝层后的板厚(mm)；

3 920——常数。

6)铝层有孔度试验方法

(1)试样的准备

①试样

钢丝：每根试样长度不小于150mm；

钢管：每根试样长度不小于150mm；

钢板：每块试样任意一边长度不小于150mm。

对于不规则的样品，用一定直径的钢丝或一定厚度的钢板与被测样品在同一工艺条件下镀铝，钢丝、钢管或钢板的长度满足上述要求。

②试验前试样应先用乙醇、汽油、乙醚或石油醚等擦洗(必要时再用氯化镁糊剂轻擦)，除去所粘脏物及油脂，再用净水冲洗并用脱脂棉花或净布擦干。试样的截断部分应覆盖石蜡或涂漆。

(2)试验溶液

自来水。

(3)试验用容器

试验用容器采用聚乙烯容器或其他不产生铁锈的容器。

(4)试验步骤

将清洁的试样缓慢地插入自来水中,放置 24h 或更长时间,静置期间不能搅动溶液,也不能注入新的自来水或倒出自来水。放置规定时间后,观察其表面产生的红褐色的氢氧化铁沉积物的情况。

试样截断处周围 10mm 以内产生的沉积物不计。

7)镀铝层钢板弯曲试验方法

(1)试样的准备

钢板:在距离样品边缘 50mm 以上的地方截取试样,试样宽度为 50mm,长度为 100～150mm 长。

对于不规则的样品,用一定厚度的钢板与被测样品在同一工艺条件下镀铝,钢板长度满足上述要求。

(2)试验步骤

向任何方向弯曲 180°,弯曲内径等于试样厚度的 2 倍,检查弯曲部分外表面是否有镀层剥落。距离试样边缘 6mm 以内的剥落不计。

8)涂塑层厚度检测方法

使用磁性测厚仪,其使用方法按 GB/T 4956 进行。

9)涂塑层附着性试验方法

(1)剥离试验

在足够大试样上,用锋利的刀片在涂塑层上用力划两条距离 3mm、长 25mm 的平行线,然后与上述两条平行线的一端与之成直角再划一条刻痕,从此端剥离平行线之间的涂塑层。

(2)划格试验

当涂塑层厚度小于 0.125mm 时,按 GB/T 9286 中 6 规定的方法进行试验,切割间距为 2mm。当涂塑层厚度大于 0.125mm 时,在试样上划两条长 40mm 的线,两条线相交于中部成 30°～40°的锐角。所划线要直,要划透涂塑层。如果未穿透涂塑层,则换一处重新进行,不能在原划痕上继续刻划。试验后,观察刻痕边缘涂塑层脱落情况。

10)涂塑层抗弯曲试验方法

取 300mm 的试样,在 15s 内以均一速度绕芯棒弯曲 180°,芯棒直径为试样直径的 4 倍。

11)涂塑层耐磨性试验方法

按 GB/T 1768 的方法,所加载荷为 1kg。

12)涂塑层耐冲击性试验方法

参照 GB/T 1732 的试验方法,试验温度为 24℃±2℃,试样受到的冲击能量是 9N·m。

13)涂塑层耐化学药品性试验方法

将试样放入 30%的硫酸(GB/T 625)、40%的氢氧化钠(GB/T 629)、10%的氯化钠(GB/T 1266)溶液中,浸泡 45d,试验温度为 24℃±2℃。每组试样至少三块,试样的大小按 GB/T 11547—2008 中 4.2 的规定。

需要注意的是不饱和聚酯涂层官能团上含有酸基,容易与强碱发生化学反应,所以不做 40%的氢氧化钠药品浸泡试验。

14)涂塑层耐盐雾性试验方法

取样三片,每片大小为 70mm×150mm。用 18 号缝纫机针,将涂层划成长 120mm 的交叉对角线，划痕深至钢铁基体，对角线不贯穿对角，对角线端点与对角成等距离。划痕面朝上，置于盐雾试验箱中，按 GB/T 1771 规定的条件进行试验 8h。检查时用自来水冲洗试样表面沉积盐分，冷风快干后，目视检查试片表面。

15)涂塑层耐候性试验方法

采用 GB/T 11189.1 中 BH 型设备，按方法 A 进行人工加速老化试验，试验时间为 1000h。试样的大小及形状应与老化试验设备的试样夹具相适应。

需要说明的是，2008 年已经颁布实施了国家标准《公路沿线设施塑料制品耐候性指标及测试方法》(GB/T 22040—2008)，涂塑层的耐候性试验方法应符合该标准的要求。该标准中要求的试验方法可参见第一篇第五章通用试验方法一节。

16)涂塑层耐湿热性试验方法

取样三片，每片大小为 70mm×150mm。用 18 号缝纫机针，将涂层划成长 120mm 的交叉对角线，划痕深至钢铁基体，对角线不贯穿对角，对角线端点与对角成等距离。划痕面朝上，置于调温调湿箱，按 GB/T 1740 的方法进行 8h。

17)涂塑层耐低温脆化性试验方法

采用低温试验箱，温度控制在−60℃±5℃，试验时间 168h。

第二章

道路交通标志

第一节　概　　述

一、道路交通标志的功能与作用

道路交通标志是以颜色、形状、字符、图形等向道路使用者传递信息，用于管理交通的设施。结合道路及交通情况设置交通标志，向道路使用者提供准确及时的信息和引导，使之可以顺利快捷地抵达目的地，促进交通畅通和行车安全。

世界各国的道路交通标志，大致可以分为美国和欧洲两种模式。美国模式长期以来以文字表达为主；与美国相比，欧洲地区国家众多，语言文字复杂，而且相互交往联系密切，针对这种情况逐步发展起来的交通标志以图形符号为主题，辅以色彩和形状统一，形象而直观。我国的交通标志属于欧洲模式，即通过颜色、形状和图形符号这三要素，交通标志向交通参与者传递信息、引导交通。

1. 颜色

我国的交通标志有红色、黄色、荧光黄色、蓝色、绿色、棕色、黑色、白色、橙色、荧光橙色、荧光黄绿色共十一种颜色。其中红色表示禁止、停止、危险；黄色和荧光黄色表示警告；蓝色表示指令、遵循；绿色表示地名、路线、方向等的行车信息；棕色表示旅游区及景点项目的指示；黑色用于标志的文字、图形符号和部分标志的边框，白色用于标志的底色、文字和图形符号以及部分标志的边框；橙色和荧光橙色用于道路作业区的警告、指路标志；荧光黄绿色表示警告，用于注意行人、注意儿童的警告标志。

2. 形状

根据《道路交通标志和标线　第2部分：道路交通标志》(GB 5768.2—2009)的规定，正等边三角形用于警告标志；圆形用于禁令和指示标志；倒等边三角形用于“减速让行”禁令标志；八角形用于“停车让行”禁令标志；叉形用于“铁路平交道口叉形符号”警告标志；方形用于指路标志，部分警告、禁令和指示标志，旅游区标志，辅助标志，告示标志等。

3. 图形符号

图形符号是文字、符号和图案的简称，用图形符号表征信息的优点是不受语言、文字的限制，只要设计的图案形象、直观，不同国家、不同民族、不同语言文字的驾驶人员均可理解、认读。

二、道路交通标志的分类

基于不同特点和关注角度，道路交通标志有不同的分类方法。

交通标志按其作用分类，分为主标志和辅助标志两大类。主标志分为警告车辆、行人注意道路交通的警告标志；禁止或限制车辆、行人交通行为的禁令标志；指示车辆、行人应遵循的指示标志；传递道路方向、地点、距离信息的指路标志；提供旅游景点方向、距离的旅游区标志；告知道路作业区通行的道路作业区标志；告知路外设施、安全行驶信息以及其他信息的告示标志共七类标志。辅助标志是附设在主标志下，对其进行辅助说明的标志。

交通标志按显示位置分类，分为路侧和车行道上方两种，对应的支撑结构形式为柱式（分为单柱式和多柱式）、路侧附着式、悬臂式（分为单悬臂式和双悬臂式）、门架式、车行道上方附着式。

交通标志按光学特性分类，分为逆反射式、照明式和发光式三种，其中照明式又分为内部照明式和外部照明式。

交通标志按版面内容显示方式分类，分为静态标志和可变信息标志。

交通标志按设置的时效分类，分为永久性标志和临时性标志。

交通标志按传递信息的强制性程度分类，分为必须遵守标志和非必须遵守标志。禁令标志和指示标志为道路使用者必须遵守标志；其他标志仅提供信息，如指路标志、旅游区标志；禁令、指示标志套用于无边框的白色底板上，为必须遵守标志；禁令、指示标志套用于指路标志上，仅表示提供相关禁止、限制和遵行信息，只能作为补充说明或预告方式，并应在必要位置设置相应的禁令、指示标志。

三、道路交通标志的设置原则

道路交通标志的设置应综合考虑、布局合理，防止出现信息不足或过载的现象。信息应连续，重要的信息宜重复显示。一般情况下交通标志应设置在道路行进方向右侧或车行道上方，也可根据具体情况设置在左侧，或左右两侧同时设置。

为保证视认性，同一地点需要设置两个以上标志时，可安装在一个支撑结构（支撑）上，但最多不应超过四个。分开设置的标志，应先满足禁令、指示和警告标志的设置空间。

原则上要避免不同种类的标志并设。解除限制速度标志、解除禁止超车标志、优先道路标志、会车先行标志、会车让行标志、停车让行标志、减速让行标志应单独设置。如条件受限制无法单独设置时，一个支撑结构（支撑）上最多不应超过两种标志。标志板在一个支撑结构（支撑）上并设时，应按禁令、指示、警告的顺序，先上后下，先左后右地排列。警告标志不宜多设。同一地点需要设置两个以上警告标志时，原则上只设置其中最需要的一个。

第二节 技术要求

道路交通标志产品包括标志板和支撑件两部分，其中标志板是由标志底板、板面以及滑槽、铆钉等构成的组件，支撑件是支撑和连接紧固标志板的构件，包括立柱、横梁、法兰盘、抱箍和紧固件等。道路交通标志产品质量技术要求包括上述两方面的内容，主要质量评定标准为国家标准《道路交通标志板和支撑件》（GB/T 23827—2009），具体包括结构尺寸、外观质量、钢构件防腐层质量、材料力学性能、标志板面色度性能、反光型标志板面光度性能、标志板抗冲击性能、耐盐雾腐蚀性能、标志板耐高低温性能、标志板耐候性能、标志板面与标志底板的附着性能、标志板面油墨与反光膜的附着性能十二项要求。

一、结构尺寸

道路交通标志的标志板及支撑件的形状、尺寸应符合《道路交通标志和标线　第2部分：道路交通标志》(GB 5768.2—2009)的要求或设计要求。其中标志板的外形尺寸允许偏差为±5mm，若外形尺寸大于1.2m时，允许偏差为其外形尺寸的±0.5%。

根据标志板面是否具备逆反射性能，标志板分为反光型和非反光型。反光型标志板面应粘贴符合《公路交通标志反光膜》(GB/T 18833—2002)要求的反光膜以及耐久性与反光膜相匹配的黑膜为面膜，也可在反光膜上印刷油墨形成板面信息；非反光型标志板面应采用各类户外耐候型涂料涂敷制作。

标志底板可采用铝合金板、铝合金型材、钢板、合成树脂类板材等制作。标志立柱一般为钢管、型钢或八角形钢柱，也可根据需要采用铝合金型材、钢筋混凝土柱或木柱。采用铝合金板制作标志底板时，厚度不宜小于1.5mm，大型标志板的厚度应根据设计要求制定，在规定的宽度内，厚度允许偏差应按《一般工业用铝及铝合金板、带材　第3部分：尺寸偏差》(GB/T 3880.3—2006)，在表2-2-1规定的范围内；采用挤压成形的铝合金型材制作标志底板时，型材宽度一般不小于30cm；使用薄钢板制作标志底板时，其厚度不宜小于1.0mm，允许偏差应执行《冷轧钢板和钢带的尺寸、外形、重量及允许偏差》(GB/T 708—2006)；采用合成树脂类板材制作标志底板时，其厚度不宜小于3.0mm，允许偏差应符合相关标准规定；无缝钢管标志立柱的外径、厚度、弯曲度应符合《结构用无缝钢管》(GB/T 8162—2008)的要求；直缝电焊钢管标志立柱的外径、厚度、椭圆度应符合《直缝电焊钢管》(GB/T 13793—2008)的要求。

铝合金标志底板厚度允许偏差(单位：mm)　　表2-2-1

厚度(H)	规定的宽度(W)		
	$W\leqslant 1\,000$	$1\,000<W\leqslant 1\,600$	$1\,600<W\leqslant 2\,500$
$1.2<H\leqslant 2.0$	±0.10	±0.13	±0.15
$2.0<H\leqslant 2.5$	±0.13	±0.15	±0.16
$2.5<H\leqslant 3.0$	±0.15	±0.17	±0.18

标志底板尽可能使用最大尺寸制作，减少接缝，边缘宜进行卷边加固，卷边形式可按照图2-2-1。对标志底板的边缘和尖角应适当倒棱，使之呈圆滑状。

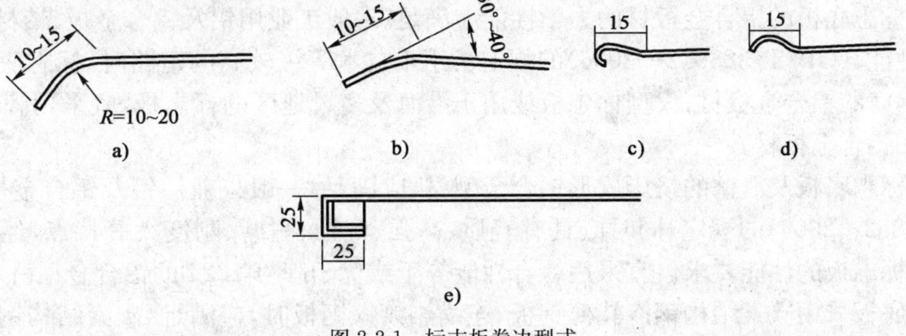

图2-2-1　标志板卷边型式

可选用型铝、型钢等滑槽对标志底板进行加固,加固方式和滑槽尺寸应符合设计要求。标志底板与滑槽的加固连接可采用铆接、焊接或其他工艺方法。使用铝合金板制作标志底板时,应使用沉头铆钉连接,铆接间距应均匀一致,一般宜为 150mm±50mm,且滑槽端部应加强铆接以分散应力,铆钉形状应符合《沉头铆钉》(GB/T 869—1986)的要求,直径不宜小于 4mm,并与标志底板及滑槽相匹配;标志底板与滑槽的焊接工艺质量应稳定可靠,无漏焊、虚焊等现象,焊接强度应均匀,焊接强度值不低于同类材料采用铆钉连接时的强度要求;其他工艺连接方法应经证实安全可行,并提供相应的检测报告方可使用。

标志立柱为钢构件时,顶部应加盖柱帽,柱帽结构尺寸应符合设计要求。标志板与立柱的连接可采用抱箍夹紧式或钢带捆扎式,其结构尺寸应符合材料和设计要求。

二、外观质量

标志板的字符、图形等应符合《道路交通标志和标线 第 2 部分:道路交通标志》(GB 5768.2—2009)的规定。在同一块标志板上,标志底板和标志板面所采用的各种材料应具有相容性,不应因电化学作用、不同的热膨胀系数或其他化学反应等造成标志板的锈蚀或其他损坏。

标志板应平整,表面无明显凹痕或变形,板面不平度不应大于 7mm/m。标志板面不应存在的缺陷包括裂纹、起皱、边缘剥离、颜色不均匀、逆反射性能不均匀和明显的气泡、划痕以及各种损伤。支撑件应表面光洁,颜色均匀一致,不应有破损、变形、锈蚀、漏镀及各种焊缝缺陷。

反光型标志板的面膜应尽可能减少拼接,当标志板的长度(或宽度)、直径小于面膜产品最大宽度时,不应有拼接缝;当粘贴面膜无法避免接缝时,应使用面膜产品的最大宽度进行拼接;接缝以搭接为主,且应为上搭下,重叠部分不应小于 5mm;当需要丝网印刷时,可采用平接,其间隙不应超过 1mm;距标志板边缘 5cm 之内,不得有贯通的拼接缝。

三、钢构件防腐层质量

对于钢构件制作的支撑件,其防腐层质量应符合《高速公路交通工程钢构件防腐技术条件》(GB/T 18226—2000)的要求,其中采用单一热浸镀锌处理时,标志底板、滑槽、立柱、横梁、法兰盘等大型构件,其镀锌量不低于 600g/m^2;抱箍、紧固件等小型构件,其镀锌量不低于 350g/m^2。

四、材料力学性能

制作标志底板的铝合金板材的力学性能应满足《一般工业用铝及铝合金板、带材 第 2 部分:力学性能》(GB/T 3880.2—2006)的规定。用于技术等级较高的道路时,标志底板宜采用牌号为 3003 的铝合金板材;大型标志板或用于沿海及多风地区的标志板,宜采用牌号为 3004 或 3104 的铝合金板材。

制作标志底板及滑槽的挤压成形铝合金型材,应满足《一般工业用铝及铝合金挤压型材》(GB/T 6892—2006)的规定,同时应具有轻质、高强、耐蚀、耐磨、刚度大等特点,经拼装后能满足大型标志板的性能要求。宜采用综合性能等于或优于牌号 2024 的铝合金型材。

标志底板采用碳素结构钢冷轧薄钢板、连续热镀锌钢板时,应满足《碳素结构钢冷轧薄钢板及钢带》(GB/T 11253—2007)、《连续热镀锌钢板及钢带》(GB/T 2518—2008)等有关标准的规定。合成树脂类板材用于标志底板时，其力学性能应符合相关标准要求。立柱、横梁、法兰盘、抱箍、紧固件等支撑件的力学性能，应符合《结构用无缝钢管》(GB/T 8162—2008)、《直缝电焊钢管》(GB/T 13793—2008)、《碳素结构钢》(GB/T 700—2006)及有关设计要求。

五、标志板面色度性能

非反光型标志板面的普通材料色应符合《安全色》(GB 2893—2008)的要求，色品坐标和亮度因数应在表 2-2-2 和图 2-2-2 规定的范围内。反光型标志板面的逆反射材料色(包括丝网印刷后)，应符合《公路交通标志反光膜》(GB/T 18833—2002)中表面色或逆反射色的要求，详见第三章。

标志板面的普通材料色 表 2-2-2

颜色	色品坐标(光源为标准照明体 D_{65}，观测条件为 45/0)								亮度因数
	1		2		3		4		
	x	y	x	y	x	y	x	y	
白	0.350	0.360	0.300	0.310	0.290	0.320	0.340	0.370	≥0.75
黄	0.519	0.480	0.468	0.442	0.427	0.483	0.465	0.534	≥0.45
红	0.690	0.310	0.595	0.315	0.569	0.341	0.655	0.345	≥0.07
绿	0.230	0.754	0.291	0.438	0.248	0.409	0.007	0.703	≥0.12
蓝	0.078	0.171	0.150	0.220	0.210	0.160	0.137	0.038	≥0.05
黑	0.385	0.355	0.300	0.270	0.260	0.310	0.345	0.395	≤0.03

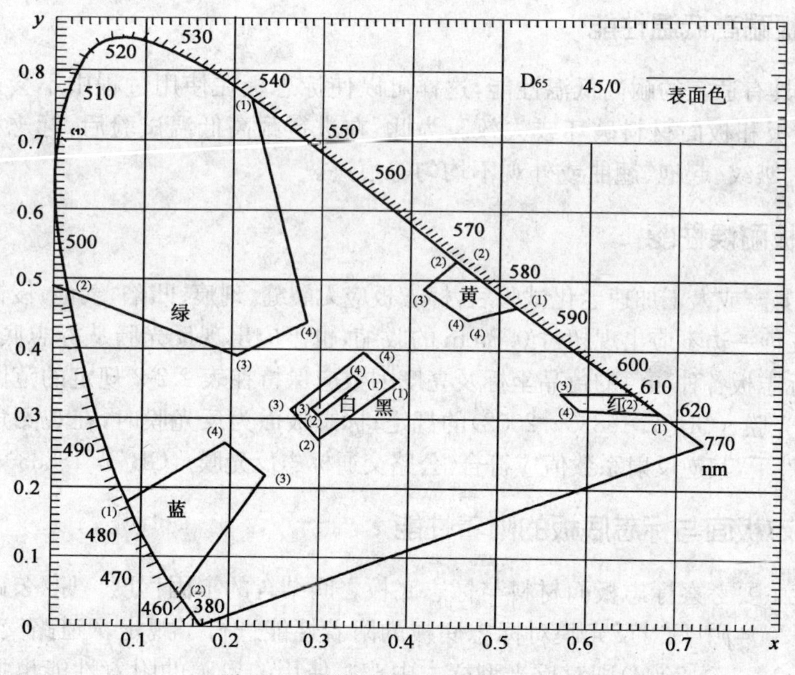

图 2-2-2 普通材料色各种颜色范围图

六、反光型标志板面光度性能

目前高等级公路和主要城市道路使用的标志多为反光型标志，其标志板面采用反光膜材料制作，标志板面光度性能取决于所使用的反光膜光度性能。反光膜的光度性能以逆反射系数来表示，一般情况下逆反射系数越高，表示光度性能越好，标志的发现距离越短，但过高的逆反射系数造成字体的渗光和视认的眩目，反而对交通安全造成负面影响。

《道路交通标志板和支撑件》(GB/T 23827—2009)规定，标志板面为反光膜时，其板面逆反射系数值不应低于《公路交通标志反光膜》(GB/T 18833—2002)中的相应规定，详见本篇第三章。

七、标志板抗冲击性能

标志板在生产、储存、运输、安装和使用过程中可能会受到冲击力的作用。若标志板的抗冲击性能差，则容易发生损坏。为此，《道路交通标志板和支撑件》(GB/T 23827—2009)中规定，抗冲击试验后，标志板在冲击点以外，不应出现裂缝、层间脱落或其他损坏。

八、耐盐雾腐蚀性能

交通标志所使用的材料受到大气环境中盐分的腐蚀，会导致材料性能发生减退，特别是在沿海地区，若发生此类腐蚀，将使标志外形损坏，严重时造成标志失效。为此，交通标志具有适宜的耐盐分腐蚀性能非常重要，此类性能一般通过耐盐雾腐蚀性能检验来考察。耐盐雾腐蚀试验后，标志板及支撑构件不应有变色或被侵蚀等破坏痕迹。

九、标志板耐高低温性能

标志板应具有适宜的耐高低温性能，这样可以使标志板在使用过程中不会由于温度的变化发生标志底板和板面材料破坏或失效。为此，在进行耐高低温试验后，标志板不应出现裂缝、软化、剥落、皱纹、起泡、翘曲或外观不均匀等痕迹。

十、标志板耐候性能

连续自然暴露或人工加速老化试验后，标志板应无裂缝、刻痕、凹陷、气泡、侵蚀、剥离、粉化、变形等破坏，任何一边不应出现超过 0.8mm 的收缩，也不应出现反光膜从标志底板边缘翘曲或脱离的现象；标志板各种颜色的色品坐标及亮度因数应保持在表 2-2-2 规定的范围内或满足《公路交通标志反光膜》(GB/T 18833—2002)的规定；标志板面为反光膜时，在观测角为 0.2°、入射角为−4°的条件下，其逆反射系数值应符合《公路交通标志反光膜》(GB/T 18833—2002)的要求。

十一、标志板面与标志底板的附着性能

此项性能主要考察标志板面材料与标志底板之间结合的牢固程度。原《公路交通标志板》(JT/T 279—2004)中只对反光膜对标志底板的附着性能进行了规定，《道路交通标志板和支撑件》(GB/T 23827—2009)则对反光型标志中普遍使用的黑膜的附着性能也提出了要求，规定反光膜及黑膜在 5min 后的剥离长度不应大于 20mm。另外，该标准规定涂料对标志底板的

附着性能应达到《漆膜附着力测定法》(GB/T 1720)中三级以上的要求。

十二、标志板面油墨与反光膜的附着性能

当标志板面采用丝网印刷的方式时，不同颜色的油墨与反光膜结合的紧密程度对于标志板面的耐久性非常重要，这一指标可以通过附着牢度检验来进行考察。标志板面上油墨与反光膜的附着牢度应大于或等于95%。

第三节　生产及施工工艺

一、道路交通标志的生产工艺

道路交通标志的生产主要包括标志底板的加工、标志板面的制作、钢构件的加工等工艺。

标志底板应根据设计文件尺寸在工厂进行加工成形，并根据设计文件的要求进行剪裁、切割、加固、拼接、冲孔、卷边以及其他的加工工序。其中当标志底板用材料为铝合金板时，除大型指路标志外，标志板应由单块铝合金板加工制成；大型指路标志可以分割拼装，一般根据板面大小、运输远近来决定，最多可以分割成四块。挤压成形的铝合金型材应根据标志尺寸拼装，板面应保持平整。加工完成后，标志底板应进行脱脂、清洗、干燥等工序，同时应检查铝合金板表面是否残留有污迹。不干净的铝板需重洗，清洗处理完成后直到粘贴反光膜前，不得用手直接触摸该铝合金板，亦不应再与油脂或其他污物接触。另外对于制作标志底板的材料，应根据道路等级，所在位置的气象条件、腐蚀程度、经济条件等因素综合确定。

标志板面采用反光膜材料时，应在干净、无尘土、温度不低于18℃、相对湿度在20%～50%的车间进行粘贴；板面的形状、颜色、文字、箭头、编号、图形及边框应严格按照《道路交通标志和标线　第2部分：道路交通标志》(GB 5768.2—2009)和设计文件的规定执行；标志反光膜的逆反射性能应符合设计要求；反光文字符号应采用电脑刻绘机来完成；标志底膜应在专用的真空热敏(热敏胶)压贴机或连续电动滚压(压敏胶)贴膜机上完成贴膜；文字符号一般采用(手工贴膜)转移膜法粘贴；反光膜应尽量减少拼接，当不能避免接缝时，应使用反光膜产品的最大宽度进行拼接，接缝以搭接为主，当需要滚筒粘贴或丝网印刷时，可以平接，其间隙不应超过1mm；当批量生产版面和规格相同的标志时，可采用丝网印刷的方法。采用其他标志面材料时，其制作应符合设计文件的规定。

钢构件加工时，所有构件的钻孔、冲孔、焊接均应按《公路桥涵施工技术规范》(JTG/T F50—2011)和设计文件的要求在防腐处理之前完成。

二、道路交通标志的施工工艺

1. 标志定位与基础设置

所有交通标志均应按设计文件的要求确定设置位置，标志的桩号不能随意更改。如果在规定位置设置有困难时，在不影响标志视认性的情况下，位置可以做适当调整。标志设置位置应满足如下要求：

(1)警告标志前置距离一般根据道路的设计速度选取。也可考虑所处路段的最高限制速

度或运行速度等进行适当的调整；

(2)禁令、指示标志应设置在禁止、限制或遵循路段开始的位置。部分禁令、指示标志开始路段的路口前适当位置应设置相应的指路标志提示，使被限制车辆能够提前绕道行驶；

(3)指路标志设置位置应符合每一具体标志的规定。

同时，标志基础的地基承载力应符合设计文件的规定。设计文件中未规定时，地基承载力不得小于150kPa。基础的施工应符合《公路桥涵施工技术规范》(JTG/T F50—2011)的规定，浇筑混凝土时，应注意正确设置地脚螺栓和底座法兰盘。

2.标志安装

安装标志时，立柱必须在基础混凝土强度达到设计强度的80%以上时才能安装。连接方法应采用设计文件提供的方法。对悬臂、门架式标志在吊装横梁时，应使预拱度达到设计文件的要求。考虑到风力的影响，地脚螺栓等连接件应根据设计文件的要求设置双螺母。除另有规定外，标志安装应使其板面垂直于行车方向，视实际情况调整其水平或俯仰角度，并应遵循以下原则：

(1)路侧式标志应尽量减少标志板面对驾驶员的眩光；

(2)标志安装角度宜根据设置地点道路的平、竖曲线线形进行调整；

(3)路侧标志应尽可能与道路中线垂直或成一定角度。其中，禁令和指示标志为0°～45°，如图2-2-3a)所示；指路和警告标志为0°～10°，如图2-2-3b)所示；

(4)门架、悬臂、车行道上方附着式标志的板面应垂直于道路行车方向，并且板面宜倾斜0°～15°，如图2-2-3c)所示。

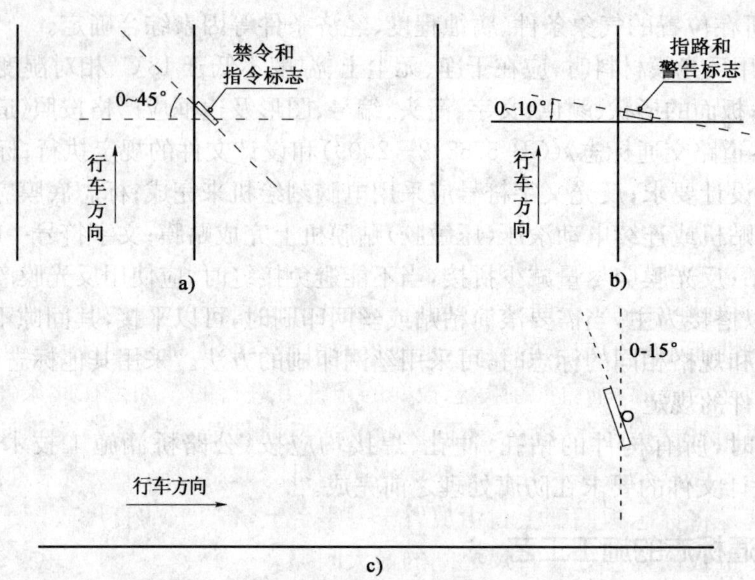

图2-2-3 标志安装角度示意

a)路侧禁令和指示标志；b)路侧指路和警告标志；c)门架、悬臂、车行道上方附着式标志

三、道路交通标志产品的标识、包装、运输和储存要求

道路交通标志产品应在适当位置，清晰、耐久地做出包括生产厂商的名称、商标或其他有

关信息、应用的标准号、标志的类别、生产日期及批号等的标志(标识)。同时对于每批标志产品,厂方应提供使用说明,内容包括标志的装配和安装说明、标志的使用和维修说明、标志使用地点限制的说明等。

交通标志产品的包装、运输和储存的要求包括标志在装箱前应逐件包装,或形状尺寸相同的标志板每两块一起包装,标志板面应有软衬垫材料加以保护,以免搬运中受到磕碰出现刻痕或其他损伤;标志装箱时,应随箱附有产品使用说明及产品质量等级检验合格证,包括各种材质、牌号、状态及反光膜等级等内容;标志应存放在室内干燥通风的地方,储存期不宜超过一年。

第四节　检 测 方 法

一、道路交通标志产品的检验方法

道路交通标志产品的检验方法主要依据标准为《道路交通标志板和支撑件》(GB/T 23827—2009)。

1.测试准备

测试准备包括试样的制备和测试环境条件的保证两方面的内容。

试样的制备有两种方式,一是可以通过随机抽取标志生产厂商制作的标志板及支撑件,或从其中截取相应尺寸作为试样;二是随机抽取生产厂商使用的原材料,将反光膜及黑膜粘贴到标志底板上,制成标志板试样。

为了保证测试环境条件,要求试样测试前,应在温度23℃±2℃、相对湿度50%±10%的环境中放置24h,然后进行各种测试工作,同时,一般的测试工作宜在温度23℃±2℃、相对湿度50%±10%的环境中进行。

2.结构尺寸

结构组成采用目测的方式,外形尺寸、铆接间距、板厚、外径、壁厚等采用精度和量程满足要求的直尺、卷尺、板厚千分尺等工具测量。

3.外观质量

外观质量包括缺陷检查、板面不平度测量、板面拼接缝检查三部分内容。

对于逆反射性能不均匀缺陷的检查,是在夜间黑暗空旷的环境中,距离标志板面10m处,以汽车前照灯远光为光源,垂直照射标志板面的条件下进行的。如果在此条件下,通过目测能辨别出标志板面同种材料、同一颜色、不同区域的逆反射性能有明显差异,则认为存在逆反射性能不均匀缺陷。而其余缺陷是在白天环境中通过目测或用四倍放大镜来进行检查。

板面不平度是将标志板面朝上自由放置于一平台上,将1m的直尺放置于标志板面上,用钢板尺等量具测量板面任意处与直尺之间的最大间隙。

板面拼接缝是在白天环境中,面对标志板面,目测并用直尺测量检查。

4.钢构件防腐层质量

钢构件防腐层质量参照《高速公路交通工程钢构件防腐技术条件》(GB/T 18226—2000)规定的方法来进行测试。使用的设备主要包括磁性测厚仪、电涡流测厚仪、超声波测厚仪等。

磁性测厚仪用于磁性基体以上涂层厚度的测量。对于镀锌构件,由于存在锌铁合金层,该设备存在一定的测量误差，当需要对镀锌层厚度进行仲裁检验时，不能采用该方法，而应采用氯化锑法。

电涡流测厚仪用于测量非磁性金属基体上的涂层厚度。超声波测厚仪用来测试标志构件的总厚度，使用该设备时应注意根据不同的材质进行声速设置，同时在仪器测头和被测构件间加入适量的耦合剂，以免产生测量误差。

5.材料力学性能

金属材料按《金属材料　拉伸试验　第1部分：室温试验方法》(GB/T 228.1—2010)、塑料按《塑料　拉伸性能的测定　第1部分：总则》(GB/T 1040.1—2006)、玻璃钢材料按《纤维增强塑料性能试验方法总则》(GB/T 1446—2005)、焊接接头强度按《焊接接头拉伸试验方法》(GB/T 2651—2008)、铆钉强度按《铝及铝合金铆钉线与铆钉剪切试验方法及铆钉线铆接试验方法》(GB/T 3250—2007)的要求进行测试。其余材料按有关标准的要求测试。

其中对于金属材料，材料性能测试所测试的量值主要有屈服强度、伸长率、抗拉强度等。屈服强度是当金属材料呈现屈服现象时，在试验期间达到塑性变形发生而力不增加的应力点，应区分上屈服强度和下屈服强度，见图2-2-4。上屈服强度是试样发生屈服而力首次下降前的最高应力，而下屈服强度是在屈服瞬间，不计初始瞬时效应时的最低应力。

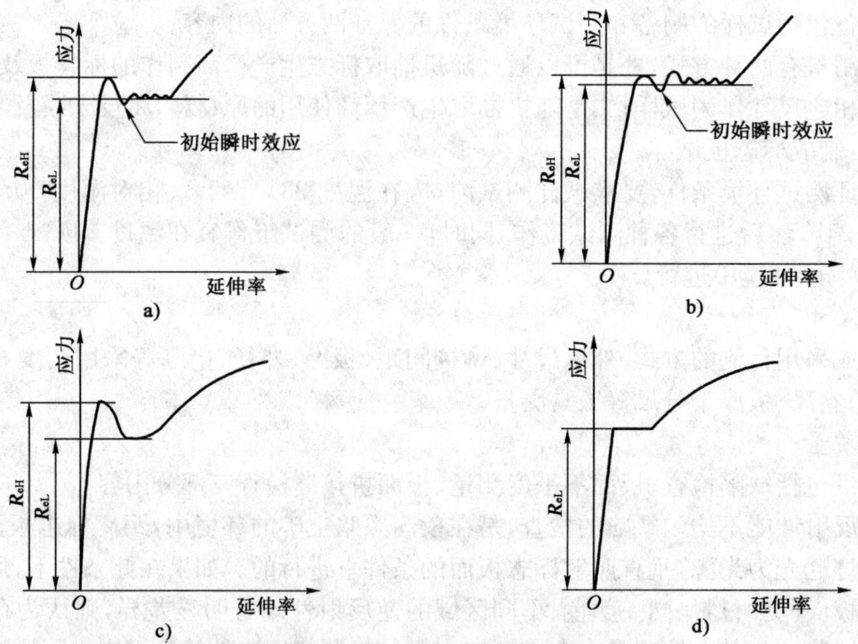

图2-2-4　不同类型曲线的上屈服强度(R_{eH})和下屈服强度(R_{eL})

伸长率分为断后伸长率(A)、断裂总伸长率(A_t)、最大力伸长率三类，断后伸长率是指断后标距的残余伸长与原始标距之比的百分率；而断裂总伸长率是断裂时刻原始标距的总伸长(弹性伸长加塑性伸长)与原始标距之比的百分率；最大力伸长率是最大力(相应的应力为抗拉强度R_m)时原始标距的伸长与原始标距之比的百分率，应区分最大力总伸长率(A_{gt})和最大力非比例伸长率(A_g)，如图2-2-5所示：

金属材料力学性能测试结果应按相关产品标准的要求进行修约，如未规定具体要求，应按如下要求进行修约。

强度性能值修约至1MPa；屈服点延伸率修约至0.1%；其他延伸率和断后伸长率修约至0.5%；断面收缩率修约至1%。

对于玻璃钢材料，测试拉伸强度、压缩强度、弯曲强度、冲击强度四项材料力学性能指标，并依次分别按《纤维增强塑料拉伸试验方法》(GB/T 1447—2005)、《纤维增强塑料压缩试验方法》(GB/T 1448—2005)、《纤维增强塑料弯曲试验方法》(GB/T 1449—2005)、《纤维增强塑料简支梁式冲击韧性试验方法》(GB/T 1451—2005)的规定实施。

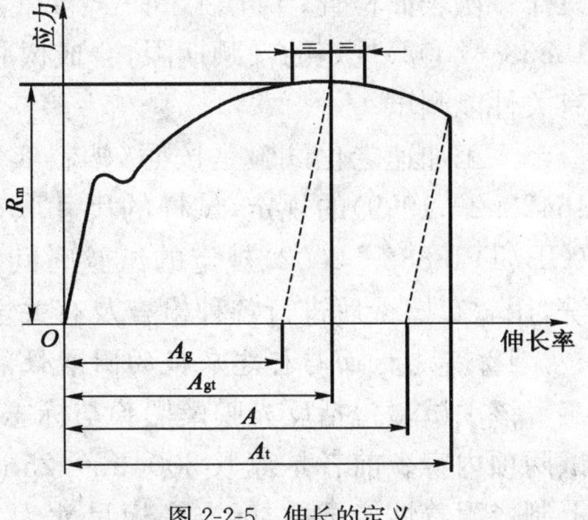

图 2-2-5　伸长的定义

6. 标志板面色度性能

测试标志板面色度性能时，需制取150mm×150mm的单色标志板面试样，或直接在需进行测试的标志板面上，按《公路交通标志反光膜》(GB/T 18833—2002)的方法使用色彩色差计进行测试，获取色品坐标和亮度因数值。

7. 反光型标志板面光度性能

制取150mm×150mm的单色标志板面试样，或直接在需进行测试的标志板面上，按照《公路交通标志反光膜》(GB/T 18833—2002)的方法进行测试，读取逆反射系数值。

8. 标志板抗冲击性能

将150mm×150mm的试样标志板面朝上，或直接在需进行测试的标志板面上，按照《公路交通标志反光膜》(GB/T 18833—2002)的方法进行测试。

9. 耐盐雾腐蚀性能

按照《人造气氛腐蚀试验盐雾试验》(GB/T 10125—1997)，把化学纯的氯化钠溶于蒸馏水，配制成质量比5%±0.1%的盐溶液。使该盐溶液在盐雾箱内连续雾化，箱内温度保持35℃±2℃。

将150mm×150mm的试样放入盐雾箱内，其受试面与垂直方向成30°角，相邻两样板保持一定的间隙，行间距不少于75mm。试样在盐雾箱内连续暴露120h后取出，用流动水轻轻洗掉试样表面的盐沉积物，再用蒸馏水漂洗，然后置于标准环境条件下恢复2h，对试样进行全面检查。

10. 标志板耐高低温性能

试验时，将150mm×150mm的试样放入试验箱内，开动冷源，使箱内温度逐渐降至－40℃±3℃，并在该温度下保持72h。之后关闭电源，使试验箱自然升至室温，在约12h后，再将试验箱升温至70℃±3℃，并在该温度下保持24h，最后关闭电源，使试验箱自然冷却至室温，取出试样，在标准测试条件下放置2h，检查其表面的变化。

11. 标志板耐候性能

标志板耐候性能试验分为自然暴露试验和人工加速老化试验两种类型。

自然暴露试验是按照《塑料大气暴露试验方法》(GB/T 3681—2000)的规定，试样尺寸取150mm×250mm，面朝正南方，与水平面呈当地的纬度角或45°±1°进行暴晒。之后，每一个月作一次表面检查；半年后，每三个月检查一次。反光膜达到《公路交通标志反光膜》(GB/T 18833—2002)规定的曝晒期限，合成树脂类板材的标志底板暴晒两年后，作最终检查，并进行有关性能测试。

人工加速老化试验是按照《塑料实验室光源暴露试验方法 第2部分：氙弧灯》(GB/T 16422.2—1999)的规定，试样的尺寸取65mm×142mm。反光膜达到《公路交通标志反光膜》(GB/T 18833—2002)规定的试验时间，合成树脂类板材经过1 200h试验后，用清水彻底冲洗，用软布擦干后进行各种检查及有关性能测试。

12.标志板面与标志底板的附着性能

该项试验包括反光膜及黑膜与标志底板的附着性能测试和涂料对标志底板的附着性能测试两项内容。前者是裁取200mm×25mm的反光膜及黑膜，将反光膜及黑膜粘贴到标志底板上制成附着性能试样，标志底板尺寸为200mm×50mm，按照《公路交通标志反光膜》(GB/T 18833—2002)的方法进行测试；后者是由涂料涂敷到标志底板上制成试样，按《漆膜附着力测定法》(GB/T 1720—1979)的方法进行测试。

13.标志板面油墨与反光膜的附着性能

该项试验是用丝网印刷的方法，将不同颜色的油墨分别印刷在面积不小于200mm×300mm的标志板面反光膜上，按《凹版塑料油墨检验方法 附着牢度检验》(GB/T 13217.7—2009)中规定的方法进行测试。

二、道路交通标志产品的检验规则

道路交通标志产品检验规则包括出厂检验、型式检验、抽样方法、判定规则四部分内容。

1.出厂检验

产品出厂前，应随机抽样，对结构尺寸、外观质量、标志板面色度性能、反光型标志板面光度性能、标志板抗冲击性能各项性能进行自检，合格者附合格证才可出厂。

2.型式检验

当出现老产品转厂生产、停产一年或一年以上的产品再生产、正常生产的产品经历两年生产、合同规定、国家授权的质量监督部门提出质量抽查以及产品结构、材料、工艺有较大改变任意一种情况时，应按《道路交通标志板和支撑件》(GB/T 23827—2009)的要求，对产品全项性能进行型式检验。

3.抽样方法

对每批产品进行随机抽样或依据《公路交通安全设施质量检验抽样及判定》(JT/T 495—2004)进行抽样检测。《道路交通标志板和支撑件》(GB/T 23827—2009)要求的各项试验，宜抽样三个或以上。

4.判定规则

交通标志产品的各项试验，其检测频率及结果判定应符合的规定包括三方面的内容：

(1)每项试验至少检测三个数据(宜在不同试样上进行)，取其平均值为检测结果；

(2)检测数据全部符合标准要求，则判定该批产品合格；

(3)检测数据有一项不符合标准要求，抽取双倍数量的产品对该项指标进行复检，若复检合格，则判定该批产品合格；若复检不合格，则判定该批产品不合格。

第三章

道路交通标志反光材料

第一节　概　　述

道路交通标志反光材料使用的是逆反射材料，应用最广的是反光膜。中国在交通标志中使用反光膜，始于20世纪80年代中后期。先从新修建的高速公路开始，随后各大城市的交通标志也陆续使用。

反光膜的首要作用，就是改善交通标志的表面性能，使之能适应不同气候条件的交通需要，提高道路安全运行条件。由于不同种类的反光膜的反光性能存在差异，选择反光膜应综合考虑：①标志背景环境影响大、行驶速度快、交通量大的道路宜选用逆反射性能好的材料；②警告、禁令、指示标志等图形标志宜选用逆反射性能好的材料；③曲线路段及平面交叉，宜选用大观测角度下仍具有良好逆反射性能的材料；④门架标志、悬臂标志和车行道上方附着式标志宜选用逆反射性能好的材料；⑤四级及以下公路、交通量很小的其他道路可选用工程级逆反射材料；⑥指路标志字膜的逆反射性能宜高于底膜的逆反射性能，一般情况下，字膜和底膜材料的使用年限宜一致。

一、反光膜的作用原理

粘贴有反光膜的道路交通标志在夜间具有的可视性，是通过反光膜的逆反射性能来实现的。逆反射又称为回归反射，它与常见的漫反射和镜面反射有很大不同。

漫反射是一种最常见的反射形式，发生在光线入射到任何粗糙表面上，比如在路面、车辆上所引起的反射。反射光线向各个方向反射，只有很少一部分光线可以被反射回光源方向。

镜面反射是在光线入射到一个非常光滑或有光泽的表面上时发生的。光线在物体表面反射角和入射角相同，但反射光线与入射光线位于反射面法线两侧。这种镜面反射现象可能会在某些漫反射物体上发生，比如被雨水或冰层覆盖的路面。

而逆反射是指光线沿着与入射光方向的邻近方向反射，当照射角在很大范围内变动时仍能保持这一特性。逆反射按其反射单元结构可分为两大类。

一类是玻璃珠型逆反射。当一束入射光水平入射玻璃珠制成的逆反射材料后，经过系列折射与反射得到一束与入射光平行的反射光，而由于所用玻璃珠粒径很小，所以反射光束的光轴和入射光束的光轴几乎重合，也就是反射光线向光源方向返回，如图2-3-1所示。

另一类是微棱镜型逆反射。入射光投射到透明的立方体或三棱体上，每一个棱镜逆反射单元具有三个相互垂直的反射面，入射光线经由三个反射表面折射和反射后，出射光按入射光方向平行地返回，如图2-3-2所示。

二、反光膜的结构与分类

反光膜按其不同的逆反射原理,可分为玻璃珠型和微棱镜型两类。按不同的结构,反光膜可分为透镜埋入型、密封胶囊型和微棱镜型三类,如图 2-3-3～图 2-3-5 所示。

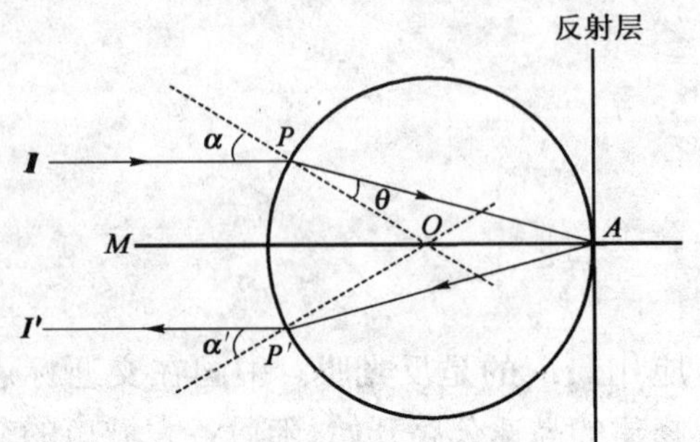

图 2-3-1 玻璃珠型逆反射光路图

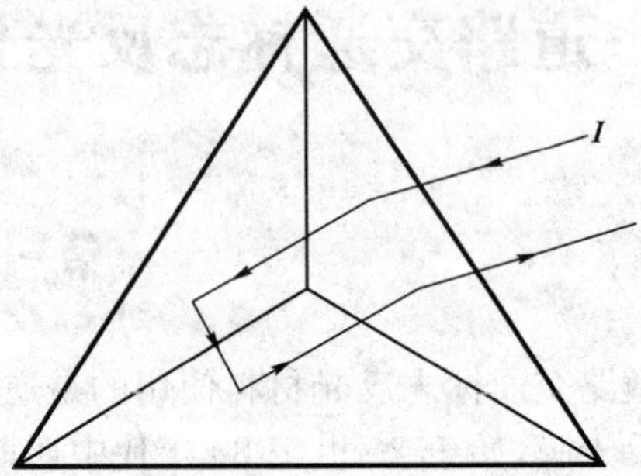

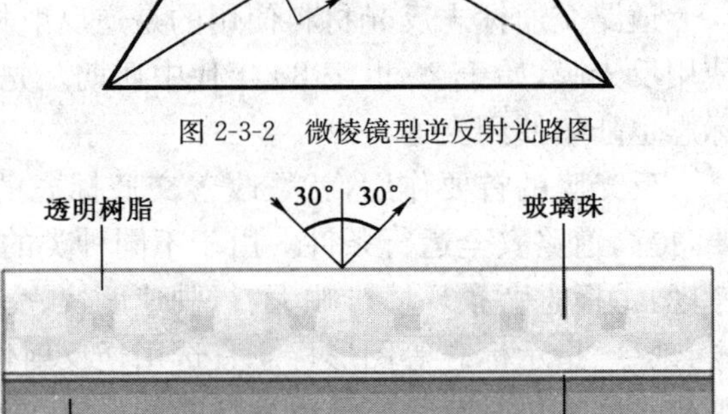

图 2-3-2 微棱镜型逆反射光路图

反光膜一般都是由表层(保护膜)、反射层(功能层)、基层(承载层)、胶黏层和底层(保护层)等多层不同的物质组成的膜结构物体。反光膜的表层一般选用透光性良好的树脂薄膜;反射层则根据不同类型的反光膜,其组成也各不相同,有微小玻璃珠、微棱镜或金属反光镀层等;基层多为树脂有机化合物制成的薄膜;胶黏层一般是环氧树脂胶;底层是厚纸做的保护层。

图 2-3-3 透镜埋入型反光膜结构示意图

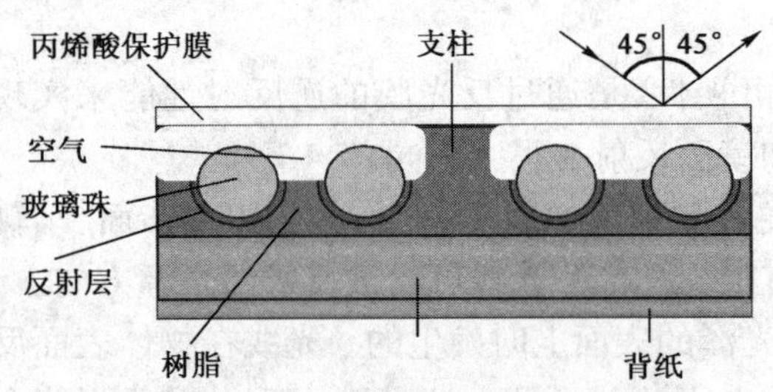

图 2-3-4 密封胶囊型反光膜的结构示意图

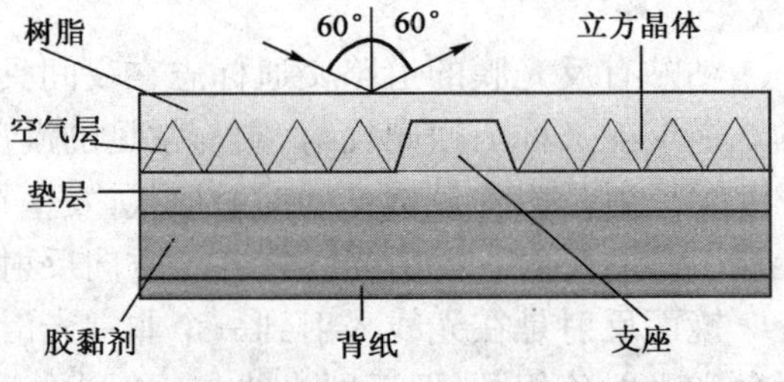

图 2-3-5 微棱镜型反光膜结构示意图

透镜埋入型是将玻璃珠直接埋入透明树脂里。由于玻璃珠的大小并不完全一致,玻璃珠和背后的反光层的距离也不是一致的,在光线穿过玻璃珠时,并不能保证该玻璃珠的焦点就正好落在背后的反光层上,这时反射光线就不能再次通过玻璃珠回到光源,因此该类型的逆反射亮度不高。

密封胶囊型的反光层是直接涂在玻璃珠上的。该类型的特点是当光线从反光膜的空气层入射进入玻璃珠后,几乎所有从玻璃珠折射到外壁的光线都可以返回到玻璃珠。这类产品除了比透镜埋入型产品有更高的反光亮度外,由于在玻璃珠前面存在一层空气层,该空气层解决了膜结构内和膜结构外的温差问题,减少了露水凝结导致的视认难题。

微棱镜型反光膜与玻璃珠型反光膜的技术区别在于,微棱镜技术没有光线的折射,也没有金属反射层，所有光线都从微棱镜的三个面反射出去，这些光线反射都发生在微棱镜和空气的界面中，因此在微棱镜结构中，其棱镜上面和下面都有一个空气层。

反光膜按其不同的逆反射性能，可分为五个等级。一级反光膜为微棱镜型反光膜；二级反光膜为密封胶囊型反光膜，通常称高强级反光膜；三级反光膜为透镜埋入型反光膜，通常称超工程级反光膜；四级反光膜为透镜埋入型反光膜，通常称工程级反光膜；五级反光膜为透镜埋入型反光膜，通常称经济级反光膜。

三、反光膜的术语及定义

反光膜测试中的光学测试原理如图 2-3-6 所示。规范反光膜测试中涉及的逆反射术语和定义，是反光膜逆反射性能测试的前提。

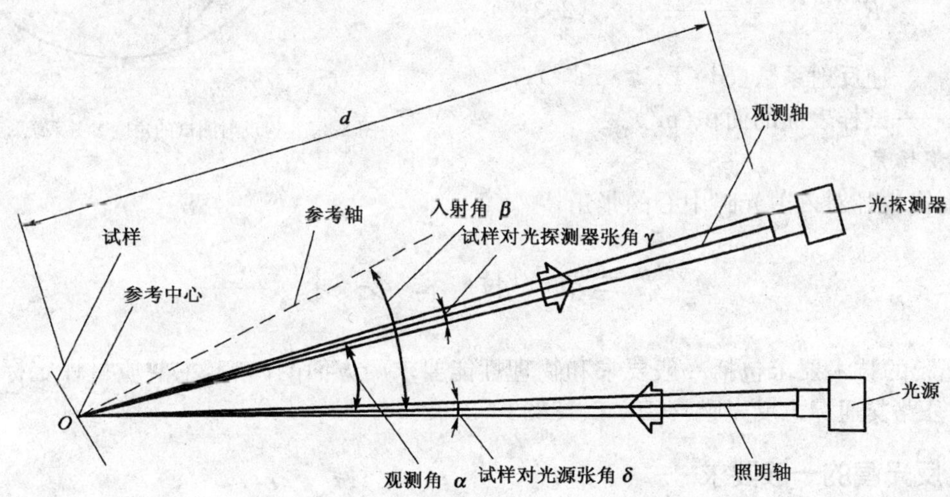

图 2-3-6　逆反射系统术语及光学测试原理

1. 逆反射

反射光线从靠近入射光线的反方向，向光源返回的反射。

2. 参考中心

在确定逆反射材料特性时，在试样的中心或接近中心处所给定的一个点。

3. 参考轴

起始于参考中心，垂直于被测试样反射面的直线。

4. 照明轴

连接参考中心和光源中心的直线。

5. 观测轴

连接参考中心和光探测器中心的直线。

6. 观测角 α

照明轴与观测轴之间的夹角。

7. 入射角 β

照明轴与参考轴之间的夹角（此处 β 指一般光学几何条件的 β_1，$\beta_2=0$，见图 2-3-7）。

8. 发光强度系数 R

逆反射在观察方向的发光强度 I 除以投向逆反射体且落在垂直于入射光方向的平面内的

光照度 $E_{\perp}$ 的商。

$$R=\frac{I}{E_{\perp}} \qquad (2\text{-}3\text{-}1)$$

式中：R——发光强度系数($cd \cdot lx^{-1}$)；

I——发光强度(cd)；

$E_{\perp}$——垂直照度(lx)。

9. 逆反射系数 R'

平面逆反射表面上的发光强度系数 R 除以它的表面面积的商。

$$R'=\frac{R}{A}=\frac{I}{E_{\perp} \cdot A} \qquad (2\text{-}3\text{-}2)$$

式中：R'——逆反射系数($cd \cdot lx^{-1} \cdot m^{-2}$)；

A——试样表面的面积(m^2)。

10. 视场角

入射窗直径对入射光瞳中心的张角。

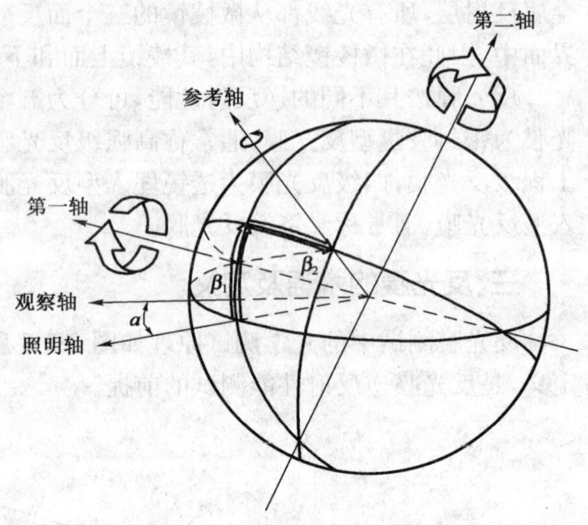

图 2-3-7 逆反射测试的角度参考系统

第二节 技 术 要 求

反光膜的技术要求包括一般要求和物理性能要求两方面的内容，主要质量评定标准为国家标准《公路交通标志反光膜》(GB/T 18833—2002)。

一、反光膜的一般要求

反光膜应有平滑、光洁的外表面，表面不应有明显的划痕、条纹、气泡、颜色不均匀或逆反射性能不均匀等缺陷或损伤。其防沾纸也应平滑、干净、无气泡、无污点或其他杂物。

反光膜通常应以成卷的形式供货。成卷包装的反光膜应均匀、平整、紧密地缠绕在一个刚性的圆芯上，不应有任何参差不齐的边缘、变形、缺损或夹杂无关的材料等缺陷。每卷反光膜长度不应少于 45.72m，并应给出至少 0.30m 的富余量。整卷反光膜应尽可能减少断头，在不可避免出现拼接时，宽度方向不能拼接，长度方向的接头不应超过三处，在成卷膜的边缘应可看到拼接处。每拼接一处应留出 0.5m 反光膜的富余量，每段反光膜的连续长度不应小于 10m。

反光膜应具有颜色的可印刷性能。按反光膜制造商推荐的彩色的、与反光膜相匹配的油墨及印刷条件、印刷方式等，可对反光膜进行各种颜色的印刷。

二、反光膜的物理性能要求

反光膜的物理性能要求包括色度性能、逆反射性能、耐候性能、耐盐雾腐蚀性能、耐溶剂性能、抗冲击性能、耐弯曲性能、耐高低温性能、收缩性能、附着性能、防沾纸的可剥离性能、抗拉荷载共十二项内容。

1. 色度性能

反光膜(包括丝网印刷后的反光膜)的各种颜色的色品坐标和亮度因数应在表 2-3-1 规定

的范围内，各种颜色色品图见图 2-3-8。

反光膜颜色各角点的色品坐标　　表 2-3-1

角点坐标 / 颜色	色品坐标（标准照明体 D_{65}，照明观测条件：45/0，视场角 2°）								亮度因数
	x	y	x	y	x	y	x	y	
白	0.350	0.360	0.300	0.310	0.285	0.325	0.335	0.375	≥0.27
黄	0.545	0.454	0.464	0.534	0.427	0.483	0.487	0.423	0.16～0.40
红	0.690	0.310	0.658	0.342	0.569	0.341	0.595	0.315	0.03～0.10
绿	0.007	0.703	0.026	0.399	0.177	0.362	0.248	0.409	0.03～0.10
蓝	0.078	0.170	0.137	0.038	0.210	0.160	0.150	0.220	0.01～0.10
棕	0.430	0.340	0.430	0.390	0.550	0.450	0.610	0.390	0.01～0.06

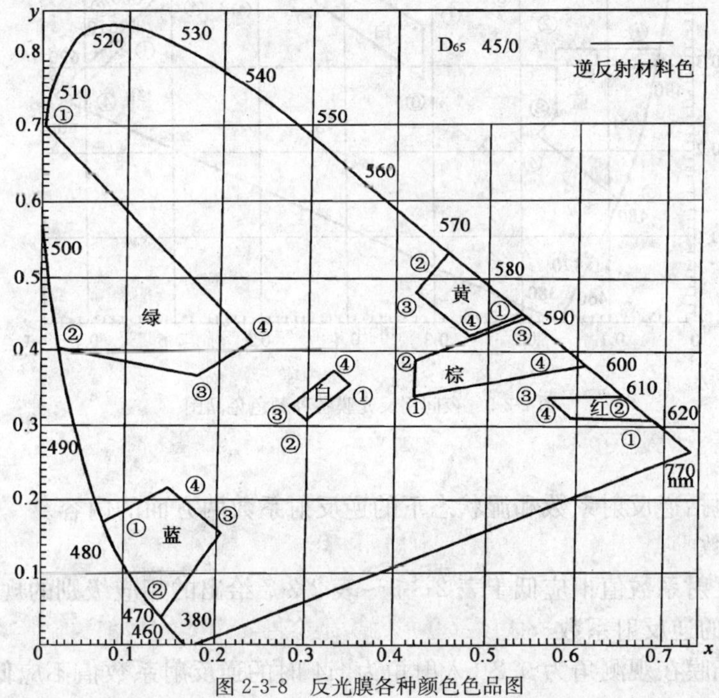

图 2-3-8　反光膜各种颜色色品图

夜间使用的反光膜，其逆反射色分为白色、黄色、红色、绿色和蓝色五种颜色，各种颜色的色品坐标应在表 2-3-2 规定的范围内，各种颜色的色品图见图 2-3-9。

夜间用反光膜颜色各角点的色品坐标　　表 2-3-2

角点坐标 / 颜色	色品坐标（标准照明体 A 光源，照明观测条件：入射角 0°，观测角 0.2°，视场角 0.1°）											
	x	y	x	y	x	y	x	y	x	y	x	y
白	0.310	0.348	0.453	0.440	0.500	0.440	0.500	0.380	0.440	0.380	0.310	0.283
黄	0.545	0.424	0.559	0.439	0.609	0.390	0.597	0.390				
红	0.650	0.330	0.668	0.330	0.734	0.265	0.721	0.259				
绿	0.009	0.733	0.288	0.520	0.209	0.395	0.012	0.494				
蓝	0.039	0.320	0.160	0.320	0.160	0.240	0.183	0.218	0.088	0.142		

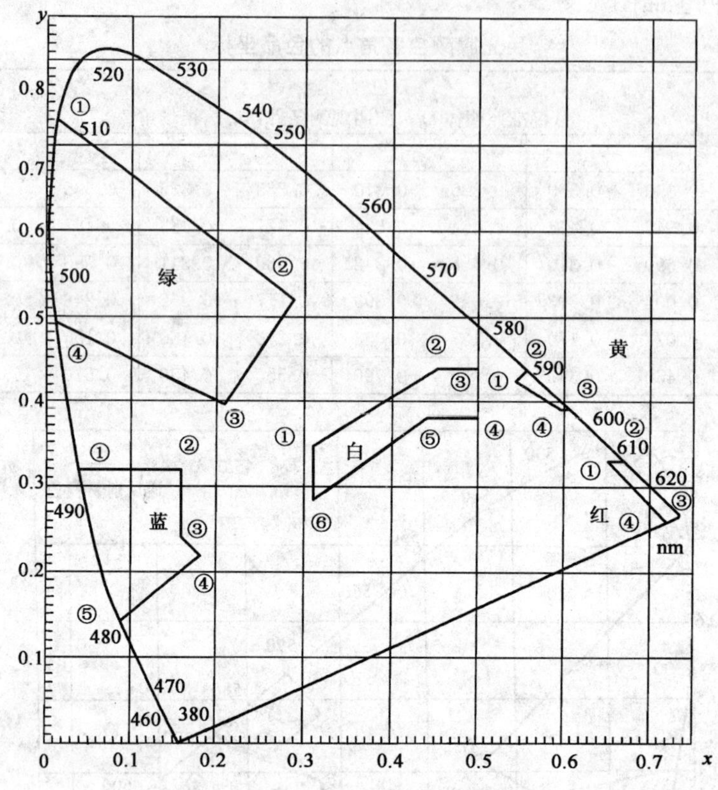

图 2-3-9　夜间用反光膜各种颜色色品图

2. 逆反射性能

逆反射性能包括逆反射系数和湿状态下的逆反射系数两方面的内容。

(1)逆反射系数

反光膜的逆反射系数值不应低于表 2-3-3～表 2-3-7 给出的相应级别的规定。

(2)湿状态下的逆反射系数

湿状态的反光膜在观测角为 0.2°,入射角为−4°时的逆反射系数值不应低于表 2-3-3～表 2-3-7中相应规定值的 80%。

一级反光膜　表 2-3-3

观测角	入射角	最小逆反射系数($cd \cdot lx^{-1} \cdot m^{-2}$)					
		白色	黄色	红色	绿色	蓝色	棕色
0.2°	−4°	600	450	120	100	50	20
	15°	450	320	85	80	40	15
	30°	300	220	60	50	25	10
0.33°	−4°	360	250	60	60	25	15
	15°	260	180	40	40	18	10
	30°	160	110	25	25	10	6.0

二 级 反 光 膜　　表 2-3-4

观测角	入射角	最小逆反射系数(cd·lx^{-1}·m^{-2})					
		白色	黄色	红色	绿色	蓝色	棕色
0.2°	−4°	250	170	45	45	20	12
	15°	200	130	35	35	16	10
	30°	150	100	25	25	10	6.5
0.33°	−4°	180	120	25	25	14	10
	15°	150	90	20	20	11	8.0
	30°	100	70	14	14	8.0	5.0
1°	−4°	20	12	3.0	3.0	1	0.8
	15°	15	8.0	2.0	2.0	0.8	0.6
	30°	9.0	5.0	1.0	1.0	0.4	0.3

三 级 反 光 膜　　表 2-3-5

观测角	入射角	最小逆反射系数(cd·lx^{-1}·m^{-2})					
		白色	黄色	红色	绿色	蓝色	棕色
0.2°	−4°	140	100	30	30	10	5.0
	15°	110	80	22	22	8.0	3.5
	30°	60	36	12	10	4.0	2.0
0.33°	−4°	100	75	20	20	5.0	4.0
	15°	85	60	15	15	4.0	2.8
	30°	45	25	7.5	7.0	2.0	1.2
1°	−4°	11	6.0	2.5	2.5	0.8	0.6
	15°	9.0	4.0	1.6	1.6	0.6	0.4
	30°	5.0	2.0	0.8	0.8	0.3	0.2

四 级 反 光 膜　　表 2-3-6

观测角	入射角	最小逆反射系数(cd·lx^{-1}·m^{-2})					
		白色	黄色	红色	绿色	蓝色	棕色
0.2°	−4°	80	50	14	9.0	4.0	3.0
	15°	55	35	11	7.0	3.0	2.0
	30°	30	22	6.0	3.5	1.5	1.0
0.33°	−4°	50	35	10	7.0	3.0	2.0
	15°	45	20	8.0	5.0	2.0	1.4
	30°	24	15	4.0	2.5	1.0	0.7
1°	−4°	5.0	3.0	2.0	1.0	0.6	0.4
	15°	3.0	2.0	1.0	0.8	0.3	0.2
	30°	2.0	1.5	0.6	0.4	0.2	0.1

五 级 反 光 膜　　表 2-3-7

观测角	入射角	最小逆反射系数(cd·lx^{-1}·m^{-2})					
		白色	黄色	红色	绿色	蓝色	棕色
0.2°	−4°	50	25	8.0	5.0	3.5	2.0
	15°	35	14	6.0	4.0	2.5	1.5
	30°	18	10	3.5	2.0	1.0	0.7

续上表

观测角	入射角	最小逆反射系数(cd·lx^{-1}·m^{-2})					
		白色	黄色	红色	绿色	蓝色	棕色
0.33°	−4°	30	15	5.0	4.0	2.5	1.5
	15°	21	11	4.2	3.0	1.8	1.0
	30°	10	5.0	2.0	1.5	0.8	0.4
1°	−4°	4.0	2.0	0.8	0.5	0.4	0.2
	15°	2.5	1.3	0.6	0.4	0.2	0.1
	30°	1.5	0.8	0.4	0.2	0.1	—

3. 耐候性能

在进行连续自然暴露(仲裁试验),或进行人工气候加速老化试验后,反光膜应无明显的裂缝、刻痕、凹陷、气泡、侵蚀、剥离、粉化或变形;任何一边均不应出现超过 0.8mm 的收缩,也不应出现反光膜从底板边缘翘曲或脱离的痕迹;反光膜各种颜色的色品坐标及亮度因数应保持在相应表 2-3-1 或表 2-3-2 的范围内。在观测角为 0.2°,入射角为−4°、15°和 30°时,一、二、三级反光膜的逆反射系数值不应低于表 2-3-3、表 2-3-4、表 2-3-5 相应规定值的 80%;四级、五级反光膜的逆反射系数不应低于表 2-3-6、表 2-3-7 相应规定值的 50%。

4. 耐盐雾腐蚀性能

耐盐雾腐蚀性能试验后,反光膜表面不应有变色、渗漏、起泡或被侵蚀的痕迹。

5. 耐溶剂性能

耐溶剂性能试验后,反光膜表面不应出现软化、皱纹、渗漏、起泡、开裂或表面边缘被溶解等损坏的痕迹。

6. 抗冲击性能

抗冲击性能试验后,反光膜在受到冲击的表面以外,不应出现裂缝、层间脱离或其他损坏。

7. 耐弯曲性能

耐弯曲性能试验后,反光膜表面不应出现裂缝、剥落或层间分离的痕迹。

8. 耐高低温性能

耐高低温性能试验后,反光膜表面不应出现裂缝、软化、剥落、皱纹、起泡、翘曲或外观不均匀的痕迹。

9. 收缩性能

收缩性能试验后,反光膜样品任何一边的尺寸在 10min 内,其收缩不应超过 0.8mm;在 24h 内,其收缩不应超过 3.2mm。

10. 附着性能

附着性能试验后,反光膜在 5min 后的剥离长度不应大于 20mm。

11. 防沾纸的可剥离性能

防沾纸的可剥离性能试验后,反光膜无需用水或其他溶剂浸湿,即可方便地手工剥下防沾纸。防沾纸也不应有破损、撕裂或从反光膜上沾下黏合剂的痕迹。

12. 抗拉荷载

抗拉荷载试验后,每 25mm 宽度反光膜的抗拉荷载值不应小于 24N。

第三节　生　产　工　艺

一、反光膜的生产工艺

我国对于二至五级反光膜，即玻璃珠型逆反射类的反光膜在国内已形成一个比较完整的产业链，但对于微棱镜型一级反光膜，目前世界上只有3M、艾利等几个反光材料制造商掌握着相关核心技术，我国对这类反光膜刚进入研发阶段，还不具备掌握核心技术的能力。

对于玻璃珠型逆反射类的反光膜，其主要制备工序包括植珠、涂覆黏合层、真空镀膜、涂压敏胶、复合防黏纸等。

1. 植珠

采用涂有透明不干胶的透明塑料薄膜作为反光膜表面层，将玻璃微珠直接撒布在上面。这一工序的关键问题主要有：

(1)玻璃微珠的选择。作为回归式反光膜核心的玻璃微珠，要求折射率高，同时要求圆度好、清晰、透明、颗粒均匀，只有这样才能保证好的反光性能。

(2)反光膜的表面层材料的选择。表面高分子材料的选择很重要，它决定反光膜的主要理化性能，一般要求耐光老化、耐磨、耐腐蚀，此外还需要一定的柔韧性，同时在表面层材料中溶入不同的染料便可以得到不同的反光颜色。

(3)玻璃微珠在反射层表面上所处的位置，包括埋植深浅、分布排列等，将直接影响到反光膜的性能。

2. 涂覆黏合层

将铝膜直接镀在玻璃微珠上，反光效果较差，玻璃微珠和反光层之间应有一层黏合层，该层材料要求透光率高、耐候性好、有韧性。该道工序的关键在于黏合层材料的选择及厚度的选择控制。

3. 真空镀膜

相对来说，真空镀膜工艺已很成熟，要求能在大面积上连续均匀镀膜。

4. 涂压敏胶、复合防黏纸

压敏胶的特点是胶体分子包在受到压力时破裂，使胶体分子与接触物紧密黏牢而不易剥落。

二、反光膜产品的标识、包装、运输和储存要求

1. 标志、使用说明和产品合格证

在反光膜的正面或防沾纸的背面应有清晰、耐久的制造厂商的名称、商标或其他能代表生产厂的标志。每卷反光膜包装盒外，应有中文说明，标明盒内所装反光膜的种类、级别、数量、颜色、生产日期、批号等信息。对于每卷反光膜产品，厂方应提供使用说明书和该批产品质量检测报告及产品质量等级检验合格证。

2. 包装、运输和储存

成卷包装的反光膜，每卷反光膜应用包装薄膜或纸包装，然后通过支架悬空放在纸盒内。纸盒应有足够的强度和刚度，能保护反光膜在运输、储存中免受磕碰出现刻痕或其他损伤。同

时，反光膜应储存在通风、干燥、温度在23℃±5℃的空间内。反光膜的储存期不宜超过一年。

第四节 检测方法

一、反光膜产品的检验方法

反光膜产品的检验方法主要依据《公路交通标志反光膜》(GB/T 18833—2002)，具体如下。

1. 测试准备

测试准备主要包括试样的制备、存放和测试环境条件的保证三方面的内容。除特殊要求外，应符合下列规定。

(1)试样的制备

根据不同情况，按下列办法之一制备试样：

①随机抽取反光膜生产厂制造的整卷反光膜产品作为产品试样；

②随机抽取整卷反光膜产品，从中随机截取相应尺寸的反光膜，作为反光膜试样；

③随机抽取整卷反光膜产品，从中随机截取相应尺寸的反光膜，把该反光膜按生产厂商的使用说明，粘贴到厚度为2mm的铝合金板上，制成标准试样(以下简称试样)；

④按特殊试验如耐弯曲性能试验等的要求，制成该试验的试样。

(2)试样的存放

试样测试前，应在温度为23℃±2℃，相对湿度50%±10%的环境中放置24h，然后进行各种测试工作。

(3)测试环境条件

一般的测试工作宜在温度23℃±2℃，相对湿度50%±10%的环境中进行。

2. 外观

(1)对划痕、条纹、气泡和颜色不均匀等缺陷和损伤的检查

在白天明亮的环境中(光照度不少于150lx)，把反光膜自由平放在一平台上，面对反光膜或防沾纸，用目测能观察到的划痕、条纹、气泡和颜色不均匀等缺陷和损伤，即为不合格。

(2)对逆反射性能不均匀的检查

在夜间黑暗空旷的环境中，把至少$3m^2$的反光膜固定在一平板上，竖直放到10m远的地方，以汽车前照灯远光为光源，垂直照射反光膜，用目测能辨别出反光膜不同区域的逆反射性能有明显差异者，即有逆反射性能不均匀的缺陷。

3. 色度性能

选用尺寸为150mm×150mm的单色反光膜试样，采用《标准照明体及照明观测条件》(GB/T 3978—1994)规定的标准照明体D_{65}，视场角2°及45/0的照明观测条件，按《物体色的测量方法》(GB/T 3979—2008)规定的方法，测出样品光谱的反射比，然后计算出该颜色的色品坐标或直接测得各种颜色的色品坐标。在同样的照明观测条件下，分别测出试样和标准漫反射白板的光亮度，两者之比值即为亮度因数，或直接测得各种颜色的亮度因数。

选用尺寸为150mm×150mm的单色反光膜的试样，采用《标准照明体及照明观测条件》(GB/T 3978—1994)规定的标准照明体A光源，视场角0.1°及入射角0°，观测角0.2°的照明观测

条件，按《物体色的测量方法》(GB/T 3979—2008)规定的方法，直接测得各种颜色的色品坐标。

4. 逆反射性能

分为逆反射系数和湿状态的逆反射系数的测试两部分内容。

(1)逆反射系数

逆反射系数可通过绝对测量法和相对测量法两种方法来进行测试。其中绝对测量法为仲裁方法。

①绝对测量法

该方法要求的试样尺寸不应小于150mm×150mm。测试应在暗室中进行，测试原理见图2-3-6，测量装置示意图见图2-3-10。

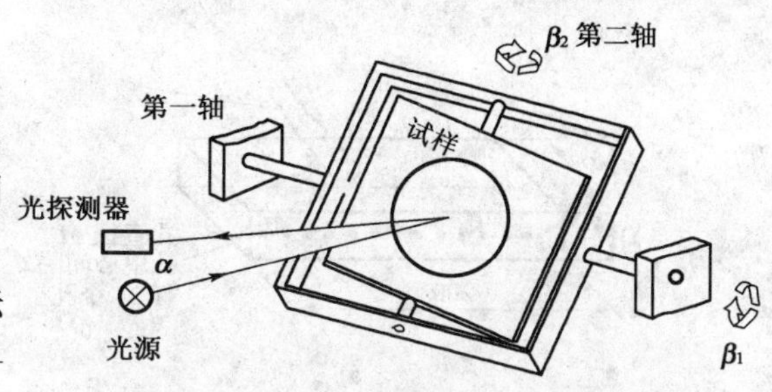

图 2-3-10　逆反射性能测量装置示意图

对于该装置的基本要求是：光源应采用《标准照明体及照明观测条件》(GB/T 3978—1994)规定的标准照明体A光源，试样参考中心对光源孔径张角δ应不大于0.2°。试样整个受照区域的垂直照度的不均匀性不应大于5%；光探测器是经光谱光效率曲线校正的照度计，安装在光源的正上方，试样参考中心对光探测器孔径张角δ应不大于0.2°，光探测器应能上下自由移动，以保证观测角α从0.2°～1°或更大范围的变化；光探测器前表面至试样表面的距离一般不应小于15m；反光膜试样安装在一可转动的样品架上，当它沿第二轴旋转时，试样能获得入射角β_2，当它沿第一轴旋转时，试样能获得入射角β_1。

绝对测量法测量过程为：把光探测器放在试样的参考中心位置上，正对着光源，测量出垂直于试样表面的照度值$E_\perp$；把上述光探测器置于图2-3-10的位置上，移动光探测器使观测角为0.2°，转动试样，使光的入射角β_1($\beta_2=0$)分别为-4°，15°或30°，测出在每个入射角时，试样反射光所产生的照度值E_r；重复上述测试过程，使观测角分别为0.33°和1°，入射角β_1为-4°，15°或30°等各种几何条件，测出试样反射光所产生的照度值E_r；用式(2-3-3)或式(2-3-4)计算出在不同观测角和入射角条件下的发光强度系数R和逆反射系数R'：

$$R=\frac{I}{E_\perp}=\frac{E_r\cdot d^2}{E_\perp} \tag{2-3-3}$$

$$R'=\frac{I}{E_\perp\cdot A}=\frac{E_r\cdot d^2}{E_\perp\cdot A} \tag{2-3-4}$$

式中：R——试样的发光强度系数($cd\cdot lx^{-1}$)；

R'——试样的逆反射系数($cd\cdot lx^{-1}\cdot m^{-2}$)；

I——试样的发光强度(cd)；

A——试样的表面面积(m^2)；

$E_\perp$——试样在参考中心上的垂直照度(lx)；

E_r——光探测器在不同观测角和入射角条件下测得反射光的照度(lx)；

d——试样参考中心与光探测器孔径表面的距离(m)。

②相对测量法

反光膜的逆反射系数也可用试样与标准样板对比的测量方法和仪器进行测试。其标准样板应定期到计量检定单位标定。

(2)湿状态的逆反射系数

测量装置如图 2-3-11 所示。把 150mm×150mm 的试样安装在一垂直平板上。给喷嘴提供足够量洁净的水,在试样表面形成连续移动的水膜,按绝对测量的方法,测试在观测角为 0.2°,入射角为-4°时,试样的逆反射系数 R' 即为湿状态的逆反射系数。

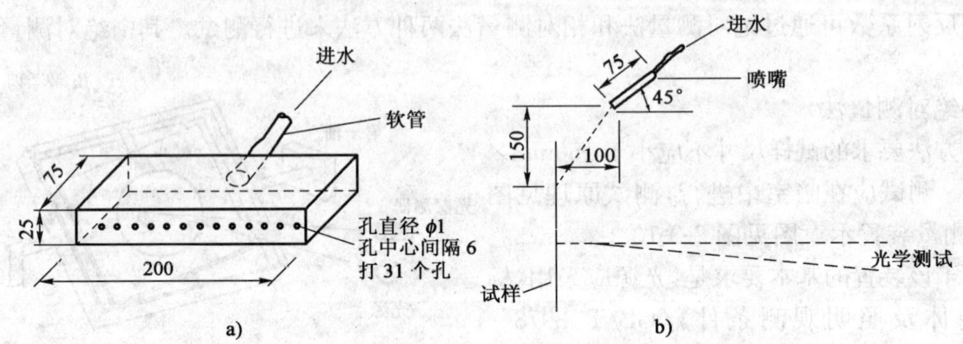

图 2-3-11 湿状态的逆反射系数测量装置示意图(尺寸单位:mm)

a)喷嘴示意图;b)测量装置示意图

5.耐候性能

反光膜耐候性能试验分为自然暴露试验和人工加速老化试验两种类型。对于自然暴露试验一级~四级反光膜的试验时间为 2 年,五级反光膜为 1 年。对于人工加速老化试验,一级~四级反光膜的试验周期为 1 200h,五级反光膜为 600h。

(1)自然暴露试验

按《塑料大气暴露试验方法》(GB/T 3681—2000),把尺寸不小于 150mm×250mm 的试样安装在至少高于地面 0.8m 的暴晒架面上,试样面朝正南方,与水平面呈当地的纬度角或 45°±1°。试样表面不应被其他物体遮挡阳光,不得积水。暴露地点的选择尽可能近似实际使用环境或代表某一气候类型最严酷的地方。

试样开始暴晒后,每一个月作一次表面检查,半年后,每三个月检查一次,直至达到规定的暴晒期限,用四倍放大镜作一最终检查,并进行有关性能测试。

(2)人工气候加速老化试验

试样的尺寸可根据老化试验箱的要求来选定,一般不应小于 70mm×120mm。老化箱可采用氙灯作为光源,试样受到光谱波长为 300nm~800nm 光线的辐射,其辐射强度为 1 000W/m^2±100W/m^2;光谱波长低于 300nm 光线的辐射强度不应大于 1W/m^2。整个试样面积内,辐射强度的偏差不应大于±10%。在试验过程中,应采用连续光照,周期性喷水,其中箱内黑板温度为 63℃±3℃,喷水周期为每 120min 为一周期,其中 18min 喷水、102min 不喷水。

当试验时间规定为 1 200h,若试样所受累积辐射能量小于 4.32×10^6kJ/m^2,则应延长试验时间,以保证试样所受累积辐射能量值;当试验时间规定为 600h,若试样所受累积辐射能量小于 0.54×10^6kJ/m^2,也应延长试验时间,以保证试样所受累积辐射能量值。

经过规定时间老化试验后的试样,用浓度 5%的盐酸溶液清洗表面 45s,然后用水彻底冲洗,最后用干净软布擦干,即可置于标准测试条件下,用四倍放大镜进行各种检查并进行有关性能测试。

6. 盐雾腐蚀试验

按《电工电子产品基本环境试验规程　试验 Ka：盐雾试验方法》(GB/T 2423.17—2008)，把化学纯的氯化钠溶于蒸馏水，配制成5%±0.1%(质量比)的盐溶液(pH值在6.5～7.2之间)，使该盐溶液在盐雾箱内连续雾化，箱内温度保持35℃±2℃。试样尺寸为150mm×150mm，其受试面与垂直方向成30°角，相邻两样板保持一定的间隙，行间距不少于75mm，试样在盐雾空间连续暴露120h。试验结束后，用流动水轻轻洗掉试样表面的盐沉积物，再用蒸馏水漂洗，然后置于标准环境条件下恢复2h，最后对样品用四倍放大镜进行全面检查。

7. 溶剂试验

把反光膜尺寸为150mm×25mm的试样，分别浸没在表2-3-8所示各种溶剂中，到规定的时间后取出，在室温下通风橱内干燥，然后用四倍放大镜检查其表面变化。

各种溶剂的浸渍时间　　表2-3-8

溶剂种类	浸渍时间(min)	溶剂种类	浸渍时间(min)
煤油	10	甲苯 二甲苯 甲醇	1

8. 冲击试验

把150mm×150mm试样的反光面朝上，水平放置在厚度为20mm的钢板上。在试样上方250mm处，让一个质量为0.45kg的实心钢球自由落下，撞击试样中心部位，用四倍放大镜检查被撞击表面的变化。

9. 弯曲试验

在温度23℃±2℃条件下，裁取230mm×70mm的反光膜作弯曲试验试样，撕去防沾纸，在背衬黏结剂表面撒上足够的滑石粉。在5s内将试样沿长度方向围绕在一直径为3.2mm的圆棒上，使试样的黏结剂面与圆棒外表面接触，放开试样，用四倍放大镜检查试样表面的变化。

10. 高低温试验

将150mm×150mm的试样放入试验箱(室)内，开动冷源，将箱(室)内温度逐渐降至−40℃±3℃，使试样在该温度下保持72h，关闭电源，使试验箱(室)自然升至室温，约12h后，再把试验箱(室)升温至70℃±3℃，并在该温度下保持24h，最后关闭电源，使试验箱(室)自然冷却至室温，取出试样，在标准测试条件下放置2h后，用四倍放大镜检查其表面的变化。

11. 收缩试验

裁取230mm×230mm的反光膜作收缩试验试样，放置在标准测试条件下至少1h。撕去防沾纸，把试样放在一平滑的表面上，黏结剂面朝上。在防沾纸撕去后10min和24h时分别测出反光膜试样的尺寸变化。

12. 反光膜的附着性能试验

裁取150mm×25mm的反光膜，从一端撕去100mm长的防沾纸，按生产厂商的使用说明，黏贴在厚度为2mm的铝合金板上，制成附着性能试验试样。

试样在标准测试条件下放置24h，然后把试样水平悬挂，反光膜面朝下，如图2-3-12所示。在反光膜的自由端上，使用夹具悬挂一重0.8kg的重物(包括夹具的重量)，使其与试样板面成90°角下垂。5min后，测出反光膜被剥离的长度 L。

13. 防沾纸的剥离试验

在25mm×150mm的反光膜上，放置一个6.6kg的重物，使反光膜受到0.176kg/cm^{2}的压力，然后置于70℃±2℃的空间里放置4h。取出反光膜，在标准测试条件下使之冷却到室温。用手剥去防沾纸，并进行检查。

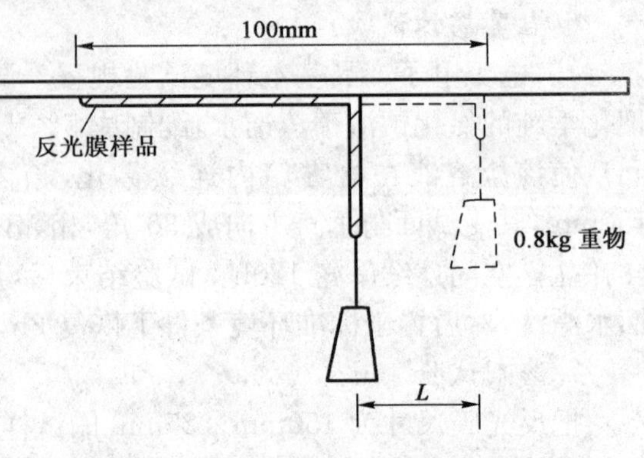

图2-3-12 反光膜的附着性能试验

14. 抗拉试验

准备三条25mm×150mm的反光膜，撕去中间100mm的防沾纸，装入精度为0.5级的万能材料试验机夹紧装置中，在试样宽度上负荷应均匀分布。开启试验机，以300mm/min的速度拉伸，分别记录断裂时的抗拉荷载值。

二、反光膜产品检验规则

反光膜产品检验规则主要包括出厂检验、型式检验、检验结果处理三部分内容。

1. 出厂检验

每个反光膜生产厂在每批产品出厂前，应随机抽取足够数量的样品，对一般要求、色度性能、逆反射系数、附着性能、防沾纸的可剥离性能和供需双方合同规定的其他项目进行自检，以保证出厂产品质量符合要求。每批产品的数量不得超过3 000m^2。

2. 型式检验

反光膜生产厂在新产品投入批量生产前，应提供足够数量的、具有代表性的新产品，做《公路交通标志反光膜》(GB/T 18833—2002)规定的全套性能试验。

当发生老产品转厂生产、停产一年或一年以上的产品再生产、正常生产的产品每经历一年生产、产品的设计、工艺或材料的改变影响产品性能任意一种情况时，也应进行型式检验。此时，应随机抽取足够数量的样品，做《公路交通标志反光膜》(GB/T 18833—2002)规定的全套性能试验(对正常生产的产品每经历一年生产时的型式检验耐候性能试验可每四年进行一次)；或在产品的设计、工艺或材料的改变影响产品部分性能时，仅对受影响的项目进行检验。

3. 检验结果处理

对于检验结果的处理，每项性能试验至少取样三个，在试样测试结果全部合格的基础上，三个(或三个以上)试样测试结果的算术平均值为试验结果。若某一试样的测试结果不符合标准的要求，则应从同一批产品中再抽取双倍数量的试样进行该不合格项目的复验，若复验结果全部合格，则整批产品合格；若复验结果(包括该项试验所要求的任一指标)有一项指标不合格，则整批产品为不合格产品。

第四章

道路交通标线

第一节　概　述

一、道路交通标线的起源和发展

道路交通标线诞生于1924年，美国加利福尼亚州在99号国家公路上进行了分道线试验，结果行车秩序井然，交通事故锐减。其后，美国各州普遍采用公路分道线办法，世界各国也相继推广此法，并将其纳入交通立法之中。随着道路的拓宽，交通管理部门不仅在道路中央施划标线，隔离对向交通，也在同向施划道路交通标线对同向交通加以隔离，从而保障同方向行驶车辆安全，这对道路交通标线的作用和功能进行了细化和丰富；随后，标线由最初的单实线逐渐补充了虚线和双实线，标线颜色也从单纯白色变为现在的白、黄、红、橙和蓝等颜色。

我国的道路交通标线研究始于20世纪50年代，当时设置的道路交通标线非常简单，仅有路面中心线、人行横道线等几种简单的标线，我国对道路交通标线进行规范始于1955年公安部发布的《城市交通规则》，1972年交通部、公安部联合发布了《交通规则》。随着交通运输和交通管理技术的发展，20世纪80年代初交通部制定了《公路标志及路面标线》标准，各大城市也分别制定了道路交通管理暂行规则，其中包括道路交通标线图例，直到1986年由交通部公路科学研究院等单位编制完成了第一部全国统一的《道路交通标志和标线》(GB 5768—1986)，其后分别在1999年和2009年对其进行了修订。到目前为止，基本建立了与世界发达国家水平相接近的交通标线系统，在2009年版的《道路交通标志和标线》标准中，充分考虑了我国道路交通及道路交通标线设置的特点，借鉴了国外的先进技术和经验，结合了道路交通标线材料、工艺和结构类型的最新发展，在此基础上，以道路交通标线的设计、管理及道路使用者为主要对象，对道路交通标线的形状、尺寸、图形符号、材料、结构及设计等作了一系列的规定。

在质量控制方面，交通部于1995年颁布了《路面标线涂料》行业标准，对标线的原材料进行了规范。1996年颁发实施的国家标准《道路交通标线质量要求和检测方法》(GB/T 16311—1996)，对近十年来兴建的高速公路的施工质量控制起到了积极的促进作用，效果显著。

近年来，高速公路建设和城市道路建设的快速推进，交通标线及其原材料也得到迅速发展，标线的类型除原有的常温溶剂型、加热溶剂型、热熔型及热熔反光型外还开发了环保的水性涂料标线和双组分涂料标线，具有振动功能的突起结构型振动反光标线。此外，交通管理部门为减少因路面打滑而造成的交通事故，对标线的抗滑性能也提出了要求。彩色防滑路面标线、全天候雨夜标线、视错觉标线等相继获得应用，提高了交通安全管理水平。新技术新材料的应用进一步推进了标准的发展，2004 年完成了《路面标线涂料》(JT/T 280—1995)的修订版，2009 年完成了国家标准《道路交通标线质量要求和检测方法》(GB/T 16311—2009)，并于 2010 年 4 月 1 日起开始实施。

二、道路交通标线的作用和功能

道路交通标线是一种方便、简单、实用、经济的道路交通安全设施，人们亲切地称其为道路交通安全的生命线。它是由施划或安装于道路上的各种线条、箭头、文字、图案及立面标记、实体标记、突起路标等所构成的交通设施，它的作用是向道路使用者传递有关道路交通的规则、警告、指引等信息，可以与标志配合使用，也可以单独使用。具体地讲，道路交通标线主要起到以下 4 个方面的作用和功能。

1. 分离交通

通过在道路上施划的道路交通标线，可实现车辆与行人分离，机动车与非机动车分离，不同种类车辆的分离，不同行驶方向车辆的分离，不同行驶速度车辆的分离。从而保证车辆、行人各行其道，提高道路通行能力和减少交通事故。

2. 渠化平交路口交通

在平交路口施划的道路交通标线，可渠化平交路口交通，充分利用空间和时间，引导车辆和行人各行其道，减少交通阻塞，保障交通畅通。

3. 指示和预告前方路况

交通标线可以将前方路况的特点与信息及时指示和预告给交通参与者，当道路交通标线与道路交通标志或交通信号配合使用时，不仅可以提高交通参与者的注意力，而且可以起到指引方向的作用，保障交通安全。

4. 执法和守法依据

道路交通标线使交通参与者的交通行为规范化，它不仅是交通参与者的守法依据，而且也是管理部门对交通违章、违法行为和交通事故进行处理的法律依据。

三、道路交通标线材料

国外道路交通标线材料最早使用可以追溯到 20 世纪 20 年代，距今已有 80 多年的历史，而我国道路交通标线材料于 20 世纪 80 年代中后期才真正形成产业。伴随着我国公路建设的大发展，近十几年来道路交通标线材料研究和生产发展迅速。标线产品种类已在最初的路面标线涂料基础上，开发了如突起型、道路预成形标线带和彩色路面防滑涂料等新品种，这些新品种的开发不仅更大地发挥了道路交通标线的作用和功能，而也且更加符合资源节约和环境友好的发展方向。

这里先对道路预成形标线带产品做一简要介绍。

道路预成形标线带产品属于一种特种标线材料，在工厂制作成形，施工时直接粘贴在路面上。由于标线带表面涂布有玻璃珠，故可反光。道路预成形标线带可分为长效标线带和临时标线带两大类。

长效标线带是指铺设在每车道平均日交通总量不大于 15 000pcu/d 的路面上，使用寿命达到 12 个月以上的标线带。长效标线带分为两种类型。I 型长效标线带是指标线带无预涂胶，使用时涂敷液态黏合剂。II 型长效标线带是指标线带预涂压敏胶，使用时预备或不预备黏接剂或底胶。长效标线带根据其初始逆反射亮度系数的大小分为 I 级反光和 II 级反光。白色 I 级反光长效标线带初始逆反射亮度系数应大于 500mcd · lx^{-1} · m^{-2}，黄色 I 级反光长效标线带初始逆反射亮度系数应大于 300mcd · lx^{-1} · m^{-2}。白色 II 级反光长效标线带初始逆反射亮度系数应大于 250mcd · lx^{-1} · m^{-2}，黄色 II 级反光长效标线带初始逆反射亮度系数应大于 175mcd · lx^{-1} · m^{-2}。长效标线带的抗滑性能分为 A 级、B 级。A 级抗滑值至少为 45BPN，B 级抗滑值至少为 55BPN。

临时标线带是指铺设在每车道平均日交通总量不大于 15 000pcu/d 的路面上，使用寿命达到 3 个月以上的标线带。临时标线带分为两种类型。I 型(可清除)标线带材料使用期限超过预计的有限寿命之后，可以用人工或使用机械手段，在 4℃以上环境下从沥青或水泥混凝土路面整块或以大于 60cm 的碎片除去，不允许使用加热、溶解、击碎或炸开等破坏性手段对路面留下痕迹。II 型(不可清除)标线带材料不必具备可清除的特性。

行业标准《道路预成形标线带》(JT/T 493—2003)中对标线带的色度性能进行了规定，颜色包括白色和黄色两种颜色，新修订的《道路预成形标线带》(GB/T 24717—2009)增加了红色、橙色和蓝色三种颜色规定。

四、道路交通标线的分类和施划原则

1. 道路交通标线的分类

(1)道路交通标线按功能可分为以下三类：

①指示标线：指示车行道、行车方向、路面边缘、人行道、停车位、停靠站及减速丘等的标线；

②禁止标线：告示道路交通的遵行、禁止、限制等特殊规定的标线；

③警告标线：促使道路使用者了解道路上的特殊情况，提高警觉准备应变防范措施的标线。

(2)道路交通标线按设置方式可分为以下三类：

①纵向标线：沿道路行车方向设置的标线；

②横向标线：与道路行车方向交叉设置的标线；

③其他标线：字符标记或其他形式标线。

(3)道路交通标线按形态可分为以下四类：

①线条：施划于路面、缘石或立面上的实线或虚线；

②字符：施划于路面上的文字、数字及各种图形、符号；

③突起路标：安装于路面上用于标示车道分界、边缘、分合流、弯道、危险路段、路宽变化、路面障碍物位置等的反光体或不反光体；

④轮廓标：安装于道路两侧，用以指示道路边界轮廓、道路的前进方向的反光柱(或反光片)。

(4)道路交通标线按标线材料可分为五类：

①溶剂型涂料标线；

②热熔型涂料标线；

③水性涂料标线；

④双组分涂料标线；

⑤预成形标线带标线。

(5)道路交通标线按标线用途可分为六类：

①非反光标线；

②反光标线；

③突起振动标线；

④防滑标线；

⑤雨夜标线；

⑥其他标线。

2.道路交通标线的施划原则

(1)道路交通标线的颜色

《道路交通标志和标线》(GB 5768—2009)明确规定：道路交通标线的颜色为白色、黄色、蓝色或橙色，路面图形标记中可出现红色或黑色的图案或文字。道路交通标线颜色的色度性能应符合《道路交通标线质量要求和检测方法》(GB/T 16311—2009)的规定。

白色道路交通标线具有色彩醒目和视认性好的特点，因而在国内外各级公路上被普遍使用。此外，黄色、蓝色或橙色交通标线也出现在国内外各级公路上，它们改变了以往白色标线的色彩单一性缺点，可以减少驾驶员长时间驾驶产生的视觉疲劳，对交通安全十分有利。黄色标线主要用于分隔道路上对向行驶的交通流。橙色标线主要用于道路施工作业区。蓝色标线作为非机动车专用道标线；施划为停车位标线时，指示免费停车位。

(2)道路交通标线虚线的长度

道路交通标线虚线的实线段和间隔的长度与车辆行驶速度直接相关。实线段间距过近，会造成闪现率过高而使虚线出现连续感，对驾驶员产生过分刺激；但闪现率太低，使驾驶员在行驶过程中获得的信息太少，起不到标线的警示作用。闪现率在2.8～3.0次/s之间时效果最好。

我国《道路交通标志和标线》(GB 5768—2009)中对道路交通标线虚线的线长进行了规定：实线段和间隔的长度分别为：2m和2m、2m和4m、4m和4m、4m和6m、6m和9m。

(3)道路交通标线的宽度

驾驶员的行车视觉对纵向和横向标线的宽度有着不同的要求。国内外对纵向标线的研究表明：其宽度对驾驶员心理、生理指标没有影响。我国《道路交通标志和标线》(GB 5768—2009)中规定纵向标线的线宽一般取10cm、15cm、20cm和25cm，最小值和最大值分别为8cm和30cm。

横向标线宽度应比纵向交通标线宽，因为驾驶员在行车中发现横向标线往往是由远到近，尤其在横向标线比较远的时候视角范围很小，加上远小近大的原理，加宽横向标线是很有必要的。我国《道路交通标志和标线》(GB 5768—2009)中规定横向标线的线宽一般取20cm、30cm、40cm或45cm。

(4)道路交通标线的厚度

道路交通标线因其设计使用寿命不同、标线材料种类不同和应用场合不同，其厚度也有较大区别。《道路交通标线质量要求和检测方法》(GB/T 16311—2009)指出：溶剂型涂料标线和水性涂料标线的湿膜厚度为0.3～0.8mm；热熔反光型和热熔普通型涂料标线的干膜厚度为 0.7～2.5mm，热熔突起振动标线的突起部分高度为 3～7mm、基线厚度为 1～2mm；双组分涂料标线的干膜厚度为 0.4～2.5mm；预成形标线带标线的干膜厚度为 0.3～2.5mm。

(5)道路交通标线的反光性

《道路交通标志和标线》(GB 5768—2009)明确规定：各等级公路和城市快速路、主干路应设置反光道路交通标线。反光道路交通标线是通过其标线材料中预混逆反射材料(如玻璃珠)或标线施工时在标线表面撒布逆反射材料而实现的。《道路交通标线质量要求和检测方法》(GB/T 16311—2009)规定：对于正常使用期间的反光标线，白色反光标线的逆反射亮度系数不应低于 80mcd・lx^{-1}・m^{-2}，黄色反光标线的逆反射亮度系数不应低于 50mcd・lx^{-1}・m^{-2}；对于新施划的反光标线，白色反光标线的逆反射亮度系数不应低于 150mcd・lx^{-1}・m^{-2}，黄色反光标线的逆反射亮度系数不应低于 100mcd・lx^{-1}・m^{-2}。

(6)道路交通标线的抗滑性

《道路交通标志和标线》(GB 5768—2009)明确规定：设置于路面的道路交通标线应使用抗滑材料，标线表面的抗滑性能一般应不低于所在路段路面的抗滑性能。《道路交通标线质量要求和检测方法》(GB/T 16311—2009)规定：防滑标线的抗滑值应不小于 45BPN。

第二节　技　术　要　求

一、道路交通标线相关标准

目前，对于道路交通标线相关技术要求、质量要求和评定标准的依据主要包括以下三个标准：《道路交通标志和标线》(GB 5768—2009)、《道路交通标线质量要求和检测方法》(GB/T 16311—2005)和《公路工程质量检验评定标准》(JTG F80/1—2004)。由于三个标准的编制年代和编制目的不同，其相关技术要求、质量要求和评定标准也有所区别。《道路交通标志和标线》(GB 5768—2009)主要用于道路交通标线的设计；《道路交通标线质量要求和检测方法》(GB/T 16311—2005)以及 2010 年 4 月 1 日起实施的《道路交通标线质量要求和检测方法》(GB/T 16311—2009)主要用于道路交通标线的施工质量控制，施工单位、监理单位和检测单位质量可依据此标准进行自检和质量判断；《公路工程质量检验评定标准》(JTG F80/1—2004)主要用于公路交通标线的交竣工验收，为目前我国公路领域应用最广的强制性施工过程控制和交竣工标准。因此，充分理解三项标准间的区别将有利于合理使用各标准及控制道路交通标线质量。

二、术语和定义

1.逆反射

反射光从接近入射光的反方向返回的一种反射。当入射光方向在较大范围内变化时，仍能保持这种性质。

2.逆反射材料

在暴露的表面或接近表面有一薄层连续的微小逆反射元的材料(如反光膜，含玻璃珠的涂料、路面标线或标线带)。

3. 逆反射色

逆反射材料或逆反射体在夜间条件下，即采用标准 A 光源照射时，从接近入射光方向所观测到的逆反射光的颜色。

4. 光亮度因数

非自发辐射的媒质面元在给定方向上的光亮度与相同照明条件下理想漫反射(或透射)体的光亮度之比，它的符号是 β_V。遇到光致发光媒质时，该光亮度因数是反射光亮度因数 β_S 和发光光亮度因数 β_L 这两部分之和，即 $\beta_V=\beta_S+\beta_L$。

5. 逆反射亮度系数

观测方向的(光)亮度与垂直于入射光方向的平面上的法向照度之比，以坎德拉每平方米每勒克斯表示[$(cd\cdot m^{-2})\cdot lx^{-1}$]。

6. 抗滑值

用摆式摩擦系数仪测定的表面抗滑能力，单位是英式抗滑摆值 British Pendulum (tester) Number，简称 BPN。

三、道路交通标线的质量要求和评定标准

《道路交通标线质量要求和检测方法》(GB/T 16311—2005)中提出了包括基本要求、标线形状位置允许偏差、标线涂层厚度、标线涂层的色度性能、反光标线要求和标线抗滑性能六项道路交通标线的质量要求。2009 年对 2005 版的国标进行了修订，新标准《道路交通标线质量要求和检测方法》(GB/T 16311—2009)于 2010 年 4 月 1 日起实施，该标准制定了包括基本要求、外观质量、外形尺寸、标线厚度、色度性能、光度性能和抗滑性能七项质量要求。2009 年新版的国标与 2005 年版在名称术语上最大的不同是将原来的"逆反射系数"用"逆反射亮度系数"代替，单位也由"$mcd\cdot lx^{-1}\cdot m^{-2}$"改为"$mcd\cdot m^{-2}\cdot lx^{-1}$"，由于目前试验检测机构配置的是标线逆反射系数测量仪，所以本书中有关标线的逆反射亮度系数的单位除特殊定义外仍然用 $mcd\cdot lx^{-1}\cdot m^{-2}$，这点请读者注意。下文以 GB/T 16311—2005 中质量要求为基础，并对比 GB/T 16311—2009 和 JTG F80/1—2004 进行具体内容说明。

1. 基本要求和外观质量

1)GB/T 16311—2005

GB/T 16311—2005 中规定了以下四个方面的内容：

(1)标线设计应符合《道路交通标志和标线》(GB 5768—1999)的规定。

(2)使用的标线材料应符合有关国家标准或行业标准的要求，并应具有与路面附着力强、干燥迅速以及良好的耐磨性、耐候性、不黏污性、抗滑性等特性。

(3)标线应具有良好的视认性，宽度一致、边缘整齐、线型规则、线条流畅。

(4)新划制的标线涂层厚度应均匀，无起泡、皱纹、斑点、开裂、发黏、脱落、泛花等现象。标线内的有缺陷面积应小于 3%。

2)GB/T 16311—2009

GB/T 16311—2009 中对上述内容细化为基本要求和外观质量两项要求，修订后的规定如下：

(1)基本要求

①标线设计应符合《道路交通标志和标线》(GB 5768—2009)的规定。

②使用的标线材料应符合《道路预成形标线带》(GB/T 24717—2009)、《路面标线涂料》(JT/T 280—2004)、《路面防滑涂料》(JT/T 712—2008)等相关标准的要求。

(2)外观质量

①标线应具有良好的视认性,颜色均匀、边缘整齐、线型规则、线条流畅。

②标线涂层厚度应均匀,无明显起泡、皱纹、斑点、开裂、发黏、脱落、泛花等缺陷。

③反光标线的面撒玻璃珠应均匀,其性能和粒径分布符合《路面标线用玻璃珠》(GB/T 24722—2009)的要求。

3)JTG F80/1—2004

JTG F80/1—2004 中规定的基本要求、相关实测检查项目和外观鉴定评判标准如下:

(1)基本要求

①路面标线涂料应符合《路面标线涂料》(JT/T 280—2004)的规定。

②路面标线喷涂前应仔细清洁路面,表面干燥,无起灰现象。

③路面标线的颜色、形状和设置位置应符合《道路交通标志和标线》(GB 5768—1999)的规定和设计要求。

(2)实测检查项目

相关实测检查项目为"标线剥落面积",规定值是标线剥落面积占检查总面积的 0~3%时评定为合格,该检查项目权值为 1。

(3)外观鉴定

①标线施工污染路面应及时清理。每处污染面积不超过 10cm²,不符合要求时,每处减 1 分。

②标线线形应流畅,与道路线形相协调,不允许出现折线,曲线圆滑。不符合要求时,每处减 2 分。

③反光标线玻璃珠应撒布均匀,附着牢固,反光均匀。不符合要求时,每处减 2 分。

④标线表面不应出现网状裂缝、断裂裂缝、起泡现象。不符合要求时,每处减 1 分。

2. 标线形状位置允许偏差

1)GB/T 16311—2005

GB/T 16311—2005 中规定了以下四个方面的内容:

①标线的位置与设计位置横向允许偏差为±30mm。复划标线时,新标线与原旧标线应基本重合,位置偏差范围为±5mm。

②纵向标线和横向标线的长度、宽度和间断线的纵向间距偏差应符合表 2-4-1 的规定。

标线尺寸允许偏差表(单位:mm)　　表 2-4-1

项　目	尺　寸	允许误差
长度	6 000	0~30
	5 000	0~25
	4 000	0~20
	3 000	0~15
	2 000	0~10
	1 000	0~10

续上表

项　目	尺　寸	允许误差
宽度	450	0～10
	400	0～10
	300	0～10
	200	0～8
	150	0～8
	100	0～8
间断线的纵向间距	9 000	±30
	6 000	±20
	4 000	±20
	3 000	±15
	2 000	±15
	1 000	±10

③其他标线的尺寸允许偏差不大于 5%。其他标线设置角度的允许偏差为±3°。

④标线的端线与边线应垂直，其允许偏差为±5°。

2)GB/T 16311—2009

GB/T 16311—2009 中对标线尺寸的允许误差进行了调整，修订后的规定如下：

①标线实际位置与设计位置的横向允许误差为±30mm。

②标线的宽度允许误差为 0～5mm。

③标线长度以及间断线纵向间距的允许误差见表 2-4-2。

标线尺寸允许偏差表(单位:mm)　　表 2-4-2

项　目	尺　寸	允许误差
长度	6 000	±30
	5 000	±25
	4 000	±20
	3 000	±15
	2 000	±10
	1 000	±10
间断线的纵向间距	9 000	±45
	6 000	±30
	4 000	±20
	3 000	±15
	2 000	±10
	1 000	±10

④其他标线尺寸的允许误差不超过±5%。

⑤标线设置角度的允许误差为±3°。

3)JTG F80/1—2004

JTG F80/1—2004 中规定的相关实测检查项目如表 2-4-3 所示。

标线尺寸允许偏差表(单位:mm)　　表 2-4-3

检 查 项 目		规定值或允许偏差	权值
标线线段长度	6 000	±50	1
	4 000	±40	
	3 000	±30	
	1 000～2 000	±20	
标线纵向间距	9 000	±45	1
	6 000	±30	
	4 000	±20	
	3 000	±15	
标线横向偏位	±30		1

3. 标线涂层厚度

1)GB/T 16311—2005

GB/T 16311—2005 中规定了以下两方面内容:

(1)一般标线的厚度范围见表 2-4-4。

标线的厚度范围表(单位:mm)　　表 2-4-4

序　号	标 线 种 类	标线厚度范围	备　注
1	溶剂型涂料标线	0.3～0.8	湿膜
2	热熔型涂料标线	0.7～2.5	干膜
3	水性涂料标线	0.3～0.8	湿膜
4	双组分涂料标线	0.4～2.5	干膜
5	预成型标线带标线	0.3～2.5	干膜

(2)突起结构型振动反光标线涂层突起部分的高度为 3～7mm,若有基线,基线的厚度为 1～2mm。

2)GB/T 16311—2009

GB/T 16311—2009 中将上述内容中"标线涂层厚度"项目名称修订为"标线厚度",将"突起结构型振动反光标线涂层突起部分的高度"修订为"突起振动标线的突起部分高度",其他内容未更改。

3)JTG F80/1—2004

JTG F80/1—2004 中规定的相关实测检查项目如表 2-4-5 所示。

标线的厚度允许偏差表(单位:mm)　　表 2-4-5

检 查 项 目		规定值或允许偏差	权值
标线厚度（干膜）	常温型(0.12～0.2)	−0.03,+0.10	2
	加热型(0.20～0.4)	−0.05,+0.15	
	热熔型(1.0～4.50)	−0.10,+0.50	

4. 标线涂层的色度性能

1)GB/T 16311—2005

GB/T 16311—2005 中规定了以下两个方面的内容：

(1)标线涂层颜色为白色或黄色，色度性能应符合《安全色》(GB 2893—2001)的规定，其色品坐标和亮度因数应在图 2-4-1 和表 2-4-6 规定的范围内。其中白颜色的表面色与逆反射材料色处于同一范围内，在图 2-4-1 里实线与虚线重合。

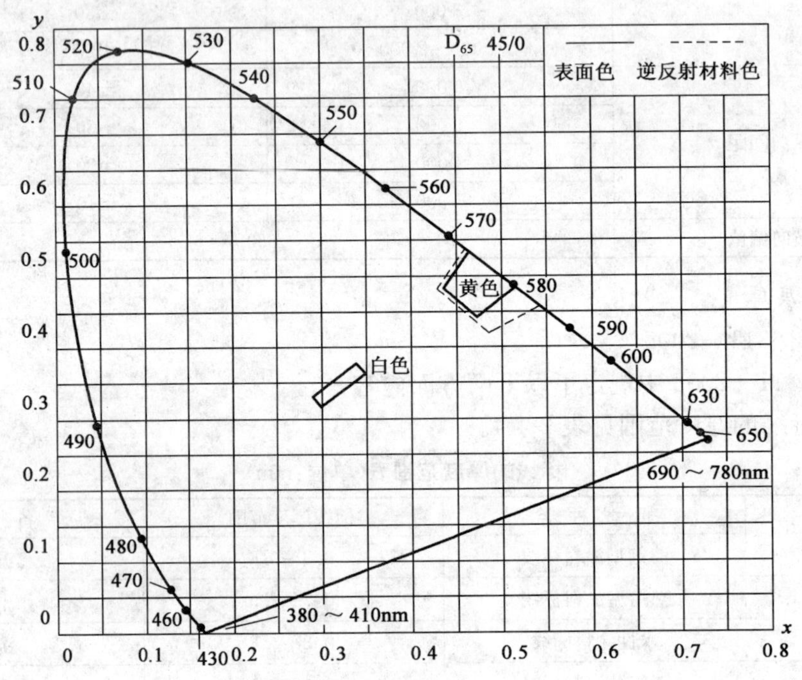

图 2-4-1　标线颜色范围图

标线的颜色范围表　表 2-4-6

颜色		色品坐标（标准照明体 D_{65}，照明观测条件 45/0，视场角 2°）								亮度因数
		x	y	x	y	x	y	x	y	
普通材料色	白	0.350	0.360	0.300	0.310	0.290	0.320	0.340	0.370	≥0.75
	黄	0.519	0.480	0.468	0.442	0.427	0.483	0.465	0.534	≥0.45
逆反射材料色	白	0.350	0.360	0.300	0.310	0.290	0.320	0.340	0.370	≥0.35
	黄	0.545	0.454	0.487	0.423	0.427	0.483	0.465	0.534	≥0.27

(2)标线在规定的使用期限内，不应出现明显的变色。

2)GB/T 16311—2009

GB/T 16311—2009 中将上述内容中标线颜色新增红色、橙色和蓝色，白色和黄色色品坐标有所调整，修订后的规定如下：

(1)标线的颜色包括白色、黄色、橙色、红色和蓝色。在规定的使用期限内，标线不应出现明显的变色。

(2)标线各种颜色的表面色，其色品坐标和亮度因数宜在表 2-4-7 和图 2-4-2 规定的范围内。

标线表面色表(单位:mm)　　表 2-4-7

颜　色	色品坐标 (标准照明体 D_{65}，照明观测条件 45/0，视场角 2°)								亮度因数
	x	y	x	y	x	y	x	y	
白	0.355	0.355	0.305	0.305	0.285	0.325	0.335	0.375	≥0.35
黄	0.560	0.440	0.490	0.510	0.420	0.440	0.460	0.400	≥0.27
橙	0.610	0.390	0.535	0.375	0.506	0.404	0.570	0.429	≥0.14
红	0.480	0.300	0.690	0.315	0.620	0.380	0.480	0.360	≥0.07
蓝	0.105	0.100	0.220	0.180	0.200	0.260	0.060	0.220	≥0.05

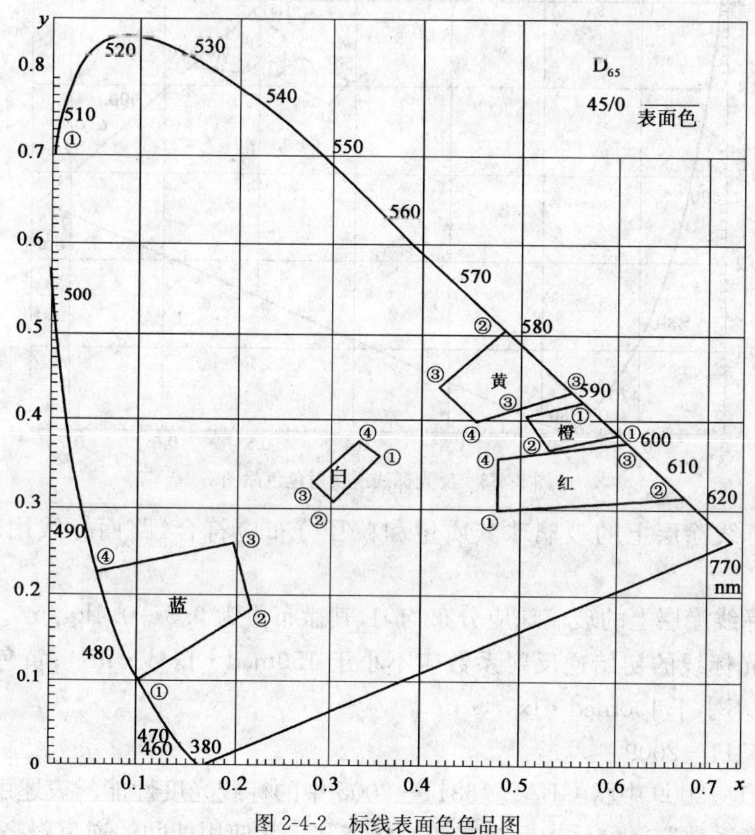

图 2-4-2　标线表面色色品图

(3)反光标线各种颜色的逆反射色，其色品坐标宜在表 2-4-8 和图 2-4-3 规定的范围内。

5. 反光标线要求

1)GB/T 16311—2005

GB/T 16311—2005 中规定了以下三个方面的内容：

反光标线逆反射色表(单位:mm) 表 2-4-8

颜色		色品坐标(标准A光源)							
		x	y	x	y	x	y	x	y
反光标线	白	0.480	0.410	0.430	0.380	0.405	0.405	0.455	0.435
	黄	0.575	0.425	0.508	0.415	0.473	0.453	0.510	0.490

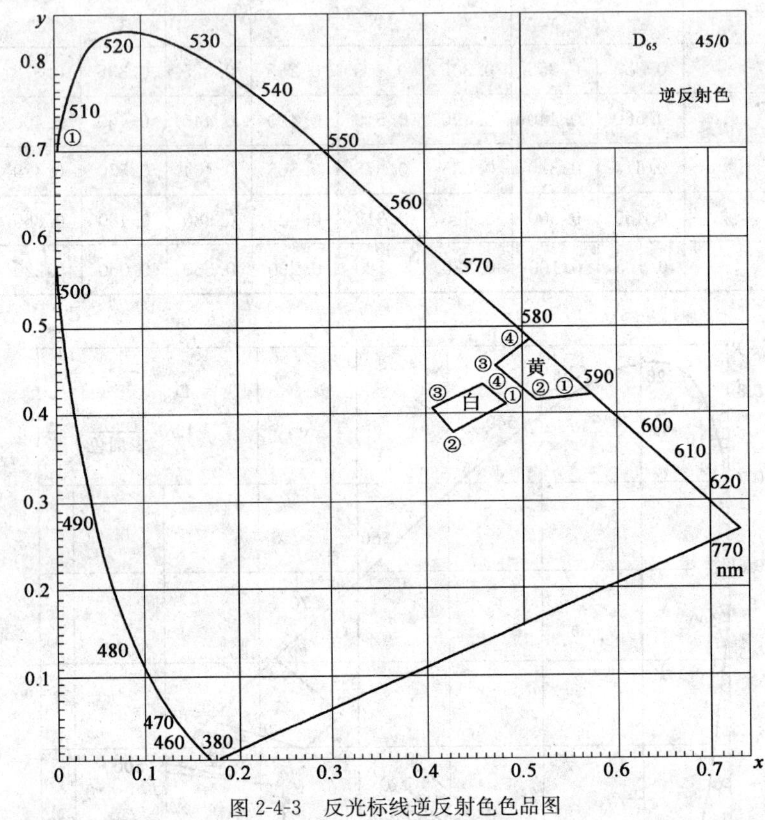

图 2-4-3 反光标线逆反射色色品图

(1)撒布在标线涂层上的玻璃珠其质量和粒径分布应符合《路面标线用玻璃珠》(JT/T 446—2001)要求。

(2)撒布在标线涂层上的玻璃珠应分布均匀,其撒布量为 0.3~0.4kg/m^2。

(3)白色反光标线的初始逆反射系数应不小于 150mcd·lx^{-1}·m^{-2};黄色反光标线的初始逆反射系数应不小于 100mcd·lx^{-1}·m^{-2}。

2)GB/T 16311—2009

GB/T 16311—2009 中将 GB/T 16311—2005 中的标线光度性能的表述由“逆反射系数”改为“逆反射亮度系数”,区分反光标线在初始状态和正常使用期间的逆反射亮度系数值,增加雨夜标线在湿状态下的逆反射性能要求,修订后的规定如下:

(1)正常使用期间,反光标线的逆反射亮度系数应满足夜间视认要求。一般情况下,白色反光标线的逆反射亮度系数不应低于 80mcd·lx^{-1}·m^{-2},黄色反光标线的逆反射亮度系数不应低于 50mcd·lx^{-1}·m^{-2}。

(2)新划标线的初始逆反射亮度系数应符合《新划路面标线初始逆反射亮度系数及测试方法》(GB/T 21383—2008)的规定，白色反光标线的逆反射亮度系数不应低于 150mcd·lx^{-1}·m^{-2}，黄色反光标线的逆反射亮度系数不应低于 100mcd·lx^{-1}·m^{-2}。

(3)雨夜标线应具备湿状态下的逆反射性能，在雨夜具有良好的视认效果。

3)JTG F80/1—2004

JTG F80/1—2004 中规定的相关实测检查项目如下：

白色反光标线的逆反射系数≥150mcd·lx^{-1}·m^{-2}，黄色反光标线的逆反射系数≥100mcd·lx^{-1}·m^{-2}，该检查项目权值为 2。

6. 标线抗滑性能

1)GB/T 16311—2005

GB/T 16311—2005 中规定：标线应具有抗滑性能，标线抗滑摆值应不小于 45BPN。

2)GB/T 16311—2009

GB/T 16311—2009 中将 GB/T 16311—2005 中的规定内容明确为防滑标线的抗滑值应不小于 45BPN。

第三节　道路交通标线的施工工艺

一、道路交通标线施工的特点

道路交通标线施工就是由专业施工人员通过专业施工设备将不同种类的道路标线材料，按照相关标准规定施划或安装于路面上。目前路面标线涂料是我国公路上使用量最大和使用最广泛的道路交通标线材料，因此，本节将对路面标线涂料的施工工艺进行详细介绍，以下道路交通标线材料的施工工艺内容特指为路面标线涂料的施工工艺。

路面标线涂料的施工不同于其他建筑涂料或工业涂料的施工，其施工具有以下特点：施工工艺的连续性、时间性和流动性，要求各施工工序配合紧密衔接；施工作业区的特殊性和危险性，在已通车路段施工受半封闭交通影响较大，施工通常易引起交通堵塞和诱发交通事故，城市道路交通标线在夜间进行，施工人员安全存在危险，在新建道路上施工需与业主、监理单位和其他配合单位进行协调工作，施工受车辆通行限制；施工环境复杂多变，施工受季节、气象条件、地域、路面状况等客观条件影响较大。

二、道路交通标线施工的准备工作

1. 施工人员岗位培训工作

施工前对施工人员进行岗位培训工作的主要内容如下：

(1)施工安全管理和注意事项；

(2)路面标线涂料的产品类型和施工特点；

(3)施工图、施工工序中的施工要点和注意事项；

(4)专用施工设备操作方法和要领；

(5)相关技术标准规定和质量控制要点。

2.施工现场考察和施工时间选择工作

施工前对施工现场考察工作的主要内容如下：

(1)施工时的气象条件；

(2)施工路面状况和交通流特点；

(3)业主的施工要求；

(4)与监理单位和其他配合单位的协调工作；

(5)在已通车路段施工时，应避开交通高峰时段；

(6)结合施工现场气象条件，尽量选择在路面干燥和气温10℃以上的白天进行施工。

3.施工安全管理工作

道路交通标线施工通常在开放交通情况下进行，城市道路施工受条件限制经常在夜间进行。不同种类标线材料施工时存在着高温作业、特种设备操作、易燃易爆、有机溶剂中毒和行驶车辆伤害等危险和有害因素，因此，施工安全管理工作至关重要。施工安全管理工作应注意以下事项：

(1)施工进场时，根据施工现场的路面状况和交通流特点，在作业区适当位置设置安全锥、警告标志、旗帜、警示灯等安全管理工具，对行驶车辆、行人进行安全警示。

(2)施工作业区应配备专职安全管理员，进行临时指挥和疏导交通，避免事故发生；

(3)施工作业时，施工人员应穿戴醒目的反光衣帽；

(4)已通车路段施工时，一般情况下行车道单向通车，另一方向封闭施工，必要时双向行车道进行全封闭施工，在确保施工人员安全的前提下，尽量方便车辆行人通行。

三、路面标线涂料的施工工艺

1.热熔型路面标线涂料的施工工艺

热熔型路面标线涂料常温下为固体粉末状。由于其涂料成分中主要成膜物为热塑性树脂，所以加热到一定温度时会熔化为液体，施划于路面时由于物理冷却固化，一般3min内即可通车。热熔标线的厚度因其标线类型不同而不同，热熔反光型和热熔普通型标线的干膜厚度为0.7～2.5mm，热熔突起振动标线的突起部分高度为3～7mm、基线厚度为1～2mm，每平方米标线的涂料用量在2～5kg。由于热熔标线具有线型美观、经久耐用等优点，据不完全统计，我国热熔型标线的用量占标线总量的90%以上。热熔型路面标线涂料的施工工艺内容如下：

(1)熔料

熔料工序是热熔型路面标线涂料施工的重要环节之一。热熔型路面标线涂料熔料过程一般在热熔釜中采用燃气方式进行，熔料温度一般在200℃以上，熔融状态涂料的流动度直接关系到涂料的施工性能，因此，熔料工序中最重要的是控制好熔融状态涂料的流动度，实际操作中主要依靠控制熔料温度和操作人员的经验来完成。

(2)路面清扫和干燥

施划基准线前应对施划标线区域路面的灰尘、泥沙、残土、石子和落叶等路面杂质进行清扫，必要时还需要利用烘干设备清除路面的水分。

(3)施划基准线和放样

施划基准线应首先确定基准点，应按照施工图中路面中心线与标线的距离确定基准点。一般在直线路段间距10～20m确定一个基准点，曲线路段间距10m内确定一个基准点。所需基准点发出后，用线绳连接基准点放出基准线。进行大规模道路交通标线施工时，基准线将通过车载放线设备完成。

放样时应按照施工图中的图形和位置，使用粉笔、油漆和测量工具等在路面上作好标记，放样后应核准基准线位置与施工图中的位置是否一致。

(4)路面二次清扫和干燥

大规模施工时，施划基准线和放样与标线施工时间间隔较长，需进行路面二次清扫和干燥，为涂刷下涂剂和标线施工做准备。

(5)涂刷下涂剂

为提高路面与道路交通标线的附着力，通常在路面待施划标线区域涂刷下涂剂。应根据沥青混凝土路面和水泥混凝土路面的不同选择不同类型的下涂剂，涂刷方式可采用刷涂、滚涂或喷涂。

(6)标线施划

标线施划是道路交通标线施工工艺中最重要的工序。按施工方式可分为热熔刮涂、热熔喷涂和热熔振荡三种施工方式，前两种施工方式主要用于热熔反光型和热熔普通型路面标线涂料的施工，后一种施工方式主要用于热熔突起型路面标线涂料的施工。

热熔刮涂施工设备按其动力方式可分为手推式、自行式和车载式三种。自行式施工设备是在手推式施工设备基础上，通过添加动力系统为施工机械提供运行动力、减少施工人力劳动强度的施工设备。热熔喷涂施工设备按其动力方式包括手推式、自行式和车载式三种；按其喷涂方式可分为低压有气喷涂型、离心喷涂型和螺旋喷涂型三种。热熔振荡施工设备一般为自行式。采用上述设备进行标线施划时，应控制好以下施工步骤和环节：

①检查施工设备，确保设备处于完好状态。

②标线施划前确认下涂剂处于实干状态，否则由于下涂剂中的溶剂挥发，施划的标线易产生气泡和着火。

③施工时，对熔融状态的涂料应充分搅拌均匀，防止沉淀分层，影响施工质量。

④撒布在标线涂层上的玻璃珠应分布均匀，其撒布量为0.3～0.4kg/m^2。

⑤新路面施划道路交通标线施工时间尽量延后，控制在路面状态稳定之后，以避免标线脱落或污染。

⑥普通标线施工后，再进行文字、箭头等特殊标线施工。

⑦大规模施划标线结束后，应对不符合要求的标线进行修整处理，达到相关标准和技术要求。

⑧施工后应及时对施工机械、工具等整理，清除散落的玻璃珠等路面残留物，防止引发事故。

2.溶剂型路面标线涂料的施工工艺

溶剂型路面标线涂料具有施工速度快、施工设备相对简单、施工费用低的特点，在我国低等级公路和城市道路的标线施工中占有一定的市场份额。标线施工量较小时一般采用刷涂方式施工，标线施工量较大时一般采用喷涂方式施工。溶剂型标线干膜厚度一般在0.3～

0.4mm，每平方米标线的涂料用量在0.4～0.6kg左右。溶剂型标线有普通型和反光型之分，但由于这类标线厚度薄、对玻璃珠的黏结效果差，在实际使用中较少采用溶剂反光标线。溶剂型标线施工设备按其动力方式分为手推式、自行式和车载式三种；按其喷涂方式可分为低压有气喷涂型和高压无气喷涂两种。溶剂型路面标线涂料的施工条件和注意事项如下：

①施划前应清扫路面的灰尘、泥沙、残土、石子和落叶等杂质。

②路面处于潮湿状态时严禁施工，雨后路面要在充分干燥后方可施工，必要时还需要利用烘干设备清除路面的水分，检查施工设备。

③施工时气温应不低于5℃。

④涂料开罐后应充分搅拌均匀方可使用。

⑤涂料黏度过高时应选用生产厂家配套或制定的稀释剂稀释。

⑥不同厂家和不同品种的涂料应避免混用。

⑦溶剂型路面标线涂料为易燃品，施工和储存过程中严格遵守安全使用规则。

⑧在施工过程中，有大量溶剂挥发，长期使用将危害施工人员身体健康，应采取相应的劳动防护措施。

3.双组分路面标线涂料的施工工艺

双组分路面标线涂料由A组分和B组分两部分组成。施工时A、B组分按一定配比混合后常温施划于路面，在路面上A、B组分发生化学反应交联固化形成标线，双组分涂料标线的干膜厚度为0.4～2.5mm。双组分涂料标线按其施工方式划分，主要包括喷涂型、刮涂型、结构型和振荡型四种。喷涂型标线的干膜厚度为0.3～0.8mm，刮涂型标线的干膜厚度为1.5～2.5mm。通常情况下双组分道路交通标线施工时均面撒玻璃珠，为反光标线。

双组分路面标线涂料的施工条件和注意事项如下：

①施划前应清扫路面的灰尘、泥沙、残土、石子和落叶等杂质。

②在水泥混凝土路面施划前应采用机械打磨机、钢刷等工具设备清理干净其表面碱性层，或道路通车1个月后再施划标线。

③施工时路面温度一般在10～35℃之间。

④A、B组分在设备管道中各行其道，不能混用，只在喷嘴内或喷嘴外按配比混合。

⑤双组分涂料固化时间与标线厚度无关，而与A、B组分配比和施工环境温度相关。

⑥双组分涂料应避免接触明火。

⑦面撒玻璃珠应选用经硅烷偶联剂处理的镀膜玻璃珠。

⑧施划完成后应及时按设备生产厂家提供的方法对施工设备进行清洗。

4.水性路面标线涂料的施工工艺

目前国际上涂料工业的总体趋势向着水性化、无溶剂化、高固体分和紫外光固化方向发展。热熔型涂料存在着大量耗能和重涂施工难度大、需要除掉旧线才能施工等不足。而溶剂型涂料其含有30%～40%以上的有机溶剂，涂料成膜后，有机溶剂全部挥发至大气中，存在严重污染环境的问题。因此，水性路面标线涂料作为环保节能型产品越来越受到广泛关注。水性路面标线涂料是一种高固体分常温涂料。其施工设备与通溶剂型标线施工设备相同。水性普通型路面标线涂料的施工方式采用低压有气喷涂和高压无气喷均可，水性反光型路面标线涂料因其含有玻璃珠只能采用用低压有气喷涂方式施工。水性路面标线涂料的施工条件和注意事项如下：

①施划前应清扫路面的灰尘、泥沙、残土、石子和落叶等杂质，必要时涂刷水性路面标线涂料配套下涂剂。

②气温低于 10℃、相对湿度大于 80%的气象条件时严禁施工。

③路面处于潮湿状态或施工后 2h 内天气预报有雨时严禁施工。

④涂料施工时一般不允许加水稀释，否则影响涂料干燥速度和成膜性。

⑤施工时，涂料不能长时间高速搅拌，否则易造成涂料黏度下降和标线产生气泡现象。

⑥不同厂家和不同品种的涂料应避免混用。

⑦间断施工时，应及时卸下喷嘴浸入浓度 50%的氨水中，防止喷嘴堵塞。

⑧施划有误的水性标线应在其干燥前用大量清水冲洗除去，施工完成后应及时用清水洗净施工设备和工具，干燥后很难清除。

第四节　检 测 方 法

一、道路交通标线检测的抽样方法

1. GB/T 16311—2005

GB/T 16311—2005 中对公路和城市道路交通标线检测的抽样方法进行了如下规定：

(1)公路。以每 10km 为一个检测单位，从每个检测单位中任选 3 个 100m 为检测段，再从每个 100m 中随机连续检测 5 个点。

(2)城市道路。以每 1 500m^2 标线面积为一个检测单位，从每个检测单位中任选 3 个 15m^2 标线面积作为检测段，再从每个 15m^2 标线中随机连续检测 5 个点。

2. GB/T 16311—2009

GB/T 16311—2009 中对 GB/T 16311—2005 中的抽样方法进行了细化，修订后的规定如下：

(1)纵向实线或间断线。测量范围小于或等于 10km 时，以整个测量范围为一个检测单位，在标线的起点、终点及中间位置，选取 3 个 100m 为核查区域，再从每个核查区域中随机连续选取 10 个测试点；测量范围大于 10km 时，取每 10km 为一个检测单位，分别选取核查区域和测试点。

(2)图形、字符或人行横道线。以每 1 500m^2 标线面积为一个检测单位，从每个检测单位中选取三个有代表性的图形、字符或人行横道线为核查区域，再从每个核查区域中随机选取 5 个测试点。

(3)新划路面标线初始逆反射亮度系数的取样，应执行《新划路面标线初始逆反射亮度系数及测试方法》(GB/T 21383—2008)。

3. JTG F80/1—2004

《公路工程质量检验评定标准》(JTG F80/1—2004)中规定的路面标线实测项目的抽样频率为：除标线剥落面积采用目测检查外，标线线段长度、宽度、厚度、纵向间距、逆反射系数均抽检 10%。

二、道路交通标线的检测设备

道路交通标线质量检测项目及所用仪器设备如表 2-4-9 所示。

道路交通标线质量检测项目及所用仪器设备表 表 2-4-9

检 测 项 目	所用仪器设备	测 量 参 数
标线尺寸、形状与位置	钢卷尺、量角器	长度、角度
湿膜涂层厚度	湿膜厚度梳规	厚度
干膜涂层厚度	涂层测厚仪、标线厚度测量块、塞规	厚度
色度性能	色彩色差计	亮度因数、色品坐标
面撒玻璃珠分布	放大镜	—
光度性能	逆反射标线测量仪	逆反射亮度系数
抗滑性能	摆式仪	抗滑值 BPN

三、道路交通标线的检测方法

目前，对于道路交通标线相关检测方法据主要依以下三个标准：《道路交通标线质量要求和检测方法》(GB/T 16311—2009)、《道路交通标线质量要求和检测方法》(GB/T 16311—2005)和《公路工程质量检验评定标准》(JTG F80/1—2004)。三个标准的检测方法基本相同，综述如下。

1. 外观质量

目测标线的外观。

2. 外形尺寸

用分度值不大于 0.5mm 的钢卷尺测量抽样检测点上的标线所在位置、标线宽度及间断线的实线段长度、纵向间距以及其他标线的尺寸，取其算术平均值。

用测量精度为±0.50 的量角器测量标线的角度，取其算术平均值。

3. 标线厚度

(1)湿膜厚度

在标线施工时，把一块厚度 0.3mm 以上、面积为 300mm×500mm 光亮平整的金属片或厚度 2mm 以上、面积为 300mm×500mm 玻璃片放置在路面将要划制标线的始端或终端处，待划线机划过后，立即将符合《道路交通标线涂层湿膜厚度梳规》(JT/T 675—2007)规定的湿膜厚度梳规垂直插入涂在金属片或玻璃片上的标线湿膜中，稳定地保持 3s，然后垂直提出，观察涂料覆盖湿膜厚度梳规齿格的位置，读出相应数值。在每片涂层的四角距涂层边缘 20mm 处读出四个数(见图 2-4-4)，取其算术平均值。

(2)干膜厚度

标线施工时，先准备好厚度 0.3mm 以上，面积为 300mm×500mm 且光亮平整的金属片，预先测量其厚度，然后将金属片放置在将要划制标线的始端或终端处，待划线机划过后，把已覆盖有标线涂料的金属片取出，过 5～10min 后，用分度值不大于 0.01mm 的游标卡尺测量金属片上四角距涂层边缘 20mm 处四点的厚度(见图 2-4-4)，减去已测量的金属片厚度即为图层厚度，取其算术平均值。

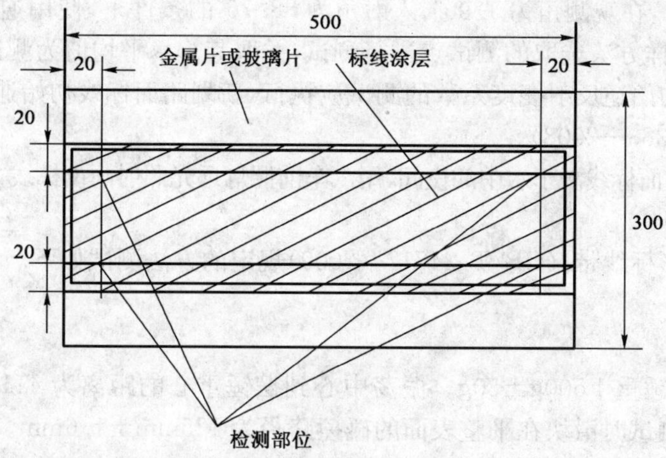

图 2-4-4 标线厚度检测部位图(尺寸单位:mm)

(3)已成形标线的厚度

已成形标线的厚度可按图 2-4-5 所示的方法进行测量，也可使用符合要求的数显卡尺或涂层测厚仪进行测量。

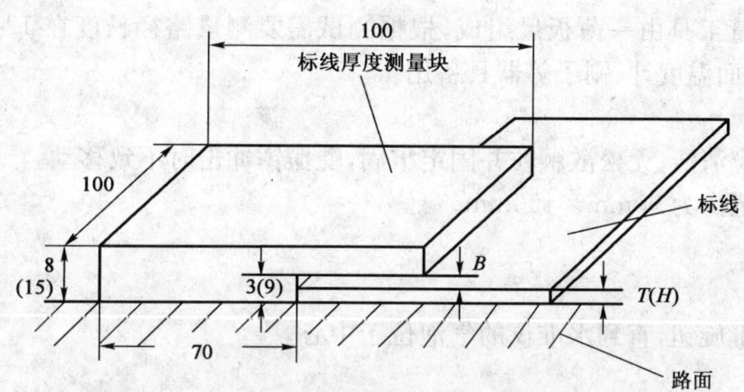

图 2-4-5 已成形标线厚度测量示意图(尺寸单位:mm)

将标线厚度测量块紧靠在标线侧边，用塞尺测量标线厚度测量块槽口与标线之间的间隙 B，则标线的厚度 $T=(3-B)$mm。

测量突起振动标线的突起高度时，按图 2-4-5 中括号内的数据。测量块的厚度为 15mm，测量块的槽口深度为 9mm，标线突起高度 $H=(9-B)$mm。

4. 色度性能

(1)标线的表面色，采用标准照明体 D65、45/0 照明观测条件的测色仪，测取每个抽样检测点的色品坐标和亮度因数，求算术平均值。

(2)反光标线的逆反射色，采用观测角 1.05°、入射角 88.76°的照明观测条件，按《夜间条件下逆反射体色度性能测试方法》(JT/T 692—2007)规定的方法进行测试。

5. 光度性能

(1)正常使用期间，标线逆反射亮度系数的测试应在干燥状态下进行。按照《逆反射体光度性能测试方法》(JT/T 690—2007)或《水平涂层逆反射亮度系数测试方法规定的方法》(JT/T 691—2007),在观测角为1.05°、入射角为88.76°的条件下,使用逆反射测量仪沿行车方向平放在前述抽样方法选取的测试点进行测试,并取其算术平均值为测试结果。

(2)新划标线初始逆反射亮度系数的测试应执行《新划路面标线初始逆反射亮度系数及测试要求》(GB/T 21383—2008)。

(3)在雨夜或路面标线浸于水中的夜间,用汽车前照灯远光照射雨夜标线,目测其逆反射效果。

6. 抗滑值BPN

按《道路预成形标线带》(GB/T 24717—2009)规定的方法测试如下。

(1)仪器

①摆式仪

带有滑块的摆锤重1 500g±30g。振荡中心到摆锤重心的距离为411mm±5mm,仪器可上下调节,以保证测试时滑块在平整表面的碰撞路径为125mm±1.6mm。

②滑块

滑块由铝质支撑盘和固定在其上的橡胶条组成,橡胶条尺寸为6mm×25mm×76mm,橡胶为天然橡胶或人工合成橡胶;新滑块使用前应使用60号砂纸在干燥状态摆动10次,摆动前应做测试校准;滑块边缘的撞击磨损水平方向不应超过3.2mm,垂直方向不应超过1.6mm。

③附件

接触路径度量工具由一薄板尺组成,根据测试需要测量路径长度在124~127mm之间;准备盛水容器、表面温度计、刷子等器具备用。

(2)测试样品

①测试表面应清洁、无松散颗粒并固定牢固,受摆锤冲击时不致移动。

②测试面积至少为90mm×150mm。

(3)仪器准备

①水平调整

仔细调整调平旋钮,直到水准仪的气泡位于中心。

②零点调整

松开锁定旋钮,升高摆锤装置,拧动测试仪器中心部位的一对移动旋钮,使滑块离开测试表面摆动,拧紧锁定旋钮,将摆锤置于自由状态,逆时针旋转拖动指针直到指针靠近摆锤臂调节旋钮,释放摆锤并记录指针读值。如果读值非零,松开锁定环,轻轻旋转支撑轴上的摩擦环然后再锁定。重复试验并调整摩擦环直到摆锤摆动指针值为零。

③滑动长度调整

摆锤悬空,将调整架放在提升手柄的旋钮之下。放低摆锤使滑块边缘正好接触测试表面。锁紧摆锤头,提升手柄,移去调整架。用提升手柄升高滑块,将摆锤移动到稍低于滑块,使摆锤缓慢移动直到滑块边缘接触测试表面。将标尺与摆动方向平行放在滑块边,以调整碰撞路径的滑动长度。用提升手柄升高滑块,将摆锤移开,然后缓慢降低直到滑块边缘再次接触表面。如果滑动长度测试不在124~127mm之间,通过调整调平旋钮升降仪器,再次测量橡胶滑块边缘从轨迹一边到另一边的长度。如有必要,重新调整仪器使其水平。将摆锤放置到自然状态,逆时针旋转拖动指针,直到指针靠在摆锤调整旋钮上。

(4)测试步骤

①用水将测试表面整个浇一遍，进行一次摆动，但不记录数据。应当注意的是，摆锤摆动返回早期应一直抓住摆锤，用手柄升高滑块以阻止滑块和测试表面的碰撞。每次摆动之前指针应返回直到靠住调节旋钮。

②立刻再进行四次摆动，记录测试结果。每次测试重新浇湿测试面，并检查滑动长度。应当注意的是，滑动期间保持滑块与测试表面平行；带有表面花纹的标线带，其抗滑值的测试结果离散较大。该类标线带应在平行于车流方向和与车流成45°的方向分别测试抗滑值，然后取其平均值。

7. 面撒玻璃珠分布

用5倍放大镜观察反光标线面撒玻璃珠是否分布均匀，有无结团、成块现象，与标线涂层的黏结情况是否良好。

第五章

路面标线涂料

第一节　概　述

一、路面标线涂料的分类和特点

目前,每年路面标线涂料的需求量在30万吨左右,产品种类已在最初的溶剂型、加热溶剂型和热熔型路面标线涂料基础上,开发了诸如水性路面标线涂料、双组分路面标线涂料等新品种,这些新品种更加符合资源节约和环境友好的发展方向。

目前路面标线涂料的分类方法加多,大体上包括以下三种分类方法。

1.按涂料的自身属性划分

按涂料自身属性划分,路面标线涂料可分为:溶剂型路面标线涂料、热熔型路面标线涂料、水性路面标线涂料、双组分路面标线涂料四种。《路面标线涂料》(JT/T 280—2004)即按此方法分类,如表2-5-1所示。

路面标线涂料的分类表　　表2-5-1

型　号	规　格	玻璃珠含量和使用方法	状　态
溶剂型	普通型	涂料中不含玻璃珠,施工时也不撒布玻璃珠	液态
	反光型	涂料中不含玻璃珠,施工时涂布涂层后立即将玻璃珠撒布在其表面	
热熔型	普通型	涂料中不含玻璃珠,施工时也不撒布玻璃珠	固态
	反光型	涂料中含18%~25%的玻璃珠,施工时涂布涂层后立即将玻璃珠撒布在其表面	
	突起型	涂料中含18%~25%的玻璃珠,施工时涂布涂层后立即将玻璃珠撒布在其表面	
双组分	普通型	涂料中不含玻璃珠,施工时也不撒布玻璃珠	液态
	反光型	涂料中不含(或含18%~25%)玻璃珠,施工时涂布涂层后立即将玻璃珠撒布在其表面	
	突起型	涂料中含18%~25%的玻璃珠,施工时涂布涂层后立即将玻璃珠撒布在其表面	
水性	普通型	涂料中不含玻璃珠,施工时也不撒布玻璃珠	液态
	反光型	涂料中不含(或含18%~25%)玻璃珠,施工时涂布涂层后立即将玻璃珠撒布在其表面	

(1)溶剂型路面标线涂料

溶剂型路面标线涂料是以有机溶剂为分散介质,按施工温度划分又可分为常温型和加热型两种类型。

常温溶剂型路面标线涂料出现于20世纪30年代,是一种传统的液态标线涂料,含有大量的易挥发溶剂,严重污染环境,使用效果一般,其固体含量多在60%～70%之间,常温条件下采用喷涂方式施工,不黏胎,干燥时间小于15min,形成的涂膜较薄,干膜厚度一般在0.3～0.4mm之间。其主要成膜物质为丙烯酸树脂、醇酸树脂和氯化橡胶等,我国和欧洲普遍采用丙烯酸树脂制备该涂料,美国则多采用醇酸树脂。

加热溶剂型路面标线涂料是对传统的常温溶剂型路面标线涂料的改进,改进的目的在于提高固体含量,以便能形成较厚的涂膜。加热溶剂型路面标线涂料的涂膜固体含量高到85%以上,施工温度在50～80℃之间,由于加热使得涂料的黏度变小、易于喷涂和干燥时间变短,因此,其干膜厚度可达到0.4～0.8mm。由于加热溶剂型路面标线涂料所需施工设备复杂和昂贵等原因,未在我国大量推广使用,在欧美等国使用较多。

(2)热熔型路面标线涂料

20世纪50年代,在美国和欧洲相继出现了热熔型路面标线涂料,热熔型路面标线涂料以其干燥快、成膜厚、具有夜间反光、耐磨性好、耐候性好、使用寿命强等优点,得到广泛使用。

热熔型路面标线涂料常温下呈固体粉末状态,施工时加热至180～220℃,使其熔融后涂敷于路面,3min内冷却凝固成固体附着于路面。热熔型路面标线涂料是以热塑性树脂为主要成膜物质,故也称为热塑涂料(Thermoplastic Marking Materials)。目前,通常使用的热塑性树脂有松香树脂、C5石油树脂和C9石油树脂等。

按使用功能划分,热熔型路面标线涂料包括普通型、反光型和突起型三种。按施工方式划分,包括刮涂型、喷涂型和振荡型三种。

刮涂是热熔型路面标线涂料最常见的施工方式,其施工工艺相对成熟、施工设备相对简单。干膜厚度一般控制在0.7～2.5mm之间。

喷涂是对热熔刮涂方式进行改进的一种施工方式,充分利用了高温熔融状态下热熔型涂料黏度变小,易于喷涂的特性,其施工设备相对复杂。干膜厚度一般控制在0.7～1.2mm之间。

振荡型路面标线使用热熔突起型路面标线涂料,较之热熔反光型路面标线涂料,其配方组成不同,该涂料在熔融状态下具有更好的触变性能,当采用挤出式专用设备施工时,可以在标线表面上形成规则的凸凹形状,具有振动和雨夜反光功能。

(3)双组分路面标线涂料

双组分路面标线涂料是一种化学反应型路面标线涂料。由主剂(A组分)和固化剂(B组分)组成,主剂的成膜物质包括环氧树脂、聚氨酯树脂和MMA型树脂等几种类型,主剂常温下为液态,通过树脂与相配套的固化剂组成双组分涂料。施工时主剂与固化剂按一定比例混合均匀后涂敷于路面,要求混合后的涂料在一定时间内用完,否则固化后无法使用并导致设备堵塞,难于清理。双组分路面标线涂料与其他道路交通标线材料的最本质区别在于其为化学反应固化,而非物理固化。目前,我国和欧洲普遍MMA型树脂制备该涂料,美国则多采用环氧树脂。

双组分路面标线涂料主要采用喷涂和刮涂两种施工方式,不黏胎干燥时间小于35min,干膜厚度一般控制在 0.4～2.5mm 之间。

(4)水性路面标线涂料

水性路面标线涂料是指以水为溶剂,乳液为主要成膜物质,并配之以颜料、填料和助剂等组成。水性路面标线涂料是一种新型的环保涂料,该涂料具有固体含量高、VOC 含量低、对玻璃珠有很好的附着力、反光效果好、涂膜耐磨和抗滑性能好、重涂简单、施工效率高等优点。与水性路面标线涂料相比较,热熔型涂料存在着大量耗能和重涂施工难度大、需要除掉旧线才能施工等不足,而溶剂型涂料存在严重污染环境的问题。有报道显示:美国、瑞典、芬兰、荷兰、德国、西班牙和澳大利亚等发达国家已普遍采用水性路面标线涂料和无溶剂常温双组分标线涂料施划道路标线。目前,水性路面标线涂料的施工成本介于溶剂型涂料和热熔型涂料之间,具有很好的发展前景。

水性路面标线涂料主要采用喷涂方式施工,不黏胎干燥时间小于 15min,干膜厚度一般控制在 0.2～0.5mm 之间。

2. 按涂料的存在形态划分

按涂料的存在形态划分,路面标线涂料可分为固态涂料和液态涂料两大类。

固态材料主要指热熔型路面标线涂料,液态材料包括溶剂型路面标线涂料、水性路面标线涂料和双组分路面标线涂料。

3. 按涂料的使用功能划分

按涂料的使用功能划分,路面标线涂料可分为普通型路面标线涂料、反光型路面标线涂料和突起型路面标线涂料。

普通型路面标线涂料中不含玻璃珠,施工时也不撒布玻璃珠。反光型路面标线涂料中预混或不含玻璃珠,但施工时涂布涂层后立即撒布玻璃珠。

突起型路面标线涂料是在普通热熔型的基础上发展而来,可用作减速、振动、警示、雨线等用途,形式有排骨式、圆点式、雨槽式。目前在高速公路上的减速线、边线,已得到广泛应用。

二、路面标线涂料的作用和一般要求

路面标线涂料作为使用最普遍的道路交通标线材料之一,通过一定的施工方式施划于路面形成标线,起到分隔车道、警示驾驶人员的作用,从而达到减少交通事故的目的。

路面标线涂料性能的好坏不仅影响道路养护、维护成本,也直接影响交通安全。因此,路面标线涂料施工形成道路交通标线后通常应满足以下几方面的性能要求。

1. 标志效果鲜明

路面标线涂料经过施工形成交通标线后,在其使用寿命周期内应保持标志效果鲜明、醒目,这样可以帮助驾驶员自然、平稳行车,对驾驶员和行人起到良好的警示作用。如路面标线涂料形成标线后应具有足够的白度(或黄色度),不易褪、变色,耐沾污性好,易于辨认。

2. 附着力强

路面标线涂料施工后应与路面具有较强的附着力,不脱落,从而保证道路交通标线的完整和清晰,达到良好的视认效果。

3. 耐久性好

耐久性是指涂料持久抵抗气候变化、化学侵蚀、表面磨损、环境污染等破坏过程的能力。

道路交通标线长期暴露于户外，风吹日晒、行车磨损将引起标线失效，标线频繁养护、维护施工通常会引起交通拥挤、甚至堵塞。因此，耐久性好的路面标线涂料会有较长的使用寿命，以减少养护、维护施工次数。标线材料种类、环境条件、车流量等对道路交通标线的使用寿命均有影响。目前实际应用的路面标线涂料的使用寿命从几个月到几年不等。道路交通标线耐久性研究目前正在引起人们的广泛关注。

4.反光效果优异

道路交通标线不仅要求白天清晰、鲜明和醒目，也要求夜间反光效果优异。反光型道路交通标线的使用是夜间行车安全的有效保障因素之一，同时也可以大大提高夜间的行车效率。各国对道路交通标线的反光性能都作了相应的规定，我国的《道路交通标线质量要求和检测方法》(GB/T 16311—2009)中规定白色反光标线的初始逆反射系数应不小于 $150mcd \cdot lx^{-1} \cdot m^{-2}$；黄色反光标线的初始逆反射系数应不小于 $100mcd \cdot lx^{-1} \cdot m^{-2}$。在欧洲，当白色反光标线的初始逆反射系数小于 $100mcd \cdot lx^{-1} \cdot m^{-2}$ 时，标线便视为失效，要求重新施划。我国此方面的养护标准也正在制定之中。

5.施工干燥时间短

这是由道路交通的不间断性所决定的，道路交通标线施工时间越迅速，造成交通堵塞的影响越小。根据道路路面标线涂料种类的不同，其不黏胎干燥时间一般在 3～35min 之间。

6.具备防滑性能

道路交通标线作为路面的组成部分，应该具备一定的防滑性能，我国的《道路交通标线质量要求和检测方法》(GB/T 16311—2009)中规定防滑标线的抗滑摆值应不小于 45BPN。

第二节 技术要求

一、路面标线涂料相关标准

目前，对于路面标线涂料相关技术要求、质量要求和评定标准的依据主要包括《路面标线涂料》(JT/T 280—2004)和《路面标线用玻璃珠》(GB/T 24722—2009)两项标准。本节作重点介绍。

二、术语与定义

1.遮盖力

路面标线涂料所涂覆物体表面不再能透过涂膜而显露出来的能力。

2.遮盖率

路面标线涂料在相同条件下，分别涂覆于亮度因数不超过 5%黑色底板上和亮度因数不低于 80%白色底板上的遮盖力之比。遮盖力用亮度因数来描述，遮盖力与亮度因数成正比。

3.固体含量

涂料在一定温度下加热焙烘后剩余物质量与实验质量的比值，以百分数表示。

4.面撒玻璃珠

涂料在路面划出标线后，播撒在未干的标线涂料表面的玻璃珠。

5.预混玻璃珠

在路面标线涂料划线以前，均匀混合在该涂料中的玻璃珠。

6.镀膜玻璃珠

为改善玻璃珠的性能，在其表面覆盖有特定涂层的玻璃珠。

7.贝克线

在两种不同光程的介质边界上成像的一条明亮线。（此现象通常用来识别两种介质折射率的相对差异。）

三、路面标线涂料相关技术要求

《路面标线涂料》(JT/T 280—2004)中制定了涂料性能、玻璃珠性能、色度性能、反光型路面标线涂料光度性能四方面技术要求。

1.涂料性能

按溶剂型、热熔型、双组分和水性四种涂料类型的不同，分别规定的其涂料性能要求如下：

(1)溶剂型路面标线涂料性能要求

溶剂型路面标线涂料性能要求如表2-5-2所示。

溶剂型路面标线涂料性能要求表 表2-5-2

<table>
<tr><th colspan="2" rowspan="2">项 目</th><th colspan="2">溶 剂 型</th></tr>
<tr><th>普通型</th><th>反光型</th></tr>
<tr><td colspan="2">容器中状态</td><td colspan="2">应无结块、结皮现象，易于搅匀</td></tr>
<tr><td colspan="2">黏度</td><td>≥100(涂4黏度杯，s)</td><td>80～120(KU值)</td></tr>
<tr><td colspan="2">密度(g/cm^3)</td><td>≥1.2</td><td>≥1.3</td></tr>
<tr><td colspan="2">施工性能</td><td colspan="2">空气或无空气喷涂(或刮涂)施工性能良好</td></tr>
<tr><td colspan="2">加热稳定性</td><td>—</td><td>应无结块、结皮现象，易于搅匀，KU值不小于140</td></tr>
<tr><td colspan="2">涂膜外观</td><td colspan="2">干燥后，应无发皱、泛花、起泡、开裂、黏胎等现象，涂膜颜色和外观应与标准板差异不大</td></tr>
<tr><td colspan="2">不黏胎干燥时间(min)</td><td>≤15</td><td>≤10</td></tr>
<tr><td rowspan="2">遮盖率(%)</td><td>白色</td><td colspan="2">≥95</td></tr>
<tr><td>黄色</td><td colspan="2">≥80</td></tr>
<tr><td rowspan="2">色度性能(45°/0°)</td><td>白色</td><td colspan="2" rowspan="2">涂料的色品坐标和亮度因数应符合标准规定的范围</td></tr>
<tr><td>黄色</td></tr>
<tr><td colspan="2">耐磨性(mg)
(200转/1 000g后减重)</td><td colspan="2">≤40(JM-100橡胶砂轮)</td></tr>
<tr><td colspan="2">耐水性</td><td colspan="2">在水中浸24h应无异常现象</td></tr>
<tr><td colspan="2">耐碱性</td><td colspan="2">在氢氧化钙饱和溶液中浸24h应无异常</td></tr>
<tr><td colspan="2">附着性(划圈法)</td><td colspan="2">≤4级</td></tr>
<tr><td colspan="2">柔韧性(mm)</td><td colspan="2">5</td></tr>
<tr><td colspan="2">固体含量(%)</td><td>≥60</td><td>≥65</td></tr>
</table>

(2)热熔型路面标线涂料性能要求

热熔型路面标线涂料性能要求如表 2-5-3 所示。

热熔型路面标线涂料性能要求表　　表 2-5-3

项　目	热　熔　型		
	普通型	反光型	突起型
密度(g/cm³)	1.8～2.3		
软化点(℃)	90～125		≥100
涂膜外观	干燥后,应无皱纹、斑点、起泡、裂纹、脱落、黏胎现象,涂膜的颜色和外观应与标准板差别不大		
不黏胎干燥时间(min)	≤3		
色度性能(45°/0°) 白色	涂料的色品坐标和亮度因数应符合标准规定的范围		
色度性能(45°/0°) 黄色			
抗压强度(MPa)	≥12		23℃±1℃时,≥12 50℃±2℃时,≥2(压下试块高度的 20%)
耐磨性(mg) (200 转/1 000g 后减重)	≤80(JM−100 橡胶砂轮)		—
耐水性	在水中浸 24h 应无异常现象		
耐碱性	在氢氧化钙饱和溶液中浸 24h 无异常现象		
玻璃珠含量(%)	—	18～25	
流动度(s)	35±10		—
涂层低温抗裂性	−10℃保持 4h,室温放置 4h 为一个循环,连续做三个循环后应无裂纹		
加热稳定性	200～220℃在搅拌状态下保持 4h,应无明显泛黄、焦化、结块等现象		
人工加速耐候性	经人工加速耐候性试验后,试板涂层不产生龟裂、剥落;允许轻微粉化和变色,但色品坐标应符合标准规定的范围,亮度因数变化范围应不大于原样板亮度因数的 20%		

(3)双组分路面标线涂料性能要求

双组分路面标线涂料性能要求如表 2-5-4 所示。

双组分路面标线性能涂料要求表　　表 2-5-4

项　目	双　组　分		
	普通型	反光型	突起型
容器中状态	应无结块、结皮现象,易于搅匀		
密度(g/cm³)	1.5～2.0		
施工性能	按生产厂的要求,将 A、B 组分按一定比例混合搅拌均匀后,喷涂、刮涂施工性能良好		
涂膜外观	涂膜固化后应无皱纹、斑点、起泡、裂纹、脱落、粘贴等现象,涂膜颜色与外观应与样板差别不大		
不黏胎干燥时间(min)	≤35		

续上表

项目		双组分		
		普通型	反光型	突起型
色度性能（45°/0°）	白色	涂料的色品坐标和亮度因数应符合标准规定的范围		
	黄色			
耐磨性(mg)（200 转/1 000g 后减重）		≤40(JM-100 橡胶砂轮)		
耐水性		在水中浸 24h 应无异常现象		
耐碱性		在氢氧化钙饱和溶液中浸 24h 应无异常		
附着性(划圈法)		≤4 级(不含玻璃珠)	—	—
柔韧性(mm)		5(不含玻璃珠)	—	—
玻璃珠含量(%)		—	18～25	18～25
人工加速耐候性		经人工加速耐候性试验后，试板涂层不允许产生龟裂、剥落；允许轻微粉化和变色，但色品坐标应符合标准规定的范围，亮度因数变化范围应不大于原样板亮度因数的 20%		

(4)水性路面标线涂料性能要求

水性路面标线涂料性能要求如表 2-5-5 所示。

水性路面标线涂料性能要求表 表 2-5-5

项目		水性	
		普通型	反光型
容器中状态		应无结块、结皮现象，易于搅匀	
黏度		≥70(KU 值)	80～120(KU 值)
密度(g/cm³)		≥1.4	≥1.6
施工性能		空气或无气喷涂(或刮涂)施工性能良好	
漆膜外观		应无发皱、泛花、起泡、开裂、粘贴等现象，涂膜颜色和外观应与样板差异不大	
不黏胎干燥时间(min)		≤15	≤10
遮盖率(%)	白色	≥95	
	黄色	≥80	
色度性能（45°/0°）	白色	涂料的色品坐标和亮度因数应符合标准规定的范围	
	黄色		
耐磨性(mg)（200 转/1 000g 后减重）		≤40(JM-100 橡胶砂轮)	
耐水性		在水中浸 24h 应无异常现象	
耐碱性		在氢氧化钙饱和溶液中浸 24h 应无异常	
冻融稳定性		在−5℃±2℃条件下放置 18h 后，立即置于 23℃±2℃条件下放置 6h 为一个周期，3 个周期后，应无结块、结皮现象，易于搅匀	
早期耐水性		在温度为 23℃±2℃、湿度为 90%±3%的条件下，实干时间≤120min	
附着性(划圈法)		≤5 级	—
固体含量(%)		≥70	≥75

2. 玻璃珠性能

(1)玻璃珠产品的分类和用途

按《路面标线用玻璃珠》(GB/T 24722—2009)中的规定如下：

①根据玻璃珠与路面标线涂料的结合方式不同，玻璃珠可分为面撒玻璃珠和预混玻璃珠两种。

②根据玻璃珠的折射率不同，将玻璃珠可分为低折射率玻璃珠、中折射率玻璃珠、高折射率玻璃珠三种，其折射率(RI)依次分别为 1.50≤RI<1.70、1.70≤RI<1.90、RI≥1.90。

③根据玻璃珠表面处理与否，将玻璃珠可分为镀膜玻璃珠和普通玻璃珠。

④路面标线用玻璃珠根据粒径分布不同，可分为 1 号、2 号、3 号三个型号，其粒径分布见表 2-5-6，并规定了产品用途，1 号玻璃珠宜用作热熔型、双组分、水性路面标线涂料的面撒玻璃珠；2 号玻璃珠宜用作热熔型、双组分、水性路面标线涂料的预混玻璃珠；3 号玻璃珠宜用作溶剂型路面标线涂料的面撒玻璃珠。

玻璃珠的粒径分布表　　表 2-5-6

型　　号	玻璃珠粒径 S,(μm)	玻璃珠质量百分比(%)
1 号	S>850	0
	600<S≤850	15~30
	300<S≤600	30~75
	106<S≤300	10~40
	S≤106	0~5
2 号	S>600	0
	300<S≤600	50~90
	150<S≤300	5~50
	S≤150	0~5
3 号	S>212	0
	S≤90	0~4

(2)玻璃珠技术要求

《路面标线用玻璃珠》(GB/T 24722—2009)中制定了外观要求、粒径分布、成圆率、密度、折射率、耐水性、磁性颗粒含量和防水涂层要求八方面技术要求。

①外观要求

玻璃珠应为无色松散球状，清洁无明显杂物。在显微镜或投影仪下，玻璃珠应为无色透明的球体，光洁圆整，玻璃珠内无明显气泡或杂质。

②粒径分布

玻璃珠粒径分布应符合表 2-5-6 的规定。

③成圆率

有缺陷的玻璃珠如椭圆形珠、不圆的颗粒、失透的珠、熔融黏连的珠、有气泡的玻璃珠和杂质等的质量应小于玻璃珠总质量的 20%，即玻璃珠成圆率不小于 80%，其中粒径在 850~600μm 范围内玻璃珠的成圆率不应小于 70%。

④密度

玻璃珠的密度应在 2.4～4.3g/cm³ 的范围内。

⑤折射率

玻璃珠的折射率应符合前述低折射率玻璃珠、中折射率玻璃珠、高折射率玻璃珠的规定。

⑥耐水性

在沸腾的水浴中加热后，玻璃珠表面不应呈现发雾现象；对 1 号和 2 号玻璃珠，中和所用 0.01mol/L 盐酸应在 10mL 以下；对 3 号玻璃珠，中和所用 0.01mol/L 盐酸应在 15mL 以下。

⑦磁性颗粒含量

玻璃珠中磁性颗粒的含量不得大于 0.1%。

⑧防水涂层要求

所有玻璃珠应通过漏斗而无停滞现象。

第三节　路面标线涂料的成分构成和生产工艺

一、路面标线涂料的原材料成分

路面标线涂料是道路交通标线施划过程中使用量最大的材料，尽管其产品种类包括热熔型、溶剂型、水性和双组分四大类，但其原材料构成均主要包括：成膜物、颜料、填料、助剂以及分散介质等成分；反光型路面标线涂料的成分还包括一定比例的预混或面撒玻璃珠成分。

1.成膜物

成膜物也称为树脂。它将涂料中各组分黏结在一起形成整体均一的涂层或涂膜，同时要求其对底材或底涂层发挥润湿、渗透和相互作用而产生必要的附着力。因此成膜物是涂料的最基本，也是最重要的成分。

就路面标线涂料而言，其主要成膜物质种类包括：石油树脂、松香树脂、醇酸树脂、改性醇酸树脂、环氧树脂、丙烯酸树脂、聚氨酯树脂、聚酯树脂和酯胶树脂等。热熔型路面标线涂料经常使用的成膜物——石油树脂颗粒的实物照片如图 2-5-1 所示。

图 2-5-1　石油树脂颗粒照片图

2.颜料

颜料是一种有色的细颗粒粉状物质，一般不溶于水、油、溶剂和树脂等介质中，但能分散在这些介质中。颜料赋予涂层色彩、遮盖力、着色力，增加机械强度，具有耐介质、耐光、耐候和耐热等性能，常用于配制涂料、油墨以及着色塑料和橡胶，因此又可称是着色剂、着色颜料。颜料从化学组成来分，可分为无机颜料和有机颜料两大类，有机颜料的着色力、鲜艳度及装饰效果优于无机颜料，但其耐候、耐热和耐光性等不如无机颜料。路面标线涂料所涉及的主要有白色、黄色、橙色、蓝色和红色颜料，各种颜料性能特点简要介绍如下。

(1)钛白粉

钛白粉化学式 TiO_2，又称二氧化钛。它是白色颜料中性能最好的颜料，白度高，具有高着色力和遮盖力，耐热、不溶于水和弱酸、微溶于碱，对大气中的氧、硫化氢、氨等稳定。实际应用的钛白粉主要有锐钛型和金红石型两种类型。金红石型钛白粉的遮盖力比锐钛型的高约30%。此外，钛白粉的粒子大小也直接影响其遮盖力。

(2)立德粉

立德粉的化学式为 $ZnS \cdot BaSO_4$，又名锌钡白，立德粉为其商品名。由硫化钡与硫酸锌起复分解经煅烧制得。立德粉是硫化锌与硫酸钡的混合白色颜料，遮盖力比锌白强，但次于钛白。与硫化氢和碱溶液不起作用，遇酸溶液分解而产生硫化氢气体。日光长久暴晒变色，但放在暗处仍能恢复原色。立德粉多用于室内用涂料，在路面标线涂料中常与钛白粉一起使用。

(3)氧化锌

氧化锌又称锌白，化学式为 ZnO，白色六角晶体或粉末，是一种两性氧化物，溶于酸、碱、氯化铵和氨水，不溶于水、乙醇、苯、200 号溶剂，其遮盖力和着色力均低于立德粉和钛白粉，但具有耐光、耐热、耐候和不粉化的优点。常用于涂料、橡胶、陶瓷、医药、印染、磁性材料、电子、造纸等领域，适用于室外用涂料，用量大时，会引起涂料储存不稳定和涂刷困难；不能用于氯化橡胶作为成膜物的路面标线涂料。纳米氧化锌与其他纳米材料配合用于水性涂料中，可使涂层具有屏蔽紫外线、吸收红外线及抗菌防霉的作用，同时还具有增稠作用，以利于颜料分散的稳定性，不会出现浮色现象，广泛用作水性涂料涂敷于道路和建筑物上。

(4)铬黄

铬黄是一种主要成分为铬酸铅的黄色颜料，色泽鲜艳、着色力高、遮盖力好，不溶于水和油，易溶于无机酸和强碱溶液，广泛用于涂料、油墨、漆布、塑料和文教用品等工业。铬黄按组成成分和颜色深浅划分，可分为柠檬黄、淡铬黄、中铬黄、深铬黄和桔铬黄等五种。其化学通式可表示为 $PbCrO_4 \cdot xPbSO_4$，柠檬黄、淡铬黄为 $PbCrO_4$ 和 $PbSO_4$ 的混合晶体，中铬黄即 $PbCrO_4$，深铬黄和桔铬黄为碱式 $PbCrO_4$。

铬黄是黄色颜料中遮盖力和着色力较好的品种，在空气中不粉化，缺点是耐光性较差，受光和硫化物作用时颜色变暗，而且有毒性，不能与立德粉及群青共用。

(5)镉黄

镉黄化学式为 CdS，纯镉黄的化学组成为硫化镉或硫化镉与硫化锌的固溶体。镉黄的颜色鲜艳而饱满(饱满度可达 80%～90%)，其色谱范围可从淡黄，经正黄直至红光黄。工业生产的镉黄有浅黄(樱草黄)，亮黄(柠檬黄)，正黄(中黄)，深黄(金黄)和橘黄等几种。镉黄几乎适用于所有树脂的着色，近年来在热熔型路面标线涂料中得到了较好的应用。

(6)锶镉黄

锶镉黄化学式为 $SrCrO_4$，由硝酸锶与铬酸钠溶液反应生成沉淀而制得。色泽艳丽，耐光、耐热性好，能耐 400°高温。但遮盖力和着色力均较低，微溶于水，溶于无机酸，遇碱分解。主要用于配制轻金属的防护底漆，也可用于塑料着色，价格较贵。由于其耐光、耐热性好也常用于热熔型路面标线涂料。

(7)氧化铁黄

氧化铁黄化学式为 $Fe_2O_3 \cdot xH_2O$，采用硫酸亚铁氧化法和芳香硝基物氧化法制得的柠檬黄至褐色粉末。粉粒细腻，是晶体的氧化铁水合物。不溶于水、醇，溶于酸。颜色从柠檬黄到橙黄都有。着色力几乎与铅铬黄相等。耐光、耐大气影响、耐污浊气体以及耐碱性都非常强。耐酸性较差特别是能被浓热的强酸溶解。加热时脱水变色，逐渐形成氧化铁红。氧化铁黄广泛用于油漆，建筑涂料，油彩，水彩，橡胶制品，人造大理石等的着色。

(8)钼镉红

钼镉红是一种含钼酸铅和铬酸铅，硫酸铅的无机颜料，有橘红色至红色的各类品种。它的颜色鲜明，着色力高于橘铬黄，遮盖力及各种主要耐性指标均优良。钼镉红的颗粒直径为0.1～1.0μm，遮盖力强，耐水性和耐溶剂性优良，但耐酸、耐碱性一般。钼镉红是无机红色颜料。广泛的应用于塑料，涂料，油墨等着色，但钼镉红在实际应用中反应有类似铅镉黄的种种缺点，如晶型易变化，使色泽要改变，耐光性和耐候性也不十分理想，目前经过改进的制品，其耐光、耐候性等指标均已大有提高。

(9)镉红

镉红为红色粉末，学名硒硫化镉，为硫化镉与硒化镉的固溶体。颜色饱满而鲜明，色光随硒化镉含量而定，硒化镉含量越高，颜色的红色色光越强。有橙红色，纯红色，暗红色。镉红几乎适用于所有树脂和塑料。

(10)钴蓝

钴蓝的主要成分为铝酸钴。将氧化钴、磷酸钴等与氢氧化铝或氧化铝混合煅烧而制得。蓝为浅蓝色或深蓝色粉末，平均粒径为0.2～1μm。它具有优良的耐热性、耐光性和耐化学品性，耐酸，耐碱，耐油性好，具有良好的分散性能，无毒。钴蓝的着色力较低，价格较高。

(11)群青

群青的化学式为$Na_6Al_4Si_6S_4O_{20}$，也称云青、洋蓝。它是硅酸铝的含硫复合物，为无毒无机颜料，蓝色粉末，色调艳丽清新，非其他蓝色颜料能比拟。不溶于水，具有消除及降低白色涂料或其他白色材料中含有的黄色色光的效能。但着色力和遮盖力较低，抗腐蚀性较差。耐碱，耐高温，在大气中对日晒及风雨极其稳定，有较好的亲水性，但不耐酸，遇酸分解变色。群青是无机蓝色颜料，可用于涂料工业制造色漆，使白度更加鲜明。亦可用于塑料，橡胶，造纸等行业。

3. 填料

填料也称体质颜料，大部分是天然产品和工业上的副产品，其价格相对便宜。在路面标线涂料中填料占较大重量比，如热熔型路面标线涂料中填料占涂料总重量的50%～60%，溶剂型路面标线涂料中填料占涂料总重量的30%～40%。体质颜料和前述的着色颜料不同，在颜色、着色力、遮盖力等方面和着色颜料不能相比，但在涂料中应用可以改善涂料的某些性能或消除涂料的某些弊病，并可以降低涂料成本。

习惯上，体质颜料称作填料。但实际上不是所有体质填料都等同于填料，因为体质填料除增加涂料体系的PVC(颜料体积浓度)值外，还可改善涂料的施工性能，提高颜料的悬浮性和防止流挂的性能，又能提高涂膜的耐水性、耐磨性和耐温性等。因此在涂料中应用填料已从单纯降低涂料成本的目的转向其他功能，这也是涂料科研工作的发展趋势和方向，应开发出性能优异、价格低廉的新型填料，满足涂料行业的高速发展的需要。常用的填料有重质碳酸钙、轻质碳酸钙、硫酸钡、滑石粉、石英粉、硅灰石、高岭土等。

4. 助剂

涂料的基本组成包括：成膜物、颜料、填料、助剂和分散介质(溶剂)；其中助剂作为涂料的辅助材料，用量极少，但对涂料的性能有极大的影响，不同种类的助剂分别在涂料生产、储存、施工和成膜等不同阶段发挥作用，现已成为涂料不可缺少的组成部分。对各种典型的涂料助剂有：①防沉剂；②润湿剂；③分散剂；④消泡剂；⑤催干剂；⑥流平剂；⑦增塑剂；⑧杀菌防腐剂；⑨紫外线吸收剂；⑩防结皮剂。

5.分散介质

分散介质是能够稀释或溶解成膜树脂，改善涂料体系和涂膜性能的挥发性液体。分散介质的作用是确保涂料体系的稳定性、流变性，同时在施工和成膜过程中起着重要作用。

6.玻璃珠

反光型道路交通标线的反光性能是通过反光介质对光线的逆反射来实现的。反光型道路交通标线材料最常用的反光介质即玻璃珠，路面标线涂料用玻璃珠根据不同的使用情况，可分为面撒玻璃珠和预混玻璃珠两种。面撒玻璃珠是指涂料在路面画出标线后，播撒在未干的标线涂料表面的玻璃珠；预混玻璃珠是指在路面标线涂料划线以前，均匀混合在该涂料中的玻璃珠。玻璃珠应使用钠钙硅酸盐玻璃制造，不应夹杂含铅或含其他重金属元素的特种玻璃。

玻璃珠在标线或涂料中的应用目的在于为标线提供反光或持续反光效果，这就要求玻璃珠本身要具有透明度好、成圆率高、折射率高的特性。此外，玻璃珠的施工方式、撒布量、嵌入标线表面程度、不同粒径玻璃珠的粒径级配、玻璃珠表面处理方式等也对其反光效果有很大影响。

二、路面标线涂料的成膜机理

路面标线涂料施划于道路表面形成交通标线，也即由固态粉末涂料或液态水性、溶剂涂料通过物理或化学交联转变成固态涂膜的过程，称之为成膜过程。

不同品种的路面标线涂料的成膜过程不同，其成膜机理也不尽相同。现简要介绍如下：

热熔型路面标线涂料常温下呈固体粉末状态，施工时加热至180～220℃，才能使成膜树脂颗粒熔合，树脂分子间相互交错缠绕进而冷却形成连续完整的涂膜。热熔型路面标线涂料的成膜过程是一种物理变化，并没有发生化学交联。热熔型路面标线涂料涂膜性能的质量好坏取决于涂料中成膜树脂的种类和含量、施工方式、熔融温度、涂料配方是否合理、施工环境条件等。

溶剂型路面标线涂料的成膜过程是通过涂料中的溶剂挥发来实现的。溶剂型路面标线涂料的成膜物主要有丙烯酸树脂、醇酸树脂、酯胶树脂、氯化橡胶等，该类涂料的树脂完全溶解在溶剂中形成溶液，高分子树脂分子在溶液中几乎完全伸展，在涂装过程中，随着溶剂的挥发，聚合物浓度不断增大，高分子链间交错缠绕加大，通过分子间的相互作用最终形成连续完整、致密的涂膜。

水性路面标线涂料的成膜过程与溶剂型路面标线涂料的成膜过程相似，是通过是涂料中的溶剂(水)挥发来实现的。但其成膜机理却完全不同，水性路面标线涂料的成膜物乳液粒子在分散介质水挥发后相互接近、挤压变形等过程聚集起来，最终由乳液颗粒状态的聚集体转变成分子状态的凝聚物而形成连续平整的涂膜。热熔型路面标线涂料、溶剂型路面标线涂料和水性路面标线涂料的成膜过程发生的都是物理变化，也称非转变型成膜过程。

双组分路面标线涂料的成膜过程是一种化学变化过程，也称转变型成膜过程。其成膜机理是成膜物——分子量较低的树脂与固化剂发生化学反应，通过缩合、加聚等方式交联成网状大分子结构。

三、路面标线涂料的成分构成和生产工艺

1. 热熔型路面标线涂料的成分构成和生产工艺

热熔反光型和热熔突起型路面标线涂料的原料成分和构成比例如图 2-5-2 所示；热熔普通型路面标线涂料中不含玻璃珠，图 2-5-2 中 18%～25%的玻璃珠可由填料替代。

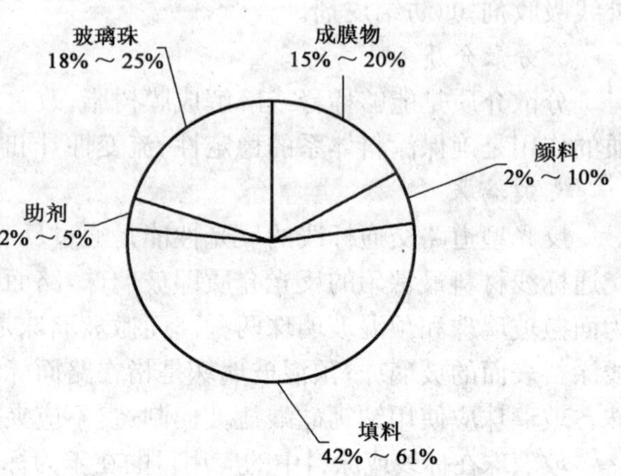

图 2-5-2 热熔反光型和热熔突起型路面标线涂料的成分构成图

上述三种反光型、普通型、突起型热熔涂料，在原材料选择和成分构成有所不同，但在生产工艺上基本相同，其生产工艺如图 2-5-3 所示。

热熔型路面标线涂料的生产工艺主要包括以上生产工序，其中原材料和成品检验工序是生产厂家控制其产品质量的必要手段，应引起足够重视。

热熔型路面标线涂料作为一种固体粉末涂料，尽管仅是一种原材料按比例经过简单机械设备混合均匀后的固体混合物，但其产品配方和原材料投料顺序会很大程度上决定其产品品质。热熔型路面标线涂料的生产设备主要是干粉混合机，分为立式和卧式两种设备形式，设备由送料装置、搅拌器、助剂喷淋装置、物料进出口、机体外壳、接料斗等构件组成。

2. 溶剂型路面标线涂料的成分构成和生产工艺

溶剂普通型和反光型路面标线涂料的原料成分和构成比例如图 2-5-4 所示。溶剂反光型路面标线涂料中一般不内混玻璃珠，通过涂料施工时面撒玻璃珠实现反光效果。

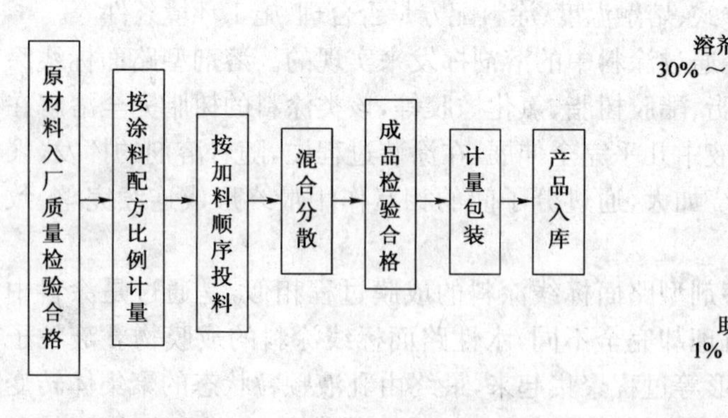

图 2-5-3 热熔型路面标线涂料生产工艺图

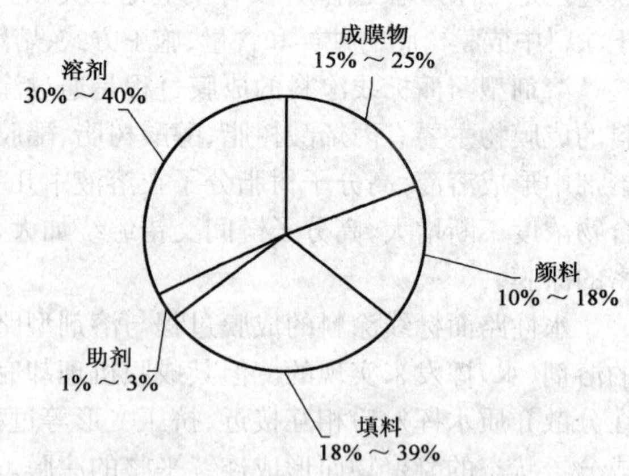

图 2-5-4 溶剂型路面标线涂料的成分构成图

溶剂型路面标线涂料的生产工艺如图 2-5-5 所示。

溶剂型路面标线涂料的生产工艺主要包括以上生产工序。溶剂型路面标线涂料作为一种

液态涂料，成膜物质多为丙烯酸树脂，分散介质为有机溶剂，一般由 10～20 多种原料成分构成。较之热熔型产品，其原材料成分种类和生产工艺相对复杂。混合分散生产工序是将液态树脂类成膜物、颜料、填料、溶剂等通过高速分散机搅拌混合、分散均匀的过程。砂磨生产工序是涂料溶液中的颜、填料进一步磨细和混合分散均匀的过程，通常使用的设备有立式砂磨机、卧式砂磨机和三辊研磨机等。过滤工序是为了保证涂料细度达到规定的要求，对涂料中粗颗粒进行过滤分离的过程，一般采用在砂磨机出口外挂一定目数滤网的方法实现。调漆生产工序将进行调色和黏度等涂料性能的调节，通过高速分散机来实现。

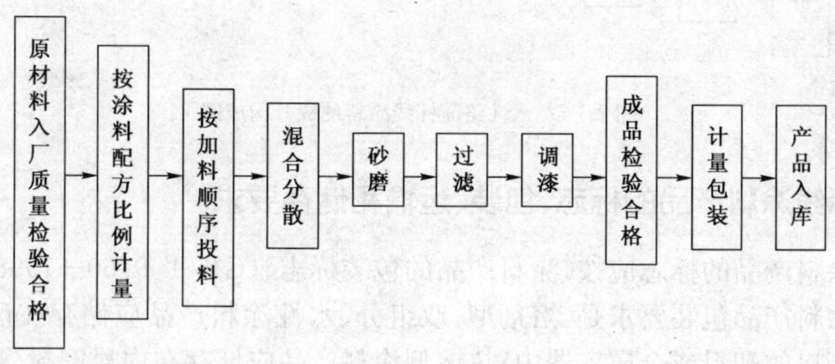

图 2-5-5　溶剂型路面标线涂料生产工艺图

溶剂路面标线涂料的生产过程中挥发性溶剂有易燃性，生产车间电机、开关等电气设备应安装防爆装置，同时，应对操作人员进行防火安全培训工作。此外长期使用溶剂将危害操作人员身体健康，应采取相应的劳动防护措施。

3. 水性和双组分路面标线涂料的成分构成和生产工艺

水性路面标线涂料的原料成分和构成比例如图 2-5-6 所示。

水性路面标线涂料的生产工艺如图 2-5-7 所示。

水性路面标线涂料也是一种液态涂料，成膜物质多为乳液，分散介质为水，一般由 10～20 多种原料成分构成。水性路面标线涂料的生产设备主要是高速分散机，其生产工艺流程与溶剂型相似，一般不进行砂磨工序。在进行投料工序操作时，与溶剂型涂料有较大区别，主要是防止乳液破乳。

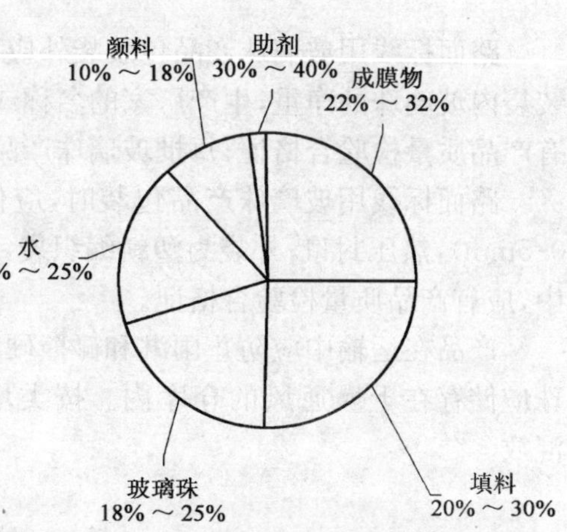

图 2-5-6　水性路面标线涂料的成分构成图

双组分路面标线涂料的成分构成与其选择的树脂类型和固化体系有很大关系，一般国内外通常使用的树脂包括丙烯酸、聚氨酯和环氧树脂三大类，采用每种树脂制备主剂（A 组分）的各成分构成比例均有区别，但其主剂生产工艺基本相同，与溶剂型和水性涂料相似。同时，由于树脂类型不同，配套固化剂（B 组分）的类型和配比有较大区别。主剂为液态，固化剂有液态和固态两种。由于篇幅所限，不做详细阐述。

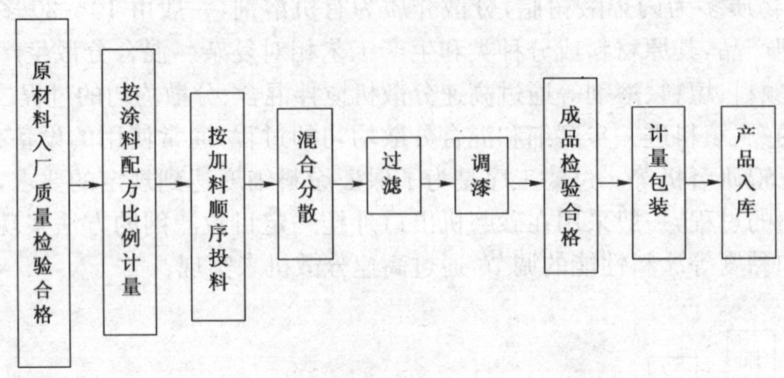

图 2-5-7 水性路面标线涂料的成分构成图

四、路面标线涂料产品的标志、包装、运输和储存要求

路面标线涂料产品的标志应按《涂料产品的包装标志》(GB/T 9750—1998)进行。

路面标线涂料产品包装要求是:溶剂型、双组分、水性涂料产品应储存在清洁、干燥、施工方便的带盖大开口的塑料或金属容器中;热熔型涂料产品应储存在内衬密封、塑料袋外加编织袋的双层包装袋中,袋口封闭要严密。

产品在运输中应防止雨淋、日光暴晒,并符合运输部门的有关规定。产品储存时,应保持通风、干燥、防止日光直接照射,并应隔绝火源,夏季温度过高时应设法降温,水性涂料产品存放时温度不得低于 0℃;产品应标明储存期,超过储存期按本标准规定项目进行检验,如结果符合要求仍可使用。

五、路面标线用玻璃珠产品的标识、包装、运输和储存要求

路面标线用玻璃珠产品包装袋外应有清晰、耐久的标志,其内容包括:产品名称和类别,包装袋内玻璃珠的净重,生产厂家的名称或注册商标,生产年、月或批号;每袋玻璃珠包装中,应有产品质量检验合格证;每批玻璃珠产品,厂方应提供使用说明。

路面标线用玻璃珠产品包装时,应使用双层口袋包装,内袋为聚乙烯薄膜(厚度不小于 0.5mm),热压封口;外袋为塑料编织袋,以防散漏和受潮。每袋净重 25kg±0.2kg。每袋包装中,应有产品质量检验合格证。

产品在运输中应防止雨淋和碰撞硬物,以免玻璃珠受潮或包装袋破损。路面标线用玻璃珠应储存在干燥通风的仓库内。按类堆码,严禁与强酸、强碱等对玻璃有腐蚀作用的物品混放。

第四节 检 测 方 法

一、路面标线涂料的检测设备

路面标线涂料检测项目及所用仪器设备如表 2-5-7 所示。

路面标线涂料检测项目及所用仪器设备表　　表 2-5-7

检测项目	所用仪器设备	测量参数
容器中状态	调刀	—
黏度	涂-4 杯、斯托默黏度计	黏度
密度	金属比重瓶、天平、游标卡尺	密度、质量、长度
施工性能和涂膜外观	湿膜涂布器	—
热稳定性	电热鼓风干燥箱、斯托默黏度计	温度、黏度
不黏胎干燥时间	不黏胎时间测定仪、电子秒表	时间
遮盖率	色彩色差计	亮度因数、色品坐标
色度性能	色彩色差计	亮度因数、色品坐标
耐磨性	漆膜磨耗仪	质量
耐水性	量杯、烧杯、电子秒表	时间
耐碱性	量杯、烧杯、电子秒表	时间
附着性	漆膜附着力测定器	—
柔韧性	漆膜柔韧性测定仪	—
固体含量	天平、电热鼓风干燥箱	质量、温度
冻融稳定性	高低温湿热试验箱、秒表	温度、时间
早期耐水性	高低温湿热试验箱、秒表	温度、湿度、时间
软化点	软化点测定仪、温度计	温度
热熔状态	电炉	温度
抗压强度	万能材料试验机	力、长度
玻璃珠含量	天平、电热鼓风干燥箱、恒温水浴箱	质量、温度
流动度	流动度测定杯	温度、时间
涂层低温抗裂性	高低温湿热试验箱、秒表	温度、时间
涂层耐候性	人工加速老化试验箱	辐照度、温度

二、路面标线涂料检测方法

1. 试样状态调节和试验的温湿度

按《涂料试样状态调节和试验的温湿度》(GB/T 9278—2008)中的标准环境条件规定，路面标线涂料的试样状态调节和试验的温湿度为温度 23℃±2℃，相对湿度 50%±5%。

2. 取样

按《色漆、清漆和色漆与清漆用原材料　取样》(GB/T 3186—2006)中的规定进行取样，液态样品混合均匀后取样，为减少溶剂挥发或产生交联反应，操作应尽快进行；固态样品混合均匀后按四分法取样。取两份试样，一份密封储存备查，另一份用于试验。

3. 溶剂型、双组分、水性路面标线涂料试验方法

(1)容器中状态

按《色漆、清漆和色漆与清漆用原材料　取样》(GB/T 3186—2006)用调刀检查有无结

皮、结块，是否易于搅匀。

(2)黏度

按《涂料黏度测定法 斯托默黏度计法》(GB/T 9269—2009)进行。其中溶剂普通型路面标线涂料的黏度按《涂料粘度测定法》(GB/T 1723—1993)涂-4黏度计法进行。

(3)密度

按《色漆和清漆 密度的测定 比重瓶法》(GB/T 6750—2007)使用金属比重瓶(质量/体积杯)进行测定。

(4)施工性能与涂膜制备

按《色漆、清漆和色漆与清漆用原材料 取样》(GB/T 3186—2006)取样后，按《漆膜一般制备方法》(GB/T 1727—1992)制备涂膜，可分别用喷涂、刮涂等方法在水泥石棉板上进行涂布，考查其施工性能。

(5)热稳定性

按《涂料黏度测定法 斯托默黏度计法》(GB/T 9269—2009)测定样品的黏度。取400mL已测黏度的样品放在加盖的小铁桶内，然后将铁桶放置在烘箱内升温至60℃，在60℃±2℃条件下恒温3h，然后取出，放置冷却至25℃，并按《涂料黏度测定法 斯托默黏度计法》(GB/T 9269—2009)重新测其黏度。

(6)涂膜外观

用300μm的漆膜涂布器将试料涂布于水泥石棉板上，制成约50mm×100mm的涂膜，然后放置24h，在自然光下观察涂膜是否有皱纹、泛花、起泡、开裂现象，用手指试验有无黏着性。并与同样处理的标准样板比较，涂膜的颜色和外观差异不大。

(7)不粘胎干燥时间

不粘胎时间测定仪见图2-5-8。轮子外边装有合成橡胶的平滑轮胎，轮的中心有轴，其两端为手柄，仪器总质量为15.8kg±0.2kg，该轮为两侧均质。

用300μm的涂膜涂布器将试料涂布于水泥石棉板(200mm×150mm×5mm)上，涂成与水泥石棉板的短边平行，在长边中心处成一条80mm宽的带状涂膜，见图2-5-9。涂后，立刻按下秒表，普通型10min时开始测试，反光型5min时开始测试；

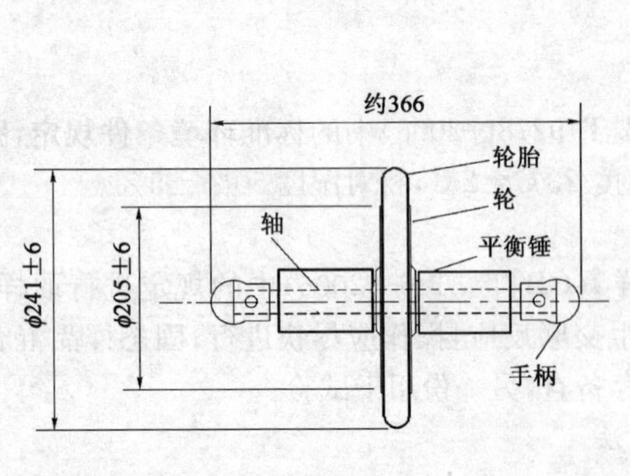

图2-5-8 不粘胎时间测定仪图(尺寸单位:mm)

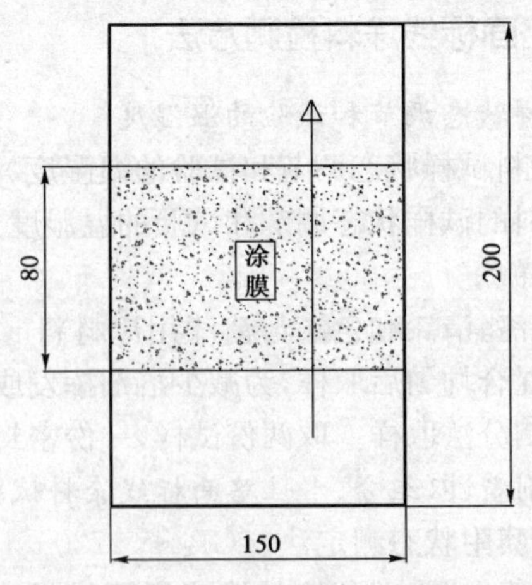

图2-5-9 测定仪滚动方向图(尺寸单位:mm)

把测定仪自试板的短边一端中心处向另一端滚动 1s，立刻用肉眼观察测定仪的轮胎有无黏试料，若有黏试料，立刻用丙酮或甲乙酮湿润过的棉布擦净轮胎，此后每 30s 重复一次试验，直至轮胎不黏试料时，停止秒表记时，该时间即为该试样的“不黏胎时间”。滚动仪器时，应两手轻轻持柄，避免仪器自重以外的任何力加于涂膜上。滚动方向如图 2-5-9 所示。

(8)遮盖率

将原样品用 300μm 的漆膜涂布器涂布在遮盖率测试纸上，沿长边方向在中央涂约 80mm×200mm 的涂膜，并使涂面与遮盖率测试纸的白面和黑面呈直角相交，相交处在遮盖率测试纸的中间，涂面向上放置 24h，然后在涂面上任意取三点用 D65 光源 45°/0°色度计测定遮盖率测试纸白面上和黑面上涂膜的亮度因数，取其平均值。按式(2-5-1)计算其遮盖率：

$$X = \frac{B}{C} \tag{2-5-1}$$

式中：X——遮盖率(反射对比率)；

B——黑面上涂膜亮度因数平均值；

C——白面上涂膜亮度因数平均值。

(9)色度性能

用 300μm 的涂膜涂布器将试料涂布于水泥石棉板(200mm×150mm×5mm)上，涂成与水泥石棉板的短边平行，在长边中心处成一条 80mm 宽的带状涂膜，见图 2-5-9。涂面向上放置 24h 后，在涂面上任取三点，用 D65 光源 45°/0°色度计测定其色品坐标和亮度因数。

(10)耐磨性

按《色漆和清漆　耐磨性的测定　旋转橡胶砂轮法》(GB/T 1768—2006)进行。以直径 100mm、厚 3mm、中心开有 9mm 孔径的玻璃板为底板，将涂料刷涂或喷涂于清洁干燥的底板上，涂布的第一道漆膜干燥 2h 后，刷涂或喷涂第二道涂膜，最后一道涂膜涂布后，干燥 24h 进行耐磨性能测试。使用漆膜耐磨仪，载重 1 000g，橡胶砂轮转数达到 200 转后，测试试板的磨损量。

(11)耐水性

用 300μm 的漆膜涂布器将试料涂布于水泥石棉板上，制成约 50mm×100mm 的涂膜，然后放置 24h。试板用不封边的水泥石棉板，试验按《漆膜耐水性测定法》(GB/T 1733—1993)进行。在玻璃水槽中加入蒸馏水或去离子水，在 23℃±2℃条件下，将试板面积的 2/3 浸泡于温度 23℃±2℃的水中 24h 后，观察其有无异常现象。

(12)耐碱性

用 300μm 的漆膜涂布器将试料涂布于水泥石棉板上，制成约 50mm×100mm 的涂膜，然后放置 24h。试板用不封边的水泥石棉板，试验按《建筑涂料　涂层耐碱性的测定》(GB/T 9265—2009)进行。在 23℃±2℃条件下，将试板面积的 2/3 浸泡于的氢氧化钙饱和溶液中 24h 后，观察其有无异常现象。氢氧化钙饱和溶液的配制方法是在 23℃±2℃条件下，以 100mL 蒸馏水中加入 0.12g 氢氧化钙的比例配制碱溶液并进行充分搅拌，该溶液的 pH 值应达到 12～13。

(13)附着性

按《漆膜附着力测定法》(GB/T 1720—1979(1989))进行。在漆膜附着力测定仪上进行圆滚线划痕，按圆滚线划痕范围内的漆膜完整程度评定，以级表示。

(14)柔韧性

按《漆膜柔韧性测定法》(GB/T 1731—1993)进行。使用柔韧性测定器测定漆膜的柔韧性,首先在马口铁板上制备漆膜得到试板,然后将试板在不同直径的轴棒上弯曲,以不引起涂膜破坏的最小轴棒直径表示漆膜的柔韧性。

(15)固体含量

按《色漆、清漆和塑料　不挥发物含量的测定》(GB/T 1725—2007)进行。取约 2~5g 试样,置于已称重的培养皿中,使试样均匀地流布于容器的底部,按 GB/T 1725—2007 中规定的各种漆类焙烘温度,将盛有试样的表面皿放入已调节到规定温度的鼓风恒温烘箱内,焙烘一段时间后,取出放入干燥器中冷却至室温后,称重,然后再放入烘箱内焙烘 30min,取出放入干燥器中冷却至室温后,称重,至前后两次称重的质量差不大于 0.01g 为止,然后计算试样固体含量。

(16)冻融稳定性

分别取 400mL 样品放在三个加盖的小铁桶内,在 −5℃±2℃条件下放置 18h 后,立即置于 23℃±2℃条件下放置 6h 为一个周期;经连续三个周期后,取出试样经搅匀后应无分层、无结块,施工性能良好。

(17)早期耐水性

用 300μm 的漆膜涂布器将试料涂布于水泥石棉板上,制成约 50mm×100mm 的涂膜;将制好的试板立即置于温度 23℃±2℃、湿度 90%±3%RH 的试验箱内,每隔 5min 用拇指触摸表面,然后将拇指旋转 90°,记下膜表面不被拇指破坏所需的时间即为实干时间。

4. 热熔型路面标线涂料试验方法

(1)热熔状态

除应遵照每个试验的特定要求外,在熔融试样时,应将一定量的试样放在金属容器内,在搅拌状态下熔融,使上下完全均匀一致,且无气泡。

(2)密度

将熔融试样注在制样器 1(图 2-5-10)的模腔(约 20mm×20mm×20mm)中,冷却至室温。用稍加热的刮刀削掉端头表面的突出部分,用 100 号砂纸将各面磨平。放置 24h 后用游标卡尺测量(精确至 0.1mm),供作试块。将 3 块试块称量准确至 0.05g。

按式(2-5-2)求出密度:

$$D = \frac{W}{V} \tag{2-5-2}$$

式中:D——密度(g/cm³);

W——试块质量(g);

V——体积(cm³)。

取其平均值为试样密度,如其中任意两块 D 值相对误差大于 0.1,则应重做。

(3)软化点

按《色漆和清漆软化点　软化点的测定　环球法》(GB/T 9284—1988)进行测定。采用浇注法制备试样,取样 40g 放入清洁容器内,立刻用电炉将容器内的样品加热至 200℃左右熔化,避免局部过热,注意不带入气泡,因为样品不应被加热到超过易于浇注所需要的温度。在操作中从升温到浇注不得超过 15min;预热承受环,至接近浇注样品的温度,然后马上浇注,浇注时环应放在铜板、铝板或白瓷砖上，浇注样品至环内，使其冷却时仍过量，冷却至少 30min 后，用稍加热的刮刀或马口铁板清除多余样品，如果试验重复进行时，应使用干净容器和新制样品。采用甘油浴加热，使用高软化点温度计测定温度，开始时甘油温度应低于被测物预计软化点 45℃以下，但不得低于 32℃，当试样在钢球重力作用下从承受环中下落 25mm 时的温度成为软化点。

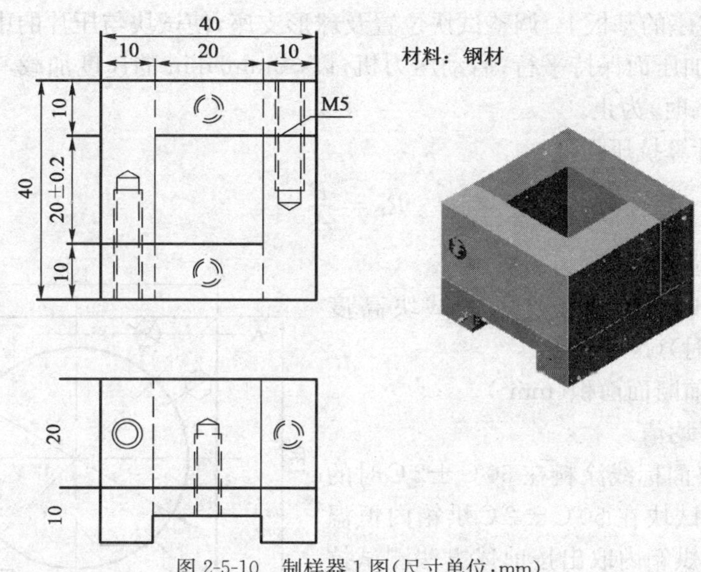

图 2-5-10　制样器 1 图(尺寸单位:mm)

(4)涂膜外观

将热熔涂料刮板器放在水泥石棉板(约 300mm×150mm×1.6mm)的中心部位;立即将准备好的试料倒入热熔涂料刮板器中;平移刮板器刮成厚约 1.5～2.0mm 的与短边平行的涂层,试板放置 1h 后,在自然光下目测应无皱纹、斑点、起泡、裂纹、剥离。同时与用同样方法制备的标准涂膜相比,具颜色及手感黏附性应与标准版差异不人。

(5)不黏胎干燥时间

将热熔涂料刮板器放在水泥石棉板(约 300mm×150mm×1.6mm)的中心部位;立即将准备好的试料倒入热熔涂料刮板器中;平移刮板器刮成厚约 1.5～2.0mm 的与短边平行的涂层,涂后,立刻按下秒表,3min 时开始测试,把测定仪自试板的短边一端中心处向另一端滚动 1s,立刻用肉眼观察测定仪的轮胎有无黏试料,若有黏试料,立刻用丙酮或甲乙酮湿润过的棉布擦净轮胎,此后每 30s 重复一次试验,直至轮胎不黏试料时,停止秒表记时,该时间即为该试样的"不黏胎时间"。滚动仪器时,应两手轻轻持柄,避免仪器自重以外的任何力加于涂膜上。滚动方向如图 2-5-9 所示。

(6)色度性能

将熔融试样注入制样器 2(图 2-5-11)中,使其流平,冷却至室温,取出供作试片(约 60mm×60mm×5mm)。涂面向上放置 24h 后,在涂面上任取三点,用 D65 光源 45°/0°色

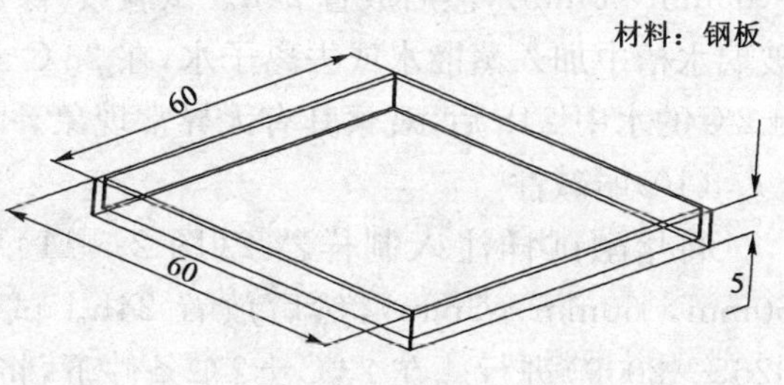

图 2-5-11　制样器 2 图(尺寸单位:mm)

度计测定其色品坐标和亮度因数。

(7)抗压强度

将熔融试样注在制样器1(图2-5-10)的模腔(约20mm×20mm×20mm)中,冷却至室温。用稍加热的刮刀削掉端头表面的突出部分,用100号砂纸将各面磨平。放置24h后用游标卡尺测量(精确至0.1mm),供作试块。制备试块三个,在标准试验条件下放置24h后,分别放在压力试验机球形支座的基板上,调整试块位置及球形支座,使试块与压片的中心线在同一垂线上,并使试块面与加压面保持平行;启动压力机,以30mm/min的速度加载,直至试块破裂(或压下试块高度20%时)为止。

按式(2-5-3)计算抗压强度:

$$R_t = \frac{P}{A} \tag{2-5-3}$$

式中:R_t——抗压强度(MPa);

P——破裂时的荷载(或压下试块高度20%时)(N);

A——加压前断面面积(mm^2)。

试验后取其平均值。

突起型热熔路面标线涂料在50℃±2℃时的抗压强度试验,将试块在50℃±2℃烘箱内恒温4h后,立即分别从烘箱内取出按前述方法测试抗压强度。

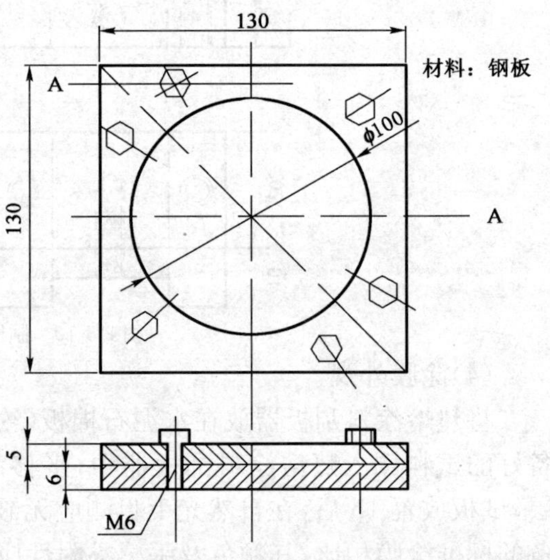

图2-5-12 制样器3图(尺寸单位:mm)

(8)耐磨性

首先在制样器3(图2-5-12)的模腔涂上一薄层甘油,待干后,将熔融试样注入内腔,使其流平(如不能流平,可将试模先预热),并趁热软时在中心处开一直径约为7mm左右的试孔。同一试样应制成三块试板,将试板放置在玻璃板上,在标准试验条件下放置24h后,按《色漆和清漆 耐磨性的测定 旋转橡胶砂轮法》(GB/T 1768—2006)进行。使用漆膜耐磨仪,载重1 000g,橡胶砂轮转数达到200转后,测试试板的磨损量。

(9)耐水性

将熔融试样注入制样器2(图2-5-11)中,使其流平,冷却至室温,取出供作试片(约60mm×60mm×5mm),然后放置24h。试验按《漆膜耐水性测定法》(GB/T 1733—1993)进行。在玻璃水槽中加入蒸馏水或去离子水,在23℃±2℃条件下,将试板面积的2/3浸泡于温度23℃±2℃的水中24h后,观察其有无异常现象。

(10)耐碱性

将熔融试样注入制样器2(图2-5-11)中,使其流平,冷却至室温,取出供作试片(约60mm×60mm×5mm),然后放置24h。试验按《建筑涂料 涂层耐碱性的测定》(GB/T 9265—2009)进行。在23℃±2℃条件下,将试板面积的2/3浸泡于的氢氧化钙饱和溶液中24h后,观察其有无异常现象。氢氧化钙饱和溶液的配制方法是在23℃±2℃条件下,以

100mL 蒸馏水中加入0.12g氢氧化钙的比例配制碱溶液并进行充分搅拌，该溶液的 pH 值应达到 12～13。

(11)玻璃珠含量

精确称取约 30g(精确至 0.01g)的试样放在三角烧瓶中；加入醋酸乙酯与二甲苯，比例为 1∶1 的混合溶剂约 150mL，在不断搅拌下溶解树脂等成分，玻璃珠沉淀后，将悬浮液流出；再加入 500mL 上述混合溶剂，使其溶解，并使其流出，此操作反复进行三次后，加入 50mL 丙酮清洗后流出悬浮液；将三角烧瓶置于沸腾水浴中，加热至几乎不再残留有剩余溶剂，冷却至室温；加入约 100mL 的稀硫酸或稀硫酸和稀盐酸(1∶1)的混合液，用表面皿作盖在沸腾水浴中加热约 30min，冷却至室温后使悬浮液流出；然后加入 300mL 水搅拌，玻璃珠沉淀后，使液体流出，再用水反复清洗 5～6 次；最后加入 95%的乙醇 50mL 清洗，使洗液流出；将三角烧瓶置于沸腾的水浴中，加热至几乎不再残留有乙醇为止，将其移至已知重量的表面皿中，如烧瓶中有残留玻璃珠，可用少量水清洗倒入表面皿中，并使水流出；将表面皿放置在保持 105～110℃的烘箱中加热 1h，取出表面皿放在干燥器中冷却至室温后称重(精确至 0.01g)；同时做三个平行试验。

按式(2-5-4)求出玻璃珠含量：

$$A = \frac{B}{S} \times 100 \qquad (2\text{-}5\text{-}4)$$

式中：A——玻璃珠含量(%)；

B——玻璃珠质量(g)；

S——试样质量(g)。

试验后取其平均值。如原试样中有石英砂，应在称重前经玻璃珠选形器除去石英砂。

(12)流动度

试验步骤如下：先将流动度测定杯(图 2-5-13)加热至 200℃左右，并保持 1h；将热熔涂料加入热熔杯中，放置加热炉上在搅拌状态下加热至 180～200℃进行熔融，直至涂料熔融为呈施工状态，并使其上下完全均匀一致，且无气泡；将熔融后的涂料，立即倒满预热后的流动度测定杯中，打开流出口并同时按动秒表记时；待料流完时立即记下流完的时间；重复三次试验，取其流完的时间的平均值即为流动度。

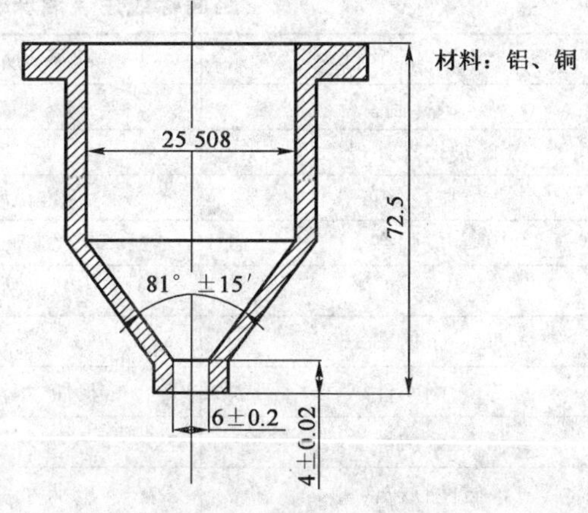

图 2-5-13　流动度测定杯图(尺寸单位：mm)

(13)涂层低温抗裂性

试验步骤如下：将热熔涂料刮板器放在水泥石棉板(约 300mm×150mm×1.6mm)的中心部位；立即将准备好的试料倒入热熔涂料刮板器中；平移刮板器刮成厚约 1.5～2.0mm 的与短边平行的涂层，试板放置 1h 后，用五倍放大镜观其是否有裂纹，如有裂纹应重新制板；将制备好的试板平放于温度为－10℃±2℃低温箱内并保持 4h，取出后在室温下放置 4h 为一个循环，连续做三个循环；取出后用五倍放大镜观其应无裂纹。

(14)加热稳定性

将热熔涂料加入热熔杯中，放置加热炉上在搅拌状态下加热至 200～220℃，并在搅拌状态下保持 4h；观其是否有明显泛黄、焦化、结块等现象。

(15)人工加速耐候性试验

用300μm的漆膜涂布器将试料涂布于水泥石棉板上，制成约50mm×100mm的双组分涂料涂膜；将热熔涂料刮板器放在水泥石棉板(约300mm×150mm×1.6mm)的中心部位；立即将准备好的试料倒入热熔涂料刮板器中；平移刮板器刮成厚约1.5～2.0mm的与短边平行的热熔涂料涂层。样品数量为每组三块。耐候性试验前，在涂面上任取三点，用D65光源45°/0°色度计测定其色品坐标和亮度因数。

试验设备应满足《塑料实验室光源暴露试验　第1部分：总则》(GB/T 16422.1—2006)的要求；试验时样品架辐射照度为1 077W/m^2±50W/m^2，氙灯在300～340nm的光谱辐照度为0.40～0.35W/m^2；试验箱内黑板温度为63℃±3℃，相对湿度为(50±5)%RH；氙灯连续照射，无暗周期且每隔102±0.5min喷水18±0.5min；试验时间为600h，试验的总辐射能量约为2.3×106kJ/m^2；测定耐候性试验后样品的色品坐标和亮度因数。

三、路面标线用玻璃珠检测方法

路面标线用玻璃珠检测项目及所用仪器设备如表2-5-8所示。

路面标线用玻璃珠检测项目及所用仪器设备表　　表2-5-8

检测项目	所用仪器设备	测量参数
试样制备	二份分隔器	—
玻璃珠外观	放大镜	—
粒径分布	标准试验筛、振动机、天平	质量
成圆率	玻璃珠选形器、天平	质量
密度	电热鼓风干燥箱、天平、量筒	密度、质量、体积
折射率	显微镜	—
耐水性	锥形瓶、恒温水浴箱、酸式滴定管	—
耐碱性	量杯、烧杯、电子秒表	时间
磁性颗粒含量	天平、磁性颗粒分选架	质量

四、路面标线用玻璃珠检测方法

1.试样的制备

随机抽取有代表性的整袋玻璃珠产品。将该袋玻璃珠倒入一容器中，然后再从这个容器倒入另一个容器，如此重复三次，以保证整袋玻璃珠在分选前能混合均匀。混合均匀的玻璃珠倒入二份分割器(图2-5-14)中重复分割，最后得到约1 000g玻璃珠，作为试样。

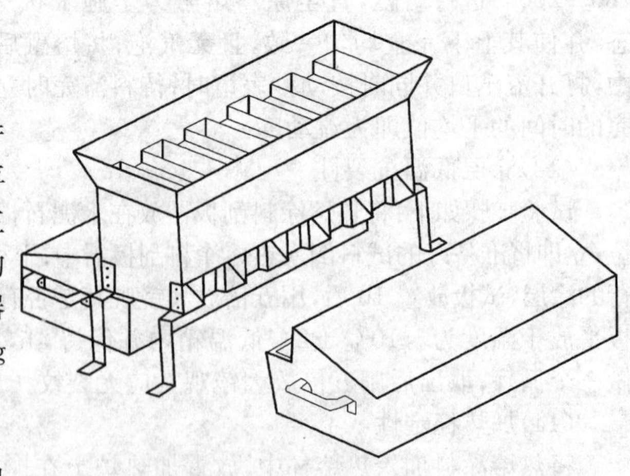

图2-5-14　二份分割器结构示意图

2.试验条件

试验工作应在温度23℃±2℃，相对湿

度 50%±5%的环境中进行。

3. 外观检查

目测玻璃珠在容器中的状态，同时把少许玻璃珠样品放在载玻片上，用放大倍数不小于10 倍的显微镜或投影仪进行观察检查。

4. 粒径分布

将若干玻璃珠试样在 105～110℃的温度下干燥 1h。在干燥器中冷却至室温后，称取约200g 样品，精确到 0.1g，倒入一组标准试验筛中。该组筛网的孔径应依次为 850μm、600μm、300μm、212μm、150μm、106μm、90μm，标准试验筛的质量应符合《金属丝编织网试验筛》(GB/T 6003.1—1997)的有关规定。盖上试验筛网盖，开动振筛机，振筛机的摇动次数为 290 次/min，拍击次数 156 次/min，振动 5min，然后将试验筛从振筛机上取下，分别称出各筛网上的样品质量及托盘上留存的样品质量，精确到 0.1g。若网眼被玻璃珠堵住，可用刷子从下面将其刷出，作为该筛网上筛余的样品。如果筛后玻璃珠总质量少于最初所取样品的 98%，需要重新取样测试。

根据式(2-5-5)，分别计算出各筛网筛余样品的质量百分比，精确到小数点后 1 位。

$$G = \frac{m}{M} \times 100 \qquad (2\text{-}5\text{-}5)$$

式中：G——各试验筛网或托盘上筛余样品的质量百分比(%)；

M——样品的总质量(g)；

m——试验筛网或托盘上筛余样品的质量(g)。

根据各标准试验筛网和托盘上筛余样品的质量百分比，对照表 2-5-6 的规定，检查玻璃珠的粒径分布。

5. 成圆率

(1)使用满足《玻璃珠选形器》(JT/T 674—2007)要求的玻璃珠选形器进行成圆率试验。

(2)用蘸有少许工业酒精的脱脂棉球，清洁玻璃珠选形器(图 2-5-15)的玻璃平板及玻璃珠收集器。

(3)从玻璃珠试样中称取约 20g 样品，精确到 0.1g。

(4)开启玻璃珠选形器的电源开关，调节玻璃平板的斜度和振动器的振幅，使玻璃板上有缺陷的玻璃珠慢慢向上移动，而真正圆的玻璃珠向下滚动。

(5)用小勺慢慢往选形器玻璃平板上喂料，应使玻璃珠不在玻璃平板上堆积或大量滑落。所有圆珠将滚落到圆珠收集器中，而有缺陷的玻璃珠慢慢进入不圆珠收集器内，直至玻璃珠样品全部分离完毕。

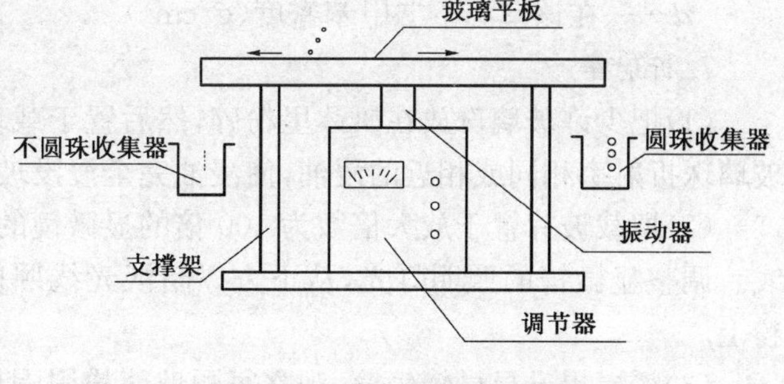

图 2-5-15　玻璃珠选型器示意图

(6)把收集到的圆玻璃珠和有缺陷的玻璃珠分别再通过玻璃珠选形器进行分离。直至所有的圆玻璃珠通过选形器后，没有带缺陷的玻璃珠分离出来；而所有有缺陷玻璃珠通过选形器后，没有圆玻璃珠分离出来。

(7)分别称出分离得到的所有圆玻璃珠的总质量 N(g)和有缺陷玻璃珠的总质量 C(g)，精确到 0.1g。

(8)玻璃珠的成圆率 P 用式(2-5-6)计算：

$$P=\frac{N}{N+C} \tag{2-5-6}$$

式中：P——成圆率(%)；

N——圆玻璃珠的总质量(g)；

C——有缺陷的玻璃珠的总质量(g)。

(9)按前述规定的方法，筛得一定量粒径为 850～600μm 范围的玻璃珠。称取约 20g 样品，精确到 0.1g。按前述方法测得该粒径范围玻璃珠的成圆率。

6. 密度

(1)把若干玻璃珠用蒸馏水或去离子水清洗干净，然后置于 110℃±5℃的烘箱内干燥 1h，取出冷却至室温(本测试工作应在 23℃±2℃的环境中进行)。称取约 100g 玻璃珠样品的质量 W_1，精确到 1g，待测密度。

(2)把化学纯的二甲苯倒入 100mL 量筒内，至刻度 100mL 处。称其质量 W_2，精确到 1g，然后把二甲苯从量筒内倒出来。

(3)把待测密度的、质量为 W_1 的玻璃珠样品倒入量筒内，加入二甲苯至 100mL 刻度，称其质量 W_3，精确到 1g。

(4)按式(2-5-7)计算出玻璃珠密度，精确到小数点后 2 位。

$$D=\frac{W_1 \cdot d}{W_1+W_2-W_3} \tag{2-5-7}$$

式中：D——玻璃珠的密度(g/cm^3)；

W_1——玻璃珠样品的质量(g)；

W_2——装有 100mL 二甲苯后，量筒的质量(g)；

W_3——加入玻璃珠样品和二甲苯至刻度 100mL 后，量筒的质量(g)；

d——在该室温下二甲苯密度(g/cm^3)。

7. 折射率

(1)把少许玻璃珠放在研钵里粉碎，然后置于载玻片上。往载玻片上滴 1～2 滴折射率与玻璃珠折射率相同或相近的浸油，使浸油完全浸没玻璃粉。

(2)把载玻片置于放大倍数为 100 倍的显微镜的载物台上，使用钠光灯作光源供给透过光线。调整显微镜的照明灯光，从下方以暗淡光线照射玻璃粉覆盖区域，将显微镜聚焦在玻璃粉上。

(3)缓慢提升显微镜镜筒，观察每颗玻璃粉周围贝克线的移动，若贝克线向玻璃粉中心方向移动，则玻璃的折射率大于浸油的折射率；若贝克线向浸油方向移动，则玻璃的折射率小于浸油的折射率。当提升或下降显微镜镜筒时，玻璃粉的轮廓呈模糊状态；当完全聚焦时，玻璃粉几乎不可见，此时玻璃的折射率与浸油的折射率相等。

8. 耐水性

称取 10.0g 玻璃珠，倒入 250mL 的锥形瓶中，然后往瓶内注入 100mL 的蒸馏水。把锥形瓶置于沸腾的水浴中加热 1h。从锥形瓶中直接观察玻璃珠表面的状态。等瓶中的水冷却至室温，用酚酞作指示剂，接着用 0.01mol/L 的盐酸溶液滴定至中性。算出所用盐酸溶液的用量(mL)。

9.磁性颗粒含量

(1)从玻璃珠试样中称取约 200g 样品 m_1，精确到 0.01g。

(2)把载玻片置于放大倍数为 100 倍的显微镜的载物台上，使用钠光灯作光源供给透过光线。调整显微镜的照明灯光，从下方以暗淡光线照射玻璃粉覆盖区域，将显微镜聚焦在玻璃粉上。

(3)把永久磁铁安装在一框架上，如图 2-5-16 所示。在磁铁上放一块玻璃珠，组成一个磁性颗粒分选架。

(4)重复上述步骤，使玻璃珠反复通过磁性区。直至通过三次或在纸上已见不到磁性颗粒为止。称取收集到的全部磁性颗粒的质量 m_2，精确至 0.01g。

(5)玻璃珠中磁性颗粒的含量 C，用式(2-5-8)计算(结果计算至小数后两位)。

$$C=\frac{m_2}{m_1}\times 100 \qquad (2\text{-}5\text{-}8)$$

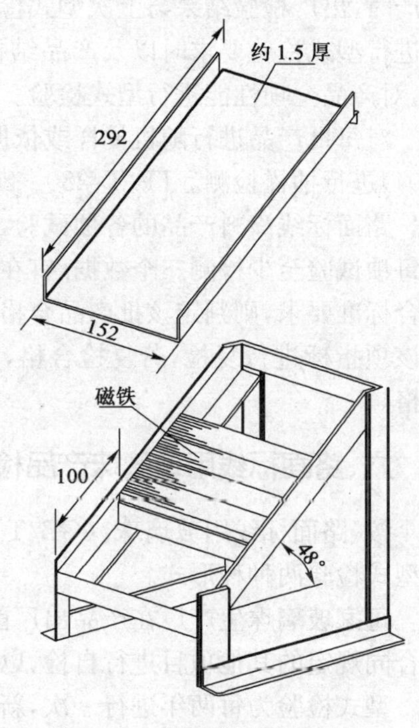

图 2-5-16　磁性颗粒分选架示意图
(尺寸单位：mm)

式中：C——磁性颗粒含量(%)；

m_1——玻璃珠样品的质量(g)；

m_2——收集到的全部磁性颗粒的质量(g)。

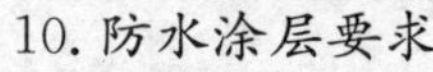

10.防水涂层要求

《路面标线用玻璃珠》(GB/T 24722—2009)中增加了“防水涂层要求”的检测方法，具体内容如下：

(1)从玻璃珠试样中称取约 400g 样品，将其倒入支数为 48×48、尺寸约为 450mm×250mm 的棉布袋中。将布袋浸入含有至少 4L 干净水的容器中，保持 30s 或者直到布袋完全浸没，以两者中时间长者为准。

(2)将布袋从水中取出，扭紧布袋上部将水挤出。保持布袋上部扭紧，将其悬挂，在室温保持 2h，使布袋滴干。

(3)保持时间到达 2h 后，立即松开并振动布袋，使玻璃珠与布袋松散开来。

(4)将玻璃珠倒入干净的干燥漏斗(总长 120mm，顶端内径 150mm，细管内径 6.25mm)中，观察玻璃珠流动状况(刚倒入玻璃珠时，如果玻璃珠阻塞了漏斗，轻敲漏斗细管引导玻璃珠开始流动)。

五、路面标线涂料产品检验规则

路面标线涂料产品检验规则包括出厂检验和型式检验两部分内容。

产品出厂前需经生产厂质检部门，按《路面标线涂料》(JT/T 280—2004)要求对除人工加速耐候性试验外的全部检验项目进行检测，合格者须附合格标志后方能出厂。

正常生产时12个月或累计生产100t时，应进行一次型式检验；产品停产达六个月后恢复生产时，出厂检验结果与上次型式检验结果有较大差异时，国家(或部)授权的质量监督机构提出进行型式检验要求时以及产品结构、材料、工艺有较大改变时，应按JT/T 280—2004的要求，对产品全项性能进行型式检验。

对每批产品进行随机抽样或依据《公路交通安全设施质量检验抽样及判定》(JT/T 495—2004)进行抽样检测。JT/T 280—2004要求的各项试验，宜抽样三个或以上。

路面标线涂料产品的各项试验，其检测频率及结果判定应符合的规定包括三方面的内容，即每项试验至少检测三个数据(宜在不同试样上进行)，取其平均值为检测结果；检测数据全部符合标准要求，则判定该批产品合格；检测数据有一项不符合标准要求，抽取双倍数量的产品对该项指标进行复检，若复检合格，则判定该批产品合格，若复检不合格，则判定该批产品不合格。

六、路面标线用玻璃珠产品检验规则

按《路面标线用玻璃珠》(GB/T 24722—2009)的规定，对玻璃珠质量的检验分出厂检验和型式检验两种种形式。

每家玻璃珠生产厂在产品出厂前，应对外观要求、玻璃珠的粒径分布、成圆率以及供需双方合同规定的其他项目进行自检，以保证出厂产品质量符合标准的要求。

型式检验为每两年进行一次，新设计试制的产品，出厂检验结果与上次型式检验有较大差异时，国家质量监督机构提出型式检验时以及正式生产过程中原材料、工艺有较大改变可能影响产品性能时也应进行型式检验。

含防水涂层的玻璃珠产品型式检验项目为全部项目，不含防水涂层的玻璃珠产品型式检验项目不含防水涂层要求检测项目。

型式检验时，如有任何一项指标不符合标准要求时，则需在同批产品中重新抽取双倍试样，对该项目进行复验，复验结果仍然不合格时，则判定该型式检验为不合格，反之判定为合格。

第六章 公路安全护栏

第一节 概 述

一、公路安全护栏的功能

公路安全护栏是一种纵向吸能结构，通过自体变形或车辆爬高来吸收碰撞能量，从而改变车辆行驶方向，阻止车辆越出路外或进入对向车道，最大限度地减少对乘员的伤害。

公路安全护栏应实现以下功能：

(1)阻止车辆越出路外或穿越中央分隔带闯入对向车道；

(2)防止车辆从护栏板下钻出或将护栏板冲断；

(3)护栏应能使车辆回复到正常行驶方向；

(4)发生碰撞时，对乘客的损伤程度最小；

(5)能诱导驾驶员的视线。

要实现上述功能，则需要护栏既要有相当高的力学强度和刚度来抵挡车辆的冲撞力，又要使其刚度不要太大，以免使乘客受到严重的伤害。

二、公路安全护栏的分类

公路安全护栏按其在公路中的纵向位置设置，可分为设置于路基上的路基护栏和设置于桥梁上的桥梁护栏；按其在公路中的横向位置，可分为路侧护栏和中央分隔带护栏；根据碰撞后的变形程度，可分为刚性护栏、半刚性护栏和柔性护栏。

其中，桥梁护栏包括纵向有效构件和纵向非有效构件两部分。纵向有效构件是桥梁护栏中能有效地阻挡失控车辆越出桥外的纵向受力构件。根据其承受碰撞载荷的大小，可分为主要纵向有效构件(如主要横梁)和次要纵向有效构件(如次要横梁)。纵向非有效构件是桥梁护栏中不考虑承受车辆碰撞载荷的纵向非受力构件。

路侧护栏是设置于公路路侧建筑限界以内的护栏，以防止失控车辆越出路外或碰撞路侧构造物和其他设施。中央分隔带护栏是设置于公路中央分隔带内的护栏，以防止失控车辆穿越中央分隔带闯入对向车道，并保护中央分隔带内的构造物。

刚性护栏是一种基本不变形的护栏结构。混凝土护栏是其主要代表形式，由一定形状的混凝土块相互连接而组成墙式结构，通过失控车辆碰撞后爬高并转向来吸收碰撞能量。

半刚性护栏是一种连续的梁柱式护栏结构，具有一定的强度和刚度。波形梁护栏是其主要代表形式，由相互拼接的波纹状钢板和立柱构成连续梁柱结构，利用土基、立柱、波纹状钢板的变形来吸收碰撞能量，并迫使失控车辆改变方向。

柔性护栏是一种具有较大缓冲能力的韧性护栏结构。缆索护栏是其主要代表形式，由数根施加初拉力的缆索固定于端柱上而组成钢缆结构，主要依靠缆索的拉应力来抵抗车辆的碰撞荷载、吸收碰撞能量。缆索护栏主要包括端部结构、中间端部结构、中间立柱、托架、索端锚具等构件。端部结构是缆索护栏的起终点锚固装置，包括端柱、斜撑、索端锚具和混凝土基础；中间端部结构是连续设置缆索护栏超过一定长度时所设置的中间延长锚固装置；中间立柱是设置于端部或中间端部之间用于固定缆索的立柱；托架是安装于立柱上支撑并固定缆索的装置；索端锚具是固定于端部或中间端部用来锚定缆索的装置。

三、公路安全护栏的防撞等级

公路护栏防撞分为5个等级，设置于路侧的护栏分为B、A、SB、SA、SS五级，设置于中央分隔带的护栏分为Am、SBm、SAm三级，各等级护栏的碰撞条件和性能应满足表2-6-1的规定。

护栏防撞性能　　表2-6-1

防撞等级	碰撞条件			碰撞加速度 (m/s^2)	碰撞能量 (kJ)
	碰撞速度(km/h)	车辆质量(t)	碰撞角度(°)		
B	100	1.5	20	≤200	70
	40	10	20		
A、Am	100	1.5	20	≤200	160
	60	10	20		
SB、SBm	100	1.5	20	≤200	280
	80	10	20		
SA、SAm	100	1.5	20	≤200	400
	80	14	20		
SS	100	1.5	20	≤200	520
	80	18	20		

注：碰撞加速度是指碰撞过程中，车辆重心处所受冲击加速度10ms间隔平均值的最大值，为车体纵向、横向和铅直加速度的合成值。

在综合分析公路线形、设计速度、运行速度、交通量和车辆构成等因素的基础上，需要采用的护栏碰撞能量低于70kJ或高于520kJ时，应进行特殊设计。

第二节　技术要求

一、波形梁护栏

1.波形梁护栏的类型及组成

波形梁护栏包括二波波形梁钢护栏(简称波形梁钢护栏)和三波波形梁钢护栏(简称三波形

梁钢护栏),按设置位置可分为路侧护栏和中央分隔带护栏两类,分别设置于道路的两侧和中央分隔带处。路侧波形梁护栏按防撞等级可分为 B、A、SB、SA、SS 五级;中央分隔带波形梁护栏按防撞等级可分为 Am、SBm、SAm 三级,据中央分隔带的宽度、构造物和管线的分布等,可采用分设型或组合型。路侧波形梁护栏和中央分隔带波形梁护栏的构造应符合表 2-6-2 的规定。

波形梁护栏的构造

表 2-6-2

<table>
<tr><th colspan="2">护栏等级</th><th colspan="3">组 成 构 件</th></tr>
<tr><td colspan="2">B</td><td>二波波形梁板
(310mm×85mm×3mm)</td><td>立柱
(ϕ114mm×4.5mm)</td><td>托架
(300mm×70mm×4.5mm)</td></tr>
<tr><td colspan="2">A</td><td>二波波形梁板
(310mm×85mm×4mm)</td><td>立柱
(ϕ140mm×4.5mm)</td><td>防阻块
(196mm×178mm×200mm×4.5mm)</td></tr>
<tr><td colspan="2">SB</td><td>三波波形梁板
(506mm×85mm×4mm)</td><td>立柱
(□130mm×130mm×6mm)</td><td>防阻块
(300mm×200mm×290mm×4.5mm)</td></tr>
<tr><td colspan="2">SA</td><td>三波波形梁板
(506mm×85mm×4mm)
横梁(ϕ89mm×5.5mm)</td><td>立柱
(□130mm×130mm×6mm 和
ϕ102mm×4.5mm)</td><td>防阻块
(300mm×200mm×290mm×4.5mm)</td></tr>
<tr><td colspan="2">SS</td><td>三波波形梁板
(506mm×85mm×4mm)
横梁(ϕ89mm×5.5mm)</td><td>立柱
(□130mm×130mm×6mm 和
ϕ102mm×4.5mm)</td><td>防阻块
(350mm×200mm×290mm×4.5mm)</td></tr>
<tr><td rowspan="2">Am</td><td>分设型</td><td>二波波形梁板
(310mm×85mm×4mm)</td><td>立柱
(ϕ140mm×4.5mm)</td><td>防阻块
(196mm×178mm×200mm×4.5mm)</td></tr>
<tr><td>组合型</td><td>二波波形梁板
2(310mm×85mm×4mm)</td><td>立柱
(ϕ140mm×4.5mm)</td><td>横隔梁
(480mm×200mm×50mm×4.5mm)</td></tr>
<tr><td colspan="2">SBm</td><td>三波波形梁板
(506mm×85mm×4mm)</td><td>立柱
(□130mm×130mm×6mm)</td><td>防阻块
(300mm×200mm×290mm×4.5mm)</td></tr>
<tr><td colspan="2">SAm</td><td>三波波形梁板
(506mm×85mm×4mm)横梁
(ϕ89mm×5.5mm)</td><td>立柱
(□130mm×130mm×6mm 和
ϕ102mm×4.5mm)</td><td>防阻块
(300mm×200mm×290mm×4.5mm)</td></tr>
</table>

(1)波形梁钢护栏

波形梁钢护栏由波形梁板、立柱、端头、紧固件、防阻块等构件组成。

波形梁板可分为圆弧形和折线形两类,其中圆弧形波形梁板还可以分为等截面和变截面两类。其尺寸规格应符合《公路波形梁钢护栏》(JT/T 281—2007)中表 1 的规定。

立柱为钢管立柱,分为 ϕ114×4.5(代号 G-T,单位为 mm)和 ϕ140×4.5(代号 G-F,单位为 mm)两种规格。

护栏端头可分为地锚式和圆头式两种。地锚式端头可按《公路交通安全设施设计细则》(JTG/T D81—2006)的建议执行,圆头式端头有 R-160、R-250、R-350(单位为 mm)三种规格,代号依次分别为 D-I、D-II、D-III,其中各种端头的半径 R,可根据公路几何线形作适当调整。

护栏的紧固件包括柱、端头的拼接和连接件,其尺寸规格应符合《公路三波形梁钢护栏》(JT/T 281—2007)中表 4 的规定。

防阻块的规格为 178×200×4.5(代号 F,单位为 mm),用于与 ϕ140 钢管立柱配套使用。托架的规格为 300×70×4.5 R=57(代号 T,单位为 mm),用于与 ϕ114 钢管立柱配套使用。

(2)三波形梁钢护栏

三波形梁钢护栏由三波形梁板、立柱、防阻块、三波形梁垫板、端头、紧固件等构件组成。

三波形梁板采用 750mm 宽的薄钢板连续辊压成形,其尺寸规格应符合《公路波形梁钢护栏》(JT/T 457—2007)中表 1 的规定。

立柱分为方形空心型钢(以下简称方管)立柱与 H 型钢立柱两种,其尺寸规格应符合 JT/T 457—2007 中表 2 的规定。

防阻块尺寸规格应符合 JT/T 457—2007 中表 3 的规定。

三波形梁垫板的断面同三波形梁板,用于三波形梁钢护栏板的板中与立柱连接处,起加强作用。

护栏端头可分为地锚式和圆头式两种。地锚式端头可按《公路交通安全设施设计细则》(JTG/T D81—2006)的建议执行,圆头式端头有 R-160、R-250、R-350(单位为 mm)三种规格,代号依次分别为 DR1、DR2、DR3,其中各种端头的半径 R,可根据公路几何线形做适当调整。

紧固件用于板与板的拼接、防阻块与立柱的连接、防阻块与板的连接,其尺寸规格应符合 JT/T 457—2007 中表 5 的规定。

三波形梁护栏与波形梁护栏之间的过渡采用过渡板,过渡板的规格有 4 000×130×130×6(代号 TR-1,单位为 mm)和 2 000×150×100(代号 TR-2,单位为 mm)两种。其中,TR-1 用于波形梁板与方管立柱的三波形梁板过渡,TR-2 用于波形梁板与 H 型钢立柱的三波形梁板过渡。

2.波形梁钢护栏产品的质量要求

波形梁钢护栏产品的质量要求包括外形尺寸与允许偏差、材料要求、加工要求、外观质量及防腐处理四部分内容。主要质量评定标准为交通行业标准《公路波形梁钢护栏》(JT/T 281—2007)。

1)外形尺寸与允许偏差

(1)波形梁板

波形梁板不得有明显的扭转,不得焊接加长,端部毛刺应清除。波形梁板的外形见 JT/T 281—2007中图 1~图 5,其横截面公称尺寸及允许偏差应符合 JT/T 281—2007 中表 7 的规定,其中板厚是防腐处理前的厚度。

波形梁板尺寸长度,螺孔孔距及其允许偏差应符合 JT/T 281—2007 中表 8 的规定。

波形梁板上螺栓孔分为连接螺孔和拼接螺孔两种。其尺寸规格见 JT/T 281—2007 中表 9 和图 6。

波形梁板形位公差应符合:

①波形梁板的直线度每米不得大于 1.5mm,总直线度不得大于波形梁板定尺长度的 0.15%;

②波形梁板端面切口应垂直,其垂直度公差不得超过 30′。

(2)立柱

立柱不得有明显的扭转，不得焊接加长，端部毛刺应清除。立柱宜采用钢管，其断面形状、尺寸见 JT/T 281—2007 中图 7，立柱断面公称尺寸及允许偏差应符合 JT/T 281—2007 中表 10 的规定，焊接钢管立柱的壁厚防腐处理前为 4.5mm。

立柱定尺长度应符合《公路交通安全设施设计细则》(JTG/T D81—2006)中的有关规定或按设计图确定。螺孔位置及允许偏差应符合 JT/T 281—2007 中图 8 和表 10 的规定。

钢管立柱其形位公差应符合：

①立柱直线度每米不得大于 1.5mm，总直线度不得大于立柱定尺长度的 0.15%；

②立柱端面切口应垂直，其垂直度公差不得超过 1°。

(3)端头

圆头式端头的外形见 JT/T 281—2007 中图 9 和图 10，其公称尺寸及允许偏差应符合 JT/T 281—2007 中表 11 的规定。端头基底金属厚度为 3mm 或 4mm，其厚度的允许偏差同护栏板要求。端头不得有明显的扭转；端头切口应垂直，其垂直度公差不得超过 30′，端部毛刺应清除；端头曲线部分应圆滑平顺。

(4)紧固件

紧固件的外形见 JT/T 281—2007 中图 11 和图 12，其公称尺寸及允许偏差应符合 JT/T 281—2007 中表 12 的规定。带螺纹的紧固件进行涂层处理后，不应因涂层而影响配合。当护栏采用防盗紧固技术时，其紧固件的机械性能和装拆操作性能应满足《公路波形梁钢护栏》(JT/T 281—2007)的要求。

(5)防阻块

防阻块的外形不得有明显的扭转。端面切口应平直，毛刺应清除。焊缝应光滑平整，焊缝位置应位于任一无螺孔的平面上。

防阻块的外形及标注符号见 JT/T 281—2007 中图 13，其公称尺寸及允许偏差应符合 JT/T 281—2007 中表 12 的规定。

(6)托架

托架的外形不得有明显的扭转，端面的切口应平直，毛刺应清除。托架的外形见 JT/T 281—2007 中图 14，其公称尺寸及允许偏差应符合 JT/T 281—2007 中表 14 的规定。

2)材料要求

波形梁板、立柱、端头、防阻块、托架等所用基底金属材质为碳素结构钢，其力学性能及化学成分指标应不低于《碳素结构钢》(GB/T 700—2006)规定的 Q 235牌号钢的要求。

连接螺栓、螺母、垫圈、横梁垫片等所用基底金属材质为碳素结构钢，其力学性能的主要考核指标为抗拉强度不小于 375MPa。

高强度拼接螺栓连接副应选用优质碳素结构钢或合金结构钢制造，其化学成分及力学性能应符合《优质碳素结构钢》(GB/T 699—1999)或《合金结构钢》(GB/T 3077—1999)的规定；公称直径 16mm，8.8S 级抗拉荷载不小于 133kN。

3)加工要求

波形梁板一般宜采用连续辊压成形。对于变截面波形梁板采用液压冷弯成形时，每块波形梁板应一次压制完成，不得分段压制。采用连续辊压成形的等截面波形梁板进一步加工成变截面板时，应采用液压冷弯成形，不得采用冲压方式加工。

波形梁板上的螺栓孔，应定位正确，每一端部的所有拼接螺孔应一次冲孔完成。钢护栏端头应采用模压成形。安装于曲线半径小于70m路段的钢护栏，其波形梁板应根据曲线半径的大小加工成相应的弧线形。

4)外观质量及防腐处理

波形梁钢护栏的冷弯黑色构件表面不得有裂纹、气泡、折叠、夹杂和端面分层，允许有不大于公称厚度10%的轻微凹坑、凸起、压痕、擦伤。表面缺陷允许用修磨方法清理，其整形深度不大于公称厚度的10%；切断面及安装孔不允许有卷沿、飞边和严重毛刺。

护栏的所有构件均应进行金属防腐处理，一般宜采用热浸镀锌方法。当采用热浸镀铝、涂塑等其他防腐方法时，其防腐层要求应符合《高速公路交通工程钢构件防腐技术条件》(GB/T 18226—2000)的相关规定。

采用热浸镀锌方法进行金属防腐处理时，热浸镀锌所用的锌应为《锌锭》(GB/T 470—2008)规定的特一号、一号锌锭。波形梁板、立柱、端头三点法试验单面平均锌附着量为600g/m²，单面最低锌附着量为425g/m²；紧固件、防阻块、托架三点法试验单面平均锌附着量为350g/m²，单面最低锌附着量为275g/m²。

同时，对于热浸镀锌防腐处理，镀锌构件表面应具有均匀完整的涂层，颜色一致，表面具有实用性光滑，不允许有流挂、滴溜或多余结块。镀件表面应无漏镀、露铁等缺陷。有螺纹的构件在热浸镀锌后，应清理螺纹或做离心分离；镀锌构件的锌层应均匀，试样经硫酸铜溶液侵蚀五次不变红；镀锌构件的锌层应与基底金属结合牢固，经捶击试验镀锌层不剥离、不凸起；锌层耐中性盐雾试验后，除了不考虑基体钢材在切割边缘出现的腐蚀外，基体钢材其他部位不应出现腐蚀现象。

3.三波形梁钢护栏产品的质量要求

三波形梁护栏产品的质量要求包括外形尺寸与允许偏差、材料要求、加工要求、外观质量及防腐处理四部分内容。主要质量评定标准为交通行业标准《公路三波形梁钢护栏》(JT/T 457—2007)。

1)外形尺寸与允许偏差

(1)三波形梁板

三波形梁板不得有明显的扭转，不得焊接加长，端部毛刺应清除。三波形梁板形位公差应符合：

①三波形梁板的弯曲度不得大于1.5mm/m，总弯曲度不得大于三波形梁板定尺长度的0.15%；

②三波形梁板端面切口应垂直，其垂直度公差不得超过30′。

三波形梁板的外形见JT/T 457—2007中图1和图2，其横截面公称尺寸及允许偏差应符合JT/T 457—2007中表7的规定，其中板厚是防腐处理前的厚度。

三波形梁板尺寸长度、螺孔定位及其允许偏差应符合JT/T 457—2007中表8的规定。

三波形梁板上螺栓孔分为连接螺孔和拼接螺孔两种。其尺寸规格见JT/T 457—2007中表9和图3。

(2)立柱

三波形梁钢护栏立柱宜采用方管立柱或H型钢立柱。

立柱不得有明显的扭转，不得焊接加长，端部毛刺应清除。方管立柱断面形状、尺寸见JT/T 451—2007中图4，立柱断面公称尺寸及允许偏差应符合JT/T 457—2007中表10的规定。方管立柱的壁厚防腐处理前为6mm。

方管立柱的形位公差应符合以下规定：

①立柱的弯曲度每米不得大于2mm，总弯曲度不得大于立柱定尺长度的0.2%；

②立柱端面切口应垂直，其垂直度公差不得超过1°。

H型钢立柱断面形状、尺寸见JT/T 457—2007中图5，立柱断面公称尺寸及允许偏差应符合JT/T 457—2007中表11和表12的规定。

方管立柱定尺长度应符合《公路交通安全设施设计细则》(JTG/T D81—2006)的有关规定或按设计图确定，仅允许正公差；H型钢立柱定尺长度应符合设计要求，仅允许正公差。

(3)防阻块

用于方管立柱的防阻块不得有明显的扭转，端面切口应平直，毛刺应清除，其外形及标注符号见JT/T 457—2007中图6，其公称尺寸及允许偏差应符合JT/T 457—2007中表13的规定。

用于H型钢立柱的防阻块的外形见JT/T 457—2007中图7，其公称尺寸及允许偏差应符合JT/T 457—2007中表13的规定。

(4)三波形梁垫板

三波形梁垫板的外形见JT/T 457—2007中图8，其断面及螺孔的公称尺寸及允许偏差同三波形梁板，其板长为320mm，允许正偏差。三波形梁垫板的形位公差要求同三波形梁板。

(5)端头

圆头式端头的外形见JT/T 457—2007中图9和图10，其公称尺寸及允许偏差应符合JT/T 457—2007中表15的规定。

端头基底金属的公称厚度为4mm，其厚度的允许偏差同三波形梁板。端头不得有明显的扭转；端头切口应垂直，其垂直度公差不得超过30′，端部毛刺应清除；端头曲线部分应圆滑平顺。

(6)紧固件

紧固件的外形见JT/T 457—2007中图11和图12，其公称尺寸及允许偏差应符合JT/T 457—2007中表16的规定。

带螺纹的紧固件进行涂层处理后，不应因镀层而影响配合。当护栏采用防盗紧固技术时，其紧固件的机械性能和装拆操作性能应满足《公路三波形梁钢护栏》(JT/T 457—2007)标准的要求。

(7)过渡板

过渡板外形见JT/T 457—2007中图13和图14，其公称尺寸及允许偏差应符合JT/T 457—2007中表17的规定。

2)材料要求

三波形梁板、立柱、防阻块、托架、端头、三波形梁垫板、过渡板等所用基底金属材质为碳素结构钢，力学性能及化学成分指标应不低于《碳素结构钢》(GB/T 700—2006)规定的Q235牌号钢的要求。

连接螺栓、螺母、垫圈等所用基底金属材质为碳素结构钢，其机械性能等级应为《紧固件机械性能 螺栓、螺钉和螺柱》(GB/T 3098.1—2000)规定的4.6级，其抗拉强度不小于400MPa，屈服强度不小于240MPa。高强度拼接螺栓连接副应选用优质碳素结构钢或合金结构钢制造，其化学成分及力学性能应符合《低合金高强度结构钢》(GB/T 1591—2008)的规定；公称直径16mm，8.8S级抗拉荷载不小于133kN。

3)加工要求

三波形梁板、三波形梁垫板一般宜采用连续辊压成形。方管立柱、防阻块可采用高频焊接成形，如果采用其他方式加工，应有试验资料保证其强度。三波形梁板上的螺孔，应定位正确，每一端部的所有拼接螺孔应一次冲孔完成。钢护栏端头及过渡板应采用模压成形。

4)外观质量及防腐处理

三波形梁钢护栏的冷弯黑色构件表面不得有裂纹、气泡、折叠、夹杂和端面分层，允许有不大于公称厚度10%的轻微凹坑、凸起、压痕、擦伤。表面缺陷允许用修磨方法清理，其整型深度不大于公称厚度的10%；切断面及安装孔不允许有卷沿、飞边和严重毛刺。护栏的所有构件均应进行金属防腐处理；一般宜采用热浸镀锌或热浸镀铝方法。当采用涂塑的防腐方法时，其防腐层要求应符合《高速公路交通工程钢构件防腐技术条件》(GB/T 18226—2000)的相关规定。如果采用合金或其他材料做防腐层，应有可靠的技术数据和试验验证资料保证其防腐性能不低于本标准规定的热浸镀锌(铝)的相应要求。

对于热浸镀锌防腐处理，热浸镀锌所用的锌应为《锌锭》(GB/T 470—2008)中规定的特一号、一号锌锭，其中护栏板、立柱、垫板、过渡板、端头单面平均锌层重量为600g/m^2；防阻块、紧固件、托架单面平均锌层重量为350g/m^2，其余要求同波形梁钢护栏。

对于热浸镀铝防腐处理，热浸镀铝所用的铝应为《重熔用铝锭》(GB/T 1196—2008)中规定的特一级、特二级、一级铝锭。护栏板、立柱、垫板、过渡板、端头单面平均铝层重量为120g/m^2；防阻块、紧固件、托架单面平均铝层重量为110g/m^2。

此外，镀铝构件表面铝层应连续，不允许存在明显影响外观质量的熔渣、色泽暗淡以及假浸、漏浸等缺陷。镀铝构件的铝层应均匀，不允许有针孔，试样经铝层有孔度试验后，无红褐色的氢氧化铁沉积物。锌铝构件的铝层应与基底金属结合牢固，经铝层附着性试验后，铝层不剥离、不凸起，不得开裂或起层到用裸手指能够擦掉的程度。镀铝构件经铝层耐中性盐雾试验后，除了基体钢材在切割边缘出现的腐蚀不予考虑外，基体钢材其余部位不应出现腐蚀现象。

二、混凝土护栏

1.混凝土护栏的类型

混凝土护栏按其安装位置、防撞等级、构造型式、基础处理方式等进行分类，见表2-6-3具体要求可参见《公路交通安全设施设计细则》(JTG/T D81—2006)。

混凝土护栏分类表 表2-6-3

安装位置	防撞等级	构造型式		基础处理方式
路侧	A、SB、SA、SS	F型、单坡型、加强型		座椅方式
				桩基方式
中央分隔带	Am、SBm、SAm	整体式	F型、单坡型	直接支承在土基上
		分离式		设置枕梁和支撑块

2. 混凝土护栏产品质量要求

(1)外观质量

采用预制或现浇施工的混凝土护栏均应与公路线形相一致,护栏外观不应有漏石、蜂窝、麻面、裂缝、脱皮、啃边、掉角及印痕等现象。

混凝土护栏表面的蜂窝麻面面积不应超过该面面积的0.5%,深度不应超过10mm。每块混凝土护栏的损边、掉角不应超过5处,其每处的损边、掉角长度不应超过20mm。混凝土块件之间的错位不得大于2mm。

(2)模板质量

混凝土护栏采用钢模板浇筑而成,钢模板的质量直接影响混凝土护栏的表面质量。用于浇筑混凝土护栏的钢模板的质量要求见表2-6-4。

模板质量要求(单位:mm) 表2-6-4

项　目	允许误差	项　目	允许误差
长度	±10	中部宽度	±2
上部宽度	±2	下部宽度	±2

(3)基层质量

混凝土护栏的基层质量应符合表2-6-5的规定。

基层质量要求 表2-6-5

项　目	允许误差	项　目	允许误差
当量回弹模量	不小于设计要求	厚度	±10%
压实度	不小于设计要求	平整度	10mm

三、缆索护栏

1. 缆索护栏的类型

由于缆索是承受初拉力和失控车辆冲击力的主要构件,护栏缆索受拉,在弹性范围内工作,可以重复使用、容易修复,但冲击力太大时不易挡住。另外缆索护栏的横向动态变形较大,而我国高速公路、一级公路的中央分隔带都较窄,即使碰撞车辆未冲断护栏也有可能影响到对向行车的安全。因此缆索护栏不宜在4.5m以下宽度的中央分隔带设置,一般设置于路侧。路侧缆索护栏按防撞等级分为B级和A级。

2. 缆索护栏产品质量要求

(1)外形结构

缆索护栏各构件应组成完整,结构及外形尺寸符合相关要求。缆索表面不应有凹陷、锈蚀、裂缝、划伤等缺陷,镀锌钢丝表面应有均匀一致的金属光泽。缆索内钢丝不应有断裂、交错和折弯等现象,股中钢丝接头距离大于5m。

(2)材料性能

缆索材料由镀锌钢丝组成。镀锌钢丝的抗拉伸性能、抗弯曲性能、抗扭转性能等应符合

《一般用途低碳钢丝》(YB/T 5294—2006)的相关要求。

端部立柱及中间立柱均为焊接钢管,钢管的力学性能应符合《直缝电焊钢管》(GB/T 13793—2008)中Q235的相关要求,抗拉强度不小于375MPa,伸长率不小于20%。

(3)防腐层质量

缆索所用的镀锌钢丝的防腐层质量应符合《钢丝镀锌层》(GB/T 15393—1994)的要求。缆索护栏中的立柱为金属构件,应进行必要的防腐处理。防腐处理可采用热浸镀锌、热浸镀铝、涂塑等多种方式,其防腐层质量应符合《高速公路交通工程钢构件防腐技术条件》(GB/T 18226—2000)的要求。

四、安全护栏实车碰撞

安全护栏实车碰撞评定标准为《高速公路护栏安全性能评价标准》(JTG/T F83-01—2004),新建和改建高速公路及高速公路桥梁的各种结构形式护栏标准段的安全性能评价,其他公路的护栏及安全设施可参照该标准。

护栏实车碰撞试验条件包括车辆吨位等级分类、碰撞速度、碰撞角度、护栏防撞试验分类四方面的内容,具体如下:

1. 车辆吨位等级分类

试验车辆分为小型客车和大型车辆(包括大客车和大货车)。小型客车的碰撞试验主要测试车内乘员的安全保护和碰撞后的运行轨迹,车辆吨位为1.5t;大型车辆的碰撞试验主要测试不同等级护栏的防撞性能,车辆吨位分别为10t、14t、18t。

2. 碰撞速度

碰撞速度根据车型选择分为小型客车100km/h、大型货车60km/h、大型客车80km/h。

3. 碰撞角度

所有实车碰撞试验的碰撞角度全部选择20°。

4. 护栏防撞试验分类

根据道路路侧的危险程度和防护对象不同,将高速公路护栏按照防撞性能分别按下列试验条件试验,护栏实车碰撞试验条件见表2-6-6。

实车碰撞试验条件　　表2-6-6

序　号	车辆质量(t)	碰撞车速(km/h)	碰撞角度(°)	碰撞能量(kJ)
1	1.5	100	20	—
2	10	60	20	160以上
3	10	80	20	280以上
4	14	80	20	400以上
5	18	80	20	520以上
6	特殊设计护栏:需要特殊设计的公路,如集装箱占有率相当高、跨越非常重要建筑区(通航等级高、繁忙的河道,干线高速铁路)等,各项指标可根据公路设计的实际情况具体确定			

试验指标允许偏差见表2-6-7。

试验指标控制精度　　表 2-6-7

车辆质量(t)	质量偏差(kg)	试验车速(km/h)	速度偏差(km/h)	试验角度(°)	角度偏差(°)
1.5	±75	100	±4.0	20	±1.5
10	±300	60	±3.0	20	±1.5
10	±300	80	±3.0	20	±1.5
14	±400	80	±3.0	20	±2.0
18	±500	80	±3.0	20	±2.0

第三节　生产及施工工艺

一、波形梁护栏的生产工艺

波形梁钢护栏与三波形梁钢护栏的生产工艺要求类似，本节主要以波形梁钢护栏为例对波形梁护栏的生产工艺加以说明。

1. 波形梁钢护栏板的机械加工

波形梁钢护栏板的机械加工工艺有两种，一种是连续辊压成形，另一种是液压冷弯成形。一般宜采用连续辊压成形。目前全国的生产厂家也以连续辊压成形为主。

(1)连续辊压成形工艺

连续辊压成形工艺主要由纵剪、成形、冲孔、剪切四个部分组成。纵剪一般是一个独立的加工工艺，它要求剪切整齐，飞边毛刺要清除。连续辊压成形的圆弧形波形梁钢护栏的展开宽度为 482mm。

目前我国护栏产品生产线有进口和国产两种。

进口线又分两种情况，一种进口线专用于生产波形梁，另一种进口线既能生产波形梁又能生产焊接钢管的焊管机组。为了连续化生产，一般采用先成形后冲孔，在线加工时，将护栏的头尾共 18 个孔或 20 个孔一次加工出来，成形后再剪切成一块块波形梁。

国产线一般是专为生产波形梁而制造的，有的是利用以前的冷弯机组或焊管机组改造成的，其生产工艺也一般将纵剪作为一个独立的工序。而成形工序和冲孔工序的先后不同，其产品质量控制有较大差别。

先成形后冲孔是我国生产波形梁的一种典型方法，它采用斜面一次冲孔技术，孔位准确。这种工艺一般将波形梁按块冲孔，有的厂家是两端一次冲孔，其 4mm(2mm)中心间距控制较好；也有的厂家是一次先冲一端，然后再冲另一端。后一种工艺的问题是：如果冲第二端时以第二端的端口为定位基准，其 4mm(2mm)中间间距会受波形梁板长度的影响，如果以第一端的连接孔为定位基准，一般 4mm(2mm)中心间距控制较好。先成型后冲孔对冲孔的模具有一定的要求，否则冲孔后会导致波形梁两端有张口变形现象。4mm(2mm)中心间距的变化、两端孔位的准确度和两端的开口变形对护栏的安装将造成一定的影响。

先冲孔后成形这种工艺没有斜面冲孔问题，所以较为容易，如果将冲孔、成形、剪切连在一起也可实现流水线自动化作业。这种工艺的问题是：它要求每个环节的尺寸应准确控制，否则其尺寸公差将带至下一工序。如果波形梁板纵剪有偏差或轧辊有磨损，最终将导致产品两端的孔眼整体偏移或连接孔不正；剪切工序，目前一般有飞锯剪切和液压冲剪两种。飞锯剪切噪声较大，飞边毛刺较多；液压冲剪钢板边缘比较整齐。

(2)液压冷弯成形工艺

液压冷弯成型也由纵剪、成形、冲孔、剪切四个工序组成。各个工序的排列顺序及由此所引起的问题与连续辊压成型相同，只是其成形工序过程不同。液压成形的圆弧形波形梁钢护栏的展开宽度为480mm。

液压冷弯成形采用非纵向渐变的液压成形方式，对基体金属有无影响暂且不考虑，由于各钢板生产厂所供应的板材质量不一样，钢板的内应力及反弹性能各有区别，成形后及热浸镀锌后波形梁的变化应引起注意。

2.防阻块、立柱及端头的制作

防阻块采用钢板冷弯成形，对焊接处应打磨成光滑表面。立柱应采用冷弯成形制作。端头应采用模压成型。

3.高强螺栓的制作

高强螺栓的头部成型，可采用冷加工，或采用热加工。采用辊压成形螺纹，并经盐浴炉或辊底炉进行淬火，淬火温度宜选择在860～880℃之间，硝盐炉回火(340～380℃)处理，以提高其强度和硬度。

为了增强高强螺栓连接件的防锈能力和改善螺栓与螺母之间的润滑状态，对其表面应做好润滑处理。

垫圈的制造是将母材冲压出外形，之后冲孔，然后锻平，并进行研磨，最后通过热处理获得成品。

4.护栏产品的防腐处理

护栏产品的防腐处理方法主要有热浸镀锌、热浸镀铝、热浸镀锌(铝)后涂塑。其中热浸镀锌使用方法较广，其工艺：

酸洗→水洗→碱洗→水洗→稀盐酸处理→助镀→热浸镀→冷却。

二、公路安全护栏的施工工艺

1.波形梁护栏的施工工艺

(1)立柱放样

应根据设计文件进行立柱放样，并以桥梁、通道、涵洞、隧道、中央分隔带开口、紧急电话开口、互通式立体交叉等控制立柱的位置，进行测距定位。

立柱放样时可利用调节板调节间距，并利用分配方法处理间距零头数。

应调查立柱所在处是否存在地下管线、排水管等设施，或构造物顶部埋土深度不足的情况。

(2)立柱安装

立柱安装应与设计文件相符，并与公路线形相协调。

位于土基中的立柱，可以采用打入法、挖埋法或钻孔法施工。立柱高程应符合设计要求，并不得损坏立柱端部。

采用打入法打入过深时，不得将立柱部分拔出加以矫正，必须将其全部拔出，将基础压实后重新打入。立柱无法打入到要求深度时，严禁将立柱地面以上部分焊割、钻孔，不得使用锯短的立柱。采用挖埋施工时，回填土应采用良好的材料并分层夯实，回填土的压实度不应小于设计值。填石路基中的柱坑，应用粒料回填并夯实。采用钻孔法施工时，立柱定位后应用与路基相同的材料回填，并分层夯填密实。

在铺有路面的路段设置立柱时，柱坑从路基至面层以下5cm处应采用与路基相同的材料回填并分层夯实，余下的部分应采用与路面相同的材料回填并压实。

位于石方区的立柱，应根据设计文件的要求设置混凝土基础。位于小桥、通道、明涵等混凝土基础中的立柱，可设置在预埋的套筒内，通过灌注砂浆或混凝土固定，或通过地脚螺栓与桥梁护轮带基础相连。

立柱安装就位后，其水平方向和竖直方向应形成平顺的线形。护栏渐变段及端部的立柱，应按设计规定的坐标进行安装。

(3)防阻块、托架、横隔梁安装

防阻块和托架应通过连接螺栓固定在护栏板和立柱之间，在拧紧连接螺栓前应调整防阻块，托架使其准确就位。防撞等级为SA、SAm和SS的波形梁护栏在安装防阻块时，应同时安装上层立柱，线形应与下层立柱相同。

设有横隔梁的中央分隔带护栏，应在立柱准确定位后安装横隔梁。在护栏板安装前，横隔梁与立柱间的连接螺栓不应过早拧紧。

(4)横梁安装

护栏板应通过拼接螺栓相互连接成纵向横梁，并由连接螺栓固定于防阻块、托架或横隔梁上。护栏板拼接方向应与行车方向一致，如图2-6-1所示，拼接螺栓必须采用高强螺栓。

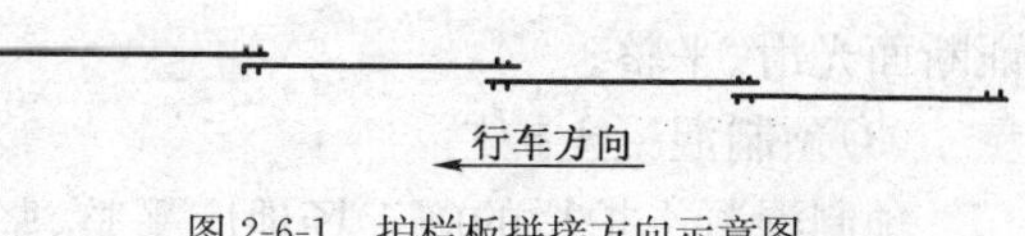

图2-6-1 护栏板拼接方向示意图

防撞等级为SA、SAm和SS的波形梁护栏通过螺栓将上层横梁与上层立柱加以连接。

立柱间距不规则时，可利用调节板、梁进行调节，不得采用现场切割护栏板的方法。

所有的连接螺栓和拼接螺栓应在护栏的线形达到规定要求时才能拧紧。终拧扭矩应符合表2-6-8的规定。

波形梁护栏板连接螺栓和拼接螺栓的终拧扭矩规定值　　表2-6-8

螺栓类型	螺栓直径(mm)	扭矩值(N·m)
普通螺栓	M16	60～68
	M20	95～102
	M22	163～170
高强螺栓		315～430

(5)端头安装

各类护栏端头应通过拼接螺栓与护栏板牢固连接，拼接螺栓必须采用高强螺栓。防撞等级为SA、SAm和SS的波形梁护栏上横梁必须按设计文件的规定进行端部的处理。

2.混凝土护栏的施工工艺要求

混凝土护栏的施工除应符合现行《公路桥涵施工技术规范》(JTG/T F50—2011)的规定

外，还应满足下列要求。

(1)应根据现场条件确定并核对混凝土护栏的设置位置，确定控制点，检测基础承载力是否达到设计的要求。

(2)现场浇筑混凝土护栏

采用固定模板法施工时，模板宜采用钢模板，钢模板的厚度不应小于4mm。

浇筑混凝土之前，应按设计文件的要求绑扎钢筋及预埋件。钢模板涂脱模剂后，可浇筑混凝土。

混凝土浇筑前的温度应维持在10～32℃之间。

采用滑动模板法施工时，滑模机的施工速度应根据旋转搅拌车、混凝土卸载速度以及成形断面的大小决定，可采用0.5～0.7m/min。混凝土振捣由设置在滑模机上的液压振动器完成，振动器应能根据混凝土的坍落度无级调速，一边振动一边前进。振动器的数量可根据混凝土护栏断面形状，配置5根左右。

两处伸缩缝之间的混凝土护栏必须一次浇筑完成，伸缩缝应与水平面垂直，宽度应符合设计文件的规定，伸缩缝内不得连浆。

混凝土初凝后，严禁振动模板，预埋钢筋不得承受外力。

应根据气温和混凝土强度确定拆模时间，一般可在混凝土终凝后3～5天拆除混凝土护栏侧模。拆模时不应损坏混凝土护栏的边角，并应保持模板的完好状况。

假缝可在混凝土护栏拆除模板后，按设计文件要求的间距和规格采用切割机切开，并应保证断面光滑、平整。

(3)预制混凝土护栏

预制混凝土护栏的施工场地应平整、坚实、排水良好、交通方便。应采用钢模板，模板长度应根据吊装和运输条件确定，宜采用固定的规格。每块预制混凝土护栏必须一次浇筑完成。

拆模时间应根据气温和混凝土强度确定，拆模时混凝土强度不应低于设计强度的70%。拆模时不应损坏混凝土护栏的边角，并应保持模板完好。

在起吊、运输和堆放过程中，不得损坏混凝土护栏构件的边角，否则在安装就位后，应采用高于混凝土护栏强度的材料及时修补。

混凝土护栏的安装应从一端逐步向前推进，护栏的线形应与公路的平、纵线形相协调。

中央分隔带混凝土护栏在超高路段，应按设计文件要求处理好排水问题。

3.缆索护栏的施工工艺要求

(1)放样

应根据现场桥梁、涵洞、通道、路线交叉、隧道等的分布确定控制立柱的位置，并测定控制立柱之间的间距，据此调整端部立柱、中间端部立柱、中间立柱的设置位置。

应调查立柱下是否存在地下管线、构造物等设施，并进行适当处理。

(2)端部立柱和中间端部立柱的设置

应根据设计文件的要求，将立柱、斜撑及底板焊接成牢固的三角形支架。应根据最终确定的立柱位置开挖基坑、浇筑混凝土基础，到达规定的标高时，应对三角形支架进行准确定位。基础开挖、地基检验、地基处理及混凝土的浇筑应符合《公路桥涵施工技术规范》(JTG/T F50—2011)的规定。

位于桥梁、涵洞、通道、挡土墙等构造物处的端部立柱和中间端部立柱,应根据设计文件的要求进行基础预埋。

(3)中间立柱的设置

中间立柱应定位准确,纵向和横向位置与公路线形一致。

位于土基中的中间立柱,可采用打入法、挖埋法或钻孔法施工。立柱高程应符合设计要求,并不得损坏立柱端部。位于混凝土基础中的中间立柱,可设置在预埋的套筒内,通过灌注砂浆或混凝土固定,或通过地脚螺栓与桥梁护轮带基础相连。

(4)托架安装

中间立柱或中间端部立柱上的托架,应按设计文件规定的托架编号和组合正确安装。

(5)架设缆索

缆索应在端部立柱和中间端部立柱的混凝土基础达到设计强度的80%以上时架设。缆索应支放在立柱的内侧,通过中间支架向另一端滚放。严禁在路面上长距离拖拽缆索。

可用楔子固定或注入合金的方法将一端的缆索锚固在索端锚具上,如图2-6-2。

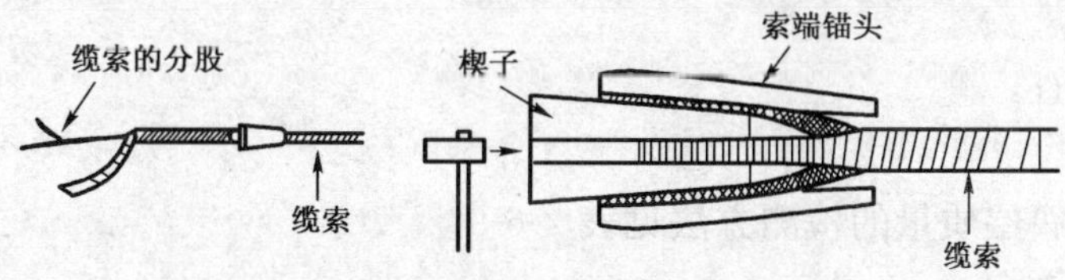

图2-6-2 缆索的分股和楔子锚固

应在另一端部立柱或中间端部立柱上设置倒链滑车或杠杆式倒链张紧器将缆索临时拉紧,如图2-6-3。B级和A级缆索护栏的初拉力应为20kN,其他等级缆索护栏的初拉力应符合设计文件的规定。

应根据索端锚具的规格,切断多余的缆索,如图2-6-4。缆索切断面应垂直整齐,不得松散,可用楔子固定或注入合金的方法锚固在索端锚头上。

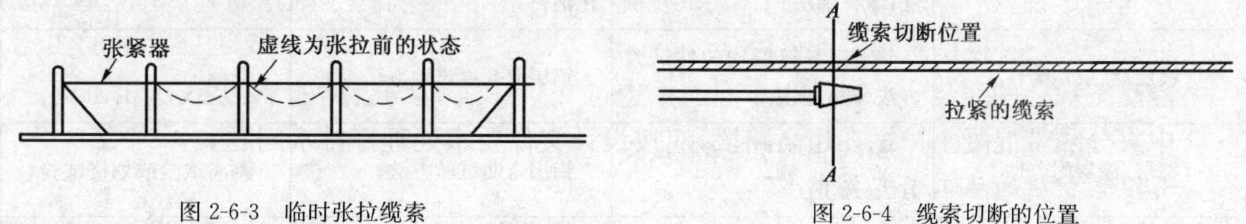

图2-6-3 临时张拉缆索

图2-6-4 缆索切断的位置

索端锚具安装到端部立柱或中间端部立柱后,可卸除临时张拉力。缆索应按从上向下的顺序架设。缆索调整完毕后,应拧紧各中间立柱、中间端部立柱托架上的索夹螺栓。

第四节 检测方法

一、波形梁护栏产品检验方法

波形梁护栏产品的检测主要涉及基材的化学成分及机械性能、外形尺寸、外观质量、防腐层质量四部分内容。

1. 基材的化学成分及机械性能

护栏供方应提供本批构件原材料生产厂出具的质量证明书。需方认为有必要时，有权要求对制造本批护栏构件的基底材料取样进行力学性能或(和)化学分析试验，试验方法按《金属材料 室温拉伸试验方法》(GB/T 228.1—2010)、《金属材料 弯曲试验方法》(GB/T 232—2010)等相关标准的规定。高强度拼接螺栓连接副的试验方法按《钢结构用高强度大六角头螺栓、大六角螺母、垫圈技术条件》(GB/T 1231—2006)的有关规定执行。其他紧固件的试验方法按相关标准的规定执行。

2. 外形尺寸

外形尺寸检测时，应根据所测尺寸及误差要求，选择合适量程和精度的卷尺、直尺、数显卡尺、板厚千分尺、塞尺、角尺等进行测量。测量工具应经具备资格的机构校准/检定合格，并在每次使用前核查其状态，确保检测数据的量值溯源准确、可靠。

每组外形尺寸至少测量三组数据，分别在两边和中间各测一组，取其平均值为测量结果。

3. 外观质量

目测及手感检查。

4. 防腐层质量

波形梁护栏防腐层质量的检测方法见表 2-6-9。

防腐层质量检测方法　　表 2-6-9

防腐层质量	检测方法		
	镀锌层	镀铝层	涂塑层
镀层/涂层外观	目测或手感	目测或手感	目测或手感
镀层/涂层厚度	磁性测厚仪测试	磁性测厚仪测试	磁性测厚仪测试
镀层附着量	热浸镀锌锌附着量实验方法(氯化锑法)	铝层附着量试验方法(氢氧化钠)	—
镀层/涂层均匀性	热浸镀锌锌层均匀性试验方法(硫酸铜法)	铝层有孔度试验方法	目测
镀层/涂层附着性	热浸镀锌锌层附着性试验方法(锤击法)	铝层弯曲试验方法	剥离试验或划格试验
镀层/涂层耐盐雾性	200h 中性盐雾试验	200h 中性盐雾试验	8h 中性盐雾试验
涂层抗弯曲性	—	—	涂塑层抗弯曲试验，$d_{芯棒}/d_{试样}=4$ 倍
涂层耐磨性	—	—	涂塑层耐磨性试验，1kg
涂层耐冲击性	—	—	24℃±2℃，9N·m
涂层耐化学药品性	—	—	30%硫酸、40%氢氧化钠、10%氯化钠，24℃±2℃，45d

续上表

防腐层质量	检测方法		
	镀锌层	镀铝层	涂塑层
涂层耐湿热性	—	—	47℃±1℃、96%±2% R.H.，8h
涂层耐低温脆化性	—	—	−60℃±5℃，168h
涂层耐候性	—	—	1 000h，人工加速老化试验

注：①热浸镀锌锌附着量实验方法（氯化锑法）、热浸镀锌锌层均匀性试验方法（硫酸铜法）、热浸镀锌锌层附着性试验方法（锤击法）见《公路波形梁钢护栏》（JT/T 281—2007）附录A、B、C。

②铝层附着量试验方法（氢氧化钠）、铝层有孔度试验方法、铝层弯曲试验方法见《高速公路交通工程钢构件防腐技术条件》附录（GB/T 18226—2000）A、B、C。

二、波形梁护栏产品检验规则

波形梁护栏的质量由供方质检部门进行检验，产品经检验符合本标准的要求后并附有质量合格证方可交货。需方有权按本标准的规定进行抽检和验收。

波形梁板、立柱等应成批检查，每批应由同一基底材料、同一规格尺寸、同一表面处理的产品组成，3mm厚板每批的重量不得超过50t，4mm厚板每批的重量不得超过100t，三波形梁钢护栏每批的重量不得超过100t。

护栏板、立柱、防阻块、连接副等部件的抽样、判定按《公路交通安全设施质量检验抽样及制定》（JT/T 495—2004）规定进行。

三、混凝土护栏产品检验方法

混凝土护栏产品的检测主要涉及外观质量、模板质量、基层质量三方面的内容。

1.外观质量

外观质量的检测主要采用目测与手感相结合的方法，必要时辅以适当的工具，如直尺或卡尺等进行测量。检测时应注意取样的代表性和均匀性，检测结果应能反映混凝土护栏的整体质量。

2.模板质量

模板质量使用钢直尺测量，长度、下部宽度的检查点数为2，上部宽度、中部宽度的检查点数为3。

3.基层质量

基层检测包括当量回弹模量、压实度、厚度、平整度四方面的内容。其中当量回弹模量为现场实测，测试点数为2，测试范围为50m；基层无骨料时，压实度采用环刀测定，有骨料时采用灌砂法测定，测试点数为1，测试范围500m^2；厚度用直尺测量，测试点数为1，测试范围为50m；平整度用3m直尺测量，测试点数为1，测试范围为50m。

四、缆索护栏产品检验方法

缆索护栏产品的检测主要涉及外形结构、材料性能、金属构件防腐层质量三方面的内容。

外形结构采用目测和手感检查，必要时辅以直尺或卷尺测量。

材料抗拉伸性能(包括抗拉强度、伸长率等)检测方法执行《金属材料 拉伸试验 第1部分:室温试验方法》(GB/T 228.1—2010)，抗弯曲性能检测方法执行《金属材料 弯曲试验方法》(GB/T 232—2010)，扭转性能检测方法执行《金属线材扭转试验方法》(GB/T 239—1999)。

金属构件防腐层质量可参照本节中波形梁护栏产品的相关检测方法，对于缆索所用的镀锌钢丝的防腐层质量的检测，检测方法执行《钢产品镀锌层质量试验方法》(GB/T 1839—2008)。

第七章

隔离设施

第一节　概　　述

隔离设施包括隔离栅和桥梁护网。隔离栅是用于阻止人、畜进入公路或沿线其他禁入区域，防止非法侵占公路用地的设施。桥梁护网是安装于公路上跨桥梁两侧，用于阻止有人向公路内抛扔物品、杂物，或防止运输散落物等落到公路上的防护设施。

一、隔离设施的分类

隔离设施按用途不同可分为隔离栅和桥梁护网两类。

隔离设施按构造形式可分为隔离栅（钢板网、电焊片网、电焊卷网、编织片网、编织卷网、刺钢丝网）、常青绿篱和隔离墙等几大类。

隔离栅产品按网片形式可分为钢板网隔离栅、编织网隔离栅、电焊网隔离栅、刺钢丝隔离栅。

隔离栅按立柱断面形式可分为直缝焊接钢管立柱隔离栅、型钢立柱隔离栅、Y 型钢立柱及其他断面形状钢立柱隔离栅、混凝土立柱隔离栅。

隔离栅按防腐形式可分为热浸镀锌隔离栅、热浸镀铝隔离栅、浸塑隔离栅、热浸镀锌＋浸塑隔离栅等。

桥梁护网按网片形式可分为钢板网桥梁护网、编织网桥梁护网、电焊网桥梁护网、实体板桥梁护网等。

二、隔离设施设计指导思想

在进行隔离设施设计时，首先应遵循：以交通安全为原则，有效地阻止人、畜或物品进入公路用地范围或公路建筑限界以内这一指导思想。

这主要基于隔离栅能阻止人、畜进入公路或其他进入区域，防止非法侵占公路用地。它可有效地排除横向干扰，避免由此产生的交通延误或交通事故，保障公路的通行安全和效益的发挥。

公路上跨桥和人行天桥上有人向下抛扔物品，或桥上杂物被风吹落到公路上，或桥上行驶车辆装载的物品散落到公路时，非常容易引发交通事故，因而在上述构造物的两侧设置桥梁护网是必要的。

其次，进行隔离设施设计时应遵循：隔离栅的高度应以成人高度为参考值，以距地面高 1.5～1.8m为宜；桥梁护网以距桥面高 1.8～2.1m 为宜这一指导思想。

隔离栅的高度是结构设计的重要指标，该指标的取值高低直接影响着工程的材料费用和性能价格比。隔离设施的高度必须结合实际的地域地形、沿线村镇人口的稠密程度，以及人们生产、生活流动路线等诸多因素。综合上述诸多方面的影响因素，可以看出，沿封闭公路两侧影响隔离设施高度的因素是个变量，是随地形和人口分布密度变化的函数。为了保证隔离栅的整体美观效果和设计施工的便利性，高度的变化只是根据特殊的地形和其他特殊因素而产生间断式的变化。一般情况下，隔离设施的高度宜尽可能统一，高度变化不宜太频繁。

隔离栅的高度主要以成人高度为参考标准，一般在1.5～1.8m之间。在城市及郊区人口密度较大的路段，特别是青少年较为集中的地方，如学校、运动场、体育馆、影剧院等处，隔离设施的设计高度宜取上限，并且根据实际需要可在此基础上进一步加高到使人无法攀越的程度。而在人迹稀少的山村或郊外，由于人流较少，攀登隔离设施穿越公路的可能性远远低于城市地区，其设计高度可取下限值。其实，任何设施并不能真正阻挡人们强行攀越、钻入公路界的行为。要使人民自觉地遵守交通规则，爱护公路设施，取决于社会文明程度和法制观念的提高，取决于宣传教育。

桥梁护网的设置高度宜为1.8～2.1m，在交通量大、行人密度高、临近城镇厂矿等地点可取上限，反之则取下限。桥梁护网宜与桥梁横断面比例协调，避免给人压抑感。如桥梁两侧设置混凝土护栏时，网面可从护栏顶部开始设置；如设置桥梁栏杆，则桥梁护网网面应从桥面开始设置。

最后，进行隔离设施设计时应遵循：隔离栅和桥梁护网的结构计算可参考交通标志的相关内容这一指导思想。

隔离栅和桥梁护网的结构直接关系到使用效果和寿命，在设计中应以考虑风载的影响为主，对人、牲畜造成的破坏作用可通过结构手段如防盗措施等加以解决。具体计算方法，可参考交通标志结构设计的有关规定，需要注意的是由于交通标志结构迎风面基本以实体结构受力为主，而隔离栅和桥梁护网的迎风面为网孔结构，网孔结构的折减系数需要考虑网面孔隙率的大小。对隔离栅而言，一般有野外攀藤植物依附，维护清除又有困难，使网片的透风性降低，计算风载时，应根据所在地区攀援植物不同取不同的孔隙率值。

三、隔离设施设置原则

1.隔离栅设置原则

除特殊路段外，高速公路及需要控制出入的一级公路沿线两侧必须实行封闭，以防止行人、非机动车、牲畜等闯入公路及非法侵占公路用地。从而确保行车安全、排除横向干扰、充分发挥公路功能。其他公路可根据需要设置。

对于公路两侧的一些天然屏障、不必担心有人进入公路或非法侵占公路用地的路段，可不设置隔离栅。凡符合下列条件之一的，可不设置隔离栅。

(1)高速公路、需要控制出入的一级公路的路侧有水渠、池塘、湖泊等天然屏障的路段；

(2)高速公路、需要控制出入的一级公路的路侧有高度大于1.5m的挡土墙或砌石等陡坎的路段；

(3)桥梁、隧道等构造物，除桥头、洞口需与路基隔离栅连接以外的路段。

隔离栅遇桥梁、通道时，应在桥头锥坡或端墙处围封。公路两侧的封闭，一般在桥梁、通道等处为薄弱环节。这些地点需采取措施进行围封。在小桥桥头,隔离栅可以沿锥坡爬上,在桥头处围封,也可沿端墙围封。通道的进出口,由于过往人、畜较多,需特别注意人为破坏的可能性,应选择强度高,人、畜无法爬入的结构进行围封。

对一些尺寸较小、流量不大的涵洞,隔离设施可直接跨过。但在跨越处,须作一定的围封处理,以防人、畜钻入公路内。跨越涵洞时,立柱可适当加强、加深。

隔离栅的中心线,一般沿公路用地范围界限以内 0.2～0.5m 处设置。主要考虑立柱的基础能落在公路界以内,避免因侵占界外用地发生纠纷。

2.桥梁护网设置原则

上跨高速公路、需要控制出入的一级公路的车行或人行构造物两侧均应设置桥梁护网,其设置范围为下穿公路宽度并各向路外延长 10m。

公路跨越铁路、通航河流、交通量较大的其他公路时,应根据需要设置桥梁护网。

四、隔离设施构造要求

1.隔离栅构造要求

在实际应用中,综合考虑不利于人为攀越、结构整体的配合要求、网面的强度(绷紧程度)三个因素,金属网格的网孔尺寸一般不宜大于 150mm×150mm;上下两道刺钢丝的间距不宜大于 250mm,一般以 150～200mm 为宜。网孔在保证封闭功能的要求下,在保证隔离网自身强度和刚度的条件下,网孔应尽量选大值,以减少工程费用,提高隔离栅的性能价格比。电焊网可选用无边框的结构,在网面设置折弯结构可增加刚度,减小钢丝直径。这种网面可降低电焊网的造价。

公路两侧的地形变化很大,有些地点(如陡坎、湖泊、河流、深沟等)隔离设施的设置前后不能连续,需要做好隔离栅的端部处理。

编织卷网、电焊卷网、刺钢丝网对起伏地形适应性较强。而钢板网、电焊片网、编织片网对起伏地形适应性较差,在起伏地形使用时,需设置成阶梯状或将网片特制成平行四边形顺坡设置;如地形起伏过大,可考虑对地形进行一定的修整,尽可能使隔离栅起伏自然,避免局部地段的突然变化。在地势起伏较大的地区,应尽量避免采用钢板网、电焊片网、编织片网。这三种形式的隔离栅爬坡性能较差,且施工困难。

为保证隔离栅的有效性,在每段隔离设施的起点和终点,以及因地形条件需要断开的地段,都应针对不同的情况作专门的端头围封设计,使公路外的行人或牲畜不能在隔离栅断开处进入公路。在隔离栅需要改变方向的地点,应作专门的拐角设计。设计时应力求结构稳定、施工方便,保持立柱和隔离网规格的统一性。

为便于公路的维修和养护,方便公路管理人员和养护人员以及机修设备的进出,需要在适当的位置设计隔离栅开口。开口处均需设立活动门,以利于养护工作完成后,隔离设施的继续封闭。隔离栅活动门的规格大小,可根据进出大门的设备、人员情况进行设计,形势应力求简易、实用。大门的形式一般可分为单开门和双开门两种。单开门用于人员的进出;双开门主要为机修设备及车辆的进出而设置。单开门门宽设计尺寸不应大于 1.5m,双开门总宽不应超过 3.2m。门框的设计强度是根据门的尺寸大小决定的,跨度大的门,对门架稳定性要求也高,这会增加不必要的工程费用。

2.桥梁护网构造要求

桥梁护网所采用的金属网的形式可与隔离栅相同，其网孔规格不宜大于50mm×100mm。

桥梁护网应做防雷接地处理，接地电阻应小于10Ω。

第二节 技 术 要 求

目前，隔离栅的国家标准已经发布，并于2012年5月1日实施，新颁布的国家标准分为：《隔离栅 第1部分：通则》(GB/T 26941.1—2011)、《隔离栅 第2部分：立柱、斜撑和门》(GB/T 26941.2—2011)、《隔离栅 第3部分：焊接网》(GB/T 26941.3—2011)、《隔离栅 第4部分：刺钢丝网》(GB/T 26941.4—2011)、《隔离栅 第5部分：编织网》(GB/T 26941.5—2011)、《隔离栅 第6部分：钢板网》(GB/T 26941.6—2011)六部分。根据考试大纲要求本次修订以交通行业标准《隔离栅技术条件》(JT/T 374—1998)为主要内容，该标准规定了隔离栅的规格和尺寸和质量要求。桥梁护网产品的质量评定主要参考JT/T 374—1998实施。

一、隔离栅产品规格和尺寸

隔离栅由网片、立柱、斜撑、连接件、门(门柱)等构件组成，见图2-7-1。

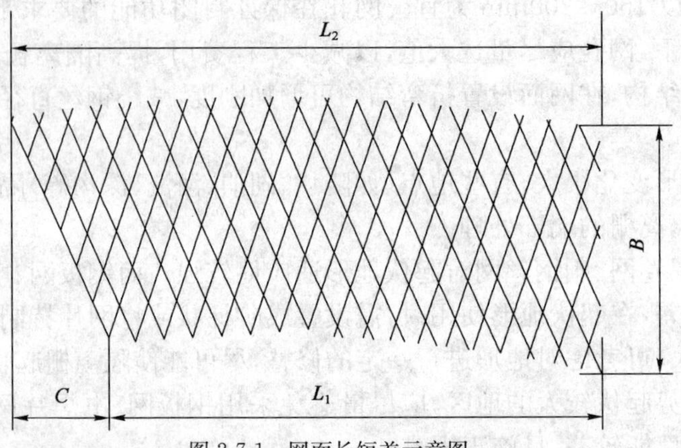

图2-7-1 网面长短差示意图

1.网片

(1)规格和尺寸

钢板网隔离栅网片的规格和尺寸应符合JT/T 374—1998中表1和图2的规定，电焊网隔离栅网片的规格和尺寸应符合JT/T 374—1998中表2和图3的规定，编织网隔离栅网片的规格和尺寸应符合JT/T 374—1998中表3和图4的规定，刺钢丝隔离栅网片的规格和尺寸应符合JT/T 374—1998中表4和图5的规定。

(2)网片规格、尺寸选取原则

板材厚或钢丝直径的选取，在保证隔离栅自身的强度和刚度的情况下，尽量取小值，网孔尽量取大值，以减少工程费用，提高隔离设施的性能价格比。

网面长度的选取，根据立柱间距确定。在风压大的地区，选择小间距；风压小的地方，立柱的间距可大一些。

网面宽度的选取，根据设计网高确定。在都市人口密度大的地方，隔离栅设计高度应取大值；在人烟稀少的农村或郊外，设计高度可取小值。

2. 立柱、斜撑

钢板网、电焊网及编织网立柱、斜撑可采用直缝焊接钢管、等边槽钢、等边内卷边槽钢、Y型钢及其他断面形状钢。刺钢丝网立柱、斜撑可采用等边槽钢、等边内卷边槽钢、Y型钢及其他断面形状钢、混凝土柱等。

直缝焊接钢管的规格和尺寸(防腐处理前)、冷弯等边槽钢的规格和尺寸(防腐处理前)、冷弯内卷边槽钢的规格和尺寸(防腐处理前)、Y型钢的规格和尺寸(防腐处理前)应符合JT/T 374—1998中表5～表8及图6～图8的规定。其他适合断面形状钢在满足强度、稳定性的条件下也可使用，混凝土立柱的规格和尺寸应符合JT/T 374—1998中表9的规定。

立柱、斜撑长度根据设计网高确定。立柱可根据要求折弯，折弯后与立柱夹角的40°～45°。直缝焊接钢管立柱柱端应加柱冒，立柱与柱冒要连接牢固、紧密。

3. 门

门的规格和尺寸(防腐处理前)应符合JT/T 374—1998中表10～表12的规定。门宽不大于1.2m的门柱也可采用混凝土立柱，其断面尺寸为125mm×125mm，配筋直径不小于8mm。

4. 连接件

网片与立柱连接方式为连续安装或分片安装。

连接安装有两种方式。一种是直接挂在型钢立柱冲压而成的挂钩上或混凝土立柱中预埋的钢筋弯钩上，挂钩的距离要与网片网格大小相匹配，挂钩的大小要能满足固定网片的要求。另一种是通过螺栓、螺母、垫片、抱箍、条形港片等连接附件将网片与立柱、立柱与斜撑连接。其中，条形钢片用于网片端头与立柱的连接，其厚度不大于4mm；抱箍用于钢管立柱与网片的连接，针对钢管的外径进行设计。

分片安装是通过螺栓、螺母、垫片、抱箍、上横框、下横框、竖框等连接件将网片与立柱连接。其中，上横框、下横框、竖框用于网片固定，其宽度不小于40mm，厚度不大于1.5mm；横框、竖框与钢片之间用直径为6mm的铁铆钉固定。抱箍用于钢管立柱与网框的连接，针对钢管的外径进行设计；也可采用其他的装配方式进行安装。

立柱与斜撑，立柱与网框用M8螺栓连接。斜撑如采用锚钉钢筋确定，则锚钉钢筋的直径不应小于20mm。门柱与门通过连接件用M16螺栓连接。

5. 张力钢丝

共用三根张力钢丝，将编制网串联成整体。底部一根靠近地面，顶部一根靠近网边。张力钢丝用直径不小于3.5mm的低碳钢丝。

6. 延伸臂

延伸臂用于挂刺钢丝或与网片规格相同的金属网，延伸臂可以垂直或与柱夹40°～50°的角。延伸臂的长为250～350mm。延伸臂可由立柱直接折弯，也可另外设计，通过焊接或用M8螺栓与立柱连接。

二、隔离栅产品尺寸偏差

1. 钢板网隔离栅网片的尺寸偏差

丝梗厚度 d：板厚2.0mm，允许偏差±0.18mm；板厚2.5mm，允许偏差±0.20mm；板厚

3.0mm，允许偏差±0.22mm。

丝梗宽度 b 的允许偏差应不超过基本尺寸的±10%，整张网面丝梗宽度超偏差的根数不得超过4根(连续不得超过2根)，其最大宽度应不小于相邻丝梗宽度的125%。

短节距 TL 的允许偏差不得超过JT/T 374—1998中表13的规定。网面长度 L 的允许偏差为(+120,0)mm，网面宽度 B 的允许偏差为(+25,0)mm。网面长短差 C 不超过 L 的1.3%，$C=L_2-L_1$(图2-7-1)。网面平整度不超过JT/T 374—1998中表14的规定。

2.电焊网隔离栅网片的尺寸偏差

钢丝直径和网格尺寸的允许偏差应符合JT/T 374—1998中表15和表16的规定。网面长度、宽度允许偏差分别为：网面长度、宽度的±0.5%。

3.编织网隔离栅网片的尺寸偏差

钢丝直径允许偏差和网格尺寸的允许偏差应符合JT/T 374—1998中表15和表17的规定。网面长度的允许偏差：网面长度的±1%；网面宽度的允许偏差：网面宽度的±1.5%。

4.刺钢丝隔离栅网片的尺寸偏差

钢丝直径的允许偏差应符合JT/T 374—1998中表15的规定。刺距的允许偏差为±13mm。刺钢丝每捆质量应为50kg或25kg，每捆质量允许偏差为$_{0}^{+4}$kg。

刺钢丝全部股线的长度，原则上不应有接头，但因生产过程不可避免时，捆质量25kg的允许有1个接头，捆质量50kg的允许不超过2个接头。接头须平行对绕在拧花处，不得挂钩。

5.直缝焊接钢管立柱的尺寸偏差

钢管的外径、壁厚的允许偏差应符合JT/T 374—1998中表18的规定。钢管立柱定尺长度的允许偏差为$_{0}^{+20}$mm。钢管弯曲度不大于1.5mm/m。

6.冷弯等边槽钢及冷弯内卷边槽钢(统称型钢)立柱的尺寸偏差

型钢非自由边长、型钢自由边长和型钢壁厚的允许偏差应符合JT/T 374—1998中表19～表21的规定，弯曲角区域的壁厚不作考核。

型钢立柱的定尺长度的允许偏差为$_{0}^{+30}$mm。型钢立柱不得有明显扭转，型钢立柱弯曲度每米不得大于3mm，总弯曲度不得大于总长度的0.3%。

7.Y型钢立柱的尺寸偏差

Y型钢断面尺寸的允许偏差应符合JT/T 374—1998中表22的规定。Y型钢立柱的定尺长度的允许偏差为$_{0}^{+30}$mm。Y型钢立柱不得有明显扭转，型钢立柱弯曲度每米不得大于3mm，总弯曲度不得大于总长度的0.3%。

8.混凝土立柱的尺寸偏差

混凝土立柱横断面尺寸的允许偏差为$_{-4}^{+6}$mm。混凝土立柱的定尺长度的允许偏差为$_{-25}^{+50}$mm。

三、材料要求及加工要求

1.钢板网隔离栅网片

钢板网网片的材料，应采用低碳薄钢板，其化学性能和机械性能应满足《碳素结构钢和低合金结构钢热轧薄钢板和钢带》(GB 912—2008)和《碳素结构钢冷轧薄钢板及钢带》(GB/T 11253—2007)的规定。钢板网弯曲90°无折断现象。

2.电焊网隔离栅网片

电焊网用金属丝,应采用低碳钢丝,其化学性能应符合《一般用途低碳钢丝》(YB/T 5294—2009)的规定。对于片网,焊点脱落数应不小于焊点总数的4%;对于卷网,任一面积为$15m^2$的网上焊点脱落数应小于此面积焊点总数的4%。焊点抗拉力应符合表2-7-1的规定。

焊点抗拉力　　表2-7-1

钢丝直径(mm)	2.2	2.8	3.5	4.0
焊点抗拉力(N)	400	650	1 010	1 320

3.编织网隔离栅网片

编织网用金属丝,应采用低碳钢丝,其力学性能应符合《一般用途低碳钢丝》(YB/T 5294—2009)的规定。应采用纵向编织。

4.刺钢丝网隔离栅

股线及刺线应采用低碳钢丝,其力学性能应符合《一般用途低碳钢丝》(YB/T 5294—2009)的规定。刺钢丝每个结有4个刺,刺形应规整,刺尖角$\alpha \leqslant 25°$,刺夹角β为$90° \pm 20°$,刺长L为$16mm \pm 3mm$,刺线缠绕股线不得少于1.5圈,捻扎应牢固,刺形应均匀。

5.其他材料及构件

钢管材料,以热轧钢带、冷轧钢带焊接或焊后冷加工方法制造,其化学成分及机械性能应满足《直缝电焊钢管》(GB/T 13793—2008)的规定。

型钢材料,用冷加工变形的冷轧或热轧钢带在连续辊式冷弯机组上加工生产,其化学成分及机械性能应满足《碳素结构钢》(GB/T 700—2006)的规定,连续铺设的型钢立柱上的挂钩经冲压加工成形。

Y型钢,用普通碳素钢在普通的轧钢机上热轧而成,其化学成分及机械性能应满足《碳素结构钢》(GB/T 700—2006)的规定。

混凝土立柱用混凝土强度等级应不低于C20,拌制混凝土所用的各项材料及混凝土的配合比、拌制、浇筑、养护应满足有关标准的规定。

条形钢片和抱箍可采用冷轧或热轧钢板(带),其技术条件应符合《碳素结构钢和低合金结构钢 热轧薄钢板和钢带》(GB 912—2008)的规定。

螺栓、螺母可采用普通紧固件,其机械性能应符合《紧固件机械性能》(GB 3098)的规定。

四、外观质量

整张网面平整,无断丝,网格无明显歪斜。钢丝防腐处理前表面不得有裂纹、斑痕、折叠、竹节及明显的纵面拉痕,且钢丝表面不得有锈。

钢管防腐处理前不允许有裂缝、结疤、折叠、分层、搭焊等缺陷存在。冷弯型钢及Y型钢防腐处理前表面不得有气泡、裂纹、结疤、折叠、夹杂和端面分层;允许有不大于公称厚度10%的轻微凹坑、凸起、压痕、发纹、擦伤和压入的氧化铁皮。

混凝土立柱表面应密实、平整,无裂缝、翘曲,如有蜂窝、麻面,其面积不超过同侧面积的10%。

五、防腐层质量

所有钢构件均应进行金属防腐处理，宜采用热浸镀锌方法。当采用热浸镀铝、静电喷涂等其他防腐方法时，应有可靠的技术数据和试验验证资料，其防腐性能应不低于《隔离栅技术条件》(JT/T 374—1998)规定的热浸镀锌方法的相应要求。

采用热浸镀锌方法进行金属防腐处理时，热浸镀锌所采用的锌应为《锌锭》(GB 470—2008)规定的0号或1号锌。镀锌构件的锌附着量应符合表2-7-2的要求。镀锌构件表面应具有均匀完整的锌层，颜色一致，表面具有实用性光滑，不允许有流挂、滴瘤或多余结块。镀件表面应无漏镀、露铁等缺陷。有螺纹的构件在热浸镀锌后，应清理螺纹或作离心分离。镀锌构件的锌层应均匀，试样经硫酸铜溶液浸蚀规定次数后无金属铜的红色沉积物。镀锌构件的锌层应与基底金属结合牢固，经锤击或缠绕试验后，镀锌层不剥离、不凸起，不得开裂或起层到用裸手指能够擦掉的程度。

镀锌构件的锌附着量 表2-7-2

构件名称		平均镀锌层质量 (g/m²)	
		Ⅰ	Ⅱ
网片 (板材厚或钢丝直径) (mm)	2.0	105	230
	2.2	110	230
	2.5	110	240
	2.8	120	250
	3.0	125	250
	3.5	135	270
	4.0	135	270
连接件		350	
立柱、斜撑、门柱		500	

注：①网片Ⅱ级镀锌量用于重工业、都市或沿海等腐蚀较严重的地区。

②立柱、斜撑、门柱的锌层质量最低值不得低于 $450g/m^2$。

第三节 生产及施工工艺

一、隔离设施的生产工艺

隔离栅网片的生产包括将钢丝校直切断、电焊成网、焊边框(适用于电焊网)；或将钢板冲剪成网，然后焊边框(适用于钢板网)等工艺。

隔离栅立柱生产包括折弯、钻孔、焊柱帽和连接件等工艺。

隔离栅可采用热浸镀锌、浸塑等防腐形式，热浸镀锌工艺同波形梁钢护栏，浸塑工艺采用流化床法来实施。基本原理是将预热的工件浸入到依靠空气流化的粉末涂料中，敷上一层粉末涂料，然后经塑化流平，在金属表面形成均匀的涂层。

工艺流程为：金属隔离栅或立柱→预热→粉末浸塑→塑化→冷却→修整→检查→包装。

浸塑设备主要由预热炉、流动槽、升降振动装置、塑化炉、输送装置和控制系统等组成。

二、隔离设施的施工工艺

1.隔离栅施工工艺要求

隔离栅施工前，其所在位置应进行场地清理，软基应进行处理。应根据设计文件的规定开挖基坑。

应根据设计文件中规定的隔离栅的设置位置和实际地形、地物条件确定控制立柱的位置和立柱中心线，在控制立柱之间按设计文件规定的柱距定出柱位。每个柱位均应按设计文件的要求确定高程，并应按实际地形进行调整。

立柱应根据设计文件的规定设置在现浇混凝土基础或预制混凝土基础内。立柱的埋设应分段进行。可先埋设两端的立柱，然后拉线埋设中间立柱，控制立柱与中间立柱的平面投影应在一条直线上，柱顶应平顺。预制混凝土立柱和基础在运输和装卸时应避免折断或损坏边角。

混凝土基础强度达到设计强度的70%以上时，可按下列规定安装隔离栅网片：

(1)安装无框架卷网时，应从端头立柱开始，沿纵向展开，边铺设边拉紧，挂钩时网片不得变形。

(2)安装有框架的片网时，网面应平整，框架应整体平顺、美观，框架与立柱应连接牢固。

(3)安装刺钢丝网时，应从端头立柱开始。刺钢丝之间应平行、平直，绷紧后应与立柱上的铁钩牢固绑扎，横向与斜向刺钢丝相交处也应绑扎牢固。

隔离栅网片安装完毕后，应对基础周围进行夯实处理。

2.桥梁护网施工工艺要求

应以上跨桥梁与公路、铁路等设施的交叉点为控制点，向两侧对称进行桥梁护网的施工。桥梁护网的设置长度应符合设计文件的规定。

应根据桥梁护网立柱预埋基础的位置安装立柱，未设置预埋件时，应采取后固定的施工工艺固定立柱。

桥梁防护网网片应牢固安装在立柱上，网片应平整、绷紧。应根据设计文件对桥梁护网做防雷接地处理。

第四节　检测方法

隔离栅的试验方法和检验规则应符合表2-7-3～表2-7-6的规定。

钢板网隔离栅的试验方法　　表2-7-3

序号	检验项目	抽样数量	抽样方法	试验方法
1	丝梗厚度	每批一件	随机抽样	用分辨率为0.02mm的游标卡尺在节点处进行，并任取三个节点，计算平均值
2	丝梗宽度	每批一件	随机抽样	用分辨率为0.02mm的游标卡尺在节点处进行，并任取三个节点，将所得的平均值除以2
3	短节距	每批一件	随机抽样	用分辨率为1mm的钢卷尺测得连续10个*TL*总长，测三次，计算平均值

续上表

序号	检验项目	抽样数量	抽样方法	试验方法
4	网面长、宽	每批一件	随机抽样	用分辨率为1mm的钢卷尺，任意量取三个长、宽，计算平均值
5	网面长、短差	每批三件	随机抽样	用分辨率为1mm的钢卷尺量取长、短边长，相减后取平均值
6	网面平整度	每批三件	随机抽样	GB 11953中5.5
7	钢管外径	每批一件	随机抽样	用分辨率为0.1mm的游标卡尺，任意量取三个直径，计算平均值
	钢管壁厚	每批一件	随机抽样	用分辨率为0.01 mm的壁厚千分尺任意量取三个壁厚计算平均值
8	钢管定尺长度	每批三件	随机抽样	用分辨率为1mm的钢卷尺量取，计算平均值
9	钢管弯曲度	每批三件	随机抽样	将钢管水平放于工作台上，用刀口尺和塞尺量取三次，计算平均值
10	型钢边长	每批一件	随机抽样	用分辨率为0.1mm的游标卡尺，每个值量取三次，计算平均值
	型钢壁厚	每批一件	随机抽样	用分辨率为0.01mm的千分尺，任意量取三个壁厚，计算平均值
11	型钢定尺长度	每批三件	随机抽样	用分辨率为1mm的钢卷尺量取，计算平均值
12	型钢弯曲度	每批三件	随机抽样	将型钢水平放于工作台上，用刀口尺和塞尺量取三次，计算平均值
13	Y型钢断面尺寸	每批一件	随机抽样	用分辨率为0.1mm的游标卡尺，每个值量取三次，计算平均值
14	Y型钢定尺长度	每批三件	随机抽样	用分辨率为1mm的钢卷尺量取，计算平均值
15	Y型钢弯曲度	每批三件	随机抽样	将型钢水平放于工作台上，用刀口尺和塞尺量取三次，计算平均值
16	钢板网强度	每批一件	随机抽样	GB 11953《钢板网》中5.6
17	钢材料的机械性能	每批一件	随机抽样	GB 228《金属拉伸试验法》、GB 232《金属弯曲试验方法》、GB 2975《钢材力学及工艺性能试验取样规定》、GB 6397《金属拉伸试验试样》
18	钢材料的化学成分	每批一件	随机抽样	GB 222《钢的化学分析用试样取样法及成品化学成分允许偏差》、GB 223《钢铁及合金化学分析方法》
19	紧固件机械性能			GB 3098《紧固件机械性能》
20	外观质量	逐张、逐根		目视、手感
21	锌附着量	每批一件	随机抽样	三氯化锑法
22	锌层均匀性	每批一件	随机抽样	硫酸铜法
23	锌层附着性	每批一件	随机抽样	锤击试验、缠绕试验

电焊网隔离栅的试验方法

表 2-7-4

序号	检验项目	抽样数量	抽样方法	试验方法
1	钢丝直径	每批一件	随机抽样	用分辨率为 0.02mm 的游标卡尺，任意量取三根钢丝的直径，计算平均值
2	网格尺寸	每批一件	随机抽样	用分辨率为 1mm 的钢卷尺，任意量取三个网孔的长、宽，计算平均值
3	网面长度、宽度	每批一件	随机抽样	用分辨率为 1mm 的钢卷尺，任意量取三个网面长、宽，计算平均值
4	钢管外径	每批一件	随机抽样	用分辨率为 0.1mm 的游标卡尺，任意量取三个直径，计算平均值
	钢管壁厚			用分辨率为 0.01mm 的壁厚千分尺，任意量取三个壁厚计算平均值
5	钢管定尺长度	每批三件	随机抽样	用分辨率为 1mm 的钢卷尺量取，计算平均值
6	钢管弯曲度	每批三件	随机抽样	将钢管水平放于工作台上，用刀口尺和塞尺量取三次，计算平均值
7	型钢边长	每批一件	随机抽样	用分辨率为 0.1mm 的游标卡尺，每个值量取三次，计算平均值
	型钢壁厚	每批一件	随机抽样	用分辨率为 0.01mm 的千分尺，任意量取三个壁厚，计算平均值
8	型钢定尺长度	每批三件	随机抽样	用分辨率为 1mm 的钢卷尺量取，计算平均值
9	型钢弯曲度	每批三件	随机抽样	将型钢水平放于工作台上，用刀口尺和塞尺量取三次，计算平均值
10	Y 型钢断面尺寸	每批一件	随机抽样	用分辨率为 0.1mm 的游标卡尺，每个值量取三次，计算平均值
11	Y 型钢定尺长度	每批三件	随机抽样	用分辨率为 1mm 的钢卷尺量取，计算平均值
12	Y 型钢弯曲度	每批三件	随机抽样	将型钢水平放于工作台上，用刀口尺和塞尺量取三次，计算平均值
13	焊点脱落数	每批一件	随机抽样	目测
14	焊点抗拉力	每批一件	随机抽样	在网上任取五个焊点，进行拉伸，以拉断时拉力值计算平均值
15	钢丝力学性能	每批一件	随机抽样	GB 228《金属拉伸试验法》、GB 232《金属弯曲试验方法》
16	钢材料机械性能	每批一件	随机抽样	GB 228《金属拉伸试验法》、GB 232《金属弯曲试验方法》、GB 2975《钢材力学及工艺性能试验取样规定》、GB 6397《金属拉伸试验试样》

续上表

序号	检验项目	抽样数量	抽样方法	试验方法
17	钢材料化学成分	每批一件	随机抽样	GB 222《钢的化学分析用试样取样法及成品化学成分允许偏差》、GB 223《钢铁及合金化学分析方法》
18	紧固件机械性能			GB 3098《紧固件机械性能》
19	外观质量	逐张、逐根		目视、手感
20	锌附着量	每批一件	随机抽样	三氯化锑法
21	锌层均匀性	每批一件	随机抽样	硫酸铜法
22	锌层附着性	每批一件	随机抽样	锤击试验、缠绕试验

编织网隔离栅的试验方法

表 2-7-5

序号	检验项目	抽样数量	抽样方法	试验方法
1	钢丝直径	每批一件	随机抽样	用分辨率为 0.02mm 的游标卡尺,任意量取三根钢丝的直径,计算平均值
2	网格尺寸	每批一件	随机抽样	用分辨率为 1mm 的钢卷尺,任意量取三个网孔的长、宽,计算平均值
3	网面长度、宽度	每批一件	随机抽样	用分辨率为 1mm 的钢卷尺,任意量取三个网面长、宽,计算平均值
4	钢管外径	每批一件	随机抽样	用分辨率为 0.1mm 的游标卡尺,任意量取三个直径,计算平均值
	钢管壁厚			用分辨率为 0.01 mm 的壁厚千分尺,任意量取三个壁厚计算平均值
5	钢管定尺长度	每批三件	随机抽样	用分辨率为 1mm 的钢卷尺量取,计算平均值
6	钢管弯曲度	每批三件	随机抽样	将钢管水平放于工作台上,用刀口尺和塞尺量取三次,计算平均值
7	型钢边长	每批一件	随机抽样	用分辨率为 0.1mm 的游标卡尺,每个值量取三次,计算平均值
	型钢壁厚	每批一件	随机抽样	用分辨率为 0.01mm 的千分尺,任意量取三个壁厚,计算平均值
8	型钢定尺长度	每批三件	随机抽样	用分辨率为 1mm 的钢卷尺量取,计算平均值
9	型钢弯曲度	每批三件	随机抽样	将型钢水平放于工作台上,用刀口尺和塞尺量取三次,计算平均值
10	Y 型钢断面尺寸	每批一件	随机抽样	用分辨率为 0.1mm 的游标卡尺,每个值量取三次,计算平均值
11	Y 型钢定尺长度	每批三件	随机抽样	用分辨率为 1mm 的钢卷尺量取,计算平均值
12	Y 型钢弯曲度	每批三件	随机抽样	将型钢水平放于工作台上,用刀口尺和塞尺量取三次,计算平均值
13	钢丝力学性能	每批一件	随机抽样	GB 228《金属拉伸试验法》、GB 232《金属弯曲试验方法》

续上表

序号	检验项目	抽样数量	抽样方法	试验方法
14	钢材料机械性能	每批一件	随机抽样	GB 228《金属拉伸试验法》、GB 232《金属弯曲试验方法》、GB 2975《钢材力学及工艺性能试验取样规定》、GB 6397《金属拉伸试验试样》
15	钢材料化学成分	每批一件	随机抽样	GB 222《钢的化学分析用试样取样法及成品化学成分允许偏差》、GB 223《钢铁及合金化学分析方法》
16	紧固件机械性能			GB 3098《紧固件机械性能》
17	外观质量	逐张、逐根		目视、手感
18	锌附着量	每批一件	随机抽样	三氯化锑法
19	锌层均匀性	每批一件	随机抽样	硫酸铜法
20	锌层附着性	每批一件	随机抽样	锤击试验、缠绕试验

刺钢丝隔离栅的试验方法　表 2-7-6

序号	检验项目	抽样数量	抽样方法	试验方法
1	钢丝直径	每批一件	随机抽样	用分辨率为 0.02mm 的游标卡尺，任意量取三根钢丝的直径，计算平均值
2	刺距	每批一件	随机抽样	用分辨率为 1mm 的钢卷尺，任意量取三个刺距，计算平均值
3	捆重	每批一件	随机抽样	用分辨率不小于 1kg 的磅秤，称重三次，计算平均值
4	接头数	每批一件	随机抽样	目测
5	型钢边长	每批一件	随机抽样	用分辨率为 0.1mm 的游标卡尺，每个值量取三次，计算平均值
	型钢壁厚			用分辨率为 0.01mm 的千分尺任意量取三个壁厚，计算平均值
6	型钢定尺长度	每批三件	随机抽样	用分辨率为 1mm 的钢卷尺量取三次，计算平均值
7	型钢弯曲度	每批三件	随机抽样	将型钢水平放于工作台上，用刀口尺和塞尺量取三次，计算平均值
8	Y 型钢断面尺寸	每批一件	随机抽样	用分辨率为 0.1mm 的游标卡尺，每个值量取三次，计算平均值
9	Y 型钢定尺长度	每批三件	随机抽样	用分辨率为 1mm 的钢卷尺量取，计算平均值
10	Y 型钢弯曲度	每批三件	随机抽样	将钢管水平放于工作台上，用刀口尺和塞尺量取三次，计算平均值
11	混凝土立柱断面尺寸	每批一件	随机抽样	分辨率为 1mm 的钢直尺，量取三次，计算平均值

续上表

<table>
<tr><th>序号</th><th colspan="2">检验项目</th><th>抽样数量</th><th>抽样方法</th><th>试验方法</th></tr>
<tr><td>12</td><td colspan="2">混凝土立柱定尺长度</td><td>每批三件</td><td>随机抽样</td><td>用分辨率为 1mm 的钢卷尺量取三次，计算平均值</td></tr>
<tr><td rowspan="3">13</td><td rowspan="3">刺型</td><td>刺形</td><td rowspan="3">每批一件</td><td rowspan="3">随机抽样</td><td>目测</td></tr>
<tr><td>刺尖角</td><td>用万能角尺，任意量取三个刺尖角，计算平均值</td></tr>
<tr><td>刺长</td><td>用分辨率为 1mm 的钢直尺，任意量取三个刺长，计算平均值</td></tr>
<tr><td>14</td><td colspan="2">钢丝力学性能</td><td>每批一件</td><td>随机抽样</td><td>GB 228《金属拉伸试验法》、GB 232《金属弯曲试验方法》</td></tr>
<tr><td>15</td><td colspan="2">钢材料机械性能</td><td>每批一件</td><td>随机抽样</td><td>GB 228《金属拉伸试验法》、GB 232《金属弯曲试验方法》、GB 2975《钢材力学及工艺性能试验取样规定》、GB 6397《金属拉伸试验试样》</td></tr>
<tr><td>16</td><td colspan="2">钢材料化学成分</td><td>每批一件</td><td>随机抽样</td><td>GB 222《钢的化学分析用试样取样法及成品化学成分允许偏差》、GB 223《钢铁及合金化学分析方法》</td></tr>
<tr><td>17</td><td colspan="2">配置混凝土用材料</td><td></td><td></td><td>JTG E30《公路工程水泥及水泥混凝土试验规程》</td></tr>
<tr><td>18</td><td colspan="2">外观质量</td><td>逐捆、逐根</td><td></td><td>目视、手感</td></tr>
<tr><td>19</td><td colspan="2">锌附着量</td><td>每批一件</td><td>随机抽样</td><td>三氯化锑法</td></tr>
<tr><td>20</td><td colspan="2">锌层均匀性</td><td>每批一件</td><td>随机抽样</td><td>硫酸铜法</td></tr>
<tr><td>21</td><td colspan="2">锌层附着性</td><td>每批一件</td><td>随机抽样</td><td>锤击试验、缠绕试验</td></tr>
</table>

隔离设施除网片外，其他构件的镀层检测类似波形梁护栏，网片附着量锌层附着量试验、锌层均匀性试验和锌层附着性试验方法按照本书第二篇第一章第三节有关内容或者按照标准 JT/T 374 有关规定执行。

第八章

防眩设施

第一节 概 述

一、防眩设施相关的定义

1.眩光

在视野范围内出现亮度极高的物体或强烈的亮度对比,而引起视觉机能或视力降低的现象,称为眩光。

眩光按对于视觉的影响程度不同,可分为不舒适眩光和失能眩光。视觉仅有不舒适感,会造成分散注意力的效果,但短时间内并不一定减低视觉对象的可见度,这样的眩光为不舒适眩光。由于眩光源的位置靠近视线,使视网膜像的边缘出现模糊,从而妨碍了对附近物体的观察,降低视觉对象的可见度,同时如果侧向抑制它,还会使这些物体的可见度变得更差,这样的眩光为失能眩光。

眩光使人的视力下降并迅速疲劳,日常生活中的眩光污染有很多,如夜间迎面而来的汽车前灯的眩光会使受到光刺激的驾驶员和行人控制力降低,很容易导致交通事故的发生。

2.防眩设施

防眩设施是设置在道路中央分隔带上用于消除汽车前照灯夜间眩光影响的道路交通安全设施。

3.遮光角

遮光角是指防眩设施遮挡对向车辆前照灯入射光线的角度。

二、防眩设施的主要形式

防眩设施主要包括防眩板、防眩网和植树防眩三种形式。防眩板通过其宽度部分阻挡对向车前照灯的光束。防眩板按其原材料材质性能又可分为金属材料防眩板、塑料防眩板、玻璃纤维增强塑料防眩板等。防眩网是通过网股的宽度和厚度阻挡光线穿过,同时将光束分散反射,通过减少光束强度而达到防止对向车前照灯眩目的目的。植树防眩的遮光原理与防眩板相同,主要是以树木的横向宽度部分遮挡对向车前照灯的大部分光束以达到防眩目的。植树防眩可采用间隔植树和密集植树两种方式。

三、防眩设施的设计指导思想

(1)防眩设施应按部分遮光原理设计,直线路段遮光角不应小于 8°,平曲线路段及竖曲线路段遮光角应为 8°～15°。

防眩设施既要有效地遮挡对向车辆前照灯的眩光，又要满足横向通视好、能看到斜前方，并对驾驶员心理影响小的要求。防眩设施应采用部分遮光原理设计，因为如采用完全遮光原理设计，不仅缩小了驾驶员的视野，对驾驶行车有压迫感，而且影响了巡逻管理车辆对对向车道的通视与监管。另外，无论白天或黑夜，对向车道的交通状况是驾驶行车的重要参照系，其中很重要的一点是驾驶员在夜间能通过对向车前照灯的光线判断两车的纵向距离，使其注意调整形式状态。国外的试验研究结果表明，相会两车达到某一距离时，眩光会对视距产生较大的影响，但当非常接近(小于 50m)时，光线对视距影响不大。通过试验可知，防眩设施不需要很大的遮光角就可获得良好的遮光效果。所以，防眩设施不一定要把对向车灯的光线全部遮挡，可采用部分遮光的原理，允许部分车灯光穿过防眩设施，但透光量不应使驾驶员感到不舒适。

(2)设置防眩设施不应减少公路的停车视距。

在曲线半径较小且中央分隔带较窄的弯道上，设置防眩设施可能会影响曲线外侧车道的视距。因此，在设置防眩设施之前应进行停车视距的分析，保证设置防眩设施后不会减小停车视距。对停车视距的影响是随中央分隔带宽度和曲线半径的减小而趋于严重，故应对在弯道上设置防眩设施可能引起的视距问题予以足够的重视。

弯道上设置的防眩设施如果经检验影响了视距，则可考虑降低防眩设施的高度。降低高度后的防眩设施可阻挡对向车前照灯的大部分眩光，且驾驶员能看见本车道前方车流中最后一辆车的顶部，这个高度值一般在 1.2m 左右。另外，也可考虑将防眩设施的设置位置偏向曲线内侧，但此方法对于较小半径的弯道来说，效果并不明显，景观效果也不好，因而主要在较大半径的曲线路段采用。

如采取上述方法仍得不到较好的防眩效果和景观效果，则不宜在中央分隔带上设置防眩设施。如确需设置，则可采取加宽中央分隔带的方法，使车道边缘至防眩设施之间有足够的余宽，以保证停车视距。

(3)防眩设施所用材料不得反光。

(4)防眩设施结构计算可参考交通标志的相关内容。

防眩设施在满足构造要求的前提下，一般能抵抗风载的破坏，可不进行力学计算。但在经常遭受台风袭击的沿海地区和常年风力较大、会刮倒树木或破坏道路设施的地区，在设计上应对防眩板及其连接部件或基础进行力学验算，具体计算方法可参考交通标志的相关内容。

四、防眩设施的设置原则

(1)高速公路、一级公路凡符合下列条件之一者，应设置防眩设施。

①中央分隔带宽小于 9m 的路段。

在公路上两车相会时，驾驶员受眩光影响的程度与两车的横向距离有很大的关系。英国道路交通研究所(TRRL)《相对两车前照灯对视距的影响》研究表明：当两车横距较大(S=15m)时，两车纵距愈小，视距愈大，特别是两车很接近时，视距显著增加。当横距S=40m时，视距几乎与纵距无关。

交通运输部公路科学研究所进行的防眩试验表明，当相会两车横向距离达到 14m 以上时，相会两车灯光不会使驾驶员眩目，这一结果和英国试验结果一致。

国内外的研究者普遍认为:提供足够的横向距离以消除对向车前照灯眩目是理想的防眩设计。国外6车道的高速公路,除满足日间的交通量需求外,夜间左侧车道(靠近中央分隔带的车道)上几乎没有或很少有车辆行驶,甚至中间车道的车辆也不多。这样,两车相会时有足够的横向距离,消除了对向车前照灯的眩目影响。英国高速公路车辆行驶规则规定:不是为了超车或边车道无空时,不得使用右侧车道(英国正常行车规则为左行,右侧超车)。这样,对向车流间有足够的横向距离,因而无眩目影响,或影响甚微,可不设防眩设施。

我国2004年5月1日施行的《中华人民共和国道路交通安全法实施条例》规定:在道路同方向划有2条以上机动车道的,左侧为快速车道,右侧为慢速车道。当中央分隔带宽度为7m时,加上两条左侧路缘带宽1.5m,中间带宽度为8.5m。如相会两车都在快速车道上行驶,其横向间距值为12.25m($S=8.5+2\times3.75/2=12.25$m),故当中央分隔带宽度大于9m时,一般都能有效地降低眩光对驾驶员行车的影响,或说眩光对驾驶行为的影响可以不予考虑。因而《细则》规定在中央分隔带宽度大于等于9m时,就不必设置防眩设施了。

②夜间交通量较大,服务水平达到二级以上的路段。

夜间车流量大,大型车混入率较高的路段,需设置防眩设施。

③圆曲线半径小于一般值的路段。

④凹形竖曲线半径小于一般值的路段。

⑤公路路基横断面为分离式断面,上下车行道高差小于或等于2m时。

当公路路基的横断面为分离式断面,上下车行道不在同一水平面时,理论计算和实际经验表明,若上下车行道的高差小于等于2m,会车时眩光对驾驶员的影响较大,需要设置防眩设施;在高差大于2m时,眩光影响较小,并且在这种情况下,一般都应在较高的车行道旁设置路侧护栏,而护栏(除缆索护栏外)也能起到部分遮光的作用,因而此时也就不必设置专门的防眩设施了。

⑥与相邻公路或交叉公路有严重眩光影响的路段。

⑦连拱隧道进出口附近。

可根据对驾驶员眩目影响的程度确定是否设置防眩设施。

(2)非控制出入的一级公路平面交叉、中央分隔带开口两侧各100m(设计速度大于或等于80km/h)或60m(设计速度为60km/h)范围内可逐渐降低防眩设施的高度,由正常高度降至开口处的0高度,否则不宜设置防眩设施。

在无封闭设施的路段上设置防眩设施,如有人翻越防眩设施或从中跳出,往往使驾驶员猝不及防。尤其在夜间,以一定间距栽植的树木在灯光的照射下就像人站立在路旁一样,使驾驶员感到紧张,而更加谨慎地行车。即使道路条件好,驾驶员也不敢将车速提高,而且本能地使车辆轨迹偏离车道,即离中央分隔带远些。许多统计资料都表明,在无封闭设施的路段设置防眩设施后,反而使该路段路的事故率增加,尤其是恶性事故率上升,这与侧向通视不好致使驾驶员对前方的突发事件反应不及有关。因此,在无封闭设施的路段是否设置防眩设施、选择什么类型的防眩设施应予慎重考虑。如确需设置,则应选择好防眩设施的形式和高度,既要降低人、牲畜随意穿越的可能性,又要有利于驾驶员横向通视。非控制出入的一级公路平面交叉和中央分隔带开口处有行人及车辆穿越,若连续设置防眩设施,驾驶人员在突发情况下往往反应不及,防眩设施应在路口一定范围内断开或逐渐降低防眩设施高度加以提醒。根据停车视距的要求，设计速度大于或等于 80km/h 时，靠近中央分隔带车行道行驶的车辆发现行人到完全停止的防眩设施开口长度要求为 100m 左右；设计速度为 60km/h 时，防眩设施开口长度要求为 60m 左右，故建议一级公路平面交叉、中央分隔带开口两侧一定范围内不宜设置防眩设施。考虑到车辆驾驶人员遇到平面交叉、中央分隔带开口的减速心理及外侧车道行驶等其他因素，平交路口的防眩设施断开长度可适当缩小。

(3)公路沿线有连续照明设施的路段，可不设置防眩设施。

在有连续照明设施的路段，车辆夜间一般都以近光灯行驶，会车时眩目影响不大，因此，可考虑不设置防眩设施。

(4)防眩设施连续设置时，应符合下述规定：

①应避免在两端防眩设施中间带有短距离间隙。

防眩设施的设置应考虑连续性，避免在两端防眩设施之间留有短距离的间隙，因为这种情况会给毫无思想准备的驾驶员造成很大的潜在眩目危险，易诱发交通事故，而且从人的视觉感受和景观上来说效果也不好。

②各结构段应相互独立，每一结构段的长度不宜大于 12m。

防眩板应以一定长度的独立结构段为制造和安装单元，这种结构段的长度一般小于 12m，视采用材料、工艺情况而定。防眩板设置在道路上，免不了会因遭受失控车辆的冲撞而损坏，为减轻损坏的严重程度，方便更换维修，设计时应使各段每隔一定距离前后互相分离，互不相连。这样做既有利于加工制作和运输安装，而且从防止温度应力破坏的角度来说也是必需的。防眩板每一独立段的长度可与护栏的设置间距相协调，选择 4m、6m、8m、12m 或超长一些的都可以。

③结构形式、设置高度、设施位置发生变化时应设置渐变过渡段，过渡段长度以 50m 为宜。

防眩设施的设置高度原则上应全线统一。不同防眩结构的连接应注意高度的平滑过渡，不要出现突然的高度变化。设置在凹形竖曲线路段的防眩设施，其设置高度应根据竖曲线半径及纵坡情况计算确定，并在一定长度范围(渐变段)内逐步过渡，以符合人的视觉特性。该渐变段的长度与人的视觉特性、结构尺寸和变化幅度以及车辆的行驶速度(公路等级)等有关，该渐变段的长度一般宜大于 50m。在设计中，应根据具体情况确定合适的渐变段长度。另外，防眩板板条宽度的变化幅度一般都不大，故其渐变段的长度还可小一些。

五、防眩设施的形式选择

(1)选择防眩设施形式时，应针对公路的平纵线形、气候条件，充分比较各种防眩设施的性能，分析行驶安全感、压迫感、景观要求，并考虑与公路周围环境的协调性，结合经济性、施工条件及养护维修等因素综合确定。

除植树灌木外，在公路上设置的防眩设施有很多形式，总的来说有网格状防眩网、栅栏式防眩网、扇面式防眩扇板、板条式防眩板等。从制造材料方面分有金属的、塑料的、玻璃钢的等。

就防眩板和防眩网而言，交通运输部公路科学研究所在“七五”国家科技攻关中，就防眩设施的形式选择，通过大量的资料分析和调查研究，从下述几个方面对防眩设施的性能进行了综合比较：

①有效地减少对向车前照灯的炫目;②对驾驶员的心理影响小(行车质量的影响、单调感);③经济性;④良好的景观(美观性);⑤施工简单、养护方便;⑥对风阻力小,积雪少;⑦有效地阻止人为破坏和车辆损坏;⑧通视效果好。

研究结果表明(表 2-8-1),防眩板是一种经济、美观、对风阻挡小、积雪少、对驾驶员心理影响小的防眩设施,尤其是适当板宽的防眩板与混凝土护栏配合使用效果更佳,从而确定防眩板是最佳的结构形式。故本书中主要推荐防眩板和植树两种形式作为我国公路防眩设施的基本形式。

不同防眩设施的综合性比较表 表 2-8-1

特 点	植树(灌木)		防 眩 板	防 眩 网
	密集型	间距型		
美观	好		好	较差
对驾驶员心理影响	小	大	小	较小
对风阻力	大		小	大
积雪	严重		好	严重
自然景观配合	好		好	不好
防眩效果	较好		好	较差
经济性	差	好	好	较差
施工难易	较难		易	难
养护工作量	大		小	小
横向通视	差	较好	好	好
阻止行人穿越	较好	差	较好	好
景观效果	好		好	差

(2)高速公路、一级公路宜采用防眩板和植树两种方式交替设置进行防眩。在进行技术经济论证后,也可采用其他的防眩形式。

就防眩板和植树(灌木)两种形式的具体设置而言,当中央分隔带宽度较小时,应以防眩板为主进行防眩;而在中央分隔带较宽、地形变化较大、需要保护自然景观并且气候条件也较适宜植树时,可采用植树(灌木)防眩。从经济、景观、养护和克服单调性等方面而言,防眩板和植树相结合是比较理想的形式。设置缆索护栏时,因缆索护栏与防眩结合设置,会给人以"头重脚轻"之感,景观效果不好,再加上缆索护栏是柔性结构,不能很好地对防眩板起保护作用。车辆侧撞对缆索护栏可能没有什么损伤,而防眩板却可能遭受破坏或产生变形,修复较困难。如植树与缆索护栏结合设置,既能起到防眩作用,又弥补了缆索护栏诱导效果不理想的缺点,景观效果极佳,故在设置缆索护栏的路段,最好采用植树防眩。

(3)中央分隔带护栏间距小于树冠直径时,或植树对中央分隔带通信管道有影响时,不宜采用植树防眩。

六、防眩设施的构造要求

(1)防眩板宽度可采用 8～25cm,间距为 50～100cm,所用材料应符合《防眩板》(GB/T

24718—2009)的规定;植树防眩的树丛间距应根据树冠有效直径计算确定。

①防眩板的结构设计要素主要有:遮光角、防眩高度、板宽、板的间距等。其中遮光角和防眩高度是重要指标。由于防眩板的宽度,部分阻挡了对向车前照灯的眩光,也就是说,在中央分隔带连续设置一定间距、一定宽度的防眩板后,当与前照灯主光轴成一定水平夹角(遮光角β定义,图 2-8-1)的光线照射到防眩板上,它刚好被相邻两块板条所阻挡。因此,遮光角是设计的重要参数。

②防眩板条的间距规定为 50～100cm,主要是为了与护栏的设置间距相吻合,同时也有利于加工制作。另外,按此间距计算出的板宽能很好地与护栏顶部宽度尺寸相配合。

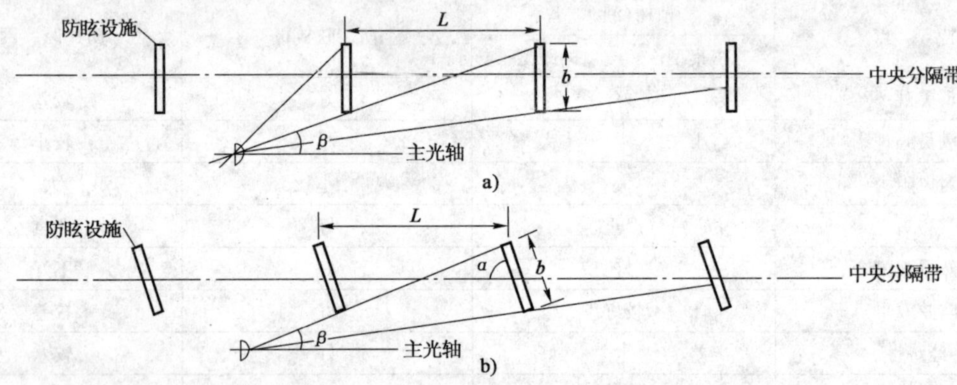

图 2-8-1 防眩板遮光角和宽度计算示意图

③遮光角的计算。

a. 直线路段遮光角β如图 2-8-1 所示,应按式(2-8-1)计算。

$$\beta=\tan^{-1}\left(\frac{b}{L}\right) \tag{2-8-1}$$

b. 平曲线路段遮光角β_0,应按式(2-8-2)计算。

$$\beta_0=\cos^{-1}\left(\frac{R-B_3}{R}\cos\beta\right) \tag{2-8-2}$$

式中:b——防眩板的宽度(cm);

L——防眩板的间距(cm);

R——平曲线半径(m);

B_3——车辆驾驶员与防眩设施的横向距离(m);

β、β_0——防眩遮光角(°)。

④防眩板宽度的计算。

a. 当防眩板与设置中线垂直时,按式(2-8-3)计算。

$$b=L\tan\beta \tag{2-8-3}$$

b. 当防眩板与设置中线偏转α角时,按式(2-8-4)计算。

$$b=\frac{L\tan\beta}{\sin\alpha+\cos\alpha\tan\chi} \tag{2-8-4}$$

式中:α——防眩板的偏转角(°)。

(2)防眩设施的高度与驾驶员的视线高度和前照灯的高度有直接关系。

①在公路线形设计中,我国采用的驾驶员视线高度标准值是 1.20m,而在实际行驶的车辆群体中,由于车辆结构和驾驶员个体等因素的差别,驾驶员的视线高度变化很大。根据调查,我国驾驶员视线高度建议值为小汽车 1.30m、大客车 2.20m、货车 2.00m。汽车前照灯高度建议值为小型车 0.8m,大型车为 1.0m。

②在凸形竖曲线路段,驾驶员可在一定范围内从较低的角度看到对向车前照灯的眩光,随着两车驶近,视线上移,眩光才被防眩设施遮挡。故在凸形竖曲线路段,防眩设施的下缘应接近或接触路面,或在中央分隔带上种植密集矮灌木,以消除这种眩光的影响。其设置的范围至少为凸形竖曲线顶部两侧各 120m,因平直路段感觉不到眩光的两车最小纵距即为 120m 左右,汽车远射灯光的照距一般也在 120m 左右。

③在凹形竖曲线路段,驾驶员显然可从较高的角度看到对向车前照灯的眩光,因而宜根据凹形竖曲线的半径和前后纵坡度的大小,适当增加凹形竖曲线路段防眩设施的高度。一般可通过计算或计算机绘图求出凹形竖曲线内各典型路段相应的防眩设施高度值,最后取一平均值作为整个凹形竖曲线内防眩设施的设置高度。显然,在凹形竖曲线路段,通过种植足够高度的树木防眩是比较理想的形式,它可为驾驶员提供优美的视觉环境。

④为使防眩设施的高度能与道路的横断面比例协调,不使防眩设施受冲撞后倒伏到行车道上,以及减少行驶的压迫感,防眩设施的高度一般不宜超过 2m。

⑤综上所述,防眩设施的高度可按下式计算:

a. 直线路段防眩设施的高度 H,可按式(2-8-5)和式(2-8-6)进行计算,计算示意图见图 2-8-2。

$$H = h_1 + (h_2 - h_1)B_1/B \tag{2-8-5}$$

或

$$H = h_2 - (h_2 - h_1)B_2/B \tag{2-8-6}$$

式中:h_1——汽车前照灯高度(m),如表 2-8-2 所示;

h_2——驾驶员视线高度(m),如表 2-8-2 所示;

B_1、B_2——分别为车行道上车辆距防眩设施中心线的距离,m,$B=B_1+B_2$,如图 2-8-2 所示。

驾驶员视线高度和前照灯的高度值(单位:m) 表 2 8 2

车　　种	视线高度 h_2	前照灯高度 h_1
大型车	2.0	1.0
小型车	1.30	0.8

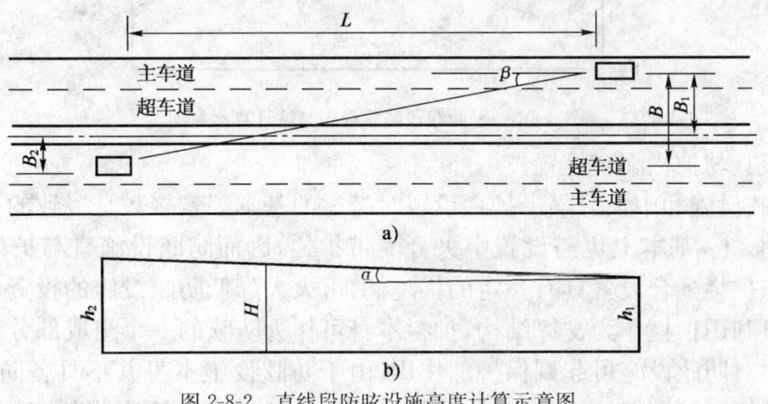

图 2-8-2　直线段防眩设施高度计算示意图

b. 平曲线路段应按式(2-8-7)和式(2-8-8)验算防眩设施高度对停车视距的影响，平曲线路段防眩设施高度验算图式见图 2-8-3，停车视距 S 按《公路路线设计规范》(JTG D20—2006)中 7.9.2取值。

$$H < \frac{D-(R+m/2)\cos\gamma}{D}(h_2-h)+h \tag{2-8-7}$$

$$D = 2R\sin\frac{S}{2R} \tag{2-8-8}$$

式中：H——防眩设施高度(m)；

D——驾驶员与障碍物通视的直线距离(m)；

h_2——驾驶员视线高度(m)；

h——障碍物高度(m)；

R——平曲线半径(m)；

m——道路中央分隔带宽度(m)；

S——停车视距(m)。

c. 在竖曲线路段，当竖曲线半径小于现行《公路工程技术标准》(JTG B01—2003)所规定的一般最小半径时，应根据竖曲线路段前后纵坡的大小计算防眩设施的高度是否满足遮光要求。

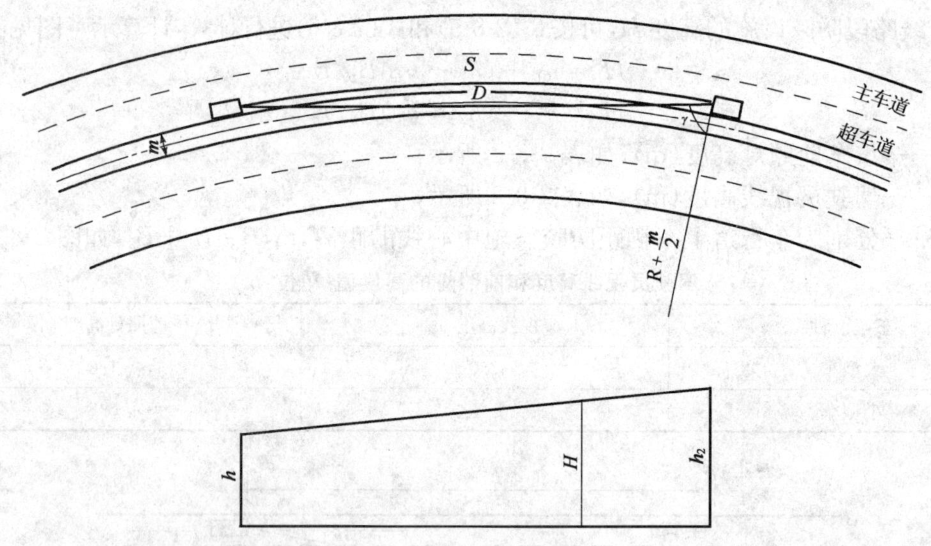

图 2-8-3 平曲线段防眩设施高度计算示意图

(3)防眩板宜与护栏配合设置。

①我国防眩设施和中央分隔带护栏设置时考虑的基本因素多数是一致的。一般在需设置防眩设施的路段上，基本上也需设置中央分隔带护栏，因而防眩设施宜与护栏配合设置。而且，防眩设施与护栏配合设置具有一定的优越性，可大大降低防眩设施的投资。防眩设施与护栏配合设置，可利用护栏作为支撑结构，护栏本身可作为防眩的一个组成部分，节省投资、降低造价；而且护栏对防眩设施可起到保护的作用，由于防眩设施本身并不具备防撞功能，与护栏配合使用时，护栏可起到保护的作用，使防眩设施受冲撞破坏的几率降低，可节省大量的维修

养护费用；此外，还可起到增强道路景观的作用。

②防眩板与护栏配合设置时，其结构处理应满足以下规定：

a. 防眩板固定在混凝土护栏顶部时，可按独立结构段为单位进行安装。一般采用预埋地脚螺栓连接。

b. 防眩板与波形梁护栏配合设置时，可通过连接件将防眩板架设在护栏上，或通过立柱将防眩板埋设于中央分隔带上。

c. 防眩设施与护栏配合设置时，不应影响护栏的正常使用功能。

(4)采用植树防眩时，应根据当地气候条件，选择易成活、根系发达且对埋土深度要求较浅、枝叶茂密、落叶少、养护工作量少的树种。

第二节　技术要求

防眩设施主要包括防眩板、防眩网和植树防眩三种形式。本节中的检测技术主要针对防眩板产品。

一、防眩板产品分类与命名

《防眩板》(GB/T 24718—2009)中防眩板产品分类与命名的规定如下：

1. 产品分类

按产品结构划分：

(1)Z——中空型；

(2)S——实体型；

(3)T——特殊造型。

按板体材料划分：

(1)P——塑料板体型；

(2)F——玻璃纤维增强塑料(玻璃钢)板体型；

(3)M——钢质金属板体型；

(4)Q——其他材质板体型。

2. 型号

示例：以高密度聚乙烯为原材料的规格为高900mm、宽220mm的中空塑料防眩板应表示为“FXS P Z 900×220”。

二、防眩板产品技术要求

1. 一般要求

1)原材料

原材料要求如下：

(1)塑料防眩板树脂原材料应符合相应的国家标准对于各类树脂的相关规定。

(2)玻璃纤维增强塑料(玻璃钢)防眩板的原材料性能应符合《公路用玻璃纤维增强塑料产品 第1部分：通则》(GB/T 24721.1—2009)的规定。

(3)金属板体的钢质基板应符合《碳素结构钢》(GB/T 700—2006)中相关型号钢板的规定,涂塑层应用的粉末涂料应符合《公路用防腐蚀粉末涂料及涂层　第1部分:通则》(JT/T 600.1—2004)的规定。

2)外观质量

产品表面颜色均匀一致,无明显的反光现象,边缘圆滑、无毛刺、无飞边;表面无剥离、裂纹、气泡、砂眼等缺陷,整体成形完整、无明显歪斜。

3)结构尺寸

除特殊造型防眩板产品外,产品主要结构尺寸见表2-8-3。

防眩板主要结构尺寸(单位:mm)　　表2-8-3

高 度 H	宽 度 W	厚 度 t		固定螺孔直径 ϕ
700～1 000	80～250	中空塑料板体型	≥1.5	8～10
		钢质金属板体型	2～4	
		玻璃钢及其他实体型	2.5～4	

结构尺寸的允许偏差应符合下列规定:

(1)高度 H 的允许偏差为 $^{+5}_{0}$mm。

(2)宽度 W 的允许偏差为±2mm。

(3)钢质金属板体型等规则厚度防眩板,其厚度 t 的允许偏差为±0.3mm,其他非规则厚度板体其厚度允许偏差应满足规范中的上下限要求。

(4)固定螺孔直径允许偏差为 $^{+0.5}_{0}$mm。

(5)纵向直线度不大于2mm/m。

2.理化性能

防眩板产品的理化性能要求应符合表2-8-4～表2-8-7的要求。

防眩板通用理化性能　　表2-8-4

序 号	项 目	单 位	技 术 要 求
1	抗风荷载 F	N	F 应不小于 CS 的乘积,其中 C 为抗风荷载常数,取值为1 647.5N/m²,S 为该规格防眩板的有效承风面积
2	抗变形量 R	mm/m	≤10
3	抗冲击性能		以冲击点为圆心,半径6mm区域外,试样表面或板体无开裂、剥离或其他破坏现象

塑料防眩板理化性能　　表2-8-5

序号	项 目		技 术 要 求
1	耐溶剂性能	耐汽油性能	产品表面不应出现软化、皱纹、起泡、开裂、被溶解、溶剂浸入等痕迹
		耐酸性能	
		耐碱性能	
2	环境适应性能	耐低温坠落性能	产品应无开裂、破损现象
		耐候性能	经总辐照能量大于 3.5×10^{6} kJ/m² 的人工加速老化试验后,试样无明显变色、龟裂、粉化等老化现象,试样的耐候质量等级评定应符合《公路沿线设施塑料制品耐候性要求及测试方法》(GB/T 22040—2008)中5.2的规定

玻璃钢防眩板理化性能 表 2-8-6

序号	项　目		单位	技术要求
1	密度		g/cm³	≥1.5
2	巴柯尔硬度		—	≥40
3	氧指数(阻燃性能)		%	≥26
4	耐溶剂性能	耐汽油性能	—	产品表面不应出现软化、皱纹、起泡、开裂、被溶解、溶剂浸入等痕迹
		耐酸性能		
		耐碱性能		
5	耐水性能		—	产品表面不应出现软化、皱纹、起泡、开裂、被溶解、溶剂浸入等痕迹
6	环境适应性能	耐低温坠落性能	—	产品应无开裂、破损现象
		耐候性能		经总辐照能量大于 3.5×10^{6}kJ/m² 的人工加速老化试验后，试样无明显变色、龟裂、粉化等老化现象，试样的耐候质量等级评定应符合《公路沿线设施塑料制品耐候性要求及测试方法》(GB/T 22040—2008)中 **5.2** 的规定

钢质金属基材防眩板理化性能 表 2-8-7

序号	项　目				单位	技术要求
1	涂塑层厚度	热塑性涂层	单涂层		mm	0.38～0.80
			双涂层			0.25～0.60
		热固性涂层	单涂层			0.076～0.150
			双涂层			0.076～0.120
2	双涂层基板镀锌层附着量				g/m²	≥270
3	涂层附着性能	热塑性粉末涂料涂层			—	一般不低于 2 级
		热固性粉末涂料涂层			—	0 级
4	环境适应性能	耐盐雾性能	钢质基底无其他防护层		—	划痕部位任何一侧 0.5mm 外，涂层应无气泡、剥离的现象
			金属防护层基底	第Ⅰ段(8h)		划痕部位任何一侧 0.5mm 外，涂层应无气泡、剥离的现象
				第Ⅱ段(200h)		基底金属无锈蚀
5		涂层耐湿热性能			—	划痕部位任何一侧 0.5mm 外，涂层应无气泡、剥离的现象

三、防眩设施工程安装质量要求和评定标准

按《公路工程质量检验评定标准》(JTG F80/1—2004)的规定，防眩设施工程安装质量要求和评定标准的主要内容如下：

1.基本要求

包括以下五项：

(1)防眩设施的材质、镀锌量应符合《公路防眩设施技术条件》(JT/T 333—1997)及设计和施工规范的要求。

(2)防眩设施整体应与道路线形相一致，美观大方，结构合理。

(3)防眩设施的几何尺寸及遮光角应符合设计要求。

(4)防眩板的平面弯曲度不得超过板长的0.3%。柱式轮廓标安装牢固，逆反射材料表面与行车方向垂直，色度性能和光度性能与设计相符。

(5)防眩设施安装牢固。

2.外观鉴定

包括以下两项：

(1)防眩板表面不得有气泡、裂纹、疤痕、端面分层等缺陷，不符合要求时，每处减2分。

(2)防眩设施色泽均匀，不符合要求时，每处减2分。

3.实测检查

防眩设施实测检查项目如表2-8-8所示。

防眩设施实测检查项目表 表2-8-8

项次	检查项目	规定值或允许偏差	权值
1	安装高度(mm)	±10	2
2	镀(涂)层厚度(mm)	符合设计	1
3	防眩板宽度(mm)	±5	1
4	防眩板设置间距(mm)	±10	1
5	竖直度(mm/m)	±5	1

第三节 生产工艺和施工方法

一、防眩板的生产工艺

1.塑料防眩板的生产工艺

塑料防眩板的生产工艺流程如图2-8-4所示。

2.玻璃钢防眩板的生产工艺

玻璃钢防眩板的生产工艺流程如图2-8-5所示。

对于玻璃钢防眩板，一定量的模压料装入模具后，在一定的温度和压力下模压料塑化、流动并充满模腔。同时，模压料发生交联固化反应，形成三维体型结构而得到预期的制品。在整个压制过程中，加压、赋形、保温等过程都依靠被加热的模具的闭合而实现。

在加热加压保温的条件下模压料发生以下几个阶段的变化。第一个阶段是模压料受热塑化，流动并充满模腔，获得制品所要求的形状。第二个阶段是树脂与交联单体发生交联反应，形成部分网状结构，模压料黏度增大，流动性降低，表现出一定的弹性。第三个阶段是交联反应继续进行，树脂与交联单体之间的共聚反应更为完全，模压料失去流动性，硬度大幅度增加。从实际生产角度来看，这三个阶段并没有明显的界限，模压料在流动的同时可能形成部分网状结构，乃至更进一步形成三维体型结构。

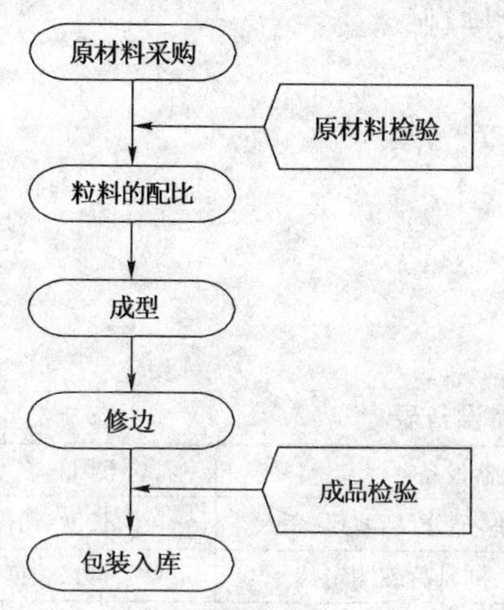

图 2-8-4 塑料防眩板的生产工艺流程图

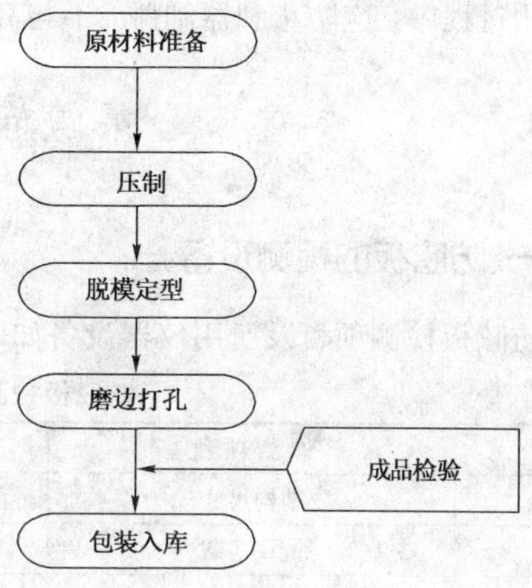

图 2-8-5 玻璃钢防眩板的生产工艺流程图

二、防眩板的施工方法

1. 施工方法

防眩板的施工工序是：放样→支架防眩板安装→防眩板线形调整。

安装过程中所有钢构件均应进行防腐处理。除设计文件另行规定外，防腐处理应满足现行《高速公路交通工程钢构件防腐技术条件》(GB/T 18226—2000)的规定。螺栓、螺母等紧固件和连接件在防腐处理后，必须清理螺纹或进行离心分离处理。

防眩板可以安装在钢护栏上和混凝土护栏上，也可以单独设置；安装线形缓和整体应与公路线形协调一致；防眩板安装的高度和遮光角必须满足标准要求。

2. 防眩板施工中的质量控制

(1)放样

防眩板支架放样，应先确定控制点(如桥梁)，控制点间距、放样应符合设计要求。

(2)支架及防眩板安装

支架安装间距符合施工图设计；支架安装高度保持一致，线形平顺；防眩板安装高度、间距要符合设计要求。

(3)防眩板线形调整

防眩板安装完成后应进行线形调整，防眩板整体线形应与路线线形一致，没有高低不平及扭曲现象。

三、防眩板产品的标志、包装、运输和储存要求

防眩板产品的标志规定如下：交货时，产品整包装应该附有一张制造标签和一张合格证标签。制造标签内容包括：产品名称、型号、生产日期、批号、产品标准号、生产企业名称、联系

地址等。合格证标签内容包括:合格证、检验合格、检验证编号、检验人员代号、检验日期等。产品外包装应能保证产品在运输和储存过程中,不受外力的轻微影响,保持外观完整。

产品在运输时,不得受剧烈的撞击和重压。存放场地应有明显的"禁止烟火"标志。储存和使用过程中,应防止利器刮碰,不与高温热源或明火接触。

第四节 检 测 方 法

一、防眩板的检测设备

防眩板检测项目及所用仪器设备如表 2-8-9 所示。

防眩板检测项目及所用仪器设备表 表 2-8-9

序 号	检测项目	检测仪器设备	测量参数
1	结构尺寸	直尺、卷尺、卡尺、板厚千分尺、塞尺、角尺	长度、角度
2	抗风荷载	万能材料试验机、抗风荷载测定仪	力、长度
3	防腐层厚度	磁性测厚仪	厚度
4	镀层附着量	天平、量杯	质量、容量
5	镀层均匀性	天平、量杯	质量、容量
6	镀锌层附着性	镀锌层附着性能测试仪	质量、肖氏硬度
7	镀铝层附着性	弯曲测试棒	直径
8	镀层/涂层耐盐雾性	盐雾腐蚀试验箱	温度、流量
9	涂层抗弯曲性	涂层附着力测定器	直径
10	涂层耐磨性	涂层磨耗仪、天平	质量
11	耐冲击性	漆膜冲击器、温度计	质量、高度、温度
12	耐化学药品性	天平、量杯	质量、容量
13	耐湿热性	高低温湿热试验箱	温度、湿度
14	耐低温脆化性	低温试验箱	温度、时间
15	耐候性	人工加速老化试验箱	辐照度、温度
16	外观质量	—	—

二、防眩板产品检测方法

1. 试样状态调节和试验环境条件

除特殊规定外,试样应按《塑料试样状态调节和试验的标准环境》(GB/T 2918—1998)的规定进行 24h 状态调节,并且在此条件下进行试验。

(1)试验环境温度:23℃±2℃;

(2)试验环境相对湿度:50%±5%。

2. 试剂

(1)固体试剂:NaOH(化学纯)、NaCl(化学纯);

(2)液体试剂:H_2SO_4(化学纯)、无铅汽油(90 号)。

3.试样

玻璃钢防眩板的试样要求应符合《公路用玻璃纤维增强塑料产品　第1部分:通则》(GB/T 24721.1—2009)中的相关规定。

塑料防眩板及玻璃钢防眩板耐溶剂性能试样应尽可能从防眩板平缓部位截取,试样面积大小应不小于100cm²。

4.试验程序

1)外观质量

在正常光线下,目测直接观察。

2)结构尺寸

(1)高度 H

将试样做平面投影,用分度值1mm的钢卷尺,在试样投影的最大长度位置量取3个数值,取算术平均值作为测量结果。

(2)宽度 W

将试样做平面投影,用分度值1mm的钢板尺,在试样投影的上、中、下三个部位分别量取3个测量值,取算术平均值作为测量结果。

(3)厚度 t

对板材厚度均匀的试样,用分度值0.02mm的千分尺分别在板的中部及边缘部分量取3个测量值,取算术平均值作为测量结果。对厚度不均匀的试样,对其板面的极限厚度值各量取3个测量值,取算术平均值作为厚度区间的测量结果。对于中空型的防眩板,厚度 t 为材料实壁单层厚度。

(4)固定螺孔直径 ϕ

用分度值0.01mm的游标卡尺在不同方向量取3个测量值,取算术平均值作为测量结果。

(5)纵向直线度

在试验平台上,用分度值为0.01mm的塞尺,量取板侧与试验平台间的3个最大缝隙值 d,取算术平均值 $\overline{d}$,则纵向直线度按下面公式求出:

$$\text{纵向直线度}=\overline{d}/H\times 100\% \tag{2-8-9}$$

式中:$\overline{d}$——最大缝隙值算术平均值(mm);

H——防眩板高度(mm)。

(6)端部不垂直度

对于规则方形防眩板,以万能角度尺在其板端量取3个测量值,取算术平均值作为测量结果。对于非规则方形防眩板,不作要求。

3)整体力学性能

(1)抗风荷载 F

将防眩板底部固定于试验平台上,板的中部用标准夹具夹持,以标准夹具的中点为力学牵引点,用刚性连接介质通过定滑轮与力学试验机牵引系统牢固连接,牵引点应与定滑轮下缘在同一直线上,且牵引方向应垂直于防眩板板面。在连接介质完全松弛的情况下,以100mm/min的速度牵引,直至板面破裂或已经达到最大负荷时,停止试验,所受最大牵引负荷即为试样的抗风荷载。如此共进行3组试验,取3次试验结果的算术平均值为测试结果。

试验牵引装置的设置按照图 2-8-6 的要求进行。

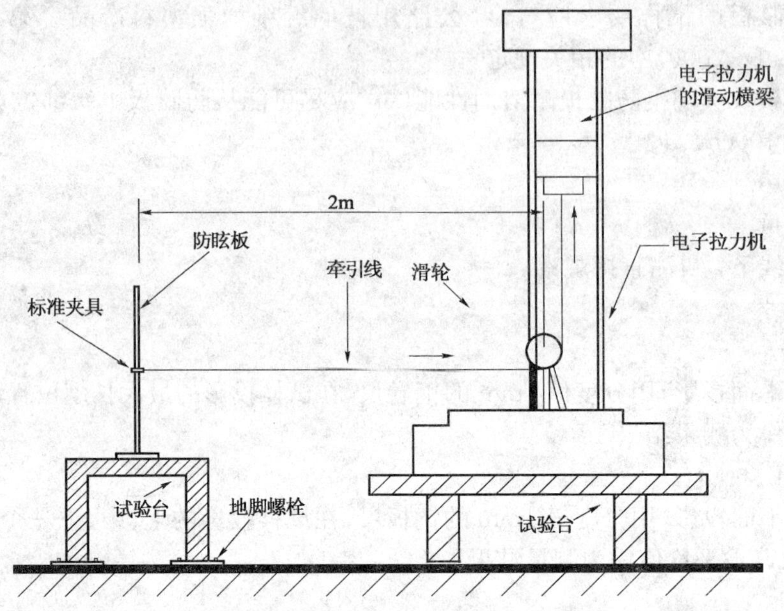

图 2-8-6 整体力学性能牵引装置设置图

(2)抗变形量 R

试验设备设置同抗风荷载,将防眩板固定于试验平台上,并与试验机良好连接。标记出板上端到操作台平面的投影 S_0,启动试验机,以 15mm/min 的速度进行牵引,当牵引负荷达到表 2-8-7 中相应规格的抗风荷载时,停止牵引,卸掉施加负荷,使防眩板自由弹性恢复,5min 后做板上端到操作台平面的投影,标记为 S_1,抗变形量 R 的立面投影示意如图 2-8-7 所示。则防眩板抗变形量 R 可用下式表示为:

$$R = (S_1 - S_0)/H \tag{2-8-10}$$

式中:R——抗变形量(mm/m);

S_1——最终投影位移(mm);

S_0——初始投影位移(mm);

H——板高(m)。

如此共进行 3 组试验,取 3 次试验结果的算术平均值为测试结果。

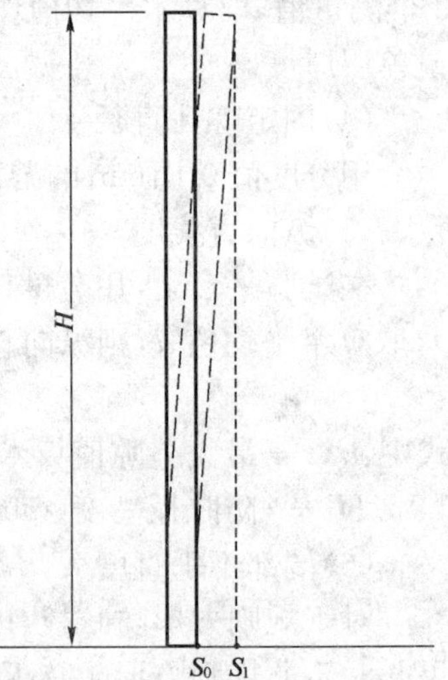

图 2-8-7 抗变形量 R 的立面投影示意图

(3)抗冲击性能

将试样放置在标准环境条件下调节 24h 后进行试验。试样应平整放置于硬质地面或试验台上,用质量为 1kg 钢球从距板面高度 1m 处自由下落,冲击试样,保证在冲击的过程中钢球与试样只接触一次,每件试样冲击点应选择上、中、下三个部位进行冲击试验,观测试验结果应符合表 2-8-4 的规定。

4)耐溶剂性能

(1)塑料防眩板

常规耐溶剂性能按照《塑料 耐液体化学试剂性能的测定》(GB/T 11547—2008)的方法进行,浸泡温度为23℃±2 ℃,浸泡时间为168h。试验试剂选用以下类型:

①30%的 H_2SO_4 溶液;

②10%的 NaOH 溶液;

③90 号汽油。

(2)玻璃钢防眩板

按《公路用玻璃纤维增强塑料产品 第1部分:通则》(GB/T 24721.1—2009)中的规定。

5)耐水性能

玻璃钢防眩板耐水性能按照《玻璃纤维增强塑料耐水性加速试验方法》(GB/T 10073)规定的方法进行,试验用水应为蒸馏水或去离子水,试验水温为80℃±2℃,试验144h后进行外观测试。

6)环境适应性能

(1)耐低温坠落性能

将长度为500mm试样放置在低温试验箱中,温度降至−40℃±3℃,恒温调节2h后取出试样,板面平行于地面由1m高度处自由坠落至硬质地面,观测试验结果。

(2)耐候性能(氙弧灯人工加速老化试验)

按《公路沿线设施塑料制品耐候性要求及测试方法》(GB/T 22040—2008)中的规定执行。

7)玻璃钢防眩板理化性能

(1)密度

按《纤维增强塑料密度和相对密度试验方法》(GB/T 1463—2005)规定执行,采用浮力法。

(2)巴柯尔硬度

按《纤维增强塑料巴氏(巴柯尔)硬度试验方法》(GB/T 3854—2005)规定执行。

(3)氧指数(阻燃性能)

按《纤维增强塑料燃烧性能试验方法 氧指数法》(GB/T 8924—2005)规定执行。

8)钢质金属基材防眩板理化性能

(1)基板厚度

试样经剥离外部涂塑层后,用分度值0.02mm的板厚千分尺分别在板的上、中、下边缘部分量取3个测量值,取算术平均值作为测量结果。

(2)涂层厚度

涂层厚度按《磁性基体上非磁性覆盖层 覆盖层厚度测量 磁性法》(GB/T 4956—2003)的规定进行,以测量值的算术平均值表示测试结果。若测试值中10%以上的值超出技术要求范围,即使算术平均值符合技术要求,该结果仍为不符合本标准的技术要求。

(3)双涂层基板镀锌层附着量

按《公路波形梁钢护栏》(JT/T 281—2007)中附录A的规定执行。

(4)涂层附着性能

①热固性粉末涂料涂层

按照《色漆和清漆 漆膜的划格试验》(GB/T 9286—1998)的方法进行。

②热塑性粉末涂料涂层

用锋利的刀片在涂塑层上划出两条平行的长度为5cm的切口,切入深度应达到涂层附着基底的表面。板状或柱状试样两条切口间距为3mm,丝状试样的两条切口位于沿丝的轴向的180°对称面。在切口的一端垂直于原切口作一竖直切口,用尖锐的器具将竖直切口挑起少许,用手指捏紧端头尽量将涂层扯起。以扯起涂层状态将涂层附着性能区分为0~4级如下。

0级:不能扯起或扯起点断裂;

1级:小于1cm长的涂层能被扯起;

2级:非常仔细的情况下可将涂层扯起1~2cm;

3级:有一定程度附着,但比较容易可将涂层扯起1~2cm;

4级:切开后可轻易完全剥离。

(5)耐盐雾性能

按《高速公路交通工程钢构件防腐技术条件》(GB/T 18226—2000)中6.3.7的规定执行。

(6)涂层耐湿热性能

按照《高速公路交通工程钢构件防腐技术条件》中相关规定执行,温度47℃±1℃,相对湿度96%±2%。

三、防眩设施工程抽样和质量检测方法

1.防眩设施安装工程抽样方法

《公路工程质量检验评定标准》(JTG F80/1—2004)中规定的防眩设施安装工程实测项目的抽样频率为:安装高度、镀(涂)层厚度、防眩板宽度均抽检5%;防眩板设置间距、竖直度、顺直度均抽检10%。

2.防眩设施安装工程检测方法

(1)安装高度检验

防眩设施安装高度是指从路面到防眩板顶的总高度。首先确定地面高度作为基点,从基点用钢卷尺(量程3 000mm,精度0.5mm)测量总高度。每处测量3次,取算术平均值。

(2)镀(涂)层厚度检验

防眩设施镀(涂)层厚度应满足设计要求,用涂层测厚仪(量程1 200μm,精度1μm)测量防眩金属构件各部位的镀(涂)层厚度。各构件每处在不同断面测量3次,取算术平均值。

(3)防眩板宽度检验

用直尺(量程500mm,精度0.5mm)在防眩板上、中、下部位测量板宽,取算术平均值。

(4)防眩板设置间距检验

用垂线和直尺(精度0.5mm)测量防眩板中对中间距,每处测量3次,取算术平均值。

(5)竖直度检验

用钢卷尺(量程5 000mm,精度0.5mm)测量防眩板的竖直度。用垂线对照防眩板侧边,从防眩板顶面固定垂线,量取防眩板偏离垂线的距离。

(6)顺直度检验

在道路直线段,先确定道路中心线的位置和防眩板中心线的位置,用 10m 拉线分别固定在防眩板两端中心线位置,用直尺(精度 0.5mm)垂量防眩板偏离中心线的距离;在道路曲线段,防眩板应与道路线形协调一致,防眩板线形应圆滑顺畅。

四、防眩板产品检验规则

对防眩板产品质量的检验分型式检验和出厂检验两种形式。

型式检验应在生产线终端或生产单位成品库内抽取足够的样品,按标准规定进行全部项目的检验。型式检验应每两年进行一次。防眩板产品在新设计试制产品时、出厂检验结果与上次型式检验有较大差异时、国家质量监督机构提出型式检验时,以及正式生产过程中如原材料、工艺有较大改变,可能影响产品性能时,应进行型式检验。

在生产企业首次批量定型生产时,型式检验中的耐候性能为必检项目,若检验合格,在产品配方不发生变化的情况下,耐候性能四年检验一次。若生产配方发生变化,应立即提请质检机构进行耐候性能测试。

型式检验时,如有任一项指标不符合《防眩板》(GB/T 24718—2009)要求时,则需重新抽取双倍试样,对该项目进行复验。复验结果仍然不合格时,则判该型式检验为不合格,反之判定为合格。

产品需经生产单位质量部门出厂检验合格并附产品质量合格证方可出厂。用同一批号原材料,同一配方和同一工艺生产的产品可组成一批。取样方法按《公路交通安全设施质量检验、抽样和判定》(JT/T 495—2004)中 5.1 的规定进行。

出厂检验项目包括:外观质量、结构尺寸、抗冲击性能、产品标识和产品包装。

第九章

突 起 路 标

第一节　概　　述

一、突起路标与太阳能突起路标的术语和定义

1. 逆反射元

产生逆反射的最小光学单元，例如一个三面直角棱镜或一个双凸透镜结构。

2. 逆反射器

由一个或多个逆反射元组成的、可直接应用的器件或组件，通常为梯形片状。

3. 定向透镜

一种在一定的入射条件和观测条件下才具备逆反射性能的器件，通常为小双凸透镜。

4. 全向透镜

在水平360°的入射条件下都具有逆反射性能的逆反射器。

5. 钢化玻璃

经热处理工艺之后的玻璃，其特点是在玻璃表面形成压应力层，机械强度和耐热冲击强度得到提高，并且碎裂时，碎片呈钝角颗粒状。

6. 永久突起路标

在长期应用条件下，为道路使用者提供夜间警示诱导和信息的突起路标，通常在重车使用环境下，使用寿命大于一年。

7. 临时突起路标

用于道路施工区和维护区，在白天和夜间为道路使用者提供警示诱导和信息的突起路标，通常在重车使用环境下，使用寿命大于四个月。

8. 亮度因数

D_{65}标准光源、45°/0°观测条件下，被测样品光亮度与同一位置时的标准漫反射白板的光亮度之比。

9. 逆反射

反射光线从靠近入射光线的反方向，向光源返回的反射（图2-9-1）。

10. 逆反射（发光）器中心

突起路标发光面（片）或逆反射片的几何中心，简称几何中心。

11. 基准轴

起始于逆反射（发光）器的几何中心，垂直于安装水平面的直线。

12. 逆反射(发光)器轴

水平面内通过几何中心与基准轴,与突起路标迎车面底边线相互垂直的直线。

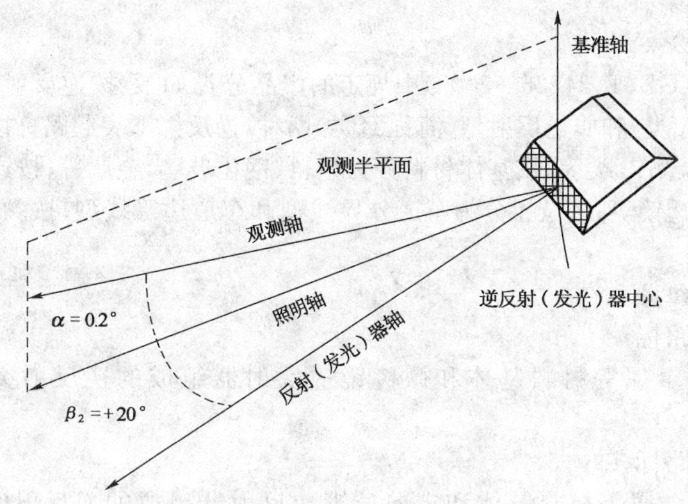

图 2-9-1 突起路标术语及光学测试原理图

13. 照明轴

连接几何中心和光源中心的直线(对于逆反射器来说,该轴为一实轴,是存在的;对于主动发光器来说,该轴为一虚轴,是为了描述测量几何条件而定义的)。

14. 观测轴

观测半平面内连接几何中心和光探测器中心的直线。

15. 水平入射角 β

水平面内照明轴与逆反射器轴之间的夹角。

16. 观测角 α

照明轴与观测轴之间的夹角。

17. 发光强度系数 R

逆反射器在观察方向的发光强度 I 除以投向逆反射体且落在垂直于入射光方向的平面内的光照度 $E_{\perp}$ 的商,以坎德拉每勒克斯表示 $(\mathrm{cd} \cdot \mathrm{lx}^{-1})$,$R = I/E_{\perp}$。

18. 逆反射系数 R'

平面逆反射表面上的发光强度系数 R 除以它的表面面积的商,以坎德拉每勒克斯每平方米表示 $(\mathrm{cd} \cdot \mathrm{lx}^{-1} \cdot \mathrm{m}^{-2})$,$R' = R/\mathrm{A}$。

19. 标准测试条件

环境温度为 25℃±1℃,用标准太阳电池测量的光源辐照度为 1 000W/m^2 并具有标准的太阳光谱辐照度分布。

20. 半强角

发光强度为最大发光强度光轴方向一半时,观测轴与最大发光强度光轴的夹角。

21. 浮充电

把充电电路和储能元件的供电电路并联接到负载上,充电电路在向负载供电的同时,仍向储能元件充电，只有当充电电路断开时，储能元件才向负载供电的一种充电运行方式。

二、突起路标的分类、组成、型号标记、功能和作用

1. 突起路标的分类

按《突起路标》(GB/T 24725—2009)中规定的产品分类如下：按逆反射性能，突起路标分为逆反射型(简称A类)和非逆反射型(简称B类)两种，逆反射型突起路标按逆反射器类型又可分为A1类、A2类、A3类等；按基体材料分为塑料、钢化玻璃、金属等；按逆反射器分为微棱镜、定向透镜、全向透镜等；按位置分为车道分界线型和车道边缘线型；按颜色分为白、黄、红、绿、蓝等类型。

2. 突起路标的组成

(1)A1类突起路标

由工程塑料或金属等材料基体和微棱镜逆反射器组成的逆反射突起路标，原理见图2-9-2。

(2)A2类突起路标

由工程塑料或金属等材料基体和定向透镜逆反射器组成的逆反射突起路标，原理见图2-9-3。

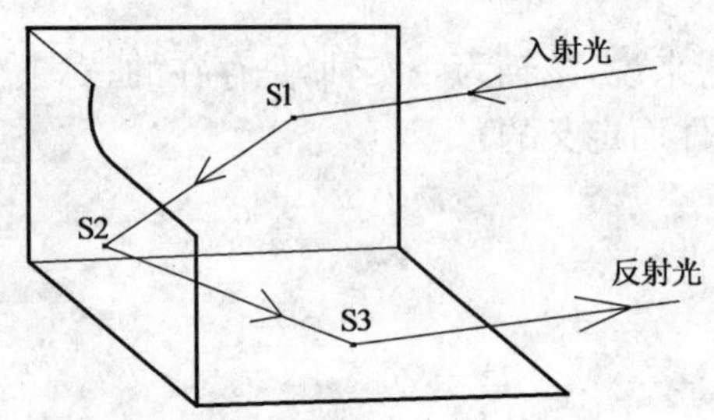

图2-9-2 微棱镜逆反射单元反射原理图

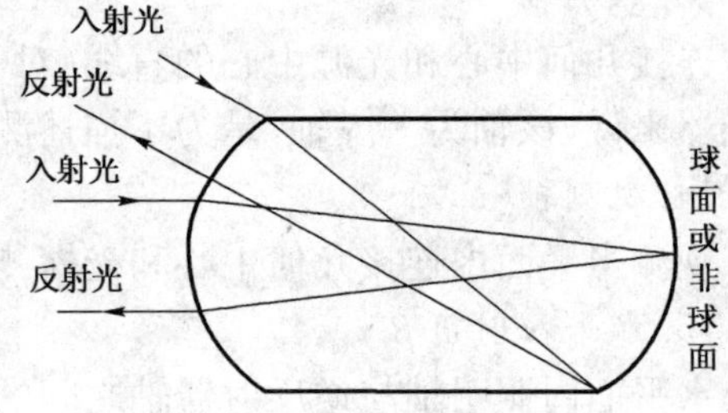

图2-9-3 定向透镜逆反射单元反射原理图

(3)A3类突起路标

由钢化玻璃基体和金属反射膜组成的一体化全向透镜逆反射突起路标，原理见图2-9-4。

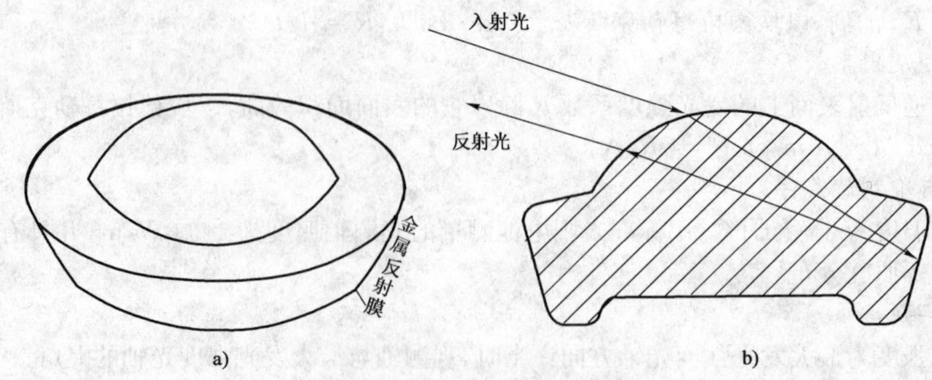

图2-9-4 全向反射突起路标反射原理图

(4)B 类突起路标

一般不含逆反射器,直接由工程塑料、陶瓷或金属材料基体和色表面组成。

3. 突起路标的型号标记

突起路标的型号标记由 5 部分组成,第四部分和第五部分用短连字符"—"连接,其余各部分连续无间隔排列。

(1)第一部分为突起路标类型,可选项有 A1、A2、A3、B 四种。

(2)第二部分为 A 类突起路标的逆反射器或 B 类突起路标的表面色颜色,可选项有白、黄、红、绿、蓝五种,分别用 W、Y、R、G、B 表示。

(3)第三部分为基体材料,可选项有塑料、金属、钢化玻璃、陶瓷等,分别用 P、M、T、C 表示。

(4)第四部分为地面以上有效高度,由 20 和 25 两个数字分别表示 20mm 和 25mm。

(5)第五部分为底边有效尺寸,由 100、125、150 三个数字分别表示 100mm、125mm 和 150mm。

例如:A1WP20—150 其型号表示为大小 150mm、有效高度 20mm 的 A1 类白色塑料突起路标,BYC25—100 其型号表示为大小 100mm、有效高度 25mm 的 B 类黄色陶瓷突起路标。

4. 突起路标的功能和作用

突起路标是固定于路面上,独立使用或配合标线使用,以形态、颜色、逆反射光等传递车道信息,指引车辆、行人顺利通行的交通安全设施。可以说,突起路标是一种固定于路面上起标线作用的突起标记块,可用来标记对向车行道分界线、同向车行道分界线、车行道边缘线等,也可用来标记弯道、进出口匝道、导流标线、道路变窄、路面障碍物等危险路段。

目前市场上的突起路标种类很多,性能各有千秋,功能各有侧重。道路尤其是高等级公路中,使用较多的是反光型突起路标。反光型突起路标包括基体和反射器。图 2-9-5 是塑料基体的反光型突起路标,是最为常见的一种类型。因其不带销钉,所以不用在路面钻孔,直接使用环氧树脂胶等黏结于路面上即可。

图 2-9-6 是铝合金基体的反光型突起路标,基体带有销钉,安装时需先在路上钻孔,再涂胶(环氧树脂胶或沥青胶)黏结,安装较为牢固,不易脱落。反光型突起路标可单面反光,即只在面向行车方向装有反射器;也可双面反光,即在面向行车方向和其反方向均装有反射器。

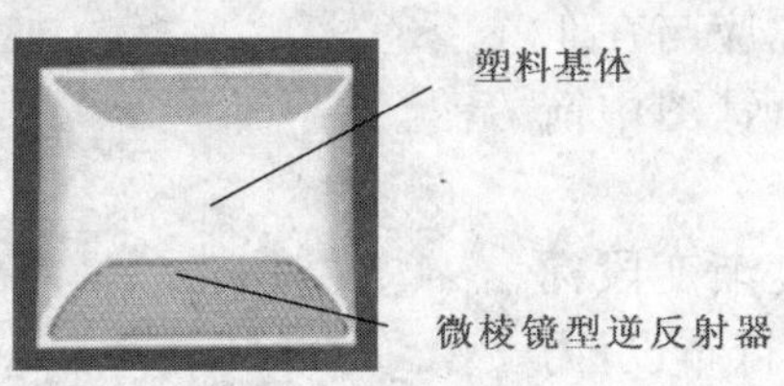

图 2-9-5 反光型突起路标(塑料基体)

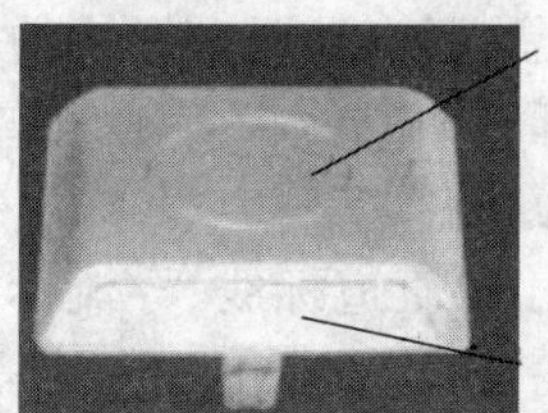

图 2-9-6 反光型突起路标(铝合金基体)

夜间行车时,在汽车车灯的照射下,反光型突起路标的反射器产生逆反射光,将车辆前方的道路轮廓清晰地勾勒出来,令人心旷神怡。反光型突起路标的使用,给夜间道路交通带来安全和快捷,同时制造出美丽的景象,为驾乘人员带来舒适、愉悦的心情,所以在世界各国尤其是发达国家得到普遍和广泛的使用。

普通型突起路标没有反射器，在夜间不产生逆反射光。普通型突起路标可用陶瓷、金属、塑料等制作而成，因其没有反射器，较为耐磨，使用寿命较长，可独立作为标线使用。

发光型突起路标主要指主动发光的太阳能突起路标。太阳能突起路标利用太阳能为发光二极管（LED）提供能量，从而发出所需各种光线，提示和引导车辆安全通行。主要安装于弯道、多雾等特殊路段，以一定的频率闪烁发光，来引起驾乘人员的警觉和注意。

组合型突起路标兼具反光型突起路标和发光型突起路标的特点于一体，是近年来研制出来的一种新型突起路标产品。

突起路标因突出于路面，车辆碾压时能产生震荡感，可给予驾乘人员适当的提示，所以广泛用于车道边缘线、不允许频繁变换车道的车道分界线、道路出入口、要求车辆减速慢行的路段等。

三、太阳能突起路标产品的结构与分类

1. 结构

太阳能突起路标一般由壳体、主动发光元件、太阳电池、储能元件以及控制器件等构成。

2. 分类

按照是否带逆反射器分为带逆反射器的组合式突起路标和不带逆反射器的单一式突起路标两种，分别用大写字母 Z 和 D 表示。按照使用环境温度条件分为 A 型、B 型和 C 型三种：A 型为常温型，最低使用温度为－20℃；B 型为低温型，最低使用温度为－40℃；C 型为超低温型，最低使用温度为－55℃。按照能见度条件分为Ⅰ型、Ⅱ型和Ⅲ型：Ⅰ型适用于无照明的道路，Ⅱ型适用于有照明的道路，Ⅲ型适用于多雾天气的道路。

四、突起路标的设置原则

依据《道路交通标志和标线》（GB 5768—2009）相关要求，突起路标设置规定如下：

突起路标与标线配合使用时，应选用主动发光型或定向反光型，其颜色与标线颜色一致，布设间隔为 6～15m，一般设置在标线的空当中，也可依据实际情况适当加密。与边缘线和中心单实线配合使用时，突起路标应设置在标线的一侧，其间隔应与在车行道分界线设置的间隔相同，设置示例如图 2-9-7 所示（图中箭头仅表示车流行驶方向）。

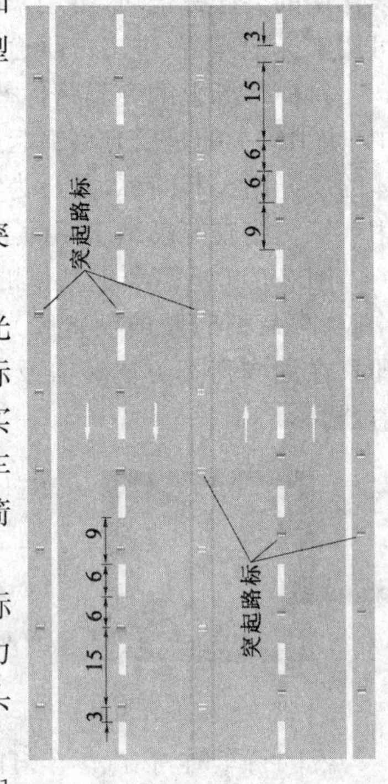

图 2-9-7 突起路标与标线配合设置示例图（尺寸单位：m）

突起路标与进出口匝道标线、导流标线、路面宽度渐变段标线、路面障碍物标线等配合使用时，应根据实际线形进行布设，力求夜间轮廓分明，清晰可见，设置示例如图 2-9-8 所示（图中箭头仅表示车流行驶方向）。

突起路标单独用作车行道分界线时，其布设间距推荐值为 1～1.2m，也可依据实际情况适当加密。壳体颜色应与标线颜色一致，并应使突起路标表面具有足够的抗滑性能，示例如图 2-9-9

～图 2-9-11 所示。

突起路标单独用作减速标线时，其布设间距推荐值为 30～50cm，并应使突起路标表面具有足够的抗滑性能。

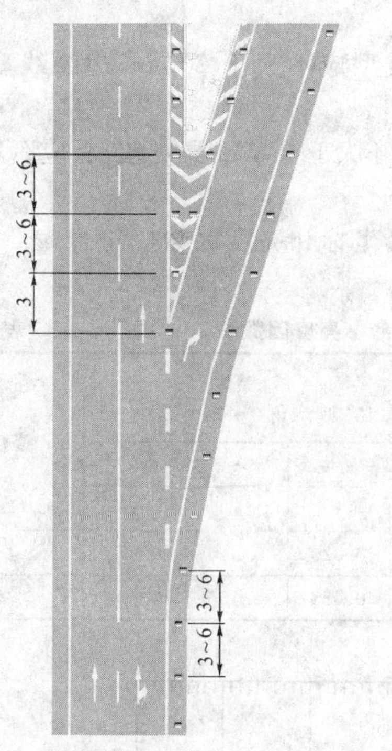

图 2-9-8　出口匝道突起路标布设示例图(尺寸单位：m)

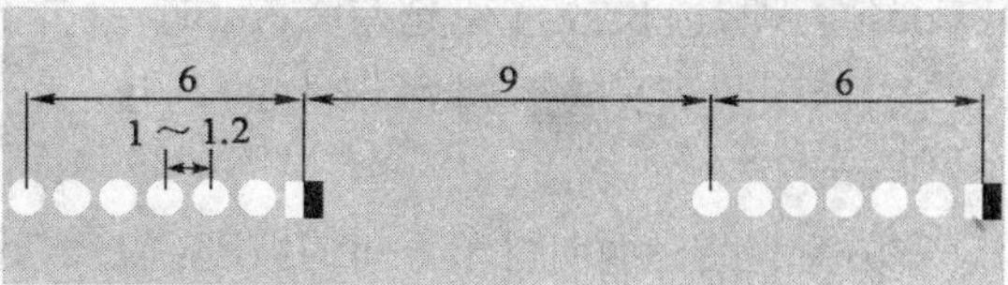

图 2-9-9　突起路标组成的虚线标线示例图(尺寸单位：m)

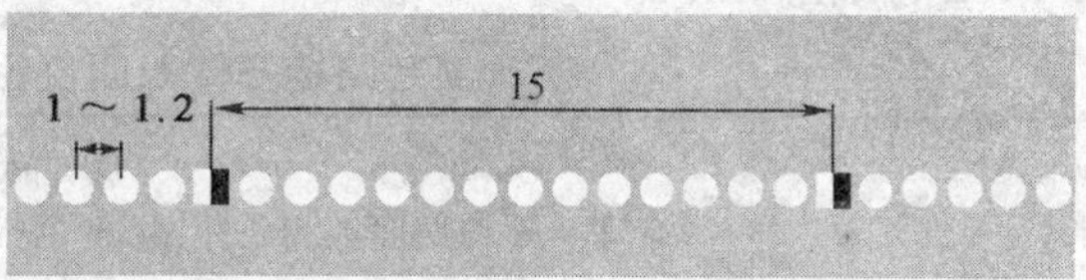

图 2-9-10　突起路标组成的单实线示例图(尺寸单位：m)

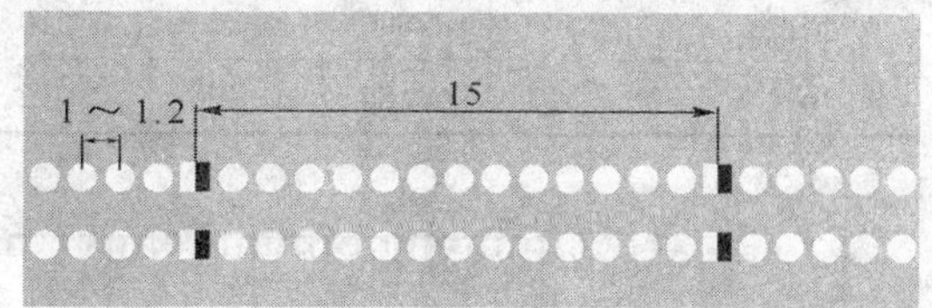

图 2-9-11　突起路标组成的双实线示例图(尺寸单位：m)

第二节　技 术 要 求

一、突起路标产品技术要求

《突起路标》(GB/T 24725—2009)制定了突起路标外观质量、结构尺寸、色度性能、逆反射性能、整体抗冲击性能、逆反射器抗冲击性能、抗压荷载、纵向弯曲强度、耐磨损性能、耐温度循环、碎裂后状态、金属反射膜附着性能、耐盐雾腐蚀性能和耐候性能 14 项技术要求。

1. 外观质量

(1)突起路标基体应成形完整，颜色均匀，外表面无明显的划伤、裂缝、飞边等缺陷；金属基体突起路标表面不应有砂眼、毛刺；工程塑料基体不应有毛刺、气泡、隐纹、变形等；玻璃基体不应有气泡、裂纹。

(2)突起路标逆反射器应完整、无缺损，反光均匀。

(3)A3 类突起路标金属反射膜应完整、均匀，无剥离、浮起、杂质、针孔等缺陷。

2. 结构尺寸

(1)突起路标的材料应具有良好的耐化学腐蚀、耐水、耐 UV 紫外线和耐候性能，金属材料还应具有良好的韧性，受过载破坏后不应有导致交通伤害的尖锐碎片。

(2)突起路标轮廓边缘应平滑，不应有导致交通伤害的尖锐边线；底部应做工艺处理，以便与路面黏结。

(3)突起路标一般为梯形、圆形或椭圆形，底部边长或直径宜选用100mm、125mm和150mm三种，边长或直径允差±2mm。

(4)突起路标位于路面以上的高度：车道分界线型应不大于20mm，边缘线型应不大于25mm。

(5)突起路标面向行车方向的坡度：A1类突起路标应不大于45°，A2类突起路标应不大于65°。

3. 色度性能

(1)表面色：白色、黄色突起路标外部表面的色品坐标和亮度因数应符合表2-9-1和图2-9-12的规定。

突起路标基体表面色色品坐标和最小亮度因数表　　表2-9-1

颜色	色品坐标（照明观测条件：标准 D_{65} 光源，入射角45°，观测角0°）								亮度因数
	1		2		3		4		
	x	y	x	y	x	y	x	y	
白	0.350	0.360	0.300	0.310	0.290	0.320	0.340	0.370	≥0.75
黄	0.519	0.480	0.468	0.442	0.427	0.483	0.465	0.534	≥0.45

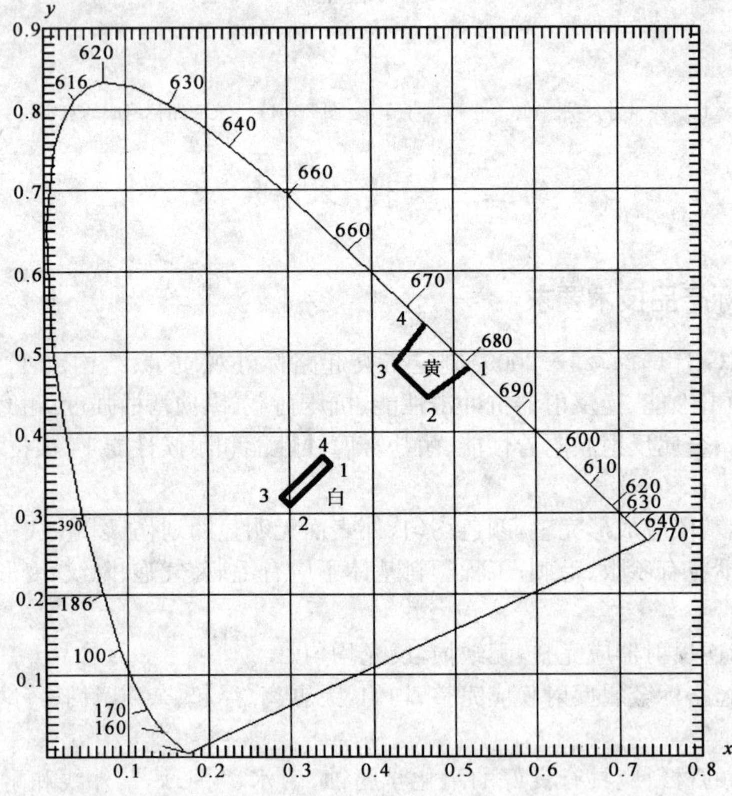

图2-9-12　突起路标基体表面色CIE1931色品区域图(45°/0°)

(2)逆反射色:逆反射型突起路标逆反射器色品坐标应符合表 2-9-2 和图 2-9-13 的规定。

突起路标逆反射器逆反射色色品坐标　　表 2-9-2

颜 色	色 品 坐 标 (照明观测条件:标准 A 光源,入射角 0°,观测角 0.2°)											
	1		2		3		4		5		6	
	x	y	x	y	x	y	x	y	x	y	x	y
白	0.310	0.348	0.453	0.440	0.500	0.440	0.500	0.380	0.440	0.380	0.310	0.283
黄	0.545	0.424	0.559	0.439	0.609	0.390	0.597	0.390	—	—	—	—
红	0.650	0.330	0.668	0.330	0.734	0.265	0.721	0.259	—	—	—	—
绿	0.009	0.733	0.288	0.520	0.209	0.395	0.012	0.494	—	—	—	—
蓝	0.039	0.320	0.160	0.320	0.160	0.240	0.183	0.218	0.088	0.142	—	—

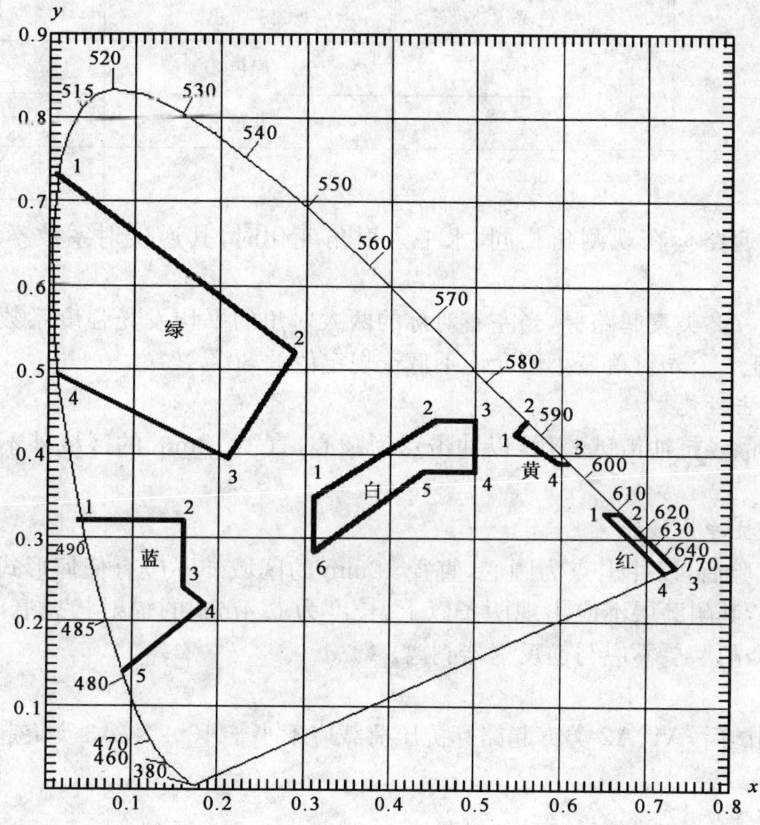

图 2-9-13　突起路标逆反射器逆反射色 CIE1931 色品区域图(A 光源,0°/0.2°)

4. 逆反射性能

(1)突起路标每个逆反射面的发光强度系数,按颜色分类应不低于表 2-9-3 规定基值与表 2-9-4颜色系数之乘积。

(2)带耐磨层的 A1 类突起路标,其发光光度系数基值不低于表 2-9-3 规定值的 70%。

突起路标发光强度系数 R 基值 表 2-9-3

几何条件[注]		发光强度系数 R 最小值（$mcd \cdot lx^{-1}$）		
观测角	水平入射角 β_2	A1	A2	A3
0.2°	0°	580	279	40
	±20°	272	112	40
0.33°	±5°	472	220	20
1.0°	±10°	74	25	10
2.0°	±15°	11.8	5	5

注：垂直入射角 β_1 和旋转角 ε 均为 0°。

突起路标逆反射器颜色系数 表 2-9-4

颜　色	颜色系数	颜　色	颜色系数
白色	1.0	绿色	0.3
黄色	0.6	蓝色	0.1
红色	0.2		

(3)A3 类突起路标在观测角相同、水平入射角变化时，其逆反射系数不均匀度应不大于 10%。

(4)对于 A1、A2 类突起路标，当左右对称的两入射角的平均发光强度系数大于上述规定值时，其对应的任一个入射角最小值允许不低于规定值的 80%。

5.整体抗冲击性能

突起路标产品经抗冲击试验后，以冲击点为圆心，直径 12mm 的区域外不应有任何形式的破损。

6.逆反射器抗冲击性能

经抗冲击试验后，以冲击点为圆心，直径 12mm 的区域外不应有任何形式的破损。带耐磨层的逆反射器，其耐磨层不应出现两条以上、长度为 6.4mm 的辐射状裂痕，裂痕不应延伸到耐磨层的边沿，耐磨层不应与逆反射器剥离。

7.抗压荷载

抗压荷载测试后，A1、A2 类突起路标抗压荷载应不小于 160kN，A3 类突起路标抗压荷载应不小于 245kN。

8.纵向弯曲强度

对 A1、A2 类突起路标纵向弯曲强度测试后，应不小于 9kN。

9.耐磨损性能

耐磨损性能测试后，A1、A2、A3 类突起路标的发光强度系数分别应不小于表 2-9-3 规定值的 50%、70%和 90%，再乘以相应的颜色系数。

10.耐温度循环

经温度循环试验后，突起路标应无破裂、反射体剥离基体、耐磨层分层等现象。

11. 碎裂后状态

A3类突起路标自爆或承压碎裂后，其碎片应呈钝角颗粒状，颗粒最大尺寸不大于40mm，30～40mm之间的致密性碎块数不应多于2块（钢化玻璃碎裂后，完整透亮的玻璃块被认为是致密结构，而有穿透性裂纹或微小碎条结合在一起的、非透亮的玻璃块被认为是非致密结构）。

12. 金属反射膜附着性能

A3类突起路标金属反射膜与钢化玻璃基体结合应牢固，试验后金属反射膜应无剥离、浮起等现象。

13. 耐盐雾腐蚀性能

耐盐雾腐蚀性能试验后，突起路标基体及逆反射器应无变色、侵蚀、溶液渗入等现象。

14. 耐候性能

经过一年自然气候曝露试验或600h人工加速老化试验后，被测样品应：

(1)无明显的褪色、粉化、龟裂、锈蚀等现象；

(2)突起路标基体的色品坐标和亮度因数仍应符合表2-9-1的要求；

(3)A类突起路标的逆反射器或金属反射膜不应脱落、分层；

(4)A类突起路标逆反射器的色品坐标仍应符合表2-9-2的规定，发光强度系数应不低于表2-9-3规定值的80%乘以相应的颜色系数。

二、太阳能突起路标产品技术要求

《太阳能突起路标》(GB/T 19813—2005)制定了一般要求、外观质量、外形尺寸、太阳能电池和储能元件的匹配性能、太阳能电池和储能元件的耐久性、发光器件的性能、主动发光单元工作时的发光强度、主动发光单元工作时的色品坐标、组合式突起路标逆反射器的光学性能、闪烁频率、夜间视认距离、耐溶剂性能、密封性能、机械性能、环境适应性能、耐循环盐雾性能和耐候性能17项技术要求。

1. 一般要求

突起路标的壳体、太阳能电池、储能元件、发光元件以及控制器件的性能应满足公路环境使用条件。

生产企业应向用户出示有关太阳能电池、储能元件、LED产品的使用寿命证明和经有资质的检测机构检测合格的证书，并在产品质量保证书上明确标示出太阳能突起路标的设计使用寿命。

带闪烁的突起路标应设置控制端子以便控制闪烁频率和测试工作时的发光强度。

2. 外观质量

突起路标壳体成形完整，无裂纹、无砂眼、无气泡；边角过渡圆滑、无毛刺、无飞边；外表面颜色应均匀一致，太阳能电池受光面清洁透亮、无明显瑕点。

太阳能突起路标应封装严密，除太阳能电池和发光装置外，从上部位置不应观察到其他元件和接线。

3. 外形尺寸

太阳能突起路标的外形一般为梯形结构(图2-9-1)，下底边长有100mm±3mm、125mm±2mm和150mm±1mm三种规格，安装于路面以上的有效高度不大于25mm，梯形迎车面的坡度角应不大于 45°。

4. 太阳能电池和储能元件的匹配性能

太阳能电池和储能元件应匹配良好，在标准测试条件下放置 8h，储能元件的额定容量应满足突起路标正常发光 72h 的需要；或选用的太阳能电池在太阳光照度小于 1 000lx 时，向储能元件充电 8h 后，储能元件的容量应满足突起路标正常发光 12h 的需要。

5. 太阳能电池和储能元件的耐久性

太阳能电池的使用寿命应不小于 40 000h，储能元件在浮充电状态下的循环使用寿命应不小于 2 000 次充放电(每年按 4 000h 计算太阳能电池使用时间，按充放电 400 次计算储能元件的循环使用次数)。

6. 发光器件的性能

发光器件应采用 LED，单粒 LED 在额定电流时的发光强度，不论白色、黄色和红色都应不小于 2 000mcd，半强角不小于 15°。LED 的数量，每个发光面不少于 2 粒。

7. 主动发光单元工作时的发光强度

突起路标主动发光单元发光时的发光强度应不小于表 2-9-5 的规定值，但上限值不应大于规定值的 10%。

突起路标发光强度表(单位：mcd) 表 2-9-5

测量几何条件		发光强度								
		Ⅰ型			Ⅱ型			Ⅲ型		
水平入射角	观测角	白色	黄色	红色	白色	黄色	红色	白色	黄色	红色
$\beta=0°$	0.1°	500	500	500	600	600	600	660	660	660
	0.2°	480	480	480	500	500	500	550	550	550
	0.33°	450	450	450	480	480	480	530	530	530
$\beta=\pm20°$	1°	400	400	400	450	450	450	500	500	500
	2°	300	300	300	400	400	400	440	440	440

8. 主动发光单元工作时的色品坐标

主动发光单元发光时的色品坐标及其测试方法应符合《公路交通标志反光膜》(GB/T 18833—2002)中的有关规定。

9. 组合式突起路标逆反射器的光学性能

(1)组合式突起路标逆反射器的发光强度系数应符合表 2-9-6 的规定。

(2)组合式突起路标逆反射器的色品坐标

组合式突起路标逆反射器的色品坐标应符合《公路交通标志反光膜》的有关规定。

10. 闪烁频率

安装在弯道、多雾等特殊路段的突起路标应闪烁发光，以便引起驾驶员的注意。闪烁频率分两个频段，第一频段应为(70～80)次/min，第二频段应为(200～300)次/min。在普通公路和城市道路上宜选用第一频段，在高速公路上宜选用第二频段。安装在道路直线段的突起路标使用闪烁方式时，闪烁频率宜为(30±5)次/min，占空比宜为 1.5∶1。

发光强度系数 R 表 2-9-6

测量几何条件		最小发光强度系数(mcd/lx)		
水平入射角	观测角	白色	黄色	红色
$\beta=0°$	0.2°	279	167	70
$\beta=+20°$	0.2°	112	67	28
$\beta=-20°$	0.2°	112	67	28

注：①本表中的 β 即《突起路标》(JT/T 390—1999)中的 β_1。

②$\beta_2=0°$，没有列出。

11.夜间视认距离

晴朗的夜间，在 15～200m 范围内由突起路标形成的发光轮廓线应清晰明亮。

12.耐溶剂性能

经过耐溶剂性能试验后，太阳能突起路标应无渗透、开裂、被溶解等损坏痕迹，受试后的样品应能正常工作。

13.密封性能

太阳能突起路标应密封良好，经密封试验后，受试样品内部不应进水和产生水雾及其他受浸润现象。

14.机械性能

(1)耐磨损性能

经过耐磨试验后，突起路标的发光强度和发光强度系数应分别符合表 2-9-5、表 2-9-6 的规定。

(2)耐冲击性能

太阳能突起路标耐冲击性能及测试方法应符合《突起路标》(GB/T 24725—2009)有关规定。

(3)抗压荷载

太阳能突起路标的抗压荷载应不小于 100kN。

15.环境适应性能

(1)耐低温性能

将充满电的太阳能突起路标在−55℃(−40℃、−20℃)条件下，按耐低温性能试验方法试验 16h，产品及其部件应能正常工作，外观应无任何变形、损伤。

(2)耐高温性能

将充满电的太阳能突起路标在 85℃条件下，按耐高温性能试验方法试验 8h，产品及其部件应能正常工作，外观应无任何变形、损伤。

(3)耐湿热性能

将充满电的太阳能突起路标在温度 45℃、相对湿度 98%的条件下，按耐湿热性能试验方法试验 48h，产品及其部件应能正常工作，外观应无任何变形、损伤。

(4)耐温度交变循环性能

将充满电的太阳能突起路标，按耐温度交变循环性能试验方法，在60℃的环境中，保持4h后，立即转至－20℃的环境中保持4h，共进行3个循环，产品及其部件应能正常工作，试验后外观应无任何变形、损伤。

(5)耐机械振动性能

将充满电的太阳能突起路标，在振动频率2～150Hz的范围内，按耐机械振动性能试验方法进行扫频试验。在2～9Hz时按位移控制，位移3.5mm；9～150Hz时按加速度控制，加速度为10m/s^2。2Hz→9Hz→150Hz→9Hz→2Hz为一个循环，共经历20个循环后，产品功能正常，结构不受影响，零部件无松动。

16.耐循环盐雾性能

按《公路沿线设施塑料制品耐候性指标及测试方法》(GB/T 22040—2008)中有关耐循环盐雾试验的方法试验后，太阳能突起路标的发光强度和发光强度系数不应低于表2-9-5和表2-9-6规定值的80％，色品坐标仍符合标准要求。

17.耐候性能

按《公路沿线设施塑料制品耐候性指标及测试方法》中有关耐候性试验的方法试验后，太阳能突起路标的发光强度和发光强度系数不应低于表2-9-5和表2-9-6规定值的80％，色品坐标仍符合标准要求。

三、突起路标工程安装质量要求和评定标准

按《公路工程质量检验评定标准》(JTG F80/1—2004)的规定，突起路标工程安装质量要求和评定标准的主要内容如下。

1.基本要求

包括以下四项：

①突起路标产品应符合《突起路标》(GB/T 24725—2009)的规定。

②突起路标的布设及其颜色应符合《道路交通标志和标线》(GB 5768—2009)的规定或符合设计要求。

③突起路标与路面的黏结应牢固、耐久，能经受汽车轮胎的冲击而不会脱落。

④突起路标应在路面干燥、清洁并经测量定位后施工。

2.外观鉴定

包括以下三项：

①突起路标外观应美观，尺寸符合有关规范要求，表面光滑，不得有尖角、毛刺存在，表面无明显的划伤、裂纹。不符合要求时，每处减2分。

②突起路标纵向安装应成直线，不得出现折线。曲线段的突起路标应与道路曲线相吻合，线形圆滑、顺畅。不符合要求时，每处减2分。

③突起路标黏结剂不得造成路面污染。不符合要求时，每处减2分。

3.实测检查项目

突起路标实测项目如表2-9-7所示。

突起路标实测项目表　　表 2-9-7

项　次	检 查 项 目	规定值或允许偏差	权　值
1	安装角度(°)	±5	1
2	纵向间距(mm)	±50	1
3	损坏及脱落个数	<0.5%	2
4	横向偏位(mm)	±50	2
5	承受压力(kN)	>160	1
6	光度性能	在规定范围内	2

第三节　突起路标的生产工艺和施工方法

一、突起路标的生产工艺

突起路标的生产工艺流程如图 2-9-14 所示。

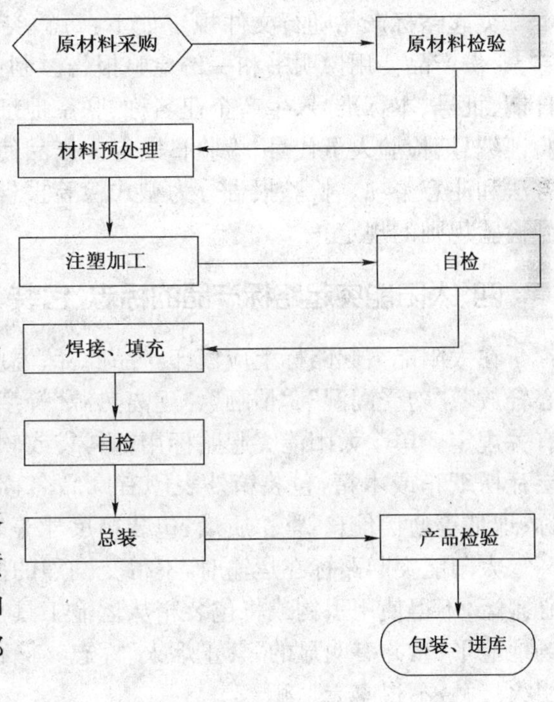

图 2-9-14　突起路标的生产工艺流程图

二、突起路标的施工方法

突起路标的施工方法如下:

(1)依据突起路标的使用说明进行安装、施工。安装前应检查突起路标的外观,基体、反射器不得有破损、开裂。

(2)突起路标的施工放样工作,一般应沿着标线来定位。

(3)根据设计文件的要求确定突起路标的位置,反射体应面向行车方向。

(4)由于突起路标种类较多,材料各异,因此施工方法有所不同。突起路标位置确定后,最常用的方法是把突起路标用胶黏剂粘贴在路面上。在粘贴前,应用扫帚、刷子、高压吹风喷嘴等清理路面。用刮刀把胶黏剂抹在路面上和突起路标底部,突起路标就位,在突起路标顶部施加压力,排除空气,再一次调整就位。

若采用强化玻璃突起路标,则应在路面上钻孔,取出岩芯,清理孔穴后涂胶,突起路标就位,在突起路标顶部施加压力,排除空气,再一次调整就位。

若采用带脚的突起路标,则应在路面上钻小孔,把突起路标的脚伸入到孔内(深度应足够,钻孔不能太大),清理孔穴后涂胶,突起路标就位,在突起路标顶部施加压力,排除空气,再一次调整就位，待胶黏剂胶凝固化后开放交通。

突起路标在胶黏剂固化前不能受力，因此在突起路标施工过程中，一定要做好养护管理和交通诱导工作，在胶黏剂固化以前一定要避免车辆冲压突起路标，待胶黏剂固化以后，才开放交通。

三、突起路标产品的标志、包装、运输和储存要求

在突起路标产品上应模印产品商标、标准代号 GB/T 24725—2009、型号规格等标志（标记）。包装箱外表印有产品名称、型号规格、数量、颜色、制造标准、制造企业名称、地址、整箱重量、包装箱尺寸等。在包装箱上，还应印有"小心轻放"、"勿受潮湿"、"怕晒"、"远离热源"等字样或标志，标志应符合《包装储运图示标志》(GB/T 191—2008)的有关规定。

单个突起路标用塑料袋或软纸包装后按顺序装入包装箱内，包装箱可用多层瓦楞纸箱或木箱。

突起路标在运输时，不应受剧烈的撞击、摩擦和重压，从火车或卡车上卸货时，应小心搬运，不应使用手钩或将包装箱从运输工具上推下。突起路标应存放在仓库内，存放场地应平整，并有明显的"禁止烟火"标志。储存过程中，应防止重压，不与高温热源或明火接触，不应露天曝晒。

突起路标产品随行文件规定如下：每箱突起路标应该附有一张制造标签、一张合格证标签、一份产品使用说明书和一份检验报告。制造标签主要内容包括：产品名称、型号规格、生产日期、批号、本标准号、生产企业名称、联系地址等。合格证标签主要内容包括：合格证名称、检验证编号、检验人员代号、检验日期等。产品使用说明书中应给出突起路标的使用条件、施工方法和注意事项。检验报告分为型式检验报告和出厂检验报告，报告的内容符合突起路标产品检验规则的规定。

四、太阳能突起路标产品的标志、包装、运输和储存要求

在太阳能突起路标上应模印产品商标、温度等级等标志（标记）。在包装箱上，应印有"小心轻放"、"勿受潮湿"、"怕晒"、"远离热源"等字样或标志，标志应符合《包装储运图示标志》的有关规定。单个太阳能突起路标用塑料袋或软纸包装后按顺序装入包装箱内，包装箱可用多层瓦楞纸箱或木箱，包装箱外表印有产品名称、型号规格、数量、颜色、温度等级，制造企业名称、地址等通信信息，整箱质量、包装箱尺寸等。

太阳能突起路标在运输时，不得受剧烈的撞击、摩擦和重压，从火车或卡车上卸货时，应小心搬运，不得使用手钩或将包装箱从运输工具上推下。太阳能突起路标应存放在仓库内，存放场地应平整，并有明显的"禁止烟火"标志。储存和使用过程中，应防止重压，不与高温热源或明火接触，不得露天曝晒。

太阳能突起路标产品随行文件规定如下：每箱突起路标应该附有一张制造标签、一张合格证标签、一份产品使用说明书。制造标签主要内容包括：产品标记、生产日期、批号、产品标准号、生产企业名称、联系地址等。合格证标签主要内容包括：合格证、检验合格、检验证编号、检验人员代号、检验日期等。产品使用说明书中应给出太阳能突起路标的极限使用条件、施工方法和注意事项。

第四节　检测方法

一、突起路标和太阳能突起路标的检测设备

突起路标和太阳能突起路标检测项目及所用仪器设备如表 2-9-8 所示。

突起路标和太阳能突起路标检测项目及所用仪器设备表　　表 2-9-8

检测项目	所用仪器设备	检定参数
外形尺寸	直尺、卷尺、卡尺、板厚千分尺	长度、厚度
色度性能	色彩色差计	色度
发光强度系数	突起路标测量仪	示值误差
耐冲击性能	突起路标耐冲击性能测试仪	质量、高度
抗压荷载	万能材料试验机	力
耐盐雾腐蚀性能	气流式盐雾腐蚀试验箱	温度、流量
耐溶剂性能	计时器	时间
耐水性能	计时器	时间
耐油性能	计时器	时间
耐候性能	人工加速老化试验箱	辐照度、温度
循环耐久性	电池测试仪	电池容量
发光器件的性能	LED 光强测试仪	发光强度
发光器色度性能	亮度计	亮度、色度
闪烁频率	示波器	频率
夜间视认距离	卷尺	长度
密封性能	轮廓标密封性能测试仪	温度
耐低温性能	高低温湿热试验箱	温度、湿度
耐高温性能	高低温湿热试验箱	温度、湿度
耐湿热性能	高低温湿热试验箱	温度、湿度
耐温度交变循环性能	高低温湿热试验箱	温度、湿度
耐机械振动性能	电磁振动试验台	振幅、频率
耐循环盐雾性能	循环盐雾腐蚀试验箱	温度、流量

二、突起路标产品检测方法

1. 测试准备

(1)测试前将样品放置在温度 23℃±2℃、相对湿度 50%±25%的环境中进行状态调节 24h,然后进行各项测试。

(2)每项性能测试取 3 个样品,3 个样品都符合要求,则判定该项性能合格。对于以量值表征的项目,取其算术平均值为测试结果。

(3)一般的测试工作应在温度 23℃±2℃、相对湿度 50%±25%的环境中进行。

2. 外观质量

一般项目检查在白天环境照度大于 150lx 的条件下目测检验;对于逆反射器的均匀性,可在一个暗室通道中用手电筒和眼睛形成的近似逆反射条件目视检查。

3. 结构尺寸

长度尺寸用分辨力不低于 0.02mm 的游标卡尺测量,坡度角用分辨力不低于 2′的万能角尺或标准角规测量,每个试样、每个参数测量 3 次,取算术平均值为测量结果。

4. 色度性能

(1)表面色:采用《标准照明体和几何条件》(GB/T 3978—2008)中规定的标准 D_{65} 光源,在 45°/0°的照明观测条件下,按《物体色的测量方法》(GB/T 3979—2008)规定的方法测量突起路标基体的表面色,也可用符合上述光源和照明观测条件的色差仪在被测样品的顶部或其他平缓部位直接读取色品坐标和亮度因数。

(2)逆反射色:采用《标准照明体和几何条件》中规定的标准 A 光源,在 0°/0.2°的照明观测条件下,按《夜间条件下逆反射体色度性能测试方法》(JT/T 692—2007)规定执行。

5. 逆反射性能

方法一:按《逆反射体光度性能测试方法》(JT/T 690—2007)规定的比率法或直接发光强度法进行测量,测试示意图见图 2-9-15。

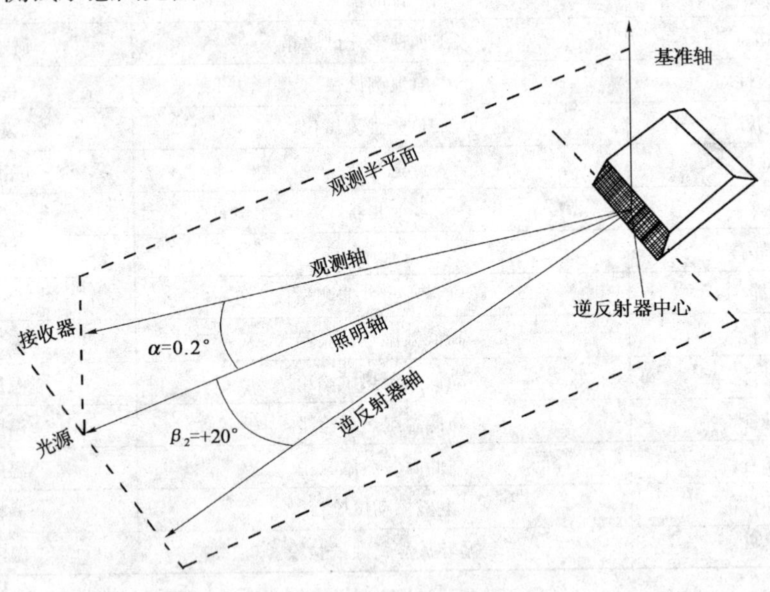

图 2-9-15　突起路标发光强度系数测试示意图

方法二:用符合《逆反射测量仪》(JT/T 612—2004)规定的突起路标发光强度系数测量仪直接测量。

当发生争议时,以方法一中的比率法为仲裁方法。

6. 整体抗冲击性能

在坚固、平整的水平面上放置一厚度不小于 13mm、面积大于突起路标下表面的钢板,将突起路标置于钢板上,用质量为 1 040g±10g 的实心钢球,从突起路标正上方 1m 的高度自由落下,冲击点为突起路标上表面的中心。

7. 逆反射器抗冲击性能

(1)试验仪器如下:

①电热鼓风烘箱:温度均匀度为±2℃。

②样品架:带有调节装置和紧固装置,调节装置用于将突起路标的逆反射面调整到水平位置,紧固装置用于将突起路标紧固在样品保持架上,防止冲击样品时发生位移。

③冲击锤头:头部为半径 6.4mm 的半球,总质量 190g±2g,形状如图 2-9-16 所示。

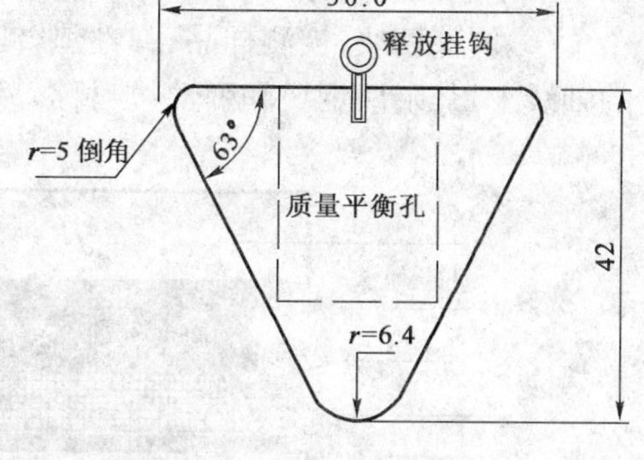

图 2-9-16　冲击锤头示意图(尺寸单位:mm)

(2)试验准备:将样品架放置在诸如混凝土地板之类的坚固表面上,试验前先用一个被测突起路标对样品架进行预调整,使其方便地将该组被测样品的逆反射面保持在水平位置上,以减少后续试验过程中的调整时间。

(3)将样品放置在电热鼓风烘箱中,在 55℃的条件下保持 1h,将样品取出,迅速放置在样品架上。

(4)在样品保持高温的条件下,用上述冲击锤头,从 457mm 的高度自由落下,冲击样品逆反射面的中心部位。

(5)检查被测样品逆反射面的碎裂、剥落和分层状况,用游标卡尺测量裂纹的长度,并做相应记录(如果试验用电热鼓风烘箱容积足够大,可将样品预先固定在保持架上,同时放入烘箱在线测试)。

8. 抗压荷载

(1)测试前,将样品放置在 23℃±2℃的条件下进行 4h 的状态调节。

(2)在试验机下压平台中心上放置一个厚度为 13mm、比被测样品基底大的钢板,将样品基底放置在钢板中心上。

(3)在被测样品顶部放置一块厚度为 9.5mm、邵氏硬度为 60A、尺寸大于被测样品受压面积的弹性橡胶垫。

(4)另一块厚度为 13mm、比被测样品大的钢板放置在弹性橡胶垫上。

(5)调整钢板、被测样品、弹性垫,使被测样品置于试验机上下压头的轴线上,开启试验机,以 2.5mm/min 的速率对试验样品进行加载,直到样品破坏或样品产生明显变形(大于 3.3mm)为止,记录此时的最大力值为试验结果。

9. 纵向弯曲强度

(1)测试前,将样品放置在 23℃±2℃的条件下进行 4h 的状态调节。

(2)在试验机下压平台上放置两块截面为 12.7mm×25.4mm 的钢块,钢块的窄面一面朝下放在水平位置,钢块的长度要大于被测突起路标底面的宽度。

(3)在钢块的另一窄面上分别放置一块厚度为 3mm 的邵氏硬度 70A 的弹性橡胶片。

(4)将被测突起路标放置在这两个弹性片上,突起路标的迎车面底边与钢块窄面长边外沿平行且对齐。

(5)将一块厚度为 25mm、邵氏硬度 70A 的弹性橡胶片放置在被测突起路标的顶面上,该弹性垫上放置第三块同样尺寸的钢块，该钢块与其他两块保持平行，窄面一面朝下，第三块弹性垫要大于突起路标的上顶面。

(6)调整钢块、被测样品、弹性垫，使被测样品和第三块钢块与弹性垫置于试验机上下压头的轴线上，其余两钢块和弹性垫对称，见图 2-9-17。

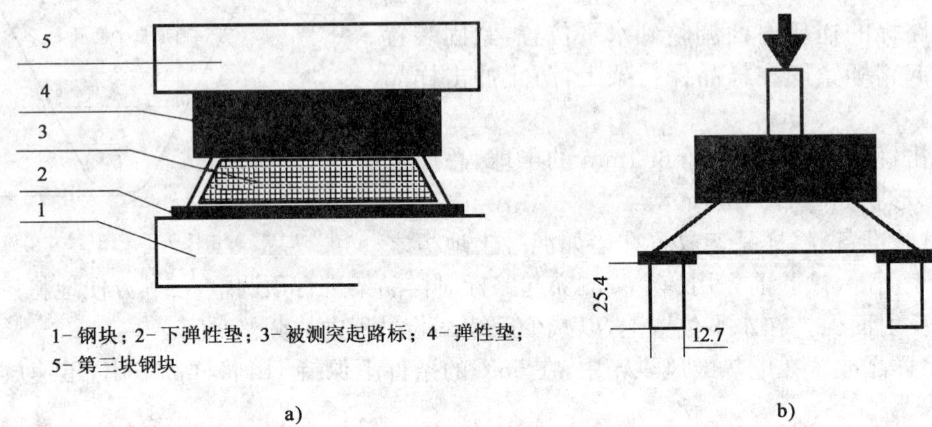

图 2-9-17 纵向弯曲强度测试示意图(尺寸单位：mm)

a)试验正面图；b)试验侧视图

(7)开启试验机，以 5mm/min 的速率通过第三块钢块和弹性垫对试验样品进行加载，直到样品彻底断裂或突然卸荷为止，记录此时的力值为试验结果，单位精确到 N。

10. 耐磨损性能

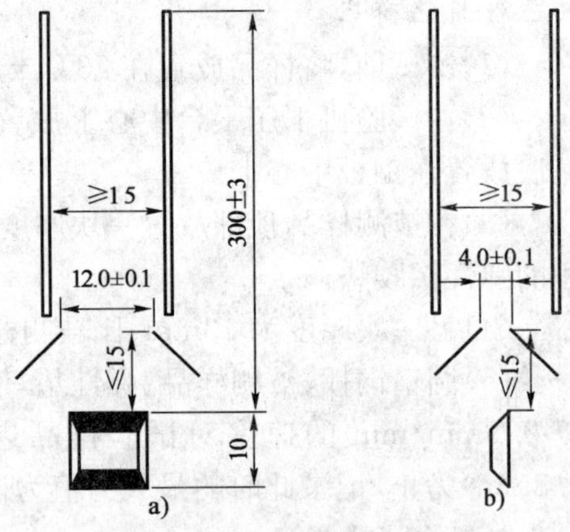

图 2-9-18 耐磨损装置示意图(尺寸单位：cm)

1)原理

本方法采用落沙法评价被测样品表面的耐磨损性能，适用于 A1、A2 类突起路标，A3 类可参照使用。

2)测试装置

(1)测试装置由垂直导沙管、校正漏斗、过滤网、样品架和沙子收集器组成，装配示意图如图 2-9-18 所示。

(2)导沙管：可采用内径不小于 150mm 内壁光滑的实壁塑料管组成，长度为 2 850mm，导沙管的不垂直度不大于 0.2°。

(3)校正漏斗：校正漏斗的上口尺寸为 120mm×40mm，高度 100mm，四面坡角 45°。上口四边应平直、尖锐，保证落在口边上的沙子落入斗内时不改变方向。该漏斗的作用是保证直接落入口内的沙子不偏离地、尽可能垂直地冲击突起路标，而落到口外的沙子被偏离到斗外，不能冲击突起路标。校正漏斗应能上下、左右、前后移动，方便调整通过漏斗的沙量和均匀性。

(4)过滤网：过滤网位于导沙管的上部，网孔尺寸为大于 850μm 的标准网。该过滤网的作用一是确立落沙的起始点，二是限制落沙的流速。要求落沙离网的距离不应大于 30mm。

(5)样品架：用于将被测样品夹持稳固，使样品的基底面保持垂直，方便地将样品与导沙管、校正漏斗对中，能自由调整被测样品的高度，使其上边沿与漏斗上口距离保持不大于150mm，并能调整水平方向使样品逆反射面底边前沿与漏斗长边方向平行。样品架不应阻挡落沙的自由流动。

(6)收集器：可用一只300mm×500mm的搪瓷托盘或其他容器。为了防止落入校正漏斗的沙子溅出或外部的沙子溅入，可用与漏斗下口相同的软布罩将漏斗下口空间封围。

3)测试用沙

(1)试验用沙应使用二氧化硅含量极高的天然石英沙。

(2)这种石英沙的颗粒分布应该满足如下要求：在经过10min的连续摇筛之后，不超过总重的10%保留在20号筛（850μm）上，不超过总重的10%漏过30号筛（600μm）（在ASTM4280-04中指定使用位于美国中部St. Peters或Jordan的砂岩沉积沙）。

4)试验环境

温度23℃±2℃，相对湿度(50±25)%。

5)试验步骤

(1)按照图2-9-17所示将设备和被测样品安装调整到位，并保证导沙管上部至被测样品底面上边沿的距离为3.00 m±0.03m。

(2)取足够的试验用沙，以0.4～1.0kg/min的速度均匀落入导沙管上部的过滤网上，注意观察落沙冲击样品的均匀性和部位，并经常按照测试装置校准方法校准试验装置的均匀性。

(3)收集通过校正漏斗的沙子并称重，称重的沙子包括撞击到样品及样品架上溅射到外部的沙子，但不含没有通过漏斗的部分。当发现收集的沙量不满足2.5kg±0.050kg要求时，应按测试装置校准方法对试验装置进行校准。

(4)取下被测样品，用软布清洁后，测量被冲击逆反射面的发光强度系数。

(5)将用过的试验沙弃掉，试验用沙每个试验只用一次，不应重复使用。

6)测试装置校准

落沙应均匀地通过校正漏斗，其均匀性通过在漏斗下突起路标的位置和高度上放置至少10个口径约为10mm的小瓶来验证。当足够的沙子下落通过漏斗时，至少有一个小瓶收集到至少5g的沙子，收集最少的小瓶中沙子质量至少达到收集最多的小瓶中沙子质量的75%为测试装置合格。在确定装置的流动稳定性之后，视需要通过调整漏斗的上下位置和总用沙量来校准其均匀性和通过漏斗的沙量。

7)测试装置的修正

当被测突起路标底边大于100mm时，应对整个装置进行修正，假设被测突起路标底边为$(100+x)$mm，则修正内容如下：

(1)校正漏斗的上口长边为$(120+x)$ mm；

(2)导沙管的内径应至少为$(150+x)$ mm；

(3)通过校正漏斗的试验沙的质量应为$(2.5+0.0208x)$ kg，允差±2%；

(4)通过漏斗落沙的流速应保持在$(0.4+x/300)\sim(1+x/120)$kg/min。

11.耐温度循环

将样品放置在60℃的高温箱中保持4h，接着将样品转移到−7℃的低温箱中保持4h，如此为一个循环。共试验3个循环后，将样品取出，即刻检查样品的破裂、反射体剥离基体、耐磨层分层情况。

12. 碎裂后状态

将样品放置在压力机上加荷，加荷速度为 50～60kN/min，直至样品破裂，将所有碎块收集后放入孔径为 30mm 的标准筛中，均匀摇动 1min 后，检查筛中残留物形状，用分辨率 0.5mm钢直尺测量残留碎块的最大尺寸。

13. 金属反射膜附着性能

1)试验用具

A3 类突起路标金属反射膜附着性能测试主要试验用具如下：

(1)抗剪切强度 15～20MPa 的双组分环氧树脂或丙烯酸酯胶黏剂适量。

(2)长 50mm、宽 20mm、厚 0.5～1.0mm 的铁片，在试验前用 100 号砂纸将待黏结的一面打磨粗糙，用无水乙醇清洁表面并晾干。

2)试验程序

金属反射膜附着性能测试试验程序如下：

(1)按制造商使用说明配制好黏合剂，在规定时间内，将黏合剂涂抹在 A3 类突起路标下部的金属反射膜上，涂抹面积为长 20mm、宽 10mm，涂抹位置在突起路标下部金属反射膜区中间部位，长度方向与突起路标下部环向一致；对于在金属反射膜外涂敷保护漆的突起路标，应将保护漆层除去，再在金属膜上涂黏合剂。

(2)将准备好的金属片放在黏合剂的中间沿环向与突起路标加压黏好，在标准环境下静置 48h。

(3)将金属片与突起路标撕开，检查金属反射膜有无剥落、凸起等现象。

14. 耐盐雾腐蚀性能

按《人造气氛腐蚀试验 盐雾试验》(GB/T 10125—1997)中有关中性盐雾试验的规定，每 24h 为一周期，每周期连续喷雾，共试验 6 个周期 144h。试验结束后，用流动水冲洗掉样品表面的盐沉积物，再用蒸馏水漂洗，并用软布擦干，立即检查样品试验后的状态。

15. 耐候性能

按《公路沿线设施塑料制品耐候性要求及测试方法》(GB/T 22040—2008)中有关自然曝晒试验和耐候性试验的规定执行。

三、太阳能突起路标产品检测方法

1. 一般规定

(1)除特殊规定外，试样应按《塑料试样状态调节和试验的标准环境》(GB/T 2918—1998)的规定在 23℃±2℃条件下进行状态调节 24h，并且在此条件下进行试验。

(2)单一式突起路标不测逆反射性能，组合式突起路标在测逆反射性能时应关闭主动发光单元。

(3)除特殊规定外，太阳能突起路标一般在充满电状态下进行测试。

2. 一般要求和外观质量

用目测方法进行。

3. 外形尺寸

用分度值不低于 0.02mm 的游标卡尺测量,每个尺寸分别测量 5 次,取算术平均值为测量结果。

4. 太阳电池和储能元件的匹配性能

(1)储能元件的额定容量采用专用的仪表按规定执行。

(2)太阳电池和储能元件的匹配性能:取 10 个试样将储能元件的电量放电至不能正常工作后,进行实测,取平均值作为结果。

5. 循环使用寿命

按规定执行。

6. 主动发光单元工作时的发光强度和色品坐标

单粒 LED 和太阳能突起路标成品工作时的发光强度和色品坐标按有关发光强度和色品坐标测试方法的规定执行。

7. 逆反射器的发光强度系数和色品坐标

太阳能突起路标成品逆反射器的发光强度系数和色品坐标按《突起路标》(GB/T 24725—2009)有关发光强度系数和色品坐标测试方法的规定执行。

8. 闪烁频率

用频率计、示波器等仪器检测,当频率较低时可采用秒表和目测进行。

9. 夜间视认距离

按照有关规定执行。

10. 耐溶剂性能

将太阳能突起路标样品完全浸泡于标准 93 号无铅汽油中,浸泡 10min 后,立即用自来水清洗干净,在室温条件下晾干后,用 4 倍放大镜检查。

11. 密封性能

将试样平放入温度为 50℃±3℃、深度为 200mm±10mm 的水中,浸泡 15min 之后,在 5s 内迅速将试样取出并立即放入 5℃±3℃、深度为 200mm±10mm 的水中,再浸泡 15min 后取出为一个循环。上述试验共进行 4 次,试验结束后立即用 4 倍放大镜进行检查。

12. 耐磨损性能

(1)在磨损试验前,先测样品的发光强度系数和发光强度,并做记录。

(2)将一直径为 25.4mm±5mm 的钢纤维棉砂纸固定在水平操作台上。

(3)将突起路标的逆反射器或发光面放置到符合要求的钢纤维棉砂纸的正上方,出光面向下。

(4)在片或面上施加一个 22kg±0.2kg 的荷载,之后完全摩擦该试片或面 100 次。

(5)卸下荷载对试验后的反射器或发光面进行测试。

13. 抗压性能

(1)测试前,将样品放置在 23℃±2℃的条件下进行 4h 的状态调节。

(2)将样品基底放置在一个厚度为 13mm、比被测样品大的钢板中心上。

(3)在被测样品上放置一块厚度为 9.5mm、邵氏硬度为 A60、尺寸大于被测样品的弹性垫。

(4)另一块厚度为 13mm、比被测样品大的钢板放置在弹性垫上。

(5)开启试验机,以 2.5mm/min 的速率对试验样品进行加载,直到样品被破坏或样品产生明显变形(大于 3.3mm)为止,记录下此时的力值为一次试验结果。

14.耐低温、高温、湿热、温度交变、机械振动等性能

耐低温、高温、湿热、温度交变、机械振动等五性能分别按 GB/T 2423.1、GB/T 2423.2、GB/T 2423.3、GB/T 2423.22、GB/T 2423.10,详见第一篇第五章和第三篇第一章。

15.耐循环盐雾性能

按《公路沿线设施塑料制品耐候性指标及测试方法》(GB/T 22040—2008)中有关耐循环盐雾规定执行。

16.耐候性能

按《公路沿线设施塑料制品耐候性指标及测试方法》中有关耐候性试验的规定执行。

四、突起路标工程抽样和质量检测方法

1.突起路标安装工程抽样方法

《公路工程质量检验评定标准》(JTG F80/1—2004)中规定的突起路标安装工程实测项目的抽样频率为:除承受压力和光度性能外,安装角度、纵向间距和横向偏位均抽检 10%,损坏及脱落个数抽检 30%。

2.突起路标安装工程检测方法

(1)安装角度检验

突起路标的安装角度应以道路纵向标线为基准,在正常情况下,突起路标带反光片的边线垂直于纵向标线,工程中可用万能角尺(量程 0°～320°,分辨率 2′)测量突起路标的安装角度。

(2)纵向间距检验

用钢卷尺(精度 1mm)测量突起路标的纵向间距,每处测量 3 次,取算术平均值。

(3)损坏及脱落个数检验

目测检验。

(4)横向偏位检验

用钢卷尺(精度 0.5mm)测量道路横断面上突起路标的位置,确定参照点(道路中心线或边缘线的位置),与设计图纸比较。

(5)承受压力检测

检查检测报告。

(6)光度性能检测

检查检测报告。

五、突起路标产品检验规则

对突起路标产品质量的检验分型式检验、出厂检验和验收检验三种形式。

型式检验项目见表 2-9-9。型式检验的样品应在生产线终端随机抽取,型式检验为每年进行一次。突起路标产品停产后恢复生产时、出厂检验结果与上次型式检验有较大差异时、国家质量监督机构提出型式检验时,以及正式生产过程中如原材料、半成品、工艺有较大改变,可能影响产品性能时,应进行型式检验。型式检验时,如有任一项指标不符合标准要求时,则需

重新抽取双倍试样，对该项指标进行复验，复验结果仍然不合格时，则判该次型式检验为不合格。

出厂检验项目见表 2-9-9。产品需经生产单位质量部门检验合格并附产品质量合格证方可出厂。用同一批原材料和同一工艺生产的突起路标可组为一批。当批量不大于 10 000 只时，随机抽取 20 只进行检验，其中破坏性项目做 8 只，其余项目全做；当批量大于 10 000 只时，随机抽取 40 只进行检验，其中破坏性项目做 16 只，其余项目全做；批的最大数量不超过 25 000 只。出厂检验项目如有任一项指标不符合本标准要求时，则需重新抽取双倍试样，对该项指标进行复验，复验结果仍然不合格时，则判该批为不合格批。

突起路标验收型检验按《公路交通安全设施质量检验抽样及判定》(JT/T 495—2004)中有关突起路标的规定执行。

突起路标检验项目一览表　　表 2-9-9

序号	项目名称	型式检验	出厂检验	备　注
1	外观质量	√	√	
2	结构尺寸	√	√	
3	色度性能	√	○	
4	逆反射性能	√	√	
5	整体抗冲击性能	√	○	
6	逆反射器抗冲击性能	√	○	
7	抗压荷载	√	√	
8	纵向弯曲强度	√	○	A1、A2 类
9	耐磨损性能	√	○	
10	耐温度循环性能	√	○	
11	碎裂后状态	√	√	A3 类
12	金属反射膜附着性能	√	○	A3 类
13	耐盐雾腐蚀性能	√	○	
14	耐候性能	√	×	
15	标识、包装	√	√	

注：√为检验项目，○为选做项目，×为不检项目。

六、太阳能突起路标产品检验规则

对太阳能突起路标产品质量的检验分型式检验、出厂检验和验收检验三种形式。

太阳能突起路标产品须经过国家认可的质检机构型式检验合格才能批量生产。型式检验项目见表 2-9-10。型式检验的样品应在生产线终端选取。太阳能突起路标产品停产后恢复生产时、出厂检验结果与上次型式检验有较大差异时、国家质量监督机构提出型式检验时，以及正式生产过程中如原材料、半成品、工艺有较大改变，可能影响产品性能时，应进行型式检验。

型式检验时，如有任一项指标不符合标准要求时，则需重新抽取双倍试样，对该项指标进行复验，复验结果仍然不合格时，则判该次型式检验为不合格。

出厂检验项目见表 2-9-10。产品需经生产单位质量部门检验合格并附产品质量合格证方可出厂。用同一批元器件和同一工艺生产的突起路标可组为一批。当批量不大于 10 000 只时，随机抽取 26 只进行检验；当批量大于 10 000 只时，随机抽取 40 只进行检验，批的最大值不超过 25 000 只。

太阳能突起路标验收型检验按《公路交通安全设施质量检验抽样及判定》中有关突起路标的规定执行。

太阳能突起路标检验项目一览表　　表 2-9-10

序　号	项目名称	型式检验	出厂检验
1	一般要求	√	√
2	外观质量	√	√
3	外形尺寸	√	√
4	匹配性能	√	√
5	循环耐久性	√	×
6	发光器件的性能	√	√
7	整体反光强度	√	√
8	发光器件色度性能	√	√
9	发光强度系数	√	√
10	逆反射器的色度性能	√	√
11	闪烁频率	√	√
12	夜间视认距离	√	○
13	耐溶剂性能	√	√
14	密封性能	√	√
15	耐磨损性能	√	○
16	耐冲击性能	√	○
17	抗压荷载	√	○
18	耐低温性能	√	○
19	耐高温性能	√	○
20	耐湿热性能	√	○
21	耐温度交变循环性能	√	○
22	耐机械振动性能	√	○
23	耐循环盐雾性能	√	○
24	耐候性能	√	×

注：√为检验项目，○为选做项目，×为不检项目。

第十章

轮 廓 标

第一节　概　　述

一、轮廓标的术语和定义

新制定的国家标准《轮廓标》(GB/T 24970—2010)中规定的术语和定义如下：

(1)轮廓标　沿道路两侧边缘设置的、用于指示道路前进方向和边界的、具有逆反射性能的交通安全设施。

(2)逆反射、参考中心、参考轴、照明轴、观测轴、观察半平面、入射角、观测角 α、发光强度系数 R、逆反射系数 R'等术语参见本书第二篇第一章第二节。

二、轮廓标产品的分类、结构、功能和作用

1.轮廓标产品的分类

与原行业标准《轮廓标技术条件》(JT/T 388—1999)中规定一样，新制定的国标《轮廓标》(GB/T 24970—2010)中规定的产品分类如下：轮廓标按设置条件可分为埋设于地面上的柱式轮廓标和附着于构造物上的附着式轮廓标；按形状不同可分为柱式、梯形、圆形和长方形轮廓标；按颜色可分为白色和黄色两种。柱式轮廓标按其柱体材料的不同特性，又可分为普通柱式轮廓标和弹性柱式轮廓标。图 2-10-1 显示了柱式轮廓标和附着式轮廓标产品外观图。

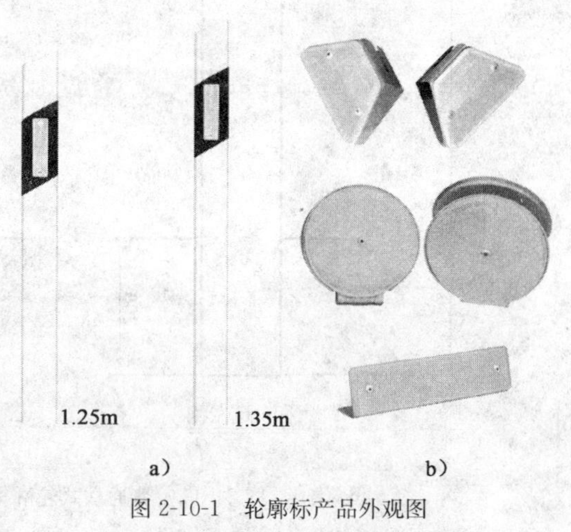

图 2-10-1　轮廓标产品外观图
a)柱式轮廓标；b)附着式轮廓标

2.轮廓标产品结构

《轮廓标》(GB/T 24970—2010)中对柱式轮廓标和附着式轮廓标的产品结构和安装进行了规定。

(1)柱式轮廓标

柱式轮廓标由柱体和逆反射材料组成。普通柱式轮廓标的尺寸及允差见图 2-10-2。柱体的横断面为空心圆角的等腰三角形，三角形的高为 120mm、底边长为 100 mm，顶面斜向行车道。柱身为白色，柱体上部应有 250mm 长的一圈黑色标记，黑色标记的中间应镶嵌有 180mm×40mm 的矩形逆反射材料如反射器或反光膜。逆反射材料、黑色标记与轮廓标柱体应连接牢

固，不易脱落。

弹性柱式轮廓标的尺寸及允差见图 2-10-3。柱体的横断面为圆弧形，圆弧的弦长为 110mm，弦高为 16mm。柱身为白色，柱体上部应有 250mm 长的一条黑色标记，黑色标记的中间应牢固粘贴 180mm×40mm 的反光膜。

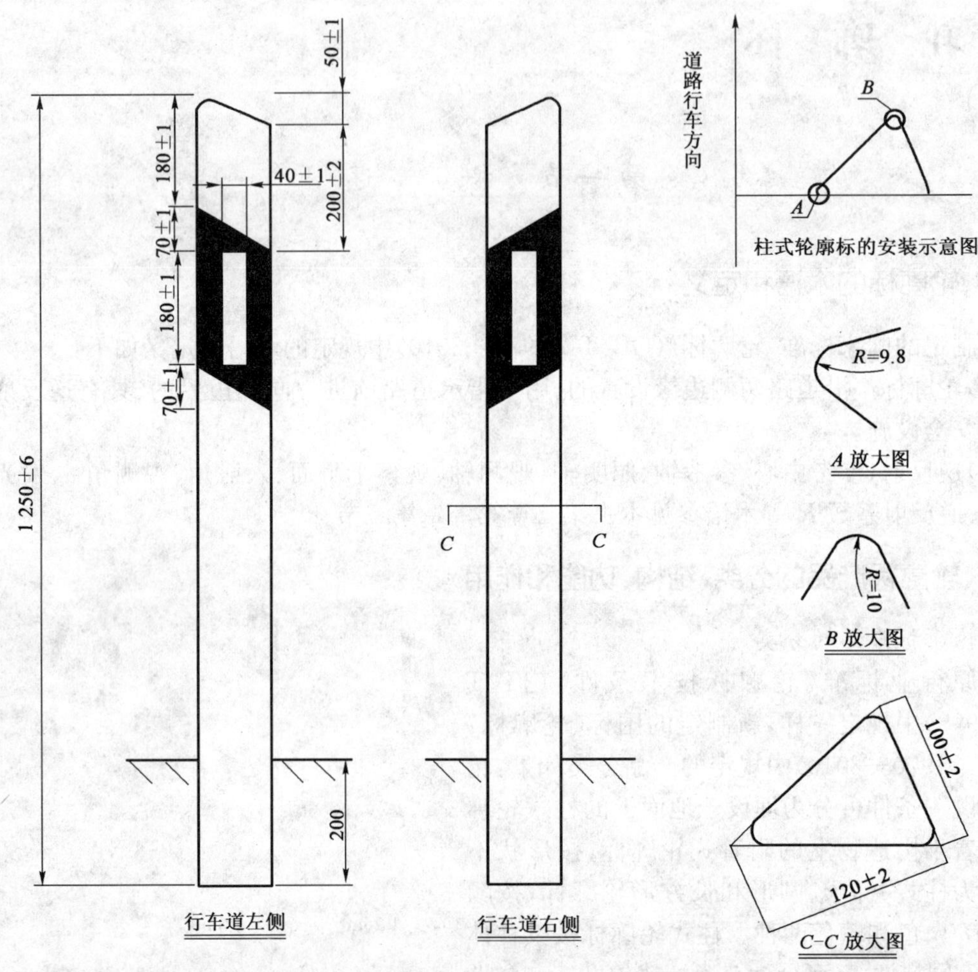

图 2-10-2 普通柱式轮廓标结构和安装示意图(尺寸单位：mm)

在柱式轮廓标安装中，其逆反射材料的表面(或弹性柱式轮廓标断面的弦)应与道路行车方向垂直(图 2-10-2、图 2-10-3)；可在柱式轮廓标埋入地面部分打 1～2 个安装孔。

(2)附着式轮廓标

附着于护栏的附着式轮廓标，由逆反射材料、支架和连接件组成(图 2-10-4～图 2-10-6)。轮廓标附着于波形梁护栏中间的槽内，其逆反射材料的形状应为圆角的梯形。梯形的上底为 50mm、下底为 120mm、高为 70mm。通过支架固定在护栏与连接螺栓中，其构造、尺寸及允差见图 2-10-4、图 2-10-5。若轮廓标安装于波形梁护栏板的上方，其逆反射材料的形状应为圆形，构造、尺寸及允差见图 2-10-4。安装于中央分隔带混凝土护栏上方的轮廓标，构造、尺寸及允差见图 2-10-7。在混凝土护栏侧壁上也可安装长方形或梯形轮廓标。在附着式轮廓标安装中，应使其逆反射材料表面与道路行车方向垂直。

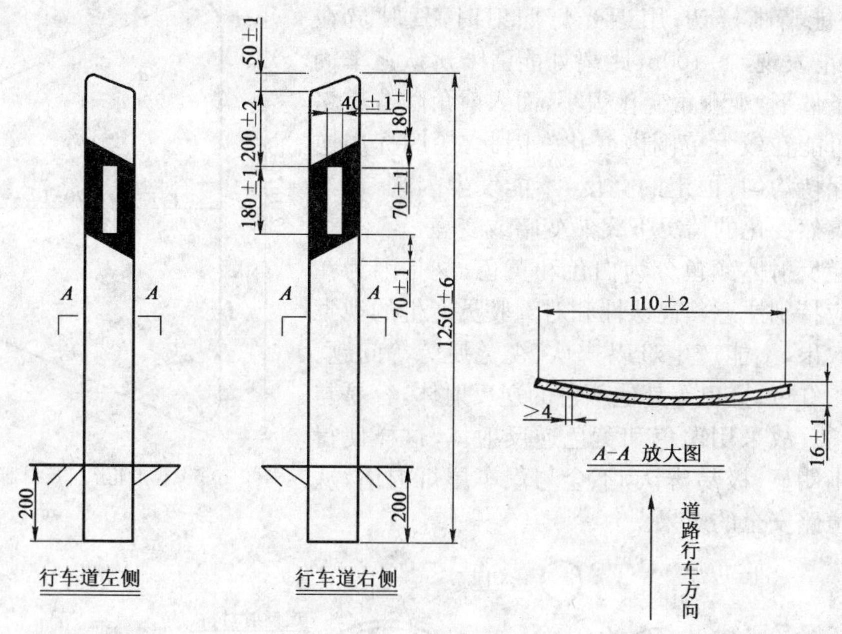

图 2-10-3　弹性柱式轮廓标图(尺寸单位:mm)

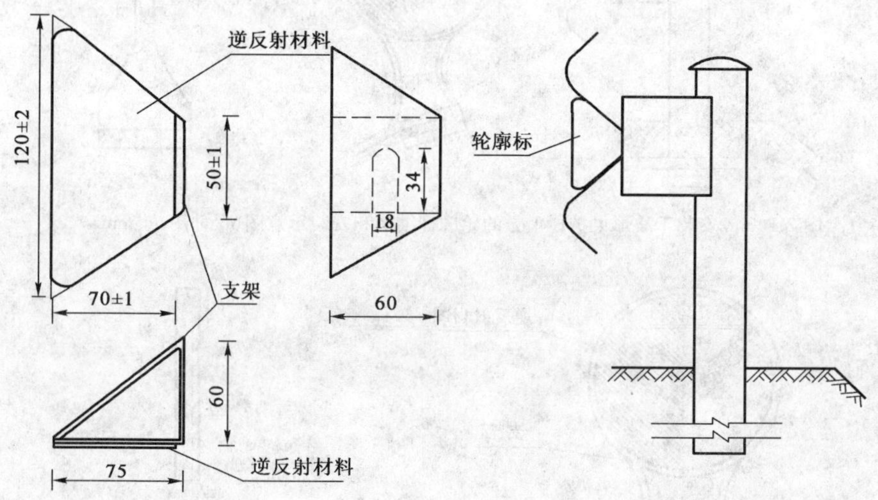

图 2-10-4　附着于波形梁护栏的轮廓标结构和安装示意图(尺寸单位:mm)

附着于其他建筑物上的轮廓标，包括在挡墙、桥墩、桥台、隧道侧壁、停车场和道路分隔带等处设置的轮廓标，其逆反射材料可制成前述的长方形或圆形。根据建筑物的种类及设置部位，采取不同形式的支架与建筑物连接。在安装中也应使逆反射材料表面与道路行车方向保持垂直。

3.轮廓标产品的功能和作用

从功能上说，轮廓标是一种视线诱导设施。一般车辆在静止条件下，用远光灯照射轮廓标逆反射体时，要求驾驶员在500m距离处能发现，在300m距离处能清晰辨认；用近光灯照射时，驾驶员在200m距离处能发现，在100m距离处能清晰辨认。车辆在动态行驶条件下，观测角变化很小，而入射角随着道路线形的变化可能在较大范围内变化。因此，轮廓标用逆反射体必须保持均匀、恒定的亮度，不能发生闪耀，也不能在入射角突然变化的情况下突然变暗或变亮。

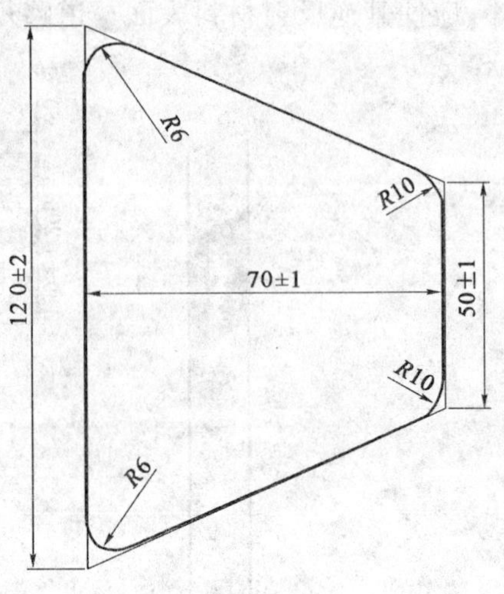

图2-10-5 梯形轮廓标反射器尺寸示意图（尺寸单位：mm）

轮廓标逆反射体颜色分为白色和黄色，这是因为在使用过程中应特别注意其视认性和对驾驶员产生的视觉和心理实际效果，不能产生难以辨认、视觉疲劳等问题。如轮廓标使用红色、橙色等其他颜色的逆反射体，容易与车辆尾灯混淆。故采用白色和黄色逆反射体，这样使得道路轮廓清晰明显、极易辨认，不会与汽车尾灯混淆，从而达到保障道路安全的效果。

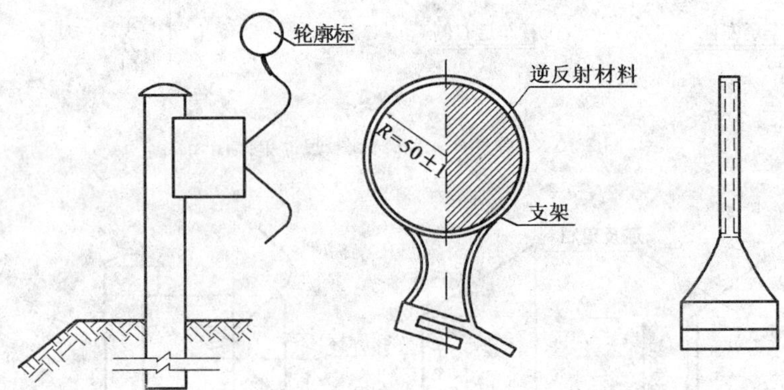

图2-10-6 安装于波形梁护栏上方的轮廓标结构和安装示意图（尺寸单位：mm）

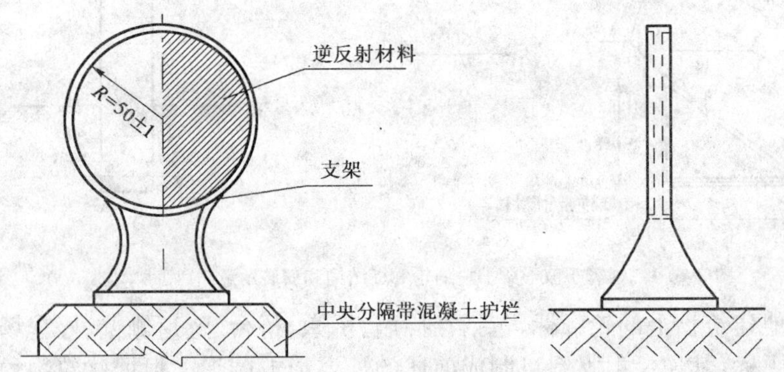

图2-10-7 安装于中央分隔带混凝土护栏上的轮廓标结构和安装示意图（尺寸单位：mm）

轮廓标虽然在交通安全设施中所占的比重较小，但其作用却不可忽视。尤其是在高速公路和一级公路上，车辆行驶速度很高，为了达到安全行车的目的，公路前方线形指示非常重要，连续设置轮廓标为有效手段之一。尤其是在车辆夜间行驶过程中，可视距离较短、安全度降低，通过对汽车灯光的反射，轮廓标可以使驾驶员提早了解前方路况。道路两侧设置的轮廓标作为道路车行道边界的警示标志，也起到了夜间诱导警告驾驶员的作用，很好地保证了通行车辆的行车安全。

此外，在交通运输部组织实施的公路安全保障工程中（2005～2008年，以“消除隐患、珍视生命”为主题的工程，对国省干线公路的急弯、陡坡、连续下坡、视距不良和路侧险要等类型的路段开展综合整治，改善交通安全防护设施），对轮廓标专项安全工程实施效果评价也非常高。尤其是在沿线危险地段设置的护栏处装上轮廓标取得了非常好的效果，一方面，能清晰显示公路轮廓，可以使驾驶员提早了解公路线形的急剧变化，从视觉上起到诱导行驶的作用；另一方面，从心理上为驾驶员提供了安全感，有效地减少了碰撞护栏等事故的发生，确保了交通安全。

除了传统中的轮廓标产品，在隧道等环境中还采用新型的主动发光式轮廓标，如图2-10-8所示。组合式主动发光轮廓标为集中供电式，具有组合式发光、高亮度LED单元和逆反射片相互配合、全天候工作、密封防水设计完善等特点。一般应用在道路两侧或在隧道内，可起到视线动态诱导及微照明的作用。轮廓标表面逆反射材料的透光孔置有凹透镜结构，可增大LED灯的光发散角度，增加照射范围。

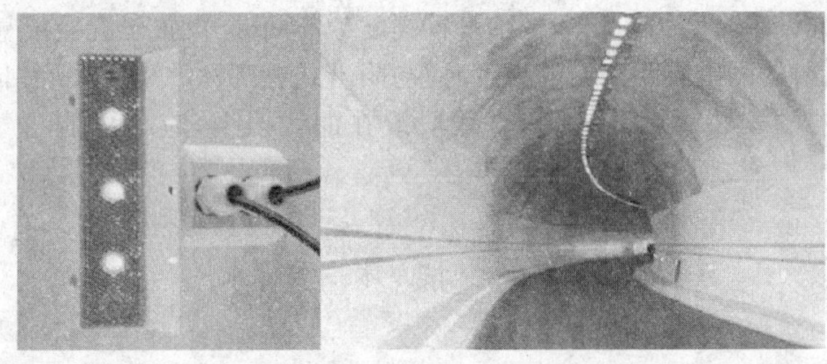

图2-10-8　主动发光轮廓标及其应用示意图

三、轮廓标的设置原则

依据《道路交通标志和标线》（GB 5768—2009）相关要求，轮廓标设置规定如下。

高速公路、一级公路和城市快速干道的主线，以及其互通立交、服务区、停车场的进出匝道或连接道，应连续设置轮廓标。

二级公路、三级公路、其他道路和路段视需要可沿主线两侧连续设置轮廓标；在小半径弯道、连续转弯、视距不良、易发生冲出路侧事故和事故多发等路段，宜结合其他安全处置措施沿主线两侧连续设置轮廓标。

高速公路的主线直线段，轮廓标设置间隔一般为50m；附设于护栏上时，其设置间隔可为48m。一级公路和城市快速干道的主线直线段，轮廓标设置间隔一般为40m。二级公路、三级公路和其他道路的主线直线段，轮廓标设置间隔一般为30m。

曲线段轮廓标设置间隔可按表2-10-1规定选用，也可适当加密。在曲线段外侧的起止路段设置间隔如图2-10-9所示，如果2倍或3倍的间距大于50m，则取为50m。

轮廓标在道路左、右侧对称设置。轮廓标反射器分白色和黄色两种，白色反射器安装于沿行车前进方向的道路右侧，黄色反射器安装于沿行车前进方向的道路左侧或中央分隔带上。

曲线段轮廓标的设置间隔　表 2-10-1

曲线半径 R(m)	<30	30～89	90～179	180～274	275～374	375～999	1 000～1 999	2 000 及以上
设置间隔 S(m)	4	8	12	16	24	32	40	48

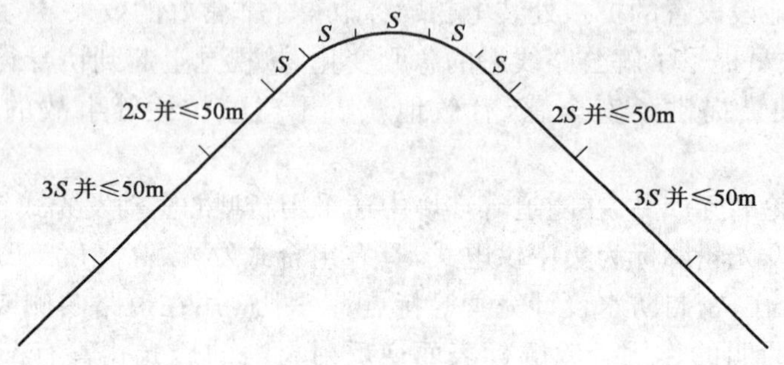

图 2-10-9　曲线段轮廓标设置间隔示例图

轮廓标的标准设置高度为 70cm，最小设置高度为 60cm。设置于混凝土基础中的轮廓标，其设置高度(指反射器的中心距路面的高度)应与附着式轮廓标的高度大致相同。

轮廓标反射器的安装角度，无论在直线段或在曲线段上，应尽可能与驾驶员视线方向垂直。

第二节　技 术 要 求

一、轮廓标产品技术要求

《轮廓标》(GB/T 24970—2010)中制定了外观质量、外形尺寸、色度性能、光度性能、附着性能、密封性能、耐候性能、耐盐雾腐蚀性能和耐高低温性能等技术要求。

1. 外观质量

(1)轮廓标的各部分应成形完整，不应有明显的划伤、裂纹、缺陷或损坏。金属支架、底板的表面不得有砂眼、毛刺、飞边或其他缺陷；合成树脂类材料外表面不得有毛刺、裂缝、气泡或颜色不均匀等缺陷。

(2)柱式轮廓标的外表面应平整光滑，无明显凹陷或变形等缺陷。普通柱式轮廓标的柱体表面平面度不应大于 2mm/m。

(3)轮廓标的逆反射材料宜采用反射器或反光膜，反射器有微棱镜型和玻璃珠型两种形式。微棱镜型反射器的颜色和逆反射性能应均匀一致。玻璃珠型反射器的玻璃珠应颜色一致，排布均匀，不应有破损或其他缺陷。反光膜在柱体上应粘贴平整，无皱纹、气泡、拼接缝等缺陷。

2. 外形尺寸

柱式轮廓标和各种附着式轮廓标各部分尺寸要求如表 2-10-2～表 2-10-5 所示。

柱式轮廓标尺寸要求　　表 2-10-2

序　　号	检 测 项 目	技 术 要 求
1	逆反射体长度(mm)	180±0.9
2	逆反射体宽度(mm)	40±0.4
3	柱体高度(mm)	1 100±6
4	柱体宽(mm)	100±2
5	黑色标记长度(mm)	250±3
6	柱体壁厚(mm)	≥3

梯形轮廓标尺寸要求　　表 2-10-3

序　　号	检 测 项 目	技 术 要 求
1	梯形上底宽(mm)	50±0.5
2	梯形下底宽(mm)	120±0.7
3	梯形高(mm)	70±0.6
4	支架底板厚度(mm)	镀锌钢板≥1.5
		铝合金板≥2.0
		合成树脂≥3.0

圆形轮廓标尺寸要求　　表 2-10-4

序　　号	检 测 项 目	技 术 要 求
1	圆形直径(mm)	100±0.6
2	支架底板厚度(mm)	镀锌钢板≥1.5
		铝合金板≥2.0
		合成树脂≥3.0
3	支架底板镀锌层厚度(μm)	≥50

长方形形轮廓标尺寸要求　　表 2-10-5

序　　号	检 测 项 目	技 术 要 求
1	长方形长边(mm)	180±0.9
2	长方形短边(mm)	40±0.4
3	支架底板厚度(mm)	镀锌钢板≥1.5
		铝合金板≥2.0
		合成树脂≥3.0
4	支架底板镀锌层厚度(μm)	≥50

3.轮廓标柱体、标记、支架和底板的材料

1)合成树脂类材料

(1)柱式轮廓标的柱体宜采用耐候性能优良的合成树脂类材料，其性能应符合以下要求：

①耐候性能：连续自然暴露 2 年或进行人工气候加速老化试验 1 200h，轮廓标柱体不应有裂缝、凹陷、变形、剥落、腐蚀、粉化、变色或层间分离等破损的痕迹。

②耐盐雾腐蚀性能：试验后柱体不应有变色、扭曲、损伤或被侵蚀的痕迹。

③加保护层的合成树脂类柱体，其保护层在经受耐候性能试验、盐雾腐蚀试验后，也不应

出现变色、开裂、粉化或剥落等破损的痕迹。

④普通柱式轮廓标用合成树脂类板材的实测厚度应不小于3.0mm，弹性柱式轮廓标柱体的实测厚度应不小于4.0mm，它们的纵向抗拉强度应不小于25MPa。弹性柱式轮廓标柱体经不小于30次折弯后，不应出现裂缝或折断的现象，其顶部任意水平方向的残余偏斜应不大于70mm。

⑤附着式轮廓标支架或底板用合成树脂类材料时，其实测厚度不应小于3.0mm，按《塑料弯曲性能的测定》(GB/T 9341—2008)的方法测试，其支架或底板的抗弯强度应不低于40MPa。

(2)黑色标记宜采用耐候性能优良的涂料或塑料薄膜，应与轮廓标柱体有良好的黏结性能。黑色标记采用涂料喷涂而成，按《色漆和清漆 漆膜的划格试验》(GB/T 9286—1998)的划格试验测试(用单刃切割刀具，切割间距为2mm，底材为柱体材料)，涂料对柱体的附着性能应不低于二级的要求。若黑色标记采用塑料薄膜粘贴，拼接处应为搭接，重叠部分不小于10mm，每段黑色标记只能有一条拼接缝。试验后用手不能从一端把切开的黑膜整块剥下。

2)铝合金板

附着式轮廓标的支架和底板，一般应采用铝合金板或钢板制造，连接件应采用钢材制造。铝合金板应使用《一般工业用铝及铝合金板、带材》(GB/T 3880—2006)。用作支架及底板时，其最小实测厚度不应小于2.0mm。

3)钢板

钢板应使用《热轧钢板和钢带的尺寸、外形、重量及允许偏差》(GB/T 709—2006)中规定的牌号。用作支架及底板时，其最小实测厚度不应小于1.5mm。为提高钢材的防腐能力，用于轮廓标底板、支架或连接件的钢构件应进行热浸镀锌的表面处理，镀锌层平均厚度应不小于50μm，最小厚度应不小于39μm。若用其他方法防腐处理，防腐层应符合《高速公路交通工程钢构件防腐技术条件》(GB/T 18226—2000)的有关要求。

4)柱式轮廓标柱体白色和黑色的色品坐标和亮度因数应在表2-10-6规定的范围内，其对应的颜色色品图见图2-10-10。

轮廓标表面色各角点的色品坐标 表2-10-6

角点坐标		色品坐标								亮度因数
		x	y	x	y	x	y	x	y	
柱式轮廓标的柱体	白	0.350	0.360	0.300	0.310	0.290	0.320	0.340	0.370	≥0.75
	黑	0.385	0.355	0.300	0.270	0.260	0.310	0.345	0.395	≤0.03
逆反射材料色	白	0.350	0.360	0.300	0.310	0.285	0.325	0.335	0.375	≥0.27
	黄	0.545	0.454	0.464	0.534	0.427	0.483	0.487	0.423	0.16～0.40

注：D_{65}标准照明体，照明观测条件：45°/0°。

4.逆反射材料

1)色度性能

逆反射材料的颜色有白色和黄色两种。在行车道右侧应安装含白色逆反射材料的轮廓标；在行车道左侧或中央分隔带上应安装含黄色逆反射材料的轮廓标。

轮廓标各部位表面色的颜色色品坐标和亮度因数应在表2-10-6规定的范围内，对应的颜色色品图见图2-10-11；轮廓标逆反射材料的逆反射色的色品坐标应在表2-10-7规定的范围内，对应的颜色的色品图见图 2-10-11。

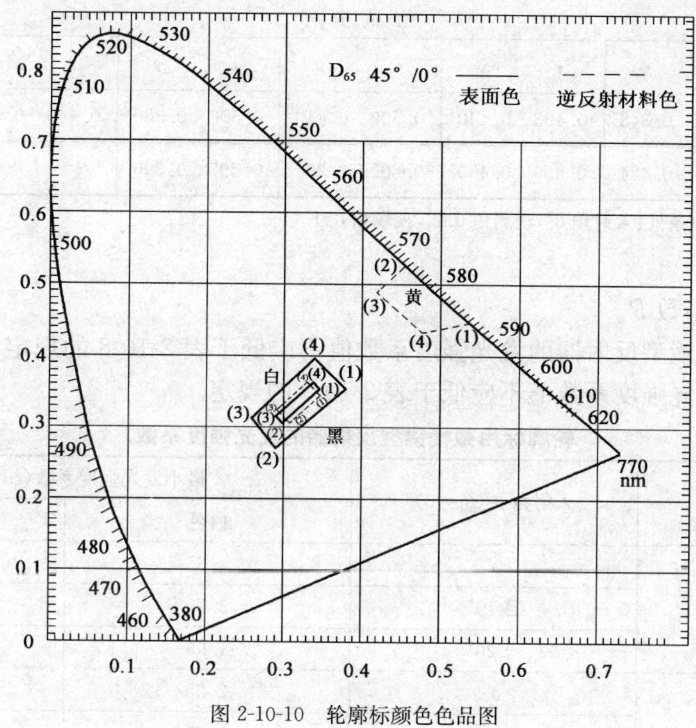

图 2-10-10　轮廓标颜色色品图

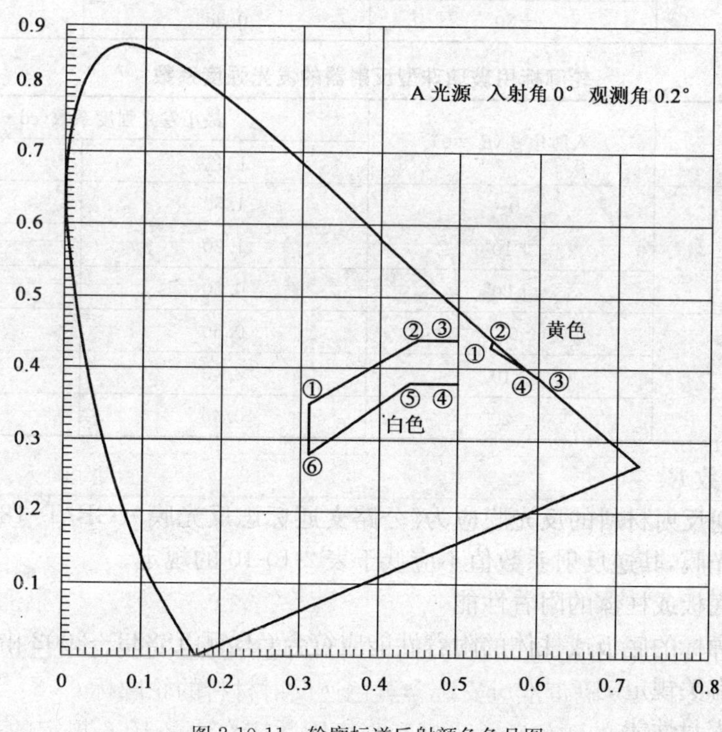

图 2-10-11　轮廓标逆反射颜色色品图

轮廓标逆反射材料颜色各角点的色品坐标　表 2-10-7

角点坐标	色品坐标											
	x	y	x	y	x	y	x	y	x	y	x	y
白	0.310	0.348	0.453	0.440	0.500	0.440	0.500	0.380	0.440	0.380	0.310	0.283
黄	0.545	0.424	0.559	0.439	0.609	0.390	0.597	0.390				

注：A 光源，照明观测条件：入射角 0°，观测角 0.2°，视场角 0.1°

2)光度性能

(1)发光强度系数 R

轮廓标的微棱镜型反射器的发光强度系数值不应低于表 2-10-8 的规定；用作轮廓标的玻璃珠型反射器的发光强度系数值不应低于表 2-10-9 的规定。

轮廓标用微棱镜型反射器的发光强度系数　表 2-10-8

观测角 α	入射角 $\beta_2(\beta_1=0)$	最小发光强度系数(cd·lx^{-1})	
		白色	黄色
0.2°	0°	4.65	2.90
	±10°	3.75	2.35
	±20°	1.95	1.21
0.5°	0°	2.25	1.45
	±10°	1.85	1.20
	±20°	0.93	0.56

轮廓标用玻璃珠型反射器的发光强度系数　表 2-10-9

观测角 α	入射角 $\beta_2(\beta_1=0)$	最小发光强度系数(cd·lx^{-1})	
		白色	黄色
0.2°	0°	1.50	0.75
	±10°	1.20	0.60
	±20°	0.60	0.30
0.5°	0°	0.50	0.25
	±10°	0.45	0.22
	±20°	0.40	0.20

(2)逆反射系数 R'

用作轮廓标逆反射材料的反光膜应为《公路交通标志反光膜》(GB/T 18833—2002)中的一级微棱镜型反光膜，其逆反射系数值不应低于表 2-10-10 的规定。

3)反光膜对底板或柱体的附着性能

反光膜对轮廓标的底板或柱体的附着性能应符合 GB/T 18833—2002 中反光膜对标志底板的附着性能的有关规定。

4)反射器的密封性能

经密封性能试验后，轮廓标用微棱镜型反射器不应出现被水或雾气渗入的现象。

轮廓标用反光膜的逆反射系数　　表 2-10-10

观测角 α	入射角 β_1（$\beta_2=0$）	最小逆反射系数（$cd \cdot lx^{-1} \cdot m^{-2}$）	
		白色	黄色
0.2°	−4°	600	450
	15°	450	320
	30°	300	220
0.33°	−4°	360	250
	15°	260	180
	30°	160	110

5.耐候性能

连续自然暴露，或进行人工气候加速老化试验（如发生计量纠纷，应以连续自然暴露为仲裁），在试验完成后应满足下列要求：

（1）轮廓标试样应无明显的裂缝、刻痕、气泡、锈蚀、侵蚀、剥离、褪色、粉化或变形等破损的痕迹。轮廓标用反射器不应出现被水渗入的痕迹；反光膜不应出现边缘被剥开的现象。

（2）轮廓标试样各种颜色的色品坐标和亮度因数应保持在表 2-10-6 或表 2-10-7 规定的范围之内。

（3）轮廓标用反射器的发光强度系数值不应低于表 2-10-8 或表 2-10-9 相应规定值的 50%；反光膜的逆反射系数值不应低于表 2-10-10 相应规定值的 80%。

6.耐盐雾腐蚀性能

经盐雾腐蚀性能试验后，轮廓标各部件不应有变色、起泡、锈斑或被侵蚀的痕迹。轮廓标用反射器不应出现被水或雾气渗入的痕迹；反光膜不应出现渗漏或边缘被剥离的现象。

7.耐高低温性能

经高低温试验后，轮廓标各部件不应出现裂缝、剥落、碎裂、起泡、翘曲或变形等破损的痕迹。

二、轮廓标工程安装质量要求和评定标准

按《公路工程质量检验评定标准》（JTG F80/1—2004）的规定，轮廓标工程安装质量要求和评定标准的主要内容如下。

1.基本要求

包括以下四项：

①轮廓标产品应符合现行有效标准的规定。

②轮廓标的布设应符合设计及施工规范的要求。

③柱式轮廓标的基础混凝土强度、基础尺寸应符合设计要求。

④柱式轮廓标安装牢固，逆反射材料表面与行车方向垂直，色度性能和光度性能与设计相符。

2.外观鉴定

包括以下三项：

①轮廓标不应有明显的划伤、裂纹、损边、掉角等缺陷，表面应平整光滑，无明显凹痕或变形。不符合要求时，每处减 2 分。

②轮廓标安装牢固，线形顺畅。不符合要求时，每处减 2 分。

③柱式轮廓标的垂直度不超过±8mm/m。不符合要求时，每处减 1 分。

3. 实测检查项目

轮廓标实测项目如表 2-10-11 所示。

轮廓标实测项目 表 2-10-11

项　次	检 查 项 目	规定值或允许偏差	权　值
1	柱式轮廓标尺寸(mm)	三角形断面：底边允许偏差为±5，三角形高允许偏差为±5；柱式轮廓标总长允许偏差为±10	1
2	安装角度(°)	0～5	1
3	反射器中心高度(mm)	±20	1
4	反射器外形尺寸(mm)	±5	2
5	光度性能	在合格标准内	2

第三节　轮廓标生产工艺和施工方法

一、轮廓标的生产工艺

1. 附着式轮廓标生产工艺

附着式轮廓标生产工艺流程如图 2-10-12 所示。

2. 柱式轮廓标

柱式轮廓标宜采用合成树脂类材料。柱体使用全自动设备一次成形，成形后裁切立柱长度，立柱表面涂刷白漆，粘贴黑色标记，最后安装反射器。

二、轮廓标的施工方法

1. 附着式轮廓标的施工方法

附着于梁柱式护栏上的轮廓标，可按立柱间距定位，附着于混凝土护栏或隧道侧墙上的轮廓标应量距定位。

附着式轮廓标应按照放样确定的位置进行安装，反射器的安装角度应符合设计文件的相关规定。附着于护栏槽内的轮廓标，反射器为梯形，把反射器后底板固定在护栏与立柱的连接螺栓上，附着于缆索护栏上的轮廓标，通过夹具把轮廓标固定在缆索上。附着于隧道壁、挡墙、桥墩、桥台侧墙、混凝土护栏等处的轮廓标，通过预埋件或胶固定在侧墙上。反射器的安装角度应符合设计文件的规定。安装高度宜尽量统一，并应连接牢固。

安装过程中所有钢构件均应进行防腐处理。除设计文件另行规定外，防腐处理应满足现行《高速公路交通工程钢构件防腐技术条件》(GB/T 18226—2000)的规定。螺栓、螺母等紧固件和连接件在防腐处理后，必须清理螺纹或进行离心分离处理。

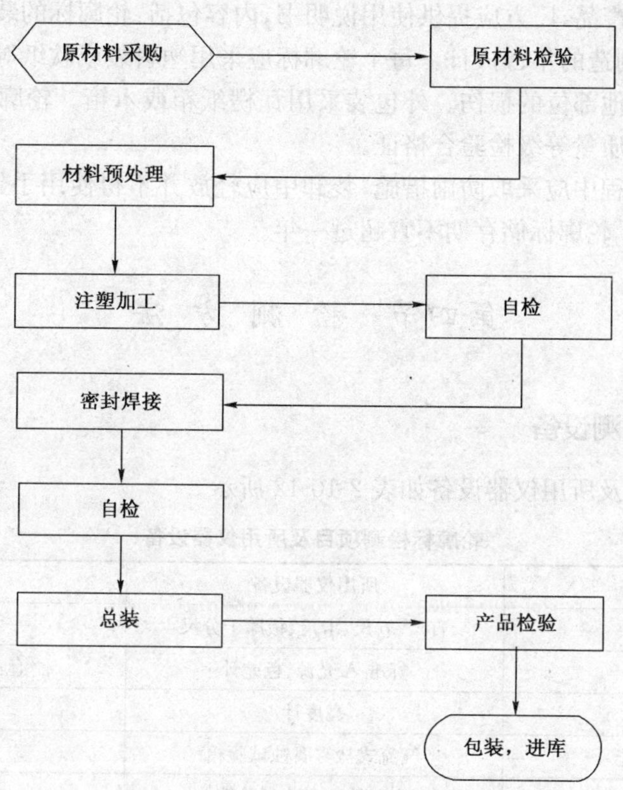

图 2-10-12　附着式轮廓标生产工艺流程图

2. 柱式轮廓标的施工方法

柱式轮廓标应按设计文件的规定量距定位。施工时应设置混凝土基础。混凝土基础可采用现浇或预制的方法施工，并应符合《公路桥涵施工技术规范》(JTG/T F50—2011)的规定，预制时应按设计文件的规定预埋连接件。基础开挖达到规定的尺度和深度后，先浇筑一层片石混凝土，厚度不应小于 20cm。接着在片石混凝土上支模板，测量模板顶部的高程。当立柱与混凝土基础浇在一起时，则可将立柱放入模板内，固定就位后，即可浇筑混凝土。浇筑混凝土完成后应采取正常的养护措施，直到混凝土达到规定的强度。当轮廓标柱体或立柱为装配式结构时，则应预留柱体插入的孔穴，或采用法兰盘连接。柱式轮廓标可在混凝土基础的预留孔穴中安装。安装时，轮廓标柱体应垂直于地平面，三角形柱体的顶角平分线应垂直于公路中心线，柱体与混凝土基础之间可用螺栓连接。

三、轮廓标产品的标志、包装、运输和储存要求

轮廓标产品上应有清晰、耐久的标志。柱式轮廓标的标志宜设置在离地面 50～200mm 的柱体表面上；附着式轮廓标的标志宜设置在反射器表面或支架上。其内容包括：制造厂家的名称、商标或其他能代表生产厂的符号；应用标准号，若符合本标准要求，其编号为 GB/T 24970—2010。产品包装箱外应标有：产品名称、制造厂名称、地址、电话、产品批号、数量、颜色、出厂日期等。

对于每批轮廓标产品，厂方应提供使用说明书，内容包括：轮廓标的装配和安装说明；轮廓标的维修说明；产品制造的年、月、日。每个轮廓标应采用塑料袋或软纸等材料包装，以防止轮廓标逆反射材料及其他部位的损伤。外包装采用瓦楞纸箱或木箱。轮廓标装箱时，应随箱附有产品使用说明书及质量等级检验合格证。

轮廓标在运输过程中应采取防雨措施，装卸中应轻放并不得使用手钩。储存轮廓标的仓库应保持通风、干燥。轮廓标储存期不宜超过一年。

第四节　检　测　方　法

一、轮廓标的检测设备

轮廓标检测项目及所用仪器设备如表 2-10-12 所示。

轮廓标检测项目及所用仪器设备　　表 2-10-12

检测项目	所用仪器设备	测量参数
外形尺寸	直尺、卷尺、卡尺、板厚千分尺	长度、厚度
色度性能	标准 A 光源、色差计	色品坐标、亮度因数
光度性能	亮度计	发光强度
耐盐雾腐蚀性能	气流式盐雾腐蚀试验箱	温度、流量
耐候性能	人工加速老化试验箱	辐照度、温度
密封性能	轮廓标密封性能测试仪	温度
耐低温性能	高低温湿热试验箱	温度、湿度
耐高温性能	高低温湿热试验箱	温度、湿度

二、轮廓标产品检测方法

1. 轮廓标性能测试的准备

(1)试样的制备

根据不同情况，随机抽取下列物品制备各种试样：

①轮廓标生产厂制作的轮廓标整体产品，或截取柱式轮廓标带有完整黑色标记和反光材料、长度不小于 350mm 的一段柱体，作为产品试样。

②轮廓标生产厂制作的或使用中的轮廓标反射器作为反射器试样。

③轮廓标生产厂使用的反光膜，一般截取 1.22m×0.30m，按《公路交通标志反光膜》(GB/T 18833—2002)中规定的方法，制成符合各种性能测试要求的反光膜试样。

(2)状态调节

试样应在温度 23℃±2℃，相对湿度 50%±10%的环境中，放置 24h 后，方可进行各种测试工作。

(3)测试条件

一般的测试工作宜在温度 23℃±2℃，相对湿度 50%±10%的环境中进行。

2.尺寸

用直尺、游标卡尺测量轮廓标的外形尺寸。

3.外观质量

(1)在白天室内照度大于150lx的条件下,目测产品外观或用4倍放大镜查看。

(2)把刀口尺的刃口紧靠轮廓标柱体表面,测量柱体表面与刃口之间的最大间隙,即为该表面的平面度。

4.色度性能

轮廓标的色度性能包括表面色和逆反射色两种,表面色的测量方法同前面已经介绍的反光膜,详见第二篇第三章第四节,逆反射色的测量方法同前面已经介绍的突起路标,详见第二篇第九章第四节。

5.光度性能

(1)测量原理和装置

同前面已经介绍的反光膜,详见第二篇第三章第四节。

(2)反射器发光强度系数测量过程

测量过程同反光膜,只是测量几何条件不同。轮廓标的测量几何条件是:观测角两种20′和30′,入射角 β_2 有5个,分别为0°,±10°,±20°。

用式(2-10-1)计算出不同观测角和入射角条件下的发光强度系数 R。

$$R=\frac{I}{E_{\perp}}=\frac{E_r \cdot d^2}{E_{\perp}} \tag{2-10-1}$$

式中:E_r——光探测器在不同观测角和入射角条件下测得反射光的照度,lx;

d——试样参考中心与光探测器孔径表面的距离,m;

$E_{\perp}$——试样在参考中心上的垂直照度,lx。

(3)反光膜逆反射系数测量过程

测试轮廓标用反光膜在观测角分别为12′、20′,入射角 β_1($\beta_2=0$)分别为 −4°、15°、30°时的发光强度系数。

其他步骤同前面已经介绍的反光膜,详见第二篇第三章第四节。

(4)反光膜逆反射系数其他测试方法

轮廓标用反光膜的逆反射系数,也可用试样与标准样板对比的测量方法和仪器进行测试。其标准样板应定期到计量检定单位标定。如发生计量纠纷,应以前述的装置和方法为仲裁。

6.耐候性能

(1)耐候性能试验时间

①自然暴露试验:2年;

②人工气候加速老化试验:1 200h。

(2)自然暴露试验

按照《塑料大气暴露试验方法》(GB/T 3681—2000),把产品试样或反光膜试样(反光膜试样的尺寸应不小于150mm×250mm)安装在至少高于地面0.8m的曝晒架上,试样面朝正南方,与水平面呈当地的纬度角或45°±1°。试样表面不应被其他物体遮挡阳光,不得积水。暴露地点的选择尽可能近似实际使用环境或代表某一气候类型最严酷的地方。

试样开始曝晒后，每一个月做一次表面检查，半年后每三个月检查一次，直至达到规定的曝晒期限，最终检查后进行有关性能测试。

(3)人工气候加速老化试验

按照《塑料实验室光源暴露试验方法 第2部分:氙弧灯》(GB/T 16422.2—1999)，老化箱采用氙灯作为光源，产品试样或反光膜试样受到光谱波长为290～800nm的光线辐射，其辐射强度为1 000W/m²±100W/m²，光谱波长低于290nm光线的辐射强度不应大于1W/m²。整个试样面积内，辐射强度的偏差不应大于±10%。在试验过程中，应采用连续光照，周期性喷水。

相关技术参数如下：箱内黑板温度为65℃±3℃；喷水周期为120min，其中18min喷水、102min不喷水。

试验时间到达1 200h时，若试样所受累积辐射能量小于4.32×10^{6}kJ/m²，则应延长试验时间，以保证试样所受累积辐射能量值。

经过规定时间老化试验后的样品，用浓度5%的盐酸溶液清洗表面45s，然后用水彻底冲洗，最后用干净软布擦干，即可置于标准测试条件下，用4倍放大镜进行各种检查并进行有关性能测试。

7.盐雾腐蚀试验

轮廓标的盐雾试验同反光膜，详见第二篇第三章第四节。

8.高低温试验

将产品试样或反光膜试样放入试验箱内，开动冷源，使箱内温度逐渐降至−40℃±3℃，试样在该温度下保持72h；关闭电源，让试验箱自然升温至室温(约需5～12h)。再使试验箱升温至70℃±3℃，并在该温度下保持24h；最后关闭电源，让试验箱自然冷却至室温。取出试样，在标准测试条件下放置2h后，用4倍放大镜检查其表面的变化。

9.密封性能试验

将产品试样或反射器试样放入温度为50℃±3℃、深度为200mm±30mm的水中，使逆反射表面向上，浸泡15min之后，在10s内，迅速将试件取出并立即放入温度为5℃±3℃、同样深度的水中，再浸泡15min。重复上述试验3次，使试样总计经受4个热冷循环的浸泡。然后取出试样，揩干其表面的水分，目测进行检查。

10.弯曲性能试验

《轮廓标》(GB/T 24970—2010)中增加了弯曲性能试验和黑色标记的剥离试验方法两项检测内容，这里只作简要介绍。

把弹性柱式轮廓标安装到弯曲试验机(图2-10-13)的样品架上，开动试验机的电机，使滚轮(在金属轮上涂以厚度为5mm±2mm、邵氏硬度为A75的橡胶层)在离地面垂直距离270mm处，以每分钟30次、48cm/s±2cm/s的速度，将弹性柱式轮廓标推倒至水平位置，然后让它自动弹起。经30次弯曲试验后，用4倍放大镜检查弹性柱式轮廓标的表面是否出现裂缝或折断的痕迹，并测量出弹起的轮廓标柱体顶部任意点与原竖直位置的最大水平偏差。

11.黑色标记的剥离试验

在黑膜(除搭接处)的任何位置，用锋利的刀片垂直于黑膜，沿柱体纵向轴，靠着直尺，从顶部到底部将黑膜完全切透，水平相隔约2cm，切出两条平行线。在平行线中间的一端剥开黑膜,然后用力往外撕开黑膜,并进行检查。

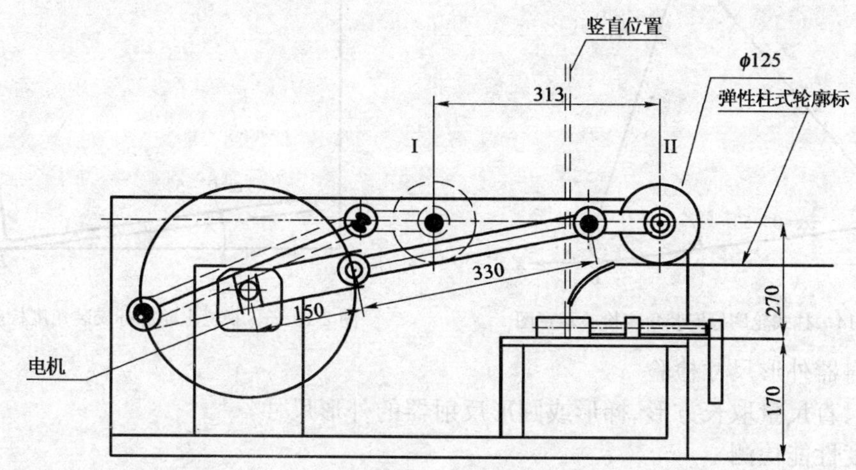

图 2-10-13 弯曲试验原理示意图(尺寸单位:mm)

三、轮廓标工程抽样和质量检测方法

1. 轮廓标安装工程抽样方法

《公路工程质量检验评定标准》(JTG F80/1—2004)中规定的轮廓标安装工程实测项目的抽样频率为:除光度性能外,柱式轮廓标尺寸、安装角度、反射器中心高度、反射器外形尺寸均抽检 10%。

2. 轮廓标安装工程检测方法

(1)轮廓标柱体尺寸检验

柱体轮廓标断面尺寸,使用直尺(量程 200mm,精度 0.5mm)测量边长和高。在测量底边边长时,应以底边实际最大长度 100mm±5mm 为准;在测量高度时,应以底边到顶角圆弧最高点为实际高度 120mm±5mm 为准。

(2)安装角度检验

柱式轮廓标安装角度检验:在道路土路肩内边线,用花杆、十字架确定行进的纵向线(交通流方向),通过 B 点作交通流的垂直线,用万能角尺测量 α 角,应在规定的范围内,如图 2-10-14 所示。

护栏上轮廓标安装角度检验:在道路土路肩内边线,用花杆、十字架确定行进的纵向线(交通流方向),通过 B 点作交通流的垂直线,用万能角尺测量 α 角,应在规定的范围内,如图 2-10-15 所示。

(3)纵向间距检验

用钢卷尺(精度 1mm)测量轮廓标的纵向间距,应符合规范规定或满足设计要求。

(4)反射器中心高度检验

首先确定地面高度为基点,从基点用钢卷尺(精度 1mm)测量柱式轮廓标反射器顶面的高度,减去 90mm,即为反射器(柱式轮廓标)的中心高度。

护栏轮廓标的反射器为梯形,应先用钢卷尺(精度 1mm)量出护栏连接螺栓的中心位置,作为反射器中心,然后,用钢卷尺量取地面基点至反射器中心的高度。

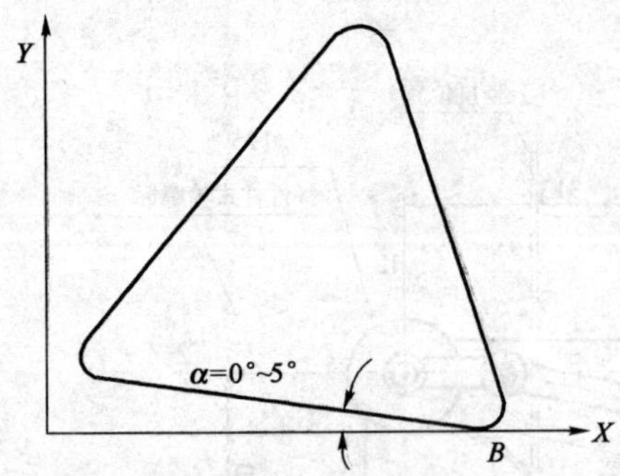

图 2-10-14 柱式轮廓标安装角度检验示意图

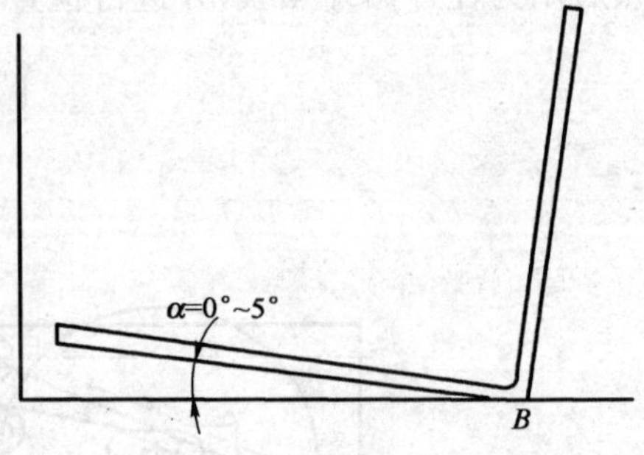

图 2-10-15 护栏上轮廓标安装角度检验示意图

(5)反射器外形尺寸检验

用卡尺、直尺量取长方形、梯形或圆形反射器的外形尺寸。

(6)光度性能检测

检查检测报告。

四、轮廓标产品检验规则

对轮廓标产品质量的检验分出厂检验和型式检验两种形式。

轮廓标出厂前,应随机抽取足够数量的产品,对外观质量和外形尺寸进行检验;对于制造和购进反射器的轮廓标生产厂,还应进行反射器的发光强度系数微棱镜型反射器的密封性能的检验。检验合格后方能出厂。

型式检验包括定型检验和周期检验。

定型检验是指轮廓标生产厂在新产品投入批量生产前,应提供足够数量、具有代表性的新产品,做标准《轮廓标》(GB/T 24970—2010)规定的全套性能试验。试验结果全部合格后,才能开始批量生产。需方或上级质量监督部门有权按本标准或供需双方合同的规定,对轮廓标的质量进行抽检或复查。

轮廓标生产厂在发生老产品转厂生产时、停产一年或一年以上的产品再生产时、正常生产的产品每经历两年生产时,以及产品的设计、工艺或材料的改变影响产品性能时,应进行周期检验。周期检验应随机抽取足够数量的样品,做标准《轮廓标》(GB/T 24970—2010)规定的全套性能试验;或在产品的设计、工艺或材料的改变影响产品部分性能时,仅对受影响的项目进行检验。

轮廓标产品的每项性能试验,至少取样 3 个,在试样测试结果全部合格的基础上,3 个(或 3 个以上)试样测试结果的算术平均值为试验结果。若某一试样的测试结果不符合标准要求,则应从同一批产品中再抽取双倍数量的试样进行该不合格项目的复验,若复验结果全部合格,则整批产品合格;若复验结果(包括该项试验所要求的任一指标)即使有一个指标不合格,则整批产品为不合格产品。

第十一章

通 信 管 道

第一节　概　述

通信管道是用来保护光电缆线路的管道。通信管道主要有水泥管、塑料管以及钢管等，其中塑料管主要有硬聚氯乙烯(PVC-U)管和聚乙烯(PE)管。由于硬聚氯乙烯管的耐低温性能不如聚乙烯管，在低于－70℃的特殊环境不宜采用硬聚氯乙烯(PVC-U)管。另外，玻璃钢管道作为一种增强型塑料管道在电力行业使用较为广泛，近几年在公路建设中也逐渐应用于通信管道。

塑料通信管按结构划分，有实壁管、双壁波纹管、硅芯管、梅花管、蜂窝式管和栅格管。按成形外观划分，有硬直管、硬弯管、可挠管3种。

通信管道与光电缆线路是公路通信系统的主要传输媒介与神经，是通信系统运行的基础。这几年水泥管已不多见，取而代之的是塑料管，特别是硅芯管的应用，极大地提高了穿缆效率和降低了管道的投资成本，应用也越来越广泛。

第二节　技 术 要 求

本部分主要包括高密度聚乙烯硅芯塑料管、双壁波纹管、公路用玻璃纤维增强塑料管道、公路用玻璃纤维增强塑料管箱4类通信管道相关产品的技术要求。

一、高密度聚乙烯硅芯塑料管

高密度聚乙烯硅芯塑料管(简称硅芯管)的主要质量评定标准，为《公路地下通信管道 高密度聚乙烯硅芯塑料管》(JT/T 496—2004)。该标准对公路地下铺设的通信光、电缆用高密度聚乙烯硅芯塑料保护管相关产品分类、命名等提出了要求。

1.硅芯管的结构

硅芯管由高密度聚乙烯(HDPE)外壁、外层色条和永久性固体硅质内润滑层组成。

2.硅芯管的分类

硅芯管按结构划分为：内壁和外壁均是平滑的实壁硅芯管；外壁光滑、内壁纵向带肋的带肋硅芯管；外壁带肋、内壁光滑的带肋硅芯管；外壁、内壁均带肋的带肋硅芯管4类。

硅芯管按产品外层颜色划分为：硅芯管基体为一种纯色，外层镶嵌不同颜色色条的彩条硅芯管；硅芯管通体为一种纯色的单色硅芯管。

3.硅芯管的质量要求

(1)一般要求

生产硅芯管的主料应使用符合国家标准的高密度聚乙烯挤塑树脂，在保证符合本标准规定技术条件下，单色黑色管可以使用不超过10%的少量清洁的回用料，其他颜色的硅芯管不得使用。

硅芯管外观颜色均匀一致；内外壁实体应平整、均匀、光滑，无塌陷、坑凹、孔洞、撕裂痕迹及杂质麻点等缺陷；截面无气泡、裂痕；硅芯管内壁紧密熔结、无脱开现象；外壁上产品标识完整、清楚。

(2)规格尺寸

依据光电缆的外径和气吹设备的性能，硅芯管的规格及尺寸允差应符合表2-11-1规定。

硅芯管规格及尺寸允差　　表2-11-1

规格(D/d)	外径D(mm)		最小内径d(mm)	壁厚(mm)		椭圆度(%)	
	标称值	允差		标准值	允差	绕盘前	绕盘后
φ32/26 ①	32	+0.3 −0	26	2.5	+0.2 −0.2	≤2	≤3
φ34/28	34	—②	28	3.0	+0.35 −0	≤2	≤3
φ40/33	40	—	33	3.5	+0.35 −0	≤2.5	≤3.5
φ46/38	46	—	38	4.0	+0.35 −0	≤3	≤5
φ50/41	50	—	41	4.5	+0.35 −0	≤3	≤5
φ63/54	63	—	54	5.0	+0.35 −0	≤3	≤5

注：①适用于大管径保护管内的通信子管。

②表示只控制内径及壁厚，对外径不作规定。

为运输及施工方便，硅芯管应顺序缠绕在盘架上，盘架的结构应满足硅芯管最小弯曲半径的要求。每盘硅芯管出厂标称长度宜符合表2-11-2的规定，也可由供需双方商定，但中部不得有断头。

每盘硅芯管出厂标称长度及允差　　表2-11-2

规格(D/d)	长度(m)	长度允差
φ32/26	3 000	≥+0.3%
φ34/28	3 000	≥+0.3%
φ40/33	2 000	≥+0.3%
φ46/38	1 500	≥+0.3%
φ50/41	1 500	≥+0.3%
φ63/54	1 000	≥+0.3%

(3)物理化学性能

硅芯管的物理化学性能应符合表2-11-3的规定。

硅芯管物理化学性能指标　　表 2-11-3

序号	项目	技术指标					
		φ32/26	φ34/28	φ40/33	φ46/38	φ50/41	φ63/54
1	外壁硬度	≥59(邵氏 D 型)					
2	内壁摩擦系数	静态:≤0.25(平板法,对 HDPE 标准试棒) 动态:≤0.15					
3	拉伸强度①(MPa)	≥21					
4	断裂伸长率(%)	≥350					
5	最大牵引负荷(N)	≥5 000	≥6 000	≥8 000	≥10 000	≥11 000	≥12 000
6	冷弯曲半径②(mm)	300	300	400	500	625	750
7	环刚度(kN/m^2)	≥50			≥40		≥30
8	扁平试验③	垂直方向加压至外径变形量为原外径的 50%时,立即卸荷,试样不破裂、不分层					
9	复原率,%	垂直方向加压至外径变形量为原外径的 50%时,立即卸荷,试样不破裂、不分层,10min 外径能自然恢复到原来的 85%以上					
10	耐落锤冲击性能 常温③	温度 23℃、高度 2m,用 15.3kg 重锤冲击 10 个试样,应 9 个以上无开裂现象					
	耐落锤冲击性能 低温	温度−20℃、高度 2m,用 15.3kg 重锤冲击 10 个试样,应 9 个以上无开裂现象					
11	耐水压密封试验④	温度 20℃、压力 50kPa 条件下,保持 24h,试样无渗漏					
12	抗裂强度③(MPa)	≥2.0					
13	与管接头的连接力(N)	≥4 300	≥4 300	≥6 700	≥8 000		
14	纵向收缩率(%)	≤3.0					
15	脆化温度③(℃)	−75					
16	耐环境应力开裂	48h,失效数≤20%					
17	熔体流动速率⑤(g/10min)	MFR(190/2.16)≤0.5					
18	耐热应力开裂③⑥	168h,失效数≤20%					
19	工频击穿强度③⑥(MV/m)	≥24					
20	耐化学介质腐蚀③⑦	将管试样分别置于 5%的 NaCl、40%的 H_2SO_4、40%的 NaOH 溶液中浸泡 24h,无明显被腐蚀现象					
21	耐碳氢化合物性能	用庚烷浸泡 720h 后对硅芯管施加 528N 的外力,试样不损坏,产生的永久变形不超过 5%					

注:①《高密度聚乙烯硅芯管》(GB/T 24456—2009)中将“拉伸强度”更名为“拉伸屈服强度”,性能指标为≥20。

②GB/T 24456—2009 中更名为冷弯曲性能。

③GB/T 24456—2009 中取消了此项要求。

④GB/T 24456—2009 中“耐水压密封试验”更名为“系统密封性”。

⑤该项指标只在生产企业生产前,对要使用的树脂进行检测时使用。

⑥该两项指标只用作电力保护管时使用。

⑦该项指标适用于现场有强烈酸、碱、盐等腐蚀的条件下。

⑧GB/T 24456—2009 中增加了“耐液压性能”,技术指标规定为“在温度 20℃,水压 2.0MPa 条件下,保持 15min,试样无可见裂纹、无破裂”。

(4)硅芯管专用连接头

硅芯管应使用专用连接头连接。专用连接头的要求如下：

①连接头一般由连接壳体、密封圈和卡簧组成，壳体由连接螺管、螺帽组成。壳体和卡簧，宜选用聚碳酸酯(PC)、聚丙烯(PP)或工程塑料(ABS)注塑制成。其主要性能指标如表2-11-4所示。

硅芯管专用连接头壳体主要性能　　表2-11-4

序号	项目	单位	技术指标
1	硬度	邵氏，H_D	≥75
2	拉伸强度	MPa	≥45
3	冲击强度(缺口)	kJ/m^2	≥50
4	热变形温度	℃	≥90
5	脆化温度	℃	≤−60
6	燃烧性	—	慢
7	耐化学介质腐蚀	—	同硅芯管

②橡胶密封圈的性能：应具有高弹性能并且耐压、耐磨，耐酸、碱、盐等溶剂腐蚀，耐环境应力开裂，耐老化。

③外观：连接螺管与配合螺帽的内外壁应光滑，无缺陷；两者螺旋配合良好，外壁有规格型号标志。

④配合尺寸。连接螺管内径(D_1)应在满足被接塑料管外径(D_0)及其公差的情况下顺利插入，即$D_1>D_0$。连接螺管长度为塑料管外径的2.5倍。组装后连接件总长度大于塑料管外径的3.5倍。经供需双方协商，可以生产其他规格的产品，但性能应不低于本标准要求。

⑤连接件组装后可反复装卸使用，并具有气闭性能及连接强度。其主要物理、机械性能，应符合表2-11-5所示的要求。

连接件组装后的物理、机械性能与使用标准　　表2-11-5

序号	项目	主要性能
1	气闭性能	两端口封闭，连接件内充气0.1MPa，24h内，压力基本不变
2	耐工作气压	应能满足不同工作气压的需要，一般必须具有承受2MPa压力的能力
3	连接力	不同规格的连接件，应有不同的允许张力，一般应≥4 300N，详见表2-11-3
4	抗压荷载	连接件组装后，在2 000N侧压力作用下保持1min，基本不变形，撤去作用力后，不影响继续使用
5	耐冲击性能	连接件组装后，在其上方0.54m处自由跌落3kg钢球，冲击连接件或按16N·m标准进行冲击，在不同位置冲击3次，连接件无损伤并且不影响使用
6	使用环境温度	分别在−40℃和+60℃条件下存放5h，取出后立即在2m高度进行自由跌落试验，连接件无损伤并且不影响使用
7	使用环境与使用寿命	可以在各种土壤环境中使用20年

(5)硅芯管管塞

硅芯管两端应使用膨胀管塞和(或)热塑套管密封，以防止潮气或尘土进入管内。管塞的密封性能，应满足耐水压密封试验的要求。

二、双壁波纹管

双壁波纹管的主要质量评定标准，为《地下通信管道用塑料管　第3部分：双壁波纹管》（YD/T 841.3）。该标准对公路地下铺设的通信光、电缆用双壁波纹管相关产品分类等提出了要求。

1. 双壁波纹管的产品分类

双壁波纹管可以按环刚度分类，如表2-11-6所示。

环刚度等级（单位：kN/m^2）　　表2-11-6

等级	SN2	SN4	(SN6.3)	SN8	(SN12.5)	SN16
环刚度	2	4	6.3	8	12.5	16

2. 双壁波纹管的质量要求

（1）材料要求

管材的主要材料是聚氯乙烯和聚乙烯树脂，并加入为改进产品性能所必需的添加剂。

（2）颜色

管材内外层各自的颜色应均匀一致，外层一般为本色，或由供需双方协商确定。

（3）外观

管材内外壁应光滑、平整，无气泡、裂纹、凹陷、凸起、分解变色线及明显杂质。管材断面切割应平整，无裂口、毛刺并与管轴线垂直。

（4）结构尺寸

典型双壁波纹管结构尺寸，见表2-11-7所示，且承口的最小平均内径应不小于管材的最大平均外径。

典型的双壁波纹管外径系列管材的尺寸（单位：mm）　　表2-11-7

公称外径	平均外径		最小平均内径	最小层压壁厚	最小内层壁厚	最小结合长度
	标称值	允许误差				
100	100	+0.4 −0.6	86	1.0	0.8	30
110	110		90	1.0	0.8	32
125	125		105	1.1	1.0	35
140	140	+0.5 −0.9	118	1.1	1.0	38
160	160		134	1.2	1.0	42
200	200	+0.6 −1.2	167	1.4	1.1	50

管材和连接件的承口的最小壁厚 $e_{2\cdot\min}$，应符合式（2-11-1）规定。

$$e_{2\cdot\min}=(d_e/33)\times 0.75 \tag{2-11-1}$$

式中：d_e——管材外径（mm）。

（5）长度

管材有效长度一般为6m，其他长度由供需双方协商确定。

(6)弯曲度

硬直管同方向弯曲度应不大于2%。管材不允许有S形弯曲。可挠管不考核弯曲度指标。

(7)物理力学及环境性能要求

聚氯乙烯(PVC-U)管材物理力学及环境性能要求,见表2-11-8所示。

聚氯乙烯(PVC-U)管材物理力学及环境性能要求　表2-11-8

序　号	检验项目	单　位	性能要求
1	落锤冲击	—	试样9/10不破裂
2	扁平试验	—	垂直方向上外径形变量为25%时,立即卸荷,试样无破裂
3	环刚度	kN/m²	SN4等级:≥4;SN6.3等级:≥6.3;SN8等级:≥8;SN12.5等级:≥12.5;SN16等级:≥16
4	复原率	—	90%,且试样不破裂、不分层
5	坠落试验	—	试样无破损或裂纹
6	纵向回缩率	—	(150±2)℃保持60min,冷却至室温后观察,试样应无分层、无开裂或起泡,纵向回缩率≤5%
7	连接密封性	—	试样无破裂、无渗透
8	维卡软化温度	℃	≥79
9	静摩擦系数	—	≤0.35
10	蠕变比率	—	≤4

注:必要时进行蠕变比率的测试。

聚乙烯(PE)管材物理力学及环境性能要求,见表2-11-9所示。

聚乙烯(PE)管材物理力学及环境性能要求　表2-11-9

序　号	检验项目	单　位	性能要求
1	落锤冲击	—	试样9/10不破裂
2	扁平试验	—	垂直方向上外径形变量为40%时,立即卸荷,试样无破裂
3	环刚度	kN/m²	SN4等级:≥4;　SN6.3等级:≥6.3;　SN8等级:≥8;　SN12.5等级:≥12.5;　SN16等级:≥16
4	复原率	—	≥90%,且试样不破裂、不分层
5	纵向回缩率	—	PE32/40试验温度(100±2)℃,PE50/63及PE80/100试验温度(110±2)℃保持60min,冷却至室温后观察,试样应无分层、无开裂或起泡,纵向回缩率≤3%
6	连接密封性	—	试样无破裂、无渗透
7	静摩擦系数	—	≤0.35
8	蠕变比率	—	≤4

注:必要时进行蠕变比率的测试。

三、公路用玻璃纤维增强塑料管道

公路用玻璃纤维增强塑料管道(简称玻璃钢管道)的主要质量评定标准,为《公路用玻璃纤维增强塑料产品　第3部分:管道》(GB/T 24721.3—2009)。该标准对玻璃钢管道产品分类、结构、尺寸及偏差等提出了要求。

1.玻璃钢管道产品的分类、结构、尺寸及偏差

(1)分类

玻璃钢管道按成形工艺,分为卷制成形玻璃钢管道(代号J)、缠绕成形玻璃钢管道(代号C)、其他成形玻璃钢管道(代号Q)3种。

(2)结构、尺寸及偏差

玻璃钢管道产品结构,如图2-11-1所示;其结构尺寸,应符合表2-11-10的规定。

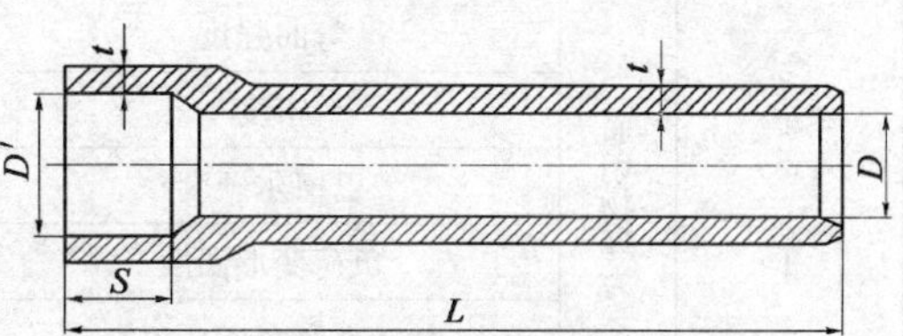

图2-11-1　玻璃钢管道产品的结构

D-内径;D′-承插端内径;S-承插深度;L-长度;t-壁厚

玻璃钢管道结构尺寸(单位:mm)　　表2-11-10

规格($D\times t$)	内径D	壁厚t	承插端内径D'	承插深度S	长度L
90×5	90	5	110	80	4 000
100×5	100	5	120	80	
125×5	125	5	145	100	4 000(6 000)
150×8	150	8	176	100	
175×8	175	8	205	100	

注:管道的承插端和插入端可进行车削加工,以满足结构尺寸的偏差要求;其他型号规格由供需双方协商确定。

内径D允许偏差为$^{+0.75}_{0}$mm。壁厚为5mm,允许偏差为$^{+0.5}_{0}$mm;壁厚为8mm,允许偏差为$^{+0.8}_{0}$mm。承插端内径D'允许偏差为$^{+0.5}_{0}$mm。长度L为4 000mm,允许偏差为$^{+20}_{0}$mm;长度L为6 000mm,允许偏差为$^{+30}_{0}$mm。管道弯曲度应不大于0.5%。

2.玻璃钢管道产品的质量要求

(1)一般技术要求

①原材料

热固性树脂的性能指标,应符合《纤维增强塑料用液体不饱和聚酯树脂》(GB/T 8237)的要求,并应具有良好的机械强度、较好的耐化学性和耐候性能。

增强材料的性能指标,应符合《玻璃纤维短切原丝毡和连续原丝毡》(GB/T 17470)、《玻璃纤维无捻粗纱》(GB/T 18369)、《玻璃纤维无捻粗纱布》(GB/T 18370)、《连续玻璃纤维纱》(GB/T 18371)的要求,应选用无碱玻璃纤维或中碱玻璃纤维制成的纱制品和织物。

②外观质量

玻璃钢管道外形要求平直,管端平齐,无毛刺、飞边等现象。产品表面平整光滑、色泽均匀,不得有起皱、裂纹、颗粒、流胶、树脂剥落、纤维裸露和表面发黏等缺陷。

含胶量均匀、固化稳定,无分层,单件产品表面的气泡累积面积不得大于100mm^2,单个最大气泡面积不得大于15mm^2。

(2)理化性能

玻璃钢管道的理化性能,应符合表 2-11-11 的要求。

玻璃钢管道理化性能要求 表 2-11-11

序号	项目		单位	技术要求	
				卷制成型玻璃钢管道	缠绕成型玻璃钢管道
1	通用物理力学性能	拉伸强度	MPa	≥160(轴向)	≥180(环向)
		弯曲强度	MPa	≥140(轴向)	≥180(环向)
		密度	g/cm³	≥1.5	
		巴柯尔硬度	—	≥40	
		负荷变形温度	℃	≥130	
		管道内壁静摩擦系数(对 HDPE 硅芯塑料管)	—	≤0.363	
		管刚度	MPa	≥3.0	
		耐落锤冲击性能	—	10 次冲击 9 次通过	
2	氧指数(阻燃 2 级)		%	≥26	
3	耐水性能		—	经规定时间试验后,产品表面不应出现软化、皱纹、起泡、开裂、被溶解、溶剂浸入等痕迹,材料弯曲强度性能保留率不小于试验前的 85%	
4	耐化学介质性能		—	耐化学介质性能,应符合表 2-11-12 的规定	
5	环境适应性能	耐湿热性能	—	经 240h 的耐湿热试验后,产品不应有变色或被侵蚀的痕迹,材料弯曲强度性能保留率不小于试验前的 80%	
		耐低温坠落性能	—	经低温坠落试验后,产品应无折断、开裂、破损现象	

玻璃纤维增强塑料产品耐化学介质性能技术要求,如表 2-11-12 所示。

玻璃纤维增强塑料产品耐化学介质性能技术要求 表 2-11-12

介质种类	技术要求	
汽油	经规定时间试验后,产品表面不应出现软化、皱纹、起泡、开裂、被溶解、溶剂浸入等痕迹,材料弯曲强度不小于右侧所列数据要求	≥90
酸		≥80
碱		—

四、公路用玻璃纤维增强塑料管箱

公路用玻璃纤维增强塑料管箱(简称玻璃钢管箱)的主要质量评定标准,为《公路用玻璃纤维增强塑料产品 第 2 部分:管箱》(GB/T 24721.2—2009)。该标准对玻璃钢管箱产品的分类、结构、尺寸及偏差等提出了要求。

1.玻璃钢管箱产品的分类、结构、尺寸及偏差

(1)分类

玻璃钢管箱按用途,分为普通管箱(I 类)和接头管箱(II 类)。

(2)结构、尺寸及偏差

玻璃钢管箱由管箱体、管箱盖、连接件构成。其常规结构形式和各部件，参见图 2-11-2 所示；其规格尺寸，符合表 2-11-13 的规定。

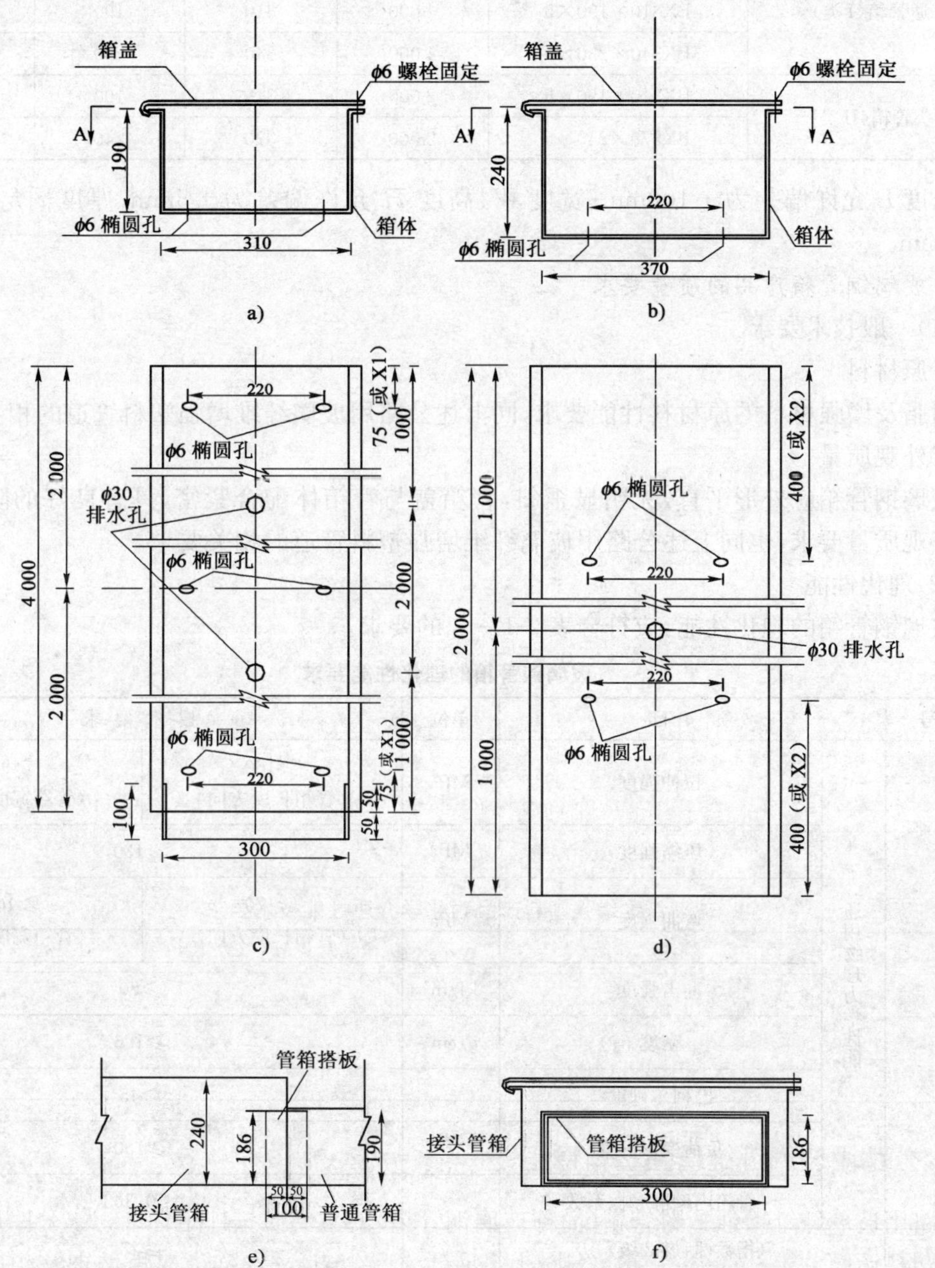

图 2-11-2 管箱的结构形式及各部件(尺寸单位:mm)

a)普通管箱横截面图 1∶10;b) 接头管箱横截面图 1∶10;c)普通管箱 A-A 剖面图 1∶10;d)接头管箱 A-A 剖面图 1∶10;e)接头管箱与管箱套接(侧视图);f)接头管箱与管箱套接(横截面图)

注:本图为管箱结构示意图,其他规格和 X1、X2 等具体结构值由工程设计图纸决定。

玻璃钢管箱规格和尺寸(单位:mm) 表 2-11-13

型号		长度 L	宽度 W	高度 H	壁厚 t
普通管箱(I类)	BX250×150×5	4 000	250	150	5
	BX310×190×5	4 000	310	190	5
	BX340×230×5	4 000	340	230	5
接头管箱(II类)	BX310×190×5	2 000	310	190	5
	BX370×240×5	2 000	370	240	5

长度 L 允许偏差为＋100mm；宽度 W、高度 H 允许偏差为±5mm；厚度 t 允许偏差为±0.2mm。

2. 玻璃钢管箱产品的质量要求

(1)一般技术要求

①原材料

树脂及增强材料的原材料性能要求，同上述公路用玻璃纤维增强塑料管道的相关要求。

②外观质量

玻璃钢管箱应外形平直，无明显歪斜，管箱盖与管箱体配合紧密，具有良好的防水效果。其他外观质量要求，也同上述公路用玻璃纤维增强塑料管道的相关要求。

(2)理化性能

玻璃钢管箱的理化性能，应符合表 2-11-14 的要求。

玻璃钢管箱的理化性能要求 表 2-11-14

序号	项目		单位	技术要求	
1	通用物理力学性能	拉伸强度	MPa	≥160（管箱长度方向）	≥96（管箱宽度方向）
		压缩强度	MPa	≥130	
		弯曲强度	MPa	≥170（管箱长度方向）	≥102（管箱宽度方向）
		冲击强度	kJ/m^2	≥80	
		密度	g/cm^3	≥1.6	
		巴柯尔硬度	—	≥45	
		负荷变形温度	℃	≥150	
		管箱内壁静摩擦系数	—	≤0.363	
2	氧指数(阻燃2级)		%	≥26	
3	耐水性能		—	经规定时间试验后，产品表面不应出现软化、皱纹、起泡、开裂、被溶解、溶剂浸入等痕迹，材料弯曲强度性能保留率不小于试验前的85%	
4	耐化学介质性能		—	耐化学介质性能，应符合表 2-11-12 的规定	

续上表

序　号	项　目			单位	技 术 要 求
5	环境适应性能	耐湿热性能		—	经 240h 的耐湿热试验后，产品不应有变色或被侵蚀的痕迹，材料弯曲强度性能保留率不小于试验前的 80%
		耐低温冲击性能		—	经低温冲击试验后，以冲击点为圆心，半径 6mm 区域外，试样无开裂、分层、剥离或其他破坏现象
		耐候性能	氙弧灯人工加速老化试验	—	经总辐照能量不小于 3.5×106kJ/m² 的氙灯人工加速老化试验后，试样无变色、龟裂、粉化等明显老化现象，材料弯曲强度性能保留率不小于试验前的 80%
			自然曝露试验	—	经五年自然曝露试验后，试样无变色、龟裂、粉化等明显老化现象，材料弯曲强度性能保留率不小于试验前的 60%

注：氧指数要求阻燃 2 级为一般要求，特殊要求可根据供求双方协商决定是否采用阻燃 1 级。

第三节　通信管道的施工工艺

本节将对公路上应用最广泛的通信管道——硅芯管的施工工艺要点加以说明。

硅芯管敷设前，施工单位应根据设计文件及施工图中的要求，对所需敷设硅芯管的路由进行复测，核实路由长度、路由上各种障碍点的位置、硅芯管接头位置、人(手)孔位置及间距等。

沟槽的开挖，应尽可能平整。沟槽开挖宽度，以满足施工操作的最小宽度为原则；沟槽开挖深度，应满足一般路段、中分带开口等的设计深度要求。

硅芯管敷设前，应将硅芯管端口用密封塞子堵塞，防止水、土及其他杂物等进入管内。硅芯管进入沟槽内应摆放有序，尽量顺直、平整。硅芯管进入沟坎及转角处过渡要平缓，应满足设计的最小半径要求，不允许出现缠绕或折弯。

硅芯管敷设前，应先在沟槽底铺 5cm 左右厚的细土，用于调平。硅芯管铺放后及时回填 20cm 土加以保护，以免出现硅芯管摆放无序或缠绕。当硅芯管经过构造物从管箱内通过时，硅芯管的排列方式应同一般路段，避免缠绕。在硅芯管断开处应及时连接密封，对引入人孔的管道及时封堵端口。

硅芯管过路至通信站，在过排水沟时硅芯管应整条敷设，中间不得有接头。硅芯管过构造物和桥梁、中分带开口等，应注意埋设深度，应使硅芯管与相邻路段能平顺地过渡，避免某一断面处跳跃过渡。

当硅芯管通过中央分隔带人孔时，如在人孔处并不是端头，则不必人为断开。为了保证气吹需要和今后缆线的更换，硅芯管的连接应采用配套的连接件并使用专用工具操作。硅芯管的对接端面要剪切平直，并用平滑接口刀将管壁内外棱角磨平。

使用塑料气密封接头，应保证接头内的橡胶垫圈保持在应有位置，硅芯管从接头两端插入接头内并插入到位，然后旋紧两端到适当程度为止。应在竣工图上清楚标明每根管子的接头和接头的确切位置。接头点应尽量远离高温热源及其他易受腐蚀地区。硅芯管敷设后不能立即接续时，硅芯管应留有充足的重叠长度，两端要密封并掩埋保护。

对硅芯管的保护通常有三种措施，即在分歧管、回车道、横跨行车道以及引入段采用钢管保护；跨越桥梁采取软连接，桥上采用玻璃管箱保护；在人手孔引入、中墩绕行、涵洞跨越、桥梁两侧、分歧支线等采用混凝土等包封，并进行防水处理。

第四节 通信管道的检测方法

本部分将主要依据《公路地下通信管道高密度聚乙烯硅芯塑料管》(JT/T 496—2004)对高密度聚乙烯硅芯塑料管的检测方法加以说明，同时论述《高密度聚乙烯硅芯管》(GB/T 24456—2009)中的相关变化，目前这两个标准都有效。

一、高密度聚乙烯硅芯塑料管

除特殊规定外，试样应按《塑料试样状态调节和试验的标准环境》(GB/T 2918—1998)的规定在23℃±2℃条件下进行状态调节24h，并且在此条件下进行试验。

检验所用的万能材料试验机负荷传感器准确度等级不低于1级；长度计量器具精度等级：钢卷尺不低于2级，其他不低于1级。

做拉伸试验所用试样的取样、制备和试验机的调整、操作等要求除特殊规定外，按《塑料力学性能试验方法　总则》(GB/T 1039—1992)的规定执行。

1. 外观检验

外观检验在正常光线下，可用肉眼直接观察。

2. 硅芯管尺寸的测量

硅芯管尺寸的测量，按《塑料管道系统　塑料部件尺寸的测量》(GB/T 8806—2008)的规定：长度用分度值为1mm的卷尺测量；外径用分度值为0.02mm的游标卡尺测量；测量壁厚时要充分注意量具施加到试样上的力值对测量结果的影响，宜用分度值为0.01mm的壁厚千分尺测量。

椭圆度的测量方法，如下所述。

(1)检测设备

检测设备为精确至±0.02mm的游标卡尺。

(2)样品

检测样品取一段长度为500mm的硅芯管试样，并在标准状态下恢复24h。当用于测量生产线上的硅芯管的椭圆度时，应在硅芯管导出装置之前截取样品。

(3)判定规则

判定原则是，椭圆度不应超过标准规定值。

(4)测试步骤

连续缓慢地转动试样，在试样中部一固定圆周上，用游标卡尺进行一系列的外径测定，以便测出该断面最大和最小外径。测试时应取五个断面进行测量，每次测量间距50mm，取五次测量结果的算术平均值为最大和最小平均外径的测量结果。按式(2-11-2)计算平均外径：

$$平均外径=(最大平均外径+最小平均外径)/2 \tag{2-11-2}$$

按式(2-11-3)计算椭圆度：

椭圆度＝100×(最大平均外径－最小平均外径)/平均外径　　(2-11-3)

3. 理化性能

(1)外壁硬度

将长度 100mm 的硅芯管试样紧密套在外径适当的金属棒上，放置在 D 型邵氏硬度计正下方，按《塑料和硬橡胶　使用硬度计测定压痕硬度(邵氏硬度)》(GB/T 2411—2008)规定的方法，读取试验的瞬时硬度为测量结果，共读取五次，取其算术平均值为测量结果。

(2)内壁摩擦系数

静态内壁摩擦系数的测试方法，如下所述。

①测试原理。测定静态内壁摩擦系数原理，如图 2-11-3所示。

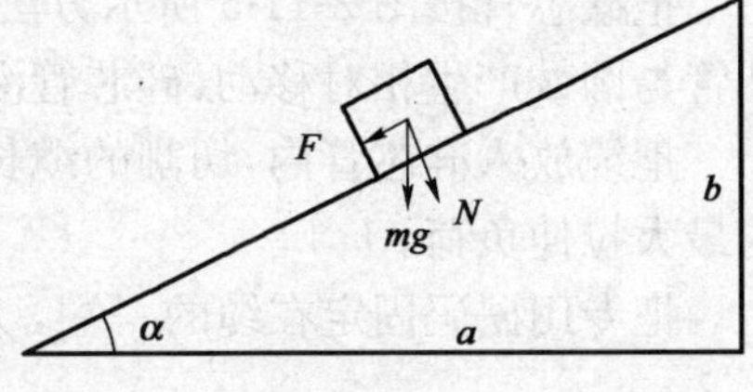

图 2-11-3　平板法测定静态内壁摩擦系数原理

$$\mu=\frac{F}{N} \tag{2-11-4}$$

式中：F——斜面对物体的摩擦力，$F=mg\cdot\sin\alpha$；

N——斜面对物体的正压力，$N=mg\cdot\cos\alpha$；

μ——摩擦系数。

$$\mu=\frac{F}{N}=\frac{mg\cdot\sin\alpha}{mg\cdot\cos\alpha}=\tan\alpha=\frac{b}{a} \tag{2-11-5}$$

②测试装置。测试装置由斜面、斜面升降装置、水平标尺和竖直标尺组成；测试斜面长度 $L=1\,000$mm，水平标尺和竖直标尺可用分辨力 0.5mm，精度 A 级的钢板尺组成。

③标准试棒。标准试棒由金属材料棒芯和高密度聚乙烯外套组成，为长度 150mm、直径 20mm 的圆棒，圆棒表面粗糙度斜值为 6.3，表面邵氏硬度为 HD59±2，质量约 270g。标准试棒的结构，如图 2-11-4 所示。

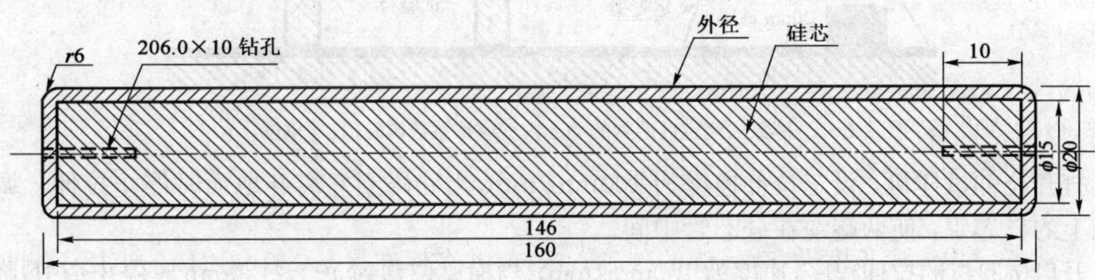

图 2-11-4　标准试棒的结构(尺寸单位：mm)

④测试方法。将长度 500mm 的硅芯管放置在测试斜面上，硅芯管的母线与斜面中心线平行并与斜面紧固，将标准试棒放置在硅芯管内，长度方向与硅芯管轴线平行，试棒露出硅芯管的距离大于 20mm。用升降装置将斜面缓慢升起，直到试棒向下滑动为止，记下水平标尺和垂直标尺的数值，并按式(2-11-5)计算摩擦系数。如此共试验 9 次，每次都应将硅芯管旋转一个角度，取 9 次的算术平均值作为测试结果。

动态内壁摩擦系数试验方法，当生产企业用于比对试验，已确定生产工艺或配方改进方案时可参照如下所述进行实施：

①检测设备：圆鼓；拉伸试验机；20kg 专用砝码；电脑记录软件。

②试样：硅芯管4m；缆是直径15mm±2mm、长度6m的MDPE护套光(电)缆；硅芯管内表面和光(电)缆外表面，应无限制光(电)缆滑动的任何缺陷。

③试验条件。试验前，试验设备和样品应放置在23℃±2℃条件下保持2h，并在此条件下试验。

④试验步骤。

把硅芯管按图2-11-5所示方法使用U形卡箍固定在圆鼓上，固定应稳定以防止测试时硅芯管与圆鼓产生相对移动，硅芯管沿圆鼓的缠绕角度为450°。

把缆放入硅芯管内，切割的缆长应满足测试的最大行程。与缆相连的夹头应能承受测试的最大拉伸负荷。

把专用砝码固定在缆的一端，水平端与夹头连接，夹头通过线绳与拉伸试样机相连。

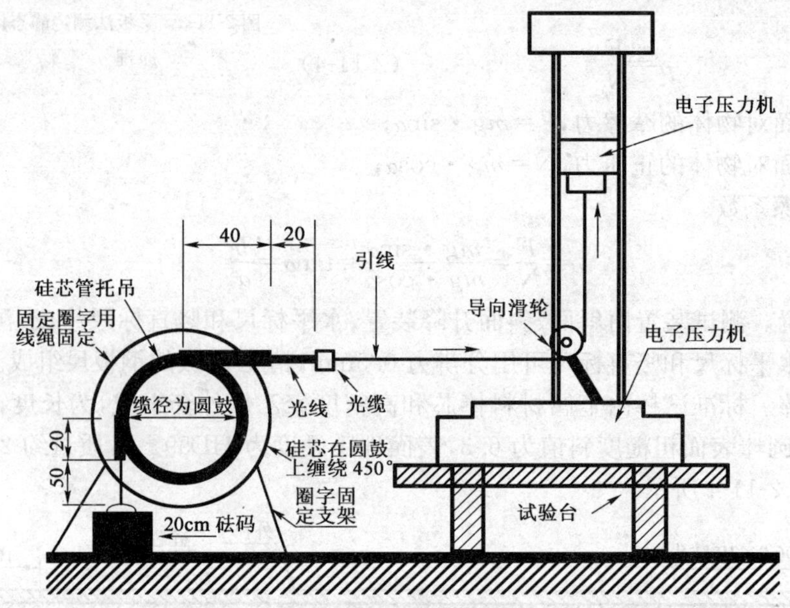

图2-11-5 圆鼓法测定硅芯管的动态内壁摩擦系数试验(尺寸单位：cm)

打开拉伸试样机，设定拉伸速度为100mm/min，当砝码刚好离开地面时停止拉伸。调整圆鼓上的硅芯管，使两端缆在硅芯管中间。

开启试验机的拉伸程序，速度为100mm/min，当横梁位移到100～120mm时停止牵引，降下试验机横梁，再次开启试验机的拉伸程序。如此共往复进行两次，以使线缆与硅芯管充分接触。

降下砝码，保证拉伸机无载荷，将拉伸机的力值和位移回零。

开启试验机的拉伸程序，进行正式试验，拉伸速度为100mm/min，当横梁位移到200mm时停止牵引，在100～160mm的位移区间上读取并计算出拉伸试验的平均拉伸负荷F，按公式(2-11-6)计算硅芯管的动态摩擦系数。

$$\mu=\frac{\ln(F/N)}{\theta} \tag{2-11-6}$$

式中：μ——动态摩擦系数；

F——平均拉伸负荷(N)；

N——专用砝码产生的重力，数值为 20×9.8=196N；

θ——硅芯管在圆鼓上缠绕角度，数值为 7.854rad。

此试验共进行三次，取三次试验结果的算术平均值为动态摩擦系数。

(3)拉伸强度、断裂伸长率

拉伸强度，断裂伸长率，按《热塑性塑料管材拉伸性能试验方法　聚乙烯管材》(GB/T 8804.2—2003)规定的方法，取五个冲裁试样，分别夹持在试验机上，拉伸速度为 100mm/min，直至将试样拉断。取五次有效试验的算术平均值为测试结果。

(4)最大牵引负荷

最大索引负荷，应取三段长度为 200mm 的完整硅芯管试样，试样两端应垂直切平。用专用夹具将试样夹持在试验机上，拉伸速度为 450mm/min，直至试样屈服时，读取试验的屈服负荷为试验结果。若试样在夹具边缘断裂，则试验无效，应重新更换试样。取三个有效试验的算术平均值为测试结果。

(5)冷弯曲半径

①检测设备。低温箱：温度能控制在－20℃±2℃；弯曲试验器：半径误差不大于 5mm 的钢制半圆或整圆滚筒，滚筒外表面无毛刺。

②样品。取 3 根 1.5m(当外径>40mm 时，为 2.0m)长的硅芯管，作为试样用于产品的弯曲性能试验。试验前试样应放置在－20℃±2℃温度下保持 2h。

③判定规则。试样经过弯曲试验后，应不出现开裂、裂纹或明显应力发白现象。

④测试步骤。

从低温箱中取出 1 根试样，迅速在四个不同方向上进行弯曲试验，每个方向上至少应该弯曲 90°。

第一次弯曲后，转动 180°进行第二次弯曲，然后转动 90°，进行第三次弯曲，再转动 180°进行第四次弯曲。从低温箱中取出试样开始，四次弯曲试验的时间间隔不能超过 20s，四次弯曲试验的总时间不能超过 40s。

从低温箱中取出另外两根样管，依此按照上述步骤进行弯曲，三个试样都合格为合格，否则应加倍进行试验。

(6)环刚度

从 3 根管材上各取 1 根 200mm±5mm 管段为试样，试样两端应垂直切平，试验速度(5±1)mm/min。当试样在垂直方向的外径变形量为原内径的 5%时，记录试样所受负荷，试验结果按式(2-11-7)计算：

$$S=(0.0186+0.025\times Y_i/d_i)\times F_i(Y_i\times L) \qquad (2\text{-}11\text{-}7)$$

式中：S——试样的环刚度(kN/m^2)；

Y_i——变形量，相对应于试样内径垂直方向 5%变形时的变形量(m)；

d_i——试样内径(m)；

F_i——相对于管材 5%变形时的力值(kN)；

L——试样长度(m)。

取三个试样的试验结果的算术平均值为测量结果。

(7)扁平试验

从3根管材上各取1根200mm±5mm管段为试样,试样两端应垂直切平,试验速度(10±5)mm/min。当试样在垂直方向外径变形量为原外径的40%时立即卸荷,试样不破裂、不分层为合格。

(8)复原率

从3根管材上各取1根200mm±5mm管段为试样,试样两端应垂直切平,试验速度(10±5)mm/min。在试样直径两端做好标记,并量取标记处的外径为初始外径,按规定的试验速度沿标记外径方向加压至外径变形量为初始外径的50%时,立即卸荷。在标准状态下恢复10min后,再次量取标记处的外径为终了外径,按式(2-11-8)计算复原率:

$$复原率=\frac{D_1}{D_0}\times 100\% \tag{2-11-8}$$

式中:D_0——试验前初始外径;

D_1——试验后终了外径。

取三个试样试验结果的算术平均值为测试结果。

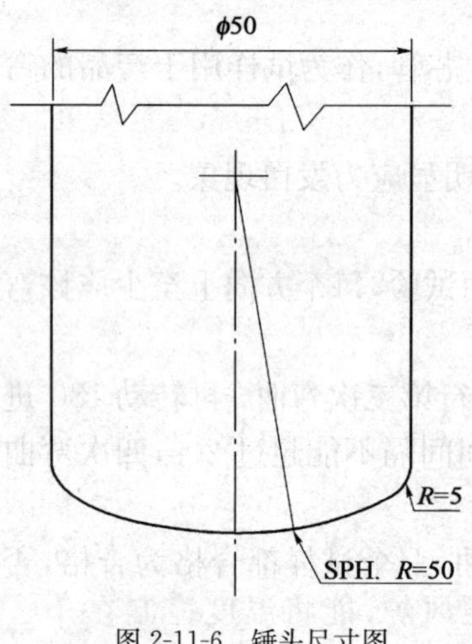

图2-11-6 锤头尺寸图

(9)耐落锤冲击性能

①试样准备。取二十段长度为150mm的完整硅芯管试样,试样两端应垂直切平、无破裂、无裂缝等缺陷,每次试验取一个试样放在试验机冲击平台上。锤头的冲头形状和尺寸,如图2-11-6所示,图中单位为mm。

②常温冲击试验。在温度23℃±2℃,落锤高度2m,锤头直径50mm、质量15.3kg的条件下进行冲击,每个试样冲击一次,试样不破裂或裂纹宽度不大于0.8mm为合格,10个试样9个以上试样合格为常温落锤冲击试验合格。

③低温冲击试验。将试样放在温度−20℃±2℃的试验箱中恒温保持5h,每次取出一个试样,在30s内按照常温冲击试验规定的方法进行试验,10个试样9个以上试样合格为低温落锤冲击试验合格。

(10)耐水压密封试验

取两段长度为1 000mm的完整硅芯管试样,用硅芯管专用连接头按生产企业提供的工具和方法连接好,一端用管塞密封好,另一端连接专用卡具注水,水温20℃±2℃,压力50kPa条件下,保持24h,试样的连接头、管塞均不渗漏为合格。若出现渗漏,应加倍进行试验,两次都合格才能判为合格,否则,耐水压密封试验不合格。

(11)抗裂强度

取两段长度为500mm的完整硅芯管试样,用硅芯管专用连接头按生产企业提供的工具和方法连接好组成试样,用专用卡具将该试样夹持到气压机或水压机(水温20℃±2℃)上,缓慢加压至规定的压力,并保持15min,试样不破裂、不渗漏为合格。若出现渗漏,应加倍进行试验,四次都合格才能判为合格,否则判为不合格。

(12)与管连接头连接力

取两段长度为200mm的完整硅芯管,用硅芯管专用连接头按生产企业提供的工具和方法连接好组成试样,用专用卡具将该试样夹持到拉伸试验机上,拉伸速度为100mm/min,直至管连接头被拉破裂或硅芯管被拉出时,读取试验的最大拉伸负荷为试验结果。如此共进行三组试验,取三次试验结果的算术平均值为测试结果。

(13)纵向回缩率

纵向回缩率,按《热塑性塑料管材 纵向回缩率的测定》(GB/T 6671—2001)试验方法B规定,取三段长度200 mm的硅芯管,标距100mm,烘箱温度110℃±2℃进行纵向回缩率的测定。

(14)脆化温度

脆化温度,按《塑料冲击脆化温度试验方法》(GB/T 5470—2008)规定进行脆化温度试验。

(15)耐环境应力开裂

一般试验的试样,可从硅芯管上沿轴线直接截取。其刻痕长度方向与轴线一致,刻痕深度:壁厚≤3.5mm时为0.65mm,>3.5mm时为0.80mm。仲裁试样严格按《塑料 聚乙烯环境应力开裂试验方法》(GB/T 1842—2008)规定制取;其他规定按《塑料 聚乙烯环境应力开裂试验方法》(GB/T 1842—2008)执行。试验溶剂使用质量浓度为20%的重辛基苯基聚氧乙烯醚[TX-10]水溶液。

(16)熔体指数

溶体指数,按《热塑性塑料熔体流动速率试验方法》(GB/T 3682—2000)规定进行。

(17)耐热应力开裂

①试验设备。冲模刀具:127mm×6.4mm的矩形刀具,要求边缘锐利,开口平直;钻床:能钻1.6mm直径的孔;样品夹持器(见图2-11-7):不锈钢或黄铜材料制成的圆棒,直径6.4mm、长度165mm;连接副:不锈钢或黄铜材料制成,螺钉直径1.4mm,长度12.5mm,配相同规格的螺母和垫片;台钳:用于夹持样品的夹持器,装配试片;玻璃试管:直径32mm,长度200mm,带可通气的橡胶塞;试管夹:用于夹持试管;液体浴箱或电热通风炉,能将温度控制在100℃±1℃。

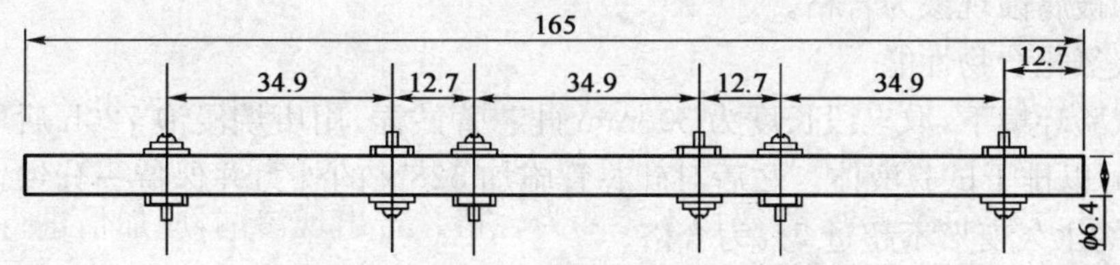

图2-11-7 样品夹持器的结构(尺寸单位:mm)

②对结果的解释。试验过程中如果出现试样破裂,则认为该试样是一个失败,但在安装孔6.4mm以内碎裂除外。

③样品的准备和试验条件。按《塑料 聚乙烯环境应力开裂试验方法》(GB/T 1842—2008)的方法,制备一张厚度1.27±0.13mm的模压试片,试片的大小应至少能制成10个试样条。模压试片成形8h后,用冲模刀具切制9个试样条。试样条的尺寸,如图2-11-8所示。

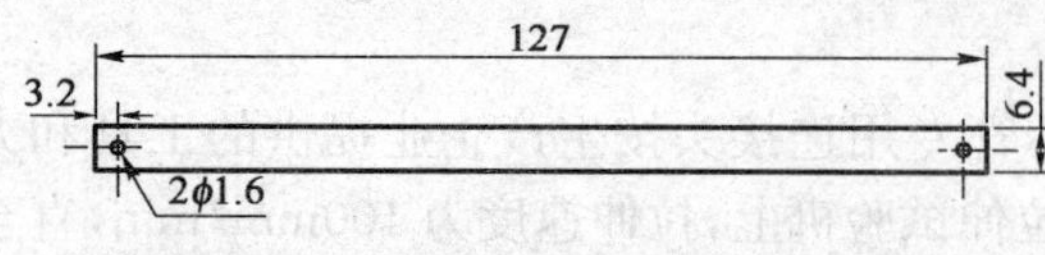

图 2-11-8 试样条的尺寸(尺寸单位:mm)

④条件。试样条在温度为 23℃±2℃、相对湿度 50%±5%的条件下,状态调节至少 40h。对有严格要求的试验,可以限制在±1℃、±2%。

⑤试验过程。将夹持棒牢固地夹在台钳上,将试样条一端固定到夹持棒的一个孔上,按螺旋方式缠绕 41/2 圈后,用连接副固定试样条的另一端,将两个连接副拧紧。夹持器及试样条的装配,如图 2-11-9 所示。试验时,应注意过分地拧紧可能导致试样提前失败。

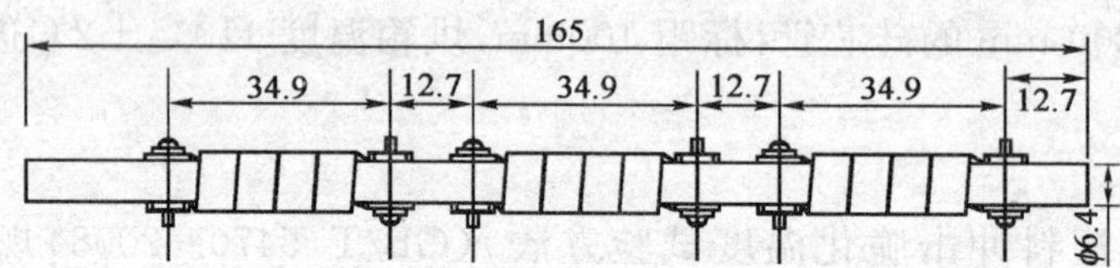

图 2-11-9 夹持器及试样条的装配(尺寸单位:mm)

按上述方法装配另外两试样条到同一夹持棒上,并放到试管中,堵上塞子,放到试管架上。以相同的方法将剩余的六个试样条装配到另外两个夹持棒上,并放到试管中。

将上述三个试管放到试管架上并放入 100℃电热通风炉或液体浴箱中,记下开始时间和日期。应注意试验期间如用液体浴,要保证所有样品条都保持浸入状态,否则 100℃的温度将迅速地降低,影响试验结果。

⑥检查周期。分别在 48h、96h、168h 的间隔内检查是否有试样失败。将试管从试验箱中取出并依次检查每一个试样,记下时间、日期和累计的失败样品数。要注意高温对试验者的伤害,使用皮革或者棉布手套,被证明是安全的操作方法。

(18)工频击穿强度

工频击穿强度,按《固体绝缘材料电气强度试验方法 工频下的试验》(GB/T 1408.1—2006)规定进行。

(19)耐化学介质腐蚀

在标准试验环境下,取三段长度为 100mm 硅芯管试样分别置于 5%的 NaCl、40%的 H_2SO_4、40%的 NaOH 溶液中浸泡 24h 后取出,用自来水冲洗干净,目测试样的颜色、外观等,无明显褪色和被腐蚀现象为合格。

(20)耐碳氢化合物性能

在标准试验环境下,取三段长度为 300mm 硅芯管试样,用庚烷浸泡 720h 后取出,在室温下恢复 30min,以排干试验液体。之后对硅芯管施加 528N 的外力并保持一分钟,卸荷后试样不损坏,产生的永久变形不超过 5%为合格。

4. 检验规则

(1)型式检验

硅芯管产品须经过国家认可的质检机构型式检验合格才能批量生产。型式检验项目为本标准的全部技术要求。型式检验的样品应在生产线终端选取。

型式检验时,如有任一项指标不符合本标准要求时,则需重新抽取双倍试样,对该项指标进行复验。复验结果仍然不合格时,则判该型式检验为不合格。

(2)出厂检验

产品需经生产单位质量部门检验合格，并附产品质量合格证方可出厂。用同一批号树脂，同一配方和同一工艺生产的硅芯管可组成一批。在每完成一盘硅芯管生产的同时，应从此盘产品的末端剪下约 2～5m 长的硅芯管留作样品。出厂检验项目为：外观、平均外径、最小内径、平均壁厚、椭圆度、拉伸强度、断裂伸长率、弯曲半径、落锤冲击试验、静态摩擦系数、打印标识、包装。

(3)验收检验

①检验批的形成。按照每个检验批应由同型号、同等级、同成分，且生产工艺、条件和时间基本相同的原则，参照供货合同签订日期确定生产日期和硅芯管所用原材料形成检验批，原则上一个批次不大于 500km，对形成的批以盘为单位顺序编号。

②抽样方案。按照《计数抽样检验程序》(GB/T 2828)的规定，AQL＝1.0、一次抽样、一般检查水平Ⅱ、正常检验，以盘为单位抽取样本，常用样本数量见表 2-11-15。

抽样方案表(AQL＝1.0、一次抽样、一般检查水平Ⅱ、正常检验，单位：盘)　表 2-11-15

批量 N	1～8	9～15	16～25	26～50	51～90	91～150	151～280
样本数 n	2	3	5	8	13	20	32
合格判定数，Ac	0	0	0	0	0	0	1

③检验。按照表 2-11-15 以简单随机抽样的方法抽出所需的样本数，再从该样本中随机抽出 10％(不少于一盘)按照技术要求做全部项目的检验(称 A 检验)；剩余的样本只做外观、壁厚、拉伸强度、断裂伸长率和静态摩擦系数的检验(称 B 检验)。

④试样的截取。从抽出的样本盘的盘端截取所需测试样，对于 A 检验试样数量为 1.5m×10 段，对于 B 检验试样数量为 1.5m×3 段，并记录截取盘的厂方盘号、抽样样本编号及相关信息。

⑤验收判定。对于每个样本的 A 检验和 B 检验都合格的批应予以验收；对于 A 检验不合格盘数不大于表 2-11-15 中的 Ac 并且 B 检验全部合格的批应予以验收；对于样本中 B 检验不合格的批应拒收；对于拒收的批允许受检方剔除不合格盘后重新组批提交检验。

⑥管接头。管接头的验收检验项目为气闭性能、耐工作气(水)压、连接力、抗压荷载、耐冲击性能和使用环境温度。抽样方案以套为单位按表 2-11-15 执行，当不合格数不大于表 2-11-15 中的 Ac 时应予以验收，否则拒收。

二、双壁波纹管

一般情况下，试验在室温进行。有特殊要求时，试样应按《塑料试样状态和试验的标准环境》(GB/T 2918—1998)的规定在 23℃±2℃条件下进行状态调节，时间不少于 24h。并在此条件下进行试验。

1.颜色及外观检查

颜色及外观可用肉眼观察，内壁可用光源照看。

2.管材结构尺寸及长度

管材结构尺寸及长度，按《地下通信管道用塑料管　第 1 部分：总则》(YD/T 841.1—

2008)的相关规定进行试验。

3. 承口尺寸

(1)承口壁厚

承口壁厚,按《塑料管道系统 塑料部件尺寸的测定》(GB/T 8806—2008)的规定进行测试,用精度为0.02mm的量具测量不少于3个试样承口壁厚,取最小值作为测量结果。

(2)承口平均内径

承口平均内径,按《埋地用聚乙烯(PE)结构壁管道系统 第1部分:聚乙烯双壁波纹管材》(GB/T 19472.1—2004)中8.3.5的规定进行测试,用精度为0.02mm的量具测量试样承口相互垂直的两内径,以两内径的算术平均值作为测量结果。

(3)结合长度

用精度为0.02mm的量具测量不少于3个试样的结合长度,取最小值作为测量结果。

4. 弯曲度

弯曲度,按《硬质塑料管材弯曲度测量方法》(GB/T 8805—1988)的规定进行测量。取3个长1m的试样测量,将试样置于一平面上,使其滚动,当试样与平面呈最大间隙时,标记试样两端与平面的接触点。然后将试样滚动90°,使凹面面向操作者,用卷尺从试样一端贴外壁拉向另一端,测量其长度L。在试样两端标记点将测量线沿长度方向水平拉紧,用游标卡尺或金属直尺测量线至管壁的最大垂直距离,即弦到弧的最大高度h。弯曲度试验方法,如图2-11-10所示。管材弯曲度R,由式(2-11-9)计算。

$$R=(h/L)\times 100\% \tag{2-11-9}$$

式中:R——管材弯曲度(%);

h——弦到弧的最大高度(mm);

L——试样一端向另一端长度(mm)。

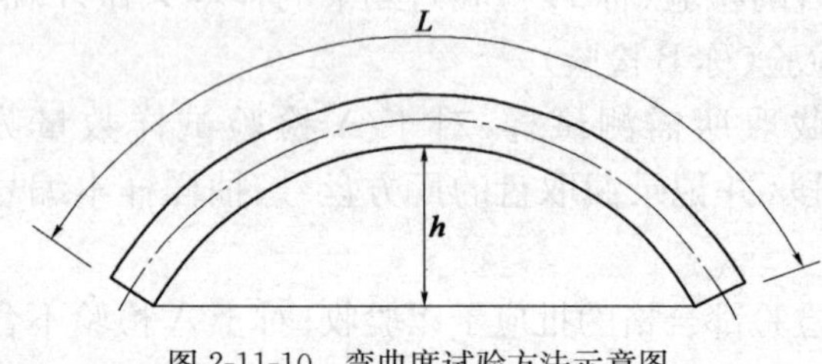

图2-11-10 弯曲度试验方法示意图

5. 落锤冲击试验

落锤冲击试验,按《热塑性塑料管材耐外冲击性能·试验方法·时钟旋转法》(GB/T 14152—2001)规定进行试验。从10根塑料管上各取长度为200mm±20mm的试样1根,置于温度为0℃±1℃的水浴或空气浴中进行状态调节2h。质量为0.5kg和0.8kg的落锤应采用d25型锤头,质量≥1.0kg的落锤应采用d90型锤头。0℃下冲击,每个试样冲击1次。10次冲击9次以上合格为合格,冲击条件按表2-11-16规定。

落锤冲击条件 表2-11-16

管材标称外径(mm)	落锤质量(kg)	冲击高度(mm)
$d_e\leqslant 110$	0.5	1 600
$110<d_e\leqslant 125$	0.8	2 000
$125<d_e\leqslant 160$	1.0	2 000
$160<d_e\leqslant 200$	1.6	2 000

注:在保证冲量一定的情况下,可选择表中规定之外的落锤质量及冲击高度。

6. 扁平试验

扁平试验，按《热塑性塑料管材环刚度的测定》(GB/T 9647—2003)的有关规定进行。从3根管材上各取1根200mm±5mm管段为试样，试样两端应垂直切平，试验速度(10±2)mm/min。当试样在垂直方向外径变形量为规定值时立即卸荷。

7. 环刚度试验

环刚度试验与“高密度聚乙烯硅芯塑料管”的理化性能试验中对“环刚度”的测试方法一样。

8. 复原率

复原率的试验设备，应符合《热塑性塑料管材环刚度的测定》(GB/T 9647—2003)的相应规定。从3根管材上各取1根200mm±5mm管段为试样，试样两端应垂直切平，试样在23℃±2℃的条件下进行状态调节不少于4h。压缩速度为(10±0.4)mm/min。垂直方向施加压力至试样初始高度的30%时，立即卸荷。在标准状态下恢复10min后，测量此时试样高度，并记录。复原率按式(2-11-10)计算复原率：

$$\delta=\frac{H_0}{H_1}\times 100\% \tag{2-11-10}$$

式中：H_0——试验前试样初始高度(m)；

H_1——试验后试样高度(m)。

取三个试样试验结果的算术平均值为测试结果。

9. 坠落试验

坠落试验，按《硬聚氯乙烯(PVC-U)管件坠落试验方法》(GB/T 8801—1998)的规定，从3根塑料管上各取1根200mm±20mm管段为试样，置于0±1℃的低温箱中，2h后取出立即进行试验，试样长度方向与地面平行，从1m高度自由落下至混凝土地面。

10. 纵向回缩率试验

纵向回缩率试验，按《热塑性塑料管材·纵向回缩率的测定》(GB/T 6671—2001)方法B—烘箱试验规定的方法进行试验。从1根管材上截取3段长度为200mm±20mm试样，划标线后在23℃±2℃温度环境下预处理至少2h后测量标线间距离，然后在规定温度下的烘箱中放置60min后取出，待完全冷却至23℃±2℃时再次测量标线间距，比较前后两次测量值得出计算值。以3个试样计算值的算术平均值作为最终试验结果。如果条件许可，也可按《热塑性塑料管材纵向回缩率的测定》(GB/T 6671—2001)方法A——液浴试验规定的方法进行试验。

11. 连接密封性试验

进行连接密封性试验时，取3段标准长度500mm(允许偏差0～20mm)试样，用专用的管接头将管材连接，两端按《液体输送用热塑性塑料管材耐压试验方法》(GB/T 6111—2003)规定的A型密封方式对试样端头进行密封，向管材内注水，在室温下，充满水加压到50kPa保持24h。

12. 维卡软化温度试验

维卡软化温度的测定，按《热塑性塑料管材、管件维卡软化温度的测定》(GB/T 8802—2001)规定进行试验。

13.静摩擦系数试验

静摩擦系数试验，按“高密度聚乙烯硅芯塑料管”的理化性能检测方法中静摩擦系数测试方法，试棒露出被测管的距离为20mm，抬升速度典型为10mm/min，共进行8次试验，每次旋转45°，取八次的算术平均值作为测试结果。

14.蠕变比率

蠕变比率试验，按《热塑性塑料管材蠕变比率的试验方法》(GB/T 18042—2000)规定进行。试样温度为23℃±2℃，计算并外推至2年的蠕变比率。

三、公路用玻璃纤维增强塑料管道

1.试样状态调节和试验环境条件

除特殊规定外，试样应按《纤维增强塑料性能试验方法总则》(GB/T 1446—2005)的规定进行24h状态调节，并且在23℃±2℃，相对湿度：50%±10%进行试验。

2.试剂

试验用试剂，包括NaOH(化学纯)、NaCl(化学纯)、H_2SO_4(化学纯)、汽油(90号)。

3.试验仪器和设备

试验主要仪器和设备包括力学性能试验机：应符合《纤维增强塑料性能试验方法总则》(GB/T 1446—2005)中5.1的规定；人工加速氙弧灯老化试验箱：应符合《塑料实验室光源曝露试验方法·第2部分：氙弧灯》(GB/T 16422.2—1999)中第4章的规定；高低温湿热试验箱：高温上限不低于100℃，低温下限温度不高于－40℃，温度波动范围不超过±1℃，最大相对湿度不低于95%，相对湿度波动范围不超过±2.5%，并应能符合《玻璃纤维增强塑料湿热试验方法》(GB/T 2574—1989)中第4章的规定；试验平台：等级不低于1级。

4.试样

(1)通用要求

一般情况下，试样制备和试样数量按《纤维增强塑料性能试验方法总则》(GB/T 1446—2005)中4.1的规定，各性能试验的试样特殊要求按性能试验条款及分部产品的规定执行。

试样厚度符合相关标准要求的条件下，用于性能试验的试样在成形产品上截取。比对试验所需样品应尽可能在相邻位置截取，并做好标记，以保证试验结果前后的可比性。

在试样厚度不符合相关标准的要求时，应依据标准要求选用与产品相同原材料及工艺制备所需试验样品。

(2)特殊规定

卷制成形玻璃钢管道试样从成形后的管道轴向方向截取试样，缠绕成形玻璃钢管道及其他类型试样从成形后的管道环向方向截取试样。

弯曲强度试样制备，应包含同数量的耐水性能、耐湿热性能性能保留率比对试样。

5.外观质量

外观质量在正常光线下，用目测直接观察。

6.结构尺寸

(1)内径

内径用分度值0.02mm的游标卡尺，在管道插入端量取3个数值，取算术平均值作为测量结果。

(2)壁厚

壁厚用分度值 0.01mm 的千分尺,在承插端和其他部位各量取 3 个测量值,取算术平均值作为测量结果。

(3)承插端内径

承插端内径用分度值 0.02mm 的游标卡尺,在管道承插端量取 3 个数值,取算术平均值作为测量结果。

(4)长度

长度用分度值 0.5mm 的钢卷尺,沿管道轴向分别量取 3 个数值,取算术平均值作为测量结果。

(5)弯曲度

弯曲度,按《硬质塑料管材弯曲度测量方法》(QB/T 2803—2006)的规定进行测定。

7.通用物理力学性能

(1)拉伸强度

卷制成形玻璃钢管道,按《纤维增强塑料拉伸试验方法》(GB/T 1447—2005)规定执行;非模压短切纤维塑料样品,宜优先选用 II 型试样。缠绕成形玻璃钢管道,按《纤维缠绕增强塑料环形试样力学性能试验方法》(GB/T 1458)规定执行。

(2)弯曲强度

卷制成形玻璃钢管道,按《纤维增强塑料压缩试验方法》(GB/T 1448)规定执行。缠绕成形玻璃钢管道,按《纤维增强塑料热固性塑料管平行板外载性能试验方法》(GB/T 5352)规定执行。环向弯曲强度,按式(2-11-11)进行计算:

$$\delta_D = 1.91\frac{2PD}{L(D-d)^2} \tag{2-11-11}$$

式中:δ_D——环向弯曲强度(MPa);

P——最大抗压荷载(N);

D——管道外径(mm);

d——管道内径(mm);

L——试样长度(mm)。

(3)密度

密度,按《纤维增强塑料密度和相对密度试验方法》(GB/T 1463—2005)规定执行,形状规则的产品试样宜优先采用几何法,异型产品试样可采用浮力法。

(4)巴柯尔硬度

巴柯尔硬度,按《增强塑料巴柯尔硬度试验方法》(GB/T 3854)规定执行。

(5)热变形温度

热变形温度,按《塑料 负荷变形温度的测定 第 2 部分:塑料、硬橡胶和长纤维增强复合材料》(GB 1634.2—2005)规定执行,最大弯曲应力选用 A 法,为 1.80MPa。

(6)管道内壁静摩擦系数(对 HDPE 硅芯塑料管)

管道内壁静摩擦系数,按"高密度聚乙烯硅芯塑料管"的理化性能检测方法中静摩擦系数测试方法，选用外壁硬度在 59～61(邵氏 D 型)且规格为 ϕ40/33 的 HDPE(高密度聚乙烯)硅芯塑料管作为标准滑动物质，管道两端应平齐，无裂口等不规则缺陷。每一根试样使用次数不可超过 100 次。

将长度不小于 500mm 的玻璃钢管道平放在测试斜面上，并与斜面紧固，把长度为 200mm 的标准 HDPE(高密度聚乙烯)硅芯塑料管放入管道内，长度方向与管道轴线平行，硅芯塑料管离管道外缘距离>20mm。用升降装置将斜面缓慢升起，直到硅芯塑料管向下滑动为止，记下水平标尺和垂直标尺的数值，并按公式(2-11-5)计算摩擦系数。如此共试验 9 次，取算术平均值作为测试结果。

(7)管刚度

管刚度按《纤维增强塑料热固性塑料管平行板外载性能试验方法》(GB/T 5352)的规定，试样长度为 300mm，试验结果为管道径向变化率为内径的 10%时的管刚度。

(8)耐落锤冲击性能

耐落锤冲击性能，按《热塑性塑料管材耐外冲击性能试验方法》(GB/T 14152)的规定，试样长度为 200mm，试验温度为(20±2)℃，选用 D90 型锤头，锤重为 6.3kg，落锤高度为 1m。每个试样冲击一次，冲击后试样冲击点的内壁应无明显开裂痕迹。

8. 氧指数

氧指数，按《纤维增强塑料燃烧性能试验方法·氧指数法》(GB/T 8924)规定执行。

9. 耐水性能

耐水性能，仲裁试验按《玻璃纤维增强塑料水浸试验方法》(GB/T 2575)规定执行，试验用水应为蒸馏水或去离子水，试验水温为 23℃±2℃，试验 720h 后，测定试样的外观质量和弯曲强度保留率。

一般常规试验和型式检验，可按《玻璃纤维增强塑料耐水性加速试验法》(GB/T 10703)规定的方法进行，试验用水应为蒸馏水或去离子水，试验水温为 80℃±2℃，试验 144h 后，测定试样的外观质量和弯曲强度保留率。

10. 耐化学介质性能

以下耐化学溶剂试验如有特殊使用环境，可根据使用双方的协商结果决定试液浓度和试验周期。

(1)耐汽油性能

耐汽油性能，按《玻璃纤维增强热固性塑料耐化学介质性能试验方法》(GB/T 3857)规定的方法进行，试验溶剂为 90 号汽油，常温(10～35℃)浸泡 360h 或加温(80℃±2℃)浸泡 72h 后，测定试样的外观质量和弯曲强度保留率。

(2)耐酸性能

耐酸性能，按《玻璃纤维增强热固性塑料耐化学介质性能试验方法》(GB/T 3857)规定的方法进行，试验溶剂为 30%的硫酸溶液，常温(10～35℃)浸泡 360h 或加温(80℃±2℃)浸泡 72h 后，测定试样的外观质量和弯曲强度保留率。

(3)耐碱性能

耐碱性能，按《玻璃纤维增强热固性塑料耐化学介质性能试验方法》(GB/T 3857)规定的方法进行，试验溶剂为 10%的氢氧化钠溶液，常温(10～35℃)浸泡 168h 或加温(80℃±2℃)

浸泡 24h 后，测定试样的外观质量。

11. 环境适应性能

(1)耐湿热性能

耐湿热性能试验，按《玻璃纤维增强塑料湿热试验方法》(GB/T 2574)规定的方法进行，选择恒定湿热试验条件，温度 60℃±2℃；相对湿度 93%±2%，以 24h 为一试验周期进行试验，一般不少于 10 个连续周期。

(2)耐低温坠落性能

耐低温坠落性能试验，即将长度不小于 300mm 或不小于其样品总长度的 50%的试样放置在低温试验箱中，温度降至－40℃±2℃后，恒温 2h 后取出试样，试样长度方向或样品正面平行于地面由 1m 高度处自由坠落至硬质地面，观测试验结果。

四、公路用玻璃纤维增强塑料管箱

1. 试样状态调节和试验环境条件

试样状态调节和试验环境条件，与“公路用玻璃纤维增强塑料管道”的检测方法相同，即除特殊规定外，试样应按《纤维增强塑料性能试验方法总则》的规定进行 24h 状态调节，并且在 23℃±2℃，相对湿度：50%±10%进行试验。

2. 试剂

试验用试剂，包括 NaOH(化学纯)、NaCl(化学纯)、H_2SO_4(化学纯)、汽油(90 号)。

3. 试验仪器和设备

试验仪器和设备，与“公路用玻璃纤维增强塑料管道”的检测方法相同(见本章第四节三中 3 的规定)。

4. 试样

(1)通用要求

试样的通用要求，同本章第四节三中 4(1)的规定。

(2)特殊规定

试样应从成形后的管箱箱体的三个侧面和管箱箱盖截取，拉伸强度和弯曲强度试样应在管箱长度与宽度方向分别截取相同数量的试样，每项性能试验的每组试样最少数量为 5 件，弯曲强度试样在进行型式检验时长度方向和宽度方向均应不少于八组 40 件。

一般对样品的成形表面不宜进行机械加工，如确有需要，只能对单面进行加工。

5. 外观质量

外观质量同本章第四节三中 5 的规定，即在正常光线下，用目测直接观察。

6. 结构尺寸

(1)长度

长度用分度值 0.5mm 的钢卷尺，在管箱体的三个面，沿轴向分别量取三个数值，取算术平均值作为测量结果。

(2)宽度

宽度用分度值 0.5mm 的钢板尺或钢卷尺，在管箱体的两上、中、下三个部位共量取六个测量值，取算术平均值作为测量结果。

(3)高度

高度用分度值0.5mm的钢板尺或钢卷尺沿管箱体长度方向,任取三个截面,量取三个高度测量值,取算术平均值作为测量结果。

(4)厚度

厚度用分度值0.02mm的板厚千分尺在盖板、箱体的三个面各量取三个测量值,取算术平均值作为测量结果。

7.通用物理力学性能

(1)管箱内壁静摩擦系数

管箱内壁静摩擦系数,按本章第四节三中7(6)中静摩擦系数测试方法进行测试,要求管箱试样长度为500mm,标准滑动物质不变。

(2)其他物理力学性能

其他物理力学性能,按《公路用玻璃纤维增强塑料产品第12部分》(GB/T 24721.12—2009)中5.5.2规定试验。

8.氧指数(阻燃性能)

氧指数,同本章第四节三中8的规定,即按《纤维增强塑料燃烧性能试验方法 氧指数法》规定执行。

9.耐水性能

耐水性能,同本章第四节三中9的规定。

10.耐化学介质性能

耐化学介质性能,同本章第四节三中10的规定。

11.环境适应性能

(1)耐湿热性能

耐湿热性能,同本章第四节三中11(1)的规定。

(2)耐低温冲击性能

将长度不小于300mm或不小于其样品总长度的50%的试样放置在低温试验箱中,温度降至−40℃±2℃后,恒温2h后取出试样,立即用质量1kg的钢球在离试样正上方1m处,自由落下冲击样品,观测试验结果。

(3)人工加速老化试验(氙弧灯灯源)

人工加速老化试验(氙弧灯灯源),按《公路沿线设施塑料制品耐候性要求及测试方法》(GB/T 22040—2008)中6.9规定执行。型式检验也应采用人工加速老化试验。

(4)耐自然曝露试验

耐自然曝露试验,按《玻璃纤维增强塑料大气暴露试验方法》(GB/T 2573)规定执行。仲裁试验也应采用自然曝露试验。

第十二章

防腐粉末涂料

第一节　概　　述

一、粉末涂料在公路工程中的功能和作用

粉末涂料自20世纪60年代开发以来，特别是在近十几年获得了飞速发展。在所有的表面涂饰防腐中，它已成为金属表面涂饰防腐的首选。公路工程钢构件要经受阳光曝晒、风雨侵蚀、季节温变和环境介质的作用，其表面需要一层长寿命的保护膜。传统的表面处理方式有喷漆、镀锌(铝)、喷锌(铝)等。普通涂膜薄，易剥离，耐候性和防腐性较差；锌(铝)喷镀防腐性能较好，但颜色单调、不易清洁、易受酸雨盐雾的侵蚀。

欧洲从20世纪70年代起，将粉末涂料广泛应用于金属构件的装饰和防腐保护，如汽车零部件、铝型材和金属门窗等，取得了良好的防腐装饰效果。我国从20世纪90年代开始将粉末涂料应用到公路工程钢构件(含各类护栏板、立柱、防阻块、柱帽、螺丝、螺栓、防眩网等)涂塑防腐。随着我国高速公路建设的不断发展，公路工程钢构件涂塑防腐技术也取得了长足进步。

二、粉末涂料的分类和特点

1.分类

粉末涂料是一种含有100%固体分、以粉末形态涂装的涂料。它与溶剂型涂料和水性涂料不同，不使用溶剂或水作为分散介质，而是借助于空气作为分散介质。

粉末涂料产品从固化成膜过程，可分为热塑性粉末涂料和热固性粉末涂料两大类。

热塑性粉末涂料是以热塑性合成树脂作为成膜物，它的特性是合成树脂随温度升高而变化，以至熔融，经冷却后变得坚硬。这种过程可以反复进行多次。粉体成膜过程无交联反应发生。通常这种树脂的分子量较高，有较好的耐化学性、柔韧性和弯曲性。用作热塑性粉末涂料的合成树脂主要有聚氯乙烯、聚乙烯、聚丙烯、聚酰胺、聚碳酸酯、聚苯乙烯、含氟树脂、热塑性聚酯等。

热固性粉末涂料是以热固性合成树脂为成膜物，它的特性是用某些较低聚合度含活性官能团的预聚体树脂，在固化剂存在下经一定温度的烘烤交联反应固化，成为不能溶解或熔融的质地坚硬的最终产物。当温度再升高时，产品只能分解不能软化，成膜过程属于化学交联变化。这种类型的树脂主要有聚酯树脂、环氧树脂、丙烯酸树脂和聚氨酯树脂等。

2.特点

粉末涂料具有节能、节约资源、低污染和高效能的特点，它符合涂料工业高固体分、无溶剂

化、水性化和紫外光固化的发展方向。粉末涂料在使用中有许多优点,但也存在一定的缺点。

(1)优点

粉末涂料的主要优点如下:

①无溶剂,减少公害;

②简化涂装工艺,提高涂装效率;

③粉末涂料损失少,并可回收再利用;

④粉末涂料性能优,坚固耐用;

⑤可实现一次涂装。

(2)缺点

粉末涂料的主要缺点如下:

①调色、换色困难;

②不宜涂薄;

③涂膜外观不如液态涂料;

④烘烤温度高。

第二节 技 术 要 求

一、公路用防腐蚀粉末涂料及涂层通用技术要求

《公路用防腐蚀粉末涂料及涂层 第1部分:通则》(JT/T 600.1—2004)中制定了粉体、涂层外观质量、涂层理化性能、涂层耐候性4个方面的通用技术要求。

1.粉体

粉体干燥、松散、均匀无结块,色泽均匀一致,无明显色差及杂质。

2.涂层

(1)外观质量

涂层平整光滑,颜色均匀一致,无肉眼可见的气泡、气孔、裂缝和明显杂质等缺陷,允许有轻微橘皮。

(2)理化性能

防腐蚀粉末涂料涂层理化性能的通用技术要求,应符合表2-12-1的规定。

防腐蚀粉末涂料涂层的理化性能 表2-12-1

<table>
<tr><th>序号</th><th colspan="4">项 目</th><th colspan="2">技 术 要 求</th></tr>
<tr><td rowspan="6">1</td><td rowspan="6">涂层厚度(mm)</td><td rowspan="5">热塑性粉末涂料涂层</td><td colspan="2">—</td><td>单涂①</td><td>双涂②</td></tr>
<tr><td colspan="2">钢管、钢板、钢带</td><td>0.38～0.80</td><td>0.25～0.60</td></tr>
<tr><td rowspan="2">钢丝直径</td><td>>1.8～4.0</td><td>0.30～0.80</td><td rowspan="2">0.15～0.60</td></tr>
<tr><td>>4.0～5.0</td><td>0.38～0.80</td></tr>
<tr><td colspan="2">其他基材</td><td>0.38～0.80</td><td>0.25～0.60</td></tr>
<tr><td colspan="3">热固性粉末涂料涂层</td><td>0.076～0.150</td><td>0.076～0.120</td></tr>
</table>

续上表

序号	项　目			技 术 要 求
2	涂层附着性能	热塑性粉末涂料涂层		一般不低于2级
		热固性粉末涂料涂层		0级
3	涂层耐冲击性(0.5kg·m)			试验后，除冲击部位外，无明显裂纹、皱纹及涂层脱落现象
4	涂层抗弯曲性			试验后，应无肉眼可见的裂纹及涂层脱落现象
5	涂层耐化学腐蚀性			试验后，涂层应无气泡、溶解、溶胀、软化、丧失黏结等现象，试液应无混浊、褪色和填料沉淀的现象
6	涂层耐盐雾性能	钢质基底无其他防护层		经8h试验后，划痕部位任何一侧0.5mm外，涂层应无气泡、剥离的现象
		金属防护层基底	第Ⅰ段(8h)	经8h试验后，划痕部位任何一侧0.5mm外，涂层应无气泡、剥离的现象
			第Ⅱ段(200h)	经200h试验后，基底金属无锈蚀
7	涂层耐湿热性能			经8h试验后，划痕部位任何一侧0.5mm外，涂层应无气泡、剥离的现象
8	涂层耐低温脆化性			经168h试验后，涂层应无明显变色及开裂现象，经耐冲击性后，性能仍应符合本表第3项的要求

注：①单涂：对基底仅涂装有机防腐蚀涂层的防护类型；

②双涂：基底材质为钢质，表层经金属防腐蚀涂层防护再涂装有机防腐蚀涂层的防护类型。

(3)耐候性能

防腐蚀粉末涂料涂层经过人工加速老化试验累积能量达到$3.5\times10^6 kJ/m^2$后，涂层外观质量应不低于表2-12-2中质量等级评定的要求。

防腐蚀粉末涂料涂层外观质量等级评定要求　　表2-12-2

评 定 项 目		等 级 要 求	变 化 程 度
变色等级		2	目测轻微变色
粉化等级		1	很轻微，仪器加压重或手指用力擦样板，试布或手指上刚可观察到的微量颜料粒子
开裂等级	开裂数量	1	仅有几条值得注意的开裂
	开裂大小	S1	10倍放大镜下可见开裂
起泡等级		0	无泡
生锈等级	锈点数量	1	很少，几个锈点
	锈点大小	S1	10倍放大镜下可见锈点
剥落等级	剥落面积	0	0
	剥落大小	—	—
综合评定等级		1	—

二、热塑性聚乙烯粉末涂料及涂层技术要求

按《公路用防腐蚀粉末涂料及涂层　第2部分:热塑性聚乙烯粉末涂料及涂层》(JT/T 600.2—2004)中的规定,热塑性聚乙烯粉末涂料及涂层除满足前述通用技术要求外,还应满足以下技术要求。

1.粉体理化性能

粉体理化性能,应符合表2-12-3的要求。

粉体的理化性能　　表2-12-3

序号	项　目	单　位	技术要求
1	挥发物含量	%	≤1
2	表观密度	g/cm^3	0.35～0.50
3	筛余物(50目)注	%	<5
4	熔融指数	g/10min	5～10

注:筛网目数为50目时,对应筛网筛孔大小为270μm。

2.涂层物理力学性能

涂层物理力学性能,应符合表2-12-4的要求。

涂层的物理力学性能　　表2-12-4

序号	项　目	单　位	技术要求
1	光泽度(60°表头)	%	≥40
2	拉伸强度	MPa	≥13
3	断裂延伸率	%	≥300
4	涂层硬度(邵氏D型)	—	40～55
5	维卡软化点	℃	≥80
6	耐环境应力开裂(F50)	hr	≥500

三、热塑性聚氯乙烯粉末涂料及涂层技术要求

按《公路用防腐蚀粉末涂料及涂层　第3部分:热塑性聚氯乙烯粉末涂料及涂层》(JT/T 600.3—2004)中的规定,热塑性聚氯乙烯粉末涂料及涂层除满足前述通用技术要求外,还应满足以下技术要求。

1.粉体理化性能

粉体理化性能,应符合表2-12-5的要求。

粉体的理化性能　　表2-12-5

序号	项　目	单　位	技术要求
1	挥发物含量	%	≤1
2	表观密度	g/cm^3	0.32～0.40
3	筛余物(50目)注	%	<5

注:筛网目数为50目时,对应筛网筛孔大小为270μm。

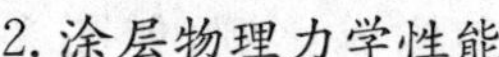

2.涂层物理力学性能

涂层物理力学性能,应符合表 2-12-6 的要求。

涂层的物理力学性能　　表 2-12-6

序　号	项　目	单　位	技 术 要 求
1	光泽度(60°表头)	%	≥40
2	拉伸强度	MPa	≥17
3	断裂延伸率	%	≥200
4	涂层硬度(邵氏 D 型)	—	≥38

四、热固性聚酯粉末涂料及涂层技术要求

按《公路用防腐蚀粉末涂料及涂层　第 4 部分:热固性聚酯粉末涂料及涂层》(JT/T 600.4—2004)中的规定,热固性聚酯粉末涂料及涂层除满足前述通用技术要求外,还应满足以下技术要求。

1.粉体理化性能

粉体理化性能,应符合表 2-12-7 的要求。

粉体的理化性能　　表 2-12-7

序　号	项　目		单　位	技 术 要 求
1	挥发物含量		%	≤0.5
2	密度		g/cm³	1.4～1.8
3	粒度分布	>100μm	%	≤1
		<16μm		≤5
4	胶化时间(180℃)		min	1～5
5	水平流动性		mm	20～50

2.涂层物理力学性能

涂层物理力学性能,应符合表 2-12-8 的要求。

涂层的物理力学性能　　表 2-12-8

序　号	项　目	单　位	技 术 要 求
1	光泽度(60°表头)	%	≥75
2	铅笔硬度	—	H～2H
3	杯突试验	mm	≥6

第三节　防腐粉末涂料的成分构成、生产工艺和施工方法

一、防腐粉末涂料的成分构成

热塑性粉末涂料,一般由树脂、颜料、填料和助剂(包括促进剂、增光剂、消光剂、紫外线吸收剂、稳定剂、流平剂等)等成分构成。热固性粉末涂料除包括上述成分外,还需要添加固化剂

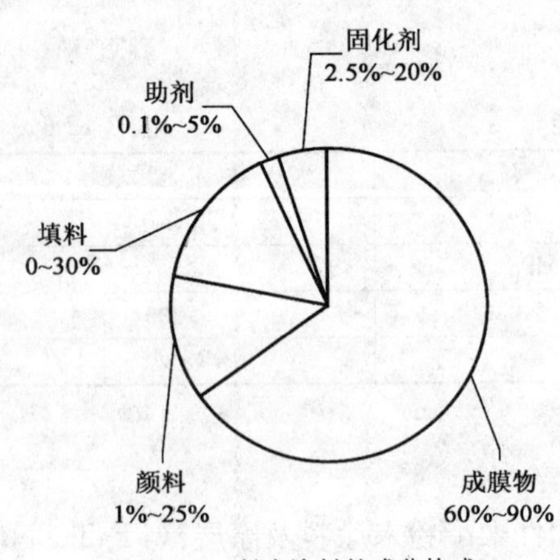

图 2-12-1 粉末涂料的成分构成

成分。粉末涂料原料成分和构成比例，如图 2-12-1 所示。

二、防腐粉末涂料的生产工艺

粉末涂料是由特定的各种化学物质，经物理机械处理后，成为细度均匀的颗粒粉体。其组分中的每一种成分，均是为保证涂膜质量、工程要求，适应生产工艺，改善喷涂条件和降低产品成本而严加控制的。生产粉末涂料时，如果材料的选配不好或操作方法失误，将严重影响产品质量，因此，熟悉生产工艺是非常重要的。

1. 热固性粉末涂料生产工艺

热固性粉末涂料生产，有湿法工艺和干法工艺两种。在湿法工艺中，有蒸发法、喷雾干燥法和沉淀法等。干法熔融挤出法工艺，是目前热固性粉末涂料生产采用的主要方式。其典型生产工艺流程，如图 2-12-2 所示。

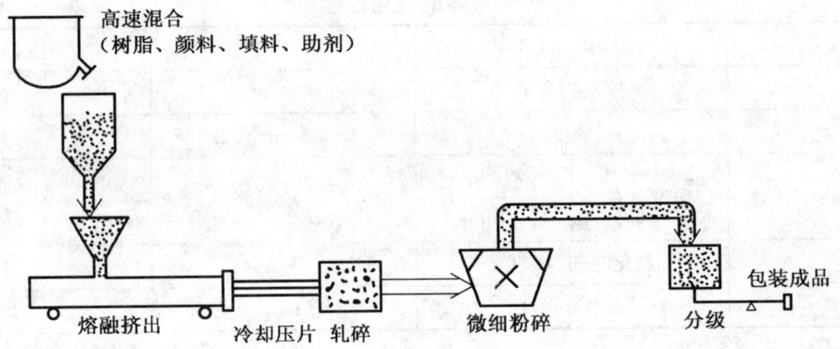

图 2-12-2 典型热固性粉末涂料的生产工艺

在该工艺中，先将配方组分的树脂、颜料、填料、流平剂和其他助剂进行预混合，在给定时间内使之分散均匀，以利于其后的挤出混合分散取得更佳效果。其主要的工序控制参数如下：

(1)预混合时间

混合工序是配料后粉末涂料生产的首道工序。干粉在容器内混合，阻力很大，物料因摩擦会产生积聚热，如果混合时间设定过长，物料受热后易结块，颜色色泽也会变化；而混料时间过短，物料不均匀，则影响挤出效果。因此，设备的结构、混料效果、颜色品种、混料时间要通过试验来确定，一般混合的设定时间以 6～15min 为宜，最长不超过 20min。

(2)挤出温度的控制

树脂的玻璃化温度、熔融黏度和软化点决定着挤出温度的控制(通常挤出机加料口为常温，匀化段为 60～90℃，出料口为 105～115℃)，也可根据配方的组分要求上下调整，但以不能引发树脂和固化剂产生化学反应为限，必须使树脂熔融成流动体，以获得最有效的剪切分散效果。如果挤出温度过低，树脂呈半熔融状态，黏度太大，颜料粒子润湿性不好，分散不匀，造成物料内动阻力增加，排料不畅，甚至堵塞设备，造成抱杆；而挤出温度过高，树脂熔融黏度偏低，介质中的剪切力变小,也不利于颜料和其他物料的分散和混炼。在某些情况下,挤出温度相应高些,有利于树脂与颜料之间的润湿,可使组分良好互溶,还可把其中的挥发份释放,可有效减少固化成膜时出现针孔和缩孔,使涂膜更加平整、丰满和光亮。因此,在设定挤出温度时,还应根据具体情况,如原材料、产品技术要求和设备机械结构(单螺杆还是双螺杆)来制定。

(3)微粉碎与粒径大小和分布

微粉碎是将半成品状物料,送至磨粉机破碎成 10～80μm 的粉末粒子,其粒径大小及分布是粉末涂料的一项重要指标。粉末涂料的粒度分布与涂膜的外观、平整性、光泽度及喷涂效果有着密切关系。

2. 热塑性粉末涂料生产工艺

目前,国内生产热塑性粉末涂料的典型生产工艺流程,如图 2-12-3 所示。

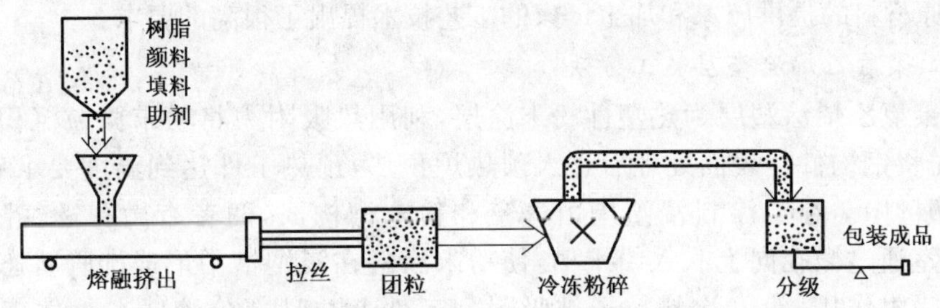

图 2-12-3　典型热塑性粉末涂料的生产工艺

热塑性粉末涂料生产工艺,关键是熔融挤出和破碎过程。物料挤出时,一定要控制好各段温度、转速等,以使树脂、颜料、填料和助剂充分混合,塑化均匀。破碎工序按其机械粉碎方式,可分为深冷机械粉碎、常温机械粉碎和控温机械粉碎。破碎时要控制好进料和粉体细度,特别要控制好破碎过程中的温度,以得到质量合格的产品。

三、防腐粉末涂料的施工方法

1. 聚酯涂塑层施工方法

聚酯涂塑是通过特种工艺,在基体表面涂覆一层聚酯保护层的防腐技术。聚酯涂塑层,多为热固性粉末涂层。热固性粉末涂料形成涂层的方式,一般有流化床或静电喷涂两种,国内公路工程钢构件上多使用静电喷涂方式。喷涂时,使用压缩空气泵,利用文氏原理,推动粉末通过粉末进料软管从振荡盒或漏斗进入喷射装置。粉末的流量和流速,可以通过喷射装置的控制面板来调整。粉末微粒在喷射装置中被雾化,粉粒在这里被旋转、定向或分散成雾状。雾状的粉末被静电充电后吸附到工件上形成连续薄膜,再将钢构件送入热烘箱，粉末涂料经高温熔融并固化,冷却后附着在基体上形成涂塑层。

聚酯涂塑层的主要优点在于:

(1)在保护物体表面不受环境侵蚀的同时,还具有装饰作用,外表美观,光泽度好,颜色可以选择,可以与环境很好地搭配。

(2)耐化学腐蚀性强。

近几年国内的聚酯涂塑层技术发展很快,但由于聚酯涂塑层的硬度和附着性能相对与金属防腐层要小,作为交通安全设施的防腐层,不可避免地存在划伤、磨损等硬损伤。一旦破损,其防腐效能大大降低，并带来一系列后果，一般在国内公路工程钢构件防腐处理上不单独使用，而作为双涂层的第二层防腐使用，即在镀锌或镀铝后再涂塑。多在护栏板、护栏立柱、隔离栅等大钢构件上使用。双涂层处理时防腐性能较好，同时外观美观，在国内外都有广泛的应用。

现阶段在生产和应用中存在的主要问题有以下两个方面：

(1)聚酯涂塑层属高分子材料，存在户外环境使用中容易老化的问题，这就要求选用耐候性好的材料，成本较高。

(2)生产工艺要求较高，产品质量不太稳定，经常出现有机涂层与基体材料的附着性能不符合技术标准的现象。

这些问题的解决主要在于原材料(聚酯粉末涂料)的质量控制，和后期涂装作业时的工艺要求，这就对原材料的提供厂家和加工厂家的工艺技术提出了很高的要求。

2.聚乙烯、聚氯乙烯涂塑层施工方法

聚乙烯、聚氯乙烯涂塑层为热塑性粉末涂层，利用热吸附力将粉末微粒沉积在工件上。工序一般是先将钢构件经表面处理后送入预热炉预热，预热工件达到温度要求后将它放入粉末涂料浸塑槽中。粉末涂料浸塑槽由气室和粉末槽构成，两者有微孔透气隔板上下隔开，气体经气室通过微孔向上吹入粉末槽，使粉末涂料在浸塑槽中形成沸腾状态，预热工件进入后，受热吸附作用，粉末涂料粒子被吸附到工件上并且部分熔融在工件表面，浸塑完成。最后将工件送入塑化炉中进行塑化，工件被进一步加热到指定熔融温度，热塑性粉末熔融并完全覆盖在工件表面，流平后得到理想的表面光滑度和性能。采用浸塑工艺时，通过对工件温度和工件在浸塑槽中的时间的控制来控制涂层厚度。聚氯乙烯与聚乙烯涂塑层技术在生产工艺上主要的不同，在于聚氯乙烯的熔融温度和分解温度差距小，涂装作业性差，需严格控制塑化温度和时间。同时聚氯乙烯在塑化过程中会分解释放出氯化氢气体，对塑化炉本身有防护上的要求。因此，聚氯乙烯涂塑层在工艺上实施难度比聚乙烯涂塑层大。聚氯乙烯与聚乙烯涂塑层都具有优良的耐酸、耐碱、耐盐等化学药品性能，聚氯乙烯涂塑层还具有良好的阻燃性能。与聚酯涂塑层一样，聚氯乙烯与聚乙烯涂塑层也存在耐候性和附着性能的问题，且在目前的工艺条件下，不适合于波形梁钢护栏板等大型钢构件的防腐。

四、防腐粉末涂料产品的标志、包装、运输和储存要求

1.标志要求

粉末涂料产品的标志(标识)规定如下：交货时，产品整包装应该附有一张制造标签和一张合格证标签。制造标签内容包括：产品名称、生产日期、批号、产品标准号、生产企业名称、联系地址。合格证标签内容包括：合格证、检验合格、检验证编号、检验人员代号、检验日期等内容。

2.包装要求

粉末涂料产品的包装，应符合《涂料产品包装通则》(GB/T 13491)的基本要求。外包装的内层采用防水材料，以保证产品在运输和储存过程中，不发生结块、变质的现象。

3. 运输要求

粉末涂料及涂层产品在运输过程中，防止日晒、雨淋、受潮和重压，不得靠近明火或高温热源，粉末涂料应避免利器划伤包装。

4. 储存要求

粉末涂料产品不得露天堆放，存放场所应做到通风、干燥和清洁，避免直接日光照射，不得靠近明火或高温热源。

第四节　防腐粉末涂料的检测设备、检测方法及检验规则

一、防腐粉末涂料的检测设备

防腐粉末涂料检测项目及所用仪器设备，如表 2-12-9 所示。

防腐粉末涂料检测项目及所用仪器设备　表 2-12-9

序　号	检 测 项 目	检测仪器设备	测 量 参 数
1	粉体外观质量	—	—
2	涂层外观质量	—	—
3	涂层厚度	测厚仪	厚度
4	涂层附着性	划格器	—
5	涂层耐冲击性	漆膜冲击试验仪	质量、高度、温度
6	涂层抗弯曲性	弯曲试验仪	直径
7	涂层耐化学腐蚀性	天平、量杯	质量、容量
8	涂层耐盐雾性	盐雾腐蚀试验箱	温度、流量
9	涂层耐湿热性能	高低温湿热试验箱	温度、湿度
10	涂层耐低温脆化性	低温试验箱	温度、时间
11	耐候性	人工加速老化试验箱	辐照度、温度
12	挥发物含量	电热烘箱	质量
13	粒度分布(筛余物)	标准筛、天平	质量
14	表观密度	天平、量杯	质量、容量
15	熔融指数	挤出式塑度仪、天平	质量、时间、容量
16	光泽度	光泽度仪	—
17	拉伸强度	万能材料试验机	拉力
18	断裂延伸率	万能材料试验机	拉力
19	涂层硬度	邵氏硬度计	硬度
20	维卡软化点	维卡软化点测试仪	温度
21	耐环境应力开裂	—	时间

二、防腐粉末涂料产品的检测方法

1.试样状态调节和试验环境条件

除特殊规定外，粉末涂料试样应按《塑料试样状态调节和试验》(GB/T 2918)的标准环境的规定进行24h状态调节，并且在如下条件下进行试验。

(1)试验环境温度：23℃±2℃。

(2)试验环境相对湿度：50%±5%。

2.试剂

试剂应包括下列试剂：

(1)固体试剂：NaOH(化学纯)、NaCl(化学纯)。

(2)液体试剂：H_2SO_4(化学纯)。

3.试验准备

1)试样的制备

(1)涂层通用试样要求

通用试验样品基材的材质、规格尺寸和涂层厚度，应符合表2-12-10的要求；涂层的涂装工艺，应符合该产品的使用要求和说明。

试验样品规格表(单位：mm) 表2-12-10

涂层种类	试样类型	底板材料	底板厚度	涂层厚度	样品尺寸
热塑性	A1	冷轧钢板	2～3	0.30～0.80	65×142
热固性	A2			0.076～0.120	65×142
热塑性	B1	马口铁板	0.2～0.3	0.30～0.80	50×100
热固性	B2			0.076～0.120	50×100

(2)涂层特殊试样要求

热塑性粉末涂料的模塑成型试样的制备方法如下：

①工艺要求。模塑成型的工艺要求，如表2-12-11所示。其表中的技术参数为聚乙烯(PE)和聚氯乙烯(PVC)树脂的推荐值，具体试样可根据树脂类型的不同进行模压成型操作。

模塑成型的工艺要求 表2-12-11

模塑温度(℃)	热压				冷压		
	预热		热压		时间(min)	压力(MPa)	脱模温度(℃)
	压力(MPa)	时间(min)	压力(MPa)	时间(min)			
170～200	接触	5～7	5	5±1	5～7	15	≤40

②样品规格。使用的模压模具应保证制备试样的厚度满足2mm±0.2mm的要求，其压片试样的大小不作特殊限定，但至少应保证可冲裁出150mm×75mm的试片。

2)涂层试验项目选用试样要求

涂层各试验项目选用试样的类型及数量，应符合表2-12-12的要求。

涂层试验项目与试样的类型及数量　　表 2-12-12

序　号	试 验 项 目	试 样 类 型	试 样 数 量
1	涂层外观、颜色、光泽度、涂层厚度	B1	3
		B2	
2	涂层硬度	A1	3
		A2	
3	杯突试验	A2	3
4	涂层附着性	A1	3
		A2	
5	涂层抗弯曲性	B1	3
		B2	
6	涂层耐冲击性	B1	3
		B2	
7	涂层耐化学药品性	A1	3
		A2	
8	涂层耐盐雾性能	A1	3
		A2	
9	涂层耐低温脆化性	B1	3
		B2	
10	涂层耐湿热性能	A1	3
		A2	
11	涂层耐候性	A1	15
		B2	

4. 试验程序及结果

1)粉体

粉体在正常光线下,用目测观察。

2)涂层

(1)外观质量

涂层在正常光线下,用目测直接观察。

(2)涂层厚度

涂层厚度以测量值的算术平均值表示测试结果,若测试值中10%以上的值超出技术要求范围,即使算术平均值符合技术要求,但该结果仍为不符合本标准的技术要求。

①非磁性基底的涂层厚度,按《漆膜厚度测定法》(GB/T 1764)的规定进行;

②磁性基底的涂层厚度,按《磁性金属基体非磁性覆盖层厚度测量　磁性方法磁性金属基体非磁性覆盖层厚度测量　磁性方法》(GB/T 4956)的规定进行。

(3)涂层附着性

热固性粉末涂料涂层的附着性,按照《色漆和清漆　漆膜的划格试验》(GB/T 9286)的方法进行。

热塑性粉末涂料涂层的附着性，用锋利的刀片在涂塑层上划出两条平行的长度为5cm的切口，切入深度应达到涂层附着基底的表面，板状或柱状试样两条切口间距为3mm，丝状试样的两条切口位于沿丝的轴向的180°对称面。在切口的一端垂直于原切口作一竖直切口，用尖锐的器具将竖直切口挑起少许，用手指捏紧端头尽量将涂层扯起。以扯起涂层状态将涂层附着性能区分为0至4级如下：

0级：不能扯起或扯起点断裂；

1级：<1cm长的涂层能被扯起；

2级：非常仔细的情况下可将涂层扯起1～2cm；

3级：有一定程度附着，但比较容易可将涂层扯起1～2cm；

4级：切开后可轻易完全剥离。

(4)涂层耐冲击性

涂层耐冲击性，按照《漆膜耐冲击性测定法的方法》(GB/T 1732)进行。

(5)涂层抗弯曲性

涂层抗弯曲性的测定，可以依据如下方法：

①丝状试样，按照《高速公路钢构件防腐技术条件》(GB/T 18226)中的方法进行。

②板状试样，按照《漆膜弯曲试验(圆柱轴)》(GB 6742)的方法进行。

(6)涂层耐化学腐蚀性

涂层耐化学腐蚀性，按照《塑料耐液体化学药品(包括水)性能测定方法》(GB/T 11547)的方法进行，浸泡温度为23℃±2℃，不同类型的粉末涂料涂层试验溶液浓度和浸泡时间，见表2-12-13、表2-12-14和表2-12-15所示。

热塑性聚乙烯涂层耐化学腐蚀性能试验要求 表2-12-13

溶液类型	溶液浓度(%)	浸泡时间(h)
H_2SO_4	30	720
NaOH	40	720
NaCl	10	720

注：H_2SO_4、NaOH和NaCl溶液，均为质量百分比浓度。

热塑性聚氯乙烯涂层耐化学腐蚀性能试验要求 表2-12-14

溶液类型	溶液浓度(%)	浸泡时间(h)
H_2SO_4	30	720
NaOH	40	720
NaCl	10	720

注：H_2SO_4、NaOH和NaCl溶液，均为质量百分比浓度。

热固性聚酯涂层耐化学腐蚀性能试验要求 表2-12-15

溶液类型	溶液浓度(%)	浸泡时间(h)
H_2SO_4	30	720
NaOH	1	240
NaCl	10	720

注：H_2SO_4、NaOH和NaCl溶液，均为质量百分比浓度。

(7)涂层耐盐雾性能

涂层耐盐雾性能,按照《高速公路钢构件防腐技术条件》(GB/T 18226)中的方法进行。

(8)涂层耐湿热性能

涂层耐湿热性能,按照《高速公路钢构件防腐技术条件》(GB/T 18226)中的方法进行。其温度为47℃±1℃,相对湿度为96%±2%。

(9)涂层耐低温脆化性

涂层耐低温脆化性,按《高速公路钢构件防腐技术条件》(GB/T 18226)中的方法进行,试验后在常温环境下调节2h后,按规定进行耐冲击性能试验与试验前结果进行比对。

(10)耐候性能

①试样的准备。按照前述规定进行。

②试样数量。按《公路沿线设施塑料制品耐候性指标及测试方法》(GB/T 22040)中的规定进行。

③试验设备。按《公路沿线设施塑料制品耐候性指标及测试方法》(GB/T 22040)中的规定进行。

④试验条件。按《公路沿线设施塑料制品耐候性指标及测试方法》(GB/T 22040)中的规定进行。

⑤累积辐射能量计算。按《公路沿线设施塑料制品耐候性指标及测试方法》(GB/T 22040)中的规定进行。

⑥材料力学性能保留率的测定。按样品制备要求制备力学性能老化试验比对试样,选取耐候性能试验后样品和实验前样品各一组,每组样品数为5件,按照《塑料拉伸性能试验方法》(GB/T 1040)的要求试验,并按式(2-12-1)计算技术参数性能保留率:

$$\text{性能保留率}=\overline{X'}/\overline{X}\times 100\% \tag{2-12-1}$$

式中:$\overline{X'}$——试验后技术参数算术平均值;

$\overline{X}$——试验前技术参数算术平均值。

⑦外观质量的结果评价。试样外观质量的结果评价,按照《色漆和清漆　涂层老化的评级方法》(GB/T 1766)的规定进行,评价项目应包括变色、粉化、开裂、起泡、生锈和剥落,并统一对综合老化性能等级进行评定。

(11)挥发物含量

挥发物含量,按《电器绝缘涂敷粉末试验方法》(GB/T 6554)中的方法进行。试验条件为105℃±2℃的温度下在烘箱内试验1h。

(12)粒度分布(筛余物)

粒度分布(筛余物)项目的测试,可采用激光粒度分布仪进行,也可以按照《电器绝缘涂敷粉末试验方法》(GB/T 6554)中的方法进行手工筛分。在进行手工筛分的试验时,应符合以下要求。

①进行粒度分布项目测试时,选用叠筛筛分,试验结果的叠加质量损失百分数不超过2%;

②进行筛余物项目测试时,只选用规定孔径的网筛进行单筛筛分,结果计算精确至0.1%。

(13)表观密度

表观密度,按《电器绝缘涂敷粉末试验方法》(GB/T 6554)中的方法进行。

(14)熔融指数

熔融指数,按《热塑性塑料熔体质量流动速率和熔体体积流动速率的测定》(GB/T 3682)的方法进行。本指标只适用于热塑性粉末涂料。

(15)光泽度

光泽度,按《色漆和清漆　不含金属颜料的色漆　漆膜元 20°、60°和 85°镜面光泽的测定》(GB/T 9754)的方法进行。

(16)拉伸强度

拉伸强度,按《塑料拉伸性能试验方法》(GB/T 1040)的方法进行,拉伸试验速度为 100mm/min。

(17)断裂延伸率

断裂延伸率,按《塑料拉伸性能试验方法》(GB/T 1040)的方法进行,拉伸试验速度为 100mm/min。

(18)涂层硬度

涂层硬度,按《塑料邵氏硬度试验方法》(GB/T 2411)的方法进行。

(19)维卡软化点

维卡软化点,按《热塑性塑料维卡软化温度(VST)的测定》(GB/T 1633)的方法进行。

(20)耐环境应力开裂

耐环境应力开裂,按《聚乙烯环境应力开裂试验方法》(GB/T 1842)的方法进行,试验溶剂选用壬基酚聚乙烯醚(TX-10),试样厚度应满足 1.75～2.00mm 的要求。

三、防腐粉末涂料产品的检验规则

粉末涂料产品的检验分为两类,即型式检验和出厂检验。

1. 型式检验

粉末涂料产品由通过计量认证的质检机构型式检验合格后才能批量生产。型式检验应在生产线终端或生产单位成品库内抽取足够的样品,按产品标准的要求进行全部性能检验。型式检验为每两年进行一次。粉末涂料产品在新设计试制的产品、出厂检验结果与上次型式检验有较大差异时、国家质量监督机构提出型式检验时以及正式生产过程中原材料、工艺有较大改变可能影响产品性能时,也应进行型式检验。

型式检验时,如有任何一项指标不符合标准《公路用防腐蚀粉末涂料及涂层》(JT/T 600)要求时,则需在同批产品中重新抽取双倍试样,对该项目进行复验,复验结果仍然不合格时,则判该型式检验为不合格,反之判定为合格。

2. 出厂检验

产品需经生产单位质量检验部门出厂检验合格并附产品质量合格证方可出厂。同一配方、原料、工艺和生产条件的粉末涂料可组成一批。生产企业出厂检验项目范围为粉末涂料的外观、颜色、表观密度、粒度分布及产品的标志、包装。

按《涂料产品的取样的规定》(GB 3186)进行取样,最低取样量不得少于 4 袋,在所抽取袋中的中心部位取样 500g 以上,将所抽取试样充分混合均匀后,均分为两份,一份立即用于检验,一份密封储存备查。

第十三章

交通安全设施工程验收检测

第一节　交通安全设施工程验收检测概述

交通安全设施工程验收检测，主要依据《公路工程质量检验评定标准　第一册　土建工程》(JTG F80/1—2004)来实施。该标准适用于四级及四级以上公路新建、改建工程的质量检验评定和适用于公路工程施工单位、工程监理单位、建设单位、质量检测机构和质量监督部门对公路工程质量的管理、监控和检验评定。公路工程质量检验评定，应以该标准为准。质量标准与其他规范不一致时，宜以颁布年份最新者为准。在公路施工、质量管理和工程质量检验评定中，除应符合该标准外，尚应符合现行国家、交通运输部颁布的相关规范的规定。

根据建设任务、施工管理和质量检验评定的需要，应在施工准备阶段按表 2-13-1 将建设项目划分为单位工程、分部工程和分项工程。施工单位、工程监理单位和建设单位，应按相同的工程项目划分进行工程质量的监控和管理。

单位、分部及分项工程的划分　　表 2-13-1

单位工程	分部工程	分项工程
交通安全设施（每 20km 或每标段）	标志*(5～10km 路段)	标志*
	标线、突起路标(5～10km 路段)	标线*，突起路标等
	护栏*、轮廓标(5～10km 路段)	波形梁护栏*，缆索护栏*，混凝土护栏*，轮廓标等
	防眩设施(5～10km 路段)	防眩板、网等
	隔离栅、防落网(5～10km 路段)	隔离栅、防落网等

注：①表内标注＊号者为主要工程，评分时给以 2 的权值；不带＊号者为一般工程，权值为 1。

②按路段长度划分的分部工程，高速公路、一级公路宜取低值，二级及二级以下公路可取高值。

其中，单位工程是在建设项目中，根据签订的合同，具有独立施工条件的工程。在单位工程中，按路段长度及施工特点或施工任务划分为若干个分部工程。在分部工程中，按不同的施工方法、材料、工序及路段长度等划分为若干个分项工程。

工程质量检验评分以分项工程为单元，采用 100 分制进行。在分项工程评分的基础上，逐级计算各相应分部工程、单位工程、合同段和建设项目评分值。工程质量评定等级分为合格与不合格，应按分项、分部、单位工程、合同段和建设项目逐级评定。

施工单位应对各分项工程按本标准所列基本要求、实测项目和外观鉴定进行自检，按《公路工程质量检验评定标准　第一册　土建工程》(JTG F80/1—2004)附录 J 中"分项工程质量检验评定表"及相关施工技术规范提交真实、完整的自检资料，对工程质量进行自我评定。工程监理单位应按规定要求对工程质量进行独立抽检，对施工单位检评资料进行签认，对工程质量进行评定。建设单位根据对工程质量的检查及平时掌握的情况，对工程监理单位所做的工程质量评分及等级进行审定。质量监督部门、质量检测机构，可依据《公路工程质量检验评定标准 第一册 土建工程》(JTG F80/1—2004)对公路工程质量进行检测评定。

第二节 交通安全设施工程的抽样要求

对于实测项目中相关检查项目采用现场抽样方法，依据国家标准《随机数的产生及其在产品质量抽样检验中的应用程序》(GB/T 10111—2008)中的相关规定采用随机抽样的方法抽取被测样本。

其中对于交通标志除标志汉字、数字、拉丁字的字体及尺寸这一检查项目的抽检频率为10%外，其余检查项目的抽检频率为100%。

路面标线除标线剥落面积为检查总面积的0～3%外，其余检查项目的抽检频率为10%。

波形梁钢护栏中波形梁板基底金属厚度和立柱壁厚抽检频率为5%，拼接螺栓(45号钢)抗拉强度每批做3组拉力试验，其余检查项目的抽检频率为10%。

混凝土护栏中护栏混凝土强度，按《公路工程质量检验评定标准 第一册 土建工程》(JTG F80/1—2004)附录D检查。地基压实度用核子密度仪现场检查，护栏断面尺寸和轴向横向偏位抽检频率为10%，基础平整度和基础厚度抽检频率为100%。

缆索护栏中混凝土基础尺寸和混凝土强度抽检频率为100%，其余检查项目抽检频率为10%。

突起路标中安装角度、纵向间距、横向偏位抽检频率为10%，损坏及脱落个数抽检30%。承受压力通过检查测试记录确认。光度性能为检查测试报告。

轮廓标中光度性能通过检查检测报告确认，其余检查项目抽检频率为10%。

防眩设施中安装相对高度、镀(涂)层厚度、防眩板宽度抽检5%，其余项目抽检频率为10%。

隔离栅和防落网中高度、立柱中距、立柱竖直度为每100根测2根，镀(涂)层厚度和网面平整度抽检5%，立柱埋深和混凝土强度抽检10%。

第三节 交通安全设施工程的检测方法

交通安全设施工程验收检测，主要涉及交通标志、路面标线、波形梁钢护栏、混凝土护栏、缆索护栏、突起路标、轮廓标、防眩设施、隔离栅和防落网几方面的内容。

对分项工程的检测评定，是工程验收检测的基础。分项工程质量检验内容，包括基本要求、实测项目、外观鉴定和质量保证资料4个部分。只有在其使用的原材料、半成品、成品及施工工艺符合基本要求的规定，且无严重外观缺陷和质量保证资料真实并基本齐全时，才能对分项工程质量进行检验评定。

对于基本要求和外观鉴定，各类安全设施有不同的要求，下面文中将具体提及。

对于质量保证资料，施工单位应有完整的施工原始记录、试验数据、分项工程自查数据等质量保证资料，并进行整理分析，负责提交齐全、真实和系统的施工资料和图表。工程监理单位负责提交齐全、真实和系统的监理资料。

质量保证资料应包括：所用原材料、半成品和成品质量检验结果；材料配比、拌和加工控制检验和试验数据；地基处理、隐蔽工程施工记录和大桥、隧道施工监控资料；各项质量控制指标的试验记录和质量检验汇总图表；施工过程中遇到的非正常情况记录及其对工程质量影响分析；施工过程中如发生质量事故，经处理补救后，达到设计要求的认可证明文件等。

一、交通标志

1. 基本要求

(1)交通标志的制作应符合《道路交通标志和标线》(GB 5768)和《道路交通标志板及支撑件》(GB/T 23827—2009)的规定。

(2)交通标志在运输、安装过程中，不应损伤标志面及金属构件的镀层。

(3)标志的位置、数量及安装角度，应符合设计要求。

(4)大型标志的地基承载力应符合设计要求。大型标志柱、梁的焊接部分应符合钢结构焊接规范的质量要求，无裂缝、未熔合、夹渣等缺陷。

(5)标志面应平整完好，无起皱、开裂、缺损或凹凸变形，标志面任一处面积为 50cm×50cm 表面上，不得存在总面积>10mm^2 的一个或一个以上气泡。

(6)反光膜应尽可能减少拼接，任何标志的字符不允许拼接，当标志板的长度或宽度、圆形标志的直径小于反光膜产品的最大宽度时，底膜不应有拼接缝。当粘贴反光膜不可避免出现接缝时，应按反光膜产品的最大宽度进行拼接。

2. 外观鉴定

(1)标志板安装后应平整，夜间在车灯照射下，标志板底色和字符应清晰明亮，颜色均匀，不应出现明暗不均的现象，不能影响标志的认读。

(2)标志反光膜采用拼接时，重叠部分不应小于 5mm。当采用平接时，其间隙不应超过 1mm。距标志板边缘 50mm 之内，不得有接缝。

(3)标志金属构件镀层应均匀、颜色一致，不允许有流挂、滴瘤或多余结块，镀件表面应无漏镀、露铁等缺陷。

3. 实测项目

交通标志实测项目，如表 2-13-2 所示。

交通标志实测项目　　表 2-13-2

项次	检查项目	规定值或允许偏差	权值
1	标志板外形尺寸(mm)	±5。当边长尺寸大于 1.2m 时允许偏差为边长的±0.5%；三角形内角应为 60°±5°	1
	标志底板厚度(mm)	不小于设计	
2	标志汉字、数字、拉丁字的字体及尺寸(mm)	应符合规定字体，基本字高不小于设计	1
3	标志面反光膜等级及逆反射系数($cd \cdot lx^{-1} \cdot m^{-2}$)	反光膜等级符合设计。逆反射系数值不低于《公路交通标志板技术条件》(JT/T 279)规定	2

续上表

项次	检 查 项 目	规定值或允许偏差	权值
4	标志板下缘至路面净空高度及标志板内缘距路边缘距离(mm)	＋100,0	1
5	立柱竖直度(mm/m)	±3	1
6	标志金属构件镀层厚度(μm)	标志柱、横梁≥78,紧固件≥50	2
7	标志基础尺寸(mm)	－50,＋100	1
8	基础混凝土强度	在合格标准内	1

4.检验方法

(1)标志板外形尺寸

标志板外形尺寸检验,应尽量在标志板运抵工地尚未安装前进行。使用分辨率为1mm的钢卷尺、万能角尺检测。应注意测量三角形标志外形尺寸时,量取的是三条边延长线交点的长度。

(2)标志底板厚度

为贴反光膜的标志底板厚度,使用分辨率0.01mm的板厚千分尺测量。贴反光膜后的标志底板厚度,可结合超声波测厚仪和电涡流测厚仪来进行测试。

(3)标志字体尺寸

目测检查标志汉字、数字、英文的字体,是否符合《道路交通标志和标线》(GB 5768)的有关规定。字符尺寸使用分辨率为1mm的钢直尺测量,是否符合设计要求。

(4)标志面反光膜等级及逆反射系数

目测检查标志面反光膜等级,可以与反光膜厂家提供的反光膜等级说明书相核对,应与设计文件规定的等级相符。

逆反射系数使用便携式逆反射系数测定仪检测,测试角度为观测角0.2°,入射角－4°。并使用与标志面相同反射结构的反光膜标样进行标定,即棱镜型对1级;玻璃珠密封胶囊型对2级;玻璃珠透镜埋入型对3～5级。

(5)标志板下缘至路面净空高度及标志板内缘距路边缘距离

标志板下缘至路面净空高度主要针对的是,悬臂式和门架式标志。一般使用5m的塔尺、钢卷尺等测量工具。测量悬臂式净空高度以标志板两端下缘为基点,分别测量它们到路面的竖直距离;门架式净空高度,以标志板下缘与垂直方向下路面最高处为测量基点进行测量。标志板下缘至路面净空高度测量值取范围值,最小值不能低于《道路交通标志和标线》(GB 5768)、《公路工程质量检验评定标准　第一册　土建工程》(JTG F80/1)及设计文件的要求。标志板内缘距路边缘距离多指双柱式或单柱式等路侧标志,路侧标志使用水平尺、直尺测量。可从路侧标志板内缘挂一铅锤,测量垂线与路边缘的距离。测量值应不小于设计要求,标准规定标志板内缘距路边缘距离为不小于25cm。

(6)立柱竖直度

标志立柱竖直度,可用垂线和直尺测量,也可用经纬仪测量。

(7)标志金属构件镀层厚度

标志金属构件镀层厚度使用磁性涂层测厚仪,取 10 个点的测量值的平均值为检测结果。

(8)标志基础尺寸

标志基础平面尺寸长、宽可以使用钢卷尺测量,测量值与设计文件核对。深度等隐蔽工程,可以查验施工监理记录,经监理工程师核实签字的记录可以作为检测原始记录收录。

(9)基础混凝土强度

查验基础混凝土强度检测报告,基础施工同时做试件每处 1 组(3 件),送到有资质的检测机构进行检测。作为隐蔽工程,检测人员只需查验由有资质的检测机构出具的基础混凝土强度检测报告,这些检测报告可以作为检测原始记录收录。实测项目中,水泥混凝土抗压强度为不合格时相应分项工程为不合格。

评价标志基础的混凝土抗压强度,以标准养护 28d 龄期边长 15cm 立方体试件为准,可用非统计方法按下述条件进行评定:

$$R_n \geqslant 1.15R \tag{2-13-1}$$

$$R_{\min} \geqslant 0.95R \tag{2-13-2}$$

式中:R_n——同批 n 组试件强度的平均值,MPa;

R——混凝土设计强度等级,MPa;

$R_{\min}$——n 组试件中强度最低一组的值,MPa。

二、路面标线

1. 基本要求

(1)路面标线涂料,应符合《路面标线涂料》(JT/T 280)的规定。

(2)路面标线喷涂前应仔细清洁路面,表面干燥,无起灰现象。

(3)路面标线的颜色、形状和设置位置,应符合《道路交通标志和标线》(GB 5768)的规定和设计要求。

2. 外观鉴定

(1)标线施工污染路面应及时清理。每处污染面积不超过 $10cm^2$。

(2)标线线形应流畅,与道路线形相协调,不允许出现折线,曲线圆滑。

(3)反光标线玻璃珠应撒布均匀,附着牢固,反光均匀。

(4)标线表面不应出现网状裂缝、断裂裂缝和起泡现象。

3. 实测项目

路面标线的实测项目,如表 2-13-3 所示。

4. 检验方法

(1)标线线段长度、标线宽度、标线横向偏位、标线纵向间距

对标线线段长度、标线宽度、标线横向偏位、标线纵向间距,用钢卷尺测量抽样检测点上的标线相关尺寸,随机连续选取 10 个测试点,取算术平均值。

(2)标线厚度

标线的厚度,可用标线厚度测量块进行测量,也可使用符合要求的数显卡尺或涂层测厚仪

进行测量。其中标线厚度测量块测试方法如下：

路面标线的实测项目　　表 2-13-3

项次	检查项目		规定值或允许偏差	权值
1	标线线段长度(mm)	6 000	±50	1
		4 000	±40	
		3 000	±30	
		1 000～2 000	±20	
2	标线宽度(mm)	400～450	+15,0	1
		150～200	+8,0	
		100	+5,0	
3	标线厚度(mm)	常温型(0.12～0.20)	−0.03,+0.10	2
		加热型(0.20～0.40)	−0.05,+0.15	
		热熔型(1.00～4.50)	−0.10,+0.50	
4	标线横向偏位(mm)		±30	1
5	标线纵向间距(mm)	9 000	±45	1
		6 000	±30	
		4 000	±20	
		3 000	±15	
6	标线剥落面积		检查总面积的 0～3%	1
7	反光标线逆反射系数($mcd \cdot lx^{-1} \cdot m^{-2}$)		白色标线≥150 黄色标线≥100	2

将标线厚度测量块紧靠在标线侧边，用塞尺测量标线厚度测量块槽口与标线之间的间隙 B，则标线的厚度 $T=(3-B)$mm。

测量突起振动标线的突起高度时，按图 2-13-1 中括号内的数据。测量块的厚度为 15mm，测量块的槽口深度为 9mm，标线突起高度 $H=(9-B)$mm。

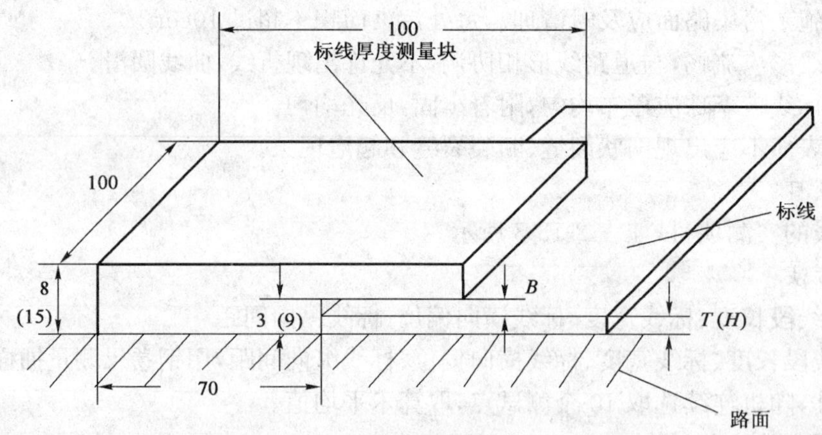

图 2-13-1　标线厚度测量示意图(尺寸单位：mm)

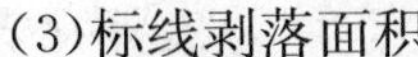

(3)标线剥落面积

标线剥落面积,用4倍放大镜,进行目测检查。

(4)反光标线逆反射系数

在干燥状态下,将观测角为1.05°、入射角为88.76°的标线逆反射系数测量仪按行车方向平放在抽样检测点的标线上,测取每个点上的逆反射系数,共测10个点,取算术平均值。

三、波形梁钢护栏

1.基本要求

(1)波形梁钢护栏产品,应符合《公路波形梁钢护栏》(JT/T 281)及《公路三波形梁钢护栏》(JT/T 457)的规定。

(2)护栏立柱、波形梁、防阻块及托架的安装应符合设计和施工的要求。

(3)为保证护栏的整体强度,路肩和中央分隔带的土基压实度不应小于设计值。达不到压实度要求的路段,不应进行护栏立柱打入施工。石方路段和挡土墙上的护栏立柱的埋深及基础处理,应符合设计要求。

(4)波形梁护栏的端头处埋及与桥梁护栏过渡段的处理,应满足设计要求。

2.外观鉴定

(1)焊接钢管的焊缝应平整,无焊渣、凸起。构件镀锌层表面应均匀完整、颜色一致,表面具有实用性光滑,不得有流挂、滴瘤或多余结块。镀件表面应无漏镀、露铁、擦痕等缺陷。构件镀铝层表面应连续,不得有明显影响外观质量的熔渣、色泽暗淡及假浸、漏浸等缺陷。构件涂塑层应均匀光滑、连续,无肉眼可分辨的小孔、空间、孔隙、裂缝、脱皮及其他有害缺陷。

(2)直线段护栏不得有明显的凹凸、起伏现象,曲线段护栏应圆滑顺畅,与线形协调一致,中央分隔带开口端头护栏的抛物线形应与设计图相符。

(3)波形梁板搭接方向正确,搭接平顺,垫圈齐备,螺栓紧固。

(4)防阻块、托架、端头的安装应与设计图相符,安装到位,不得有明显变形、扭转、倾斜。

(5)波形梁板和立柱不得现场焊割和钻孔。

(6)立柱及柱帽安装牢固,其顶部应无明显塌边、变形和开裂等缺陷。

3.实测项目

波形梁钢护栏的实测项目,如表2-13-4所示。

波形梁钢护栏的实测项目 表2-13-4

项 次	检 查 项 目	规定值或允许偏差	权 值
1	波形梁板基底金属厚度(mm)	±0.16	2
2	立柱壁厚(mm)	4.5±0.25	2
3	镀(涂)层厚度(μm)	符合设计	2
4	拼接螺栓(45号钢)抗拉强度(MPa)	≥600	1
5	立柱埋入深度	符合设计规定	1
6	立柱外边缘距路肩边线距离(mm)	±20	1
7	立柱中距(mm)	±50	1

续上表

项　次	检 查 项 目	规定值或允许偏差	权　值
8	立柱竖直度(mm/m)	±10	2
9	横梁中心高度(mm)	±20	2
10	护栏顺直度(mm/m)	±5	2

4.检验方法

(1)波形梁板基底金属厚度

用板厚千分尺量取板总厚度，同时用磁性测厚仪测量测点处板两侧涂层厚度，用总厚度减去两侧涂层厚度，得到基底金属厚度。每块板测 3 个测点，测点距离两端的距离应＞500mm。上表中允许偏差技术要求源于《高速公路波形梁钢护栏》(JT/T 281—1995)，鉴于《高速公路波形梁钢护栏》(JT/T 281—1995)已修订为《公路波形梁钢护栏》(JT/T 281—2007)，《公路波形梁钢护栏》(JT/T 281—2007)规定波形梁板基底金属厚度允许偏差为 $3^{+0.18}_{0}$，$4^{+0.22}_{0}$。

(2)立柱壁厚

壁厚千分尺和磁性测厚仪，用于未安装柱帽的立柱的壁厚的测量；超声波测厚仪和磁性测厚仪，可用于未安装柱帽的立柱壁厚的测量，也可用于安装柱帽后立柱壁厚的测量。立柱未打入时，立柱两端各测量 3 次，取平均值。立柱打入后，则在立柱未打入端三个不同的方向上测量，并取平均值。《公路波形梁钢护栏》(JT/T 281—2007)规定立柱壁厚允许偏差为 $4.5^{+0.5}_{-0.25}$。

(3)镀(涂)层厚度

镀(涂)层厚度用测厚仪进行测量，测 8 点，取平均值。在能够测试构件正方面镀(涂)层时，测点应正反面均分。

(4)拼接螺栓(45 号钢)抗拉强度

拼接螺栓(45 号钢)抗拉强度，抽样用万能材料试验机或拉力机做拉力试验，每批 3 组。

(5)立柱埋入深度、立柱外边缘距路肩边线距离、立柱中距、横梁中心高度

立柱埋入深度、立柱外边缘距路肩边线距离、立柱中距、横梁中心高度，均用直尺或钢卷尺测量。

(6)立柱竖直度

立柱竖直度，用垂线、直尺测量。用垂线对照立柱的竖直度，固定垂线，量取立柱偏离垂线的距离及其对应的立柱长，每处测量 3 次，计算竖直度后取平均值。

(7)护栏顺直度

护栏顺直度，用拉线、直尺测量。直线段护栏不允许有明显的凹凸现象，在 200mm 的直线上，三点应成一线；曲线端护栏应与线形协调一致，护栏应圆滑顺畅；中央分隔带开口端头护栏的抛物线形应与设计图纸相符。

四、混凝土护栏

1.基本要求

(1)混凝土所用的水泥、砂、石、水及外掺剂的质量、规格必须符合有关规范的要求，按规定的配合比施工。

(2)混凝土护栏预制块件在吊装、运输、安装过程中，不得断裂。

(3)各混凝土护栏块件之间、护栏与基础之间的连接，应符合设计要求。

(4)混凝土护栏块件标准段、混凝土护栏起终点及其他开口处的混凝土护栏块件的几何尺寸，应符合设计要求。

(5)混凝土护栏的地基强度、埋入深度，应符合设计要求。

(6)混凝土护栏块件的损边、掉角长度每处不得超过20mm，否则应予及时修补。

2. 外观鉴定

(1)混凝土护栏块件之间的错位不大于5mm。

(2)混凝土护栏外观、色泽均匀一致，表面的蜂窝麻面、裂缝、脱皮等缺陷面积不超过该面面积的0.5%；深度不超过10mm。

(3)护栏线形顺适，直线段不允许有明显的凹凸现象，曲线段护栏应圆滑顺畅，与线形协调一致。中央分隔带开口端头护栏尺寸，应与设计图相符。

3. 实测项目

混凝土护栏的实测项目，如表2-13-5所示。

混凝土护栏的实测项目　　表2-13-5

项次	检查项目		规定值或允许偏差	权值
1	护栏混凝土强度(MPa)		在合格标准内	2
2	地基压实度(%)		符合设计要求	1
3	护栏断面尺寸(mm)	高度	±10	1
		顶宽	±5	
		底宽	±5	
4	基础平整度(mm)		10	1
5	轴向横向偏位(mm)		±20或符合设计要求	2
6	基础厚度(mm)		±10%*H*	1

4. 检验方法

(1)护栏混凝土强度

护栏混凝土强度，用回弹仪或超声波测量。测量时，每处不少于2个测区，测区总数不少于10个。

(2)地基压实度

地基压实度，用核子密度仪现场测量。

(3)护栏断面尺寸、轴向横向偏位、基础厚度

护栏断面尺寸、轴向横向偏位、基础厚度，用直尺、钢卷尺测量。其中断面尺寸每处不少于5点。

(4)基础平整度

基础平整度，用水平尺在相互垂直的两个不同方向，分别量取3个断面进行检验，取平均值。

五、缆索护栏

1. 基本要求

(1)缆索性能、缆索直径、单丝直径、构造(3股7芯)、锚具及其镀锌质量,应符合设计与施工规范的要求。缆索抗拉强度、镀锌质量须经抽检,抽检合格后方可使用。

(2)张拉前应标定拉力测定计。

(3)立柱埋深不得小于设计值。采用挖埋法施工,立柱埋入土中时,回填土应分层(每层厚度不超过100mm)夯实;立柱埋入混凝土中时,基础混凝土的几何尺寸、强度等应符合设计要求。

(4)立柱壁厚、外径、长度不小于设计要求。

(5)采用打入法施工时,立柱顶部不应出现明显变形、倾斜、扭曲或卷边等现象。

2. 外观鉴定

(1)金属构件表面不得有气泡、剥落、漏镀及划痕等表面缺陷。

(2)直线段护栏没有明显的凹凸现象,曲线段护栏圆滑顺畅。

(3)索端锚具、托架、索夹螺栓,应安装到位、固定牢固;托架编号和组合,应与缆索护栏的类别相适应;上、下托架位置正确,中央分隔带缆索护栏的托架应两边对称。

3. 实测项目

缆索护栏的实测项目,如表2-13-6所示。

缆索护栏的实测项目 表2-13-6

项次	检查项目	规定值或允许偏差	权值
1	缆索直径(mm)	18±0.5	1
	单丝直径(mm)	2.86+0.10,−0.02	
2	初张力(kN)	±5%	2
3	最下一根缆索的高度(mm)	±20	1
4	立柱壁厚(mm)	±0.10	2
5	立柱埋入深度	符合设计要求	1
6	立柱竖直度(mm/m)	±10	2
7	立柱中距(mm)	±50	1
8	镀锌层厚度(μm)	立柱≥85 索端锚具≥50 紧固件≥50 镀锌钢丝≥33	2
9	混凝土基础尺寸	符合设计规定	1
10	混凝土强度	在合格标准内	2

4. 检验方法

(1)缆索直径、单丝直径

缆索直径、单丝直径，用卡尺测量。测量时，量 3 个断面，取平均值。

(2)初张力

初张力，用张拉计测量。

(3)最下一根缆索的高度

最下一根缆索的高度，测量时，用直尺在跨中测量最下一根缆索的中心至路面的距离，量取 3 次，取平均值。

(4)立柱埋入深度、立柱中距、混凝土基础尺寸

立柱埋入深度、立柱中距、混凝土基础尺寸，用直尺、钢卷尺测量。

(5)立柱壁厚

测量立柱壁厚时，壁厚千分尺和磁性测厚仪用于未安装柱帽的立柱壁厚的测量；超声波测厚仪和磁性测厚仪可用于未安装柱帽的立柱壁厚的测量，也可用于安装柱帽后立柱壁厚的测量。

(6)立柱竖直度

立柱竖直度，用垂线、直尺测量。

(7)镀锌层厚度

立柱、索端锚具的镀锌层厚度，可用磁性测厚仪来测量；镀锌钢丝的镀锌层厚度查检测报告。

(8)混凝土强度

基础施工同时做试件，每个工作班 1 组(3 件)，检查缆索护栏试件的强度。具体同本节交通标志 4 中第(9)部分。

六、突起路标

1. 基本要求

(1)突起路标产品，应符合《突起路标》(GB/T 24275)的规定。

(2)突起路标的布设及其颜色，应符合《道路交通标志和标线》(GB 5768)的规定或符合设计要求。

(3)突起路标与路面的黏结应牢固、耐久，能经受汽车轮胎的冲击而不会脱落。

(4)突起路标应在路面干燥、清洁，并经测量定位后施工。

2. 外观鉴定

(1)突起路标外观应美观，尺寸符合有关规范要求，表面光滑，不得有尖角、毛刺存在，表面无明显的划伤、裂纹。

(2)突起路标纵向安装应成直线，不得出现折线。曲线段的突起路标应与道路曲线相吻合，线形圆滑、顺畅。

(3)突起路标黏结剂不得造成路面污染。

3. 实测项目

突起路标的实测项目，如表 2-13-7 所示。

突起路标的实测项目 表 2-13-7

项 次	检 查 项 目	规定值或允许偏差	权 值
1	安装角度(°)	±5	1
2	纵向间距(mm)	±50	1
3	损坏及脱落个数	<0.5%	2
4	横向偏位(mm)	±50	2
5	承受压力(kN)	>160	1
6	光度性能	在规定范围内	2

4. 检验方法

(1)安装角度

突起路标的安装角度应以道路纵向标线为基准,在正常情况下,突起路标带反光片的边线垂直于纵向标线,工程中可用万能角尺测量突起路标的安装角度。

(2)纵向间距

纵向间距,用钢卷尺测量。测量时,每处 3 次,取平均值。

(3)损坏及脱落个数

损坏及脱落个数,用目测检查。以抽查路段范围内凸起路标总数为基数,计算在该路段内突起路标损坏及脱落数量占总基数的百分比。

(4)横向偏位

测量横向偏位时,用钢卷尺测量道路横断面上凸起路标的位置,确定参照点(道路中心或边缘线位置),与设计图比较。

(5)承受压力

承受压力的测量,检查测试记录。

(6)光度性能

光度性能的测量,检查测试报告。

七、轮廓标

1. 基本要求

(1)轮廓标产品,应符合《轮廓标》(GB/T 24970)的规定。

(2)轮廓标的布设,应符合设计及施工规范的要求。

(3)柱式轮廓标的基础混凝土强度、基础尺寸,应符合设计要求。

(4)柱式轮廓标安装牢固,逆反射材料表面与行车方向垂直,色度性能和光度性能与设计相符。

2. 外观鉴定

(1)轮廓标不应有明显的划伤、裂纹、损边、掉角等缺陷。其表面应平整光滑,无明显凹痕或变形。

(2)轮廓标安装牢固,线形顺畅。

(3)柱式轮廓标的垂直度不超过±8mm/m。

3. 实测项目

轮廓标的实测项目，如表 2-13-8 所示。

轮廓标的实测项目　　表 2-13-8

项　次	检 查 项 目	规定值或允许偏差	权　值
1	安装相对高度(mm)	±10	2
2	镀(涂)层厚度	符合设计	1
3	防眩板宽度(mm)	±5	1
4	防眩板设置间距(mm)	±10	1
5	竖直度(mm/m)	±5	1
6	顺直度(mm/m)	±8	2

4. 检验方法

(1)安装相对高度　用钢卷尺量取路面到防眩板顶部的高度，每处量取 5 次，取平均值。

(2)镀(涂)层厚度　用涂层测厚仪测量。

(3)防眩板宽度　用直尺在防眩板上、中、下部位量取板宽，取平均值。每处量取 5 块。

(4)防眩板设置间距　用钢卷尺测量防眩板中到中间距。每处量取 5 次，取平均值。

(5)竖直度　用垂线对照防眩板侧边，从防眩板顶面固定垂线，用直尺量取防眩板偏离垂线的距离。

(6)顺直度　在道路直线段，先确定道路中线的位置和防眩板中心线的位置，用 10m 拉线分别固定在防眩板两端中心线位置，用直尺垂量防眩板偏离中心线的距离；在道路曲线段，防眩板应与道路线形协调一致，防眩板线形应圆滑顺畅。

八、隔离栅和防落网

1. 基本要求

(1)隔离栅和防落网用的材料规格及防腐处理应符合《隔离栅》(JT/T 374)及设计和施工规范的规定。

(2)用金属网制作的隔离栅和防落网，安装后要求网面平整，无明显翘曲现象。刺铁丝的中心垂度小于 15mm。

(3)防落网应网孔均匀，结构牢固，围封严实。

(4)金属立柱弯曲度超过 8mm/m，有明显变形、卷边、划痕等缺陷者，以及混凝土立柱折断者均不得使用。

(5)立柱埋深应符合设计要求。立柱与基础、立柱与网之间的连接应稳固。混凝土基础强度不小于设计要求。

(6)隔离栅起终点应符合端头围封设计的要求。

2. 外观鉴定

(1)电焊网不得脱焊、虚焊。

(2)镀锌层表面应具有均匀完整的锌层，颜色一致，表面具有实用性光滑，不允许有流挂、滴瘤或多余结块。镀件表面应无漏镀、露铁等缺陷。涂塑层应均匀光滑、连续，无肉眼可分辨的小孔、空间、孔隙、裂缝、脱皮及其他有害缺陷。

(3)混凝土立柱应密实平整,无裂缝、翘曲、蜂窝、麻面等缺陷。

(4)有框架的隔离栅和防落网,网片应与框架焊牢,网片拉紧。整网铺设的隔离栅,端柱与网连接牢固,网面平整绷紧。刺铁丝间距符合设计要求,刺线平直,绷紧。

(5)隔离栅安装位置应符合设计规定。安装线形整体顺畅并与地形相协调。围封严实,安装牢固。

3.实测项目

见表2-13-9。

隔离栅和防落网实测项目 表2-13-9

项次	检查项目	规定值或允许偏差	权值
1	高度(mm)	±15	1
2	镀(涂)层厚度(μm)	符合设计	2
3	网面平整度(mm/m)	±2	2
4	立柱埋深	符合设计	2
5	立柱中距(mm)	±30	1
6	混凝土强度(MPa)	在合格标准内	2
7	立柱竖直度(mm/m)	±8	1

4.检验方法

(1)高度 用钢卷尺量取路面到网顶的高度,每处量取5次,取平均值。

(2)镀(涂)层厚度 立柱、斜撑等的镀(涂)层厚度可用磁性测厚仪来测量,网丝的镀(涂)层厚度查检测报告。

(3)网面平整度 仅适用于钢板网,用2m直尺紧靠在网面上,在网面上移动,检查网面凹陷处与直尺的最大间隙,用塞尺量取,取最大值。

(4)立柱埋深 施工过程中,用钢卷尺、皮尺、直尺等测量。

(5)立柱中距 用钢卷尺测量,每100根测2根。

(6)混凝土强度 基础施工同时做试件每工作班作1组(3件),查试件的强度,具体同本节交通标志4中第(9)部分。

(7)立柱竖直度 用垂线和直尺测量,每100根测2根。

第四节 检 测 结 论

一、工程质量评分

1.分项工程质量评分

涉及结构安全和使用功能的重要实测项目为关键项目(在文中权重为2),其合格率不得低于90%(属于工厂加工制造的交通安全设施不低于95%),且检测值不得超过规定极值,否则必须进行返工处理。实测项目的规定极值是指任一单个检测值都不能突破的极限值，不符合要求时该实测项目为不合格。

分项工程的评分值满分为100分，按实测项目采用加权平均法计算。存在外观缺陷或资料不全时，须予减分，见式(2-13-3)、式(2-13-4)。

$$\text{分项工程得分}=\frac{\sum(\text{检查项目得分}\times\text{权值})}{\sum\text{检查项目权值}} \tag{2-13-3}$$

$$\text{分项工程评分值}=\text{分项工程得分}-\text{外观缺陷减分}-\text{资料不全减分} \tag{2-13-4}$$

(1)基本要求检查

分项工程所列基本要求，对施工质量优劣具有关键作用，应按基本要求对工程进行认真检查。经检查不符合基本要求规定时，不得进行工程质量的检验和评定。

(2)实测项目计分

对规定检查项目采用现场抽样方法，按照规定频率和下列计分方法对分项工程的施工质量直接进行检测计分。

检查项目除按数理统计方法评定的项目以外，均应按单点(组)测定值是否符合标准要求进行评定，并按合格率计分，见式(2-13-5)、式(2-13-6)。

$$\text{检查项目合格率}(\%)=\frac{\text{检查合格的点(组)数}}{\text{该检查项目的全部检查点(组)数}}\times100 \tag{2-13-5}$$

$$\text{检查项目得分}=\text{检查项目合格率}\times100 \tag{2-13-6}$$

(3)外观缺陷减分

对工程外表状况应逐项进行全面检查，如发现外观缺陷，应进行减分。对于较严重的外观缺陷，施工单位须采取措施进行整修处理。

(4)资料不全减分

分项工程的施工资料和图表残缺，缺乏最基本的数据，或有伪造涂改者，不予检验和评定。资料不全者应予减分，减分幅度可按JTG F80/1中3.2.4条所列各款逐款检查，视资料不全情况，每款减1～3分。

2.分部工程和单位工程质量评分

进行分部工程和单位工程评分时，采用加权平均值计算法确定相应的评分值，见式(2-13-7)。

$$\text{分部(单位)工程评分值}=\frac{\sum[\text{分项(分部)工程评分值}\times\text{相应权值}]}{\sum\text{分项(分部)工程权值}} \tag{2-13-7}$$

3.合同段和建设项目工程质量评分

合同段和建设项目工程质量评分值按《公路工程竣(交)工验收办法》计算。

二、工程质量等级评定

1.分项工程质量等级评定

分项工程评分值不小于75分者为合格，小于75分者为不合格。

评定为不合格的分项工程，经加固、补强或返工、调测，满足设计要求后，可以重新评定其质量等级,但计算分部工程评分值时按其复评分值的90%计算。

2.分部工程质量等级评定

所属各分项工程全部合格,则该分部工程评为合格;所属任一分项工程不合格,则该分部工程为不合格。

3.单位工程质量等级评定

所属各分部工程全部合格,则该单位工程评为合格;所属任一分部工程不合格,则该单位工程为不合格。

4.合同段和建设项目质量等级评定

合同段和建设项目所含单位工程全部合格,其工程质量等级为合格;所属任一单位工程不合格,则合同段和建设项目为不合格。

第三篇

机　电　工　程

第一章

交通机电工程检测基础

第一节　公路机电系统概论

一、机电系统基本功能

公路机电系统的基本功能是利用其分布于公路沿线的各种设施，以自动化监测、分析和控制，以及大容量多业务信息传输、交换技术为依托，保障公路运营管理最大限度地实时掌握动态的交通状况，并据此采用有效地平抑措施，及时消减隐患、迅速排除干扰与危害，确保道路安全畅通，发挥路网的综合运输能力。同时，也为道路使用者提供更多有帮助的信息，协助其合理地选择行驶路径，缩短行程、减少延误，充分发挥公路运输通畅直达、自由选择的行动优势，为道路使用者出行与路网资源的高效利用提供最优的服务。

公路机电系统的基本功能也反映了自动化与公路交通管理需求的深入结合，渗透并融合了包括交通工程、自动控制、计算机、通信与网络等多项领域的应用技术。从宏观系统直至微观局部的各个层面，通过对交通流的采集、优化、控制、调度、管理和决策处理，最终达到公路交通高效、畅通、安全、环保的综合目标。

二、机电系统一般构成

公路机电系统一般由是监控、收费、通信、供配电、照明和隧道机电等子系统和设施构成的。

1. 监控系统

监控系统一般由信息采集、信息处理与信息发布三个子系统组成。可分为集中式和分布式两种控制模式，可以采用主线控制、匝道控制和通道控制等方式。系统的性能指标常采用检测率、误报率、平均检测时间等指标评价交通事件自动检测算法的性能；采用系统响应时间、交通事故率下降比例、交通延误下降比例、总出行时间下降比例等指标评价系统的综合性能。

(1)信息采集系统：

①车辆检测子系统：在主线及出入口匝道、互通、隧道内等处设置，用来采集所需的交通流数据(车速、车流量、占有率、区间车速等)，作为监控中心信息处理系统分析判断、生成控制方案等功能程序的主要数据。

②气象环境监测子系统：主要检测大气温湿度、风力、风向、能见度、降雨量、路面湿滑、路面结冰等影响交通服务水平的气象、路面状况等环境因素。

③闭路电视(CCTV)子系统:通过视频图像采用实时或轮询方式监视监控区域内交通状况。主要由摄像、传输、控制、显示/记录四大部分组成。

④隧道环境检测子系统:由环境亮度、能见度、CO浓度、风速风向等环境检测设施组成。

⑤紧急电话子系统:沿高速公路上下行线每隔1～2km距离安装的紧急电话,以便于驾驶员在车辆发生故障或出现交通事故时及时向监控中心通报,同时监控中心利用显示的呼叫电话所在的地点和编号,采取相应的应急措施。

⑥隧道火灾报警子系统:有手动报警和自动报警两种方式,包括区域报警、集中报警和控制中心报警等模式。根据不同模式,主要由火灾探测器、火灾报警控制器、区域显示器、手动按钮等设备组成。

⑦无线对讲子系统:通过高速公路巡逻车上的无线对讲系统来采集路况及突发事件信息。

(2)交通信息处理系统:交通信息处理系统是监控系统的核心环节,是监控策略制定、信息分析、方案生成、控制决策、措施启动等功能的主要承担子系统。通常由计算机系统、室内显示设备和操作控制台等组成。

(3)交通信息提供发布系统:主要包括可变信息标志、可变限速标志、车道控制标志、交通信号灯和交通广播等设施。

2.收费系统

高速公路收费系统主要由收费中心管理系统、收费站管理系统和车道收费系统三部分构成。

(1)收费制式:可采用均一制、开放式、封闭式或混合式。相应的服务时间要求为:

(2)收费方式:宜采用半自动收费、自动收费或不停车收费。

(3)通行券(卡):宜选择多次重复使用的非接触式IC卡、一次性使用的纸质磁性券或一次性使用的纸质二维条形码券等。

(4)电子不停车收费方式(ETC):ETC是目前最先进的路桥收费方式。通过安装在车辆挡风玻璃上的车载电子标签与在收费站ETC车道上的微波天线之间的微波专用短程通信,利用计算机联网技术与银行进行后台结算处理,从而实现车辆通过路桥收费站不需停车而能交纳路桥费的功能。

ETC系统主要由车辆自动识别系统、中心管理系统和其他辅助设施等组成。其中,车辆自动识别系统有车载单元(On board unit,OBU)又称应答器(Transponder)或电子标签(Tag)、路侧单元(Road side unit,RSU)、车辆检测器等组成。OBU中存有车辆的识别信息,一般安装于车辆前面的挡风玻璃上,RSU安装于收费站旁边,车辆检测器安装于车道内或地面下。中心管理系统有大型的数据库,存储大量注册车辆和用户的信息。当车辆通过收费车道时,检测器感知车辆,RSU发出询问信号,OBU做出响应,并进行双向通信和数据交换;中心管理系统获取车辆识别信息,如汽车ID号、车型等信息和数据库中相应信息进行比较判断,根据不同情况来控制管理系统产生不同的操作,如计算机收费管理系统从该车的预付款项账户中扣除此次应交的过路费,或送出指令给其他辅助设施工作。其他辅助设施有:车辆摄像系统、自动控制栏杆,交通信号显示设备等。

ETC系统的主要优点是:减少停车缴费次数,改善收费广场和道路通行能力;减少现金付款,方便用户,防止作弊;降低收费广场建设规模,减少征地;减轻因停车付费带来的环境污染;

降低能耗和运营成本等。

国内公路电子收费系统采用5.8GHz微波频段的核心设备(包括电子标签读写器、电子标签等)。

由于电子收费系统通过路侧电子标签读写器和车载电子标签之间的无线通信自动完成收费交易,系统所要求的可靠性、兼容性和标准化程度均远高于半自动收费(MTC)系统。

(5)区域联网收费

①一般由联网收费管理中心(包括密钥管理中心)、区域收费管理中心(包括通行券及票据管理中心)、路段收费分中心(或者区域收费分中心)、收费站四级组成一个收费路网,实施封闭式联网收费。

②联网收费网络系统是由若干层次局域网和通信系统提供的通信链路构成的广域网组成,宜选用TCP/IP网络协议。广域网技术宜选用IP技术、SDH技术、帧中继技术或三网合一技术等。

(6)计重收费

计重收费是考虑了新形势变化的实际情况,对现行多年的收费政策的重大改革和调整,是按照“标准车型、标准装载、标准收费;标准车型、超额装载、超额收费”的原则实施的,更加充分地体现了通行费收取的公平性、合理性和科学性。

目前多数计重收费系统包括以下几个部分:计重秤台;专用称重控制器;轮轴识别器;红外车辆分离器;信息显示屏;收费计算机等。

3.通信系统

公路通信系统主要由干线传输、程控交换、移动通信和紧急电话等子系统组成。

(1)通信网组成:公路通信网由传送网、业务网、支撑网构成。

①传送网按路网分割模式设计,分割网络可分为干线网与接入网。

②业务网一般包括:电话交换网、数据通信网、图像传输网、会议电视网、路侧紧急电话系统、路侧广播系统、移动通信系统等。

③支撑网由数字同步网、公共信令网、网络管理网组成。

(2)干线网应结合路网的物理路由组织成树型、环型和格型相结合的网络。传输光纤宜采用ITU-T G.652或ITU-T G.655标准。

(3)路段内通信系统宜采用接入网。接入网应以路段分中心为核心,以公路沿线的收费站、服务区为用户构成环型或链状拓扑网络结构。目前多采用基于SDH的多业务传输平台,也有选用基于IP的分组交换网络平台。

(4)省际干线联网的带宽及接口宜为STM-1。省内干线网的带宽结合网络结构及需求设置,宜采用STM-4等级或STM-16等级。

(5)接入网宜采用基于SDH综合业务接入网STM-1、STM-4等级系统。有条件可采用千兆以太网接入技术。

(6)公路电话交换网一般由长途电话网及本地电话网构成。目前多采用程控数字交换系统,一般要求具有ISDN功能及V5接口。

(7)数字中继采用2Mb/s数字中继接口,局间信令应采用我国NO.7信令。模拟中继采用二线模拟市话中继接口,局间信令采用模拟用户信令。

(8)电话交换网的网同步采用主从同步方式,省级程控交换机设置二级B类时钟;路段级程控交换机设置三级时钟。

(9)公路沿线的外场设备:设备至监控、收费分中心,分中心至监控、收费总中心的数据传输可按功能及数据流量选用1200～64kbit/s低速率、10/100M或100/1000M以太网(Ethernet),以及E1(30路脉码调制PCM,速率是2.048Mbit/s)等传输方式。

(10)若设有会议电视系统,宜采用H.320与H.323相结合的系统。

(11)数字同步网:采用主从同步方式,一般由三级组成:

①一级节点:设基准时钟PRC。

②二级节点:设基准时钟LPR。

③三级节点:设辅助BITS时钟。

④数字同步网主用基准应为GPS同步信号,备用基准应为电信公网PRC基准钟信号。当GPS、公网LPR无法正常提供同步源时,应由二级接点基准钟LPR提供定时信号。当二级接点还未建立LPR时,可根据需要从同级电信公网数字链路中提取定时信号作为外接时钟源。

⑤同步网必须避免定时信号形成环路,低等级时钟只能接收高等级或同一等级时钟的定时。

(12)网络管理网:应能对网络、设备、业务的运行状态、性能进行实时监视、监测和控制,其组成应符合下列规定:

①网络管理网应按不同子系统分设管理网,条件具备时实现统一的管理网。

②网络管理网应分为三个层次:网络管理层、网元管理层及网元层。

③网元层及网元管理层应有Q3接口。

4.供配电系统

供配电系统按照负荷性质、用电容量、工程特点和地区供电条件,合理确定供配电方案。应采用效率高、能耗低、性能先进的电气产品。供配电系统主要包括供电电源、配电线缆、保护装置、配电设备、应急电源等设施。

5.照明系统

公路照明包括路面照明、工作照明和景观照明等。公路照明能够将必要的视觉信息传递给驾驶员,预防由于视觉信息不足而出现交通事故。同时,良好的照明可以减轻驾驶员的疲劳,提高夜间公路交通的安全性和舒适感。

6.隧道机电系统

隧道机电系统一般包括监控、远程通信、通风、照明、消防和供配电等子系统。

第二节 电子技术

一、电路与电磁场

1.术语与参数

(1)线性电阻是一个理想电路元件,在元件上电压u与电流i方向为关联关系时,将u与i

的比值称为电阻，即 $R=u/i$；单位为 Ω(欧姆)。电阻的倒数称为电导 G，即 $G=i/u$；单位为 S(西门子)。

(2)线性电容是一个理想电路元件，在电荷 q 移动和电压 u_c 方向一致的条件下，将 q 与 u_c 之比定义为电容 C，即 $C=q/u_c$；单位为 F(法拉)。

(3)线性电感是一个理想电路元件，当磁通 Φ 和电流 $i_L(t)$ 的方向符合右手定则时，将 Φ 与 i_L 之比定义为电感 L，即 $L=\Phi/i_L$；单位为 H(亨利)。

(4)耦合电感是一对具有耦合关系电感的整体。耦合关系是指由一个电感线圈中电流 i_{L1} 所产生的自感磁通 Φ_{11} 的一部分或全部穿过另一个线圈的现象，穿过另一个线圈的磁通 Φ_{12} 称为互感磁通。

(5)理想变压器是由实际变压器经过理想化后的二端口器件，即满足无损、全耦合且自感和互感均无限大的理想耦合电感。它有如下特点：

①耦合系数 $k=1$；

②两线圈的匝数比等于电压比，即：$N_1/N_2=u_1/u_2$；

③$i_1/i_2=-1/n, n=N_1/N_2$。

(6)电流和电压的参考方向：电流的实际方向为正电荷移动的方向。电压实际方向为电压降的方向。因为电路的定律都是依据电流、电压的实际方向而确定的，这就需要在分析计算电路之前先假设一个电流、电压实际方向，这个假设的实际方向就被称为电流、电压的参考方向。在设定电流、电压参考方向后，分析计算结果为正值时，参考方向即为实际方向；为负值时，实际方向与参考方向相反。因此，参考方向也称为正方向，在电路理论中所标注的电流、电压方向均为参考方向。

(7)关联方向：因为正电荷在电场力的作用下，总是从高电位移向低电位，即电流的实际方向指向电位降的方向，是与电压的方向相一致的，按照这样的规律同时设定的电流和电压的参考方向时，电流和电压的方向关系称为关联方向。

(8)正弦量：正弦量的幅值(振幅、最大值)、频率(角频率)和相位(相角)称为正弦量的三要素。正弦电流、电压表达式分别为：$i=I_m\sin(\omega t+\phi_i)$ 和 $u=U_m\sin(\omega t+\phi_u)$。

(9)有效值：在正弦交流电中根据热等效原理，定义电流和电压的有效值为其瞬时值在一个周期内的方均根值，分别用 I 和 U 表示，即：$I=\sqrt{\frac{1}{T}\int_0^T i^2\mathrm{d}t}=\frac{I_m}{\sqrt{2}}, U=\sqrt{\frac{1}{\mathrm{T}}\int_0^T u^2\mathrm{d}t}=\frac{U_m}{\sqrt{2}}$。

(10)阻抗和导纳：

①不含独立电源的正弦交流电路端口处的电压相量 $\dot{U}$ 与电流相量 $\dot{I}$。在关联方向下之比为该电路的复阻抗 Z，即 $Z=\frac{\dot{U}}{\dot{I}}=|Z|\angle\varphi_Z$，式中复阻抗的模 $|Z|$ 称为电路的阻抗；幅角 φ_Z 称为阻抗角。

②不含独立电源的正弦交流电路端口处的电流相量 $\dot{I}$ 与电压相量 $\dot{U}$。在关联方向下之比为该电路的复导纳 Y，即 $Y=\frac{\dot{I}}{\dot{U}}=|Y|\angle\varphi_Y$，式中 Y 称为复导纳；幅角 φ_Y 称为导纳角。

③对同一个不含独立电源的正弦电流端口电路复阻抗 Z 和复导纳 Y 互为倒数；导纳角 φ_Y 为阻抗角 φ_Z 的负值。

(11)有功功率：对一个正弦交流端口电路，它的瞬时功率 p 为端口电压的瞬时值 u 与端口电流的瞬时值 i 的乘积，即：$p=ui$。通常正弦电路有功功率的有效值表述为：端口处的电压有效值 U、电流有效值 I 和阻抗角的余弦值 $\cos\varphi$ 三者的乘积，用 P 表示，单位为 W(瓦)，即

$$P = UI\ \cos\varphi$$

(12)无功功率：将正弦交流电路端口处的电压有效值 U、电流有效值 I 和阻抗角的正弦值 $\sin\varphi$ 三者的乘积定义为交流电路的无功功率 Q，单位为 Var(无功伏安)，即：$Q=UI\sin\varphi$。

(13)视在功率：正弦交流电路端口处的电压有效值 U、电流有效值 I 的乘积定义为交流电路的视在功率 S，单位为 VA(伏安)，即：$S=UI$。

(14)功率因数：为交流电路中阻抗角的余弦值，用 λ 表示，它的物理意义是交流电路中的有功功率与视在功率的比值，即：$\lambda=\cos\varphi=P/S$。有功功率、无功功率和视在功率三者的关系为：$S=\sqrt{P^2+Q^2}$。

(15)三相功率：三相电路的有功功率为各相有功功率之和，即：$P=P_A+P_B+P_C$。三相电路的无功功率为各相无功功率之和，即：$Q=Q_A+Q_B+Q_C$。

(16)非正弦周期电流电路中周期量的傅里叶级数分解：一个周函数 $f(t)$ 若满足狄里克雷收敛条件，即在有限时间间隔中，仅有有限个极值点和有限个第一类不连续点，则可展开成收敛的傅里叶级数(傅氏级数)。一个非正弦函数 $f(t)$，周期为 T，则展开成傅氏级数为：

$$f(t) = a_0 + (a_1\cos\omega t + b_1\sin\omega t) + (a_2\cos2\omega t + b_2\sin2\omega t) + \cdots + (a_k\cos k\omega t + b_k\sin k\omega t) + \cdots$$

$$= a_0 + \sum_{k=1}^{\infty}[a_k\cos k\omega t + b_k\sin k\omega t]$$

式中：$\omega=2\pi/T$；a_0、a_k 和 b_k 为傅氏系数。

(17)非正弦周期电压 $u(t)$ 和电流 $i(t)$ 的傅氏级数展开式分别为：$u(t)=U_0+\sum_{k=1}^{\infty}U_{km}\sin(k\omega_1 t+\phi_{uk})$；$i(t)=I_0+\sum_{k=1}^{\infty}I_{km}\sin(k\omega_1 t+\phi_{ik})$。其中，和原非正弦周期电压、电流的频率 ω_1 相同的电压、电流项称为其基波分量；当 $k=2$、$k=3$、$k=4\cdots$时，分别称为 2 次谐波、3 次谐波、4 次谐波等高次谐波。当 k 为奇数时($k=1$、3、5…)谐波分量称为奇次谐波；当 k 为偶数时($k=2$、4、6…)谐波分量称为偶次谐波。

(18)电场强度：若正试验点电荷 q_0 在电场中某点受力为 F，则电场强度为：$E=\lim\limits_{q_0\to0}\frac{F}{q_0}$，式中，$q_0$ 的单位为库仑(C)，F 的单位为牛顿(N)，电场强度 E 的单位为伏特/米(V/m)。

(19)电位：电位又称电势，是指单位电荷在静电场中的某一点所具有的电势能。电位是电能的强度因素，它的大小取决于电势零点的选取，其数值只具有相对的意义。通常，选取无穷远处为电势零点，这时，其数值等于电荷从该处经过任意路径移动到无穷远处所做的功(人为假定无穷远处的势能为零)与电荷量的比值。电势常用的符号为 U 或 ϕ，在国际单位制中的单位是伏特(V)。

(20)击穿强度：介质能够承受的最大电场强度。在实际应用中常用 kV/m 表示其单位，超过此值后介质将被击穿，失去介质原有性质。

(21)电容和电容器：

①当空间只需要考虑两个相互绝缘的导体时，两导体分别带有等量而异号的电荷，则电荷的量值 q 与两导体间电压 U 之比，称为两导体间的电容，并以 C 表示，即：$C=\frac{q}{U}$，C 恒取正值，单位是法拉(F)。

②线性电容器的电容值仅与电极的几何形状、大小、中间填充介质以及两电极间相对位置有关，而与其是否带电无关。

(22)恒定电场：由电荷在导电媒质中激发，不随时间变化的电场称为恒定电场。要维持恒定电场存在，必须依赖于恒定电源(恒定电源在电路中常称为直流电源)。

(23)恒定电流：方向和大小都不随时间变化的电场称为恒定电流。

(24)电流密度：体密度为 ρ 的分布电荷，以速度 v 运动时，形成体分布的电流密度 J，其表达式为：$J=\rho v$ 。电流密度也可表述为：当正电荷垂直通过某微小面积 ΔS 的电流强度为 ΔI 时，ΔI 与 ΔS 之比的极限，即：$J=\lim\limits_{\Delta S\to 0}\frac{\Delta I}{\Delta S}=\frac{\mathrm{d}I}{\mathrm{d}S}$。

(25)电导：电阻的倒数称为电导。是表示一个物体或电路，从某一点到另外一点，传输电流能力强弱的一种测量值，与物体的电导率和几何形状和尺寸有关。

(26)接地电阻：电气设备通过引线与埋入地中导体相连接称为接地。一个接地装置的接地电阻主要由接地的导体(接地体)电流流散时，通过土壤形成。对于引线电阻、接地体自身电阻以及接地体与大地之间的接触电阻，由于其值相对较小，除非特殊申明，一般不予考虑。

(27)磁感应强度(B)：表示磁场强弱的基本物理量。其定义一般用洛仑兹力公式给出，即：$f=q(v\times B)$，B 的单位为特斯拉(T)。

(28)磁场强度：$H=\frac{B}{\mu_0}-M$，式中：M 为磁化强度，单位为安/米(A/m)。

(29)磁化强度：是描述媒质磁化状态的物理量，表示媒质中每单位体积内所有分子磁矩的向量和，用 M 表示。即：$M=\lim\limits_{\Delta V\to 0}\frac{\sum m_i}{\Delta V}$，$m$ 为分子的磁矩，m 的单位为安・米^2(A・m^2)。$m=IS$，I 表示分子的等效电流强度，S 为分子电流包围的面积，S 的方向与电流绕向间服从右手螺旋法则。

(30)磁通：表示某面积上磁感应强度的能量，即：$\phi=\int_s B\cdot \mathrm{d}S$ ，磁通是一个标量，在设定的参考方向下，有正负之分，单位为韦伯(Wb)。

2. 定律与基本原理

(1)基尔霍夫电流定律(KCL)：在集总参数电路中，对任何一个节点，在任何时刻流入(流出)该节点的电流的代数和恒等于零。KCL 的向量形式为：$\sum\dot{I}=0$。

(2)基尔霍夫电压定律(KVL)：在集总参数电路中，对任何一个闭合回路，在任何时刻沿该回路循行时，所有支路电压的代数和恒等于零。KVL 的向量形式为：$\sum\dot{U}=0$。

(3)对称三相电路是指在三相电路中，三相电源对称，三相负载对称，三个线路复阻抗相等的三相电路。对称三相电源是指构成三相电源的三个电压源幅值相等，频率相同，相位互差120°。其正序表达式为：$u_A=U_m\sin\omega t$，$u_B=U_m\sin(\omega t-120°)$，$u_C=U_m\sin(\omega t+120°)$；其负序表达式为：$u_A=U_m\sin\omega t$，$u_B=U_m\sin(\omega t+120°)$，$u_C=U_m\sin(\omega t-120°)$。

①在星形连接的三相电源或三相负载中，线电源和相电流为同一电流，线电压是相电压的$\sqrt{3}$倍且线电压超前于相应的相电压30°。

②在三角形连接的三相电源或三相负载中，线电压和相电压为同一电压，线电流是相电流的$\sqrt{3}$倍且线电流滞后于相应的相电流30°。

③三个对称的电压或三个对称的电流瞬时值或相量之和恒等于零，即：$u_A+u_B+u_C=0$，$\dot{U}_A+\dot{U}_B+\dot{U}_C=0$；$i_A+i_B+i_C=0$，$\dot{I}_A+\dot{I}_B+\dot{I}_C=0$。

(4)静电场的电场强度(简称场强)是表示电场强弱的基本物理量，它是一个向量，其大小反映该点场的强弱，其方向表示该点置一正试验点电荷受力的方向。

①静电场是由静止电荷产生的，并且满足无旋场特性，即：$\int_l E\cdot dl=0$ 或 $V\times E=0$。

②在无限大均匀介质中，点电荷 q 产生的电场可以表示为：$E=\frac{q}{4\pi\varepsilon r^2}e_r$，式中：$r$ 表示源点(电荷所在的点)与场点(待计算场强的点)之间的距离；e_r 表示由源点指向场点的单位向量；ε 表示介质的介电系数，单位为法拉/米(F/m)。

(5)高斯定律的一般形式为：$\oint_s D\cdot dS=\oint_V \rho dV$。高斯定律是静电场的基本定律之一，该定律将场源即电荷与场量联系在一起。在任意闭合曲面上，电位移向量(D，又称电通量密度)的面积分恒等于该项闭合曲面内所有自由电荷的代数和。在各向同性线性介质中，存在关系式：$D=\varepsilon E$，式中，ε 为介电系数。

(6)恒定磁场中的安培环路定律：$\oint_l H\cdot dl=\sum I$。安培定律说明磁场强度 H 沿任意闭合回路的线积分恒等于该回路所包围的全部自由电流，当 I 与 dl 的绕向符合右手螺旋法则时取正值，否则取负值。使用该定理时注意电流 I 必须是回路，不能是一段电流。

(7)恒定磁场中的磁通连续性定理：$\oint_s B\cdot ds=0$；磁通连续性定理说明磁力线(又称磁感应线)必定是无头无尾的闭合曲线。

(8)载流导线受到的磁场力，可以通过安培力公式计算，通有电流 I 的导线段 dl(dl 的方向系指电流密度的方向)，其安培力为：$df=I(dl\times B)$。

二、模拟电子技术

1. 基本术语

(1)半导体中空穴和电子两种载流子共同参与导电。本征半导体中，电子和空穴总是成对出现的，电子—空穴对的数量受温度影响。空穴与电子所带电量相同，极性相反，因此本征半导体整体是中性的。

(2)P型半导体：也称为空穴型半导体。P型半导体即空穴浓度远大于自由电子浓度的杂质半导体。在纯净的硅晶体中掺入三价元素(如硼)，使之取代晶格中硅原子的位子，就形成P

型半导体。在P型半导体中,空穴为多子,自由电子为少子,主要靠空穴导电。由于N型半导体中正电荷量与负电荷量相等,故N型半导体呈电中性。空穴主要由杂质原子提供,自由电子由热激发形成。掺入的杂质越多,多子(空穴)的浓度就越高,导电性能就越强。

(3)N型半导体:也称为电子型半导体。N型半导体即自由电子浓度远大于空穴浓度的杂质半导体。在纯净的硅晶体中掺入Ⅴ族元素(如磷、砷、锑等),使之取代晶格中硅原子的位置,就形成了N型半导体。这类杂质提供了带负电的电子载流子,称他们为施主杂质或n型杂质。在N型半导体中,自由电子为多子,空穴为少子,主要靠自由电子导电,由于N型半导体中正电荷量与负电荷量相等,故N型半导体呈电中性。自由电子主要由杂质原子提供,空穴由热激发形成。掺入的杂质越多,多子(自由电子)的浓度就越高,导电性能就越强。

(4)半导体三极管简称晶体管或三极管。因多子和少子都参与导电,又称双极结型晶体管(BJT)。三极管的主要特点是具有电流放大作用,是构成放大电路的核心器件。

(5)放大电路的反馈:将放大电路的输出电压或电流的一部分或全部通过反馈网络回送到放大电路的输入端,与外加信号共同参与控制作用的过程。判断有无反馈就是看从输出回路到输入回路之间有无通路或支路:有,则有反馈;无,则无反馈。

①正反馈:反馈量使净输入信号增强的为正反馈,正反馈使放大倍数增大。适当引入正反馈,可提高放大倍数和输入电阻。使用不当,易造成工作不稳定。

②负反馈:反馈量使净输入信号削弱的为负反馈,负反馈使放大倍数减小。负反馈使放大倍数降低,但能发挥放大电路的性能。

(6)负反馈电路的划分为:电压串联负反馈、电压并联负反馈、电流串联负反馈和电流并联负反馈。

①电压负反馈:能稳定输出电压,降低输出电阻,带负载能力强。

②电流负反馈:能稳定输出电流,提高输出电阻。

③串联负反馈:能提高输入电阻,减少从信号源汲取的电流,信号源内阻越小,反馈作用越明显。

④并联负反馈:能降低输入电阻,信号内阻越大,反馈作用越明显。

(7)差动放大电路的差模:大小相等,极性相反,即 $u_{i1}=-u_{i2}$ 的两个输入信号称为差模信号。

(8)差动放大电路的共模:大小相等,极性相同,即 $u_{i1}=u_{i2}$ 的两个输入信号称为共模信号。

(9)零漂(零点漂移):当放大电路的输入端短路时,输出端仍有不规则缓慢变化的输出电压产生,致使放大电路偏离零点。产生零漂的原因是晶体管参数 U_{BE}、β、I_{CBO} 随温度的变化而产生的变化。

(10)滤波器:是一种选频电路,其功能是使有用频率的信号通过,而将其余频率的信号加以抑制或衰减。按信号通过的频率分为:低通滤波器(LPF)、高通滤波器(HPF)、带通滤波器(BPF)、带阻滤波器(BEF)和全通滤波器。当前广泛使用的是由运算放大器和RC滤波网络组成的有源滤波器。

(11)单门限电压比较器:是用来比较输入电压 u_i 与参考电压 U_{REF} 大小的电路。运放器工作在非线性区,其输出电压只有两个值:一个饱和值 U_{OH}(或最大值 $+U_{OM}$),一个为负饱和值 U_{OL}(或负最大值 $-U_{OM}$)。当 u_i 经过 U_{REF} 时,输出电压就从一个饱和值跳到另一个饱和值。

(12)检波器:又称为线性整流电路,可有效地克服二极管的门坎电压和非线性对检波性能的影响。

(13)RC文氏电桥正弦波振荡电路：是由RC串并联选频网络和电压放大电路两部分组成。RC串并联网络既是选频网络，又是正反馈网络。

2.基本原理与主要参数

(1)载流子源移：由于浓度差，载流子从高浓度向低浓度方向产生的运动称为载流子扩散运动。在电场力的作用下，载流子沿电场力方向产生的定向运动称为载流子的漂移运动。

(2)用半导体工艺将P型和N型半导体结合在一起，在其交界面处载流子由于浓度差→产生多子扩散→形成内电场→产生电子漂移，当扩散运动与漂移运动达到平衡时，在交界面处形成一层只有不能移动的离子而没有载流子的区域，称该区域为空间电荷区或耗尽层，即PN结，PN结又称势垒区或阻挡层。

(3)PN结的单向导电性：

①在PN结上没有外加电压时，通过PN结的扩散电流和漂移电流达到平衡，通过PN结的总电流为零。当有外加电压时，平衡状态被打破。

②PN结的电路特征表现为正向电阻很小，反向电阻很大，被称为PN结单向导电性。

(4)半导体二极管的主要参数：

①最大正向电流I_F：长期运行时，允许通过的最大正向平均电流。

②最大反向工作电U_R：允许承受的最大反向电压，其值约为击穿电压U_{BR}的一半。

③反向电流I_R：外加反向电压尚未击穿时，流过二极管的电流。

④最高工作频率f_m：主要由极间电容的大小决定。当工作频率高于此值时，二极管的单向导电性将变差，甚至消失。

(5)稳压管的参数：

①稳定电压U_Z：即稳压管的击穿电压。

②稳定电流I_Z：工作电压等于稳定电压时的工作电流。工作电流低于该值时，稳压效果不好。

③耗散功率P_M：允许的最大功率损耗$P_M=U_Z I_{ZM}$，其中I_{ZM}为最大稳定电流。

④稳定电压的温度系数：管子的工作电流等于稳定电流I_Z时，环境温度改变1℃时，稳定电压变化量称为温度系数。

⑤动态电阻r_Z：在稳压范围内，稳压管两端电压变化量与工作电流变化量的比值。

(6)放大电路组成原则：

①具有放大功能：三极管工作在放大状态，即电源极性设置须使发射结正向偏置，集电结反向偏置。被放大的信号能输入，放大后的信号能取出。

②不失真：设置合适的工作点，使输出与输入呈线性关系。

(7)放大电路的两种工作状态：

①静态：当输入交流信号$u_i=0$时，放大电路的工作状态称直流工作状态，简称静态。电路中的电压、电流均为不变的直流量。

②动态：当输入交流信号$u_i\neq 0$时，电路处于放大状态，简称动态。电路中的电压、电流均随u_i的变化而变化。

(8)静态工作点Q：

①放大电路处于静态时，三极管极间电压 U_{CE}、U_{BE} 和电流 I_C、I_B 的数值称为静态工作点。U_{BE} 对于硅管为 0.7V，锗管为 0.3V，一般作为已知值。

②影响静态工作点稳定的主要因素是温度，温度上升使 $I_C\uparrow$；温度下降使 $I_C\downarrow$。严重时可能导致 Q 点进入三极管的饱和区或截止区。

③射极偏置电路能稳定 Q 点。

(9)共射极电路特点：

①输出信号与输入信号相位相反。

②电压、电流、功率放大倍数都较大，输入电阻和输出电阻适中。

③主要用于多级放大器的中间级。

(10)共集极电路(射极输出器、射极跟随器)特点：

①输出信号与输入信号相位相同。

②电压放大倍数接近于 1，而小于 1。

③输入电阻高，输出电阻低，带负载能力强。

④主要用于输入级、输出级或缓冲级。

(11)共基极电路：

①输出信号与输入信号相位相同。

②电压放大倍数与共射极电路一样，但电流放大倍数小于 1。

③输入电阻很低，输出电阻适中。

④主要用于高频和恒流源电路。

(12)放大电路的频率特性：由于放大电路中存在耦合电容、旁路电容和晶体管的极间电容这些电抗元件，致使电路的电压放大倍数对于不同频率的正弦信号不再恒定，而是频率的函数。放大电路对不同频率正弦信号的稳态响应称为频率特性，即：$\dot{A}=A_u(f)\angle\varphi(f)$，频率特性包括幅频特性 $A_u(f)$ 和相频特性 $\varphi(f)$ 两部分。

①通常将频率特性分成三部分：低频段、中频段和高频段。

②下限频率(f_L)由耦合电容和旁路电容决定，上限频率(f_H)由管子的极间电容决定。

(13)集成运放的组成与特点：

①集成运放通常由四部分组成：差动输入级、电压放大级、输出级和偏置电路。

②集成运放的特点：是高增益的直接耦合多数放大电路。

(14)多级放大电路的耦合方式及频率响应：

①耦合方式：阻容耦合、直接耦合、变压器耦合。

②频率响应：各级之间静态工作点相互独立，利用变比的不同可以提高放大作用和输出功率。

(15)虚短、虚断和虚地：

①虚短和虚断是线性工作状态下理想集成运放的两个重要特点。

②虚地只有在同相输入端是地电位的条件下才存在。

③反相运算电路是个深度电压并联负反馈电路，虚地是反相运算电路的重要特征。

④同相比例运算电路是个深度电压串联负反馈电路，不会存在虚地。

(16)信号发生器产生正弦波自激振荡的条件：

①相位平衡条件：$\varphi_A+\varphi_F=2n\pi(n=0,1,2\cdots)$，相位平衡条件就是保证正反馈。

②振幅平衡条件：$|\dot{A}\dot{F}|=1$，即保证维持振荡。在满足相位平衡条件下，$|\dot{A}\dot{F}|>1$ 是起振条件，$|\dot{A}\dot{F}|=1$ 是等幅振荡。

(17)石英晶体振荡电路

①串联谐振频率：$f_s=\dfrac{1}{2\pi\sqrt{LC}}$

②并联谐振频率：$f_p=\dfrac{1}{2\pi\sqrt{L\dfrac{CC_0}{C+C_0}}}=f_s\sqrt{1+\dfrac{C}{C_0}}$

式中：C_0代表静态电容，C代表弹性电容，$C_0\gg C$，所以 f_s与 f_p很接近。

(18)功率放大器(电路)的特点：

①输出功率尽可能大。

②效率要高。

③尽可能能减小非线性失真。

④要考虑散热和过载保护。

三、数字电子技术

1. 术语与参数

(1)数字电路：用来产生、传输、处理不连续变化的信号的电路。数字电路的特点是电路中的半导体器件多数工作在开关状态，即工作在饱和区或截止区，而放大区只是过渡状态。

①按元件结构组成可分为分立元件电路和集成电路两大类。其中集成电路根据集成度又可分为小规模集成电路、中规模集成电路、大规模集成电路和超大规模集成电路。

②按电路所用器件不同分为双极型电路和单极型电路。其中双极型电路有：DTL、TTL、ECL 等；单极型电路有：JFET、NMOS、PMOS、CMOS 等。

③按电路的逻辑功能特点分为组合逻辑电路和时序逻辑电路。

(2)数制：在多位数码中，每一位的构成方法以及从低位向高位进位的规则称为计数进位制，简称数制。常用数制有：十进制数、二进制数、八进制数、十六进制数等。

(3)码制：用一定位数的二进数来代表某一特定的事物、文字、符号等，称编码。采用不同的编码形式，称为码制。常用码制有：BCD 码(Binary Coded Decimal，包括 8421 码、2421 码和余三码)、格雷码(Gray)、奇偶校验码等。

(4)基本逻辑关系有：与逻辑、或逻辑和非(反)逻辑。实现这些逻辑关系的电路称为：与门、或门和非门。

①与逻辑：输入逻辑变量 A 与 B 同时为"1"时，输出逻辑变量 F 才为"1"，否则 F 为"0"。即：$F=A\cdot B$。

②或逻辑：输入逻辑变量 A 与 B 只要有一个为"1"时，输出逻辑变量 F 才为"1"，否则 F 为"0"。即：$F=A+B$。

③非(反)逻辑:输入逻辑变量只有一个,当输入逻辑变量 A 为"1"时,输出逻辑变量 F 为"0";当输入逻辑变量 A 为"0"时,输出逻辑变量 F 为"1",两者相反。即:$F=\bar{A}$。

(5)编码器:将二进制码按一定的规律进行编排,使每一组代码具有一定的含义(如代表某一个数或符号),这一过程称为编码。实现编码的电路称为编码器。(如,二一十编码器的功能是将十进制的(0～9)十个数分别编成四位 BCD 码)。

(6)译码器:译码是编码的逆过程,它的逻辑功能是将每一组代码的含义"翻译"出来,即将每一组代码译为一个特定的输出信号,表示它原来所代表的信息。能完成译码功能的逻辑电路称为译码器。

(7)加法器:能够完成两个数码相加逻辑电路称为加法器。如:半加器、全加器、多位加法器等。

(8)数码比较器:能完成两数进行比较的数字逻辑电路称为数码比较器。用来比较的两个数,可以是二进制数,也可以是其他进制。如一位数码比较器、多位数码比较器等。

(9)数据选择器:在数据传输过程中,经常遇到需要把多路信号中的某一路信号挑选出来,能完成这一功能的部件称为数据选择器(或多路开关)。它是一种多路输入,单路输出的逻辑部件,究竟选择哪一路输入信号,则由地址控制端决定。

(10)数据分配器:在数据传输过程中,完成将一路输入数据分配到多路输出端的电路称为数据分配器。它是一种单路输入,多路输出的逻辑部件,究竟从哪一路单路输出,则由地址控制端决定。

(11)半导体存储器:存储电路包括地址译码器、存储矩阵和读/写控制电路。

①根据用户能对存储器进行的操作分为只读存储器(ROM)和随机读写存储器(RAM)两大类。

②从工艺上分为双极型和 MOS 型两大类。

(12)触发器:

①基本 RS 触发器:是由两个与非门交叉耦合而成。它有两个输出端 Q 和 $\bar{Q}$,它们互为反变量。两个输入端:$\bar{S}_D$(称为置位端或置 1 端),$\bar{R}_D$(称为复位端或置 0 端)。

②同步触发器:该电路由两部分组成:与非门 G_1、G_2 组成基本 RS 触发器;与非门 G_3、G_4 组成输入控制电路。

③主从 RS 触发器:是由两个同步触发器组成。

④D 触发器:在同步触发器的输入 S 和 R 之间接一非门,输入信号只从 S 端输入,并改称 S 端为 D 端,这种触发器又称为 D 锁存器。

⑤维持阻塞 D 触发器:是由六个与非门组成的正边沿触发器。维持阻塞 D 触发器的逻辑功能与同步 D 触发器相同。

⑥主从 JK 触发器:在主从 RS 触发器的基础上增加两条反馈线,利用 Q 和 $\bar{Q}$ 不能同时为"1"的特点,将它们交叉反馈到输入门 G_1、G_2,从而避免 CP=1 时,触发器输出状态可能出现否定的现象,这样对输入信号 S、R 无约束条件,为了与主从 RS 触发器相区别,将输入 S 端改用 J 表示,输入 R 端改用 K 表示,故称主从 JK 触发器。

⑦T 触发器:是受控计数型触发器,它是逻辑设计中使用较多的一种触发器,但一般不生产这样的产品,而多由 JK 触发器和 D 触发器转换得到。

⑧触发器时钟的触发方式:对于不同电路结构的触发器,可以实现相同的逻辑功能,但其动态特点是不同的,反映到逻辑符号上,时钟的触发方式是不同的。即,逻辑符号的 CP 脉冲输入端上不带“小三角”的为电平触发,带“小三角”的为脉冲边沿触发,不带“小圈”的为时钟脉冲的高电平或上升沿触发,带“小圈”的为时钟脉冲的低电平或下降沿触发。因此,在画时序图时应注意时钟的触发方式。

⑨CMOS 触发器:具有功耗低,集成度高,抗干扰能力强和成本低等优点。这类触发器一般都是主从结构,产品有 D 和 JK 两种类型。

(13)时序逻辑电路:是由组合逻辑电路和存储电路两部分组成,任何时刻的输出不仅取决于该时刻的输入,还与电路原来的状态有关,是由时序电路的结构决定的。

(14)计数器:所谓“计数”就是计算时钟脉冲个数。计数器的应用十分广泛,不仅用来计数,也可用作分频、定时等。

①按计数脉冲引入方式分为:同步计数器和异步计数器。

②按计数器中数码的变化规律分为:加法计数器、减法计数器和可逆计数器。

③按计数体制分为:二进制计数器、十进制计数器和任意进制(也称 N 进制,即除二进制和十进制之外的其他进制)计数器。

(15)寄存器:能够存放二值代码的部件叫寄存器。构成寄存器的核心器件是触发器。

①一个触发器只能存储一位二值代码,所以,n 个寄存器实际上就是受同一时钟脉冲控制的 n 个触发器。

②寄存器分为:数码寄存器和移位寄存器,移位寄存器又分为左移位寄存器、右移位寄存器和双向移位寄存器。

(16)序列信号发生器:产生二进制序列信号的逻辑电路。它的功能是产生一组或多组二进制序列信号。通常可以在寄存器或计数器的基础上构成,前者通常只产生一组序列信号,后者可以产生一组或多组序列信号。

(17)多谐振荡器:是一种自激振荡器,它没有稳定的状态,不需要外加信号,只要接通电源,就能产生矩形脉冲信号。由于矩形波有丰富的谐波分量,故常称之为多谐振荡器。它主要作为信号源的来源,如,环形多谐振荡器、RC 环形振荡器等。

(18)单稳态触发器具有稳态两个不同的工作状态,在外界触发信号作用下,能从稳态翻转到暂态,维持一段时间后,再自动返回到稳态,暂态维持时间的长短取决于电路的参数,而与外界触发信号的宽度和幅度无关。这种电路被广泛应用于脉冲整形、延时以及定时电路中。

(19)施密特触发器:是脉冲波形变换经常使用的一种电路。输出两个稳态状态。该电路有两个重要特点:一是输出状态依赖于电路输入信号的电平;二是能改善输出波形,使输出电压波形的边沿变得很陡。

(20)采样保持电路:把随时间连续变化的模拟信号变化成对应的离散数字信号,首先要按一定时间间隔取出模拟信号的值,这一过程叫采样。由于 A/D 转换需要一定的时间,在这段时间内所采集的模拟信号应保持不变,完成这种功能的电路称为采样保持电路。

2.基本原理与主要参数

(1)二极管开关特性:具有单向导电性。若二极管两端加上正向电压且超过死区电压时,二极管导通，且钳位于$U_D=0.7V$(硅管)或$U_D=0.2V$(锗管)，此时相当于开关闭合；若二极管两端加上反向电压或正向电压小于死区电压时，二极管截止，相当于开关断开。

(2)三极管开关特性：三极管可工作在截止、放大、饱和三种工作状态。通常在数字电路中，三极管作为开关元件，主要工作在工作饱和状态("开"态)或截止状态("关"态)。

(3)MOS管开关特性：在NMOS增强型场效应管构成的开关电路中：

①当G极与S极的U_{GS}小于MOS管的开启电压U_T时，MOS管工作在截止区；D极与S极间i_{DS}基本为零，输出电压$U_{DS}=V_{DD}$，MOS管处于"关"态。

②当G极与S极的U_{GS}大于MOS管的开启电压U_T时，MOS管工作在导通状态；此时漏电电流$i_D=V_{DD}/(R_D+r_{DS})$，其中r_{DS}为MOS管导通时的漏源电阻。输出电压$U_{DS}=r_{DS}\cdot V_{DD}/(R_D+r_{DS})$，若$r_{DS}>R_D$，则$U_{DS}=0$，此时MOS管处于"开"态。

(4)MOS集成电路按照所用的管子类型不同分为三种：

①PMOS电路，是由PMOS管构成的集成电路。其制造工艺简单，但工作速度低。

②NMOS电路，是由NMOS管构成的集成电路。其工作速度高，但制造工艺较为复杂。

③CMOS电路，是由PMOS管和NMOS管构成的互补MOS集成电路。具有静态功耗低、抗干扰能力强、工作稳定性好，开关速度高等优点。

(5)逻辑代数的基本定理：

①代入定理：在任何逻辑代数等式中，如果等式两边所有出现某一变量的位置都代以一个逻辑函数，则等式仍然成立。

②反演定理：求原函数的反函数的过程称为反演。对于任意一个逻辑函数Y，若将其中有的"·"换成"+"，将"+"换成"·"，将"0"换成"1"，将"1"换成"0"，原变量换成反变量，反变量换成原变量，则得出的结果即为原函数的反函数$\overline{Y}$。

③使用反演定理时注意两个原则："先括号后乘、加"运算原则；不属于单个变量的反号应保留下来。

(6)一个逻辑函数可以有多种等效的表达式，但其标准形式是唯一的。逻辑函数有两种标准形式，即标准与或式(最小项表达式)和标准或与式(最大项表达式)。

①标准与或式(最小项表达式)：在n个变量的逻辑函数中，若m是由n个变量组成的乘积项，在每一个乘积项中，这n个变量均以原变量或反变量出现，且仅出现一次，则该乘积项m即为最小项。

②标准或与式(最大项表达式)：在n个变量的逻辑函数中，若M是由n个变量组成的和项，在每一个和项中，这n个变量均以原变量或反变量出现，且仅出现一次，则和项M即为最大项。

(7)逻辑函数的化简：

①逻辑函数的公式化简法有：并项法($A+\bar{A}=1$)、吸收法($A+AB=A$)、消去法($A+\bar{A}B=A+B$)、配项法($B(A+\bar{A})=B$)。

②逻辑函数的卡诺图化简法：实质上是将代表逻辑函数的最小项用小方格表示，并将这些小方格按相邻原则排列而成的方块图。首先将逻辑函数转换成最小项之和的形式，然后在卡诺图上与这些最小对应的上填入1，其余位置上填入0(或不填)，由引得到表达该函数的卡诺图。由于卡诺顿图具有相邻性，当相邻的两个方格为1时，即可消去两个方格中不同的那个变量。

(8)组合逻辑电路(简称组合电路)的特点:

①它单纯由各类逻辑门组成,逻辑电路中不含存储元件。

②逻辑电路的输入和输出之间没有反馈电路。

由此看出,组合逻辑电路在任何时刻,电路的输出状态仅取决于时刻的输入状态,而与电路前一时刻的状态无关。

(9)可编程逻辑阵列:是由可编程逻辑与阵列和可编程或阵列组成。

(10)数模转换器(D/A 转换器)的主要参数指标有:

①分辨率:是指对输出最小电压的分辨能力。它用输入数码只有最低有效位为 1 时的输出电压与输入数码全为 1 时输出满量程电压之比表示,即:分辨率$=\frac{1}{2^n-1}$。

②绝对误差(绝对精度):是指当输入数码为全 1 时,所对应实际输出电压与电路理论值之差。

③转换速度:是指从送入数字信号起,到输出电流或电压达到稳态值所需要的时间。

(11)模数转换器(A/D 转换器)

①逐次逼近式模数转换器:是由比较器、D/A 转换器、数码寄存器和控制逻辑电路等组成。

②双积分型模数转换器:是由积分器、比较器、计数器、控制逻辑电路和时钟信号源等组成。

(12)集成数模和模数转换器(D/A 转换器):集成 D/A 芯片通常是将 T 形(倒 T 形)电阻网络、模拟开关等集成到一块芯片上,它并不包括运算放大器。构成 D/A 转换器时需要外接反馈电阻。常用的 D/A 芯片有 8 位、10 位、12 位、16 位等。

(13)集成模数转换器(A/D 转换器):主要由模拟多路器、D/A 转换器、控制器等组成。

四、电磁兼容

作为电子设备不可避免地会向周围环境辐射电磁波和被环境中的电磁波所干扰,当辐射出的电磁波使得周围环境中的设备或系统的性能下降时就形成了干扰;同时,释放干扰的设备自身也被其他干扰源所干扰。为了使得所有电子设备都能在同一个环境中工作,就要求电子设备向外释放的电磁能量尽量小,而设备本身具备抗干扰的能力愈大愈好,这就是电磁兼容的出处。下面先介绍《电工术语 电磁兼容》(GB/T 4365—2003)中的几个概念,然后介绍交通机电设施对电磁兼容的要求。

1. 电磁兼容的概念

(1)电磁骚扰

电磁骚扰是指任何可能引起装置、设备或系统性能降低或者对有生物或非生物产生不良影响的电磁现象。

注:电磁骚扰可能是电磁噪声、无用信号或传播媒介自身的变化。

(2)电磁干扰

电磁干扰是指电磁骚扰引起的设备、传输通道或系统性能的下降。电磁干扰的英文是 Electromagnetic Interference,英文缩写是 EMI 。骚扰是起因,干扰是后果。

(3)电磁兼容性

电磁兼容性是指设备或系统在其电磁环境中能正常工作且不对该环境中任何事物构成不能承受的电磁骚扰的能力。电磁兼容的英文是 Electromagnetic Compatibility,英文缩写是 EMC,不要与 EMI 混淆。

(4)传导骚扰

传导骚扰是指通过一个或多个导体传导能量的电磁骚扰。

注:过去标准称此术语为传导干扰,主要是指电子设备产生的干扰信号通过导电介质或公共电源线互相产生干扰。

(5)辐射骚扰

以电磁波的形式通过空间传播能量的电磁骚扰。

注:过去标准称此术语为辐射干扰,是指电子设备产生的干扰信号通过空间耦合,把干扰信号传给另一个电网络或电子设备。

(6)抗扰度

装置、设备或系统面临电磁骚扰不降低运行性能的能力。

(7)静电放电

具有不同静电电位的物体相互靠近或直接接触引起的电荷转移叫静电放电。静电放电轻者引起干扰,重者损坏设备。静电放电的英文是 Electrostatic Discharge ,缩写是 ESD。

2.交通机电设施电磁干扰试验要求

随着交通机电设备功能和性能的提高,以及制造企业和管理单位对电磁兼容性的认识的提高,一些交通电子产品标准增加了电磁兼容的要求。最早提出该项要求的交通机电产品是《收费栏杆　第1部分　电动栏杆》(JT/T 428.1—2000)。在该标准中提出了电快速瞬变脉冲群抗扰度、静电放电抗扰度、辐射电磁场抗扰度三项抗干扰要求。在新颁布的交通行业标准《公路机电系统外场设备通用技术要求及检测方法》中将这三项电磁兼容要求作为通用要求予以规定,作为其他电子设备共同遵守的条款。

静电放电试验是模拟人体自身所带的静电在接触电子电气设备表面或周围金属物品时的放电。由于这种放电会通过近场的电磁变化引起正在工作的电子电气设备的误动作或通过器件对静电放电的能量吸收而动作或通过器件对静电放电的能量吸收而造成设备损坏。通过试验对被试设备建立一个评价抗击静电放电干扰的共同依据。

抗射频电磁场辐射试验是模拟电气和电子设备受到周围空间电磁场干扰时,被试验设备的抗干扰能力,本试验的目的是建立电气、电子设备受到射频电磁场辐射时的性能评定依据。

进行电快速瞬变脉冲群试验的目的是模拟开关动作和雷电感应产生的骚扰对电子设备造成的干扰,这种干扰以传导的方式引起电气和电子设备的误动作或损坏,通过试验对被试设备建立一个评价抗击电快速瞬变脉冲群的共同依据。

(1)静电放电抗扰度要求

按照《电磁兼容　试验和测量技术　静电放电抗扰度试验》(GB/T 17626.2)确定试验等级2,对操作人员正常使用设备时可能接触的点和表面以及用户维修点进行静电放电抗扰度试验。对所确定的放电点采用接触放电,试验电压为4kV。至少施加10次单次放电,放电之间间隔至少 1s。产品的各种动作、功能及运行逻辑应正常。

(2)辐射电磁场抗扰度要求

按照《电磁兼容性　试验和测量技术　射频电磁场辐射抗扰度试验》(GB/T 17626.3)确定试验等级 2,对正常工作的设备进行辐射电磁场抗扰度试验，对正常运行的设备四个侧面分别在发射天线垂直极化和水平极化位置进行试验,发射场强为 3V/m。产品的各种动作、功能及运行逻辑应正常。

(3)电快速瞬变脉冲群抗扰度要求

按照《电磁兼容　试验和测量技术　电快速瞬变脉冲群抗扰度试验》(GB/T 17626.4)确定试验的等级 3,对设备的电源端口、信号和控制端口以及机箱的接地线进行静电放电抗扰度试验,将 2kV 试验电压通过耦合/去耦网络施加到供电电源端口和保护接地上,将 1kV 试验电压通过耦合/去耦网络施加到输入输出信号和控制端口上，施加试验电压 5 次，每次持续时间不少于 1min。产品的各种动作、功能及运行逻辑应正常。

第三节　计算机与信息技术

一、信息技术的概念

1. 信息

虽然信息处处存在,到目前为止对信息一词还没有一个权威、公认的定义。人们从认识论、哲学、数学、通信等不同的角度给信息下了多个定义。

本书从实用的角度采用认识论的定义:信息是认识主体(生物或机器)所感知的或所表述的相应事物的运动状态及其变化方式(包括状态及其变化方式的形式、含义和效用)。

2. 信息技术

虽然对信息没有统一的定义,但对信息技术的描述基本接近,都是围绕信息的获取、存储与处理三个方面描述的,在本书中我们给出的定义是:

信息技术是研究信息如何产生、获取、传输、变换、识别和应用的科学技术。信息技术能够延长或扩展人的信息功能。信息技术可能是机械的,也可能是光学的;可能是电子的,也可能是生物的等不同的载体和形态。

3. 研究目的

人们研究信息技术的目的是为了高效、可靠、安全并且随心所欲地交换和利用各种各样的信息。

4. 公路交通信息技术

公路交通管理系统也是通过计算机硬件和软件、网络和通讯技术、远程传输干线网、自动监控设施等综合系统的高度集成,完成对道路及其周边环境信息的采集、处理、交换等各种过程,从而实现公路交通安全与高效运营的目标。

二、计算机系统

计算机系统是由硬件系统和软件系统两部分组成,两部分构成计算机系统的统一体。

1. 硬件系统的组成

计算机的硬件由主机和外部设备(简称外设)组成，主机由CPU、内存储器、主板(总线系统)构成，外部设备由输入设备(如键盘、鼠标等)、外存储器(如光盘、硬盘、U盘等)、输出设备(如显示器、打印机等)组成。计算机硬件结构如图3-1-1所示。

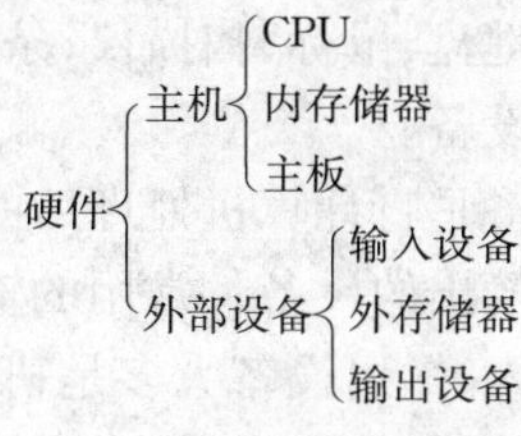

图3-1-1　计算机硬件的组成

微机与传统的计算机没有本质的区别，它也是由运算机、控制器、存储器、输入和输出设备等部件组成。不同之处是微机把运算器和控制器集成在一片芯片上，称之为CPU。下面以微机为例说明计算机各部分的作用。

1)CPU

CPU是计算机的核心部件，它完成计算机的运算和控制功能。运算器又称算术逻辑部件(Arithmetical Logic Unit，ALU)，主要功能是完成对数据的算术运算、逻辑运算和逻辑判断等操作。控制器(Control Unit，CU)是整个计算机的指挥中心，根据事先给定的命令，发出各种控制信号，指挥计算机各部分工作。它的工作过程是负责从内存储器中取出指令并对指令进行分析与判断，并根据指令发出控制信号，使计算机的有关设备有条不紊地协调工作，在程序的作用下，保证计算机能自动、连续地工作。CPU外形如图3-1-2所示。

2)存储器

存储器是计算机存储信息的“仓库”。存储器可分为两大类:内存储器和外存储器。内存储器简称内存，也叫随机存储器(RAM)，这种存储器允许按任意指定地址的存储单元进行随机地读出或写入数据。由于数据是通过电信号写入存储器的，因此在计算机断电后，RAM中的信息就会随之丢失。内存条外形如图3-1-3所示，它的特点是存取速度快，可与CPU处理速度相匹配，但价格较贵，能存储的信息量较少。外存储器(简称外存)又称辅助存储器，主要用于保存暂时不用但又需长期保留的程序或数据，如软盘、硬盘、光盘等都叫外存储器。

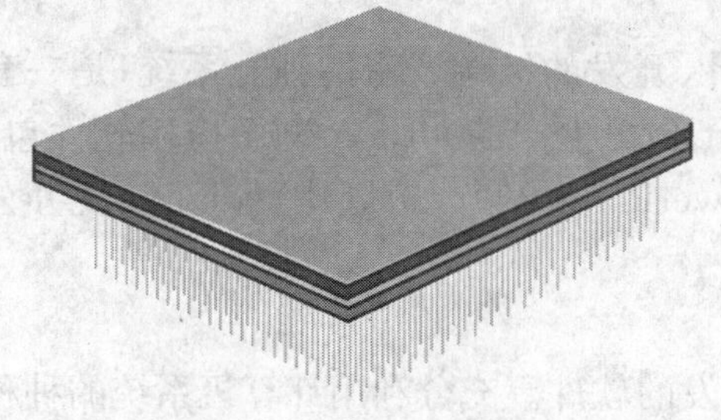

图3-1-2　CPU外形图

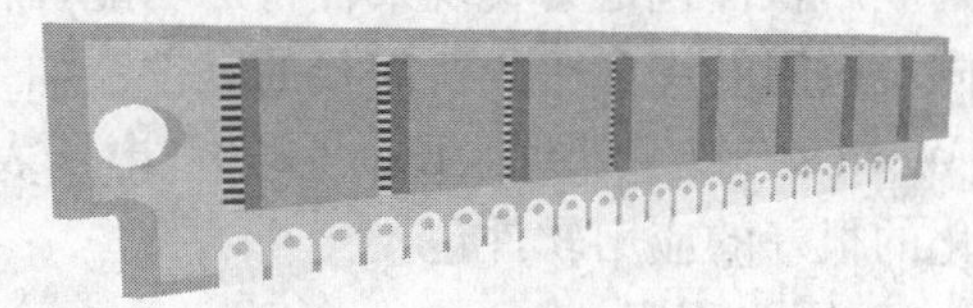

图3-1-3　内存条外形图

CPU和内存储器构成计算机主机。外存储器通过专门的输入/输出接口与主机相连。外存与其他的输入输出设备统称外部设备。如硬盘驱动器、软盘驱动器、打印机、键盘都属外部设备。但是需要注意的是，在计算机组成结构上，外存既不是输入设备也不是输出设备，属于存储器的一种。

3)输入设备

输入设备是将外界的各种信息(如程序、数据、命令等)送入到计算机内部的设备。常用的输入设备有键盘、鼠标、扫描仪、条形码读入器等。

4)输出设备

输出设备是将计算机处理后的信息以人们能够识别的形式(如文字、图形、数值、声音等)进行显示和输出的设备。常用的输出设备有显示器、打印机、绘图仪等。

由于输入/输出设备大多是机电装置,有机械传动或物理移位等动作过程,相对而言,输入/输出设备是计算机系统中运转速度最慢的部件。

2.软件系统的组成

计算机软件由程序和相关的文档组成。程序由一系列的指令按一定的结构组成,文档是软件开发过程中建立的技术资料。程序是软件的主体,一般以文件的方式保存在存储介质中,以便在计算机上使用。现在人们使用的计算机都配备了各式各样的软件,软件的功能越强,使用起来越方便。软件可分为两大类:一类是系统软件,另一类是应用软件。

1)系统软件

系统软件是管理、监控和维护计算机资源的软件,是用来扩大计算机的功能,提高计算机的工作效率,方便用户使用计算机的软件。系统软件是计算机正常运转所不可缺少的,是硬件与应用软件的接口。一般情况下系统软件分为4类:操作系统、语言处理系统、数据库管理系统和服务程序。

常用的操作系统有DOS、WINDOWS、UNIX、OS/2等;语言处理系统包括机器语言、汇编语言和高级语言,这些语言处理程序除个别常驻在ROM中可独立运行外,都必须在操作系统支持下运行;常用的数据库管理系统如DBase、Visual FoxPro等;常用的服务程序有编辑程序(Editor)、连接装配程序(Linker)、测试程序(Checking Program)、诊断程序(Diagnostic Program)、调试程序(Debug)等。

2)应用软件

应用软件是为了解决各类实际问题而为计算机编写的专用程序。它分为应用软件与用户程序。

(1)应用软件包

应用软件包是为实现某种特殊功能,而精心设计、开发的结构严密的独立系统,是一套满足同类应用的许多用户所需要的软件。如Microsoft公司生产的Office 2007应用软件包,包含Word 2007(字处理)、Excel 2007(电子表格)、PowerPoint 2007(幻灯片)等,是实现办公自动化的很好的应用软件包。

(2)用户程序

用户程序是用户为了解决特定的具体问题而开发的软件。充分利用计算机系统的种种现成的软件,在系统软件和应用软件包的支持下可以更加方便、有效地研制用户专用程序。如各种票务管理系统、事管理系统和财务管理系统等。这都属于用户程序。

系统软件和应用软件之间并不存在明显的界限。随着计算机技术的发展,各种各样的应用软件中有了许多共同的东西,把这些共同的部分抽取出来,形成一个通用软件,它就逐渐成为系统软件或系统软件的一部分。

3)文件

文件是指一组相关信息按一定格式有组织的集合。一般分为程序文件和数据文件两大类。

(1)应用程序文件是计算机可以直接执行的文件,一般简称程序。应用程序文件都是二进制文件,一般不能阅读,必须用专门的工具软件才能看到二进制文件的内容。

(2)数据文件包含程序执行时所用的数据,或者是程序执行的结果。数据文件一般必须和一定的程序文件相联系才能起作用。

三、软件工程简介

无论是系统软件还是应用软件都是技术人员一条指令或一条语句编写出来的,在过去软件功能比较简单,少数几个人就可以完成一个软件的编写任务。随着技术的发展和需求的提高,软件的编写越来越复杂和庞大,编写人员也越来越多,以至形成了一个大的团队,软件主管对软件的功能和目标的掌握也更具不确定性,这就需要像研究课题和做新工程项目一样进行深层次的研究开发,以减少软件的不确定性,获得最大效率,后来发展为软件工程。

1.计算机软件的基本概念

1)计算机软件

软件是相对硬件而言的,是计算机系统中的程序、数据及其相关文档的总称。可用下面的公式形象表示。

$$软件 = 程序 + 数据 + 文档$$

2)软件文档

是指与程序开发、维护和使用有关的图文资料,用自然语言或者形式化语言所编写的文字资料和图表,用来描述程序的内容、组成、设计、功能规格、开发情况、测试结果及使用方法。

3)软件产品的特点

(1)软件产品的生产主要是脑力劳动,还未完全摆脱手工开发方式,大部分产品是"定做"的。

(2)软件是一种逻辑产品,它与物质产品有很大的区别,它是脑力劳动的结晶。软件产品是看不见摸不着的,因而具有无形性。它以程序和文档的形式出现,保存在存储介质上,通过计算机的运行才能体现它的功能和作用。

(3)软件产品不会用坏,不存在磨损、消耗问题。

(4)软件产品的生产主要是研制。其成本主要体现在软件的开发、研制和维护上,软件开发研制完成后,通过复制就产生了大量软件产品。

(5)软件费用不断增加,软件成本相当昂贵。软件的研制工作需要投入大量的、复杂的、高强度的脑力劳动,它的成本非常高。从客观上讲,一个计算机系统中由软件完成的工作也远大于硬件。

4)软件的发展

自计算机发明以来,计算机软件的开发经历了程序时代(1946~1956年)、程序系统时代(1957~1968年)、软件工程时代(1968年以后)。

5)软件危机

在20世纪60年代,随着计算机系统和软件系统的日益庞大,出现了软件开发过程无限期延长、维护困难、不能满足用户要求等一系列严重问题,称之为软件危机。软件危机是指在计算机软件的开发和维护过程中所遇到的一系列严重问题。

2. 软件工程的定义

软件工程就是将系统的、规范的、可度量的工程化方法应用于软件开发、运行和维护的全过程及上述方法的研究。通过运用计算机科学、数学、管理学等原理和方法，遵循系统化的思想，运用工程化方法，探索和指导软件开发和维护，以期到达用较少的投资获得高质量的软件的目的。

3. 软件工程的基本原理

1983 年 B. W. Boehm 提出了软件工程的七条基本原理。这七条基本原理是保证软件产品质量和开发效率的最小集合，又是相当完备的。

(1)严格按照计划进行管理；

(2)坚持进行阶段评审；

(3)实行严格的产品控制；

(4)采用现代化的程序设计技术；

(5)结果要能清晰地审查；

(6)开发小组成员的素质要好，数量却不易多；

(7)要承认不断改善软件工程实践的必要性。

4. 软件的生命周期

软件生命周期大体可分为如下三个阶段 6 个过程：制定计划、需求分析、设计、编码、测试、运行和维护。可用图 3-1-4 表示。

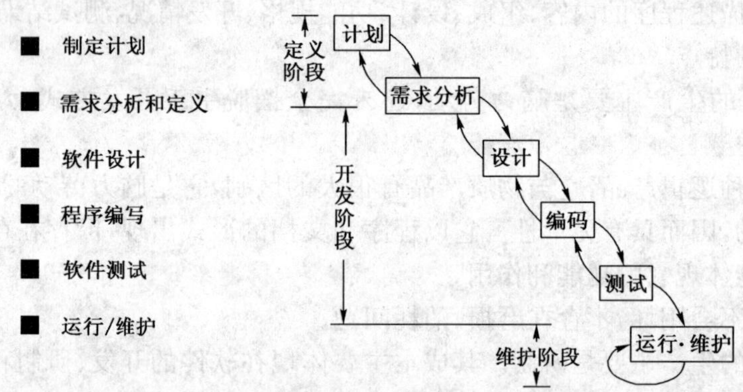

图 3-1-4 软件的生命周期示意图

从图中可以看出，软件的开发阶段包括需求分析、设计、编码和测试四个阶段。软件开发成功之后转入运行维护阶段，这个阶段是不断地循环，直到软件生命周期结束。

定义：软件生命周期是指一个软件从提出开发要求开始直到该软件报废为止的整个时期。通常，软件生存周期包括可行性研究、需求分析、概要设计、详细设计、编码、测试、维护等活动，可以将这些活动以适当的方式分配到不同阶段去完成。

5. 软件测试的概念

1)软件测试的概念

(1)狭义概念

识别软件缺陷的过程，即实际结果与预期结果的不一致。

(2)广义的概念

指软件生存周期中所有的检查、评审和确认工作，其中包括了对分析、设计阶段，以及完成开发后维护阶段的各类文档、代码的审查和确认。

2)软件测试的重要性

软件测试是保证软件质量的关键步骤，是对软件规格说明、设计和编码的最后复审，其工作量约占总工作量40%以上(对于涉及人身安全的情况，测试相当于其他部分总成本的3~5倍)。

3)软件测试的目的

(1)软件测试的最终目的是确保软件的功能符合用户的需求，把尽可能多的问题在发布或交付前发现并改正。

①确保软件完成了它所承诺或公布的功能；

②确保软件满足性能的要求；

③确保软件是健壮的和适应用户环境的。

(2)为软件的质量评估提供依据。

(3)为软件质量改进和管理提供帮助。

4)软件测试的原则

(1)软件测试要设法使软件发生故障，暴露软件错误，能够发现错误的测试是成功的测试。

(2)穷举测试是不可能的，测试不是无止境的，要考虑到测试目标、人力、资源的限制，权衡量力。

(3)尽量避免测试自己编写的程序。

(4)测试要以软件需求规格说明书为标准。

(5)注意测试中的群集现象。

(6)测试用例应由输入数据和预期的输出结果两部分组成。

(7)兼顾合理的输入和不合理的输入数据。

(8)程序修改后要回归测试。

(9)应长期保留测试用例以供以后反复测试使用，直至系统废弃。

(10)用最少的测试数据，检查出尽可能多的错误。

5)软件测试的分类

(1)按照测试方法分为：黑盒测试、白盒测试、动态测试、静态测试。

(2)按照测试步骤分为：单元测试、集成测试、确认测试和系统测试。

6.软件测试方法

1)黑盒测试

黑盒测试也称为功能测试，它着眼于程序的外部特征，而不考虑程序的内部逻辑结构。测试者把被测程序看成一个黑盒，不用关心程序的内部结构。黑盒测试是在程序接口处进行测试，它只检查程序功能是否能按照规格说明书的规定正常使用，程序是否能适当地接收输入数据产生正确的输出信息，并且保持外部信息(如数据库或文件)的完整性。

黑盒测试主要采用的技术有：等价分类法、边沿值分析法、错误推测法和因果图等技术。

2)白盒测试

白盒测试也称结构测试或逻辑驱动测试，这一方法是把测试对象看作一个打开的盒子，按照程序内部的结构测试程序。通过测试来检测软件产品内部动作是否按照设计规格说明书的规定正常进行，检验程序中的每条通路是否都能按预定要求正确工作。

白盒测试的测试方法有代码检查法、静态结构分析法、静态质量度量法、逻辑覆盖法、基本路径测试法、领域测试、符号测试、Z 路径覆盖、程序变异。

3)静态测试

静态方法是指不运行被测程序本身，仅通过分析或检查源程序的语法、结构、过程、接口等来检查程序的正确性。对需求规格说明书、软件设计说明书、源程序做结构分析、流程图分析、符号执行来找错。静态方法通过程序静态特性的分析，找出欠缺和可疑之处，例如不匹配的参数、不适当的循环嵌套和分支嵌套、不允许的递归、未使用过的变量、空指针的引用和可疑的计算等。静态测试结果可用于进一步的查错，并为测试用例选取提供指导。

4)动态测试

动态方法是指通过运行被测程序，检查运行结果与预期结果的差异，并分析运行效率和健壮性等性能，这种方法由三部分组成：构造测试实例、执行程序、分析程序的输出结果。

7. 软件测试的步骤

软件的测试贯穿于整个生命周期，所有测试过程都应采用综合测试策略；即应先作静态分析，再作动态测试，并应事先制订测试计划。软件测试的步骤及与各开发阶段的关系见图 3-1-5。

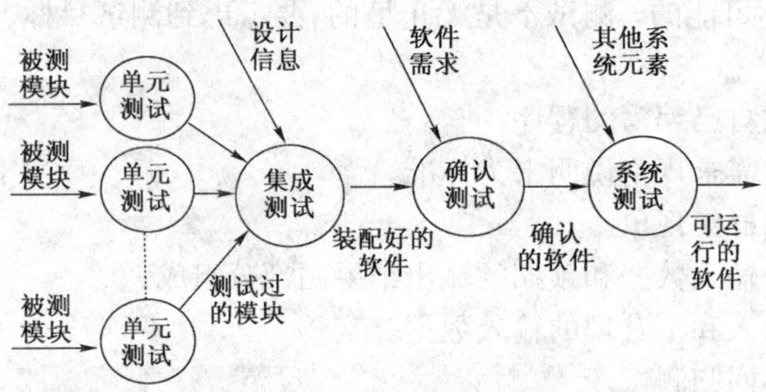

图 3-1-5 软件测试的步骤及与各开发阶段的关系图

1)单元测试

单元测试是指对源程序中每一个程序单元进行测试，检查各个模块是否正确实现规定的功能，从而发现模块在编码中的错误。该阶段涉及编码和详细设计的文档。通常应该先进行“人工走查”，再以白盒法为主，辅以黑盒法进行动态测试。使用白盒法时，只需要选择一种覆盖标准，而使用黑盒法时，应该采用多种方法。

2)集成测试

集成测试是在单元测试的基础上，将所有模块按照设计要求组装成一个完整的系统而进行的测试，在测试阶段完成。检查与设计相关的软件体系结构的有关问题。集成测试的关键是要按照一定的原则，选择组装模块的方案(次序)然后再使用黑盒法进行测试。在测试过程中，如果发现问题较多的模块，再采用白盒法进行回归测试。

3)确认测试

确认测试用于检查已实现的软件是否满足需求规格说明书中确定了的各种需求。在测试阶段完成，应该以黑盒法为主，但在测试中进行软件配置审查时，主要是静态测试。

4)系统测试

把已确定的软件与其他系统元素(如硬件、其他支持软件、数据和人工等)结合在一起进行测试。

8.软件产品的总体评价

一个好的软件应是可维护、可依赖、有效、好用的,各要素的含义见表3-1-1。

软件产品总体质量要求 表3-1-1

产品特性	含义
可维护性	软件必须能够不断进化以满足客户的需求变化,这是软件产品最根本的特性,因为工作环境是不断变化的,软件也必然要跟着变化
可依赖性	软件可依赖性还包括一系列特性,包括可靠性、保密性、安全性。可靠的软件在系统失败的情况下,也不会导致人员伤亡和经济损失
有效性	软件不要浪费内存和处理器等系统资源,因而有效性应包括响应时间、处理时间、内存利用率等方面
可用性	软件必须具备可用性。必须是用户不用特殊的努力就能操作。即软件必须具备相似的用户界面和充分的说明文档

第四节　通信技术

一、通信原理

1.信号

自然界中的信号分为模拟信号和数字信号。

①模拟信号:是指代表消息的信号参量(幅度、频率或相位)随消息连续变化的信号。如代表消息的信号参量是幅度,则模拟信号的幅度应随消息连续变化,但在时间上是可以连续也可以离散。

信号波形模拟着信息的变化而变化,模拟信号其特点是幅度连续(连续的含义是在某一取值范围内可以取无限多个数值)。模拟信号,其信号波形在时间上也是连续的,因此它又是连续信号。模拟信号按一定的时间间隔 T 抽样后的抽样信号,由于其波形在时间上是离散的,它又叫离散信号。但此信号的幅度仍然是连续的,所以仍然是模拟信号。电话、传真、电视信号都是模拟信号。

②数字信号:是指代表消息的信号参量不仅在时间上是离散的,而且在幅度取值上也是离散的信号。

数字信号其特点是幅值被限制在有限个数值之内,它不是连续的而是离散的。这种幅度是离散的信号称数字信号。

2.PCM

把模拟信号变换为数字信号的最常用的技术为脉冲编码调制(PCM),其最大特征是把连续的输入信号变换为在时间域和振幅域上都离散的量,然后把它变换为代码进行传输,一般包括三个步骤:抽样、量化和编码。

①抽样又称采样，是指用每隔一定时间的信号样值序列来代替原来在时间上连续的信号，也就是在时间上将模拟信号离散化。

②量化：把信号变换为取值域（振幅域）上离散值的操作。

③编码：量化信号经过模/数变换可以变换成各种各样的编码信号的过程，也是把量化后的样值变换为表示量化电平大小的二进制或多进制代码的操作。编码后的数字信号可以在信道中传输。

3. 数字通信系统的主要性能指标

通信系统的主要性能指标为：有效性和可靠性。其中数字通信系统的有效性通常用传输速率来衡量，传输速率分为信号传输速率和信息传输速率；可靠性通常用差错率衡量，通常用误码率和误比特率表述。

①信息传输速率：通常是指每秒所传输的二进制码元数目。信息论中定义信源发生信息量的度量单位是“比特”(bit)。一个二进制码元所含的信息量是一个“比特”，所以信息传输速率的单位是比特/秒(bit/s)。

②信号传输速率：是指每秒所传输的码元数目，其单位为波特。这里的码元可以是二进制的，也可以是多进制的。信号传输速率 R_{BN} 和信息传输速率 R_b 的关系为 $R_b=R_{BN}\log_2 N$，当码元为二进制时 N 为 2；码元为四进制时 N 为 4……如果符号速率为 600 波特，在二进制时，信息传输速率为 600 比特/秒，在四进制时为 1 200 比特/秒。

③误码率：是指接收的错误码元在传输码元总数中所占的比例，也是码元被错误接收的概率值。

④误比特率：是指接收的错误比特数在传输总比特数中所占的比例，也是传输每比特信息发生错误接收的概率值。

二、通信网络

1. 通信网络的构成

一个完整的通信网络应由终端设备、传输设备（包括线路）、交换设备三大部分组成。

(1)终端设备的主要功能是进行待发送的信息与信道上传送的信号之间的转换，产生和识别系统内的信令或协议。

(2)传输设备的主要功能是有效可靠地传输信号。

(3)交换设备的主要功能是完成信号的交换，交换还可以分为：空分交换、时分交换、电路交换、分组交换等。

(4)通信网络除三大部分“硬件”外，还包括一套“软件”，即各种规约，如信令、协议等。

2. 通信网络分类

(1)按信道分类：有线通信网、无线通信网。

(2)按信号分类：模拟信号网、数字信号网、数模混合网。

(3)按通信距离分类：长途通信网、本地通信网、内部通信网。

(4)按信源分类：语音通信网、数据通信网、文字通信网、图像通信网。

3. 网络体系结构

包括：网络的拓扑结构、网络的逻辑功能结构、物理实体网的结构。

4. 光同步数字传输系统

光同步数字传输系统(Synchronous Digital Hierarchy 简称 SDH)的本质是网络或联网。SDH 有四条优点:灵活兼容的映射方式及帧结构;与业务无关的灵活兼容的传送平台;嵌入信号内的管理、维护信息量大,可改进业务质量;开放的网络提供了新的灵活性。

(1)SDH 的标准化与宽带综合业务数字网(B-ISDN)的国际标准化同步;已被选定为运载异步转移模式(ATM)信号的传送网络;STM-1 和 STM-4 的速率(155 520kbit/s 和 622 080kbit/s)已被选定为 B-ISDN 的用户/网络接口(UNI)的标准速率。

(2)SDH 的标准从三个方面予以规范:

①接口(物理接口、速率及信号格式、同步、网管通信协议);

②网络总体(信息模型、传输网结构体系、管理网结构体系);

③网元(线路系统、复用设备、数字交叉连接设备)。

(3)一般的 SDH 传送网分层模型包括:电路层、通道层和传输媒质层。

(4)构成 SDH 网络的基本网络单元(Network Element),简称网元(NE),有四大类:

①同步数字交叉连接设备(SDXC);

②分/插复用设备(ADM);

③同步复用设备(MUX);

④同步再生器(REG)。

(5)SDH 的一个主要特点是它标准化的贯穿全网的运行、管理和维护(OAM)功能,在 SDH 的帧结构中安排开销(Overhead)就是为了实现 OAM 功能。SDH 共有四种开销:再生段开销(RSOH)、复用段开销(MSOH)、高阶通道开销(HPOH)、低价通道开销(LPOH)。

(6)SDH 传送网可以采用四种保护方式:线路系统的复用段保护、复用段保护环、通道保护环、子网连接保护。

(7)SDH 网络通常有两种恢复方式:区段恢复和通道恢复。

(8)在国际电信联盟的电信标准部(ITU-T)有关传输损伤的建议中,采用误码、抖动、漂移、滑动、延时和帧失步来表征和规范数字传输损伤。

5. 通信接入网

也称为用户接入网,是由业务节点接口和相关用户网络接口之间一系列传送实体组成的,泛指本地交换机与用户设备之间的网络。根据采用的传输媒介可分为:

(1)有线接入网:包括铜线接入网、光纤接入网、混合光纤/同轴电缆接入网等。

(2)无线接入网:分为固定无线接入网和移动无线接入网。

三、程控数字用户交换系统

程控交换机分为模拟交换机和数字交换机,都是利用电子计算机技术,用预先编好的程序来控制电话的接续工作。程控数字交换机与模拟交换机相比,处理速度快,体积小、容量大,灵活性强,服务功能多,便于改变交换机功能,便于建设智能网,向用户提供更多、更方便的电话服务。因此,它已成为当代电话交换的主要制式。

程控数字交换与数字传输相结合,可以构成综合业务数字网,不仅实现电话交换,还能实现传真、数据、图像通信等的交换。

程控数字交换系统由硬件、软件和电源组成

1. 硬件

硬件包括话路部分、控制部分和输入输出部分。

(1)话路部分用于收发电话信号、监视电路状态和完成电路连接,主要包括用户电路、中继电路、交换网络、服务电路(包含收号器、发号器、振铃器、回铃音器、连接器等)、扫描器和驱动器等部件。

(2)控制部分用于运行各种程序、处理数据和发出驱动命令,主要包括处理机和主存储器。

(3)输入输出部分用于提供维护和管理所需的人机通信接口,主要包括外存储器、键盘、显示器、打印机等部件。

2. 软件

软件包括程序部分和数据部分。

(1)程序部分包括操作系统程序和应用程序。前者用于任务调度、输入输出控制、障碍检测和恢复处理、障碍诊断、命令执行控制等;后者用于实施各种电话交换事件与状态处理、硬件资源管理、用户服务类别管理、话务量统计、服务观察、软件维护和自动测试等。

(2)数据部分包括系统数据、交换框架数据、局数据、路由数据和用户数据。主要用于表征交换系统特点、本电话站及周围环境特点、各用户的服务类别等。

3. 程控交换机电源

(1)交换机正常运行所需功率可按每门 48V、50mA 估算。

(2)整流器效率可按 0.7 左右估算。

(3)用户交换机为直流供电,宜采用全浮充供电方式。

(4)蓄电池组供电时间一般在 4～8h 之间选取。

四、卫星通信系统

指利用人造地球卫星作为中继站转发无线电波,在两个或多个地球站之间进行通信。卫星通信具有通信距离远、通道特性稳定、覆盖面积大、通信频带宽、机动灵活等特点。

(1)按卫星运动方式分为:静止卫星通信系统、低轨道移动卫星通信系统。

(2)按多址方式分为:频分多址卫星通信系统、时分多址卫星通信系统、空分多址卫星通信系统、码分多址卫星通信系统、混合卫星通信系统。

(3)大多数卫星通信系统选择以下工作频段:UHF 波段～S 波段:4. 0/2. 5GHz;L 波段:1. 6/1. 5GHz;C 波段:6/4GHz;X 波段:8/7GHz;Ku 波段:14/11GHz,14/12GHz;Ka 波段:30/20GHZ。

五、通信接地

1. 电子设备信号电路接地系统的型式

电子设备信号电路接地系统的型式一般可根据接地引线长度和电子设备的工作频率来确定:

(1)单点接地:适用于低频 0～30Hz。信号电路以一点作电位参考点,再将该点连接至接地极系统。

(2)多点接地:适用于高频大于 300 Hz,也可低至 30Hz。信号电路采用多条导电通路与接地网或等电位面连接。

①对高频信号电路接地,多点接地是唯一实用的方法。

②为实现有效多点接地,当最高频率时,接地导体长度大于 $\lambda/8$(λ 为波长),需采用等电位接地平面。

③混合式接地:是单点接地线和多点接地线的组合,具体做法为设置一个等电位接地平面,以满足高频信号接地的要求;再以单点接地方式连接至同一接地系统,以满足低频信号接地要求。

④接地型式选用:为防止接地线成为辐射天线,其长度不应超过 0.02λ。接地线小于 0.02λ 时采用单点接地,大于 0.02λ 时采用多点接地。在 300Hz 时其长度约为 20m,在 30Hz 时约为 200m。大于 300Hz 时一般接地线长度将超过 0.02λ,应采用多点接地。

⑤无论采用哪种接地系统,应避免接地线长度 $L=\lambda/4$ 及 $\lambda/4$ 的奇数倍的情况。因为此时的阻抗为无穷大,相当于一根天线,可接收或辐射干扰信号。

2. 交流配线接地

交流配线不允许与信号接地线紧贴或近距离地平等敷设,应敷在不同支架上,相距不小于 30cm,末端回路可置于共同支架上,间距至少为 5cm。同时要避免形成过大的环路,以防止产生具有危害性的感应电压和电流。线路交叉时宜成直角。

①接地干线两点间的等电位联结效果取决于所用导体的阻抗(取决于导线截面和敷设长度等)。在频率 50Hz 或 60Hz 时,采用截面积为 $50mm^2$ 的铜导体是材料成本与阻抗之间的最佳折中方案。

②机房内由计算机引至铜排网之间的接地线一般采用 0.35mm×100mm 或 0.5mm×100mm 的薄铜排。

第五节 电 气 工 程

一、电力系统基本特征

1. 电力系统运行的特点

(1)电能不能大量存储。电能的生产、输送、分配和消费实际上是同时进行的,任何时刻发电机发出的功率等于用电设备所消耗的功率与输送和分配环节中功率损耗之和。

(2)电力系统的暂态过程非常短促,从一种运行状态到另一种运行状态的过渡极为迅速,以毫秒甚至微秒计。

2. 电力系统运行的基本要求

(1)保证安全可靠供电。对负荷按照不同级别分别采取适当的技术措施来满足它们可靠性的要求。

(2)保证电能的质量(电压、频率、谐波)。

(3)要有良好的经济性(降低电压网损、降低能耗)。

(4)电能生产要符合环境保护标准(限制二氧化碳、二氧化硫等污染的排放)。

3. 电能质量各项指标

(1)电压幅值:对于35kV及以上电压允许变化范围为额定值的±5%,10kV及以下电压级允许变化范围为±7%。

(2)频率:我国电力系统的额定频率为50Hz,正常运行时允许的偏移为±0.2～±0.5Hz。

(3)谐波:为保证电压质量,要求电压为正弦波形,但由于种种原因总会产生一些谐波,会造成电压波形的畸变。为此,对电压正弦波形畸变率也有限制,对于6～10kV供电电压不超过4%,0.38kV电压不超过5%。

4. 电力系统常用接线方式

按可靠性分为无备用和有备用两类:

(1)无备用接线,是指每一个负荷只能靠一条线路取得电能。优点是设备费用小,缺点是可靠性差。

(2)有备用接线:是指负荷可以从两条及以上线路取得电能。优点是可靠性高,缺点是设备费用高。

5. 电力系统的平均额定电压

我国电力系统的平均额定电压(额定电压指线电压U_N)$U_{avN}\approx 1.05U_N$,并适当取整,具体值为:3.15kV、6.3kV、10.5kV、37kV、115kV、20kV、345kV、525kV。

6. 变压器额定电压

(1)变压器一次绕组相当于用电设备,其额定电压等于电网的额定电压,但当直接与发电机连接时,就等于发电机的额定电压。

(2)变压器二次绕组相当于供电设备,再考虑到变压器内部的电压损耗,故当变压器的短路电压小于7%或直接与用户连接时,则二次绕组额定电压比电网的高5%;当变压器的短路电压大于7%时,则二次绕组额定电压比电网的高10%。

(3)变压器额定变比为主接头额定电压之比;实际变比为实际所接分接头的额定电压之比。

7. 电力网络中性点运行方式

(1)电力网络中性点是指星形接线的变压器或发电机的中性点。中性点的运行方式或接地方式分为两大类:中性点直接接地;中性点不接地或经消弧线圈接地。

(2)目前我国采用的接地方式为:

①110kV及以上电力网络采用中性点直接接地方式。

②35kV及以下电网采用不接地方式。

③电容电流较大的35kV和10kV电网采用中性点经消弧线圈(电感线圈)接地方式。

二、电力线路参数指标

1. 电力线路参数

电力线路按功能分为:输电线路、配电线路、联络线路;按结构分为:架空线路和电缆线路等类型。

电力线路的主要参数有四个:电阻、电抗、电导和电纳。

(1)单位长度导线的电阻

导线的电阻决定了线路的功率损耗和电压降落,单位长度导线的计算公式如下:

$$r=\frac{\rho}{s}\quad(\Omega/\text{km})\tag{3-1-1}$$

式中：ρ——导线的电阻率（$\Omega\cdot\text{mm}^2/\text{km}$）；

s——导线载流部分的标称截面积（mm^2）。

（2）电抗（x）

现在电网大部分传送的是交流电，交变的电流产生交变磁场，交变的磁场产生感应电动势，导致电抗的形成。

①单相导线线路电抗：

$$x=0.144\,5\lg\frac{D_m}{r}+0.015\,7\tag{3-1-2}$$

式中：x——导线单位长度的电抗（$\Omega\cdot\text{km}$）；

r——导线外半径（mm）；

D_m——三根导线间的几何平均距离，简称几何均距（mm），$D_m=\sqrt[3]{D_{ab}D_{bc}D_{ca}}$。

②分裂导线线路电抗

在高压和超高压电网中，为了防止在高电压作用下导线周围的空气游离而产生电晕，往往采用分裂导线。导线分裂时，每相线路的电抗可用下式计算。

$$x=0.144\,5\lg\frac{D_m}{r_{\text{eq}}}+\frac{0.015\,7}{n}\tag{3-1-3}$$

式中：n——每一相导线分裂的根数。

r_{eq}——分裂导线的等值半径（mm），$r_{\text{eq}}=\sqrt[n]{ra_m^{n-1}}$

式中：r——每根导线的实际半径（mm）；

a_m——一根分裂导线间的几何均距（mm）。

（3）电导

线路的电导主要由线路的泄漏损耗和电晕损耗引起，与此对应的参数即为线路的电导。线路泄漏引起的有功损耗一般较小，可以忽略不计。因此，线路的电导可以看做是由线路的电晕损耗引起的。当线路实际电压高于电晕临界电压时，与电晕相对应的电导为：

$$g=\frac{\Delta P_{\text{s}}}{U_L^2}\quad(\text{S/km})\tag{3-1-4}$$

式中：ΔP_{s}——三相线路每公里的电晕损耗功率（MW/km）；

U_{L}——线电压（kV）。

（4）电纳

电纳是由高压输电线路导线之间、导线与地之间的分布电容引起。经过整循环换位的三相架空线路，每相每公里电纳为：

$$b=\frac{7.58}{\lg\frac{D_m}{r}}\times10^{-6}\tag{3-1-5}$$

$$b=\frac{7.58}{\lg\frac{D_{\text{eq}}}{r_{\text{eq}}}}\times10^{6}(\text{S/km})\tag{3-1-6}$$

式中：b——导线单位长度的电纳（S/km）；

r——导线外半径(mm)；

D_m——三根导线间的几何平均距离，简称几何均距(mm)，$D_m=\sqrt[3]{D_{ab}D_{bc}D_{ca}}$。

2. 电压降落、电压损耗和功率损耗

(1)电压降落

电压降落 $d\dot{U}=\dot{U}_1-\dot{U}_2$，即两端电压的向量差。

$\Delta U=\dfrac{PR+QX}{U}$——电压降落的纵向分量；

$\delta U=\dfrac{PX-QR}{U}$——电压降落的横向分量。

注：功率和电压必须是同端的；且功率用三相的，电压用线电压。

(2)电压损耗

电压损耗是两端电压的幅值差：$dU=dU_1-dU_2$

通常由于电压损耗 dU 与电压降落的纵向分量在数值上比较接近，故一般用电压降落的纵向分量近似为电压损耗，即：$dU=\Delta U=\dfrac{PR+QX}{U}$

(3)功率损耗

电力线路和变压器绕组的等值阻抗中流过功率时，要引起功率损耗，即：

$$\Delta S_Z=\frac{S^2}{U^2}(R+jX)=\frac{P^2+Q^2}{U^2}(R+jX)=\Delta P+j\Delta Q \tag{3-1-7}$$

三、变压器参数指标

1. 三相组式变压器的结构形式

三相组式变压器和三相芯式变压器是三相变压器的两种形式。

(1)由三个独立的单相变压器组成的三相变压器称为三相组式变压器，也叫三相变压器。它的结构特点是各相的磁路系统为独立的，彼此无关联。

(2)三相芯式变压器的结构特点是三相的磁路连在一起，每相磁通都以另外两相的磁路作为自己的回路。

(3)三相芯式变压器具有消耗材料少，价格便宜，占地面积小，维护简单等优点而用最广泛。但在大容量的巨型变压器中，为了便于运输及减少备用容量，常常采用三相组式变压器。

2. 变压器的额定值

(1)额定容量 S_N，单位为 VA 或 kVA。额定容量是变压器的额定视在功率，通常的一次绕组与二次绕组的额定容量相等，即 $S_N=S_{1N}=S_{2N}$。对三相变压器，S_N是指三相总容量。

(2)额定电压U_{1N}/U_{2N}，单位为 V 或 kV。U_{1N}、U_{2N}分别为一次绕组和二次绕组的额定电压。对三相变压器，额定电压是指线电压。

(3)额定电流 I_{1N}/I_{2N}，单位为 A。I_{1N}、I_{2N}分别为一次绕组和二次绕组的额定电流。对三相变压器，额定电流指线电流。

(4)额定频率 f，单位为 Hz。我国规定标准工业频率为 50Hz。

(5)相数，两相或三相。

(6)绕组连接图与连接组标号。

(7)漏阻抗标准值或阻抗电压 u_k。

(8)此外,还有效率、温升、总质量等。

3. 双绕组变压器的参数

(1)电阻 R_T

$$R_T = \frac{\Delta P_s U_N^2}{S_N^2} \times 10^3 \quad (\Omega) \tag{3-1-8}$$

式中:ΔP_s——三相短路损耗(kW);

U_N——变压器的额定线电压(kV);

S_N——变压器三相额定容量(kVA)。

(2)电抗 X_T

$$X_T = \frac{U_s\%}{100} \times \frac{U_N^2}{S_N} \times 10^3 \quad (\Omega) \tag{3-1-9}$$

式中:$U_s\%$——变压器的短路电压百分值。

(3)电导 G_T

$$G_T = \frac{\Delta P_0}{U_N^2} \times 10^{-3} \quad (S) \tag{3-1-10}$$

式中:ΔP_0——变压器的空载损耗(kW)。

(4)电纳 B_T

$$B_T = \frac{I_0\%}{100} \times \frac{S_N}{U_N^2} \times 10^{-3} \quad (S) \tag{3-1-11}$$

式中:$I_0\%$——空载电流百分值。

(5)变比 K_T

$$K_T = \frac{U_{1N}(1 + 挡位 \times 挡距)}{U_{2N}} \tag{3-1-12}$$

4. 电压调整率

电压调整率是变压器的一个重要运行性能指标,标志着变压器输出电压的稳定程度。

计算公式:$\Delta U\% = \beta(\frac{I_{1N}R_{k75℃}\cos\varphi_2 + I_{1N}X_k\sin\varphi_2}{U_{1N}}) \times 100\%$ (3-1-13)

式中:$\beta = \frac{I_1}{I_{1N}}$——负载系数;

$\cos\varphi_2$——负载功率因数。

5. 变压器效率

$$\eta = \frac{P_2}{P_1} \times 100\% \tag{3-1-14}$$

式中:P_2——二次绕组输出的有功功率;

P_1——一次绕组输出的有功功率。

$$P_1 = P_2 + P_{Cu} + P_{Fe} \tag{3-1-15}$$

式中:P_{Cu}——变压器的总铜耗;

P_{Fe}——变压器的总铁耗。

6. 三相变压器连接组别

国家规定了五种标准连接组别是:Y/Y$_0$-0,Y/Δ-11,Y$_0$/Δ-11,Y$_0$/Y-0 和 Y/Y-0,最常用

的是前三种。根据变压器并联运行的要求，连接组别不同是绝对不允许的。

7. 电力变压器的绝缘

电力变压器分为干式和油浸两种。

(1)干式变压用环氧树脂作为干式绝缘材料。由于环氧树脂的绝缘性能好，耐热等级高，目前在35kV以下电压等级的配电系统中广泛应用。

(2)油浸变压器是用变压器油(一种矿物油，比空气具有较高的介电强度)灌注满油箱，将铁芯与绕组装配在一起后放入油箱内，使铁芯与绕组全部浸在变压器油中。绕组本身的绝缘一般采用A级绝缘材料，出线端经绝缘套管与外界相连。目前35kV以上电压等级的变压器广泛采用纠结式绕组。

8. 变压器冷却方式和允许温升

(1)干式变压器是用空气作为冷却介质。

(2)油浸变压器是用变压器油作为冷却介质，一般分为：油浸自冷式、油浸风冷式和强迫油循环式三种形式。

(3)油浸变压器的A组绝缘材料，最高允许温度为105℃。根据现行标准周围冷却空气的最高温度定为40℃。

(4)按照变压器正常使用年限为20～30年，则油浸变压器温升限度：绕组(包括自然油循环和强迫油循环)为65℃，铁芯表面为75℃，与变压器接触的构件表面(非导电部分)为80℃，油面为55℃。

四、过电压与绝缘配合

1. 过电压产生的原因

电力系统中的各种绝缘体在运行过程中除了长期受到工作电压的作用外，还会受到比工作电压高得多的过电压的短时作用。这种有损害的电压升高和电位差升高作用，有来自外部的雷电过电压和由于系统参数发生变化时电磁能产生振荡、积聚而引起的内部过电压两类型。按其产生的原因，可以分为：

1)雷电过电压

(1)直击雷过电压；

(2)感应雷过电压；

(3)侵入雷电波过电压。

2)内部过电压

(1)暂时过电压(包括工频过电压和谐振过电压)；

(2)操作过电压(包括操作电容负荷过电压、操作电感负荷过电压、振荡解列过电压和间歇电弧过电压等)。

2. 过电压绝缘配合

绝缘配合是按照系统中出现的各种电压和保护装置特性来确定设备的绝缘水平；或者根据已有设备的绝缘水平选择适当保护装置，以便把作用于设备上的各种过电压所引起的设备损害和影响连续运行的概率降低到经济和技术均能接受的水平上。目前，我国确定绝缘水平的传统方法是适用于非自恢复绝缘的惯用法(确定性法)。

(1)工频过电压和暂时过电压下的绝缘配合：工频运行电压下电气装置外绝缘的爬电距离应符合相应环境污秽分级条件下的爬电比距要求。在绝缘配合中不考虑谐振过电压，应在设计和运行中避免和消除出现谐振过电压的条件。

(2)操作过电压下的绝缘配合：110kV 及以下电气装置承受暂时过电压及操作过电压的能力，以电气设备的短时(1min)工频耐受电压来表征。当需要用避雷器限制某些操作过电压的场合，则以避雷器的相应保护水平为基础进行绝缘配合。对操作冲击的配合系统一般取≥1.15。

(3)雷电过电压下的绝缘配合：变配电所电气设备、绝缘子串和空气间隙的雷电冲击强度，以避雷器雷电保护水平进行配合。配合时，对非自恢复绝缘采用惯用法，对自恢复绝缘将绝缘强度作为随机变量处理。根据我国情况，对雷电过电压的配合系数取≥1.4，以电气设备额定雷电冲击耐受电压来表征。110kV 及以下电气装置一般由雷电过电压决定其绝缘水平。

3. 用于操作和雷电过电压绝缘配合的波形

(1)操作冲击电压波：至最大值时间 250μs，波尾 2 500μs。

(2)雷电冲击电压波：波头时间 1.2μs，波尾 50μs。

(3)雷电流幅值一般不超过 100kA，我国一般地区雷电流幅值超过 I_L 的概率 P 为 $\lg P=-\frac{I_L}{88}$；年雷暴日数在 20 及以下的地区，分母可取 44。

4. 特殊地区的电气装置外绝缘

高海拔地区(大于 1 000m)的电气装置外绝缘爬电距离和空气间隙，应按海拔高度进行校正；采取加强绝缘或选用高原型电器。污秽地区配电装置的外绝缘应按规定加强绝缘或采取其他保护措施。

五、防雷与接地

雷电是自然界中一种激烈的放电现象，由此引起的雷电灾害被联合国列为十大自然灾害之一，每年都要给国家财产和人民的生命造成严重的损失和威胁。特别是随着电子及信息时代的到来，这种损失愈加显现出来。现代电子设备广泛使用 CMOS 集成电路芯片，承受过电压的能力较差，一个很小的过电压就可能使存储的信息受到干扰或丢失，严重时还可能将元器件烧毁，系统瘫痪，甚至伤害工作人员。

防雷，是指通过拦截、疏导最后泄放入地的一体化系统方式以防止由直击雷或雷电电磁脉冲对建筑物本身或设备造成损害的防护技术。防雷系统通常由接闪器(避雷针、避雷带、避雷线和避雷网)、引下线、接地装置(包括接地极和接地体)组成。

1. 独立避雷针

(1)少雷区：平均年雷暴日数不超过 15d 的地区。中雷区：平均年雷暴日数超过 15d 但不超过 40d 的地区。多雷区：平均年雷暴日数超过 40d 但不超过 90d 的地区。强雷区：平均年雷暴日数超过 90d(地区一般以 $10\times10\text{km}^2$ 标准网格为统计区域，以听到雷声为统计依据)。

(2)为使设备免受直接雷击，通常采用装设避雷针或避雷线的措施，将雷电吸引到避雷针或避雷线(接闪器)本身，并安全地将雷电流引入大地。

(3)按通过接地极流入地中工频交流电流求得的电阻，称为工频接地电阻；按通过接地极流入地中冲击电流求得的接地电阻，称为冲击接地电阻。

$$R_i = \alpha R \tag{3-1-16}$$

式中：R_i——接地极的冲击接地电阻(Ω)；

R——接地极的工频接地电阻(Ω)；

α——接地极的冲击系数。

(4)独立避雷针与配电装置带电部分间的空气中距离：

$$S_a \leqslant 0.2R_i + 0.1h \tag{3-1-17}$$

式中：S_a——空气中距离(m)；

R_i——避雷针的冲击接地电阻(Ω)；

h——避雷针校验点的高度(m)。

(5)独立避雷针接地装置与接地网间的地中距离：

$$S_e \geqslant 0.3R_i \tag{3-1-18}$$

式中：S_e——地中距离(m)。

(6)此外，对避雷针，S_a不宜小于5 m，S_e不宜小于3 m。

2.单支雷针保护

(1)避雷针在地面上的保护半径：

$$r = 1.5hP \tag{3-1-19}$$

式中：r——保护半径(m)；

h——避雷针高度(m)；

P——高度影响系数，$h<30$m时$P=1$；$h>30$m时$P=\frac{5.5}{\sqrt{h}}$；当$h>120$m时，取$h=120$m。

(2)避雷针在被保护物h_x水平面上时，保护半径r_x按以下方法确定：

①当$h_x \geqslant 0.5$h时，$r_x=(h-h_x)P=h_aP$

式中：r_x——避雷针在被保护物高度h_x水平面上的保护半径(m)；

h_x——被保护物的高度(m)；

h_a——避雷针的有效高度(m)。

②当$h_x<0.5h$时，$r_x=(1.5h-2h_x)P$

3.35～0.4kV的配电变压器，其高、低压侧均应装设阀式避雷器。

4.接地

接地是将电气回路中的某一节点通过导体与大地相连，使该节点与大地保持等电位(零电位)。从定义上可以将接地分为：人工接地、自然界地；从工作性质上可分为保护接地（如防雷接地、防静电接地、设备接地等)、工作接地(如电力设施的发、送、配电接地等工作接地还有不需要实际物理连接的电子线路逻辑地)两大类。

5.接地电阻

接地电阻越小，散流就越快，被雷击物体高电位保持时间就越短，危险性就越小。常见的4种接地电阻如下：

(1)工作(系统)接地：接地电阻值大约在0.5～10Ω范围内，对于计算机场地的接地电阻要求≤4欧姆，并且采取共用接地的方法将避雷接地、电器安全接地、交流地、直流地统一为一个接地装置。

(2)保护接地：接地电阻值要求在1～10Ω范围内。

(3)防雷电接地：接地电阻值一般在1～30Ω范围内。

(4)防静电接地：接地电阻值不大于30Ω。

6. 接触电压和跨步电压

(1)电气设备发生接地故障时，其接地部分与大地零电位之间的电位差称为接地时的对地电压U_g。

(2)当接地短路电流I_g流过接地装置时，大地表面形成分布电位，在该地面上离设备水平距离0.8m，沿设备垂直距离1.8m间的电位差，称为接触电势。人体接触该两点时所承受的电压称为接触电压。

(3)水平距离0.8m两点间的电位差，称跨步电压。

(4)未考虑腐蚀时的接地装置热稳定校验：

$$S_g \geqslant \frac{I_g}{c}\sqrt{t_e} \tag{3-1-20}$$

式中：S_g——接地线的最小截面(mm^2)；

I_g——流过接地线的短路电流稳定值(A)；

t_e——短路的等效持续时间(t)；

c——接地材料的热稳定系统，根据材料的种类、性能及最高允许温度和短路前接地线的初始温度(一般取40℃)。

(5)根据热稳定条件，未考虑腐蚀时，接地装置接地极的截面不宜小于连接至该接地装置的接地线截面的75%。

7. 系统接地形式

(1)系统接地形式的分类是依据电源点的对地关系和负荷侧电气装置外露可导电部分的对地关系。电气装置是指所有的电气设备及其之间相互连接的电路组合。外露可导电部分是指电气设备的金属外壳、布线的金属槽盒、套管与电缆金属外护层、铠装层等。

(2)系统接地的型式有：TN、TT、IT三种类型，TN系统按中性线(N线)与保护线(PE线)的组合情况还分为TN-S、TN-C-S和TN-C三种类型。

①TN系统：系统有一点接地，装置的外露导电部分用保护线与该点连接。其中，TN-S系统：整个系统的中性线(N线)与保护线(PE线)是分开的；TN-C-S系统：系统中有一部分中性线与保护线是合一的(PEN线)，其余则是分开的(N线和PE线)；TN-C系统：整个系统的中性线与保护线是合一的(PEN线)。

②TT系统：系统有一个直接接地点，电气装置的外露可导电部分接至电气上与低压系统接地点无关的接地装置上。

③IT系统：系统的带电部分与大地之间不直接连接(经阻抗接地或不接地)，而电气装置的外露可导电部分则是接地的。

公路系统接地型式通常为TN或TT系统，其中，TN-S或TN-C-S系统多用于室内电子信息、通信网络等系统的配电线路；TT系统则常用于野外(外场)设备的配电系统。

8. 金属氧化锌避雷器

金属氧化锌避雷器(MOA)是掺以微量的氧化铋、氧化钴、氧化锰等添加剂后阀片，具有极优异的非线性特性。在正常工作电压的作用下，其阻值很大（电阻率高达 $10^{10} \sim 10^{11} \Omega \cdot cm$），通过的漏电流很小（小于 1mA），而在过电压的作用下，阻值会急剧变小。与传统有串联间隙的碳化硅（SiC）避雷器相比，无间隙氧化锌（ZnO）避雷器具有以下优点：

（1）省去了串联的火花间隙，结构大大简化，体积也缩小了很多。

（2）保护特性优越。

（3）无续流，动作负载轻，能重复动作实施保护。

（4）通流容量大，能制成重载避雷器。

（5）耐污性能好。

9.浪涌保护器（SPD）的放电电流

在 LPZOA 或 LPZOB 区与 LPZ1 区交界处，在从室外引来的线路上安装的 SPD，其标称放电电流 I_n 不宜小于 10/350μs、15kA。在被保护设备处安装的 SPD，其标称放电电流 I_n 不宜小于 8/20μs、3kA。

六、断路器参数指标

1.断路器的概念

断路器又称高压开关，不仅可以切断或闭合高压电路中的空载电流和负荷电流，而且当系统发生故障时，通过继电保护装置的作用，切断过负荷电流和短路电流，具有完善的灭弧结构和足够的断流能力。断路器有时也简称为“开关”。

2.高压断路器的种类

高压断路器主要分为多油断路器、少油断路器、六氟化硫（SF_6）断路器、真空断路器、压缩空气断路器等。

3.全封闭组合电器

SF_6 全封闭组合电器（GIS）也称为气体绝缘金属封闭开关设备，是将变电站中除变压器以外的一次设备，包括断路器、隔离开关、接地开关、电流互感器、电压互感器、避雷器、母线、进出线套管或电缆终端，按系统布置进行优化设计并有机地组合成一个整体。凡不属于主回路或辅助回路的且需要接地的所有金属部分都应接地。外壳、构架等的相互电气连接宜采用坚固连接，以保护电气上的连通。在短路情况下，外壳感应电压不应超过 24V。

4.断路器的主要性能与参数

（1）额定电压 U_N：是断路器长期工作的标准电压。此外还规定了超出 10% 的最高工作电压，单位为 kV。

（2）额定电流 I_N：是断路器允许的长期工作电流，单位为 A。

（3）额定开断电流 I_{brN}：额定电压下能够开断的最大电路电流，也称额定开断电流，单位为 kA。

（4）额定开断容量 S_{brN}：用于表征断路器的开断能力，$S_{brN} = \sqrt{3} \times U_N I_{brN}$。

（5）额定关合电流 I_{mc}：关合能力与扣去机构密切相关，$I_{mc} = 2.55 I_{brN}$。

（6）额定热稳定电流 I_t：一般规定为 2s 时间内能够承受的电流有效值，单位为 kA。

（7）额定动力电流 i_{am}：在额定状态下，断路器所能承受的峰值短路电流，规定 $i_{am} = I_{mc}$。

（8）分闸时间：全开断时间包括固有分闸时间和燃弧时间。

(9)自动重合闸时间：临时故障→断路器跳闸→延时→断路器合闸，延时为无电流间隔时间(一般为0.3～0.5s)。若采取手动强送电操作，时间间隔一般选择180s。

七、电气主接线技术要求

1. 电气主接线的基本要求

电气主接线的基本要求为：可靠性、灵活性、经济性、可扩展性。

2. 电气主接线的主要形式

电气主接线的主要形式按有无工作母线划分为两类：

(1)有汇流母线接线形式：包括单母线、双母线、3/2接线、4/3接线、变压器母线组，以及分段、旁路派生等接线形式。特点是接线清晰，运行方便，易于安装扩建；但配电装置占地面积大，使用断路器等设备较多。一般适用于有较多出线的场合。

(2)无汇流母线接线形式：包括单元接线、桥形接线、角形接线等。特点是使用开关设备少，占地面积小，但运行不灵活，不易扩建。适用于出线少、不再发展的场合。

3. 各电压等级电气主接线限制短路电流的方法

(1)采用适当的土接线形式：采用计算阻抗较大的接线方式，如采用无汇流母线的接线方式等。

(2)采用适当的运行方式：双母线或母线分段接线时，采用分列运行方式；双回线路并联供电时，在负荷允许条件下采用单回路线路运行、另一线路备用的方式；环网接线系统在负荷允许条件下在穿越功率最小处解环运行等。

(3)采用限流电抗器：一般电缆的出线回路需加装出线电抗器，可有效降低线路短路时的短路电流，并能抬高母线短路后残压，防止故障扩大；母线分段处加装母线电抗器，可提高系统计算阻抗，对母线短路及出线短路均有限流作用。

(4)采用低压分裂绕组变压器：当发电机容量较大时，采用低压分裂且变压器组成扩大单元接线，以限制短路电流。

八、电气设备选择与校验

1. 按正常工作方式选择电气设备

(1)选择额定电压：电气设备最高耐压不得低于安装位置的最大可能工作电压。一般电气设备的最高耐压为其额定电压的1.11～1.15倍，而系统的电压波动一般在额定的±10%以内，由此只需使电气设备的额定电压U_N不低于安装位置的系统额定电压U_{Ns}。

(2)选择额定电流：电气设备的额定电流不应小于在各种合理运行方式下流过设备的电流；发电机、变压器回路最大可能工作电流为其额定电流的1.05倍；变压器有过载可能时，回路最大工作电流按变压器最大过载能力(1.3～2倍额定负荷能力)选取；母联回路一般取母线上最大一台发电机或变压器的最大工作电流；母线分段回路按照所联母线上最大一台发电机故障时为保障母线负荷所需要的最大穿越功率选取；出线回路除了考虑正常负荷方式外，还要考虑故障时从其余回路转移过来的负荷。

(3)考虑环境条件的影响：当电气设备安装地点的环境条件，如海拔、温度、污秽等超过一般使用条件时，应采取措施进行设备调整。

2. 按短路校验电气设备

(1)短路热稳定校验:短路电流通过电气设备时,各部件温度或发热量不得超过允许值:

$$I_t^2 t \geqslant Q_k \tag{3-1-21}$$

式中:Q_k——短路电流效应;

I_t、t——设备允许通过的热稳定电流和时间。

(2)短路动稳定校验:设备有承受短路电流机械效应的能力:

$$i_{\mathrm{ch}} \geqslant i_{\mathrm{sh}} \text{ 或 } I_{\mathrm{ch}} \geqslant I_{\mathrm{sh}} \tag{3-1-22}$$

式中:i_{ch}、I_{ch}——设备允许通过的动稳定电流幅值与有效值;

i_{sh}、I_{sh}——短路冲击电流幅值与有效值。

(3)短路计算条件

①容量和接线:按最大系统设计容量和可能出现最大短路电流的正常接线方式。

②短路种类:一般按三相短路考虑。

③计算短路点:系统中不同短路点位置对同一设备的影响不同,因而需要选择使设备处于最严重情况的短路点进行校验。对于线性网络,一般短路点与设备电气距离越小,对设备影响越大。

(4)短路计算时间

按照可能造成最严重后果的短路时间来考虑。如,对设备热稳定校验,按主保护拒动、后备保护切除短路的时间考虑(燃弧时间长,发热量大);对于设备开断能力校验,按主保护切除短路的动作时间考虑(短路电流衰减量小)。

3. 共振校验

重要回路的硬导体应进行共振校验。当已知导体材料、形状、布置方式和应避开的自振频率(一般为 30~160Hz)时,导体不发生共振的最大绝缘子跨距:

$$L_{\max} = \sqrt{\frac{N_f}{f_t}\sqrt{\frac{EI}{m}}} \tag{3-1-23}$$

式中:E——导体材料弹性模量;

I——导体截面惯性距;

m——导体单位长度质量;

N_f——频率系数;

f_t——导体一阶固有频率。

4. 一般性环境要求

(1)落地式配电箱的底部宜抬高,室内宜高出地面 50mm 以上,室外应高出地面 200mm 以上。底座周围应采取封闭措施,并应能防止鼠、蛇类等小动物进入箱内。

(2)安装于外场的机箱外壳防护等级(IP 代码)一般不得低于 IP54。室内标称电压超过交流 25V(均方根值)容易被触及的裸带电体必须设置遮护物或外罩,其防护等级不应低于 IP2X。

(3)低压配电设备的化学腐蚀环境分为三个类别:0 类(轻腐蚀环境)、1 类(中等腐蚀环境)、2 类(强腐蚀环境)。设备防护类型共有五种:户内防中等腐蚀型(F1)、户内防强腐蚀型(F2)、户外防轻腐蚀型(W)、户外防中等腐蚀型(WF1)、户内防强腐蚀型(WF2)。

(4)我国低压配电设备都能适用于海拔 2 000m 及以下地区,海拔为 2 000m 以上的地区应采用高原型设备。

(5)热带地区根据常年空气的干湿程度分为湿热带和干热带。温热带是指一天内有12h以上气温不低于20℃，湿度不低于80%RH，且这类天气全年累计在两个月以上，该地区的低压配电设施宜采用TH型产品。干热带是指年最高气温在40℃以上且长期处于低湿度状态，该地区的低压配电设施宜采用TA型产品。

(6)地震基本烈度为7度及以下地区的电器可不采取防震措施。安装在7度以上地区的电器设备应能承受地震力分别为：8度：地面水平加速度0.2g地面垂直加速度0.1g；9度：地面水平加速度0.4g地面垂直加速度0.2g。

(7)为了减少噪声影响，在距电器2m处不应大于：

①连续性噪声水平：85dB；

②非连续性噪声水平：屋内：90dB屋外：110dB。

第六节　交通机电工程检测的特点

在本教材第一篇讲述产品标准时已经讲到交通机电产品与交通安全设施产品的区别，并且在上篇第五章中还讲述了部分通用检测设备，本节结合检测技术再对机电产品检测的通用内容做更深入的介绍，这些内容与上篇的有关内容将在以后的章节中引用。

一、机电产品检测

1.交通机电产品检测的背景

在有高速公路以前，我国的交通机电产品品种很少，常用的只有交通信号灯和车辆检测器。虽然有无线通信产品，但也仅仅是当时邮电产品的一部分，并非交通行业的电子产品。高速公路兴起之后，相继开发了大批专用机电产品。在信息采集设备方面研发了复杂的环形线圈、超声波、微波、视频等车辆检测器；在信息处理方面开发了地图板，引入了大屏幕、无缝隙电视墙；在信息提供方面开发了两可变、三可变、磁翻牌、光纤、LED点阵可变标志；在收费设施方面开发了电动栏杆、车道控制机、费额显示器、天棚信号灯、车道信号灯、条形码/磁条/IC等各类型的通行卡及收发卡机；在通信方面有本地控制器(RTU)、有线紧急电话、光纤数字紧急电话、无线公网紧急电话、太阳能视频紧急电话等。此外还广泛引入了工信部的通用电子产品，例如计算机及外围设备、网络产品、程控交换、数据传输、光纤通信等硬件及支撑软件系统。在软件方面，由于各建设单位要求不同、公路交通环境各异，自主开发了各种监控软件和收费管理软件。这些软硬件产品的自主开发和选择引入，有力地推动了公路交通机电专业的发展，形成了一个新型的产业，对提高我国公路交通管理水平起到了积极作用。但是，我们应该看到公路交通机电这个行业是伴随着我国的改革开放和产业结构调整与转型发展起来的，进入这个行业的机构和人员参差不齐。公司规模方面，小到一个人的公司，大到上万人的集团；人员素质方面，从目不识丁的农民到拥有博士学位、留学背景的海归。交通机电产品的质量也因此良莠不均，从2008年的行业监督抽查看，有的机电产品抽样合格率很低，几乎没有全部合格的生产企业。因此，开展有效检测，加强管理迫在眉睫。通过产品检测，宣传标准、政策，帮助企业提高产品质量，创出名牌；通过工程检测，促进生产、施工、监理检测、建设管理等单位加强质量管理，确保工程建设质量。只有合格的产品按照规范的施工工艺，才能做出合格的工程，检测是工程建设质量的最后一道防线，因此，交通机电检测人员任重而道远。

2. 交通机电产品检测特点

交通机电产品是为交通管理服务的，交通管理的多样性和复杂性决定了机电产品的多样性和复杂性，这突出表现在以下几个方面。

(1)专业杂种类多：我们常说"魔高一丈，道高一尺"，用在检测领域是最好的谚语。只有精通被检对象的专业，才能了解被检对象的质量问题所在。交通机电涉及了电子工程、计算机应用、软件工程、有线通信、无线通信、数据通信、光纤通信、自动控制、仪器仪表、机械制造、光学工程、照明工程、供配电、交通工程、道路桥梁工程、隧道工程、安全工程等 20 多个专业。如此多的专业知识对交通机电检测人员是一项艰巨的任务，检测人员应针对行业产品特点，有规律地精通一部分、熟悉一部分、了解一部分。

(2)产品尺寸跨度大：由于交通机电产品种类多，产品类型和大小各异，小到 2～3mm 的发光二极管，大到 10～20m 的大型可变标志，大小相差 6 个数量级。虽然检测项目相同，但对产品的抽样、状态调节时间、试验环境的稳定时间、检测器具精度、夹持方式等都是不同的。例如都做振动试验，前者需要焊接在一个带夹具的电路边上，很容易安装在实验台上，直接启动就可进入试验状态；而后者则需要专门制作一块模组，用吊车小心翼翼地安装在实验台上，并设定振动程序，慢慢加载到试验规定的严酷程度等级后开始计时、计数。这种特性需要检测机构和检测人员有足够的经验和充足的附件。

(3)适应环境范围宽

室外机电产品设置在公路上，要经历风、雪、雨、雾等气候条件的侵蚀，要求其具有比较宽的环境适应温度。一般，我国户外气候分为六种类型，其绝对极值的划分见表 3-1-2，由于日光辐射影响，在考虑高温时还应在表 3-1-2 符号后数值上再增加 5～10℃，即全国气温极限范围可达－65～＋55℃。

户外六种气候类型绝对极值划分表 表 3-1-2

气候类型	低温(℃)	高温(℃)	气候类型	低温(℃)	高温(℃)
寒冷	－55	40	干热	－30	45
寒湿 I	－40	40	亚湿热	－15	45
寒温 II	－45	35	湿热	0	40
暖温	－30	45			

任何电子元器件都有使用温度的要求，在我国一般分为商业级(－5～＋55℃)、工业级(－40～85℃)和军品(－55～＋125℃)不同级别成本价格相差巨大。为经济起见，生产企业可根据不同的使用场合，选择不同的元器件级别或调温措施。因此，行业通用标准提出了三个级别的使用温度，一是 A 型：－20～＋55℃，一般适用于南方地区；另一级别是 B 型：－40～＋50℃，主要适用于北方部分地区；第三种是 C 型：－55～＋45℃，主要适用于东北、西北等特别寒冷地区。这些温度是指环境温度，没有考虑太阳辐射和元器件发热形成的温升。

宽范围的检测产品需要配置宽范围的检测设备，对于大型的交通机电产品，做环境例行试验的检测设备比起一般的电子产品大得多，例如高低温箱、振动台、冲击试验机都是定制产品，需要额外增加试验投入。另外在试验过程中还要注意试验的严酷等级是不一样的。

(4)检测仪器多

与检测专业相对应，产品种类多、专业宽，涉及的检测参数和需要的检测设备也就多，对检测人员的试验能力和操作熟练程度要求也更高。表 3-1-3 列出了按照交通运输部《公路水运工程试验检测机构等级标准》要求配置的常用机电检测设备，供读者参考。这部分设备中含有部分机电现场的检测设备。

交通机电产品常用检测设备一览表

表 3-1-3

序号	设备名称	主要指标
1	步入式环境试验箱	$-65\sim+150$℃；不小于 $12m^3$
2	中型恒温恒湿环境试验箱	$-50\sim+150$℃；不小于 $1m^3$
3	电热恒温干燥箱	400℃
4	电磁震动试验台	正弦推力 3.0×10^4N，随机推力 2.4×10^4N，冲击推力 5.0×10^4N
5	气流式盐雾腐蚀试验箱	不小于 $1m^3$；$1\sim2mL/80cm^2\cdot h$
6	循环盐雾腐蚀试验箱	不小丁 $1m^3$
7	人工加速老化试验箱	6 500W 水冷氙弧灯；辐射照度：$250\sim1\,750W/m^2$
8	紫外光老化试验箱	辐照度 $(0.78\pm0.02)W/m^2\cdot nm$；温度范围：$+10\sim70$℃ 紫外频谱 UVA：315～400nm；紫外频谱 UVB：280～315nm
9	密封防尘试验箱	不小于 8 m^3
10	喷淋试验装置	IPx6
11	高电压测试系统	150kV
12	兆欧表	1 000MΩ
13	耐电压测试仪	交直流 15kV
14	数字万用表	电阻/电压/电流
15	钳形电流表	400A
16	接地电阻表	0.1～100Ω
17	视频测量仪	符合 JTG F80/2—2004
18	视频信号发生器	符合 JTG F80/2—2004
19	低速数据测试仪	50bit/s～10M
20	通信性能综合分析仪	PDH/SDH/ATM (2.5G)
21	话路传输分析仪	32 路
22	测速雷达	0～250km/h
23	风速风向计	0～45m/s
24	温湿度计	100%RH
25	数字存储示波器	500MHz
26	网络线缆认证测试仪	5E 类全项
27	网络性能分析仪	
28	网络协议分析仪	

续上表

序号	设备名称	主要指标
29	电缆故障综合测试仪	20km
30	话缆串扰测试仪	20km
31	激光光源	1 310/1 530;0.1dBm
32	LED光源	850～1 600nm;－0.7dBm
33	光功率计	850～1 600nm
34	可变光衰减器	－70dB
35	OTDR	波长$\frac{1\ 310}{1\ 550}$ 1 625nm;动态范围40dB;盲区3m
36	时基铷钟	10^{-11}
37	市话模拟呼叫器	不小于64路
38	声级计	声压级:150dBA
39	通用信号发生器	正弦、三角、锯齿、脉冲、方波等
40	杂波表	
41	电力谐波表	
42	相位表	
43	CO测试仪	
44	烟雾传感器	
45	能见度仪	1～20 000m
46	场强计	频率30～2 000Hz;量程0～20 000V/m; 测量误差≤±1.5dB
47	无线电功率计	频率:10kHz～3GHz;功率:－47～30dBm
48	频谱分析仪	18GHz
49	标准逆反射测试系统	30.48m
50	暗室	38×2.4×2.2m^3
51	标准A光源	2 856K±50K
52	光强计	0.01～1.999×10^4mcd
53	照度计	0.1～1.999×10^5 lx
54	非接触型亮度色度计	0.1～10^6 cd
55	色彩色差仪	接触式
56	反光标志逆反射系数测试仪	(0.1～1999)cd/ lx·m^2
57	全站仪	测距精度 2±2ppm;测角精度 2"
58	游标卡尺	150mm
59	板厚千分尺	25mm
60	磁性涂层测厚仪	1 200μm

续上表

序号	设 备 名 称	主 要 指 标
61	超声波测厚仪	50 000μm
62	电涡流涂层测厚仪	3 000μm
63	电子万能材料试验机	1.0 级,量程不小于 200kN
64	电子万能材料试验机	0.5 级(分辨力 1 N)
65	分析天平	(感量 0.1mg)
66	电子天平	(感量 0.01g)

3. 交通机电产品检测一般步骤

交通机电产品的检测属于遍历型检测,即一个产品必须通过所有项目的考验才算合格,不能用多台设备的分部数据拼凑检测报告,这是与有些简单交通安全设施所不同的。另外,交通机电产品整机一般比安全设施贵重得多,检测后送检单位一般要求收回,这是正当要求,一般过争议期后需予归还,一般应加贴“已检样品”的永久标志。所以,除正常的接样程序外,一般遵照“先外后里、先易后难、先静后动、先整后破”的原则进行检测。

先外后里:先检查测量外观质量和外形尺寸,后开箱检测箱内部件安装质量和布线、标志等质量。

先易后难:机电产品检验项目在检测方法和检测时间上有简单和长短之分,先做简单项目,后作复杂项目。例如测量外形尺寸比发光强度要简单,先做外形尺寸测量;再如测量发光强度比耐盐雾试验简单,并且测量时间短,先做发光强度测量;耐盐雾要比耐候性时间短,先做耐盐雾试验,耐候性放在最后。

先静后动:先做静态检查,测量不带电的项目;后通电检查,做带电运行的项检验目。

先整后破:先做非破坏性项目,后作破坏性项目。对于机电产品,一些试验是破坏性的,试验之后产品有可能完全失效。如果先失效了,其他一些项目就不能再进行下去。例如耐电压测试和耐高温测试,一般来说,交通机电产品都能通过 55℃高温测试,虽然试验时间比耐电压测试长,但是一旦耐电压测试没有通过,电路被击穿,则这个产品暂时失效,其他项目不能在进行下去。等到修复,一方面需要时间,另外修复后以前做的有些项目还要重复,这样试验效率大大降低。

一个完整的测试过程如图 3-1-6 所示。

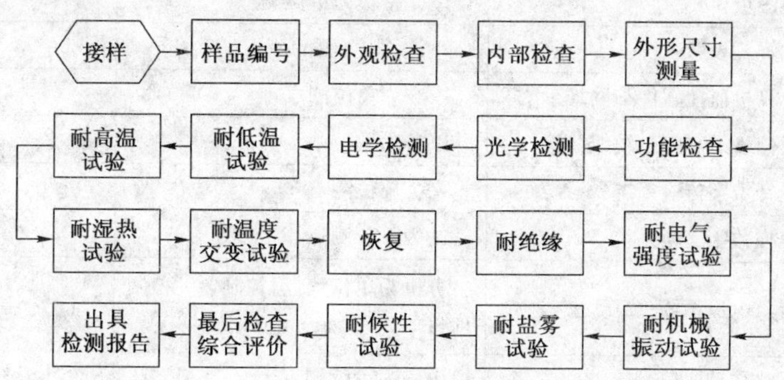

图 3-1-6 交通机电产品一般检测过程示意图

二、机电工程检测

可以说，交通机电工程施工质量检测是对成果的最终鉴定，产品质量好坏，施工质量优劣，只有通过试运行和检测才能得出结论。对检测人员和检测结构都是严峻考验，检测工程师担负着最终质量把关的重任，必须严格依据检验评定标准开展检测工作。交通机电工程质量检测依据《公路工程质量检验评定标准　第二册　机电工程》(JTG F80/2—2004)(以下简称F80/2)，下面重点将各专业通用的内容介绍给读者，其他内容在后续章节中讲述。

1.分项工程检查频率

检查频率也称抽样频度，在F80/2第1.0.3中规定“机电工程分项工程检查频率：施工单位为100%；工程监理单位不少于30%，当项目测点数少于3个时，全部检查。”这里有一个问题需要解释，如果是6个，按30%抽应该抽取6×0.3=1.8个，取整是2个；如果是3个则全部检查。这样会出现6个查2个，3个查3个，这样是不公平的。这里正确的理解应该是在抽样基数10个以下时易分两段抽样：10～4时取抽取3个；小于等于3个全部检查。

2.抽样单位

如同普通的物理量一样，工程项目也有“计量单位”，我们称之为抽样单位，抽样单位不同，工程量不同，检测工作量也不同，例如“一条”光缆和“一管孔”光缆数量是不一样的，为了统一机电工程检测的工作量，真实反应工程建设质量，在F80/2的条文说明中对抽样单位作了统一说明，见表3-1-4。

机电工程分项工程及抽样单位划分表　　表3-1-4

分部工程	分项工程	抽样单位	基本要求	实测项目	外观鉴定
2监控设施	2.1车辆检测器	1个控制机箱			
	2.2气象检测器	1个控制机箱			
	2.3闭路电视监视系统	外场设备以1个摄像机为单位，室内设备以中心(分中心)为单位			
	2.4可变标志	1个外场设备			
	2.5光、电缆线路	以条为单位			
	2.6监控中心设备安装及软件调测	中心为单位测点			
	2.7地图板	以完整块为单位测点			
	2.8大屏幕投影系统	1个完整屏幕为测点			
	2.9计算机监控软件与网络	中心为单位测点			
3通信设施	3.1通信管道与光电缆线路	以条为单位			
	3.2光纤数字传输系统	站为单位测点			
	3.3程控数字交换系统	站为单位测点			
	3.4紧急电话系统	分机为单位测点，控制台的检测项目单列			
	3.5无线移动通信系统	中心为单位测点			
	3.6通信电源	站为单位测点			

续上表

分部工程	分项工程	抽样单位	基本要求	实测项目	外观鉴定
4 收费设施	4.1 入口车道设备	车道为单位测点			
	4.2 出口车道设备	车道为单位测点			
	4.3 收费站设备及软件	站为单位测点			
	4.4 收费中心设备及软件	中心为单位测点			
	4.5IC 卡及发卡编码系统	套为单位测点			
	4.6 闭路电视监视系统	外场设备以1个摄像机为单位，室内设备以站为单位			
	4.7 内部有线对讲及紧急报警系统	分机、报警器为多测点			
	4.8 站内光、电缆线路	以条为单位			
	4.9 收费系统计算机网络	中心为单位测点			
5 低压配电设施	5.1 中心(站)内低压配电设备	站为单位测点			
	5.2 外场设备电力电缆	以条为单位			
6 照明设施	照明设施	以中心为单位			
7 隧道机电设施	7.1 车辆检测器	同 2.1			
	7.2 气象检测器	同 2.2			
	7.3 闭路电视监视系统	同 2.3			
	7.4 紧急电话系统	分机为单位测点			
	7.5 环境检测设备	控制箱为一个，探头分记			
	7.6 报警与诱导设施	控制箱为一个，按钮分记			
	7.7 可变标志	同 2.4			
	7.8 通风设施	1个风机为一个测点			
	7.9 照明设施	控制箱为1个测点，灯具按个分记			
	7.10 消防设施	系统为1个测点，设备按点分记			
	7.11 本地控制器	以台为1个单位测点			
	7.12 隧道监控中心计算机控制系统	系统为1个点，设备按个分记			
	7.13 隧道监控中心计算机网络	系统为1个点，设备按个分记			
	7.14 低压供配电	以1个配电箱为测点			

3. 外观鉴定原则

外观鉴定是工程质量检评标准的很重要的一项内容，但往往带有很大的主观性，为了尽量避免人的随意性，一方面要求评价人员具有公正性外，从技术上尽量量化评价指标，并具有可操作性。从 F80/2 整个设计来看，采用了主观评价减分制，不评优良中差，比以前的检评标准是一个很大的进步。基本思路是，评价人员不知道总得分是多少，看到缺陷就扣分，对工程质量起到了严格把关作用。在 F80/2 中进一步细化了扣分标准，使其量化到 0.1 分，更客观公正一些。具体要求如下：

(1)外观检定条目下的每一款为一个项目；

(2)有轻微缺陷，而无证据时，该项目可扣 0.1 分；

(3)有轻微缺陷，有证据时，每个证据可扣 0.1 分，每项目累计的轻微缺陷不超过 1 分；

(4)有明显缺陷，每个证据可扣 0.5 分，每项目累计的明显缺陷不超过 1.5 分，当累计至 1.5分以上时为不合格项，要求返工修复此测点；

(5)有严重缺陷，很明显不符合标准要求，此测点不得分，要求返修此测点。

另外需要注意，在一个分项工程有多个测点数时，每个测点的外观鉴定项目的扣分是一个条目一个条目累加的，但测点与测点不累加，选择扣分最大的测点为该分项工程的外观鉴定扣分。

三、交通机电通用检测设备与方法

除了第一篇讲过的高温、低温、湿热、盐雾试验、人工加速老化试验外，还有温度交变试验、循环盐雾试验、机械振动试验、IP 等级 4 项环境例行试验，接地电阻、绝缘电阻、介电强度试验 3 项电气安全性能。这些试验和性能对保证机电产品的耐久性和安全性都是关键项目，在此，作为机电通用试验介绍给大家。

1. 环境例行试验的一般要求

如同第一篇第五章一样，机电产品的环境试验也要经过试验准备、试验前检查、试验设备准备、试验条件设定、样品装载、试验、中间检查、恢复、最终检测，设备复原，出具报告等过程。重要的是严酷等级的设定和试验设备的选择与操作。下面在每个试验中详述。

2. 耐温度交变试验

温度交变试验用于评价电子元件、设备和其他产品经受环境温度迅速变化的能力。我国幅员辽阔，各地的气候环境条件差异很大，为了确保公路机电设施在温度变化环境下能正常使用，对室外使用的公路机电产品进行温度交变试验非常有必要。

1)依据的标准

国家标准《电工电子产品基本环境试验　第 2 部分：试验方法　试验 N：温度变化》(GB/T 2423.22—2002)。该标准中有三种试验方法：

(1)试验 Na：规定转换时间的快速温度变化试验；

(2)试验 Nb：规定温度变化速率的温度变化试验；

(3)试验 Nc：两液槽温度快速变化试验。

公路机电产品一般选择试验 Na，下面以此为主展开介绍。

2)试验设备

试验设备可以采用一个具有快速温度交变能力的专用试验箱，也可以用一个高温箱和一个低温箱的组合，大部分检测机构使用后者。试验设备应符合国家标准《高温试验箱技术条件》(GB 11158)和《低温试验箱技术条件》(GB 10589)的要求。

3)试验设备的组合与安装要求

(1)两箱放置的位置应能使试验样品于规定时间内从一个箱转移到另一个箱，转换方法可

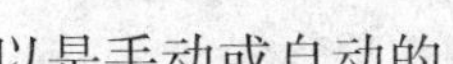

以是手动或自动的；

(2)试验箱中放置样品的任一区域内应能保持试验所规定的空气温度；

(3)箱内空气的绝对湿度不应超过 20g/m³；

(4)高温箱箱壁温度不应超过试验规定温度(以绝对温度 K 计)的 3%，低温箱箱壁温度不应超过试验规定温度(以 K 计)的 8%；

(5)试验箱的容积和空气速度应满足在放入试验样品后，箱内空气温度恢复到规定容差范围的时间，不超过试验暴露时间的 10%；

(6)箱内空气应流通，试验样品附近测得之空气速度应不小于 2m/s。

4)严酷等级

严酷程度由低温与高温温度值、转换时间和循环数确定，国家标准 GB/T 2423.22—2002 对严酷等级的一般规定是：

(1)有关标准中应规定低温 T_A 和高温 T_B，该温度均应从 GB/T 2423.1 和 GB/T 2423.2 规定的试验温度中选取；

(2)除非有关标准另有规定，循环数应为 5 次；

(3)除非有关标准另有规定，转换时间 t_2 应为 2～3min；

(4)在低温和高温下的试验时间 t_1 取决于试验样品的热容量，试验时间应为 3h，2h，1h，30min 或 10min，由有关标准规定，若有关标准未规定试验时间时，则为 3h；

(5)低温箱内温度预先调节到要求的低温 T_A，然后把试验样品放入箱内；

(6)低温箱的温度应在 T_A 下保持规定时间 t_1：t_1 值包括放入试验样品后箱内温度恢复到 T_A，所需的时间不应大于 $0.1t_1$；

(7)转换时间 t_2：试验样品从低温箱中取出并转移到高温箱中，转换时间 t_2 包括从一个箱取出和放入另一个箱的时间，以及在试验室环境温度下停顿的时间，转换时间分为下列三种：2～3min、20～30s、<10s；

(8)高温箱的温度应在高温 T_B 下保持要求的时间 t_1，t_1 包括放入试验样品后箱内温度恢复到稳定状态的过程时间，该时间不应大于 $0.1t_1$；

(9)把试验样品按规定的转换时间 t_2 转移到低温箱，进行下一个循环。

可见每一个循环由两个试验时间 t_1 和两个转换时间 t_2 组成(见图 3-1-7)。

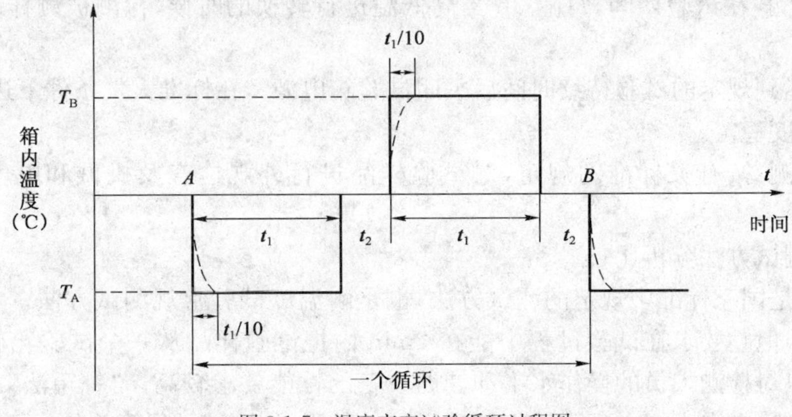

图 3-1-7　温度交变试验循环过程图

5)交通机电产品对严酷等级的规定

交通机电产品温度交变试验通常把低温定为－40℃,高温定为＋70℃,这样可适应于中国的大部分地区。考虑到机电设备的现有技术水平以及使用环境,把试验持续时间定为较为严酷的2h,循环次数定为5次,转换时间定为2min。

6)试验步骤

(1)两箱法

①初始检测:按有关标准的规定,对试验样品进行外观检查及机械和电气安全性能的检测。

②放置样品:将无包装、不通电的试验样品,在"准备使用"状态下,按正常工作位置放入低温箱内。然后打开样品的电源,使其处于正常工作状态。

③设置试验箱参数:按照标准规定的试验温度设置低温箱(－40℃)和高温箱(＋70℃)的参数,启动试验箱,待低温箱内的温度达到规定值并稳定后将样品放入,关闭箱门,开始计算试验持续时间。要注意重新到达设定温度(－40℃)时的时间不得大于12min。

④中间检测:低温保持2h后,在2min内将被测样品转移到高温箱,在高温箱保持2h后再转移到低温箱。如此共循环五次,试验过程中产品应启动正常,逻辑正确。

⑤恢复:达到规定的试验持续时间后关闭试验箱电源。在标准大气条件下进行恢复,时间要足以达到温度稳定。

⑥最后检测:按有关标准的规定,对试验样品进行外观检查及机械和电气安全性能的检测。

(2)"一箱法"测试方法

①初始检测:按有关标准的规定,对试验样品进行外观检查及机械和电气安全性能的检测。

②放置样品:将无包装、不通电的试验样品,在"准备使用"状态下,按正常工作位置放入试验箱内。然后打开样品的电源,使其处于正常工作状态。

③设置试验箱参数:按照标准规定的试验温度、升降温时间、高低温保持时间和循环次数设置试验箱参数,启动试验箱,待试验箱内的温度达到规定值后,将试验样品放入试验箱,关闭箱门,开始计算试验持续时间。

④中间检测:在试验期间,每隔2h当高低温进行转换的时候,检测被测样品是否启动正常,逻辑正确。

⑤恢复:达到规定的试验持续时间后关闭试验箱电源。在标准大气条件下进行恢复,时间要足以达到温度稳定。

⑥最后检测:按有关标准的规定,对试验样品进行外观检查及机械和电气安全性能的检测。

(3)两种测试方法分析比较

"两箱法"是国家标准中规定的测试方法,也是耐温度试验常规测试方法。它对试验箱的性能要求较低,但它要求在试验过程中能在2min内把试验样品从一个试验箱转移到另外一个试验箱,所以对检测人员的操作水平和辅助设备的性能要求较高。"一箱法"是近些年出现的一种测试方法,它省去了在试验箱间转移样品的过程,使测试过程简单化。但它要求必须能在规定的 2min 内完成温差达 110℃的升降温过程，所以试验箱的性能提出了很高的要求。

(4)耐温度交变试验中的常见问题

耐温度交变试验过程中的常见问题有：试验样品在试验过程中会出现内部润滑脂凝结的现象，影响样品的正常工作；试验样品的电源模块在温度交变环境下容易出现工作故障；结构变形或开裂、玻璃蒙面的产品破碎。

7)试验记录与报告

按规定填写每一步的原始记录。

3. 循环盐雾试验

1)循环盐雾的腐蚀机理

循环腐蚀试验，使样品在一个重复循环中处于一系列不同环境中，循环腐蚀试验比传统的盐雾试验对材料的侵蚀作用更加接近自然。由于一种材料的使用环境通常涉及潮湿和干燥两种条件，所以用实验室加速试验来模拟自然周期条件是有意义的。最新的研究表明，不改变条件连续地进行盐雾腐蚀反而会延缓腐蚀向深层发展，这可能与形成的腐蚀层致密程度有关。在腐蚀条件不变时，腐蚀层后到一定程度时就不再增加，但当改变腐蚀条件，例如纯净加湿、淡水浸泡、干燥等会使得腐蚀层变薄或破坏，当再次进入盐雾状态时，腐蚀就继续发生，这就是循环盐雾试验的机理。与传统盐雾试验相比，循环腐蚀试验，其相对腐蚀速率、结构和形态都更相似于户外腐蚀。因此，循环试验提高了与户外腐蚀的相关性。

2)循环盐雾试验标准

目前我国仍然使用国家标准《电工电子产品基本环境试验　第 2 部分：试验方法　试验 Kb：盐雾，交变（氯化钠溶液）》(GB/T　2423.18—2000)，该标准等效采用 IEC 68-2-52：1996，已经实施了近 14 年，该标准只有两个状态：喷雾 2h 和恒温恒湿存储一定时间。现在，国际上一般有三种状态，即：喷雾、湿热贮存、干燥为一个周期。ISO 和日本的 JIS 都是采用有干燥周期的循环盐雾试验，美国的 SEA 还采用有 4 状态的循环试验，即增加了模拟海水浸泡功能。2008 年颁布实施的《公路沿线设施塑料制品耐候性指标及测试方法》(GB/T　22040—2008)中规定了干燥周期，就是参照 ISO 标准制定的。

3)试验设备

“两状态”循环盐雾试验可是使用专用循环盐雾试验箱，也可以使用一台普通盐雾试验箱和一台恒温恒湿试验箱组合。

“三状态”、“四状态”循环盐雾试验需要使用专用循环盐雾试验箱，因为增加了(60±2)℃，20%～30%RH 条件，一般的恒温箱不能满足。

4)循环盐雾试验的严酷等级

循环盐雾试验的严酷等级由循环周期和循环数决定。GB/T　2423.18－2000 有 6 个严酷等级，如图 3-1-8 所示。

GB/T　22040—2008 的严酷等级由试验周期决定，试验周期由试验流程决定，一个典型的试验流程有盐雾、干燥、湿热贮存三种状态，状态之间的转化有一个 0.5h 的时间间隔，详见表 3-1-5。

5)试验步骤

与普通盐雾试验一样，循环盐雾试验也要经过：准备试样、配置盐溶液、设定试验程序、初始检测、预处理、放入试样开始试验、恢复、最后检测等步骤。

试验使用的盐溶液浓度也是(5±1)%,沉降量也是 80cm^2 面积上,1～2mL/h。该数值是基于每天平均至少 16h 的连续喷雾的基础上的。在试验时应引导或阻挡喷嘴,避免喷出的气雾直接喷在试件上。

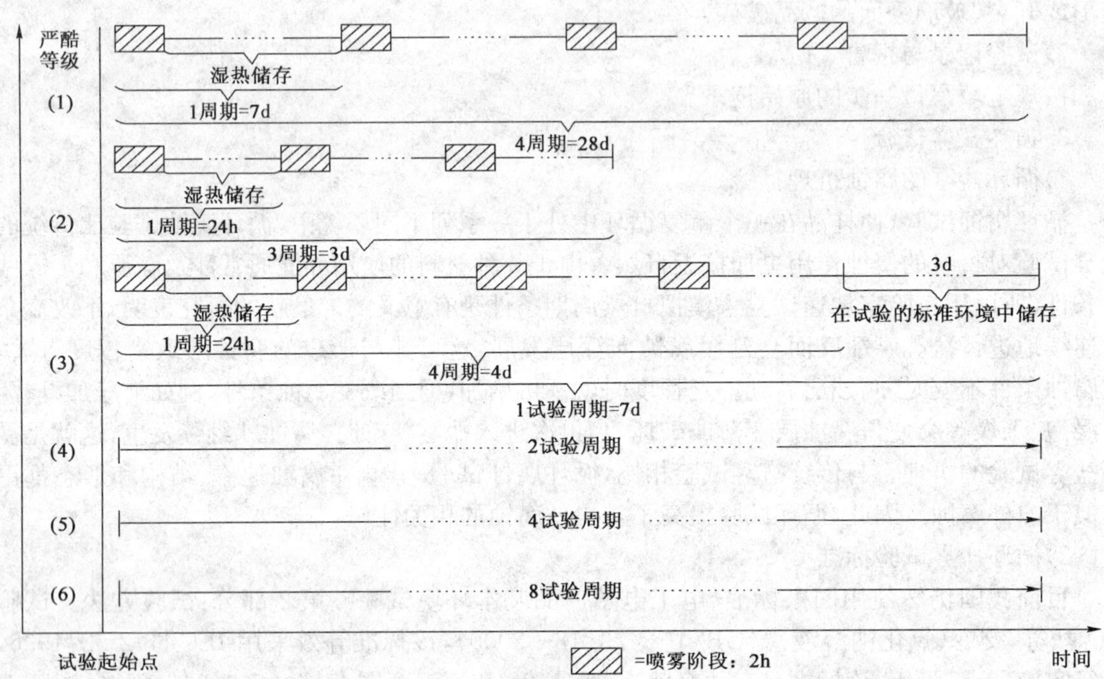

图 3-1-8 GB/T 2423.18—2000 规定的严酷等级(1)～(6)时的时标示意图

GB/T 22040—2008 规定的试验周期及严酷等级表 表 3-1-5

试验流程		试验条件		试验时间,h	说明
		温度(℃)	相对湿度(%RH)		
一个试验周期	盐雾	35±2	—	2	
	过渡段 I	—	—	≤0.5	
	干燥	60±2	20%～30%	4	
	过渡段 II	—	—	≤0.5	
	湿热	50±2	≥95%	2	
	过渡段 III	—	—	≤0.5	此过渡段完成后自动进入下一个周期试验
	第 I、II、III 过渡段的时间为调节时间,不列入有效试验时间(试验周期),一个完整的试验周期为 8h,试验时间按有效试验时间计算				
	严酷等级 A:30 个试验周期,即 240h 试验				
	严酷等级 B:90 个试验周期,即 720h 试验				

其他条件依据不同的标准按照图 3-1-8 和表 3-1-5 执行。

4. 机械振动试验

1)概述

(1)振动试验的作用

振动是一种波动，机械振动是物体在平衡点附近反复进行的机械运动。振动试验是力学环境试验中的一种。振动台是用于此类试验的专门的力学环境试验设备。振动试验的目的是确定样品的机械薄弱环节和(或)特性降低情况。用这些资料，结合有关规范用以判定样品是否可以接收。在某些情况下，利用振动试验可用于论证样品的机械结构完好性和(或)研究它的动态特性。还可通过试验的严酷等级来划分元器件的质量等级。

(2)振动的分类

振动可分为随机振动和周期振动。周期振动包括正谐、多谐、方波、锯齿波。周期振动都可分解为一系列简谐振动之和。按是否有外力推动，振动又可分为自由振动和强迫振动。

(3)正弦振动的描述

①频率、角频率

频率和角频率都是用来描述单位时间内振动次数的。每秒钟振动的次数，称为振动的频率，常用 f 表示。单位是：次数/每秒，用 Hz 表示。

假如用机械转子激振器每秒钟的转动弧度数来描述振动，称为振动的角频率，常用 ω 表示，单位是：弧度/每秒。

频率和角频率之间有如下的关系：

$$\omega=2\pi f \tag{3-1-24}$$

②位移、速度、加速度

位移、速度和加速度都是用来描述振动的幅度的。位移是指振动时物体离开平衡位置的最大距离，常用 A 表示，单位是：米(m)。速度是指振动时物体运动的最大速度，常用 v 表示，单位是：米每秒(m/s)。加速度是指振动时物体运动的最大加速度，常用 a 表示，单位是：米每二次方秒(m/s^2)。有时也用重力加速度 g 来表示：$g=9.8m/s^2$。在正弦振动的情况下，且使用国际单位制时，位移、速度、加速度三者之间有如下的关系：

$$v=\omega A=2\pi fA \tag{3-1-25}$$

$$a=\omega v=\omega^2 A=(2\pi f)^2 A \tag{3-1-26}$$

另外，根据牛顿定律：$F=m\cdot a$ 就可以计算出振动台的最大负荷 m。

$$m=\frac{F}{a}=\frac{F}{4\pi^2 f^2 A} \tag{3-1-27}$$

式中：m——试验台的总质量(kg)；

F——试验台的最大推力(N)，一般由生产厂给出；

f——振动频率(Hz)，由试验标准确定；

A——位移(m)，由试验标准确定，标准中一般以 mm 为单位需要乘以 10^{-3}；

π——圆周率，取 3.14 。

试验前应严格按照上式校核，试验台上装载的质量 $m_t=m-m_0$，m_0 为试验台自身的质量，由生产厂给出。

(4)振动台的分类

振动台按它们的工作原理可以分为电动台、机械台、液压台三种。

电磁振动试验台简称“电动台”,以输出激振力为主要特点,它的频率范围最宽,一般为1～3 000Hz。最大位移一般为±51mm,最大加速度一般可达 100g。配以水平滑台可以作水平振动。配以随机控制仪可以作随机振动。精度指标好。但是它的台面尺寸小,常需另配辅助台面;运行成本及价格比较高。常用于电工、电子元器件等产品的高频、高加速度振动试验。

机械台以最大负载为主要特点,频率范围一般为 5～80Hz。最大位移一般为±(3～5)mm。最大加速度一般可达 10g。台面尺寸大。一般不用配水平滑台即可作水平振动。价格低。但它的噪声较大,也不能作随机振动。常用于电工、电子、光学仪器等产品的整机振动试验。

液压台也以输出激振力为主要指标,频率范围一般为 1～200Hz。最大位移一般为±(100～200)mm。最大加速度一般可达 10g。配以水平滑台可以作水平振动。配以随机控制仪可以作随机振动。但它的噪声较大,运行成本及价格比较高。常用于汽车等产品的整车振动试验;建筑、水利工程的地震模拟振动试验。

以上三种振动台在失真度、横向振动、均匀度等方面都可达到一定的精度指标,满足相应的标准。

除了以上三种振动台之外,还有一种以电磁铁原理工作的振动台(常称作振动器),它的位移振幅在±(1～3)mm 左右。可作为工艺过程中的振动试验。但它在失真度、横向振动、均匀度等方面都不能作考核用试验台。

(5)电磁振动试验台工作原理

电磁振动试验台是三种振动台(电动、机械、液压)中频率范围最宽,性能最好的一种。它是根据通电导体在磁场中受到安培力作用的工作原理,向处于恒定磁场中的动圈输入交变电流,从而在动圈轴线方向产生交变的激振力,并通过和动圈连成一体的振动台面传递给试件。改变输入电流的频率和幅度,即可调节输出振动的频率和幅度。电动台在规定的频率范围内,能进行指数式定位移一定速度一定加速度往复自动扫频振动,其扫频速率可调。

典型的电磁振动试验台的构成如图 3-1-9 所示。工作工程简述如下:控制器输出振动信号,经功率放大器放大后推动振动台振动,实际的振动情况经过安装在台面或产品上的加速度计采集回来并通过前置的电荷放大器放大后输出给控制器,控制器根据实际的振动情况与设定值相比较以决定下一步的输出(如实测值大于设定值,则减小输出;反之则增大输出),所有的这些构成了系统的一个循环周期,振动试验就是由很多个这样的周期组成的。

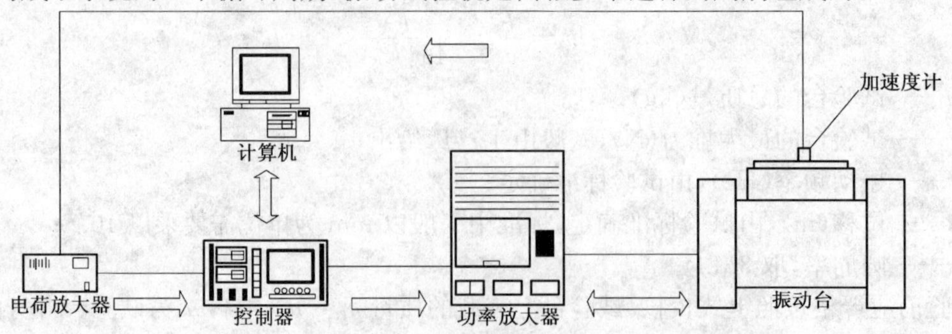

图 3-1-9 振动试验系统构成图

2)试验标准

耐正弦机械振动试验的国家标准是 GB/T 2423.10—2008《电工电子产品基本环境试验 第 2 部分:试验方法 试验 Fc:振动(正弦)》

3)试验设备

试验设备符合 GB/T 2423.10—2008 第 4 章的规定,并且检定合格。

4)严酷等级

振动试验的严酷等级由三个参数共同确定,即频率范围、振动幅值和耐久试验的持续时间(按扫频循环数或时间给出)。

有关规范应规定样品受振动的轴线数和它们的相对位置。如果有关规范不作规定,则样品应在三个互相垂直的轴线上依次经受振动,而且轴向的选择应选最可能暴露故障的方向。

一般交通机电产品规定的严酷等级为:

(1)机房内设备

设备包装在包装箱内,在振动频率 2～150Hz 的范围内按 GB/T 2423.10 的方法进行扫频试验。在 2～9Hz 时按位移控制,位移幅值 3.5mm(峰峰值 7.0mm,下同);9～150Hz 时按加速度控制,加速度为 $20m/s^2$。2Hz→9Hz→150Hz→9Hz→2Hz 为一个循环,扫频速率为每分钟一个倍频程,在 *XYZ* 三个方向各经历 20 个循环后,开箱检查并给设备通电测试,结构不受影响、零部件无松动,功能正常。

(2)户外设备

设备通电工作时,在振动频率 2～150Hz 的范围内按 GB/T 2423.10 的方法进行扫频试验。在 2～9Hz 时按位移控制,位移幅值 3.5mm;9～150Hz 时按加速度控制,加速度为 $20m/s^2$。2Hz→9Hz→150Hz→9Hz→2Hz 为一个循环,扫频速率为每分钟一个倍频程,在 *XYZ* 三个方向各经历 20 个循环后,设备功能正常,结构不受影响、零部件无松动。

(3)车载设备

设备通电工作时,在振动频率 2～500Hz 的范围内按 GB/T 2423.10 的方法进行扫频试验。在 2～9Hz 时按位移控制,位移幅值 3.5mm;9～500Hz 时按加速度控制,加速度为 $20m/s^2$。2Hz→9 Hz→500Hz→9Hz→2Hz 为一个循环,扫频速率为每分钟一个倍频程,共经历 20 个循环后,设备功能正常,结构不受影响、零部件无松动。

5)操作步骤

在开始操作之前,再次核算一下试件的最大质量是否满足要求。

(1)务必确保振动系统内所有电气设备的地线均连接至专供系统使用的独立地线。

(2)选择夹具,安装试件/产品(使用水平滑台时应在试验前至少 20min 前打开油泵电源;试验前务必确认滑台四周的润滑油已均匀流出且用手推动时,滑台可顺畅移动;倒台至水平方向,正确联结动圈和滑板,再次检查滑板可顺畅移动并安装试件和夹具)。

(3)对于大型的试件,尽量使用吊车吊装试件,并在装载之前用辅助支撑将试验台面升起,避免装载过程将动圈撞击到试验台缸体上导致损坏。

(4)连接加速度计至电荷放大器,给加速度计提供振动信号(例如使加速度计底部轻轻敲击振动台台面),观察电荷放大器的示值变化,若存在示值,表明加速度计及其连接电缆(测量回路)正常;否则请检查加速度计和连接电缆并重复上面的步骤;安装加速度计。

(5)为系统供电,打开功率放大器。此时冷却风机应该正常运转,系统进入准备状态。

(6)调节振动台动圈的至中心位置(水平方向还需调整滑台对中),落下辅助支撑至适当位置。

(7)根据加速度计的电荷灵敏度指标设置/检查电荷放大器的输入灵敏度;选择合适的归一化输出(例如100mV/g),同时设置/检查控制器通道设置参数中的通道灵敏度设置,必须与电荷放大器的归一化输出值一致。

(8)启动振动控制器及其控制软件,按照试验标准/要求设置试验参数(严酷等级)。

(9)调节功放增益至合适的位置;(一般情况下,根据总体运动部件的质量和试验要求的加速度值计算所需的推力,该推力与系统额定推力的百分比即最低的功放增益值,一般要增加一些作为余量,如所需推力是系统额定值的20%时,一般设定为30%~50%比较合适)。

(10)用控制软件启动试验;对于大型试件,由于装载不平衡,导致试验撞击到辅助支撑上,发生告警而停机。这时可用控制软件降低试验幅度,例如可将位移衰减6个dB,再行启动,经过几个初始循环后再自动过渡到正常试验等级上。

(11)试验结束后立即将功放的增益关至零;升起辅助支撑。

(12)检测、记录,关闭功放,卸载,结束试验。

6)注意事项

(1)在试验过程中,样品应始终处于通电状态。如果在中间检测时样品的工作状态和性能不符合相关标准要求,应立即终止试验。

(2)样品在振动台上的安装应严格按照《电工电子产品环境试验　第2部分:试验方法元件、设备和其他产品在冲击(Ea)、碰撞(Eb)、振动(Fc和Fd)和稳态加速度(Ga)等动力学试验中的安装要求和导则》(GB/T 2423.43)的规定进行。否则,如果安装不符合要求,可能会使样品在试验中经受的严酷性加大,从而对测试结果产生影响。

(3)样品在振动过程中容易出现内部焊点、螺丝和接线头脱落的现象,因此在试验开始前要仔细检查内部元件情况,有问题要及时地维修更换。

(4)试验过程中要注意试验夹具松动脱落或试件破碎飞出导致的伤害,对于大型试件或易碎试件,试验人员要穿戴必要的防护用具。

5. IP防护代码

IP防护等级有两层含义,一是防止异物进入设备,对设备造成故障,例如树枝或刺钢丝进入压缩机的皮带轮导致电机堵转损坏;二是防止人体的一部分进入设备,对人身造成伤害,例如绞肉机绞伤人的手臂。除此之外还有防止水进入设备的功能。防护能力的大小,在国际上有统一的规定,这就是IEC 60529:2001对应国标《外壳防护等级(IP代码)》(GB 4208—2008)的作用。生产企业按这个标准对机电设备进行了防护就是安全的。

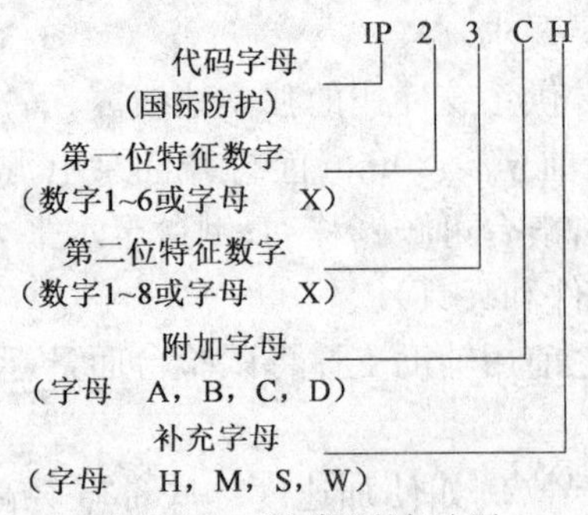

图3-1-10　IP代码的标志图

1)IP代码的标志

IP代码由IP字母和两位特征数字和一位附加字母、一位补充字母组成,IP的标志如图3-1-10所示。

2)IP 代码的含义

IP 代码中各数字的含义见表 3-1-6。

(1)第一位特征数字

第一位特征数字所代表的对接近危险部件的防护等级见表 3-1-7。表 3-1-7 中仅由第一位特征数字规定防护等级,简要说明和含义不作为防护等级的规定。

IP 代码中各数字的含义　　表 3-1-6

IP 代码表	数字或字母	对设备防护的含义	对人员防护的含义
代码字母	IP		
第一位特征数字		防止固体异物进入	防止接近危险部件
	0	无防护	无防护
	1	≥φ50mm	手背
	2	≥φ50mm	手指
	3	≥φ50mm	工具
	4	≥φ50mm	金属线
	5	防尘	金属线
	6	尘密	金属线
第二位特征数字		防止进水造成有害影响	
	0	无防护	
	1	垂直滴水	
	2	15 度滴水	
	3	淋水	
	4	溅水	
	5	喷水	
	6	猛烈喷水	
	7	短时间浸水	
	8	连续浸水	
附加字母(可选择)			防止接近危险部件
	A		手背
	B		手指
	C		工具
	D		金属线
补充字母(可选择)		专门补充的信息	
	H	高压设备	
	M	做防水试验时试样运行	
	S	做防水试验时试样静止	
	W	气候条件	

第一位特征数字所代表的对接近危险部件的防护等级 表 3-1-7

第一位特征数字	防护等级	
	简要说明	含义
0	无防护	—
1	防止手背接近危险部件	直径 50mm 球形试具应与危险部件有足够的间隙
2	防止手指接近危险部件	直径 12mm，长 80mm 的铰接试具应与危险部件有足够的间隙
3	防止工具接近危险部件	直径 2.5mm 的试具不得进入壳内
4	防止金属线接近危险部件	直径 1.0mm 的试具不得进入壳内
5	防止金属线接近危险部件	直径 1.0mm 的试具不得进入壳内
6	防止金属线接近危险部件	直径 1.0mm 的试具不得进入壳内

第一位特征数字所代表的对固体异物(包括灰尘)进入的防护等级见表 3-1-8。

第一位特征数字所代表的对固体异物(包括灰尘)进入的防护等级 表 3-1-8

第一位特征数字	防护等级	
	简要说明	含义
0	无防护	—
1	防止直径不小于 50mm 球形的固体异物	直径 50mm 的球形物体试具不得完全进入壳内
2	防止直径不小于 12.5mm 球形的固体异物	直径 12.5mm 的球形物体试具不得完全进入壳内
3	防止直径不小于 2.5mm 球形的固体异物	直径 2.5mm 的物体试具不得完全进入壳内
4	防止直径不小于 1.0mm 球形的固体异物	直径 1.0mm 的物体试具不得完全进入壳内
5	防尘	不能完全防止尘埃进入，但进入的灰尘量不得影响设备的正常运行
6	尘密	无灰尘进入

(2)第二位特征数字

第二位特征数字表示外壳防止由于进水而对设备造成有害影响的防护等级。表 3-1-9 给出了第二位特征数字所代表的防护等级的简要说明和含义，简要说明和含义不做为防护等级的规定。

第二位特征数字所代表的防护等级　表 3-1-9

第二位特征数字	防护等级	
	简要说明	含义
0	无防护	—
1	防止垂直方向滴水	垂直方向滴水应无有害影响
2	防止当外壳在 15°范围内倾斜时，垂直方向滴水	当外壳的各垂直面在 15°范围内倾斜时，垂直滴水应无有害影响
3	防淋水	各垂直面在 60°范围内淋水，无有害影响
4	防溅水	向外壳各方向溅水无有害影响
5	防喷水	向外壳各方向喷水无有害影响
6	防强烈喷水	向外壳各方向强烈喷水无有害影响
7	防短时间浸水影响	浸入规定压力的水中经规定时间后外壳进水量不致达有害程度
8	防持续潜水影响	按生产长和用户双方同意的条件(应比特征数字为 7 严酷)持续潜水后外壳进水量不致达有害程度

(3)附加字母

附加字母表示对人接近危险部件的防护等级。附加字母在下述两种情况下使用：

①接近危险部件的实际防护高于第一位特征数字代表的防护等级；

②第一位特征数字用“X”代替，仅需表示对接近危险部件的防护等级。

3)交通机电产品的机箱防护等级

交通机电产品的机箱防护性能应满足国家标准 GB 4208—2008 中规定的 IP55 或 IP65 两个等级，下面将详细说明这两个等级的规定情况。

(1)第一位特征数字为 5 和 6 的防尘试验

第一位特征数字为 5 和 6 的防尘试验应在防尘箱中进行。密闭试验箱内的粉末循环泵可用能使滑石粉悬浮的其他方法代替。滑石粉应用金属方孔筛滤过。金属丝直径 50μm，筛孔尺寸为 75μm。滑石粉用量为每立方米试验箱容积 2kg，使用次数不得超过 20 次。滑石粉的选用应符合人体健康与安全的各项规定。

(2)第二位特征数字为 5 的喷嘴试验要求的试验条件如下：

①喷嘴内径：6. 3mm；

②水流量：12. 5L/min±0. 625L/min；

③水压：按规定水流量调节；

④主水流的中心部分：离喷嘴 2. 5m 处直径约为 40mm 的圆；

⑤外壳表面每平方米喷水时间：约 1min；

⑥试验时间：最少 3min；

⑦喷嘴至外壳表面距离：2. 5～3m。

(3)第二位特征数字为6的喷嘴试验要求的试验条件如下：

①喷嘴内径：12.5mm；

②水流量：100L/min±5L/min；

③水压：按规定水流量调节；

④主水流的中心部分：离喷嘴2.5m处为直径约120mm的圆；

⑤外壳表面每平方米约喷水时间：约1min；

⑥试验时间：最少3min；

⑦喷嘴至外壳表面距离：2.5～3m。

(4)接受条件

外壳经规定的试验后，应检查外壳进水情况。如可能，有关产品标准应规定允许的进水量及耐电压试验的细节。

一般说来，如果进水，应不足以影响设备的正常操作或破坏安全性；水不积聚在可能导致沿爬电距离引起漏电起痕的绝缘部件上；水不进入带电部件，或进入不允许在潮湿状态下运行的绕组；水不积聚在电缆头附近或进入电缆。

如外壳有泄水孔，应通过观察证明进水不会积聚，且能排出而不损害设备。

对没有泄水孔的设备，如发生水积聚并危及带电部分时，有关产品标准应规定接受条件。

6. 接地电阻

接地电阻对机电工程来说是一个重要安全参数，防雷接地是防止机电设备遭雷击而采取的保护性措施，目的是把雷电产生的雷击电流通过避雷针引入到大地，从而保证设备正常运行。同时，保护接地也是保护人身安全的一种有效手段，当某种原因引起的相线(如电线绝缘不良，线路老化等)和设备外壳碰触时，设备的外壳就会有危险电压产生，由此生成的故障电流就会流经PE线到大地，从而起到保护作用。

接地电阻测量方法有打钎法和钳形表法，目前最有效、可靠的是前者，其测量方法描述如下：

1)测量原理

接地电阻测量原理如图3-1-11所示。

图中各端子名称如下：C1-电流极；C2-标准电位极；P1-电位极；P2-辅助电位极；E-被测接地极。在测量仪内部通过手摇发电机发出的电流出电流极C1，经电流地钎注入接地回路，通过电位极P1测出接地回路的电压降，就得到接地电阻。

2)注意事项如下

(1)测量前断开接地极与被测设备的连接；

(2)均匀快速地摇动测量仪的要把，转速达到150转/min；

(3)电位极P1和电流极C1应设置在被测接地极的同一侧并保证大于规定的距离；

(4)地钎尽量打在潮湿的土壤中，必要时在地钎周围浇水。

7. 绝缘电阻

1)概述

公路机电设备的工作电压为220V、频率为50Hz，采用基本绝缘的方式。根据GB 4943—2001《信息技术设备的安全》的要求，试验电压定为500V，绝缘电阻要求大于100MΩ。该指标是在标准测试条件下的测量值，工程环境下可能会变差，所以在一些行业标准中有规定不小于2MΩ的。

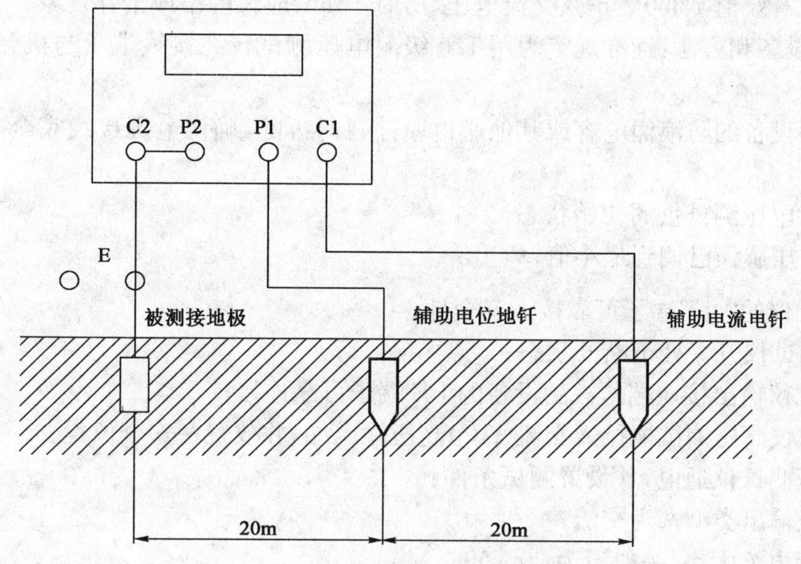

图 3-1-11　接地电阻测量原理图

绝缘电阻的测试一般用测试精度 1.0 级、500V 的手摇式或用电池供电的兆欧表，其原理为兆欧表内部产生 500V 直流电压，一路施加在内部电感 1 和被测试电阻上，一路施加在内部电感 2 和内部电阻上，通过两个电流的比值来计算出被测试电阻值。

2)测试方法

(1)将被测设备控制机箱内的空气开关断开，取下防雷模块；

(2)将绝缘电阻测试仪的黑表笔与设备 PE 端子可靠连接，红表笔连接到空气开关高压输出 L 端；

(3)将测试仪的输出电压设置到 500V 挡，打开电源开关，按动测试按钮，待仪器读数稳定后记录测量结果；

(4)松开测试按钮，将红表笔连接到空气开关高压输出 N 端，再按动测试按钮，待仪器读数稳定后记录测量结果；

(5)测试完毕后关闭仪器电源，并将设备调整到正常工作状态。

3)测试中常见问题

(1)对于目前的公路机电产品来说，如果绝缘电阻试验不合格，可能是采用了标准中禁止使用的吸湿性材料如塑料做绝缘端子。

(2)目前，很多供电线路采用“零地共线”的接线方式，尤其是农网供电的机电设备，在这种情况下测试时会出现测试值为零的情况。这时可去掉被测设备空气开关上的零线后再进行试验。

8.介电强度试验

(1)概述：介电强度现在在国标 GB 4943 中称电气强度，新颁布的交通机电产品标准都改成为电气强度，是考核交流用电设备，电气绝缘强度的另一项指标，在检测中发现，一些绝缘电阻合格的设备，其电气强度不一定合格。电气强度不合格的电子设备存在使人触电的危险，因此发现不合格后，应查找出现问题的原因，采用更换、加强等措施提高电气产品的耐电气强度。

(2)技术要求：交通机电产品的耐电气强度要求是：在产品的电源接线端子与机壳之间施加频率 50Hz、有效值 1 500V 正弦交流电压，历时 1min，应无闪络或击穿现象。

(3)试验设备和方法：标准规定为用 1.0 级耐电压测试仪在接线端子与机壳之间测量，具体步骤如下：

①将被测设备的防浪涌电容或其他避雷原件暂时拆除，确认电源接线完全与外接供电线路断开。

②检查耐电压测试仪的初始状态：

a. 确认升压旋钮已调到最小值；

b. 将测试仪的"⏚"端子可靠接入安全地；

c. 确认测试仪开关处于断开状态；

d. 将测试仪输出接地端与被测设备的 PE 端子可靠连接；

e. 将测试仪高压测试棒接入交流(AC)高压输出端，并放置在安全位置。

③给耐压测试仪通电，并设置测试条件：

a. 将电压输出类型选为交流；

b. 设置漏电流大小，一般设为 20mA；

c. 设置计时器为 1min。

④测试

a. 确认高压测试棒放置在安全位置；

b. 启动测试计时按钮；

c. 缓慢调整升压旋钮，使耐压测试仪输出电压达到 1 500V；

d. 将测试计时按钮置于停止状态，使得耐压测试仪输出电压变到 0；

e. 将高压棒连接到被测设备的 L 端，启动测试计时按钮；

f. 观测被测设备，无闪络、无击穿为通过；

g. 重复 d、e、f 测试 N 端；

h. 两端子都通过测试，则测试合格，否则不合格。

⑤测试后处理：

a. 将耐压测试仪输出按钮置回到最小值，使得输出变为 0；

b. 断开耐压测试仪电源；

c. 卸下高压输入棒，并放入安全位置；

d. 断开测试仪与被测设备的其他连接；

e. 恢复被测设备所做的改动；

f. 对所做试验进行记录。

第二章

车辆检测器

第一节　概　　述

车辆检测器是监控系统最重要的数据信息采集设备，其采集的交通量、车速和占有率等数据是监控中心进行实时分析、处理和决策的基础。车辆检测器产品的种类很多，其对应技术要求亦各不相同，如环形线圈车辆检测器、微波车辆检测器、视频车辆检测器、超声波车辆检测器等。目前我国监控系统中应用较多的是环形线圈车辆检测器、微波车辆检测器和视频车辆检测器三类。

一、工作原理及主要组成

1. 环形线圈车辆检测器

环形线圈车辆检测器是我国交通监控系统中应用较早也是最多的一种车辆检测器，它是检测车辆通过或静止在感应线圈的检测域时，通过感应线圈电感量的降低感知车辆的一种车辆检测系统。

环形线圈车辆检测器主要由环行线圈、线圈调谐回路和检测电路等组成，其工作原理如图 3-2-1 所示。埋设在地下的线圈通过变压器连接到被恒流源支持的调谐回路，并在线圈周围的空间产生电磁场。当车体进入线圈磁场范围时，车辆铁构件内产生自闭合回路的感应电涡流，此涡流又产生与原有磁场方向相反的新磁场，导致线圈的总电感变小，引起调谐频率偏离原有数值；偏离的频率被送到相位比较器，与压控振荡器频率相比较，确认其偏离值，从而发出车辆通过或存在的信号。相位比较器输出信号控制压控振荡器，使振荡器频率跟踪线圈谐振频率的变化，从而使输出为一脉冲信号。输出放大器对该脉冲信号放大，并以数字、模拟和频率三种形式输出。频率输出可用来测速、数字信号便于车辆计数，模拟量输出用于计算车长和识别车型。

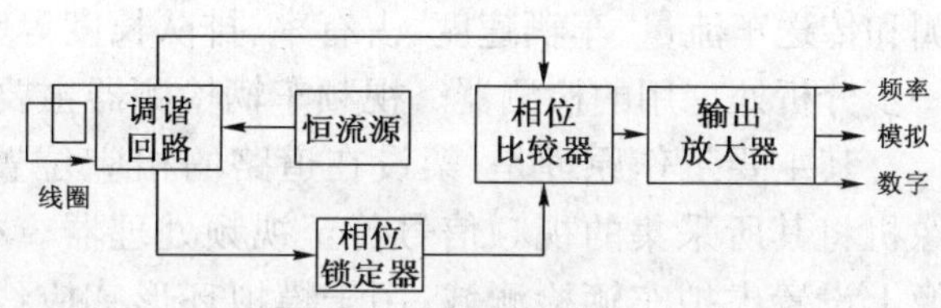

图 3-2-1　感应线圈车辆检测器工作原理图

感应线圈车辆检测器可通过以太网接口（双绞线和光缆）与中心通信，能支持 TCP、UDP、FTP、HTTP、TELNET 等多种协议，也可通过 RS232/422 接口用 MODEM 进行传输。由于嵌入式技术的应用，提高了其通信、数据处理、存储等方面的性能，也使其在长时间运行下的高低温性能更稳定可靠。

环形线圈车辆检测器根据其检测车的状态可分为存在型和通过型；根据其安装方式可将其分为盒式和卡式；根据其输出信号又可分为无中继/扩展和有中继/扩展；根据其通道数又将其分为 1,2,4 通道检测器等[详见《环形线圈车辆检测器》(JT/T 455—2001)]。

2. 微波车辆检测器

微波车辆检测器是向检测区域内的车辆发射低能量的微波信号，通过对车辆反射的微波信号的识别而检测出道路交通参数的设备。其主要工作原理是多普勒频移原理，微波车辆检测器发射中心频率为 10.525GHz 的连续频率调制微波[《交通信息采集　微波交通流检测器》(GB/T 20609—2006)中规定的中心频率]在检测路面上投映一个微波带。当车辆通过这个微波投映区时，向检测器反射一个微波信号，检测器接收反射的微波信号，并计算接收频率和时间等参数，从而得出车辆的速度和长度等信息，如图 3-2-2 所示。

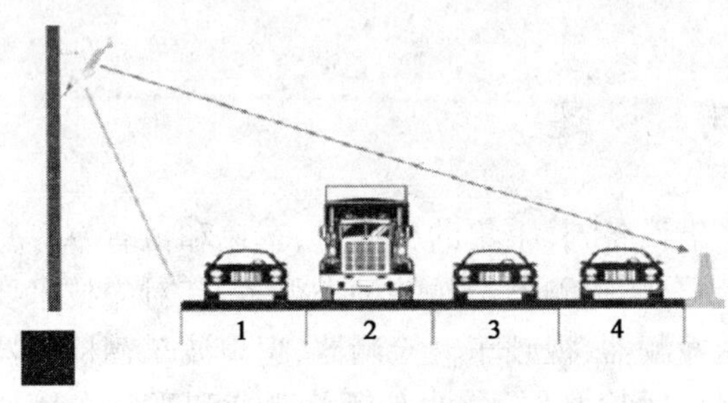

图 3-2-2　微波车辆检测器原理图

微波车辆检测器应至少具有但不限于如下功能：能够检测车流量、平均车速、车道占有率参数。其最小检测距离不大于 5m，且最大检测距离不小于 40m。检测器在正常道路情况下，在检测车流量及车道占有率模式下，对检测断面内车流量、车道占有率的检测精度应不低于 95%；在检测平均车速模式下，对检测断面内平均车速的检测精度应不低于 95%。

3. 视频车辆检测器

视频车辆检测器是采用视频图像处理技术对交通动态信息进行检测的设备。它可实时监测和传送车流量、车辆速度、占有率、排队长度等交通信息，实现对交通流的疏导与控制或作进一步分析处理用的检测器。视频车辆检测器主要由视频检测摄像机和视频处理器等组成。

其主要工作原理是：架设在道路的相应位置(道路上方、路中央的隔离带等)的视频摄像机将其所采集的视频信号传至视频处理器。根据检测要求，在视频处理器产生的现场图像上设置虚拟车辆检测域，用于模拟环形感应线圈或轴车辆检测器。当车辆通过虚拟检测域时，视频处理器就会产生视频检测信号，并在对其分析处理后输出交通量、车速、占有率等交通数据。

视频处理器的核心是视频处理算法，包括视频采集、数字化、车辆检测和车辆跟踪(或交通参数提取)4 个阶段。视频处理器通过对有多帧间无车辆的虚拟检测域进行对比，得到有无车辆的信息，进行车辆计数(即交通量)，并提取若干车辆特征参数。该特征参数将在车辆跟踪阶段的连续数帧视频中用于跟踪车辆，在此基础上视频检测器进行视频帧的比较，并根据帧的时间间隔和由检测域栅格确定的空间距离，计算出车速、车头间距和占有率等参数。

视频车辆检测器根据摄像机的不同可以分为两类：可见光视频车辆检测器和红外视频车辆检测器。可见光视频车辆检测器采用普通摄像机，红外视频车辆检测器采用红外摄像机。其中，可见光视频车辆检测器在昼夜转换时，需通过检测周围环境照明和图像对比度来自动选择算法，否则将会因昼夜转换而导致误差，而红外视频车检测器昼夜可采用同一算法，从而保持较高检测精度。

二、主要参数指标定义

车辆检测器主要用于车辆的流量、速度、车辆间距、车头时距和时间占有率等交通流参数的检测。各参数定义如下：

(1)流量(volume)　在规定的单位时间内通过道路上某一设定点的车辆数。

(2)瞬时速度(instant speed)　在某时刻,车辆通过道路上某一设定点时的车速。

(3)平均速度(average speed)　单位时间内,通过道路上某一设定点全部车辆瞬时速度的算术平均值。

(4)车头时距(time headway)　在同向行驶的车流中,前后相邻的两辆车驶过道路某一断面的时间间隔。

(5)车辆间距(inter-vehicle distance)　在同向行驶的车流中,前后相邻的两辆车,前面车辆的车尾与后面车辆的车头之间的距离。

(6)时间占有率(occupancy ratio)　在某一时间间隔内,道路上已知点被车辆占有的时间与该时间间隔之比。

第二节　环形线圈车辆检测器的技术要求和试验方法

环行线圈车辆检测器的主要评定标准为《环形线圈车辆检测器》(JT/T 455—2001),该标准对用于高速公路、一般公路、停车场(库)及各种特殊路段(大桥、隧道、海关等)的车辆监测点、站、系统等的环形线圈车辆检测器的技术要求和检验方法进行了规定。

一、技术要求

1.环境要求

环形线圈车辆检测器的机箱防护应符合 GB 4208 的 IP55 等级要求；产品适合使用的环境温度分为 3 级：①A 级：－20～＋65℃；②B 级：－30～＋55℃；③C 级：－40～＋45℃。

相对湿度：≤95％,无冷凝。

2.机械及物理要求

(1)检测器的制造材料和样式

对于盒式和卡式检测器的保护外壳应保证足够的机械强度和耐久性；应满足安装及使用条件,所用材料应选用固有的抗腐材料或经过处理的防腐材料；盒式检测器的外壳还应避免尖角或突出部分。

(2)尺寸

单通道盒式检测器(不包括连接插座及相应的电缆)的外部尺寸不应超过：

$$180\text{mm}(H)\times 65\text{mm}(W)\times 260\text{mm}(D)$$

多通道盒式检测器的外部尺寸应不少于容纳 12 个通道的检测单元,但其尺寸不应超过：

$$180\text{mm}(H)\times 600\text{mm}(W)\times 260\text{mm}(D)$$

双通道卡式检测器的尺寸不应超过：

$$29\text{mm}(W)\times 114\text{mm}(H)\times 178\text{mm}(D)$$

多通道卡式检测器的尺寸不应超过：

$$58.5\text{mm}(W)\times114\text{mm}(H)\times178\text{mm}(D)$$

具体尺寸及偏差参见《环形线圈辆检测器》(JT/T 455—2001)。

(3)连接件

盒式检测器，所有的输入/输出包括电源均应通过面板连接插头实现。所用插头应与欧洲标准 DIN 系列连接器或美国 NEMA 标准连接器兼容。盒式检测器应设计成积木式，当检测器被拆卸后，检测单元应运行在故障排除模式。

3. 电气要求及技术指标

1)电气要求

(1)电源

所有环形检测器须满足下列交流电源和直流电源之一，或交直流共用。

①交流电源

电压：220×(1±20%)V；频率：50×(1±4%)Hz；电流：每通道稳定的电源输出不大于100mA(有效值)。

②交流电源的瞬态过程

环形线圈检测器使用 220V，50Hz 的交流电源应满足如下条件：

检测器应能经受高重复、短噪声的干扰；检测器应能经受低重复、高能量的过渡过程；检测器应能承受非破坏性的瞬变过程。

③直流电源

电压：24±2.5V；脉动电压：最大电压脉动 500mV(峰—峰值)；功率：<25W@230V(AC)，<10W@24V(DC)；电流：控制输入端的"入"或"出"最大电流应小于 10mA。

④直流电源的瞬态过程

使用＋24V 直流电源的环形线圈检测器，用测试脉冲进行下列测试时应正常工作：

在逻辑地和＋24V 直流之间加测试脉冲；在检测和非检测状态的通道之间加测试脉冲；在逻辑地和控制输入之间加测试脉冲。

(2)保护

在任何运行状态下，检测器施加于馈线电缆的电压不应超过超低压限值。主电源和线圈之间通过互感器绝缘。检测器外部供电线路应设有短路、开路和过载保护。

(3)接地

①逻辑地

逻辑地是直流＋24V 供电设备的回路输入，它不应与 AC-相连，也不应与任何线圈输入端或机箱地相连。

②机箱地

环形线圈检侧器处理单元应有一端与机箱相连，该端不应与逻辑地，AC-端或装置内任何其他点相连。但该端可作为瞬态保护装置的回路，如果检测器采用金属外壳，则外壳应与机箱地相连。

2)技术指标

(1)线圈电感和 Q 值范围

线圈检测器应能进行电感自动调整，当检测器的输入电感在 50～700μH 之间时，检测器的工作频率范围为10～150kHz，品质因数Q应位于：振荡频率低于60kHz时，$Q\in[5,50]$；振荡频率高于60kHz时，$Q\in[3,50]$。

当车辆进入一个标准的3圈2m×2m线圈中央时，线圈的电感量应降低到表3-2-1的建议值（以馈线长30m为基准的建议值）。

不同车型对应线圈电感量变化建议值表　　表3-2-1

电感变化	车型		
	小摩托(I)	大摩托(II)	小汽车(III)
电感绝对变化量$\Delta L(\mu H)$	0.12	0.3	3.0
电感相对变化率$\Delta L/L(\%)$	0.13	0.32	3.2
任何其他车辆通过2m×2m，馈线长30m的线圈中央，线圈的最大电感变化量建议为5μH，或最大变化率建议值为$\Delta L/L=5.4\%$			

(2)线圈对地电阻

在250V直流电压测试条件下，线圈对地电阻应大于10MΩ。

(3)最小激励

当检测器连接到JT/T 455—2001规定的初始电感范围时，在不超过0.5s时间内，任何电感变化率大于0.13%应至少持续80ms并产生一个输出。如果在0.5s内，当电感值恢复到初始值时，输出应终止。

(4)最大激励

当检测器连接到JT/T 455—2001规定的初始电感上，在不少于60ms内，任何电感变30%应持续至少60ms并产生一个输出。若电感在大于60ms内恢复到初始值，输出应终止。

(5)开启时间/关断时间/存在时间/瘫痪时间/恢复时间

①任何型式的检测器的开启时间不大于100ms；关断时间等于开启时间超前或滞后25ms；

②存在时间

对存在检测器：当线圈电感变化率不大于0.2%($\Delta L/L$)时，存在时间不大于1min；当线圈电感变化率大于0.2%($\Delta L/L$)时，存在时间不大于5min；

对有限存在检测器：存在时间不大于10min；

③通过型检测器的瘫痪时间在0.5～2s之间；

④存在检测器和有限存在检侧器的恢复时间不大于100ms。

(6)灵敏度

检测器的每个通道应能进行灵敏度调整，每通道应至少有七级灵敏度选择。振荡频率的分辨率为1Hz。

(7)工作模式

检测器的每一通道应通过面板选择工作于下列两种模式：存在模式和通过模式。

(8)自动偏差补偿

检测器加电后应自动调准灵敏度，在加电30s内至少以所选灵敏度的90%工作，30s后达到正常工作状态。

(9)延迟/扩展

带有延迟/扩展功能的检测器各通道应具有三种工作模式——延迟、扩展及正常(即既无延迟也无扩展功能)。延迟/扩展示意图分别见图 3-2-3 和图 3-2-4。4 通道检测器的 1,2 通道应具有延迟/扩展功能。

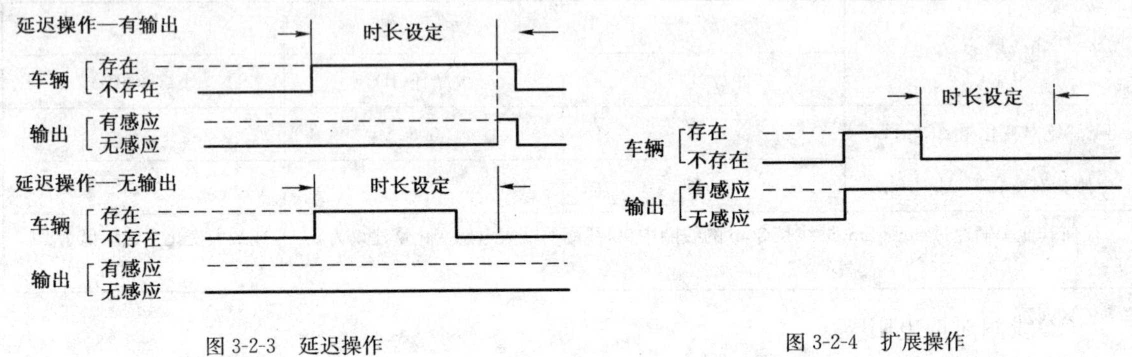

图 3-2-3　延迟操作

图 3-2-4　扩展操作

(10)输出

定义两种数据输出接口(可选 RS232 或/和 RS485)和两种模拟输出接口。检测器应具有上述接口之一。模拟输出接口应至少有下列两种输出方式之一:①中继输出;②直接输出(盒式检测器)。

(11)对干扰的灵敏度

检测器应具有电磁屏蔽功能,能安装于交通信号控制器机柜内的任何地方而不受影响。

(12)串扰

在规定的电感范围内,若输入端通过一个不小于 20kΩ 外部电阻接到地,检测器应能正常工作。

(13)浪涌保护

检测器应能防止从输入端、输出端或主电源线引至设备的浪涌电流与瞬态变化所引起的损坏。

(14)工作环境的变化

检测器在下列环境下,应能正常工作:

①频率 50Hz,电压变化范围在 220×(1±20%)V;

②在规定的温度与湿度条件的范围内;

③温度变化率达到 15℃/h。

(15)精度

任何型式的检测器在其规定的使用环境里,计数精度不小于 98%,测速精度大于 97%。

二、试验方法

1. 试验仪器、设备及指标要求

1)试验仪器设备

线圈车辆检测器试验仪器设备的布置如图 3-2-5 所示。

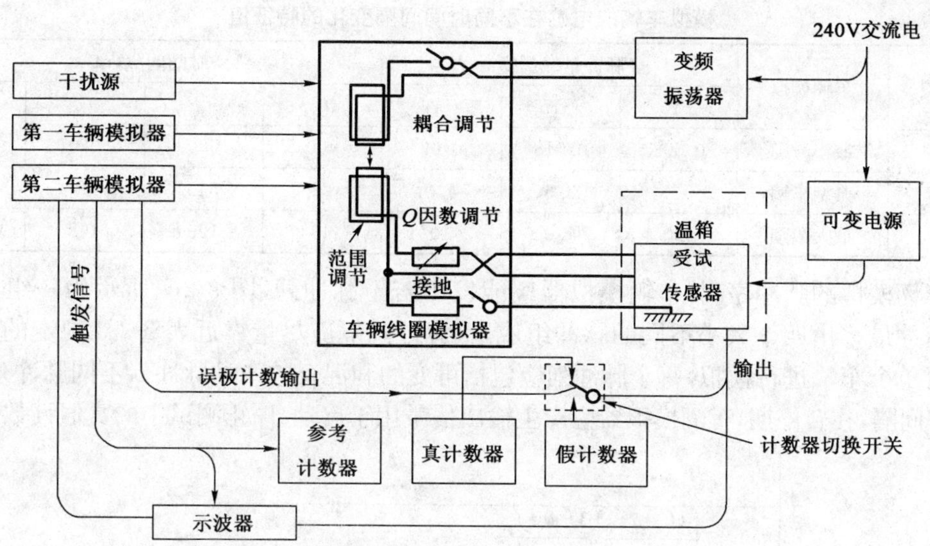

图 3-2-5　试验仪器设备布置图

2)试验仪器设备指标要求

(1)变频振荡器

变频振荡器应能在 10～150kHz 范围内调节。

(2)电源

电源应能提供在 220×(1±20%)V 有效值范围内可调的交流电压。

(3)线圈模拟器

提供三个规格的电感值模拟检测线圈的电感变化，其电感值和 Q 值的变化范围如下：

测试线圈 L_1　电感变化范围 70×(1±2%)μH　Q 因数 5×(1±2%)；

测试线圈 L_2　电感变化范围 150×(1±2%)μH　Q 因数 50×(1±2%)；

测试线圈 L_3　电感变化范围 700×(1±2%)μH　Q 因数 5×(1±2%)。

(4)第一辆车模拟器

①车辆模拟参数：模拟车辆通过环型线圈，线圈电感的变化曲线如图 3-2-6 所示。电感在不同时间间隔变化的大小如表 3-2-2 所示。

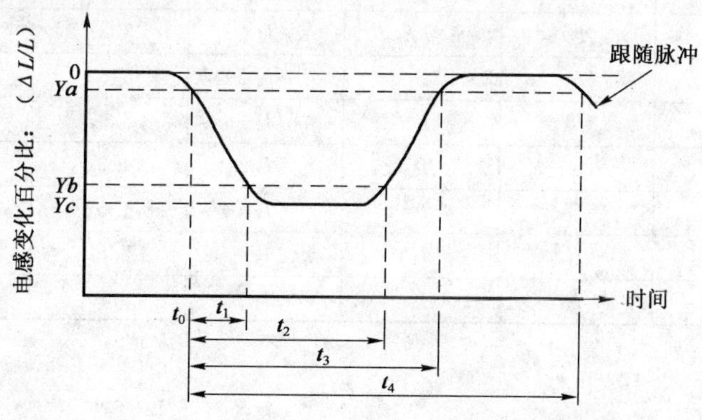

图 3-2-6　电感变化/时间特性定义第一辆车的模拟

模拟车辆的电感在不同时间间隔变化的特征值　　表 3-2-2

脉冲类型	车辆模拟	脉冲量级(%)			时间间隔(ms)			
		$-Ya$	$-Yb$	$-Yc$	t_1	t_2	t_3	t_4
L_1	最小激励	0.002	0.018	0.02	400	580	980	1580
L_2	典型车辆	0.4	3.6	4.0	72	540	612	113
L_3	最大激励	1.0	9.0	10	48	120	168	680

②车辆模拟的脉冲序列：车辆模拟器应能发出若干脉冲列，图 3-2-7 所示为一组脉冲列。每一列脉冲最多由四个大小不同的脉冲组成，且脉冲间隔应尽量靠近表 3-2-3 规定的允许值，以实现对单个车辆进行模拟，每个脉冲列应包括可变的和混合的两种脉冲。不同脉冲列间含有一个暂停间隔，在暂停期，车辆模拟器应产生输出信号用于启动/停止测试中的真假计数器。

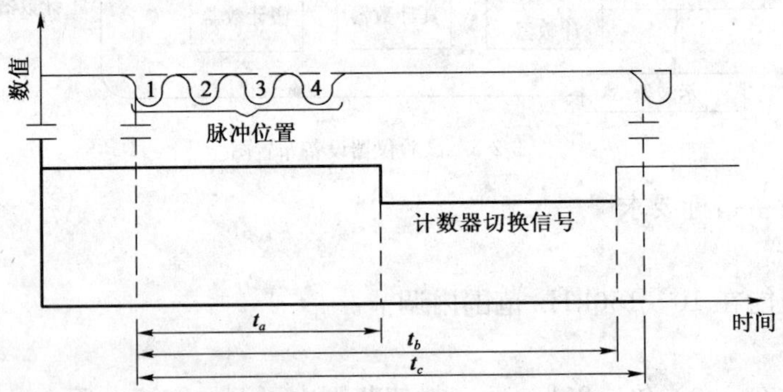

图 3-2-7　脉冲序列的一般波形

用于模拟车辆的脉冲序列及时间间隔　　表 3-2-3

脉冲序列	脉冲的类型与时序				时间间隔		
	1	2	3	4	t_a	t_b	t_c
TR1	I_1	—	—	—	2.13	14.5	15
TR2	I_2	—	—	—	1.68	14.5	15
TR3	I_3	—	—	—	1.23	14.5	15
TR4	I_1	I_1	I_1	I_1	6.87	14.5	15
TR5	I_2	I_2	I_2	I_2	5.07	14.5	15
TR6	I_3	I_3	I_3	I_3	3.27	14.5	15
TR7	I_3	I_1	I_1	I_2	5.52	14.5	15
TR8	I_1	I_2	I_2	I_2	5.07	14.5	15
TR9	I_1	I_3	I_3	I_3	4.62	14.5	15
TR10	I_2	I_3	I_3	I_2	4.62	14.5	15
TR11	I_2	I_1	I_1	I_3	5.52	14.5	15
TR12	I_3	I_2	I_2	I_1	5.07	14.5	15

注：表中产生如下脉冲序列：

①单脉冲型(不变)；

②相随脉冲(不变)；

③一类连续的两个脉冲后跟另一类脉冲(可变脉冲序列)。

用不同序列的脉冲模拟车辆时应满足表 3-2-3 所规定的要求。这些脉冲序列用 TR1～TR12 来表示。

(5)第二辆车模拟器

第二辆车模拟器应与第一辆车模拟器协调工作。即在一个合适开关的激励下,测试线圈电感的减少如图 3-2-8 所示。这个电感的减少应在被激发期间一直持续,且不影响它引入脉冲列的能力。

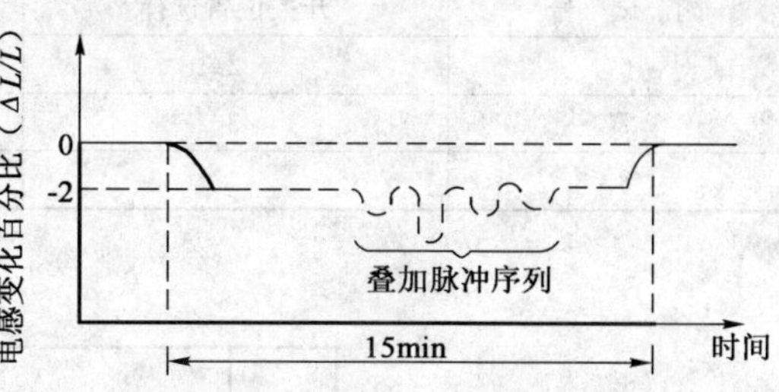

图 3-2-8　电感变化/时间特性定义第二辆车模拟

(6)干扰源

应提供激励点噪声并将其引入车辆线圈模拟器中去。施加激励噪声时不应使车辆线圈模拟器的电感和品质因数超出 JT/T 455—2001 规定范围(详见线圈模拟器相关要求)。

(7)计数器

应提供三个计数器,计数能力至少达到四位数。其中:

①参考计数器,应提供模拟车辆总数的累积数,供测试序列间隔模拟车辆使用;②真计数器,应由脉冲计数器的改变信号来激发,该改变信号将出现在模拟车辆正停在线圈上这段时间。③假计数器,脉冲列中的计数器改变信号应使假计数器在没有输入信号期间记录检测器的输出。真假计数器的总数表示测试期间检测器输出的总数。

(8)示波器

应提供示波器或其他类似的仪器,有足够的精度来测量检测器的开启时间和关断时间。

(9)恒温箱

恒温箱应按标准中规定的温度条件进行温度设定及变化。

2. 校准与预调节

在进行任何测试前,应进行下列调整:

(1)检测器应根据生产商的推荐值进行校准与设置;

(2)应根据图 3-2-8 安排测试仪器,并连接符合 JT/T 455—2001 中线圈模拟器中电感范围的测试线圈。

3. 测试项目及步骤

1)电源测试

(1)交流电源瞬态过程测试

瞬态测试表及测试电路设计见表 3-2-4 及图 3-2-9。

瞬态测试表　　表 3-2-4

测试号	开关位置选择	极性选择	测试输入
1	1	正	D-H
2	2	正	E-H
3	3	正	D-E
4	4	正	E-D
5	1	负	D-H

续上表

测试号	开关位置选择	极性选择	测试输入
6	2	负	E-H
7	3	负	D-E
8	4	负	E-D

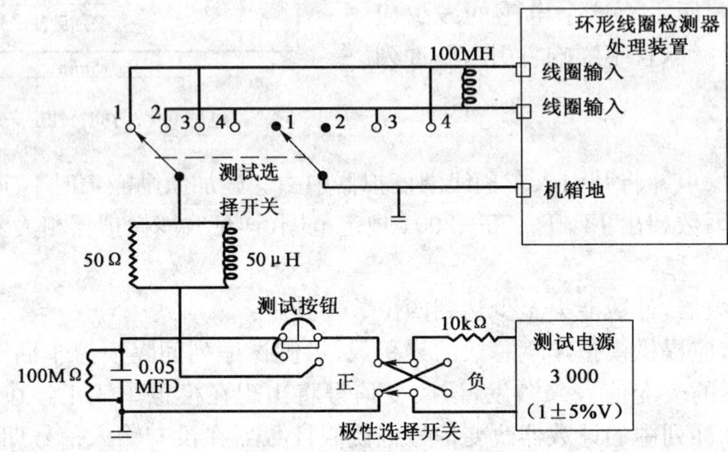

图 3-2-9 瞬态测试电路图

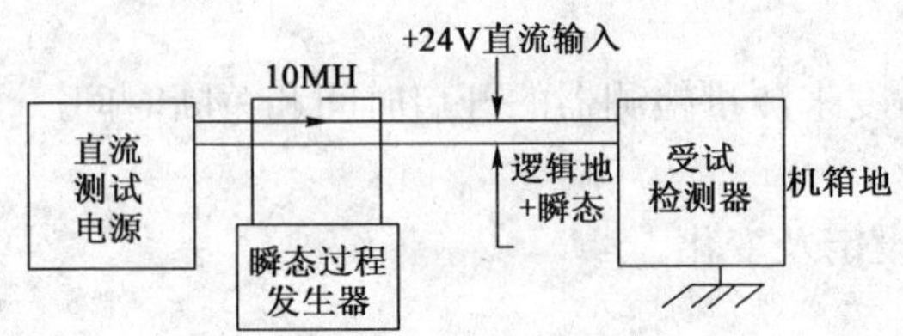

图 3-2-10 检测器直流供电下瞬态过程测试电路图

测试结果：每通道稳定的电源输出不大于100mA(有效值)时为合格。

(2)直流电源的瞬态过程测试

直流电源瞬态测试电路设计如图 3-2-10 所示。

输入直流电压应为(24±2.5)V，当电源极性相反时，发光二极管极性应颠倒。测试结果：在受试检测器输入端测得每通道的直流不大于100mA时为合格。

2)环形线圈/馈线电缆的电气特性测试

(1)线圈电感和Q值范围的测试

主要步骤如下：

①把测试线圈 L_4 连接到待测检侧器；②提供三次脉冲序列 TRI2，总共 12 个脉冲；③用测试线圈 L_2 和 L_3 重复步骤①，②。

测试结果：参考计数器与真计数器的读数不应有任何不同，假计数器中的读数为零时为合格。

(2)线圈对地电阻测试

采用摇表或其他方法测量线圈对地的电阻。测试结果：对地电阻大于10MΩ时为合格。

(3)最小/最大激励测试与计数精度测试

主要步骤如下：①将检测器连到测试线圈 L_1；②连续 5min 使用脉冲列 TR1；③应用脉冲列 TR2 与 TR12 重复步骤；④使用测试线圈 L_2 和 L_3 重复步骤①～③。

测试结果：真计数器的读数与参考计数器的读数之差不大于 25，假计数器的读数不大于10 时为合格。

(4)开启时间与关断时间的测试

主要步骤如下:①将检测器连到测试线圈 L_4;②仅用一次脉冲列 TR1;③使用示波器,测量开启时间与关断时间;④用线圈 L_2 和 L_3 重复步骤①～③。

测试结果:被测的开启时间与关断时间符合表 3-2-4 的规定时为合格。

(5)存在时间与瘫痪时间的测试

主要步骤如下:①连接测试线圈 L_1;②在测试期间连续使用脉冲列 TR8;③1min 后连续应用第二车辆输入持续 1min;④用线圈 L_2 和 L_3 重复步骤①～③。

测试结果:①对存在检测器,在本标准中规定的时间内,应有连续脉冲输出时为合格;②对通过检测器,初始输出应出现在本标准规定的时间限度内,紧接着在瘫痪时间内出现脉冲序列时为合格。

(6)灵敏度测试

不同的灵敏度状态下,测量检测器的计数和测速精度。测试结果:计数精度不小于 98%,测速精度大于 97%时为合格。

(7)自动偏差补偿

主要步骤如下:①线圈以表 3-2-2 规定的变化率变化;②线圈以规定的品质因数连续变化;③重复本标准中最小/最大激励测试与计数精度测试的步骤连续 3 次。

测试结果:真计数器的读数与参考计数器的读数之差不大于 25,假计数器的读数不大于 10 时,为合格。

(8)串扰测试

在检测器的输入端与大地之间串接一个 20kΩ 的电阻。测试结果:检测器能正常工作时为合格。

(9)浪涌保护测试

对下面两种情况,按本标准中最小/最大激励测试与计数精度测试的步骤,重复 1 次。

①将漏电保护中规定的一个电阻和测试线圈的一边与检测器的机架相连;

②同①,但用测试线圈的另一端来连接。

测试结果:检测器仍能正常工作时为合格。

(10)工作环境变化的测试

按本标准中最小/最大激励测试与计数精度测试的步骤重复 3 次,同时在每种情况下还应附加下列条件:

①第 1 次测试中,50Hz 电源应在规定的范围内连续变化,如以每分钟改变 10V(AC)的速度从低限到高限再返回,重复 1 次;

②测试应该在周围温湿度保持在规定的极限值的条件下重复一次;

③在规定的工作温度与湿度范围内,按温度变化 15℃/h 重复一次。

测试结果:真计数器内容与参考计数器的内容相差不大于 25,假计数器的读数不大于 10 时为合格

第三节　施工质量要求及检验评定标准

目前,我国交通工程应用的车辆检测器主要包括环形线圈车辆检测器、微波检测器、视频

检测器和超声波检测器等。但无论是哪种车辆检测器在工程安装及检验评定中其主要质量控制点都应包括测参数的准确性、数据传输性能、安全保护、机壳质量等。具体安装质量要求及检验评定标准如《公路工程质量检验评定标准 第二册 机电工程》(JTG F80/2—2004):

1.基本要求

(1)车辆检测器及其配件的数量、型号规格符合要求。

(2)车辆检测器安装位置正确,机箱外部完整,门锁开闭灵活。

(3)线圈(探头)安装尺寸符合设计要求,线槽顺直、均匀,封填后平整,引线过缘石处理得当。

(4)电源、通信线路按规范要求连接到位,检测器处于正常工作状态。

(5)隐蔽工程验收记录、分项工程自检和设备调试记录、有效的设备检验合格报告或证书等资料齐全。

2.实测项目、技术要求及检测方法

车辆检测器工程安装质量实测项目、技术要求及检测方法见 JTG F80/2—2004 中表 2.1.2。

3.外观鉴定

(1)机箱安装牢固、端正。

(2)机箱表面光泽一致、无划伤、无刻痕、无剥落、无锈蚀。

(3)基础混凝土表面应刮平,无损边、无掉角;联结地脚及螺栓规格符合设计要求,防腐措施得当,裸露金属基体无锈蚀;金属机箱与接地极连接可靠,接地极引出线无锈蚀。

(4)机箱的出线管与箱体连接密封良好,箱体内无积水、尘土、霉变。

(5)机箱内电力线、信号线、元器件等布线平直、整齐、固定可靠,标识正确、清楚,插头牢固。

4.补充说明

对于交通量和平均测速精度,人们习惯用大于 9X%表示,这种方式在实际计算时并不科学。如一检测器检测到了 120 辆车,而实际上只有 100 辆车,用习惯表示该检测器的精度:120/100×100%=120%>99%,并不能说明该检测器的检测精度高;而用相对误差表示:(120−100)/100×100%=20%,很容易说明该检测器的检测误差较大,即精度不高。所以本标准用了检测允差指标,具体计算方法如下:

$$\text{允差}=\frac{X-X_0}{X_0}\times 100\%$$

上式中,X 为被测设备示值,如交通量或平均车速;X_0 表示人工或更高一级检测设备示值,如人工计数的交通量或雷达测速仪测得平均车速。

第三章

气象检测器

第一节　概　　述

气象检测器是监控系统中采集公路沿线影响公路通行安全及效率的路面温度、路面相对湿度、路面冰冻、气温、相对湿度、能见度、风速、风向和雨量等气象、路面状态及环境信息的设备。气象检测器采集的上述数据传送至监控中心进行实时分析及处理，并作为公路交通控制及应急预案的重要参考数据，提供给公路交通运营及管理部门，以保证车辆的安全、高效的运行。实际应用中，多将上述检测器集成于一个平台，形成公路用气象环境监测站。目前公路监控系统用气象检测器通常由能见度检测器、路面状况检测器、温湿度检测器、风力风向检测器和雨量检测器等组成。其中，能见度检测器和埋入式路面状况检测器的交通行业标准已发布《道路交通气象环境 能见度检测器》(JT/T 714—2008)和《道路交通气象环境 埋入式路面状况检测器》(JT/T 715—2008)，其余检测器尚无相关交通行业标准。

一、工作原理及主要组成

1. 道路能见度检测器

能见度检测器(也称为能见度检测仪)主要有透射式和散射式两种。透射式能见度检测器需要基线，占地范围大，不适用于海岸台站、灯塔自动气象站及船舶，但因其具有自检能力，低能见度下性能好等优点而适用于民航系统；散射式能见度检测器以其体积小和低廉的价格而广泛应用于码头、航空、高速公路等系统，其可分为前向散射式、后向散射式和侧向散射式三类(如图 3-3-1 所示)。其中道路用能见度检测器通常为前向散射式。

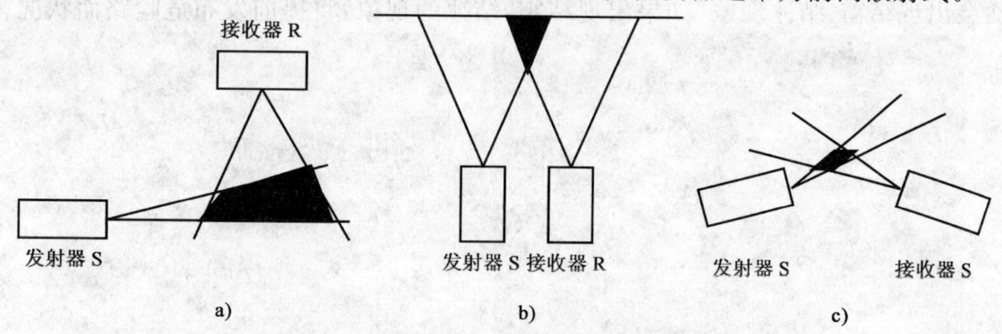

图 3-3-1　三种不同类型的能见度检测器

a)侧向散射式；b)后向散射式；c)前向散射式

道路能见度检测器是一种利用光的前向散射原理，采用微处理器控制的大气能见度检测仪器。它发出红外光脉冲，测量大气中空气分子、各种气溶胶粒子、微细雾滴等悬浮粒子的前向散射光通量，计算消光系数，并采用适当的算法将测量值转换气象能见度值。道路能见度检测器的检测原理是建立在以下3个假设的基础上的：①大气是均质的，即大气是均匀分布的；②大气消光系数等于大气中雾、霾、雪和雨的散射，即假定分子的吸收、散射或分子内部交互光学效应为零；③散射仪测量的散射光强正比于散射系数。在一般情况下，选择适当的角度，散射信号近似正比于散射系数。图3-3-2即为常用的道路能见度检测器。

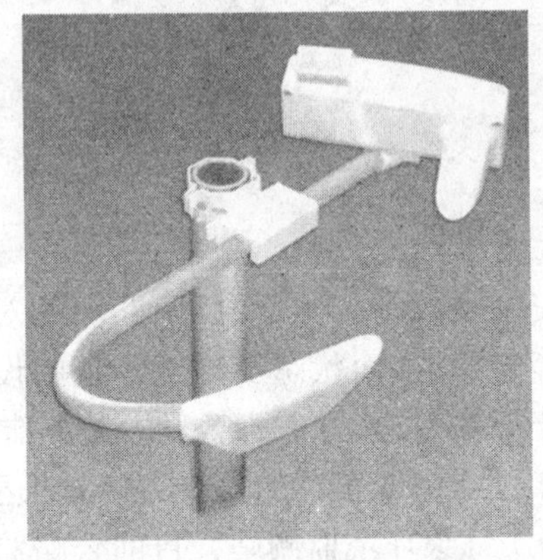

图3-3-2 道路能见度检测器

依据《道路交通气象环境 能见度检测器》(JT/T 714—2008)，道路能见度检测器由基本部件和扩展部件组成。其中能见度检测器的基本部件主要包括发射器、接收器、电源部件、控制处理器和机架；扩展部件主要用于提升能见度检测器的性能或功能，包括校准装置、信道适配控制器、加热器和恒温器，这些扩展部件可根据要求有选择性地增加其中的一种或几种。

能见度检测器的功能可分为基本功能和扩展功能。其基本功能包括：①测量和自检功能，可对大气能见度进行连续监测，并能对自身电源、光辐射能量、机内温度等进行监测；②服务功能，应具有告警与提示功能以及远程维护功能。扩展功能包括历史数据保存功能及现场转存功能。

2.路面状况检测器

路面状况检测器是公路气象信息监测的一项重要路面信息采集设备，它能够给公路运营管理者提供路面覆盖物、路面干湿状态、路面温度以及使用除冰剂后路面的状态和冰点等实时变化的路面状况信息，为道路管理部门保障公路安全运行提供决策依据。

路面状况检测器主要由前端传感器、后端处理单元及连接件三部分组成，可分为主动式和被动式两种。被动式路面状况检测器嵌埋在路面中，基本不与周边环境传递热量。此类传感器主要是通过传导率、电容、雷达等方法来观测路面状况和化学物质浓度，如图3-3-3所示。主动式路面状况检测器具有降温和加热功能，可在当前条件基础上预测当温度下降几度时是否会出现结霜、结冰现象，如果出现结霜、结冰的现象，将提前发布危险路面状况警告，

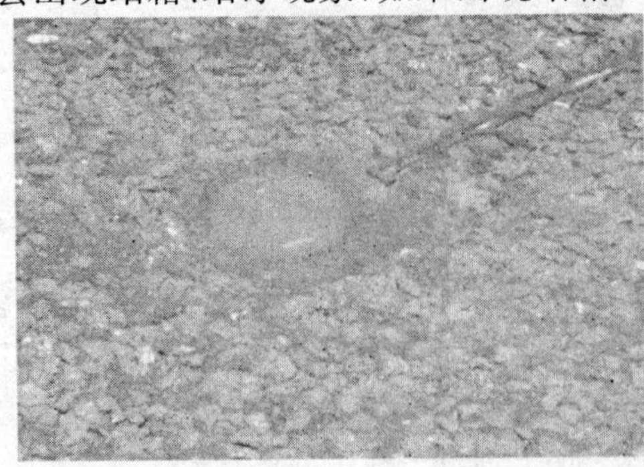

图3-3-3 被动式路面状况检测器

如图3-3-4所示。目前也出现了非接触式的路面状况检测器，此类检测器不必嵌埋在路面中，而是安装路边杆柱上或结构物上，利用红外、微波或激光技术检测路面状况，但该类检测器尚未得到广泛地应用。

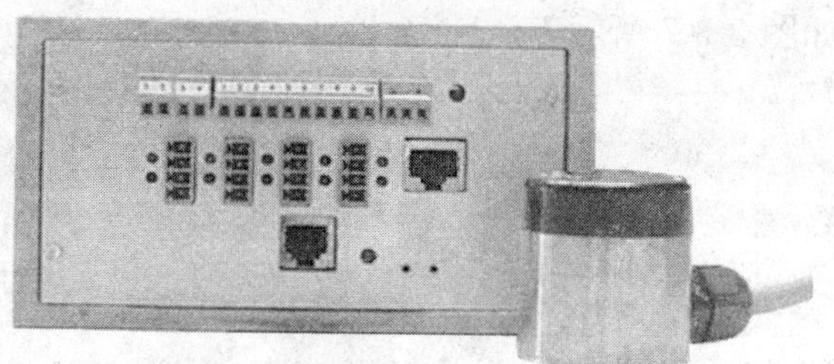

图 3-3-4　主动式路面状态检测器

依据《埋入式路面状况检测器》(JT/T 715—2008)，埋入式路面状况检测器应具有路面状态检测、参数检测和预警报警输出功能。对于路面状态检测功能，路面状况检测器应具备以下八种路面气象状态检测功能，即：路面干燥、路面潮湿、路面积水、路面潮湿且有除冰剂、路面积水且有除冰剂、路面凝霜、路面积雪和路面覆冰；对于参数检测功能，路面状况检测器应至少具备以下路面状态参数检测功能，即：冰点、路面温度、路面下 6cm 处的温度、路面水层厚度、路面冰层厚度和除冰剂浓度；对于预警和报警输出功能，路面状况检测器宜具备以下预警及报警功能：

(1)霜预警及报警，道面温度下降或达到结冰温度，露点温度高于道面温度；

(2)冰预警及报警，道面接近或达到结冰温度，在未来的 1～2h 道面可能结冰或已经结冰。

3. 风速风向检测器

风是由许多小尺度的脉动，叠加在大尺度规则气流上的三维矢量。但在气象学上，把空气的水平移动叫做风，即把它作为二维矢量来考虑。由风速(风矢量的模数)和风向(风矢量的幅角)两个参数来确定。风速风向检测器即是进行道路沿线风速、风向参数检测的设备。目前常用的风速风向检测器可分为以下三类：

(1)三杯式风检测器

三杯式风速检测器的感应元件是由三个碳纤维风杯和杯架组成的三杯风组件，转换器为多齿转杯和狭缝光耦。当风杯受水平风力作用而旋转时，带动同轴截光盘转动，以光电子扫描输出脉冲串，通过活轴转杯在狭缝光耦中的转动，输出相应于转数的脉冲频率对应值。风向检测器通常由风标和变换器等构成，变换器为码盘和光电组件。当风标随风向变化而转动时，通过轴带动码盘在光电组件缝隙中转动，从而产生对应当时风向的格雷码输出的光电信号，该信号经转化后即可得出对应的风向值，如图 3-3-5 所示。

(2)螺旋桨式联合风向风速检测器

该检测器使用一个低惯性的三叶螺旋桨作为感应元件，桨叶随风旋转并带动风速码盘进行光电扫描输出相应的电脉冲信号。风向测量是由竖直安装在机身的尾翼测定的，风作用于尾翼，使机身旋转并带动风向码盘旋转，此码盘按 8 位格雷码编码进行光电扫描输出脉冲信号，如图 3-3-6 所示。

(3)超声波风检测器

在平静的空气中，声波的传播速度被在风方向上的空气流动所改变。如果风向和声波的传播方向相同，就会提高声波的传播速度，反之则会减小声波的速度。在一个固定的测量路径中，在不同的风速和风向上叠加而成的声波传播速度会导致不同的声波传播时间。二维超声波风传感器由 4 个超声波收发器组成，分为彼此垂直的两对。当开始测量时，在测量路径的四个方向上进行 8 组单独的测量，就可以在形成的矩形区域中获得风速的矢量值和风向的角度，如图 3-3-7 所示。

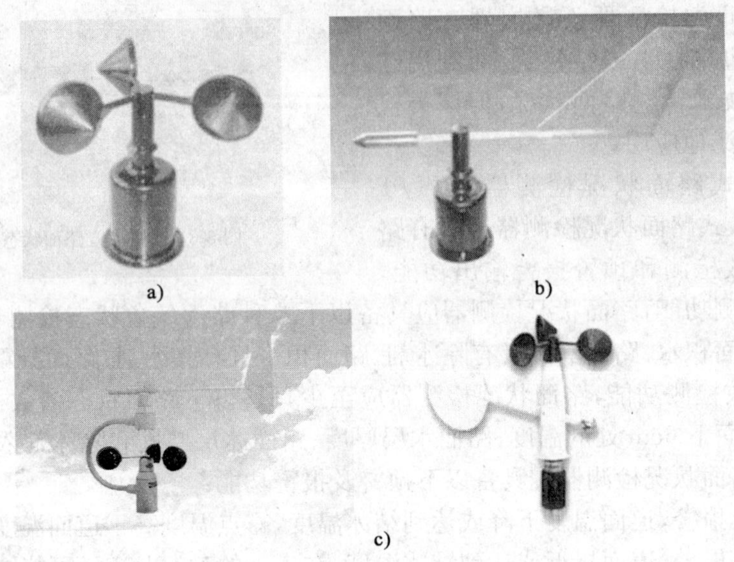

a)　b)　c)

图 3-3-5　三杯式风检测器

a)风速检测器；b)风向检测器；c)杯式联合风向风速检测

图 3-3-6　螺旋桨式联合风向风速检测器

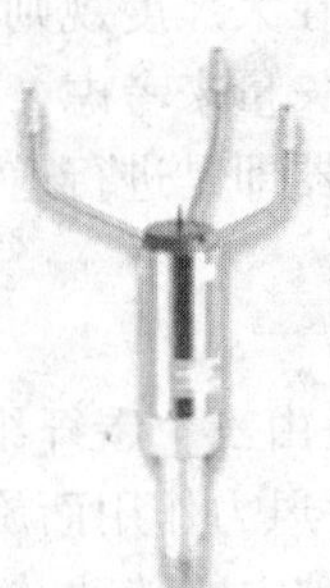

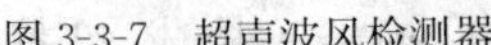

图 3-3-7　超声波风检测器

4. 雨量检测器

对降水的测量通常包括降水量、降水强度和降水类型三个指标。目前最为常见的雨量检测器为翻斗式雨量检测器，可包括单翻斗、双翻斗、多翻斗等形式，见图 3-3-8。

图 3-3-8　翻斗式雨量检测器

二、主要参数指标定义

气象检测器主要用于公路沿线的能见度、路面温度、路面相对湿度、路面冰冻、气温、相对湿度、风速、风向和雨量等气象、路面状态及环境参数的检测。各参数定义如下：

(1)能见度(visibility)　正常视力的观测者观测目标物时，能从背景上分辨出视角大于0.5°的目标轮廓的最大消失距离。夜间能见度(meteorological visibility at night)是正常视力的观测者在夜间能看到一定发光强度目标灯灯光的消失距离。

(2)气象光学视程(weather optics eyesight degree)　色温2 700K的白炽灯发出的平行光辐射通量，经大气衰减到起始值的5%后在大气中所需经过的距离。能见度检测器就是测量气象光学视程的设备。

(3)干燥(dry)　道路表层不含自由水分，或含有自由水分，但水膜厚度小于0.1mm。

(4)潮湿(wet)　道路表层含有自由水分，但形成的水膜厚度不小于0.1mm，且不大于2mm。

(5)积水(seeper)　道路表层含有自由水分，且形成的水膜厚度大于2mm。

(6)路面覆盖物(road covering)　由各种不同气象条件所导致的路面凝霜、路面积雪、路面覆冰等。

(7)凝霜(frosty)　雾气因寒冷在道路表面凝结成的冰晶。

(8)黑冰(black ice)　覆盖在道路表层的冰，因车轮碾压的压力，使冰中的气泡小时，气体分子进入冰晶格，细小的冰晶体迅速融合扩大成德单晶，最终形成于路面颜色接近的、硬而滑的坚硬冰体。

(9)除冰剂(deicing chemicals)　除去道路上的冰雪的化学试剂。

(10)冰点(freezing temperature)　路面上结冰的温度。

注：纯净水的冰点为0℃，水的含盐度愈大，冰点愈低。

(11)露点温度(dew temperature)　空气在水汽含量和气压都不改变的条件下，冷却到饱和时的温度。

(12)空气温度(air temperature)　表示空气冷热程度的物理量。气象上常用的气温，是指离地面1.5m高度上百叶箱中干球温度表所测得的空气温度。

(13)空气湿度(air humidity)　表示空气中水汽多寡亦即干湿程度的物理量。湿度的大小常用水汽压、绝对湿度、相对湿度和露点温度等表示。其中最为常用的是相对湿度，它是空气中实际水汽含量(绝对湿度)与同温度下的饱和湿度(最大可能水汽含量)的百分比值。它只是一个相对数字，并不表示空气中湿度的绝对大小。

(14)风速(wind speed)　空间特定点周围气体微团在单位时间内水平方向上的位移。

(15)风向(wind direction)　空间特定点周围气体微团在水平面上的移动方向。

(16)降雨量(rainfall)　在一定时间内降落到地面的水层深度，单位用mm表示。单位时间内的降雨量称为降雨强度。降雨强度用降雨等级来划分。

第二节　气象检测器的技术要求及试验方法

气象检测器的能见度检测器和埋入式路面状况检测器的主要质量评定标准为《道路交通

气象环境 能见度检测器》(JT/T 714—2008)和《道路交通气象环境 埋入式路面状况检测器》(JT/T 715—2008),其主要技术要求和试验方法如下。

一、能见度检测器主要技术要求及试验方法

1.主要技术要求

1)技术指标

(1)外观。能见度检测器表面应平整、光滑、清洁,无毛刺、蚀点、划痕,无永久性污渍。镀覆件表面色泽均匀,不应有起泡;涂层不应有脱落;标志应清晰耐久。

(2)道路能见度测量。能见度检测器的基本技术指标应满足道路监测业务要求,其基本技术指标如表 3-3-1 所示。

能见度检测器的基本技术指标　　表 3-3-1

测量要求	测量范围(L)(m)	准确度(%)	分辨力(m)	时间常数(min)	数据上传周期
气象光学视程	5<L≤50	±10	1	1	在 1min~1h 范围内分级可调
	50<L≤500	±10			
	500<L≤5 000	±15			

(3)开机稳定工作时间和工作方式。开机稳定工作时间不大于 15min;连续工作方式。

(4)能见度检测器的数据格式和通信协议。能见度检测器的数据格式和通信协议应满足 JT/T 606.1。

(5)接口。能见度检测器应具有如下接口:①标准交流(或直流)供电接口;②标准的 RS232(或 485)通信接口。

(6)历史数据保存时间。能见度检测器应至少保存最近 24h 的每分钟能见度数据和最近 1 星期的每半小时的能见度数据。

2)环境适应性

(1)气候环境。在下列条件下,能见度检测器应能正常工作:

①环境温度:-40~+60℃;

②相对湿度:不大于 95%(30℃);

③大气压力:55~106kPa。

(2)电源。①交流:在单相交流 220×(1±10%)V,频率 50×(1±4%)Hz 交流供电条件下,能见度检测器应能正常工作;

②直流:在 12×(1±25%)V 或 24×(1±25%)V(可选项)条件下,能见度检测器应能正常工作。

3)电磁兼容

(1)静电放电抗扰度。能见度检测器的静电放电抗扰度应满足 GB/T 17626.2 中规定的等级 4 的要求;

(2)浪涌(冲击)抗扰度。能见度检测器的浪涌(冲击)抗扰度应满足 GB/T 17626.5 中规定的等级 3 的要求;

(3)射频电磁场辐射抗扰度。能见度检测器的频电磁场辐射抗扰度应满足GB/T 17626.3中规定的等级2的要求。

4)杂光兼容性

适用于前散射原理的能见度检测器。将能见度检测器置于光波长在0.532～1μm范围内,亮度不大于6 000cd/m^{2}的杂光条件下,产品应能正常工作。

5)安全性

电源引入端子与机壳间的绝缘电阻在工作环境条件下应不小于100MΩ。电源引入端子与机壳间的抗电强度应能承受直流或正弦交流有效值为1.5kV的电压,历时1min应无击穿和飞弧现象。

6)可靠性和维修性

(1)平均无故障工作时间。能见度检测器的平均无故障工作时间(MTBF)不小于25 000h。

(2)平均修复时间。能见度检测器的平均修复时间(MTTR)不大于0.5h。

2.试验方法

1)试验条件

按照《气象仪器定型试验方法 环境试验》(GJB 570.5—1988)的要求执行。试验连接图如图3-3-9所示。计算机应配备专门的测试软件,通信协议应符合JT/T 606.1。

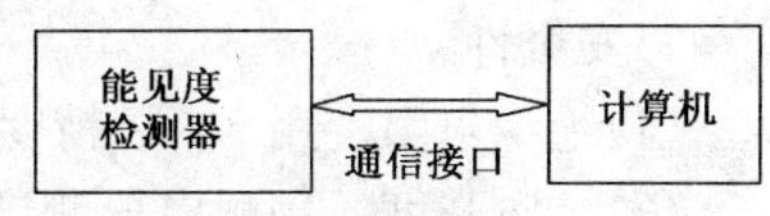

图3-3-9　能见度检测器试验连接图

2)功能检测

(1)大气能见度连续监测。能见度检测器输出信号通过通信接口或经信道适配控制器,传给计算机进行实际检查,连续记录12h,观察数据的变化。

(2)自身电源、光辐射能量、机内温度等监测。由计算机通过通信接口直接读取有关自身电源、光辐射能量、机内温度等数据进行测量。

(3)历史数据保存时间测试。保存周期中应经过3～5个开关机过程及3～5个意外断电再启动过程,所存数据应无丢失和混乱现象。

3)技术指标测试

(1)外观。目测检查,应符合产品标准JT/T 714—2008中外观的技术要求。

(2)能见度值。用专用校准装置对能见度仪进行校验。将能见度检测器安装在室外开阔的场地,测量能见度,与其他能见度检测器和人工观测比较,结果应符合表3-3-1的要求。

(3)连续工作时间。连续工作时间120h,连续工作时间内设备应工作正常。

4)环境试验

(1)高温。按《气象仪器定型试验方法 环境试验》(GJB 570.5—1988)第3章的试验方法进行,产品应符合标准JT/T 714—2008中环境要求。

(2)低温。按《气象仪器定型试验方法 环境试验》(GJB 570.5—1988)第2章的试验方法进行,产品应符合标准JT/T 714—2008中环境要求。

(3)恒定湿热。按《气象仪器定型试验方法 环境试验》(GJB 570.5—1988)第6章的试验方法进行,产品应符合标准JT/T 714—2008中环境要求。

(4)电源。交流220V(或直流12V、24V)供电时,将输入能见度检测器的电源电压分别降至正负偏差极端值时，检查产品性能应符合标准 JT/T 714—2008 中交流供电的技术要求。

直流 12V 或 24V 供电时，将输入能见度检测器的电源电压分别降至正负偏差极端值时，检查产品性能应符合标准中直流供电的技术要求。

5)电磁兼容

(1)静电放电抗扰度。按 GB/T 17626.2 规定的试验方法进行试验，产品应符合标准 JT/T 714—2008 中的静电放电抗扰度的规定。

(2)浪涌(冲击)抗扰度。按 GB/T 17626.5 规定的试验方法进行试验，产品应符合标准 JT/T 714—2008 中的浪涌(冲击)抗扰度的规定。

(3)射频电磁场辐射抗扰度。按 GB/T 17626.3 规定的试验方法进行试验，产品应符合标准中的射频电磁场辐射抗扰度的规定。

6)杂光兼容性

在大气环境相对稳定且能见度低于 4km 的条件下进行该项试验。在无杂光照射状态下，用亮度不大于 6000cd/m^2 的白炽光源进行连续照射，记录 5min 内的每分钟能见度值，计算每分钟信号值的平均值和相对偏差，相对偏差应不大于 10%。

7)安全性

(1)绝缘电阻。用 500V 精度 1.0 级的兆欧表检查电源引入端子与机壳间的绝缘电阻。

(2)抗电强度。用耐电压测试仪检测器检查电源引入端子与机壳间的耐电压强度。

8)可靠性和维修性

(1)可靠性。可靠性试验按照 GJB 5080.1 中的相关条款执行。取 $\alpha=\beta=0.2$、$D_m=3.0$，按 GJB 5080.7 确定试验时间和相关失效数。

(2)维修性。维修性在可靠性试验中进行统计，必要时可采用人为制造故障的方法进行试验。

二、埋入式路面状况检测器主要技术要求及试验方法

1. 主要技术要求

1)环境要求

(1)安装及使用环境：检测器机箱防护应符合 GB 4208 的 IP55 要求。

(2)环境温度：根据产品适合的使用温度分为 3 级(非产品优劣分类)：A 级 −20～+80℃；B 级 −30～+70℃；C 级 −40～+60℃。

(3)相对湿度：相对湿度不大于 95%，无冷凝。

2)机械物理要求

(1)传感器。埋入式路面状况检测器的前端传感器不应使用可能改变环境的热源或冷源；传感器封装物的热导率和辐射系数应与路面一致；传感器抗压荷载应大于 160kN；传感器在未进行外部调整时，普通路面可磨损 30mm，桥梁路面可磨损 10mm，仍应可以正常使用。

(2)处理单元(传感器接口板)。处理单元的保护外壳应保证足够的机械强度和耐久性；应满足安装及使用条件，所用采用应选用固有的抗腐材料或经过处理的防腐材料。

(3)尺寸要求。①传感器的外形尺寸应满足以下要求：当应用于普通路面时，传感器的尺寸不应超过 100 mm(H)×100mm(W)×50mm(D)；当应用于桥梁路面时，传感器的尺寸不应超过 75 mm(H)×100mm(W)×50mm(D)。②处理单元的外形尺寸不应超过 200mm(H)×100mm(W)×50mm(D)。

(4)连接件。输入/输出包括电源均应通过面板连接插头实现。所用插头应与美国 NEMA 标准连接器或欧洲标准 DIN 连接器兼容。

3)电气要求

(1)电源。路面状况检测器应满足下列交流电源和直流电源之一，或交直流公用：

①交流电源：电压 220×(1±10%) V；频率 50×(1±4%) Hz；功率小于 25W@230VAC；电流输出不大于 200mA(有效值)。

②交流电源的瞬态过程：路面状况检测器使用 220V、50Hz 的交流电源应能经受高重复、短噪声的干扰；应能经受低重复、高能量的过渡过程；应能承受非破坏性的瞬变过程。

③直流电源：电压 24V±2.5V；最大电压脉动 500mV(峰－峰值)；功率小于 10W@24VDC；最大电流应小于 20mA。

④直流电源的瞬态过程：用测试脉冲进行下列测试时应止常工作，即在逻辑地和＋24V 之间加测试脉冲；在检测和非检测状态的通道之间加测试脉冲；在逻辑地和控制输入之间加测试脉冲。

(2)保护。外部供电线路应设有短路和过载保护。

(3)接地。路面状况检测器的接地应满足以下要求：① 逻辑地 ——直流＋24V 供电设备的回路输入，不应与 AC 相连，也不应与机箱地相连；② 机箱地——路面状况检测器处理单元应有一端与机箱相连，该端不应与逻辑地、AC 端或装置内任何其他点相连。但该端可作为瞬态保护装置的回路。如果检测器采用金属外壳，则外壳应与机箱地相连。

4)技术指标

(1)路面覆盖物检测。路面状况检测器应能准确检测出路面有无雪、冰、黑冰、凝霜等覆盖物，并宜检测出雪的水当量、覆冰的厚度等指标。

(2)路面干湿检测。路面状况检测器应对路面水层厚度的检测应满足一下测量范围及测量精度要求：

①测量范围要求：能够准确测出 0～6mm 路面水层厚度；6mm 以上路面水层厚度的测量值仅作为参考。

②测量精度要求：在 0～1mm 范围内，准确率应达到 0.1mm；在 1～6mm 范围内，准确率应达到 0.5mm。同时路面况检测器应明确给出路面的干湿状态。

(3)除冰剂检测。路面状况检测器应能准确检测出使用除冰剂下路面的状态，能准确区分微湿、潮湿状态；同时应测出路面覆盖物中除冰剂的浓度。

(4)冰点检测。路面状况检测器应能检测出实际路面的冰点以及使用除冰剂后路面的冰点变化情况。

(5)路面及路面下 6cm 处温度检测。路面温度检测范围见环境要求；路面温度检测精度为±0.5℃。

(6)开机稳定时间/无故障连续工作时间。路面状况检测器的开机稳定工作时间不大于

5min;传感器无故障连续工作时间不小于50 000h;处理单元的无故障连续工作时间不小于10 000h;平均故障修复时间不大于0.5h。

(7)输出。定义两种数据输出接口(RS232和RS485)和两种模拟输出接口。模拟输出接口选用电压0～+5V或电流0～10mA两种输出方式之一。

(8)输出周期。检测器输出数据周期间隔应从1min到1h按分钟分档设置。

(9)对干扰的灵敏度。检测器应具有电磁屏蔽功能,能安装于控制器机柜内的任何地方而不受影响。

(10)串扰。在规定的电感范围内,若输入端通过一个不小于20kΩ外部电阻接地,检测器应能工作正常。

(11)浪涌保护。检测器应满足GB/T 17626.5中规定的等级3的要求。对电源线—线间施加1kV,对线—地施加2kV的一个1.2/50μs的浪涌电压,路面状况检测器不应出现故障,并应符合该仪器技术条件的要求。

(12)工作环境的变化。检测器在下列环境下,应能正常工作:①交流电源:频率50×(1±4%)Hz;电压220×(1±10%)V;②直流电源:电压变化范围在24V±2.5V;③温度变化率达到15℃/h。

2.试验方法

1)校准与预调节

在进行任何测试前,应根据生产商的推荐值进行校准与设置。

2)测试项目

(1)电源测试

①交流电源瞬态过程测试:瞬态测试表及测试电路设计见表3-3-2及图3-3-10。测试结果:稳定的电流输出不大于200mA(有效值)时为合格。

瞬态测试表　　表3-3-2

测试号	开关位置选择	极性选择	测试输入
1	1	正	D—H
2	2	正	E—H
3	3	正	D—E
4	4	正	E—D
5	1	负	D—H
6	2	负	E—H
7	3	负	D—E
8	4	负	E—D

②直流电源的瞬态过程测试

直流电源的瞬态过程测试电路设计如图3-3-11所示。

输入直流电压应为24V±2.5V。当电源极性相反时,发光二极管极性应颠倒。测试结果:在受试检测器输入端量的直流不大于20mA时为合格。

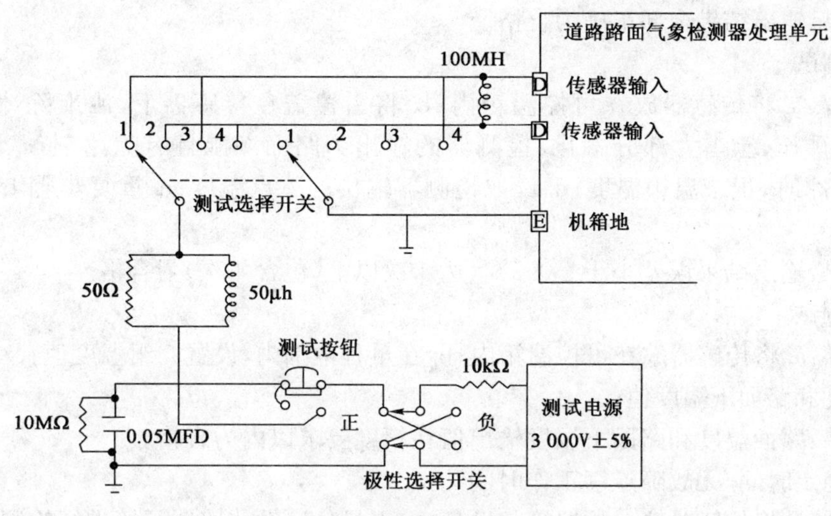

图 3-3-10　瞬态测试电路图

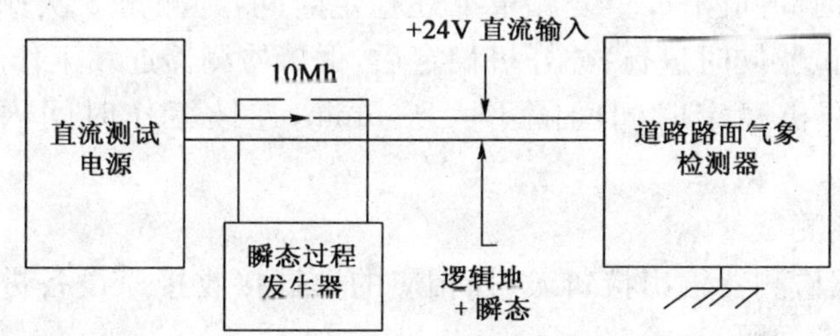

图 3-3-11　检测器对直流供电条件下瞬态过程的测试电路

(2)传感器各项技术指标测试

①路面覆盖物测试

测试步骤:a. 将雪覆盖到传感器上,检测器的输出结果为路面积雪;b. 将新冰覆盖到传感器上,检测器的输出结果为路面覆冰,并可以给出冰层厚度;c. 将新冰多次重度碾压,并重新结成黑冰,覆盖到传感器上,检测器的输出结果为路面黑冰;d. 将传感器放入 70%饱和水汽压的密闭容器中,放入可控温箱,降至−10℃,检测器的输出结果为凝霜。

测试结果:输出结果全部正确,为合格。

②干湿状态测试

测试步骤:a. 测试干燥状态下的传感器,检测器的输出结果为路面干燥;b. 用滴管滴一滴水到传感器上,用水膜厚度测试仪检测水膜厚度;c. 读取检测器的输出结果,以及水层厚度的数据;d. 重复执行步骤 b 和 c,连续执行 10 次。

测试结果:检测器的输出结果与水膜厚度测试仪的检测结果误差不超过 10%的次数超过九次(包括 9 次)为合格。

③除冰剂测试

测试步骤:a. 将雪覆盖在传感器上,洒上除冰剂,并轻轻碾压,至雪大部分融化,检测器的输出为路面潮湿且有除冰剂,并可以给出除冰剂浓度;b. 待传感器看不到明水时,再次测试,检测器的输出为路面微湿且有除冰剂,并可以给出除冰剂浓度。

测试结果:输出结果全部正确为合格。

④冰点测试

测试步骤:a. 将传感器放在可控温箱内;b. 将雪覆盖在传感器上,洒上除冰剂,洒上除冰剂,并轻轻碾压,至雪大部分融化,检测器的输出为路面潮湿且有除冰剂;c. 调节温箱温度,待融雪结冰时,记录温箱温度;d. 读取检测器输出的冰点温度;e. 重复步骤 b~d,共测试 5 次。

测试结果:输出结果误差小于±0.5℃,达 4 次以上(包含 4 次)为合格。

⑤温度测试

测试步骤:a. 将传感器放在可控温箱内;b. 在量程范围内,设置 5 组温度值;c. 读取检测输出的路面温度和路面下温度值。

测试结果:路面温度和路面下温度输出值在精度要求以内为合格。

⑥开机稳定时间/无故障连续工作时间测试

测试步骤:a. 将传感器接上数据接收设备;b. 测量从启动传感器开始进行检测到接收到稳定准确的测量数据的时间间隔;c. 重复测量上述稳定时间,共测量 5 次;d. 无故障连续工作时间可与上述仪器性能试验同时进行;e. 开机稳定后,保持检测器连续工作 120h。

测试结果:测试开机稳定时间间隔不大于 5min,连续工作时间内检测器工作正常为合格。

⑦输出/输出周期测试

测试步骤:a. 根据检测器输出接口,选择相应的数据接收接口设备进行测试;b. 分别设定检测器的数据输出周期间隔:1min、2min、5min、1h。

测试结果:输出测试数据正常,不同时间间隔时输出的数据正常为合格。

⑧对干扰的灵敏度测试

将检测器的接口板置于控制器机柜内任意三个不同位置。测试结果:检测能正常工作为合格。

⑨串扰测试

在检测器的输入端与大地之间串接一个 20kΩ 的电阻。测试结果:检测器能正常工作为合格。

⑩浪涌保护测试

按 GB/T 17626.5 规定的试验方法进行试验,产品应符合浪涌保护测试规定。

⑪对工作环境变化的测试

测试步骤:a. 交流电源测试:测试中 50Hz 电源应在规定的范围内连续变化,如以每分钟改变 10V 的速度从低限到高限再返回,重复一次;b. 直流电源测试:以每分钟改变 0.5V 的速度从低限到高限再返回,重复一次;c. 在规定的工作温度与湿度范围内,按温度变化 15℃/h 重复一次。

测试结果:检测器能正常工作为合格。

⑫抗交通重压的测试

将传感器平放于压力试验机平台上(压力头面积大于试验传感器受压面的面积),传感器上覆盖 8~15mm 厚的软橡胶片,逐步加载,加载速度为 20~30kN/min,传感器加载至

160kN,检查试验后的样品,应符合标准中对于传感器抗压荷载的规定。

第三节 施工质量要求及检验评定标准

根据《公路工程质量检验评定标准 第二册 机电工程》(JTG F80/2—2004),气象检测器的施工质量要求及检验评定标准如下:

1.基本要求

(1)气象检测器及其配件的数量、型号规格符合要求。

(2)气象检测器安装位置正确,机箱外部完整,门锁开闭灵活。

(3)探头安装方位、尺寸符合设计要求。

(4)电源、通信线路按规范要求连接到位,气象检测器处于正常工作状态。

(5)隐蔽工程验收记录、分项工程自检和设备调试记录、有效的设备检验合格报告或证书等资料齐全。

2.实测项目

气象检测器的实测项目如表 3-3-3 所示。

气象检测器实测项目 表 3-3-3

项次	检查项目	规定值	检查方法
1	立柱竖直度	±5mm/m	铅锤、直尺或全站仪
2	立柱、法兰和地脚几何尺寸	符合设计要求	超声波测厚仪测量立柱壁厚,用量具测量其他尺寸
3	基础尺寸	符合设计要求	长、宽用量具测量,埋深查隐蔽工程验收记录或实测
4	机箱、立柱、法兰和地脚的防腐涂层厚度	符合设计要求	用量具或涂层测厚仪测量
5	△绝缘电阻	强电端子对机壳≥50MΩ	500V 兆欧表测量
6	△安全接地电阻	≤4Ω	接地电阻测量仪
7	△防雷接地电阻	≤10Ω	接地电阻测量仪
8	△温度误差	±1.0℃	温度计实地测量比对
9	湿度误差	±5%RH	湿度计实地测量比对
10	△能见度误差	±10%或合同要求	模拟、目测或标准能见度仪实地测量比对
11	风速误差	±5%或合同要求	风速仪实地测量比对
12	△数据传输性能	24 小时观察时间内失步现象不大于 1 次或 BER≤10^{-8}	查日志或用数据传输测试仪
13	功能验证	能检测到降水天气	模拟降雨实测

注:标有"△"的检测项目为关键检测项目。

3.外观鉴定

(1)立柱、机箱及各探头传感器安装牢固、端正。

(2)各部件表面光泽一致、无划伤、无刻痕、无剥落、无锈蚀。

(3)基础混凝土表面应刮平,无损边、无掉角;机箱、立柱、法兰及地脚螺栓规格符合设计要求,防腐措施得当,裸露金属基体无锈蚀。

(4)防雷接地和安全接地应分开设置,接地焊接牢固,焊缝饱满并做防腐处理;金属机箱与安全保护地连接可靠,接地极引出线无锈蚀。

(5)机箱的出线管与箱体连接密封良好,箱体内无积水、尘土、霉变。

(6)机箱内电力线、信号线、元器件等布线平直、整齐、固定可靠,标志正确、清楚,插头牢固。

第四章

闭路电视监视系统

第一节　概　　述

闭路电视监视系统是对车辆检测器等其他信息采集设备的有益补充,它使用视频监控的手段直观地采集重要地点或区域车辆检测器等设备难以获得的现场数据,并将从现场数据传送至监控室,使运营管理人员全面、直观地了解现场的情况,从而为交通应急及控制策略的制定提供直观的数据。

闭路电视监视系统通常由视频摄像子系统、图像传输子系统、输出子系统和控制子系统组成。其中视频摄像子系统包含摄像机、摄像机镜头、防护罩、云台、摄像机立柱等;图像传输子系统主要包括视频发射机、中继器、接收器、线缆、视频分频器等;输出子系统主要包括监视器、硬盘录像机、延时录像机等;控制子系统主要包括云镜控制器或控制键盘、副控制键盘、矩阵切换器和画面分割器等。各子系统的组成及原理说明如下。

一、摄像子系统

摄像子系统是闭路电视监视系统的前沿,是整个闭路电视监视系统的“眼睛”。它布设于被监视场所的某一位置上,使其视场角能覆盖整个被监视区域。摄像子系统的各主要组成部分介绍如下:

1. 摄像机

摄像机是拾取图像信号的设备,是闭路电视系统的核心部分,它的主要作用是把光信号转换成视频信号。

按照摄像机的摄像器件,可分为摄像管摄像机(电真空管或阴极摄像管)和 CCD(Charge Couple Device,电荷耦合器件)摄像机两类。摄像管摄像机已基本被 CCD 摄像机所取代。

按照拾取的图像的色彩,可分为彩色和黑白摄像机两种。彩色摄像机色彩丰富,图像立体感及临场感强;黑白摄像机清晰度高、可靠性好、外界光线适应范围大、温湿度范围宽,以及价格低维护费用少等特点,故除需用颜色区分被摄对象场合外,最好选用灵敏度及清晰度较高的黑白摄像机。

按照技术性能的高低,可将摄像机分为广播级、专业级、通用级、摄录级以及特殊级等。闭路电视系统用的摄像机一般选用通用级,因为它的质量完全可以满足监控要求,价格却只有专业级的五六分之一。

按照摄影器件的尺寸,可将摄像机分为 1in、2/3in、1/2in 及 1/3in。目前常用的是 1/3in 和 2/3in 摄像机。

按照制式可将摄像机分为 PAL 制式、NTSC 制式和 SECAM 制式三种，PAL 制式又可分为 PAL(D)和 PAL(L)。在闭路电视监视系统中，应选用我国广播电视采用的 PAL(D)制式的摄像机及相关设备。

按照摄像机的同步方式，可分为外同步和内同步方式或内外同步均有的摄像机。一般监视系统中，使用内同步方式摄像机即可。

衡量摄像机性能的技术指标主要有：

(1)清晰度。一般多使用水平清晰度，单位为电视线。电视监控系统使用的摄像机，要求彩色摄像机的水平清晰度在 300 线以上，黑白摄像机在 350 线以上。

(2)照度(或称灵敏度)。照度是衡量摄像机在何种光照强度下，可以输出正常图像信号的指标。照度或灵敏度一般用"勒克斯(lx)"表示。

(3)信噪比。信噪比是摄像机一个重要的技术指标，它的定义是摄像机的图像信号与噪声信号之比，用 S/N 表示。其中 S 表示摄像机在假设无噪声时的图像信号值，N 表示摄像机本身产生的噪声值(如热噪声等)。信噪比用分贝(dB)表示。信噪比愈高，表明摄像机输出信号愈好。电视监控中使用的摄像机，一般要求其信噪比高于 46dB。

(4)摄像机输出信号幅度。摄像机输出信号电压的峰—峰值，一般在 $1Vp\text{-}p$ 至 $1.2Vp\text{-}p$，即 1～1.2V 峰—峰值，且为负极性输出。

2.镜头

镜头是安装在摄像机前端的成像装置，可分为定焦距镜头、自动光圈电动变焦镜头和自动光圈自动聚焦电动变焦镜头。

(1)定焦距镜头。该类镜头焦距不可变，只可改变光圈大小。它适合于摄取焦距相对固定的目标，可根据视场角的要求选择广角或焦距相对较长的镜头。

(2)自动光圈电动变焦镜头。这是目前监控系统中常用的一种镜头，它的光圈是自动的(由摄像机输出的电信号自动控制光圈的大小)，故适于光照度经常变化的场所。目前，常用的电动变焦镜头有 6 倍、8 倍和 10 倍，给出的指标一般为焦距从多少毫米至多少毫米。如某变焦镜头的焦距为 8.8～88mm，即为 10 倍变焦镜头。

(3)自动光圈自动聚焦电动变焦镜头。该类镜头除具有自动光圈及电动变焦功能外，还可自动聚焦。也即当通过云台和电动变焦改变色回去方向及目标时，不必人工调整焦距，使用更加方便。

实际视频监视系统设计中，可通过以下公式根据被监视目标的视场大小及距离选择镜头焦距，即：

$$f = h' \times \frac{D}{V};f = h \times \frac{D}{H} \tag{3-4-1}$$

式中：f——镜头的焦距(mm)；

V——被监视物体的高度(mm)；

H——被监视对象的水平宽度(mm)；

D——被监视对象到镜头的距离(mm)；

h'——靶面(CCD)成像的高度(mm)；

h——靶面(CCD)成像的水平宽度(mm)。

3.云台

云台是承载摄像机进行水平和垂直两个方向转动的装置。其水平和垂直方向的转动由电机驱动,水平转动的角度一般为 350°,垂直转动角度通常为+45°、+35°和+75°等,其水平及垂直转动的角度大小可通过限位开关进行调整。云台通常可分为室内用云台及室外用云台。在控制方式上,一般云台均属于有线控制的电动云台,控制线的输入端有五个,其中一个为电源公共端,另外四个为上、下、左和右控制端。在电源供电电压方面,目前常见的有交流 220V 和 24V 两种。

云台的主要指标有最大负荷、自由度、跟踪速度、驱动电压、工作温度计使用环境等。

(1)最大负荷是指垂直于云台方向上能承受的最大负载能力。在实际应用中,一般根据防护罩和摄像机的总重量,再加上 15%左右的余量来选择所需云台负载能力。

(2)自由度是指云台在水平和垂直两个方向上旋转能达到的最大范围。

(3)跟踪速度是指电动云台每秒在水平和垂直方向转动的角度,它以角速度表示。由这个角速度即可根据下式计算出以云台为中心,在不同距离上物体移动的线速度 v:

$$v=\frac{\pi}{180}\times\overline{w}\times l \tag{3-4-2}$$

式中:w——云台的跟踪角速度;

l——被监视物体距云台中心的距离。

(4)驱动电压是指云台电动机转动时所需的电压,现在一般为交流 24V。

4.防护罩

防护罩是使摄像机在灰尘、雨水、高低温等条件下正常使用的防护装置。防护罩一般分为室内用防护罩和室外用防护罩两类。室内用防护罩的主要功能是防止摄像机落有灰尘并有一定的安全防护作用(如防盗、防破坏等);室外用防护罩通常为全天候防护罩,具有降温、加温、防雨、防雪等功能,可使安装在防护罩内的摄像机在风、雨、雪、高温、低温等恶劣条件下工作。目前较好的全天候防护罩是采用半导体器件的防护罩,该种防护罩内装有半导体元件,可自动加温、降温,且功耗较小。

二、图像传输子系统

图像传输子系统是连接摄像子系统、输出子系统和控制子系统的纽带,它将摄像子系统采集的视频信号、音频信号和各种报警信号等传送至监控中心,并把控制子系统的控制信号传送至摄像子系统。图像传输子系统主要包括视频发射机、中继器、接收器、线缆、视频分频器等。

目前高速公路监控系统传输主要采用光纤传输方式,多采用如下几种配置方式:

(1)点对点传输。每一个监控点需配置一台视频光端机和一芯光纤,在监控中心也需配置一台光端机接收机,在监控点较多的高速公路需要较多的光端机和光纤,将造成光纤资源的浪费和项目造价的增加。

(2)级联式链路传输。采用节点式光端机,通过一芯光纤组成链网,同时传输多路视频、音频、点对点数据信号和共享式数据信号。节点式光端机在每个节点先将信号接收下来,转换成电信号,再和本地节点的信号交叉复用,光电转换后采用波分复用技术复用到一条光纤上传输。每条链路在中心仅需要一台中心光端机，与传统的点对点传输方式相比节约了部分大量的光纤资源和1/2的光端机数量。缺点是当链路中一个监控点出现故障时，该监控点以后的视频和数据也将无法传输到监控中心。

(3)以太网视频传输。以太网视频传输系统是根据高速公路的实际需求，搭建的一套用于传输视频和数据的以太网，该以太网基于综合数据光端机构建。在此以太网的基础上，使用视频编解码器完成整个系统的视频传输。所有的视频传输到控制中心后，还原为模拟视频图像，通过视频控制矩阵切换后在电视墙上显示。来自矩阵的摄像机控制数据，可以通过视频编解码器的数据通道传输，或者使用综合数据光端机的异步数据通道传输。

三、输出子系统

输出子系统的主要功能是实现信号的显示、输出及保存等，主要包括监视器、硬盘录像机、延时录像机等。

1. 视频分配放大器

视频分配放大器就是用来将一路视频信号分成多路信号的，视频分配放大器的功能和作用主要包括：①视频信号的分配(即将同一视频信号分为几路)；②对视频信号进行放大。

视频分配放大器的主要采用指标如下：①输入电平与输出电平：输入电平一般为0.8～1Vp-p，输出电平为1～4Vp-p，有些作为远距离传输的还要高；②DG、DP：5%、5°；③供电方式：交流220V或直流12V、24V。

2. 监视器和电视墙

监控室的工作人员通过电视机或监视器显示摄像机的现场数据。监视器的主要技术指标包括水平分辨率(480线、520线、580线、600线等)、显像管类型(显像管长度、显像管种类)、视频输入路数(2路、3路)、制式(PAL、PAL/NTSC)、扫描频率(水平扫描频率和垂直扫描频率)、电源电压和功率(220V、72～75W)等。监视器的选择可从颜色、性能指标、尺寸等几个方面考虑。一般应选用比摄像机高一个档次清晰度的监视器。监视器尺寸种类较多，常用15in、19in和21in等，具体监视器屏幕尺寸的选择，应根据监控室需要观察的人数、监视画面数、分辨程度以及人屏间距来确定。

在高速公路监视系统中，由于监视对象数量众多，且需要进行全天候不间断监视，故多放置于专用的支架上，形成电视墙。电视墙的使用可以节省空间、便于管理，同时具有良好的视觉效果。电视墙一般为定制产品，其大小、高度、厚度等要根据监控室的布局和实际尺寸确定。电视墙中除了摆放监视器外，还放置录像机、视频分配器等其他设备，需要对此综合考虑。电视墙与控制台之间应保持一定距离，最短距离不能小于2m。

3. 长延时录像机

长延时录像机，也称为长时间录像机、时滞录像机等。这种录像机的功能和特点是可以用一盘180min的普通录像带，录制长达12h、24h、48h、甚至更长时间的图像。这将有利于减少电视监控系统的图像记录录像带保存数量、节省重放时间等。一般说来，这种录像机在进行长时间录像后的重放时画面会产生一定程度的不连续感，其清晰度也不如正常速度录像的画面。但尽管如此，由于在电视监控系统的非报警情况下，不必要实时录像，且一般的长延时录像机在24h方式下，丢帧的比例并不大。况且，长延时录像机一般都有报警时自动切换为正常速度的标准实时录像的功能，故长延时录像机就成了一种能“平战结合”的录像设备。长延时录像机的主要技术指标主要包括录像机格式、录像/重放时间设定、视频输入、信噪比、水平解像度等。

4. 硬盘录像机

硬盘录像机的原理是将视频输入信号送入计算机（工业控制计算机）中，通过计算机的视频采集卡，完成 A/D 转换，将模拟视频信号转换为数字视频信号，并按一定格式存储，通过视频管理软件，可以对存储的数据进行进一步处理。硬盘录像机有单路硬盘录像机和多路硬盘录像机两种，按照工作方式不同，可分为嵌入式录像机和独立系统录像机，在高速公路监控系统中，应用的主要是独立系统的硬盘录像机。

四、控制子系统

控制子系统是整个闭路电视监视系统的“心脏”和“大脑”，是实现整个系统功能的指挥中心。控制子系统主要由总控制台（部分设有副控制台）组成。总控制台的主要功能有：视频信号的放大与分配、图像信号的校正与补偿、图像信号的切换、图像信号（包括声音信号）的记录、摄像机及其辅助部件（如镜头、云台、防护罩等）的控制（遥控）等。

1. 主控制台

主控制台或称为总控制台，是电视监控系统中的核心设备，对系统内各设备的控制均由这里发出和控制。控制台本身是由各种具体设备组合而成，主要包括视频分配放大器、视频切换器、控制键盘、时间地址符号发生器、录像机（或长延时录像机）、电源灯。目前生产的控制台有些装有多分割画面器，有些采用多媒体计算机作为控制台主体设备，如图 3-4-1所示。

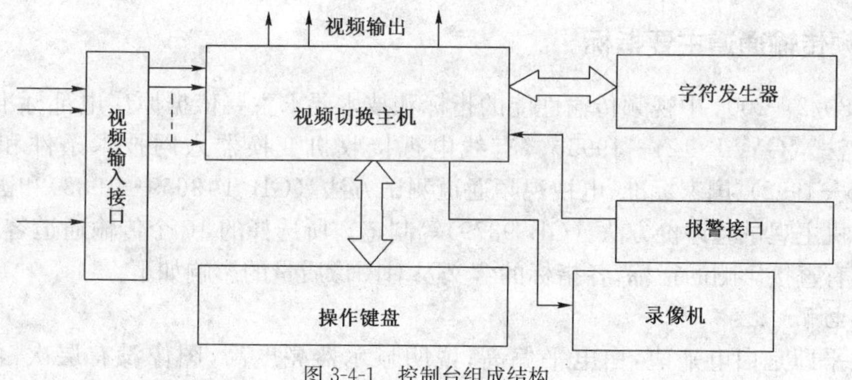

图 3-4-1　控制台组成结构

2. 视频矩阵切换器

视频矩阵切换器是组成控制台的关键设备，是实现视频图像信号选择的设备。目前主控制台上应用的视频矩阵切换器，一般为矩阵切换行驶以及积木式，其主要技术指标包括切换比例（切换器的输入路数及切换后输出的路数）、隔离度（切换器各路视频信号之间及切换后输出的信号之间的隔离程度，用分贝表示）、微分增益 DG（切换后输出的视频信号与切换前的信号在幅度上的失真程度）、微分相位 DP（切换后输出的视频信号与切换前的信号在相位上的是真）、输入电平（视频切换器输入端对输入视频信号电压幅度的要求）、输出电平（视频切换器输出端输出电压的幅度标准)等。

3.画面分割器

画面分割器是为节省监视器以及为监控人员提供全视野画面,将多路图像同时显示在一台监视器上。常用的画面分割器有4画面、9画面和16画面。其基本工作原理是采用图像压缩和数字化处理方法,把几个画面按同样比例压缩在一个监视器屏幕上。其主要技术指标包括视频输入指标、监视器输出指标、录像机输出、显示速率、报警输入、报警输出、报警时间等。

4.字符叠加器

字符叠加器是对现场采集的视频信号叠加地点、时间等文字的设备。字符叠加器的使用可使监控人员清楚时间发生的地点、使稽查人员或上级管理人员在事后回放中了解事件发生的时间和地点。输入的视频信号字符叠加后,通常可以输出一路或多路,如对一路视频字符叠加后需要多路输出时,一般选用多路输出的字符叠加器。字符信息一般通过串口,根据字符叠加器约定的格式或通信协议将需要叠加的内容加入到视频画面中。

第二节　视频传输性能主要指标及测量方法

在交通行业标准《公路工程质量检验评定标准 第二册 机电工程》(JTG F80/2—2004)中,闭路电视监视系统的视频传输性能测试包括传输通道指标和监视器画面指标两部分。其中,传输通道指标包括视频电平、幅频特性等10个客观参数的,监视器画面指标包括雪花干扰、网纹等四个主观评价指标。下面主要对视频传输性能的测试项目、技术要求、测试方法等内容进行分析和介绍。

一、视频传输通道主要指标

JTG F80/2—2004中视频传输性能的指标和技术要求主要依据原广电部标准《有线电视系统测量方法》(GY/T 121—1995)、《有线电视接收机变换器入网技术条件和测量方法》(GY/T 125—1992)、国家标准《电视视频通道测试方法》(GB/T 3659—1983)和国家标准《电视广播接收机主观试验评价方法》(GB 9379)等制定。所选择的10个传输通道客观参数都是对图像质量有直接影响的指标,各指标的含义及对图像质量的影响如下:

1.视频电平

视频电平即是白电平值,白电平偏高,说明显示器亮度高,图像没有层次,使得整个画面对比度减少,更为严重的是画面变得灰白,有雾状的感觉,清晰度明显降低。白电平值偏低,整个画面的亮度随之降低,整个画面偏暗或缺少层次,彩色由于色度的降低而变得不清晰。

在视频通道的输入端采用标准信号发生器发送75%彩条信号,输出端连接视频测试仪进行测试。

2.同步脉冲幅度

指底电平(黑电平和消隐电平之差)的大小。底电平过高会使画面有雾状感,清晰度不高;底电平过低时,正常情况下虽突出图像的细节,但对于暗淡的夜色画面,就会因图像偏暗或缺少层次、彩色不清晰、自然，肤色出现可见的失真现象。

在视频通道的输入端采用标准信号发生器发送75%彩条信号，输出端连接视频测试仪进行测试。

3. 回波

回波值（*K* 系数）为被测系统的行时间波形失真Kb、2T正弦平方波与条脉冲的幅度比Kpb、2T调制正弦平方波失真Kp中绝对值的最大值。

回波值表征系统的幅频、相频失真，容易导致图像出现多重轮廓、造成重影、图像细节和边缘轮廓不清、清晰度下降等现象；在规定测试条件下，测得的系统中由于反射而产生的滞后于原信号并与原信号内容相同的干扰信号的值。把各种波形失真较人眼视觉特性，给予不同评价的基础上来度量图像损伤的一套系统方法。用百分数来表示，绝对值越小越好。如该值偏大，会使图像出现多轮廓，造成重影，使清晰度下降；图像调节变淡，边缘轮廓不清；图像垂直方向的亮度不均匀，背景亮度不真实；图像闪动：图像沿水平方向界限不清，严重时造成水平方向拖尾。

在视频通道的输入端采用标准信号发生器发送2T信号，输出端连接视频测试仪进行测试。

4. 亮度非线性

亮度非线性是当平均图像电平为某一特定值时，将起始电平从消隐电平逐步增到白电平的小幅度阶跃信号加至被测通道输入端，输出端的各阶跃幅度与输入端相应的阶跃幅度的比值的最大差值。亮度非线性的绝对值越小越好，如该值偏大，会使图像失去灰度，层次减少，分辨率降低（因色度信号是叠加在亮度信号上），产生色饱和失真。

在视频通道的输入端采用标准信号发生器发送2T信号，输出端连接视频测试仪进行测试。

5. 色度/亮度增益差

色度/亮度增益差是把一个具有规定的亮度和色度分量幅度的测试信号加至被测通道的输入端，输入和输出之间的色度分量和亮度分量的幅度比的改变。该指标亦指信号在通过一个系统后色度分量增益和亮度分量增益间的差，这个差值用百分数或dB的形式来表示。对于色度增益低时为负值，对于色度增益高时为正值。数值过大会引起图像饱和度失真，类似色饱和度调节不当，差值为负值时，图像色彩变淡、人物神色不佳；差值为正值时，颜色过浓、轮廓不分明，类似儿童填色画，缺乏真实感。

在视频通道的输入端采用标准信号发生器发送2T信号，输出端连接视频测试仪进行测试。

6. 色度/亮度时延差

把一个亮度分量有规定的幅度和波形，色度分量是被这个亮度分量调制的色度副载波，这两个分量在幅度和时间上都有确定的关系的符合信号加到被测通道的输入端，在输出端，把亮度分量与色度分量的调制包络做比较，如果这两个波形的相应部分在时间关系上与输入端不同，则称此变化为色度/亮度时延差。

色度/亮度时延差亦指信号的色度部分通过一个系统所需要的时间与通过亮度信号所需要的时间之间的差。它反映系统群延时频率特性不平坦，中频滤波器特性变化，中频带宽不够等。如该值偏大,会使色度信号与亮度信号不能同时到达显示端,彩色套色不准,在水平方向出现彩色镶边。

在视频通道的输入端采用标准信号发生器发送 2T 信号,输出端连接视频测试仪进行测试。

7. 微分增益

微分增益是不同亮度电平下的色度幅度变化,亦指由于图像亮度信号幅度变化引起色度信号幅度的失真,失真的大小用百分数(%)表示。微分增益的绝对值越小越好。不同亮度背景下的色饱和度失真,会影响彩色效果,如穿鲜红衣服从暗处走向亮处,鲜红衣服变浓或变淡。

在视频通道的输入端采用标准信号发生器发送调制的五阶梯信号,输出端连接视频测试仪进行测试。

8. 微分相位

微分相位是不同亮度电平上副载波相位的变化,用度表示。该指标亦指由于图像亮度信号幅度变化引起色度信号相位的失真。该指标有正有负,绝对值越小越好。在不同亮度背景下,色调产生失真,由某种颜色变成其他颜色,如穿鲜红衣服从暗处走到明处,鲜红衣服就偏黄或偏紫。

在视频通道的输入端采用标准信号发生器发送调制的五阶梯信号,输出端连接视频测试仪进行测试。

9. 幅频特性

幅频特性是指从场重复频率至系统标称截止频率的频带范围内,通道输入与输出之间相对于基准频率的增益变化,以 dB 为单位。该指标是评价一个系统均匀一致传送不同频率的信号分量而不影响信号幅度的能力。该指标特别能看出传输通道内频率的衰减情况,当高频段损耗较大时,图像的边缘就会变得不清晰。

在视频通道的输入端采用标准信号发生器发送 $\sin x/x$ 信号,输出端连接视频测试仪进行测试。

10. 视频信杂比

指亮度信号幅度的标称值与随机杂波幅度有效值之比,以分贝(dB)为单位。当信杂比比较低时,图像会出现颗粒状雪花点状的干扰,彩色闪烁会更明显,同时会影响图像的清晰度。

在视频通道的输入端采用标准信号发生器发送多波群信号,输出端连接视频测试仪进行测试。

二、闭路电视监视系统视频传输通道指标的技术要求

在制定交通行业的标准时,对部分指标的技术要求进行了适当的放宽,例如,视频电平的技术要求由 700mV±20mV 变成了 700mV±30mV,这样更能适应交通行业的实际情况。随着各生产单位和施工单位对该项性能指标的重视,目前国内的视频传输设备一般都能满足标准要求。在以后的标准修订中可能会对部分指标的技术要求加严。目前标准中对于闭路电视监控系统视频传输通道指标的技术要求如表 3-4-1 所示。

视频传输通道指标要求　　表 3-4-1

测 试 项 目	指 标 要 求	测 试 信 号
*1. 视频电平	700mV±30mV	75%彩条或 100%白场
*2. 同步脉冲幅度	300mV±20mV	75%彩条或 100%白场
*3. 回波 E	<7%KF	2T 信号
4. 亮度非线性	⩽5%	非调制 5 阶梯波或插入第 17 行
5. 色度/亮度增益差	±5%	填充 5 阶梯波
6. 色度/亮度时延差	⩽100 ns	填充 5 阶梯波
7. 微分增益	⩽10%	调制 5 阶梯信号
8. 微分相位	⩽10°	调制 5 阶梯信号
*9. 幅频特性	5.8MHz 带宽内 ±2dB	Sin$x$/x 信号
*10. 视频信杂比	⩾56dB(加权)	多波群信号

注:表中加 * 项目为 JTG F80/2—2004 中的关键项目。

三、测量设备

视频通道指标的测量设备为视频信号发生器和视频分析测量仪,目前常用的仪器为美国泰克公司的 TSG 271 型视频信号发生器和 VM700T 型视频测试仪:

1. 视频信号发生器

TSG271 PAL 电视信号发生器是一台综合性的电视测试信号源,它同时可作为集中的高稳定度的同步信号发生器(如图 3-4-2)。

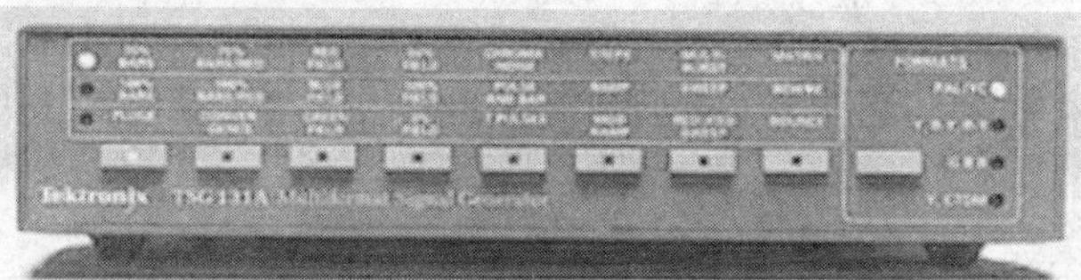

图 3-4-2

通过该信号发生器,可以产生如下测试信号:

彩条、红底及彩条、图像监视标准信号(Plug)、汇聚、白窗口、灰窗口、斜坡、调制斜坡、阶梯波、调制阶梯波、带有窗口的脉冲和条脉冲、场方波、多脉冲、多波群、行扫描、sin$x$/x、平场、红场、插入测试信号和平均图像电平等。

2. 视频测试仪

VM 700T 可以迅速而自动的完成标准视频传输测量,主要包括 CCIR Rep. 624-1、Rec. 567 和 Rec. 569 等规定的项目。无论是场消隐期间或全场测量均可进行,并能与用户定义的测量容限相比较。当测量结果超出所规定的上、下容限时,仪器就会发出提示或告警信息。并可按照操作者预定的时间或者受某一指定时间的触发而自动生成打印测量报告(如图 3-4-3)。

图 3-4-3

该仪器的测量模式(Measure mode)可以自动的用图形实现显示测量结果。场消隐期或全场测量的各个项目,包括噪声频谱、群时延、K 因子、微分增益和微分相位等均能进行高精度的测量和显示,并可根据用户设定图形化输出测试结果。

需要特别注意的是,视频测量仪一般具有级联功能,在终端测试时,注意将 75Ω 的终结端子插在下一级的 BNC 端子上,否则将产生反射,影响测量结果。

第三节　工程安装质量要求及检验评定标准

一、基本要求

(1)闭路电视监视系统的设备及配件数量、型号规格符合要求,部件完整。

(2)外场摄像机基础安装位置正确,立柱安装竖直、牢固。

(3)防雷部件安装到位、连接措施符合规范要求。

(4)摄像机(云台)安装方位、高度符合设计要求。

(5)控制机箱外部完整,门锁开闭灵活。

(6)电源、控制线路以及视频传输线路按规范要求连接到位,闭路电视系统的所有设备处于正常工作状态。

(7)隐蔽工程验收记录、分项工程自检和设备调试记录、有效的设备检验合格报告或证书等资料齐全。

二、实测项目

闭路电视监视系统实测项目见 JTG F80/2—2004 中表 2.3.2(表中标有"△"的检测项目为关键检测项目)。

三、外观鉴定

(1)立柱、机箱及摄像机(云台)安装牢固、端正。

(2)各部件表面光泽一致、无划伤、无刻痕、无剥落、无锈蚀。

(3)基础混凝土表面应刮平,无损边、无掉角;机箱、立柱、法兰及地脚螺栓规格符合设计要求,防腐措施得当,裸露金属基体无锈蚀。

(4)防雷接地和安全接地应分开设置,接地焊接牢固,焊缝饱满并做防腐处理;防雷引下线及接地体所用材料规格、防腐与连接措施、安装位置符合设计要求;金属机箱与安全保护地连接可靠,接地极引出线无锈蚀。

(5)云台防护罩和机箱的出线管与箱体连接密封良好,箱体内无积水、尘土、霉变。

(6)机箱内电力线、信号线、元器件等布线平直、整齐、固定可靠,标志正确、清楚,插头牢固。

第五章

可变标志

第一节　概　述

一、可变标志的概念

1. 定义

可变标志即显示信息可以变化的标志的简称，可变信息标志与固定标志的最大不同是可依据变化的道路、交通、气象等条件，向道使用者提供实时的交通信息，使道路使用者及时了解目标路线上的交通拥堵长度、事故原因、路面状况、天气以及道路管理者发布的出行建议或管理限令等，对减少交通事故、平抑交通流、舒展驾驶情绪、提高道路交通管理服务水平起着不可替代的作用。

在新版国标《道路交通标志和标线》(GB 5768.2—2009)3.17 条，对可变标志有一个明确的定义：可变标志是一种可依据道路、交通、气象等状况而改变显示内容的动态交通标志。

2. 用途

可变标志一般可用作交通诱导、速度控制、车道控制、道路交通和气象状况告知及其他内容的显示。可变标志不宜显示和交通无关的信息。

上述定义明确了可变标志的法定地位，即它也是一种交通标志，一旦使用，其显示内容就具有强制性。

3. 显示方式

可变信息标志的显示方式有多种，如：点阵式、翻板式、字幕式、光纤式等。可根据道路对交通标志的功能要求、显示内容、控制方式、环保节能、经济性等进行选择。

二、可变标志的分类

按照显示版面内容是否全部可控分为：全可变标志和半可变标志。

按照功能分为：可变信息标志、可变限速标志、车道控制标志、信号灯等。其中可变信息标志一般指大型的可任意变更显示内容的文字标志，可变限速标志是专用的禁令标志，车道控制标志和信号灯则属于小型的诱导指示类标志。

按照显示方式(原理)可分为：高亮度发光二极管(LED)、磁翻板式、字幕卷帘式、光纤式、旋转式等。

从功能上讲，交通信号灯是一类独立的交通管理设施，不属于交通标志的内容。但从信息管理的角度，交通信号也是一种可变的交通信息，为道路利用者提供通行或禁止信号，指导交通流有序运行。另一方面,将其安装在高速公路匝道或入口收费车道,还可以控制交通的进出,起交通流调节作用。再之,从制造原理来讲,都是应用了相同的发光器件,其光度、色度等技术要求也同可变信息标志相近。还有在欧美及ISO的标准中一般也将交通标志与信号归在一个标准中统称为交通控制装置。所以,在《公路工程质量检验评定标准》(JTG F80/2—2004)中将其纳入可变标志分项工程中,以方便质量控制与运营管理。

三、板面一般要求

可变标志显示的警告、禁令、指示等标志的图形、字符、形状等应符合GB 5768.1的规定,显示的文字的字体、字高、间距等按照清晰、易辨、安全的原则确定。主动发光可变信息标志的颜色可按GB 5768.1规定的标志颜色执行,也可按表3-5-1的规定执行。可变标志各部分颜色的色品坐标应符合相关国家标准的规定。

主动发光可变信息标志的颜色　　表3-5-1

类　别	显示内容	底　色	边　框	图形、符号、文字
文字标志	道路一般信息	黑色	—	绿色
	道路警告信息		—	黄色
	道路禁令信息		—	红色
图形标志	警告标志	黑色	黄色	黄色
	禁令标志	黑色	红色	黄色
	指示标志	黑色	蓝色	绿色
	指路标志	黑色	绿色	绿色
	作业区标志	黑色	随类型	黄色
	辅助标志	黑色	—	绿色
	潮汐车道标志	黑色	—	红色×、绿色↓
	其他信息	视需要		
	可变导向车道	蓝色*	—	绿色或黄色
	交通状况	蓝色或绿色*	白色	红、黄、绿等色

注:*为不可变部分的颜色。

四、设置地点

按照GB 5768.1—2009规定,符合下列情况之一者,可设置可变标志:

(1)城市主干道入口前或适当路段上;

(2)互通立交或城市主干道出口前;

(3)收费站或长隧道入口前;

(4)潮汐车道起始路段;

(5)可变导向车道进入路口前;

(6)有其他特殊要求的路段。

第二节　技 术 要 求

一、指标体系及意义

既然可变标志也是一类交通标志，那么在技术指标上首先应有颜色、形状、图形字符等交通标志三要素的要求；其次它还是一种电气产品，应满足电气安全、环境适应性等方面的要求；除此之外，在监控系统或交通管理系统中，它是最主要的信息提供设备，它应满足信息交换或数据通信的要求，即通信接口与协议方面的要求。因此，可变标志的指标体系应包括如下内容。

1. 结构与材料

可变标志一般安装在车辆和行人的上方，且质量和形状较大，如果失稳落下压在车辆和行人身上，足以导致严重伤害。因此，在结构设计上必须满足结构稳定性方面的要求。另外，现在国家提倡低碳节能，在材料选择时也要选择节能环保、质量轻、耐久性好的材料。

2. 显示性能

显示性能是可变标志的本质属性，指可变标志能够在一个结构框架背底下显示多个标志的能力，显示的内容在色度、光度、形状等方面既要满足国标 GB 5768—2009 的要求，又要满足视认性方面的要求。

3. 电气安全

电气安全指对于使用非安全电压(一般指大于 36V)供电的设备须在绝缘电阻、耐电气强度、接触电阻、防雷接地等方面的要求，对于使用 220V 交流供电的设备还有满足电源波动和防浪涌击穿等高压方面的要求。

4. 通信接口与协议

从数据通信的角度看，LED 可变标志又是一种较大型数据信息显示终端，它应具有联入控制系统或数据网络的功能，因此，它必须符合国家的有关通信标准。现在已经颁布实时了交通行业标准《高速公路监控设施通信规程　第 3 部分　LED 可变信息标志》(JT/T 606.3—2004)。

5. 环境适应性

环境适应性应包括高低温、湿热、温度交变、耐盐雾腐蚀、耐候性等试验内容，考核其在恶劣环境条件下的可靠性。

6. 外观质量

外观质量是产品的通用性能，除了视觉感官要求外，主要应满足防腐方面的要求，大型结构产品使用金属结构不可避免，金属防腐是必须面对的技术问题。

7. 其他辅助指标

除了主要指标外，还应包括特殊功能要求、产品标识、包装运输贮存要求、订货信息等方面的辅助指标。

二、LED 可变信息标志

LED 可变信息标志是目前应用最为广泛的可变标志，早在 2000 年就颁布实施了交通行业标准《高速公路 LED 可变信息标志技术条件》(JT/T 431—2000)，在此标准的规范下，我国的可变信息标志产品有了长足的发展，已经完全替代了进口产品。现在，在该行业标准基础上制定的国家标准《高速公路 LED 可变信息标志》(GB/T 23828—2009)已于 2009 年 7 月 1 日正式实施，行业标准也同时废止。下面将以新标准为基础，对该产品的质量特性予以详细介绍。

1. 基本原理

LED 可变信息标志是利用点阵显示原理显示图形和文字的，具体分析如下。

将书写的汉字做有限分割后则变成了一个个独立单元，将这些单元按序拼接在一起仍可还原成原汉字，由于人眼的分辨力有限，在还原过程中即使舍去部分单元仍可识别出原汉字，如图 3-5-1 所示，锯齿部分为舍去的单元。

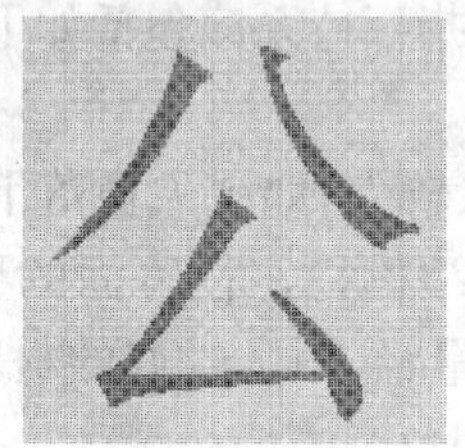
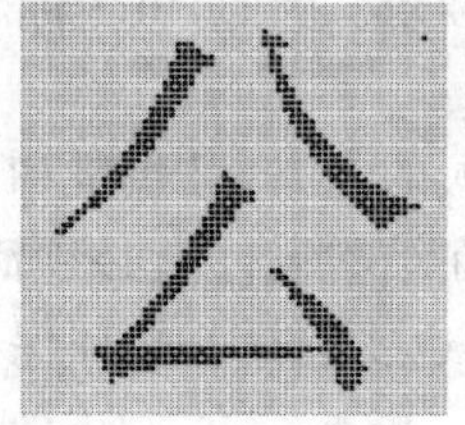
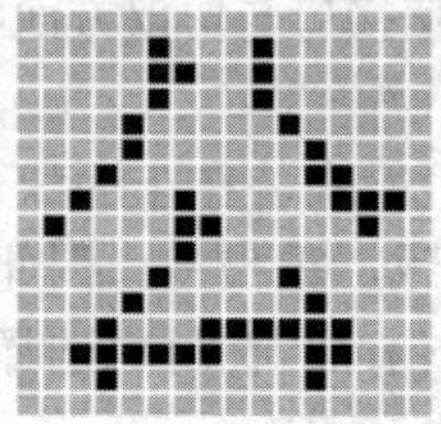

图 3-5-1 汉字分割图

于是就可用有限的单元表征一个完整的汉字，同样也可以表征一张图片，这些单元叫作点阵，带有汉字印迹的点阵叫作前景，其他叫背景。如果将前景用光显示这就是点阵显示器的基本原理，如果前景用颜料表示就是的点阵式打印机的原理。可见可变信息标志属于点阵显示器一类，其基本电路如图 3-5-2 所示，当行列同时被选中的单元点亮，该图中每行每列都可控，可以做到显示屏上的汉字从上下左右任一方向移动，当整个汉字从一个位置移到另一个位置时，可将列译码改为线选，由一个大功率管驱动，这样电路可以更简单。

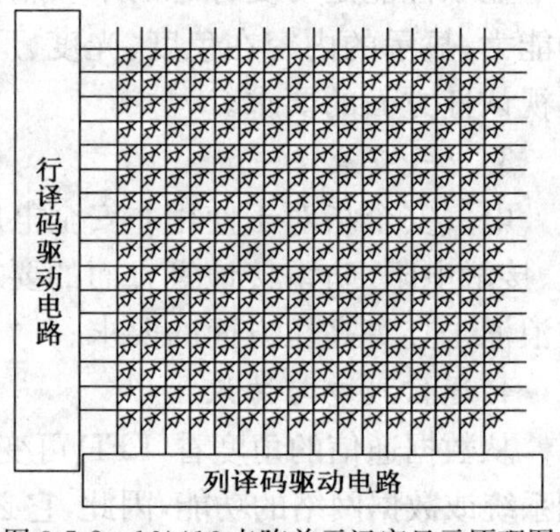

图 3-5-2 16×16 点阵单元汉字显示原理图

一个完整的可变信息标志基本电路构成如图 3-5-3 所示。

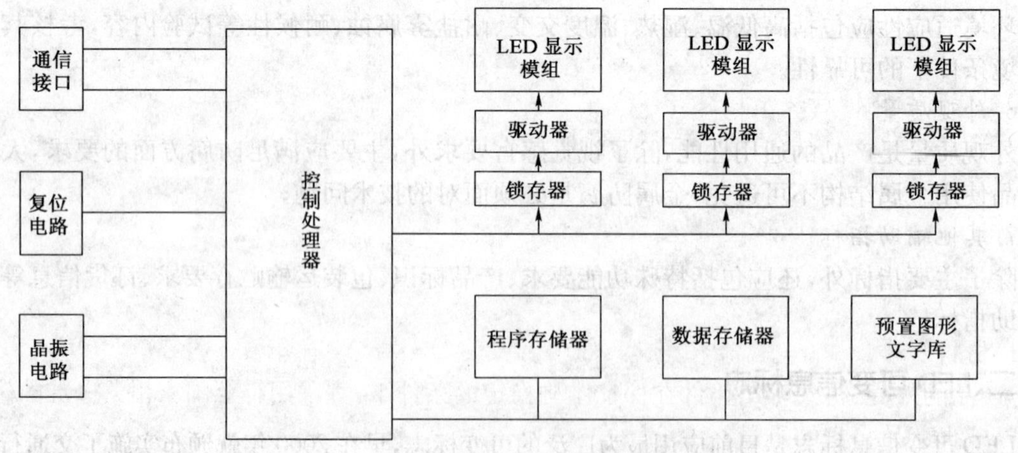

图 3-5-3 可变信息标志基本电路构成框图

将此方法显示的一个单元扩展为 2×2＝4 个，就会变为 32×32 点阵，这样就可以显示 4 个汉字，就有了一定的语义表达功能，例如可显示“结冰路滑”，“注意安全”等。当然也可以扩展为 1×12 的长形显示屏，可同时显示 12 个汉字，这就是点阵式可变信息标志的基本原理。

2. 组成与分类

1）组成

依据上面讲述的显示原理，将可发光的 LED（像素）排列、焊接在一块底板上就构成了显示屏，配上电源、控制单元、壳体机箱等就组成的一块完整的可变信息标志产品。一般来说，可变信息标志由显示屏、控制器、机架、外壳、控制箱、安装连接件等组成，其中显示屏由发光矩阵及其支撑底板构成。

2）分类

依据现行国家标准 LED 可变信息标志按用途分为图形和文字两种；按支撑方式分为门架式、悬臂和柱式三种；按环境温度适用等级分为 A 型、B 型、C 型三种。图形标志用图案或图形方式指示出前方路段或匝道出入口的交通状况，如阻塞长度、匝道开闭等信息；文字标志为只显示汉字和字符信息的标志。

3. 技术要求

LED 可变信息标志产品是一种大型的机械电子设备，且安装使用在环境条件恶劣的公路上，为了保证其可靠工作，必须满足国家标准《高速公路 LED 可变信息标志》（GB/T 23828—2009）的要求，对该标准按照本节所述的指标体系稍加整理，可归纳为以下 8 个方面的内容。

1）外观质量

（1）产品构件应完整、装配牢固、结构稳定，边角过渡圆滑，无飞边、无毛刺。

（2）安装连接件应设置可调节标志视认角度的机构，以便于安装施工；其活动零件应灵活、无卡滞现象，机壳及安装连接件应无明显变形、凹凸等缺陷。

（3）外壳、包括控制箱及连接件的防护层色泽应均匀、无划伤、无裂痕、无基体裸露等缺陷，其性能指标应符合 GB/T 18226 的规定。

（4）控制箱一般附着安装在显示屏的支撑柱或显示屏箱体内，要求：

①部件齐全、安装牢固端正；

②箱体出线孔开口合适、切口整齐；

③出线管与箱体连接密封良好；

④箱内接线回路编号清楚，走线整齐，横平竖直，符合工艺要求；

⑤箱锁应采取防水、防锈措施；

⑥箱门开闭灵活轻便，密封良好；

⑦箱体内外清洁。

2）结构与材料

（1）材料要求

①产品的外壳、机架等结构件在保证结构稳定的条件下，宜采用符合国家相关标准的轻质材料，以减少产品自身的重量。

②显示屏组合发光像素由发光二极管组成，单粒发光二极管在额定电流时的法向发光强

度应：

a. 红色不小于 3 000mcd；

b. 绿色不小于 6 000mcd；

c. 蓝色不小于 2 000mcd；

d. 黄色不小于 5 500mcd。

③发光二极管的半强角 $\theta_{1/2}$ 不小于 11.5°。

④发光二极管的平均无故障时间 MTBF 不小于 50 000h，其他电子元器件的 MTBF 不小于 30 000h。

(2)结构尺寸

①显示屏应为可拆装式模块化结构，显示屏上的文字、图案的结构尺寸应符合 GB 5768.2 的要求。汉字宜采用 24×24 或 32×32 点阵字符，形状应与 GB 5768.2 的要求一致或者显示字模符合 GB 5007.1 和 GB 5007.2 中对字符的要求。

②像素的结构排列间距可根据设计亮度调整，图形标志达到白平衡时的设计亮度或文字标志的最大设计亮度应不小于 8 000cd/m^2。

③显示屏的显示模块内各像素之间及各显示模块之间，像素应排列均匀、平整，各像素点间距允许误差±1mm，不平整度不大于 2mm/m^2。

④大型文字标志一般为 8～12 个汉字，小型的一般为四个汉字。

(3)机械力学性能

①标志板结构应稳定，承受由 40m/s 的风速产生的风压后，不影响标志板的使用性能，由此产生的几何变形量应不大于 2mm。

②生产厂商应给出标志板的受力体系图和安装连接图，以供设计单位在设计基础和支撑时参考。

3)显示性能

(1)色度性能

①机壳：机壳的颜色宜采用符合国家标准油漆色卡的 510 号蓝灰色。

②显示屏基底：显示屏基底应为亚光黑色，色品坐标应在图 3-5-4 规定的色品区域内，亮度因数不大于 0.03。

③文字标志显示屏的前景字符：文字标志发光时前景字符为红色、绿色或黄色，不发光时为黑色或无色。红色为禁令性信息，绿色为提示性信息，黄色为警告性信息。发光时字符的色品坐标应符合图 3-5-4 和表 3-5-2 的规定。

④彩色图形标志：彩色图形标志可用红绿蓝 LED 组合成三基色发光像素。彩色图形标志对三基色发光像素的亮度等级控制不少于 16 级，通过控制三基色的亮度配比，至少能显示红、绿、蓝、黄、白等五种颜色，这些颜色的色品坐标应在图 3-5-4 规定的色品区域内。

(2)视认性能

①视认角：标志产品的视认角应不小于 30°。

②视认距离：可变信息标志视认距离分为静态视认距离和动态视认距离，要求如下：

a. 静态视认距离不小于 250m；

b. 动态视认距离不小于 210m。

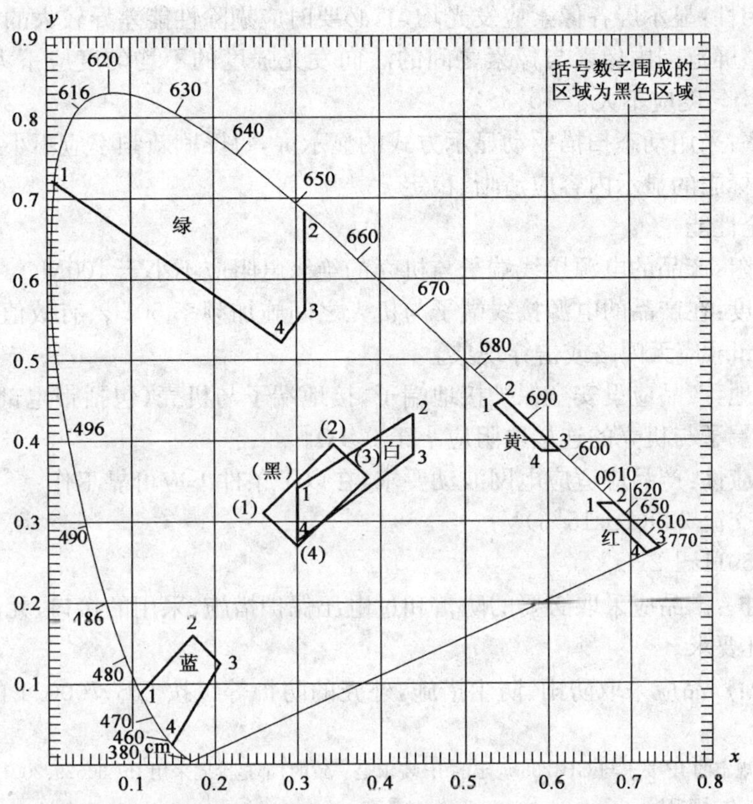

图 3-5-4　LED 可变信息标志像素发光颜色 CIE1931 色品区域图

LED 可变信息标志颜色在 CIE1931 色度图上的色品区域顶点坐标　　表 3-5-2

颜　　色		边界线交点色品坐标			
		1	2	3	4
红色	x	0.660	0.680	0.735	0.721
	y	0.320	0.320	0.265	0.259
绿色	x	0.009	0.310	0.310	0.284
	y	0.720	0.684	0.562	0.520
蓝色	x	0.109	0.173	0.208	0.149
	y	0.087	0.160	0.125	0.025
黄色	x	0.536	0.547	0.613	0.593
	y	0.444	0.452	0.387	0.387
白色	x	0.300	0.440	0.440	0.300
	y	0.342	0.432	0.382	0.276
黑色	x	0.260	0.345	0.385	0.300
	y	0.310	0.395	0.355	0.270

③发光均匀性：显示屏各像素应发光均匀，必要时应剔除性能差异较大的发光单元。在额定工作电流时整屏范围内像素与像素之间的法向发光强度的不均匀度应不大于5%，像素内LED之间的不均匀度应不大于10%。

④刷新频率：采用动态扫描驱动显示方式的显示屏，每屏刷新频率应不小于100Hz。在汽车高速行驶时，标志的显示内容应清晰、稳定。

4）电气安全性能

（1）绝缘电阻：产品的电源接线端子与机壳的绝缘电阻应不小于100MΩ。

（2）电气强度：在产品的电源接线端子与机壳之间施加频率50Hz、有效值1 500V正弦交流电压，历时1min，应无闪络或击穿现象。

（3）安全接地：产品应设安全保护接地端子，接地端子与机壳（包括带电部件的金属外壳）连接可靠，接地端子与机壳的连接电阻应小于0.1Ω。

（4）电源适应性：产品应适应电网波动要求，在以下条件下应可靠工作：

——电压：交流220(1±15%)V；

——频率：50Hz±2Hz。

（5）防雷保护：产品应采取必要的防雷和过电压保护措施，采用的接口、元器件和防护措施应符合有关标准要求。

（6）IP防护：产品应采取防雨、防尘措施，外壳的防护等级按GB 7000.1的规定应不低于IP56级。

注：GB 7000.1规定的IP要求与GB4208规定的IP要求是一致的，都是等同采用IEC60529：2001。

5）通信接口与规程

（1）接口：机械接口应使用25针RS-232C阴性插座和四针RS-485阳性插座，该两种接口的电气性能应符合相应标准的要求；接口与外部的连接应便于安装和维护，并采取防水、防尘等措施。

（2）通信规程：按JT/T 606.1和JT/T 606.3执行。

（3）通信方式：异步，全双工。

（4）通信速率：1200bit/s～19200bit/s。

（5）其他规定：在满足上述（1）～（4）的条件下，生产企业可以提供其他接口和规程，但应向需方提供详细的接口参数和通信规程，以便与系统连接。

6）环境适应性能

（1）耐低温性能：将产品在不通电状态，在－20℃（或－40℃、－55℃）条件下，试验8h，产品应起动正常，逻辑正确。

（2）耐高温性能：将产品在不通电状态，在＋55℃（或＋50℃、＋45℃）条件下，试验8h，产品应起动正常，逻辑正确。

（3）耐湿热性能：将产品在不通电状态，在温度＋40℃，相对湿度(98±2)%条件下，试验48h，产品应起动正常，逻辑正确。

（4）耐温度交变性能：将产品（条件受限时可用代表产品质量特性的模块）在通电工作状态下放入温度交变试验箱中，在高温＋70℃保持2h，在3min内转移到低温－40℃保持2h，在3min内再转移到高温，如此共循环五次。试验期间和试验结束后，产品应起动正常，逻辑正确；产品的结构件包括像素、印刷电路板、显示模块、机架、显示屏等不应产生变形和其他损伤。

(5)耐机械振动性能：将产品在通电工作状态下进行扫频振动试验，频率范围为 2～150Hz。在 2～9Hz 时按定位移控制，位移幅值 3.5mm；9～150Hz 时按定加速度控制，加速度幅值为 $10m/s^2$。2Hz→9Hz→150Hz→9Hz→2Hz 为一个循环，共经历 20 个循环后，产品功能正常，结构不受影响，零部件无松动。

(6)耐盐雾腐蚀性能：产品的印刷电路板、外壳防腐层和像素及其支撑底板(其他部件由供需双方协定)经 168h 的盐雾试验后，应无明显锈蚀现象，金属构件应无红色锈点，印刷电路板经过 24h 自然晾干后功能正常。

(7)耐候性能：产品的外壳防腐层、像素及其支撑底板(其他部件由供需双方协定)经过两年自然曝晒试验或经过人工加速老化试验累积能量达到 $3.5\times10^6 kJ/m^2$ 后，产品外观应无明显褪色、粉化、龟裂、溶解、锈蚀等老化现象，非金属材料的机械力学性能保留率应大于 90%，色品坐标符合图 3-5-5 的要求。

7)功能要求

(1)显示内容

应至少显示 GB2312 指定的全部汉字和数字及字符，并且能控制全亮与全灭。像素在关闭状态时，不应产生微光。

(2)手动功能

在脱离系统控制时，通过人工方式亦能任意显示上述(1)的内容。

(3)自动功能

经通信接口接入系统后，应能接受系统或主控单元的控制，按系统或主控单元的命令正确显示相应的内容并将工作状况上传给系统或主控单元。

(4)自检功能

产品应设置自检功能和工作状态指示灯。通过自检功能，将发光像素、通信接口以及其他单元的工作状态正确检测出来，在工作状态指示灯上显示并上传给主控单元。

(5)调光功能

可变信息标志应设置环境照度检测装置，根据环境照度调整发光像素的发光强度，以避免夜间照度较低时形成眩光，影响信息的视读，夜间亮度应符合表 3-5-3 要求。

夜间亮度表(单位：cd/m^2) 表 3-5-3

黄 色	红 色	绿 色	蓝 色
150±10	105±10	180±10	70±10

8)整体可靠性

在正常工作条件下，显示屏总像素的年失控率应不大于 1‰；整体产品的平均无故障时间 MTBF 不小于 10 000h。

三、LED 可变限速标志

可变限速标志是一种特殊的可变标志，与静态标志一样也为禁令类标志，采用的标准是国家标准《高速公路 LED 可变限速标志》(GB/T 23826—2009)，属强制性标准。该标准大部分内容与《高速公路 LED 可变信息标志》(GB/T 23828—2009)一致，只有外形、结构尺寸和色度性能是不一样的，下面仅对不同部分进行说明。

1.分类

LED可变限速标志按外形分为圆形和方形两种，按图形外圈有效外径尺寸分为ϕ1 200mm、ϕ1 400mm、ϕ1 600mm三种。按环境温度适用等级的分类与可变信息标志相同。

2.结构尺寸

可变限速标志的显示内容比可变信息标志简单，只显示外圈和数字，颜色只有红色外圈和黄(橙)色数字。为了减少复杂性，防止外形及图案的不统一，对显示结构和使用的像素都作了明确规定。要求其数字用点阵原理显示，其位数为两位半，即百位数只显示数字“1”，规定其显示点阵为16×24点阵，对数字的字模也作了统一要求。具体规定如下：

1)外形及结构尺寸代号

圆形标志的外形和结构尺寸代号见图3-5-5，方形见图3-5-6。

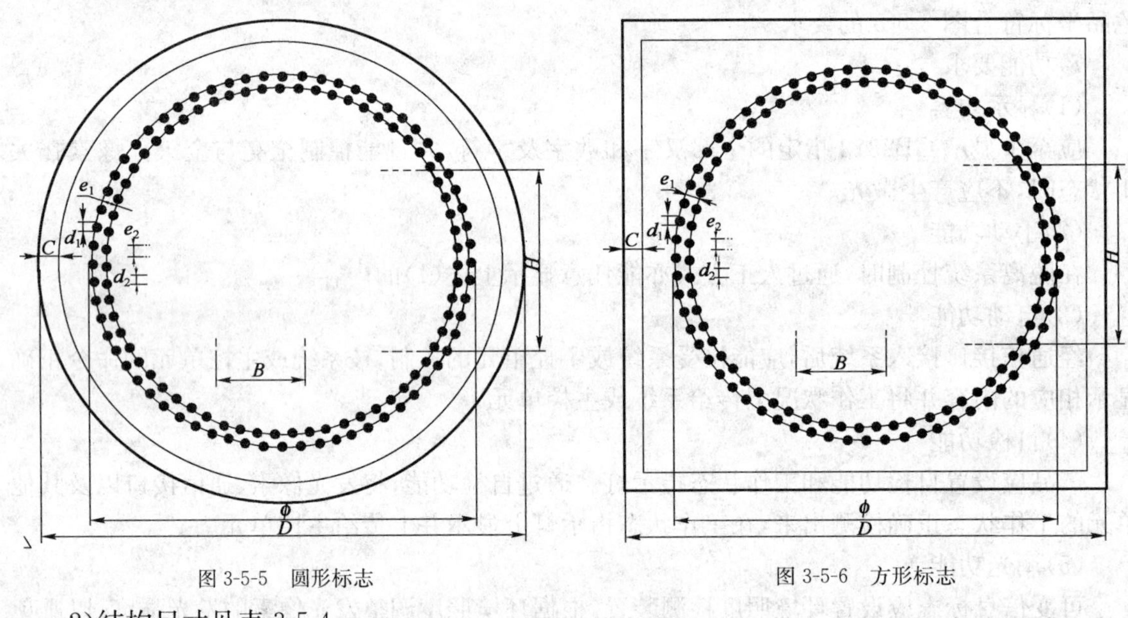

图3-5-5 圆形标志

图3-5-6 方形标志

2)结构尺寸见表3-5-4

结构尺寸表 表3-5-4

名称代号	规格			允差
	ϕ1 200	ϕ1 400	ϕ1 600	
标志边长或直径(D)mm	1 500	1 600	1 800	±5%
边框宽度(C)，mm	60	80	100	±5%
外圈直径(Φ)，mm	1 200	1 400	1 600	±5%
外圈像素直径(d_1)，mm	30	30	30	±1mm
外圈像素间距(e_1)，mm	40	45	50	±1mm
字符像素直径(d_2)，mm	30	30	30	±1mm
字符像素间距(e_2)，mm	36	39	42	±1mm
字符高度(H)，mm	570	615	660	±5mm

续上表

名称代号	规格			允差
	ϕ1 200	ϕ1 400	ϕ1 600	
字符宽度(B),mm	282	303	324	±5mm
外圈颜色	红色	红色	红色	
字符颜色	黄色	黄色	黄色	
外圈像素个数	≥127	≥147	≥167	
外圈像素内 LED 个数	≥16	≥16	≥16	
外圈像素内单个 LED 发光强度,mcd	≥3 000	≥3 000	≥3 000	
字符矩阵像素个数	16×24=384	16×24=384	16×24=384	
字符像素内 LED 个数	≥10	≥10	≥12	
字符像素内单个 LED 发光强度,mcd	≥5 500	≥5 500	≥5 500	
半强角 $\theta_{1/2}$(°)	≥7.5	≥7.5	≥11.5	

3)材料

可变信息标志对单粒 LED 的半强角 $\theta_{1/2}$ 只有 11.5°一个要求,而对可变限速标志规定:"图形外圈有效直径小于和等于 1 400mm 的发光二极管的半强角 $\theta_{1/2}$ 不小于 7.5°,大于 1 400mm的为不小于 11.5°"。

另外,可变信息标志对显示屏的设计亮度有"不小于 8 000cd/m^2"的要求,可变限速标志的亮度是依据规定的具体结构尺寸保证的,所以对设计亮度没有要求。

3. 色度性能

可变限速标志发光时只有两种颜色,外圈为红色,数字为黄色,这两种颜色的色品坐标范围与可变信息标志相同。

四、LED 车道控制标志

LED 车道控制标志是由红色"×"和绿色"↓"图案组合而成的一种特殊可变标志,用于车道的通行或禁止管理,当显示红色"×"图案时禁止车辆使用车道,当显示绿色"↓"图案时允许车辆使用车道,与信号灯的功能不同,信号灯控制的是一个方向上交通流的通行或禁止,范围更大,并且信号灯一般设置在交叉口,车道控制标志可以设置在路段上。车道控制标志控制更精确,空间利用率更高,效率也更高。LED 车道控制标志的现行有效标准是交通行业标准《LED 车道控制标志》(JT/T 597—2004),由于该标准已经颁布实施了近 6 年,虽然技术内容与国标《高速公路 LED 可变信息标志》(GB/T 23828—2009)相近,但一些指标是不同的,主要不同点表现在:

(1)车道控制标志用 LED 的半强角较大,以适应近距离视认;

(2)视认距离较大,以适应变换车道需要;

(3)色度性能依据的是老版本的安全色标准,色品范围与新版可变信息标志不同,绿色范围明显偏大;

(4)车道控制标志主要用于收费站或匝道控制,通信距离较短,且信息量不大,用两条线的开关状态即可满足控制需要,所以没有通信接口和协议的要求。

下面对 LED 车道控制标志的整个技术体系给予较详细的介绍。

1. 组成与分类

1)组成

LED 车道控制标志由机壳、显示屏、控制器及安装连接件组成。

2)分类

LED 车道控制标志按显示屏的外形分为方形和圆形两种。按外形尺寸分为 600mm、300mm 两种。按环境温度适用等级分为 A 型、B 型、C 型三种。

3)型号

产品型号命名如下:

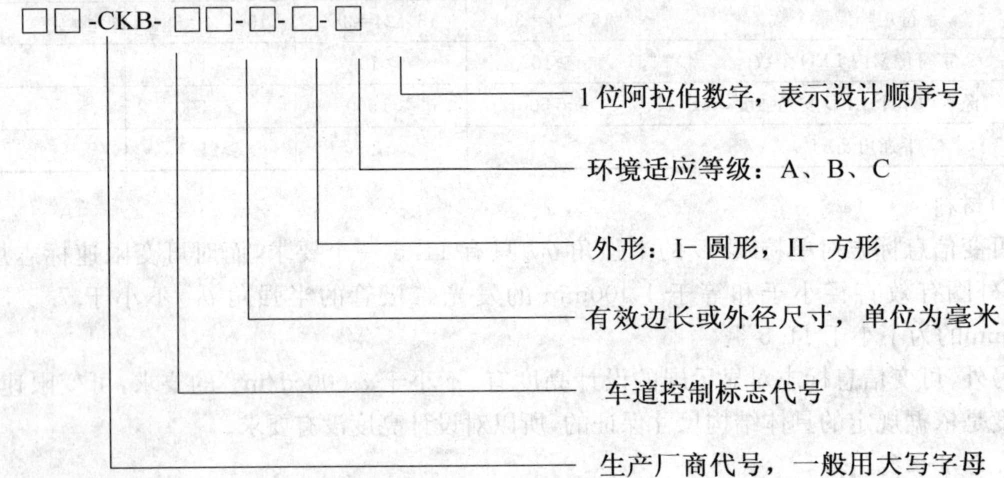

2. 外观质量

外观质量要求与可变信息标志是一样的。

3. 结构与材料

1)材料要求

(1)产品的机壳等结构件在保证结构稳定的条件下,宜采用符合国家相关标准的轻质金属或非金属材料,以减少产品自身的质量和增加抗腐蚀能力,当采用钢板作机壳时应使用热镀锌板再加有机涂层防腐处理。

说明:这一条与可变信息标志相比,没有具体到应符合 GB/T 18226 的要求。

(2)单粒 LED 在额定电流时的法向发光强度:红色不小于 3 000mcd,绿色不小于 4 500mcd;用于收费广场的半强角 $\theta_{1/2}$ 不小于 30°,用于匝道收费站和其他路段的半强角 $\theta_{1/2}$ 不小于 12.5°。LED 的平均无故障时间 MTBF 不小于 50 000h,其他电子元器件的 MTBF 不小于 30 000h。

说明:这一条与可变信息标志相比,主要区别是半强角不同。

2)结构尺寸

(1)显示屏上有叉号和向下箭头两种图形,叉号发光时为红色表示下方车道禁止通行,箭头发光时为绿色表示下方车道允许通行。

(2)图形一般由单粒 LED 或像素构成,像素的尺寸及 LED 最小数量宜符合 JT 432—2000 附录表 A1 中有关字符像素的要求。

其他形式的图形，其颜色、尺寸应符合本标准有关要求，视场角 1°时的笔画平均亮度：红色不小于 4 000cd/m²，绿色不小于 5 000cd/m²。

说明 1：这里的"符合 JT 432—2000 附录表 A1 中有关字符像素的要求"，可参见本章表 3-5-3 中 ϕ1 200 规格有关像素的要求，但半强角应符合本标准要求。

说明 2：采用其他形式即不是本标准规定的结构时，应当对亮度提出要求。

(3)标志外形及显示屏上的叉号和向下箭头尺寸见图 3-5-7 及表 3-5-5。机壳边框与显示屏图形外缘的距离应协调美观。

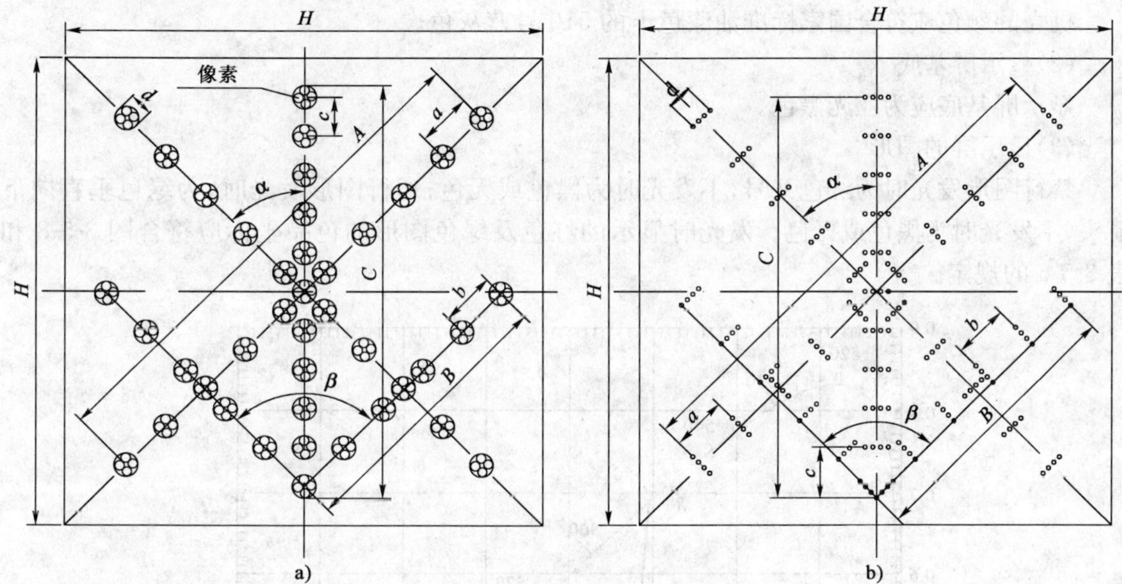

图 3-5-7 LED 车道控制标志图案结构图

a)像素结构图例；b)单粒 LED 结构图例

LED 车道控制标志图形尺寸(mm) 表 3-5-5

名称	屏幕有效边长	叉号长度	箭头长度	箭头高度	叉号像素间距	箭头像素间距	箭头高像素间距	笔画宽度	叉号交角	箭头交角
符号	*H*	*A*	*B*	*C*	*a*	*b*	*c*	*d*	*α*	*β*
600 型	600	630	350	530	≤70	≤70	≤50	70±3	45°	90°
300 型	300	315	175	265	≤70	≤70	≤50	33±3	45°	90°

注：其他特殊要求可参照上述尺寸适当调整。

(4)标志显示屏的显示模块内各像素之间及各显示模块之间，像素应排列均匀、平整，各像素点间距允许误差±1mm，不平整度不大于 2mm/m²。

(5)机箱门和安装方式的设计应便于维护。

3)引出线及色标

(1)标志引出控制线应用截面积不小于 2.5mm² 的护套线引出。

(2)引出控制线的色标：红色叉号标志灯引出线，一根芯线外皮为红色、另一根芯线外皮为黑色；绿色箭头标志灯引出线，一根芯线外皮为绿色、另一根芯线外皮为白色。

说明：本条实际上起的是可变信息标志的通信接口的作用。

4)机械力学性能

产品结构应稳定,承受由 40m/s 风速产生的风压后,不影响标志的使用性能,由此产生的几何变形量应不大于 2mm。

说明:本条与可变信息标志相同。

4. 显示性能

1)色度性能

(1)机壳

机壳的颜色应符合国家标准油漆色卡的 510 号蓝灰色。

(2)显示屏基底

显示屏基底应为亚光黑色。

(3)显示屏的图形

禁行图形发光时为红色叉号,不发光时为黑色或无色;通行图形发光时,为绿色垂直向下箭头,不发光时为黑色或无色。发光时显示的红色及绿色图形的色品坐标应符合图 3-5-8 和表 3-5-6 的规定。

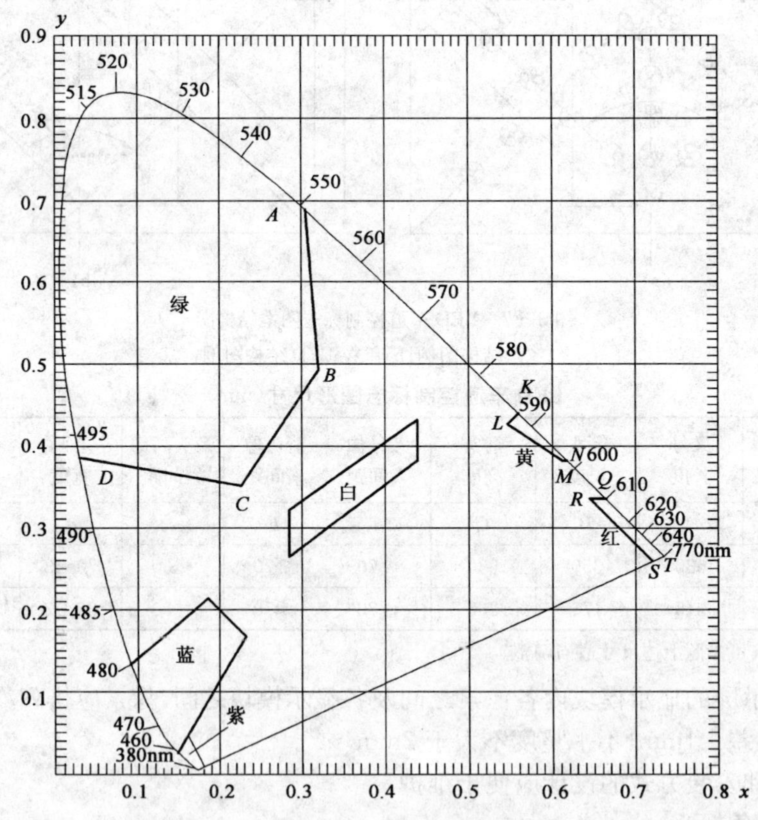

图 3-5-8 LED 车道控制标志像素发光颜色色品坐标图

2)视认性能

(1)视认角

在距离标志 100m 处,标志产品的视认角应不小于 30°。

LED 车道控制标志颜色边界线交点色品坐标　　表 3-5-6

颜　　色		边界线交点色品坐标			
红色		*Q*	*R*	*S*	*T*
	x	0.665	0.645	0.721	0.735
	y	0.335	0.335	0.259	0.265
绿色		*A*	*B*	*C*	*D*
	x	0.305	0.321	0.228	0.028
	y	0.689	0.493	0.351	0.385

(2)视认距离

①标志产品的静态视认距离应不小于 300m；

②标志产品的动态视认距离应不小于 250m。

(3)发光均匀性

显示屏各像素应发光均匀，必要时应剔除性能差异较大的发光单元。在额定工作电流时整屏范围内像素与像素之间的法向发光强度的不均匀度应不大于 1%，像素内 LED 之间的不均匀度应不大于 10%。

可变信息标志规定“像素与像素之间的法向发光强度的不均匀度应不大于 5%”，比本标准要求宽一些。

5. 电气安全性能

与可变信息标志相同，只是本标准中的“接触电阻”在可变信息标志在成为“连接电阻”，以避免与其他行业的“接触电阻”相混淆，增加测量的难度。

6. 环境适应性能

环境适应性能与可变信息标志相比少了“耐温度交变性能”一项，是考虑到车道控制标志外形与可变信息标志相比要小得多，温度的突变对结构不会构成较大的变形和破坏。

7. 功能要求

1)显示内容

显示红色叉号和绿色垂直向下的箭头。

2)调光功能

LED 车道控制标志设置环境照度检测装置，根据环境照度调整光源的发光强度，以避免夜间照度较低时形成眩光，调光等级不少于三级。

8. 整体可靠性

(1)整机 MTBF 不小于 20 000h；

(2)平均维护时间小于 0.5h。

五、LED 信号灯

信号灯与可变信息标志相比有比较大的区别，在公路上使用的信号灯主要是指收费车道里的两色信号灯，目前还没有专用的国家标准或行业标准。在实际检测中参照国家标准《道路交通信号灯》(GB 14887—2003)和交通行业标准《LED 车道控制标志》(JT/T 597—2004)执行，上面已经对行业标准做了介绍，下面对 GB 14887—2003 的主要内容进行归纳。

1. LED 信号灯的指标结构

在 GB 14487—2003 中共有 6 个名词术语，25 项技术要求，还有分类、试验方法、检验规则、标志、包装运输与储存三个其他要素，内容较多，我们按照上面所说的标准体系对 25 项技术要求稍加归类总结以便系统掌握。

1)六个名词术语

(1)光学系统：由光源、反射镜、透镜、色片等光学元件组成，用于产生信号灯所需要的包括光的颜色、亮度和规定几何形状的光图像等特定光学效果的系统。

(2)基准轴：垂直于出光面的水平投影面并通过出光面几何中心的一条直线。

(3)遮沿：安装在信号灯发光单元外沿，用来减小山于外来光源对信一号灯光学效果的干扰，增加信号的明暗对比度和色彩饱和度的挡板。

(4)色片：以透光的方式产生色光，并可起到保护内部元件作用的部件。

(5)遮沿侧夹角：通过出光面中心的水平截面所截取遮沿的线段顶点与出光面中心连线的夹角。

(6)倒计时数码显示器：采用七段数码显示方式显示当前灯色剩余时间的装置，是信号灯可选的附件。

2)25 项技术指标

(1)外观要求 1 项：标准中叫外观、形状、尺寸、组成、分类、命名和标识。其实这一项可分为三项：①外观；②形状与尺寸；③组成、分类、命名和标识。

(2)结构材料 2 项：风压试验、强度试验。

(3)显示性能 4 项：光学性能、幻像性能、色度性能、遮沿。

(4)电气安全性能 10 项：功率测试、电源适应性、绝缘电阻、介电强度、泄漏电流、爬电距离和电器间隙、内部和外部接线、防触电保护、变压器、接地、IP 防护等级。

(5)环境适应性能 7 项：高温试验、低温试验、湿热试验、振动试验、盐雾试验、耐候性试验。

(6)可靠性 1 项：耐久性试验

2. 主要指标介绍

1)组成、分类、命名

(1)组成

机动车信号灯、非机动车信号灯每组由红、黄、绿三个几何位置分离的单元组成。人行横道信号灯每组由红、绿两个几何位置分离单元组成。同一方向红、黄、绿三色方向指示信号灯应为三个几何位置分离单元。

(2)分类

按信号灯发光单元透光面尺寸分为 ϕ200mm，ϕ300mm，ϕ400mm。

按信号灯外壳材料可分为金属材料或非金属材料两种。金属材料可采用铁质、铝质或其他金属材料；非金属材料可采用聚碳酸酯工程塑料、玻璃钢或其他工程塑料。

按光源分类：按信号灯光源可分为白炽灯、低压卤钨灯、发光二极管及其他符合相关标准的光源。

按功能可分为机动车信号灯、非机动车信号灯、人行横道信号灯、车道信号灯、方向指示信号灯、闪光警告信号灯。

(3)命名

信号灯的型号由功能分类、透光面尺寸、光源类型和生产单位自定代号组成。

2)外观

信号灯外壳、前盖、遮沿、色片及密封圈表面应平滑，无缺料、开裂、银丝、明显变形和毛刺等缺陷，信号灯外壳颜色应与信号颜色有明显区别。

3)形状与尺寸

ϕ200mm，ϕ300mm，ϕ400mm，误差在±10%内。含有图案的信号灯，其图案形状和尺寸应满足 GB 14887 中附录 A 中图 A.1～图 A.5 的要求。

4)强度试验

以 220V 额定电压供电，使试样连续工作 30min 后，以 250g±0.5 g 的钢球从 40cm 的有效高度自由跌落在处于工作状态试样透镜中央一次，试验后，试样透镜不得碎裂，封接处不得有开裂等缺陷。

5)风压试验

灯具以正视的最大投影面水平放置，并按照制造厂所推荐的固定附件方法来安装。用沙袋作为不变的均匀负载加在灯具上 10min，沙袋对灯具的投影面产生的压强为 1.5kN/m^2。然后将灯具在垂直平面内绕安装点旋转 180°，并且重复上述试验。试验后检查：试验期间灯具不应损坏或从固定点移位，并在试验的两个过程的任一过程后产生的永久变形不得超过 1°。

6)光学性能

(1)无图案信号灯，包括机动车信号灯、闪光警告信号灯，ϕ200mm，ϕ300mm，ϕ400mm 三种直径尺寸的信号灯光强规定见表 3-5-7。

无图案信号灯除了满足轴线方向上发光强度要求外，还应满足光强在不同观测角度上光强的要求，即应满足光强分布要求，标准规定的观测条件为：基准轴向下为 0°～20°，左右为 ±0°～±30°。各方向上指标见 GB 14887 第 5.3.1.2。

红色、黄色和绿色信号灯在基准轴线上的光强(单位：cd)　　表 3-5-7

光 强 级 别	1 级	2 级
Imin	400	200
Imax1 类	1000	800
Imax2 类	2500	2000

注：1 类信号灯主要指发光二极管光源信号灯；

2 类信号灯主要指低压卤钨灯、白炽灯光源信号灯。

(2)有图案指示信号灯

①含有图案指示的信号灯，包括非机动车信号灯、人行横道信号灯、车道信号灯和方向指示信号灯。

②整个图案均发光的信号灯各方向上的亮度平均值，应不低于表 3-5-8 的规定。

图案指示信号灯最低亮度值(单位:cd/m²) 表 3-5-8

垂直角度(基准轴向下)	水平角度(基准轴左右)	颜色		
		红色	黄色	绿色
0°	0°	4 000	4 000	4 000
	15°	1 200	1 200	1 200
10°	0°	1 200	1 200	1 200
	10°	1 200	1 200	1 200

③在可观察信号灯点亮区域内,亮度应均匀,测试该区域规定范围内的亮度时,最大值与最小值之比应小于10。

④在均匀分布的各个测量点(该点是直径为至少5 mm的圆)的亮度平均值应符合表3-5-8规定,这些点中任意两点1和2,其同一方向上亮度 B_1 和 B_2 之间的亮度梯度不得超过 $2\times B_0/\mathrm{cm}$,即:

$$|B_2-B_1|/L_{2\text{-}1}\leqslant 2\times B_0/\mathrm{cm}$$

式中:B_2、B_1——任选的两测量点1和2的亮度值,单位为坎德拉每平方米(cd/m²);

B_0——所有测量点中最小亮度值,单位为坎德拉每平方米(cd/m²);

$L_{2\text{-}1}$——任两个测量点1和2之间的距离,单位为厘米(cm)。

⑤测量信号灯亮度时,信号灯不应安装任何遮沿。

⑥非机动车信号灯、人行横道信号灯允许采用发光二极管或类似点光源勾勒出图案的轮廓,其各方向上光强不应低于表3-5-9规定。

图案指示信号灯轮廓最低光强(单位:cd) 表 3-5-9

垂直角度(基准轴向下)	水平角度(基准轴左右)	颜色		
		红色	黄色	绿色
0°	0°	50	50	50
	15°	15	15	15
10°	0°	15	15	15
	10°	15	15	15

(3)倒计时数码显示器:其亮度应符合上述②、③、④项的要求。

7)幻像信号

经幻像试验测试后,每一种颜色信号灯基准轴线上光强 I_s 与其夹角方向上的幻像产生的光强 I_{ph} 之比应符合表3-5-10的规定。

I_s 与 I_{ph} 比较 表 3-5-10

信号灯色	比率	信号灯色	比率
红色、黄色	>8	绿色	>16

8)色度性能

信号灯的光色为红、黄、绿三种颜色,色度性能应符合表3-5-11的规定,色品图(略)。

信号灯颜色在 CIE1931 色度图上的色品区域顶点坐标　　表 3-5-11

颜　色	边界线交点色品坐标				
红色	交叉点	*A*	*B*	*C*	*D*
	x	0.660	0.680	0.710	0.690
	y	0.320	0.320	0.290	0.290
黄色	交叉点	*E*	*F*	*G*	*H*
	x	0.536	0.547	0.613	0.593
	y	0.444	0.452	0.387	0.387
绿色	交叉点	*M*	*N*	*O*	*P*
	x	0.009	0.284	0.209	0.028
	y	0.720	0.520	0.400	0.400

9)遮沿

遮沿长度不应小于信号灯发光面透光尺寸的 1.25 倍,遮沿侧夹角应小于 80°、遮沿包角不应小于 270°。

10)功率(测试)要求

在交流 220V 额定电压下:

以白炽灯为光源的信号灯,单个发光单元功率不应超过 110W;

以低压卤钨灯为光源的信号灯,单个发光一单元视在功率不应超过 60VA;

以 LED 为光源的信号灯,单个发光单元视在功率不应超过 25 VA。

11)电源适应性

(1)电源电压:供电电源频率保持 50Hz 时,电压 220V±33V 情况下,信号灯基准轴上发光强度或亮度应符合上述光学项目的要求。

(2)电源频率:供电电源电压保持 220V 时,频率变化范围 50Hz±2Hz 情况下,信号灯基准轴上的发光强度或亮度应符合上述光学项目的要求。

12)绝缘电阻

不同极性的带电部件之间、带电部件与壳体之间的绝缘电阻不低于 2MΩ。

13)介电强度

不同极性的带电部件绝缘之间、带电部件与壳体之间能够承受 1 440V 交流试验电压,1min,试验期间不应发生火花和击穿现象。

14)泄漏电流

电源各极与信号灯壳体之间的泄漏电流不应超过 1.0mA。

15)爬电距离和电器间隙

各种带电部件与邻近的金属件之间的爬电距离和电气间隙不得小于 3.6mm。

16)内部和外部接线要求

(1)信号灯与电源的连接:信号灯与电源的连接应为接线端子。

(2)外部接线所用的电缆或电线:应采用 300/300V RXS 或 300/300V RVVB 软缆或软线。导线的最小横截面积为 0.75mm^2。

(3)电缆入口处防护:电缆入口应适合于导线管、导线保护套管等措施保护导线,且电缆入口处的防尘、防水等级与信号灯一致。外部软缆或软线穿过硬质材料时,电缆入口应倒边,使其光滑,其最小半径为 0.5mm。

(4)导线固定架:信号灯应配有导线固定架,以防接线端子受力和导线绝缘层磨损。不得采用将电缆或电线打结或端部用线捆起来的方法。导线固定架应采用绝缘材料。

(5)内部接线:内部接线标称截面积不小于 0.5mm^2,橡胶或聚氯乙烯的绝缘层厚度最小为 0.6mm。内部接线的走线要合适或有保护,防止被锐边、铆钉、螺钉和类似零件或其他活动部件损坏。接线不得绞拧 360°以上。所用导线火线绝缘层颜色应与其连接发光单元的光色相对应,零线导线应为黑色,黄绿双色导线只能用作接地线。

17)防触电保护

信号灯安装好后,因调换灯泡等原因而打开信号灯时,带电部件应不可触及。按生产企业安装说明书中规定,调试信号灯安装方位时,其带电部件不可触及。除了灯泡等光源和灯座的罩盖,可徒手取下的所有部件取下后,其防触电保护应保持不变。

18)变压器

(1)变压器结构:输出电路的电气安全应至少相当于电源电路的电气安全,可以用下列的一个方法得到:

①采用自绕组的变压器的,其次级电路的绝缘必须满足主电压的要求;

②采用一个双绕组变压器的,其双绕组变压器的绕组之间的绝缘应是功能绝缘或加强绝缘。

(2)带变压器灯具接地规定

①符合本标准接地的要求;

②符合以下要求:

a. 易触及的灯座的金属外壳应接地;

b. 如果次级线圈与初级线圈是分开的,若接地时,次级电路接地应接在一个端点上;

c. 当灯具正常工作期间,除了灯座的壳体外,被接地的金属不能成为一个电流通道的部件。

注:对于不带变压器的信号灯不作此项要求。

19)接地

在接地端子或接地触点与可触及金属件之间电阻不应超过 0.5Ω。

20)IP 防护等级

防尘等级不低于 IP53,经进行 IP 试验后,信号灯应承受介电强度试验,并且信号灯内部的带电部件或绝缘体无水的痕迹,信号灯内部无滑石粉积尘、无积水。

21)高温试验

信号灯在环境温度为 80℃±2℃条件下在工作状态经受 8h 试验,在试验中和试验后,信号灯均应、工作正常,检查灯壳、灯罩等部件不应有变形、龟裂、光泽变化等缺陷,密封处不应有爆裂现象。

22)低温试验

信号灯在环境温度为-40℃±3℃条件下放置 2h 后,接通信号灯电源,信号灯应能正常点亮,在工作状态经受 4h 试验,在试验中和试验后,信号灯均应正常工作,检查灯壳、灯罩等部件不应有变形、龟裂、光泽变化等缺陷，密封处不应有爆裂现象。

23）湿热试验

信号灯在环境温度40℃±1℃，湿度93%±2%条件下工作状态经受48h的试验，在试验中和试验后，信号灯均应正常工作，试验后立即测试绝缘电阻、介电强度、泄漏电流性能，应符合上述响应条款要求。

24）振动试验

信号灯在额定电压下以正常工作状态固定在振动台上，对其进行前后、左右、上下方向上的振动，频率10～35Hz、振幅0.75 mm，1倍频程扫频，循环20周期，试验中及试验后，信号灯应无机械损伤，能正常工作，紧固部件应无松动，应无电器接触不良现象。

25）盐雾试验

金属壳体的信号灯经过96h的中性盐雾试验，试验条件：试验箱温度为35℃±2℃，盐雾溶液质量百分比浓度为（5±0.1）%，盐雾沉降率为1.0～2.0mL/（h·80cm^2）每隔45min喷雾15min。考核锈点数，在10 000mm^2面积上锈点数应少于8个。

26）耐候性试验

按GB/T 16422.2的要求，以辐射强度为（1 000±200）W/m^2，对信号灯外露塑料部件和透镜、色片进行试验时间1 200h氙弧灯耐候试验，试验后不应有裂缝、凹陷、侵蚀、气泡、剥离、粉化或变形等缺陷。复测色度和基准轴线光强、亮度，应符合本标准光学和色度要求。

27）耐久性试验

在模拟使用过程中周期性的发热和冷却条件下，灯具不应变得不安全或过早地损坏。经耐久性试验后，用目视检验信号灯，信号灯的任何部分应工作正常。信号灯上的标记应清晰可见。信号灯应无不安全现象，可能产生不安全的损坏迹象包括开裂、烧焦和变形。

第三节　检 验 方 法

产品的技术指标明确之后，如何验证其是否达到了标准要求，这就是检测工作的主要任务。关于检测的一般要求和通用试验，在上篇和本篇第一章中已经进行了介绍，本节不在展开，下面只对一些特殊项目的检测方法进行介绍。

一、LED可变标志

LED可本信息标志、可变限速标志、车道控制器的检验项目和方法是相似的，以项目最多的LED可本信息标志的检验方法介绍如下。

1.试验条件及检测结果的处理

（1）对发光二极管的光电性能试验条件如下：

①环境温度：（25±1）℃；

②相对湿度：（50±5）%。

（2）对于其他项目，除特殊规定外，一般试验条件如下：

①环境温度：+15～+35℃；

②相对湿度：35%～75%；

③大气压力:85～106kPa。

(3)测试结果的处理。除特殊规定,一般对可重复的客观测试项目进行三次测试,取算术平均值为测试结果,根据需方要求,可给出测试结果的不确定度。对于主观测试项目,测试人员应不少于三人,测试结果分为合格、不合格两级。

2.外观检验

主观评定项目用目测和手感法,涉及涂层厚度等客观指标的按 GB/T 18226 规定执行。

3.材料检验

(1)主要核查原材料的材质证明单是否齐全有效,必要时可对原材料的主要性能指标(如物理力学性能)进行检验。

(2)发光二极管和发光像素的发光强度、半强角,可按图 3-5-9 所示原理进行测量,张角 γ 不大于 12′,像素的观测距离 d 不小于 1m,单粒发光二极管的观测距离 d 不小于 0.3m,光探测器精度误差应小于 5%;也可用 LED 综合测试仪进行测试,综合测试仪应溯源到国家基准并经法定计量检定部门检定合格,其精度误差应小于 5%。

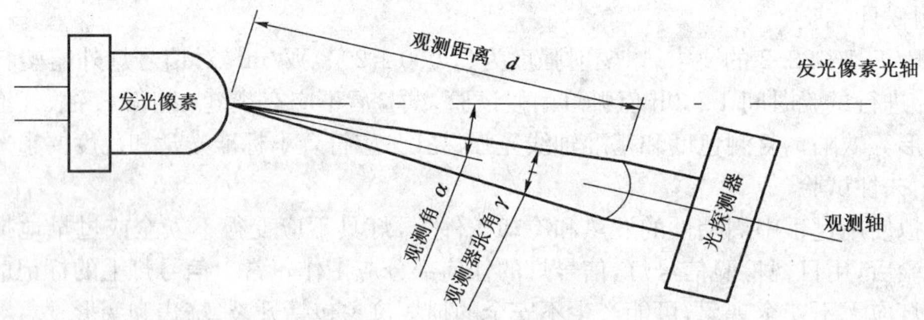

图 3-5-9 发光强度测试原理图

(3)对于像素失效率和整体设备平均无故障时间 MTBF,采用序贯试验方案 4:2,按 GB/T 5080.7 的规定进行。

4.结构尺寸

(1)标志产品的结构尺寸,用分辨力 0.5mm、精度 A 级的钢板尺和卷尺,分辨力 0.02mm、精度 0.02mm 的游标卡尺进行测量。

(2)标志字符和图形图案与 GB 5768.2 的符合性,用目测法。

(3)字模的检测可按 GB/T 11460 的规定进行。

(4)设计亮度,按照材料试验方法得到单粒 LED 在额定电流时的法向发光强度,依据下式计算设计亮度。

$$L_a=\frac{\sum_{k=1}^{n} i_k}{S} \tag{3-5-1}$$

式中:L_a——设计亮度(cd/m²);

n——测量区域内单粒 LED 的数量;

i_k——单粒 LED 在额定电流时的法向发光强度(cd);

S——测量区域的有效面积(m²)。

5. 产品结构稳定性试验

1)一般规定

条件许可时，应用风洞模拟 40m/s 的风速，对标志产品进行结构稳定性试验；无风洞试验条件时，用沙袋进行模拟试验。

2)沙袋试验方法

(1)试验装置

试验装置由基座和支撑臂构成，需有足够的稳定性和灵活性用以方便支撑标志的平放和侧放。

(2)试验步骤

可变信息标志产品结构稳定性沙袋法试验步骤如下：

①将标志板显示面向下水平安装在支撑臂上，稳定 10min，用标准规定的量具对标志的结构尺寸进行测量；

②把沙袋均匀地加在标志板背面上，沙袋对标志背面投影面产生的正压力为 $1.5kN/m^2$，加载完毕后，持续 10min 卸去沙袋，立即对受试标志进行测量；

③将标志板显示面向上水平安装在支撑臂上，稳定 10min，用标准规定的量具对标志的结构尺寸进行测量；

④把沙袋均匀地加在标志显示面上，沙袋对标志显示面产生的正压力为 $1.5kN/m^2$，加载完毕后，持续 10min 卸去沙袋，立即对受试标志进行测量。

6. 色度性能

(1)标志的外壳、发光像素不发光时的颜色为主观评定项目，用目测法。

(2)对于发光像素发光时颜色的测量按 GB/T 7922 用光谱辐射法测得，也可在暗室中用色测量仪器直接读取色品坐标，当读取整个版面的色品坐标时观测距离应不小于 30m，测量仪视场角的覆盖范围应不小于显示屏的 80%，但不应超出显示屏的有效范围。将测试结果表示在标准的色品图上看其是否在规定的界限内。标准规定在边界点上的测量结果也应判为合格。

(3)显示屏基底色测量方法：关闭被测标志电源，用 D_{65} 光源、45/0 观测条件的色差计直接读取显示屏基底的色品坐标和亮度因数，取五个点的算数平均值为测量结果。

7. 视认性能

GB/T 23828—2009 规定的视认性能是对标志整体产品而言的，以主观评定为主。

(1)测试条件：将标志安装完毕通电后，置于手动测试状态。

(2)测试图案：前方阻塞，请绕行××国道；

下雨路滑，注意交通安全；

欢迎使用××××高速公路；

大雾，限速 20km/h；

交通量大，限速 80km/h。

(3)测试人员：分为两组，一组为发显示上述(2)测试图案的控制者，一般为两人；另一组为认读图案的视认者，一般为三人或五人。

(4)测试结果：测试结果分为合格、不合格，以多数视认者的结论为最终结果。对于每一个视认者，标志内容正确率不低于90%并且不清楚率不大于50%为合格；标志内容正确率低于90%或不清楚率大于50%为不合格。

(5)静态视认距离测试方案：控制者将(2)规定的图案按任意顺序组合编成10个图案后，按每30s间隔全屏显示，编程顺序和内容不得事先通知视认者。视认者在规定的视认角和视认距离内，认读标志的显示内容，按表3-5-12格式记录评定。

LED可变信息标志视认性能主观评定表 表3-5-12

序 号	标志内容	很清楚	清 楚	不清楚	备 注
1					
2					
3					
4					
5					
6					
7					
8					
9					
10					
正确率					
结论					

(6)动态视认距离测试方案：从测试图案(2)中任选三个图案，在视认者通过最大视认距离210m之前显示在标志上，保证视认者在210m之前有足够的时间认读标志上的内容；在测试车辆通过210m后2s内立即关闭显示，每次显示一个图案，共进行三次，按表2的格式进行评定。

(7)视认角测试方案：控制者将测试图案(2)规定的图案按任意顺序组合编成10个图案后，按每30s间隔全屏显示，编程顺序和内容不得事先通知视认者。视认者在白天顺光环境条件下，在可变信息标志正前方10m处认读标志的显示内容，按表3-5-12格式记录评定。

(8)像素不均匀度：测量像素不均匀度时，被测像素的数量不少于总量的10%。对抽取像素的发光强度分别进行测量，得到一个测量列，分别求出测量列的平均值、最小值和最大值，按下式计算不均匀度。

$$P_u = \max\left\{\frac{|I_{\min} - I_a|}{I_a}, \frac{|I_{\max} - I_{\min}|}{I_a}\right\} \times 100\% \tag{3-5-2}$$

式中：P_u——像素不均匀度，取最大不均匀度为测量结果；

$I_{\min}$——像素发光强度测量列的最小值(cd)；

$I_{\max}$——像素发光强度测量列的最大值(cd)；

I_a——像素发光强度测量列的平均值(cd)。

8. 电气安全性能

(1)绝缘电阻：用精度1.0级的兆欧表在电源接线端子与机壳之间施加500V直流电压1min后读取测量结果。参见下篇第一章。

(2)电气强度：用精度1.0级的耐电压测试仪在接线端子与机壳之间测量。参见下篇第一章。

(3)连接电阻：用精度 0.5 级、分辨力 0.01Ω 的电阻表在机壳顶部金属部位与安全保护接地端子之间测量。

(4)电压波动适应性：用自耦变压器或可调交流电源给标志供电，测试电压分别为 180V→200V→220V→240V→255V→230V→210V→180V。每调整到一档电压并稳定后，分别开启和关闭标志电源开关，检查逻辑和功能是否正常。

(5)频率波动适应性：用可调频交流电源给标志供电，电源电压为交流 220V，测试频率分别为 48Hz→49Hz→50Hz→51Hz→52Hz。每调整到一档并稳定后，分别开启和关闭标志电源开关，检查逻辑和功能是否正常。

(6)标志产品的防雨、防尘及安全防护，按 GB 4208 的试验方法进行。参见下篇第一章。

9. 通信接口与规程

通信接口与规程的测试方法为主观评定和客观测试两部分，客观测试按 JT/T 606.1 和 JT/T 606.3 逐项验证；主观评定方法是在把可变信息标志连接到系统中后，评定该产品与系统的通信情况，可用 24h 通信失败次数来评价产品的通信性能。

10. 环境适应性能

(1)耐低温性能试验方法。按 GB/T 2423.1 规定进行，详见第三篇第一章。

(2)耐高温性能试验方法

按 GB/T 2423.2 规定进行，详见第三篇第一章。

(3)耐湿热性能试验方法

按 GB/T 2423.3 规定进行，详见第三篇第一章。

(4)耐温度交变性能试验方法

按 GB/T 2423.22 的规定进行，详见第三篇第一章。

(5)耐机械振动性能试验方法

按 GB/T 2423.10 规定进行，详见第三篇第一章。

(6) 耐盐雾腐蚀性能试验方法

按 GB/T 2423.17 规定进行，详见第三篇第一章。

(7)耐候性能试验

按 GB/T 16422.2 规定进行，详见第三篇第一章。

11. 可靠性试验

采用序贯试验方案 4:2，按 GB/T 5080.7 的规定进行。

12. 功能测试

显示内容、手动功能、自动功能、自检功能为主观评定项目，按功能要求的内容逐项验证。亮度调节功能应模拟环境光的照度，逐级验证调光功能。对于夜间亮度，控制显示屏所有像素显示单一颜色，使用亮度计在距离标志 100m 处，沿标志法线方向读取标志发光屏或显示模组的上中下五个点，取算数平均值为测量结果。

注：亮度计应配置视场角调整装置，在测量前调整该装置，使发光单元尽可能多地落在视场内，避免视场角内只含一个发光单元或不含发光单元，通常使用 0.2°视场角被证明是有效的。

二、信号灯

其实信号灯的许多试验除了目测外，有些方法已经写在了技术要求中，下面对几个在技术要求在还不太明确的予以说明。

1. 泄漏电流测量

1)试验设备

泄漏电流测试仪：

(1)测量仪表应有 1 500Ω 电阻并联 0.15μF 电容的输入阻抗；

(2)测量仪表应指示复合波形经全波整流的平均值的 1.11 倍；

(3)在 0～100kHz 频率范围内，测量电路应该有频率响应，即等于输入阻抗与 1 500Ω 的比率；

(4)试验电路采用隔离变压器。

2)试验电路

泄露电流测量原理如图 3-5-10 所示。

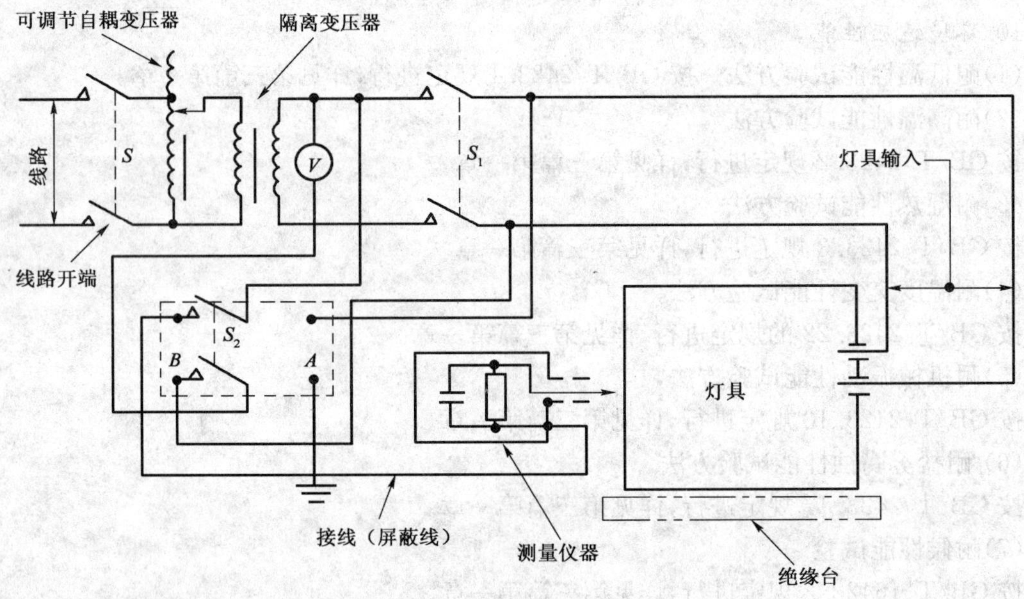

图 3-5-10　信号灯泄漏电流测试原理图

2. 接地电阻测量

将从空载电压不超过 12V 产生的，至少为 10A 的电流分别接在接地端子或接地触点与可触及金属之间。测量两者之间的电压降，由电流和电压降计算出电阻。

3. 绝缘电阻测试

在需测试的两点间施加约 500V 的直流电压，保持 1min 后测定。

4. 耐久性试验

1)试验设备

试验设备应符合 GB/T 2423.2 要求的恒温箱。

2)试验程序

(1)将试样以正常工作位置放入试验箱；

(2)试验期间，箱内环境温度应保持在(35±2)℃；

(3)信号灯在箱内共试验 168h，分成 7 个连续的 24h 期，在每周期中，前 21h 按额定电压的 1.1 倍电压施加信号灯上，其余的 3h 断开电源；

(4)如果信号灯的钨丝灯泡损坏，则更换灯泡，继续进行试验。已经进行过的试验时间可累积计算，但在继续试验之前，灯具应达到稳定。

5.幻像试验

1)测量条件

测量布置如图 3-5-11 所示。

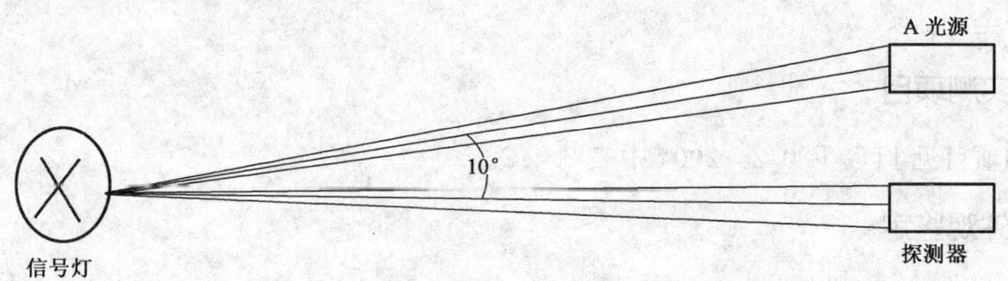

图 3-5-11　幻像光强测量示意图

采用 CIE 模拟 A 光源，该光源可照亮信号灯的出光面，其产生照度 E=40 000lx，照度均匀性为 10%。

如果 A 光源产生照度达不到 40 000lx，则测出低照度 E1 下幻像 I_{ph1} 后可计算出幻像值

$$I_{ph}=I_{ph1}(40\,000/E_1)$$

A 光源的光轴与信号灯基准轴处于同一垂面，夹角 10°，模拟从信号灯上方发光。

为保证测量准确性，推荐其他测量的几何条件如下：

(1)测量距离 10m；

(2)探测器对信号灯中心张角 10°，在 10m 地方相当于探测器有效受光面积直径为 2.9cm；

(3)A 光源对信号灯中心张角 10°，在 10m 地方相当于 A 光源有效光出射孔径为 2.9cm。

2)测量过程

A 光源开启，信号灯光源关闭，测量出幻像的光强 I_{ph} 试验；A 光源关闭，信号灯光源开启.测量出信号灯实际的光强 I；计算 I 与 I_{ph} 之比。

6.其他

其他试验详见 GB 14487—2003 第六章。

第四节　工程安装质量及评定方法

高速公路上可变标志的安装质量技术要求和质量评定按照 JTG F80/2—2004 执行；交叉口信号灯的安装技术要求按照国标 GB 14886 执行。下面重点介绍 JTG F80/2—2004 的有关内容。

一、基本要求

(1)可变标志设备及配件数量、型号规格符合要求,部件完整。

(2)基础安装位置正确,立柱安装竖直、牢固。

(3)防雷部件安装到位,连接措施符合规范要求。

(4)可变标志板面安装方位、角度、高度符合设计要求。

(5)控制机箱外部完整,门锁开闭灵活。

(6)电源、控制线路以及通信线路按规范要求连接到位,设备处于正常工作状态。

(7)显示屏发光单元处于受控状态,失效率符合产品标准要求。

(8)隐蔽工程验收记录、分项工程自检和设备调试记录、有效的设备检验合格报告或证书等资料齐全。

二、实测项目

实测项目见 JTG F80/2—2004 中表 2.4.2。

三、外观鉴定

(1)立柱、控制机箱及显示屏安装牢固、端正。

(2)各部件表面光泽一致、无划伤、无刻痕、无剥落、无锈蚀。

(3)基础混凝土表面应刮平,无损边、无掉角;控制机箱、立柱、法兰及地脚螺栓规格符合设计要求,防腐措施得当,裸露金属基体无锈蚀。

(4)防雷接地和安全接地应分开设置,接地焊接牢固,焊缝饱满并做防腐处理;防雷引下线及接地体所用材料规格、防腐与连接措施、安装位置符合设计要求;金属机箱与接地极连接可靠,接地极引出线无锈蚀。

(5)显示屏、控制机箱的出线管与箱体连接密封良好,箱体内无积水、尘土、霉变。

(6)显示屏、控制机箱内电力线、信号线、元器件等布线平直、整齐、固定可靠,标识正确、清楚,插头牢固。

以上任一项不符合要求时,该项减 0.1～1 分。

四、检测方法

基本项目采用抽样检查方法,外观鉴定项目采用目测、手触方法,扣分原则按照下篇第一章第六节要求。下面给出亮度计测量已安装的可变标志显示屏色度和亮度的试验方法。

可变标志发光单元色度坐标和显示屏平均亮度的测试一般步骤。

1)测试用仪表

亮度计,辅助设备:逆变器、蓄电池。

2)测试条件

一般在夜间测量,以避免测试环境对测量结果的影响,对于已经开通的道路要注意交通安全,设置警示标志,必要时申请封路。

3)测试步骤

(1)测试人员在距离可变标志法线方向 200m 处架设亮度计，将亮度计支架调整到水平位置。

(2)打开亮度计电源开关，预热待仪器自检完成后调整焦距至合适位置，选择亮度功能，慢慢微调支架上的上下及左右旋转台使得亮度值读数最大，固定支架上的旋转台。

(3)依据被测对象面积大小，选择亮度计的视场角，以覆盖尽量多的发光像素。但要注意测量车道控制标志时不要将视场调到显示笔画的外边；避免选用小视场角，使得在视场内只有一个像素，甚至是一类 LED。

(4)将可变标志调整成全屏红色最亮，测试人员待亮度计读数稳定后分别测量出色品坐标和最大亮度并记录。

(5)再将可变标志分别调整成绿色、蓝色、黄色和白色全屏最亮，测试人员分别测量并记录结果。

(6)测试完毕后关闭仪器电源，并将可变标志调整到正常工作状态。

第六章

监控中心设备安装及软件调测

第一节　概　述

一、监控中心功能

监控中心设备通过使用各种外场监控设施能够及时、准确、完整地收集并预告前方道路的各类信息，按照信息采集、信息处理、信息发布流程实现对所辖高速路网的交通运行状况的动态管理，以提高高速公路交通安全和通行能力，更好地发挥高速公路畅通、高效、安全的运输功能。

监控中心的主要功能主要包括以下几个方面：

(1)准确及时采集交通流、交通环境和主要交通设施的各种状态信息，并上传至监控大厅管理人员处；

(2)管理人员根据已掌握的信息，迅速做出有针对性的处理和优化控制方案，迅速实施相关措施；

(3)监控系统可建立多种信息发布渠道，为高速公路使用者提供信息服务，通过调整驾驶员驾驶行为，达到交通流动态平衡；

(4)可利用视频监控系统对重点路段和重要项目进行专项监控，如用其监视某大桥的车流通过情况，探测和确认交通事件及冬季路面使用状态监测等；

(5)通过各种外场监控设备，可对交通事故做出快速响应，迅速提供救援服务及排除事故根源；

(6)可建立道路交通运行数据库，用以支持道路运行状态状况评价，为改善道路经营和交通管理的决策提供数据分析。

二、监控中心设备组成与作用

监控中心设备一般包括计算机系统、综合控制台、CCTV 监视器或电视强、大屏幕投影系统、地图板和应用软件等。但是《公路工程质量检验评定标准　第二册　机电工程》(JTG F80/2—2004)考虑到大屏幕投影系统和地图板属于比较昂贵的设备，将其分为两个独立的分项工程。在本教材中是按一般监控中心的组成来编排的，请读者注意区别。国内常见的高速公路监控中心设备设置效果如图 3-6-1 所示。

1. 地图板

地图板是高速公路监控中心的大型设备。主要由屏架、屏面、控制箱、显示单元、安装连接件、电力线缆和通信线缆等组成。其中，屏架由各列组合而成，屏面由马赛克模块镶嵌拼接而成。按其屏面排列分为平面型、弧型、折面型和其他型（除前面三种以外的都属其他型）四种。

地图板是监控中心的显示设备，是高速公路交通工程设施中的一项重要交通安全监控管理设备，它能动态、及时地显示高速公路各路段的车流量和通阻状态，以及安装在高速公路上的车辆检测器、气象检测器、能见度检测器、可变标志、可变限速标志和摄像机等各种设备的运行状况，为高速公路指挥中心调度指挥提供依据，对保障交通安全起着重要作用。

图 3-6-1　高速公路监控中心效果图

2. 监控室

监控室是监控中心设备及计算机系统的主要工作场所，监控室的环境温度、湿度、新风系统、防尘措施、噪声和室内照度等是监控室的关键技术指标。

3. 大屏幕投影系统

大屏幕投影系统是监控中心的显示设备，主要由投影屏幕、投影机和多屏拼接控制器三部分组成。主要用于动态、直观、形象地显示高速公路运行信息，包括闭路电视摄像机视频图像、图形计算机输出的高速公路运行信息（通常是图形和数字结合的 VGA 信号）等。

4. 应用软件

监控应用软件主要是实现监控中心系统的信息采集、信息处理、信息提供功能和自检功能以及监控中心管理功能的系统平台。

第二节　地　图　板

地图板是监控中心的专用设备，《高速公路监控系统地图板装置》（JT/T 601—2004）对地图板产品的技术要求进行了全面详细的规定和说明。

一、地图板产品技术要求

1）环境条件

环境温度：5～40℃；相对湿度：5%～75%（最大绝对湿度 28g/m^3）；大气压力：66～108kPa。

2）使用场所要求

使用场所不允许有超过产品标准规定的振动和冲击；使用场所不得有爆炸危险的介质，周围介质中不应含有腐蚀性和破坏电气绝缘的气体及导电介质，不允许充满水蒸气及有较严重的霉菌；使用场所不允许有较强的外磁场感应强度，其任一方向不超过 0.5mT；有防尘及防静电措施，安全保护接地的接地电阻不大于 4Ω。

3)电源要求

交流电源电压为单相220V,允许偏差在－15%～＋10%之间;交流电源频率50Hz,允许偏差±5%;谐波含量不大于5%。直流电源电压＋24V和＋12V,允许偏差±10%;直流电源电压纹波系数小于5%。

4)结构尺寸

(1)屏体基本结构要求

屏的设计与组合应考虑元器件安装、布线、运行以及维修的方便;屏面模块的组合应能任意组装,并能在相应的位置上安装仪器仪表或其他元器件;屏应有足够的强度和刚度,大型元器件的安装应有加强措施,且屏应具备固定用构件;屏门应保证在不小于90°内灵活地开启与关闭,并不碰撞、顶伤其他零、部件;高速公路、隔离带、光带、立交桥、地域、河流等主要模拟图形及颜色由各种颜色塑料注塑成型的模块拼接而成;其他图案、符号、文字凹刻处理后可用油漆等喷涂颜色;显示器结构应便于在屏上安装,其外形尺寸应为屏面模块的整数倍。

(2)基本尺寸要求

①屏体外型尺寸规定

每列屏宽度(W)优先选用:600,800,1 000mm;深度(D)优先选用:500,550,600,800mm;高度(H)优先选用:2 000,2 200,2 500,2 800,3 000,3 200,3 500mm;折面屏相邻面之间的夹角不小于150°,优先选用:175,170,160,150°;弧面屏曲率半径不小于6m,优先选用6,9,12,15,18m。

②屏面模块尺寸:25mm×25mm、50mm×50mm,优先选用50mm×50mm。

③显示器数码管字高:20,25,30,60,80mm。

④灯光发光面:灯光发光面为17mm×17mm、36mm×36mm。

(3)尺寸形位公差

①屏架尺寸公差

a.高度尺寸公差:±1mm/1 000mm;

b.每列屏宽度尺寸公差:－2～＋1mm;

c.屏深度尺寸公差:±1.5mm;

d.折面屏相邻面之间的夹角公差:±0.5°;

e.弧面屏曲率半径公差:±3%。

②模块尺寸公差

a.模块尺寸公差不低于GB/T 1800中IT10级的规定;

b.模块平整度不低于GB/T 1184中IT11级的规定;

c.一个模块若由两种或两种以上颜色塑料拼接而成,拼接后的多色模块平整度小于0.1mm;

③相邻模块拼接公差

a.相邻模块平整度:0.2mm;

b.相邻模块间隙:不大于0.1mm。

(4)屏面垂直度:屏面对水平面的垂直度公差不大于2mm/1 000mm。

(5)屏面平面度:屏面平整度要求不大于2mm/(1 000mm×1 000mm)。

5)外观要求

(1)屏的金属零件均应有防腐层,防腐层应平整光滑,色泽一致,无气孔、砂眼、裂纹、伤痕、锈斑等。

(2)模块尺寸应均匀一致,无反光、缩瘪及伤痕、目视无明显差异。

(3)屏用图案、符号、文字和颜色应均匀,色泽清晰易辨,布局应匀称美观。

6)屏面图案、符号及尺寸要求

(1)图案与符号规定:常用屏面图案与符号参见《高速公路监控系统地图板装置》(JT/T 601—2004),其他则依据使用目的单独绘制。

(2)尺寸要求如下:

①高速公路图形宽度建议为150mm;

②路面车辆状况由光带显示,光带建议宽度为10mm;

③隔离带宽度建议为10mm。

7)材料要求

屏架结构件宜采用符合国家相关标准的钢材,屏面材料采用阻燃型工程塑料,塑料氧指数不小于27。

(1)元件要求

①屏上所用的元件应具有产品合格证或证明质量合格的文件,不得选用已淘汰的元件。

②元件的性能应满足设计要求,元件的安装应按照其制造厂的说明书进行。

③长期带电发热的元件,其温升应符合自身的技术标准,并按其功率大小与周围元件及导线束保持有不小于20mm的距离。

④元件的安装应易于维修和储运,并符合设计要求。

⑤两带电的导电体之间或带电的导电体与裸露的不带电的导电体之间的距离应符合JB/T 5777.2—2002中5.7电气间隙和爬电距离的规定。

(2)对连接导线及连接件的要求

①屏上各独立电路的连接导线的额定绝缘电压及截面积应符合相关技术标准规范的规定。

②接地连接导线的颜色应符合JB/T 5777.2—2002中5.5.1的规定,具体要求如表3-6-1所示。

导线相序及颜色 表3-6-1

组别	符号	涂漆颜色(或绝缘导线颜色)	母线安装相互位置		
			垂直布置	前后布置	水平布置
A相	U	黄	上	后	左
B相	V	绿	中	中	中
C相	W	红	下	前	右
正极	L+	棕	上	后	左
负极	L−	蓝	下	前	右
中性线	N	淡蓝	最下	最前	最右
安全用接地线	保护接地,PE	黄绿双色	—	—	—
	E				

注:安装位置按屏、柜的正视方向。

③屏后布线及绝缘导线的连接应符合 JB/T 5777.2—2002 中 5.6 的规定。具体要求如下：

导线的排列应横平竖直、布置合理、整齐美观，推荐采用行线槽的配线方法。行线槽的设置应合理、固定可靠，线槽盖启闭性好。

捆扎导线的夹具应结实可靠，不应损伤导线的外绝缘。6mm^2 及以下截面导线与元件端子或端子排的连接推荐采用 BVR 软线，并应采用冷压接端头；10mm^2 及以上截面导线与元件端子或端子排的连接可采用多股硬线，其端头由冷压钳或油压机压接。

在可运动的地方布线，须采用多股铜芯绝缘软导线，要留有一定的长度裕量。连接导线中间不允许有接头，导线不能紧贴金属结构件敷设。

端子排距屏(柜)的后端距离一般不小于 160mm。同一侧需安装两排端子时，其间隔距离应不小于 100mm，靠后的端子排与屏(柜)的后端距离应不小于 75mm，以便电缆敷设。

当用户无其他要求时，屏(柜)上部的两侧应提供能穿越直径为 6mm 铜棒的小母线接线座，安装位置应距屏(柜)面板不小于 75mm。接地母线的位置、宽度及离地面距离等要求，根据需要由用户和制造厂商定。

8)系统功能要求

(1)模拟对象状态显示元件显示方式。

(2)模拟数字显示器位数、单位定义。

(3)控制系统具有以下基本功能：

①与在线监控系统的通信功能；

②状态模拟显示元件具有红、绿、橙显示和红闪、绿闪显示功能；

③光带红、绿、橙显示和红流动、绿流动、橙流动显示功能；

④数字显示器多种规格、多种位数的数据显示；

⑤告警功能(灯光、音响)；

⑥模拟设备检测功能，即能对模拟屏上的设备进行检测，检测过程不影响其原来状态；

⑦程序自恢复；

⑧通信指示。

(4)控制系统具备以下选配功能：

①模拟显示元件、光带的亮度调节功能；

②状态模拟显示元件亮暗闪光的间隔时间、光带流动的速度有多种设定值；

③可控制数字显示器闪烁和熄灭；

④数字显示器地址显示功能。

(5)地图板具备以下自检功能：

①查灯自检，状态模拟显示元件可全部红、绿、橙显示；光带可全部红、绿、橙显示，自检结束应能恢复到原来状态；

②数字显示器自检，数字显示器显示数字每位从 0～9 逐一变化，自检结束应能恢复到正常状态；

③音响告警自检，各种音响可分别自检。

9)控制系统基本性能要求

(1)状态模拟显示元件和光带元件显示、输入要求为：

①状态模拟显示元件、光带元件显示表示应符合规范的规定。

②元件输入电流为直流，单色灯工作容量：24V、不大于20mA，12V、不大于40mA；双色灯工作容量：24V、不大于40mA，12V、不大于80mA。

(2)数字显示器显示、输入要求为：

①BCD码位数：1～6位带极性或不带极性，显示表示应符合规范的规定。

②与数字显示器接口：串行EIA RS-232或EIA RS-485接口。

(3)亮度：灯光、显示器发光元件的亮度应均匀，通常不小于80cd/m^2。连续运行两年内，其平均亮度的降低不大于10%。

(4)控制系统与在线监控计算机系统串行通信接口

①接口方式：EIA RS-232或RS-485接口，接插件为9针。

②串行传送速率：4 800、9 600bit/s。

③按地图板通信规约与在线监控计算机系统通信。

(5)绝缘电阻

①正常大气条件下的绝缘电阻要求，见表3-6-2。

正常大气条件下的绝缘电阻要求 表3-6-2

额定电压U_n(V)	绝缘电阻要求(MΩ)
$U_n \leqslant 60$	≥5(用250V兆欧表)
$U_n > 60$	≥5(用500V兆欧表)
与外部回路直接连接的接口回路绝缘电阻应采用$U_n > 60$V的要求。	

②湿热条件(温度40℃±2℃，相对湿度90%～95%，大气压力86～108kPa)下的绝缘电阻要求，见表3-6-3。

湿热条件下的绝缘电阻要求 表3-6-3

额定电压U_n(V)	绝缘电阻要求(MΩ)
$U_n \leqslant 60$	≥1(用250V兆欧表)
$U_n > 60$	≥1(用500V兆欧表)
与外部回路直接连接的接口回路绝缘电阻应采用$U_n > 60$V的要求。	

(6)绝缘强度

在正常大气压条件下，设备的被试部分应能承受表3-6-4中所规定的50Hz交流电压1min绝缘强度的试验，无击穿与闪烙现象。

绝缘强度要求 表3-6-4

额定电压U_n	试验电压有效值	额定电压U_n	试验电压有效值	额定电压U_n	试验电压有效值
$U_n \leqslant 60$	500	$60 < U_n \leqslant 125$	1 000	$125 < U_n \leqslant 250$	1 500
试验部分为非电气连接的两个独立回路之间、各带电回路与金属外壳之间，与外部回路直接连接的接口回路绝缘电阻应采用$125V < U_n \leqslant 250V$的要求					

(7)高频干扰适应能力

在正常试验大气压条件下设备处于工作状态时，施加下述所规定的高频干扰，由电子逻辑电路组成的回路及软件程序应能正常工作。

①高频干扰波特性：

a. 波形：衰减振荡波，包络线在3～6周期后衰减到峰值的50%；

b. 频率：(1±0.1)MHz；

c. 重复率：400次/s。

②高频干扰电压值见表3-6-5。

高频干扰电压值　表3-6-5

试验级别	共模试验值	试验回路
1	0.5KV	信号、控制回路
2	1.0KV	信号、控制回路
3	2.5KV	信号、控制回路或电源回路

注：①串模试验电压值为共模试验电压值的1/2。

②试验级别1级，在控制中心有较好的保护环境中使用的设备；2级，在控制中心没有特别保护环境中使用的设备；3级，在控制中心有严重干扰环境中使用的设备。

(8)可靠性

灯光显示元件、显示器、驱动器平均无故障工作时间(MTBF)应不小于17 000h。

(9)连续通电试验

灯光显示元件、显示器、驱动器完成调试后，在出厂前进行不小于72h的连续稳定通电试验，性能应能符合技术要求。

(10)振动

显示屏应能在振动条件下工作，振动试验要求如下：

在频率小于10Hz时，振幅为0.3mm，频率在10～150Hz时加速度为$1m/s^2$，按1倍频程扫频，经历20个循环。

二、地图板产品检测方法

《高速公路监控系统地图板装置》(JT/T 601—2004)从外观、尺寸、阻燃性、功能、电气安全性、高低温及可靠性方面对地图板产品质量检测方法及检测设备进行了详细的规定。

1)测试条件

除非另有规定，正常检验大气条件不应超出下列范围：

(1)环境温度：+15～+35℃；

(2)湿度：45%～75%；

(3)大气压力：86～108kPa。

2)外观检查

用目测法检查屏架、模块、字符、图案等外观。

3)屏架尺寸测量

用精度为0.5mm的卷尺对屏架高度、宽度尺寸进行测量。测量方法按GB/T 1958进行。

4)屏面尺寸测量

(1)屏面垂直度测量。从屏顶悬下吊以重锤的铅垂线,靠近屏面,用直尺测量屏面与铅垂线的最大间隙值。

(2)屏面平面度测量。用直线度公差值不大于0.02mm,长1 000mm直尺检查屏平面,并用塞尺测量平面与直尺间的间隙。

(3)相邻模块平整度测量。用直线度公差值不大于0.02mm,长为模块边长两倍的直尺检查模块平面,并用塞尺测量平面与直尺间任意方向的间隙。

(4)相邻模块间隙测量。用塞尺测量任意相邻模块间的缝隙。

(5)模块外形尺寸测量。用精度为0.02mm的卡尺对模块尺寸进行测量。

(6)单色模块平面度测量。用不平面度小于0.02mm,尺寸与模块相同的基准平面检查模块,用塞尺测量模块与基准确性平面间的间隙。

(7)多色模块平面度测量。用不平面度小于0.1mm,尺寸与模块相同的基准平面检查模块,用塞尺测量模块与基准确性平面间的间隙。

5)阻燃试验

塑料模块的阻燃性能按GB/T 2406规定进行测试。

6)功能试验

(1)被测试设备主要包括:

①状态模拟显示元件一组(每组个数按控制系统结构要求配置);

②光带显示元件一组(16个);

③6位数字显示器一个;

④4位带符号数字显示器一个;

⑤设备工作电源一台;

⑥通信模拟器一台。

(2)状态模拟显示元件试验。通信模拟器按通信规约向状态模拟显示元件输出各项信息,每个模拟显示元件的显示状态应与设置的状态一致。对驱动器每个状态输出都应进行上述试验。

(3)光带显示元件试验。通信模拟器按通信规约光带模拟显示元件输出各项指令,每组光带的显示状态应与设置的状态一致。

(4)数字显示器试验。通信模拟器按通信规约向某一地址的显示器输出各项指令相应地址的显示器应与设置的值、状态一致。

(5)通信试验。用通信模拟器对模拟设备输出各项指令,其试验结果应符合模拟屏通信规约,模拟设备的反应状态与设置的值及状态一致。

(6)绝缘电阻试验。对被测试设备用相应电压的兆欧表测量绝缘电阻,测试时间不小于5s。在试验各整机对地绝缘电阻时,应采取相应保护措施,如短接有关电路。

(7)绝缘强度试验。对被测试设备用击穿电压测试仪进行绝缘强度试验。试验电压从零起始,在5s内逐渐升到规定值并保持1min,然后迅速平滑地降到零值。测试完毕断电后应用接地线对被试品进行安全放电。对额定电压为60V以下的半导体器件(光耦器件除外),在整机进行绝缘强度试验时,应采取防护措施,如短接有关电路。

(8)低温、高温、湿热试验。试验方法按 GB/T 2423.1、GB/T 2423.2、GB/T 2423.3 进行。对不便进行整机试验的大型产品,根据 GB/T 2421 可按设备技术条件中的规定对关键部件进行相对试验。具体试验方法及步骤参见第一篇第五章相关章节内容。

(9)电源影响试验。在正常试验大气条件下,参数在最大允许偏差范围内变化时(其余各项为额定值)设备应可靠工作,性能及参数符合功能要求。

(10)亮度试验。在发光面上任取三点,在额定电压条件下,用亮度计测量点直径为1.5mm的圆孔发光亮度,计算出平均亮度值。

(11)抗高频干扰试验。抗高频干扰试验分为共模高频干扰试验和串模高频干扰试验。试验电路分别如图 3-6-2 和图 3-6-3 所示。

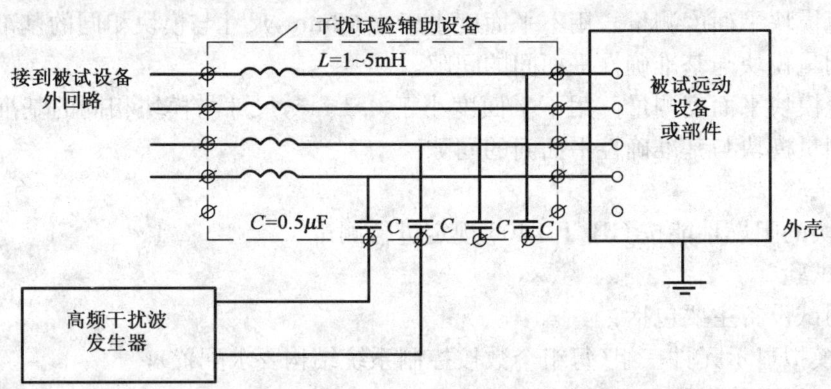

图 3-6-2 共模高频干扰试验电路

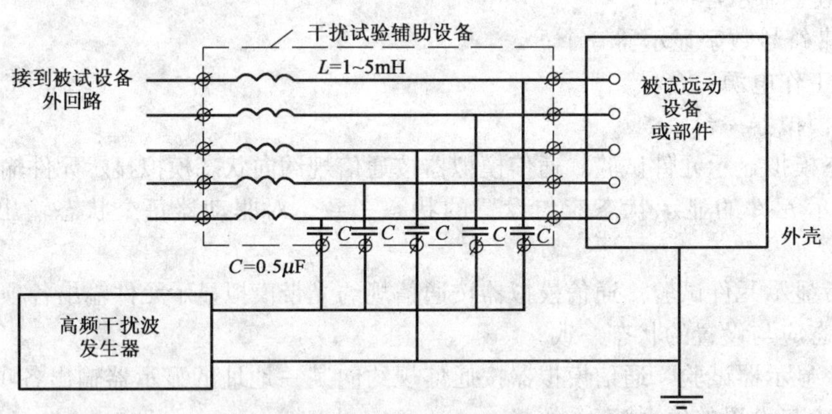

图 3-6-3 串模高频干扰试验电路

①共模高频干扰试验。如图 3-6-2 所示。对被试设备施加额定电压的电源,当对某回路进行干扰试验时,应将电感 L 串入该输入(输出或电源)回路的外回路中。高频干扰波通过电容 C 加于设备被试回路与外壳之间,外壳应接地。

②串模高频干扰试验。如图 3-6-3 所示。电源、外电路的连接与共模干扰试验相同,不同的是,干扰波加于同一组的两条回路之间。

用高频干扰发生器在被试设备处于工作状态下进行试验:

a. 共模干扰试验:将干扰波加在每组输入(或输出)端子与地之间;

b. 串模干扰试验：将干扰波加在被试回路端子之间；

c. 试验时间：2～2.2s。

(12)振动试验。按 GB/T 2423.10，在三个互相垂直的轴线上依次进行扫频试验，每轴线扫频循环 20 次。具体试验方法及步骤参见第一篇第五章相关内容。

7)检验规则

地图板产品检验分出厂检验、型式检验和现场检验三种。

(1)出厂检验。每套设备出厂前应由制造厂技术检验部门在正常大气条件下，按标准 JT/T 601—2004 中表 6-6 要求的项目内容进行检测。

(2)型式检验。按标准 JT/T 601—2004 中表 6-6 要求的项目内容进行检验。

①有下列情况之一时，进行型式试验：

a. 新产品定型或老产品转厂生产时；

b. 大批量生产的设备(每年 100 台以上)每两年一次；

c. 小批量生产的设备每三年一次；

d. 正式生产后，如设计、工艺材料、元件有较大改变、可能影响产品性能时；

e. 国家质量监督机构提出进行型式检验的要求时；

f. 产品长期停产后，恢复生产时；

g. 出厂检验结果与上次型式检验有较大差异时。

②型式检验抽样与复验。出厂检验合格产品中任意抽取两台以上进行型式检验。型式检验各项目全部符合技术要求为合格，发现有不符合技术要求的项目应分析原因，处理缺陷，对产品进行整顿后，再按全部型式检验项目进行检验。

③现场检验。每套设备在现场安装、调试完毕后，由用户技术部门、生产厂家在正常大气条件下，按标准 JT/T 601—2004 中表 6-6 要求的项目内容进行现场检验。

三、地图板工程安装质量要求

《公路工程质量检验评定标准　第二册　机电工程》(JTG F80/2—2004)规定了高速公路监控中心地图板的工程质量技术要求及其评定标准。内容如下：

1. 基本要求

(1)地图板、控制器及其他配件的数量、型号规格符合设计要求，部件完整；

(2)安装方位、角度、高度符合设计要求；

(3)电源、控制线路以及通信线路按规范要求连接到位，设备处于正常工作状态；

(4)屏幕基底色泽一致，无明显差异，显示屏发光单元处于受控状态；

(5)分项工程自检和设备调试记录、有效的设备检验合格报告或证书等资料齐全。

对照设计文件和竣工资料一一核查，当一项不满足时即判基本要求不符合，停止下一阶段的测试。

2. 实测项目要求及测试方法

(1)地图板整板尺寸的允许偏差应不大于 1%；用钢卷尺测量实际尺寸，一般测三次取平均值 X，按公式 $\Delta_r = |X - X_0| / X_0 \times 100\%$ 计算测量偏差，与 1% 做比较，判定是否合格。

(2)地图板的垂直度偏差应小于等于 2mm/m；用铅锤吊线，用钢直尺测量。

(3)地图板任意相邻两块之间的不平整度应小于等于1.0mm;用靠尺和塞尺测量。

(4)电源导线对机壳绝缘电阻:≥50MΩ;用500V挡绝缘电阻测量仪测量。

(5)地图板静态显示的内容符合设计文件要求;对照设计文件一一核查并记录。

(6)地图板应能动态显示表示交通正常、拥挤、阻塞状态的绿、黄、红三色;现场软件模拟测试。

(7)地图板具备设备工作状态显示功能:即,绿、红表示外场设备的正常、故障状态;现场软件模拟测试。

(8)地图板与可变标志显示内容一致性核查;现场软件模拟测试。

(9)紧急电话呼入显示地图板能点亮指示灯,表示ET通话状态;现场模拟。

(10)地图板能正确显示交通量、气象参数、时间和日期等,现场软件模拟测试。

3.外观鉴定项目要求与评定方法

(1)地图板各显示区域布局合理,符合设计要求。

(2)屏幕模块拼接完整,无明显歪斜,安装稳固、横竖端正。

(3)屏幕基底色泽一致,无明显差异。

(4)各显示区域有信息显示时清晰明亮、稳定。

(5)地图板后箱内各设备之间布线整齐、美观,编号标识清楚;信号线和动力线及其接插头座应明确区分,预留长度适当。

以上任一项不符合要求时,该项减0.1~1.5分。

第三节　大屏幕投影安装质量及检验评定

大屏幕投影系统是监控(分)中心的显示设备,监控中心的大屏幕投影系统主要用于动态、直观、形象地显示高速公路运行信息,包括闭路电视摄像机视频图像、图形计算机输出的高速公路运行信息。

目前投影机主要通过3种投影技术实现,即阴极射线管(Cathode Ray Tube, CRT)、液晶设备(LiquidCristal Device, LCD)及数字光处理(Digital Light Pors2essor, DLP)投影技术。

CRT投影技术采用阴极射线管作为成像器件,使用内光源,为主动式投影。输入信号源控制红绿蓝3个CRT管的阴极射线束,投射到荧光屏,荧光粉在高压作用下发光,再经光学系统放大、汇聚、在投影屏显示彩色图像。

LCD投影技术利用活性液晶的光电效应,液晶分子排列在电场作用下发生变化,影响液晶单元的透射率或反射率,从而影响光学性质,产生不同灰度层次及颜色的图像。LCD投影采用外光源,为被动式投影,又分液晶板和液晶光阀两种。液晶板投影机采用液晶板作为成像器件,外光源发出的强光分成RGB3束光,分别经过RGB3块液晶板透射;信号源经过模数转换和调制加到液晶板上,控制液晶单元的开闭,从而控制光路的透射率,再经合光、放大,显示在投影屏上。液晶光阀投影机采用CRT管和液晶光阀作为成像器件,液晶光阀由光电转换器、镜子和光调制器组成。CRT输出的光信号照射到光电转换器上,转换为电信号送入光调制器;外光源产生的强光由镜子反射,通过光调制器改变光学特性;紧随光阀的偏振滤光片,只允许与其光学缝隙方向一致的光通过,投射到投影屏上。

DLP 投影技术以数字微反射器(Digital Micromir2ror Device，DMD)作为光阀成像器件。投影机采用数字光学处理技术——调制视频信号，驱动 DMD 光路系统，通过投影透镜形成图像，投射到投影屏上。

CRT 投影机图像色彩丰富、还原性好、几何失真调整能力强；不过图像分辨率与亮度相互制约、操作复杂。液晶板 LCD 投影机体积小、重量轻、携带方便；但光源寿命短、色彩均匀性差、分辨率较低、响应速度慢。液晶光阀 LCD 投影机亮度高、分辨率高；但是光阀不易维修。DLP 投影机图像灰度性能高，图像色彩丰富、无图像噪声、对比度高、亮度均匀性好、亮度高、调整便利；缺点是维修难度大、维护费用高。目前，高速公路监控中心大屏幕投影仪主流采用 DLP 投影机，少量采用 LCD 液晶板投影机和 LCD 液晶光阀投影机。

大屏幕投影系统是监控(分)中心的显示设备，基本要求首先是各设备符合设计要求，其次是设备的安装质量，最后要求提交的资料齐全。在检评标准 JTG F80/2 中用亮度 150cd/m^2 指标是在统计近多年招投标文件和在监控中心非主动发光大屏幕上的亮度测量值基础上，结合主观评定给出的暂定值。此指标在现在看来已经有些偏低，在检评时可依据合同商定其他值。下面给出《公路工程质量检验评定标准》(JTG F80/2—2004)中有关大屏幕的安装质量要求及检评标准。

一、基本要求

(1)投影仪、屏幕及其配件的数量、型号符合要求，部件完整。

(2)投影仪、屏幕安装方位、角度、高度符合设计要求。

(3)电源、控制线路以及通信线路按规范要求连接到位，设备处于正常工作状态。

(4)分项工程自检和设备调试记录、有效的设备检验合格报告或证书等资料齐全。

二、实测项目(表 3-6-6)

大屏幕投影系统实测项目　　表 3-6-6

项　次	检 查 项 目	技 术 要 求	检 查 方 法
1	拼接缝	不大于 2mm 或合同要求的尺寸	长度尺实测
2	△亮度	达到白色平衡时的亮度不小于 150cd/m^2	亮度计实测
3	亮度不均匀度	不大于 10%	亮度计实测
4	图像显示	正确显示监控中心 CCTV 监视器的切换图像及图形计算机输出信息	实际操作
5	△窗口缩放	可对所选择的窗口随意缩放控制	实际操作
6	△多视窗显示	同时显示多个监视断面的窗口	实际操作

三、外观鉴定

(1)投影仪外观完整无损伤、镜头洁净，屏幕平整整洁、白度均匀。

(2)图像清晰、稳定、无抖动。

(3)图像明亮、色泽鲜艳可调。

以上任一项不符合要求时，该项减 0.1～2 分。

第四节 监控中心设备安装及系统调测

地图板和大屏幕已经在上面两节讲过，本节主要针对的是监控机房条件和计算机系统，包括硬件及软件。

一、基本要求

1.硬件

(1)监控中心机房应整洁，通风、照明良好。

(2)监控系统所有设备的配置、设备数量、型号规格符合设计要求，部件完整。

(3)监控中心的防雷、水暖、供电、空调通风、照明等辅助设施安装调试完毕并通过相关专业的验收。

(4)监控中心的所有设备应安装调试完毕，系统处于正常运转工作状态。

(5)隐蔽工程验收记录、分项工程自检和设备及系统联调记录、有效的设备检验合格报告或证书等资料齐全。

2.监控软件

(1)能准确及时采集交通流、交通环境和主要交通设施运行状态的各种信息；

(2)能监测恶劣气候；

(3)能对交通事故做出快速响应，迅速准确地提供事故信息；

(4)根据已掌握的信息，迅速作出有针对性的处理和优化控制方案，并立即执行；

(5)有多种信息发布渠道，为用户提供信息服务，通过驾驶员调整行驶行为，达到交通流动态平衡；

(6)可以建立道路交通数据库，用以支持道路运行状况评价，为改善道路经营和交通管理的决策提供数据分析。

(7)按国家相关标准要求进行了软件的稳定性、可靠性测试并提供了报告；编制并提供了符合规范的软件手册及相关文档。

二、实测项目及检测方法

实测项目及检测方法见表3-6-7。

监控中心设备安装及系统调测实测项目　　表3-6-7

项次	检查项目	规定值	检查方法
1	监控室内温度	18～28℃	用温湿度计测10个测点
2	监控室内湿度	30～70%R.H	用温湿度计测10个测点
3	监控室内新风系统功能	要求有通风换气装置且工作正常	感官目测、查验新风装置工作状态
4	监控室内防尘措施	B级(一周内，设备上应无明显尘土)	目测

续上表

项次	检 查 项 目	规 定 值	检 查 方 法
5	监控室内噪声	≤70dB(A)	用声级计实测
6	监控室内操作照度	5～200lx 可调	用照度计实测
7	△电源导线对机壳接地绝缘电阻	≥50MΩ	查验随工验收记录或用 500V 兆欧表抽测 3 台设备
8	△监控中心联合接地电阻	≤1Ω	接地电阻测量仪测量
9	工作接地电阻	≤4Ω	接地电阻测量仪测量
10	安全接地电阻	≤4Ω	接地电阻测量仪测量
11	防雷接地电阻	≤10Ω	接地电阻测量仪测量
12	与外场设备的通信轮询周期	30～60s 可调	实测 10min
13	△与下端设备交换数据的实时性和可靠性	按设定的系统轮询周期，及时准确地与车辆检测器、气象检测器、可变标志等交换数据	对于检测器，在外场进行人工测试统计，然后与上端系统按时间段逐一对比，时间不少于 30min。对于可变标志用通信设备在外场与上端比对信息的正确性和实时性
14	△图像监视功能	能够监视全程或重点路段的运行状况	实际操作
15	与收费系统交换数据功能	正确接收收费数据、收费系统抓拍图像	实际操作
16	△系统工作状况监视功能	系统外场设备的工作状态在计算机和投影仪上正确显示	实际操作
17	事故阻塞告警	符合设计要求	模拟阻塞测试
18	恶劣气候告警	天气异常时，自动报警	模拟低能见度测试
19	紧急情况告警	能识别交警、消防、急救等特殊电话并在地图板、大屏幕上提示	实际操作
20	△信息提供功能	指令信息通过系统正确地传送到可变标志、交通信号灯、车道控制器以及消防、救援部门	实际操作
21	统计、查询、打印报表功能	操作迅速、正确地统计、查询、打印命令指示、设备状况、系统故障、交通参数等数据	实际操作，查询历史数据报表
22	数据备份、存档功能	每日数据备份，并带时间记录	实际操作，查询历史数据报表
23	加电自诊断功能	可循环检测所有监控中心内、外场设备运行状况，正确及时显示故障位置、类型	目测

三、外观鉴定

(1)控制台上设备布局合理，安装稳固、横竖端正，符合设计和人机工学的要求，接线端子和接插座标识清楚。

(2)CCTV 监视器布局合理,屏幕拼接完整,无明显歪斜,安装稳固、横竖端正,符合设计和人机工学的要求,接线端子和接插座标识清楚。

(3)控制台、CCTV 电视墙内以及各设备之间布线整齐、美观,编号标识清楚;信号线和动力线及其接头插座应明确区分,预留长度适当。

(4)电力配电柜、信号配线架内布线整齐、美观;绑扎牢固、成端符合规范要求;编号标识清楚,预留长度适当。

以上任一项不符合要求时,该项减 0.1～2 分。

第七章

监控系统计算机网络

高速公路监控系统计算机网络是利用通信设备和线路将地理位置不同的、功能独立的多个路段的监控计算机系统互相连接起来，以功能完善的网络（即网络通信协议、信息交换方式、网络操作系统等）实现高速公路网络资源共享和信息传递的系统。是实现监控中心日常功能的重要支撑系统。

本章主要是围绕高速公路计算机监控中心局域网的综合网络布线系统编写的，网络主要由网线、插座、连接头、网卡、集线器、交换机、路由器、调制解调器、服务器等网络设备组成。

第一节　网络布线的主要指标

通信行业标准《综合布线系统电气特性通用测试方法》（YD/T 1013—1999）对计算机网络的技术要求和测试评价方法进行了详细的规定。

1. 网线接线图

网线接线图反映了实际线对组合及连接是否正确，8 芯双绞线是目前局域网最主要的传输介质，线对组合与连接都应符合 EIA/TIA 586 的规定，否则将导致错误，正确的线对组合为：1/2，3/6，4/5，7/8。表 3-7-1 给出了 8 条芯线与接线端子的连接实际状态分项图例。

8 条芯线与接线端子的连接实际状态分项图例　　表 3-7-1

连接图类型	显示图示注	缆线实际状况	说　明
正确连接	连接图 RJ45 PIN 12345678S ǀǀǀǀǀǀǀǀǀ 12345678S 通过	 1 — 1 2 — 2 3 — 3 4 — 4 5 — 5 6 — 6 7 — 7 8 — 8	S:屏散层（非屏蔽线缆S互不连接）
线对交叉	连接图 RJ45 PIN 12345678S ǀǀǀǀǀǀǀǀǀ ???45678S 失败	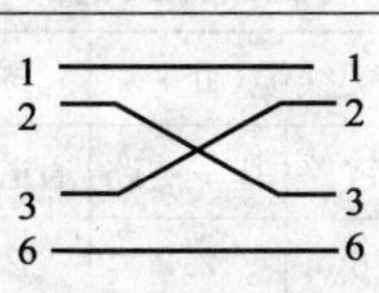 1 — 1 2 ╳ 2 3 ╳ 3 6 — 6	1,2线对中的线与3,6线对中的线发生交叉，形成…不可识别之回路
反向线对	连接图 RJ45 PIN 1 2 345678S ×× ǀǀǀǀǀǀ 2 1 345678S 失败	 1 ╳ 1 2 ╳ 2	同一线对中线1和线2交叉

续上表

连接图类型	显示图示注	缆线实际状况	说　明
交叉线对	连接图 RJ45 PIN 1 2 345678S 3 6 145678S 失败	1—1 2—2 3—3 6—6	1,2线对和3,6线对交叉
短路	连接图 RJ45 PIN 1 23 45678S 1 23 45678S 失败	1—1 2—2 3—3 6—6	线1和线3短路
开路	连接图 RJ45 PIN 1 2345678 ( ) ?345678 失败	1—1 2—2	线1断开
串烧线对	连接图 RJ45 PIN 12345678S 12345678S 失败	1—1 2—2 3—3 6—6	1,2线对与3,6线对相串绕

注：①表中"显示图示"的方式不是唯一的，对测试仪不做统一规定。
②表11仅用来表示接线图的常见7种状态，而未包含全部接线可能的状态。

（此表来自于：通信行业标准《综合布线系统电气特性通用测试方法》(YD/T 1013—1999)第14页的表11）

2. 网络布线长度

应满足实际需求，并符合设计文件的具体要求。

3. 衰减

由于集肤效应、绝缘损耗、阻抗不匹配和连接电阻等因素，信号沿链路传输损失的能量称为衰减。对一条布线链路来说，衰减量由下述三部分构成：

(1)每个连接器对信号的衰减量；

(2)构成通道链路方式的10m跳线或构成基本链路方式的4m设备接线对信号的衰减量；

(3)布线线缆对信号的衰减量。

不同类线缆在不同频率、不同链路方式情况下每条链路最大允许衰减值如表3-7-2所示。

不同频率、不同链路方式情况下每条链路最大允许衰减值　　表3-7-2

频率(MHz)	3类线缆(dB)		4类线缆(dB)		5类线缆(dB)		5类E(dB)		6类(dB)	
	通道链路	基本链路	通道链路	基本链路	通道链路	基本链路	通道链路	基本链路	通道链路	基本链路
1.0	4.2	3.2	2.6	2.2	2.5	2.1	2.1	2.1	2.2	2.1
4.0	7.3	6.1	4.8	4.3	4.5	4.0				
8.0	10.2	8.8	6.7	6.0	6.3	5.7				
10.0	11.5	10.0	7.5	6.8	7.0	6.3	6.3	6.3	6.7	6.2
16.0	14.9	13.2	9.9	8.8	9.2	8.2				

续上表

频率(MHz)	3类线缆(dB)		4类线缆(dB)		5类线缆(dB)		5类E(dB)		6类(dB)	
	通道链路	基本链路	通道链路	基本链路	通道链路	基本链路	通道链路	基本链路	通道链路	基本链路
20.0			11.0	9.9	10.3	9.2				
31.25					12.8	11.5				
62.5					18.5	16.7				
100					24.0	21.6	21.6	21.6	21.4	20.7
200									31.8	30.4

4.近端串扰衰耗

一条链路中,处于线缆一侧的某发送线对对同侧的其他相邻(接收)线对通过电磁感应所造成的信号耦合,即近端串扰。近端串扰与线缆类别、连接方式、频率值有关。不同类线线缆在不同频率、不同链路方式情况下允许最小的串扰损耗值如表3-7-3所示。

近端串扰最小衰耗值　　表3-7-3

频率(MHz)	3类线缆(dB)		4类线缆(dB)		5类线缆(dB)		5类E(dB)		6类(dB)	
	通道链路	基本链路	通道链路	基本链路	通道链路	基本链路	通道链路	基本链路	通道链路	基本链路
1.0	39.1	40.1	53.3	54.7	>60.0	>60.0	63.0	64.0	72.7	73.5
4.0	29.3	30.7	43.3	45.1	50.6	51.8				
8.0	24.3	25.9	38.2	40.2	45.6	47.1				
10.0	22.7	24.3	36.6	38.6	44.0	45.5	47.0	49.0	56.6	57.8
16.0	19.3	21.0	33.1	35.3	40.6	42.3				
20.0			31.4	33.7	39.0	40.7				
25.0					37.4	39.1				
31.25					35.7	37.6				
62.5					30.6	32.7				
100					27.1	29.3	30	32.3	39.9	41.9
200									34.8	36.9

5.环路阻抗

是指在规定工作频率范围内呈现的电阻。无论3类、4类、5类,5E类或宽带线缆,在通道链路方式或基本链路方式下,线缆每个线对的直流环路电阻在20～30℃环境下的最大值规定如下:

(1)3类链路不超过170Ω;

(2)3类以上链路不超过30Ω。

6.远方近端串扰衰耗

近端串扰值(dB)和导致该串扰的发送信号(参考值定为OdB)之差值(dB)为近端串扰损耗,NEXT值越大,近端串扰损耗也越大。近端串扰与线缆类别、连接方式、频率值有关。远方近端串扰衰耗值的具体规定请参见表3-7-3。

7. 相邻线对综合串扰

在 4 对型双绞线的一侧，3 个发送信号的线对向另一相邻接收线对产生串扰的总和称为相邻线对综合串扰，计算公式为：

$$N_4=\sqrt{N_1^2+N_2^2+N_3^2+N_4^2}$$

其中，N_1，N_2，N_3，N_4 分别为线对 1、线对 2、线对 3 对线对 4 的近端串扰值。相邻线对综合近端串扰限定值如表 3-7-4 所示。

相邻线对综合近端串扰限定值一览表 表 3-7-4

频率(MHz)	5 类 E(dB)		6 类(dB)	
	通道链路	基本链路	通道链路	基本链路
1	60.0	60.0	71.2	71.2
10	44	45.5	54	55.5
100	27	29.3	37.1	39.3
200			31.9	34.3

（此表来自于：通信行业标准《综合布线系统电气特性通用测试方法》(YD/T 1013—1999)第 7 页的表 5）

8. 远端串扰与衰减比

指远端串扰损耗与线路传输衰减差。从链路近端线缆的一个线对发送信号，该信号经过线路衰减，从链路远端 T 扰相邻接收线对，定义该远端串扰值为 FEXT。FEXT 是随链路长度(传输衰减)而变化的量。

定义：ELFEXT = FEXT-A (A 为受串扰接收线对的传输衰减)

等效远端串扰损耗最小限定值如表 3-7-5 所示。

等效远端串扰损耗 ELFEXT 最小限定值 表 3-7-5

频率(MHz)	5 类(dB)		5 类 E(dB)		6 类(dB)	
	通道链路	基本链路	通道链路	基本链路	通道链路	基本链路
1	57.0	57.0	59.0	61.0	63.2	66.2
10	37.0	37.0	39.1	41.0	43.2	45.2
100	17.0	17.0	19.0	21.0	23.2	25.2
200					17.2	19.2

（此表来自于：通信行业标准《综合布线系统电气特性通用测试方法》(YD/T 1013—1999)第 8 页的表 7）

9. 近端串扰与衰减比

串扰衰减比定义为：在受相邻发信线对串扰的线对上其串扰损耗(NEXT)与本线对传输信号衰减值(A)的差值(单位为 dB)，即：

$$\mathrm{ACR(dB)}=\mathrm{NEXT(dB)}-A\mathrm{(dB)}$$

对于由 5 类及高于 5 类线缆和同类接插件构成的链路，由于高频效应及各种干扰因素，ACR 的标准参数不单纯从串扰损耗值 NEXT 与衰减值 A 在各相应频率上直接的代数差值导出。表 3-7-6 为最小近端串扰损耗一览表。通过提高链路串扰损耗 NEXT 或降低衰减 A 水平可以改善链路 ACR。五类布线链路在各工作频率下的 ACR 最小值如表 3-7-7 所示。高于 5 类的链路 ACR 在制订之中。

最小近端串扰损耗一览表　　表 3-7-6

频率(MHz)	3 类线缆(dB)		4 类线缆(dB)		5 类线缆(dB)		5 类 E(dB)		6 类(dB)	
	通道链路	基本链路	通道链路	基本链路	通道链路	基本链路	通道链路	基本链路	通道链路	基本链路
1.0	39.1	40.1	53.3	54.7	>60.0	>60.0	63.0	64.0	72.7	73.5
4.0	29.3	30.7	43.3	45.1	50.6	51.8				
8.0	24.3	25.9	38.2	40.2	45.6	47.1				
10.0	22.7	24.3	36.6	38.6	44.0	45.5	47.0	49.0	56.6	57.8
16.0	19.3	21.0	33.1	35.3	40.6	42.3				
20.0			31.4	33.7	39.0	40.7				
25.0					37.4	39.1				
31.25					35.7	37.6				
62.5					30.6	32.7				
100					27.1	29.3	30	32.3	39.9	41.9
200									34.8	36.9

(此表来自于:通信行业标准《综合布线系统电气特性通用测试方法》(YD/T 1013—1999)第 6 页的表 4)

串扰衰减差(ACR)最小限定值　　表 3-7-7

频率(MHz)	ACR 最小值(dB)	频率(MHz)	ACR 最小值(dB)
1.0	5 类	20.0	28
4.0	—40	31.25	23
10.0	35	62.5	13
16.0	30	100	4

注:该表参照 ISO 11081—1995 标准 6.2.5 中 classl 级链路绘出。

(此表来自于:通信行业标准《综合布线系统电气特性通用测试方法》(YD/T 1013—1999)第 7 页的表 6)

10. 综合远端串扰比

线缆远端受干扰的接收线对上所承受的相邻各线对对它的等效串扰 ELFEXT 总和称为综合远端串扰比,限定值如表 3-7-8 所示。

远端等效串扰总和 PSELFEXT 限定值　　表 3-7-8

频率(MHz)	5 类(dB)	5 类 E(dB)		6 类(dB)	
		通道链路	基本链路	通道链路	基本链路
1	54.4	56.0	58.0	60.2	62.2
10	34.4	36.0	38.0	40.2	42.2
100	14.4	16.0	18.0	20.2	22.2
200				14.2	16.2

(此表来自于:通信行业标准《综合布线系统电气特性通用测试方法》(YD/T 1013—1999)第 8 页的表 8)

11. 回波衰耗

是由线缆特性阻抗和链路接插件偏离标准值导致功率反射而引起。简称 RL(Return lose)。RL 等于输入信号幅度和由链路反射信号幅度的差值。回波损耗的技术标准值如表 3-7-9 所示。

最小回波损耗值 表 3-7-9

频率(MHz)	最小回波损耗标准值(dB)			
	4 类	5 类	5 类 E	6 类
1～10	15	15	17	19
10～16	15	15		
16～20	—	15		
200～100	—	$15-10\log_{10}(f/20)$	$17-7\log_{10}(f/20)$	$19-10\log_{10}(f/20)$
200		$15-10\log_{10}(f/20)$	$17-7\log_{10}(f/20)$	$19-10\log_{10}(f/20)$

(此表来自于:通信行业标准《综合布线系统电气特性通用测试方法》(YD/T 1013—1999)第 8 页的表 9)

12. 传输时延

在通道连接方式或基本连接方式下，5 类及 5 类以下链路传输 10～30MHz 频率信号时，要求线缆中任一线对的传输时延 $T\leqslant 1\ 000$ns;对于 5 类 E 和 6 类链路,要求传输时延 $T\leqslant 548$ns。

13. 线对间传输时延差

以同一缆线中信号传播时延最小的线对的时延值作为参考,其余线对与参考线对时延差值不得超过 45ns。若线对间时延差超过该值，4 个线对同时并行高速传输数据信号时,将造成数据帧结构严重破坏。

14. 同轴电缆特性阻抗

链路在规定工作频率范围内呈现的电阻。综合布线用缆线为 100Ω,无论 3 类,4 类,5 类,5E 类或宽带线缆,其每对芯线的特性阻抗在整个工作带宽范围内应保证恒定、均匀。链路上任何点阻抗的不连续性将导致该链路信号反射和信号畸变。链路特性阻抗与标称值之差≤20Ω。

15. 光纤接头衰耗

光纤分为"单模光纤" 和 "多模光纤",布线中不能混用。单模光纤传播距离可达 10 余公里,多用于长距离传输;多模光纤传输距离较短。光纤接头常用的结构形式主要有三种形式(插针体均采用外径 2.5mm 的精密陶瓷插针):FC(ferrule connector):金属套螺丝结构，圆形接口，通过螺纹连接;SC:即矩形嵌入式塑料插拔式结构，方形接口;ST:金属圆形卡口式结构。圆形接口，通过卡口连接。

除此外，还有一些采用更细的插针(外径 1.5mm 陶瓷插针)的接口形式:LC 型:插拔式锁紧结构,外壳为矩形;mu 型:与 SC 型外观类似,方形接口。

光纤接头衰耗值不能大于 0.2dB。

16. 网络维护性测试和网络健康测试

网络维护性测试、健康测试指标只是定性测试。网络维护性测试和网络健康测试的主要技术指标有以下 6 项:

(1)网络吞吐量;

(2)时延；

(3)帧丢失率；

(4)背对背帧处理；

(5)置位恢复速率；

(6)系统恢复速率。

以上具体指标没有统一的标准，是由检测人员按照设计指标和设计要求，采用网络测试仪进行检测判定的。

第二节　网线安装质量及评定标准

检评标准F80/2中网线安装质量是参照通信行业标准《综合布线系统电气特性通用测试方法》(YD/T 1013—1999)制定的，主要内容如下。

一、基本要求

(1)网线、插座、连接头、网卡、集线器、交换机、路由器、调制解调器、服务器等网络设备的数量、型号规格符合设计要求；

(2)插座、双绞线接头的压接形式(线对分配)符合EIA/TIA 586A或586B的要求，且在一个系统中只能选用一种压接形式，不得混用。

(3)网络设备安装调试完毕，系统处于正常运转工作状态。

(4)隐蔽工程验收记录、分项工程自检和设备及系统联调记录、有效的设备检验合格报告或证书等资料齐全。

二、实测项目(表3-7-10)

监控系统计算机网络　　表3-7-10

项次	检查项目	规定值	检查方法	备注
1	△网线接线图	EIA/TIA 568	通信行业标准YD/T 1013—1999	双绞线缆
2	布线长度	符合设计要求	通信行业标准YD/T 1013—1999	双绞线缆
3	△衰减	EIA/TIA 568	通信行业标准YD/T 1013—1999	双绞线缆
4	△近端串扰	EIA/TIA 568	通信行业标准YD/T 1013—1999	双绞线缆
5	环路阻抗	EIA/TIA 568	通信行业标准YD/T 1013—1999	双绞线缆
6	远方近端串扰衰耗	EIA/TIA 568	通信行业标准YD/T 1013—1999	5e,6类双绞线缆
7	相邻线对综合串扰	EIA/TIA 568	通信行业标准YD/T 1013—1999	5e,6类双绞线缆
8	远端串扰与衰减比	EIA/TIA 568	通信行业标准YD/T 1013—1999	5e,6类双绞线缆
9	近端串扰与衰减比	EIA/TIA 568	通信行业标准YD/T 1013—1999	5e,6类双绞线缆
10	综合远端串扰比	EIA/TIA 568	通信行业标准YD/T 1013—1999	5e,6类双绞线缆
11	△回波衰耗	EIA/TIA 568	通信行业标准YD/T 1013—1999	5e,6类双绞线缆
12	传输时延	EIA/TIA 568	通信行业标准YD/T 1013—1999	5e,6类双绞线缆

续上表

项 次	检 查 项 目	规 定 值	检 查 方 法	备 注
13	线对间传输时延差	EIA/TIA 568	通信行业标准 YD/T 1013—1999	5e,6 类双绞线缆
14	△同轴电缆特性阻抗	50Ω 或 75Ω	通信行业标准 YD/T 1013—1999	同轴缆
15	光纤接头衰耗	0.2dB	光时域反射计	光缆
16	光纤接头回损	按设计文件	光时域反射计	光缆
17	光纤衰耗	按设计文件	光时域反射计	光缆
18	△网络维护性测试	符合设计要求	网络测试仪	网络
19	网络健康测试	符合设计要求	网络测试仪	网络

三、外观鉴定

(1)网络设备、网线线槽、信息插座布放整齐美观,安装牢固、标识清楚。

(2)线缆布放路由正确、绑扎牢固、端头连接规范、标识清楚,弯曲半径和预留长度符合设计或 GB/T 50132—2000 规范要求。

以上任一项每处不符合要求时,该处减 0.1~1 分。

四、检测方法

现在对网线的测试,大都采用智能测试仪表,也叫网线认证测试仪。一般这种智能仪表含有两个分离的单元,一个为信号发生器或称远端,一个为接收器,接收器带有处理单元,能对接收信号进行处理、分析、计算并形成报告,测试时只要将一条网线的两端通过 RJ45 插入两个模块,选择好测试方案,一次就可获得标准规定的各种结果,更高级一些的还带有频谱分析功能,通过接插模块还可以完成对同轴电缆、光缆的测试项目。

下面以 DTX1800 为例,检测方法简述如下:

(1)首先将待测网线从设备或信息插座上拔下。

(2)将网络认证测试仪两个模块分别接在网线的两端。

(3)打开发射端的网络认证测试仪,并设置为测试模式,往接收端的网络认证测试仪发送网络测试信号。

(4)点击接收端的网络认证测试仪"TEST"按钮进入测试模式和界面,选择测试方案,按开始测试图标。测试完毕,将测试结果保存、打印、后处理。

(5)恢复网线原始状态。

第八章

通信管道与光、电缆线路

第一节　概　　述

一、通信管道

通信管道是指通信网络中通信光(电)缆的布放通道。高速公路通信管道建设是高速公路建设的一部分,高速公路通信管道的用途主要用于敷设高速公路机电系统光缆和紧急电话电缆。通信管道主要由主线的纵向管道、主线手井、边坡手井等组成。通信管道在高速公路上一般有两种埋设方式。一种为埋设于中央分隔带的下面,这种方式比较常用。另一种为埋设于路肩下面。

目前常用的通信管道按所用管材可分为三类(见图 3-8-1):钢管管道、塑料管道和水泥管管道(灰管)。

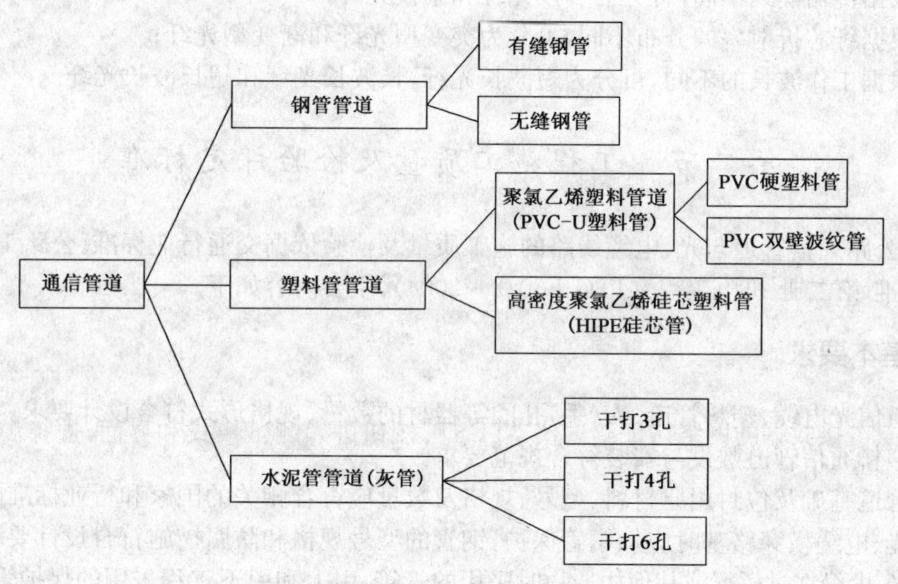

图 3-8-1　通信管道分类

水泥混凝土管道由于造价高已很少使用,取而代之的是塑料管道,特别是高密度聚乙烯硅芯塑料管的应用,极大地提高了穿缆效率,降低了管道的投资成本,应用也越来越广泛。

二、光电缆线路定义与分类

光电缆就是将金属导线和光纤有机结合起来,是传输电能与光信息的一体化传输介质。

高速公路光电缆线路主要指中心(站)到附近的外场监控设备、通信设备和收费设备的供电电缆、控制信号电缆、传输光缆、同轴缆、音频电缆或综合缆等。

光电缆线路可以从不同的角度,有多种分类方式:

(1)按电压等级可分为高压光电缆、低压光电缆;

(2)按应用领域可分为:室内型光电缆和室外型光电缆。其中,室外型光电缆又可分为架空光电缆和直埋光电缆;

(3)按结构形式可分为:层绞式和平行式两种。

光纤是一种用于传输光信号的传输媒质,是光电缆线路最重要的组成部分。光纤是由中心的纤芯和外围的包层同轴组成的圆柱形细丝(见图 3-8-2)。处于内层的纤芯是一种截面积很小、质地脆、易断裂的光导纤维。外层包裹的包层是由折射率比纤芯小的材料制成。正是由于纤芯和包层之间存在折射率的差异,光信号才得以通过反射在纤芯不断向前传播。光能量主要在纤芯传输,包层为光的传输提供反射面和光隔离,并起一定的机械保护作用。通常在工程使用中,都是将多根光纤扎成束并裹以保护层制成多芯光缆。

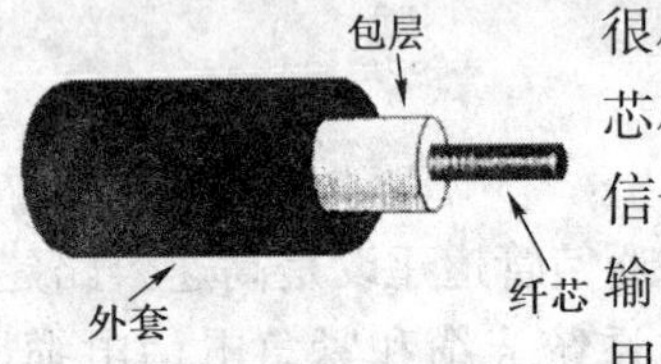

图 3-8-2 光纤的结构

光纤可以从不同的角度,有多种分类方式。

(1)根据制作材料不同,可分为石英光纤、塑料光纤、玻璃光纤等;

(2)根据传输模式不同,可分为多模光纤和单模光纤;

(3)根据纤芯折射率的分布不同,可分为突变型光纤和渐变型光纤;

(4)根据工作波长的不同,可分为短波长光纤、长波长光纤和超长波长光纤。

第二节 工程施工质量及检验评定标准

高速公路通信管道与光、电缆线路的施工质量及检验依据交通行业标准《公路工程质量检验评定标准 第二册 机电工程》(JTG F80/2—2004),主要内容如下。

一、基本要求

(1)通信光电缆、塑料管道、人(手)孔圈等器材的数量、规格形式符合设计要求。

(2)塑料通信管道敷设与安装符合规范要求。

(3)管道基础及包封用原材料、型号、规格及数量应符合相关的国家和行业标准的规定。

(4)光、电缆横穿路基时应加钢管保护,钢管的型号规格和防腐措施符合设计要求。

(5)光、电缆在过桥梁或其他构造物时采用的管箱、引上和引下工程采用的保护管符合设计要求,光、电缆及保护管与接驳的保护管过渡圆滑、密封良好,光、电缆的弯曲半径应符合要求。

(6)光、电缆的敷设、接续、预留及成端等符合规范要求。

(7)直埋电缆符合相关施工规范要求;

(8)出厂时及施工前光、电缆单盘测试记录,施工后所有线对的连通性测试记录,管道及电缆接续等隐蔽工程验收记录,分项工程自检和通电调试记录,有效的光电缆、保护管(箱)及接续附件的检验合格报告或证书等资料齐全。

二、实测项目及检测方法

实测项目及检测方法见表 JTG F80/2—2004 中表 3.1.2

三、外观鉴定

(1)光、电缆配线箱(架)安装端正、稳固,配件齐全。

(2)在配线箱(架)或设备控制箱内光、电缆排列整齐、有序,绑扎牢固,标识正确、清楚。

(3)通信中心(局内)光电缆的进线与成端符合规范要求,进入墙壁要有保护套管,预留长度满足使用要求并且统一规整。

(4)人(手)孔位置准确、预埋件安装牢固、防水措施良好,人(手)孔内无积水、高程符合设计要求。

(5)光电缆在人(手)孔内占用管道孔正确、排列整齐、余留长度符合规定,标志清楚、牢固;光缆接续箱安装牢固,密封良好。

(6)光、电缆在过桥梁或其他构造物时采用的保护管安装牢固、排列整齐有序;光电缆及保护管与接驳的保护管过渡圆滑、密封良好。

(7)直埋电缆两端铠装层、屏蔽层接地处理措施得当,电缆标石埋设符合设计要求。

以上任一项不符合要求时,该项减 0.1～1 分。

四、补充说明

(1)光纤护层绝缘电阻。主要反映光纤接头密封措施是否得当,工程要求光纤护层绝缘电阻≥1 000 MΩ · km。光电缆的绝缘电阻随着长度的增加而变小,其单位应是MΩ · km,而不是 MΩ/km,这一点务请注意。测量时先用兆欧表测得光电缆芯线的绝缘电阻,用乘以该光缆长度(换算到 km)后的计算值与标准值进行比较,若不小于标准值则合格,否则不合格。

(2)通信管道的管道地基、管道铺设、回土夯实、人(手)孔、管道掩埋、人(手)孔的位置、分歧形式及内部尺寸和通信管道的横向位置等采取查隐蔽工程验收记录和必要时剖开复测的方法进行检测。

(3)通信主管道管孔试通试验和硅芯塑料管孔试通试验是通信管道检测要求的关键项,采取查隐蔽工程验收记录和必要时剖开复测的方法进行检测,确保畅通。

(4)人手孔接地电阻采用接地电阻测量仪进行实地检测。检测方法采用三点式电压落差法进行检测。具体检测原理、方法与步骤请参见第一篇第五章。

(5)中继段单模光纤总衰耗采用光万用表或光源、光功率计在中继段两端测量。测量方法如下:将被测光纤一端与光源连接,另一端与光功率计连接,按照光纤使用波长,在光源和光功率计上选择相应的测试波长,打开光源和光功率计电源并进行测试,读出光功率计上的数值 P_1,光源的发光功率为 P_0,则中继段单模光纤总衰耗 $P=P_0-P_1$。

(6)音频电缆直流环阻采用电桥或电缆分析仪进行测量。采用电桥测试时可采用单桥和双桥测试方法,如图 3-8-3 和图 3-8-4 所示。

实际测试时,单桥和双桥测试连接线路图如图 3-8-5 所示。先将直流稳压电源电压调到 0 伏,按图 3-8-5 接线,调节直流稳压电源输出电流调到 0.5 安培,将 R_1、R_2 设置到恰当的数值,

再调节 R 使电桥平衡，记录 R_1、R_2、R，按公式 $R_x=(R_n/R_1)^* R$ 计算所测试设备的电阻值。

(7)音频电缆串音衰减采用电缆分析仪或串扰分析仪测量进行测量。方法及步骤如下：

①将串扰分析仪的两端(发送端子和接收端子)分别接在音频电缆的主串通路和被串通路的两个给定点上；

②分别测试出这两点的串音信号电平；

③这两点电平差即为该音频电缆所测两点间的串音衰减。

(8)音频电缆传输误码率。测量时将音频电缆线对一端短接，另一端的线对连接数据传输测试仪，以 64k 速率进行测量。

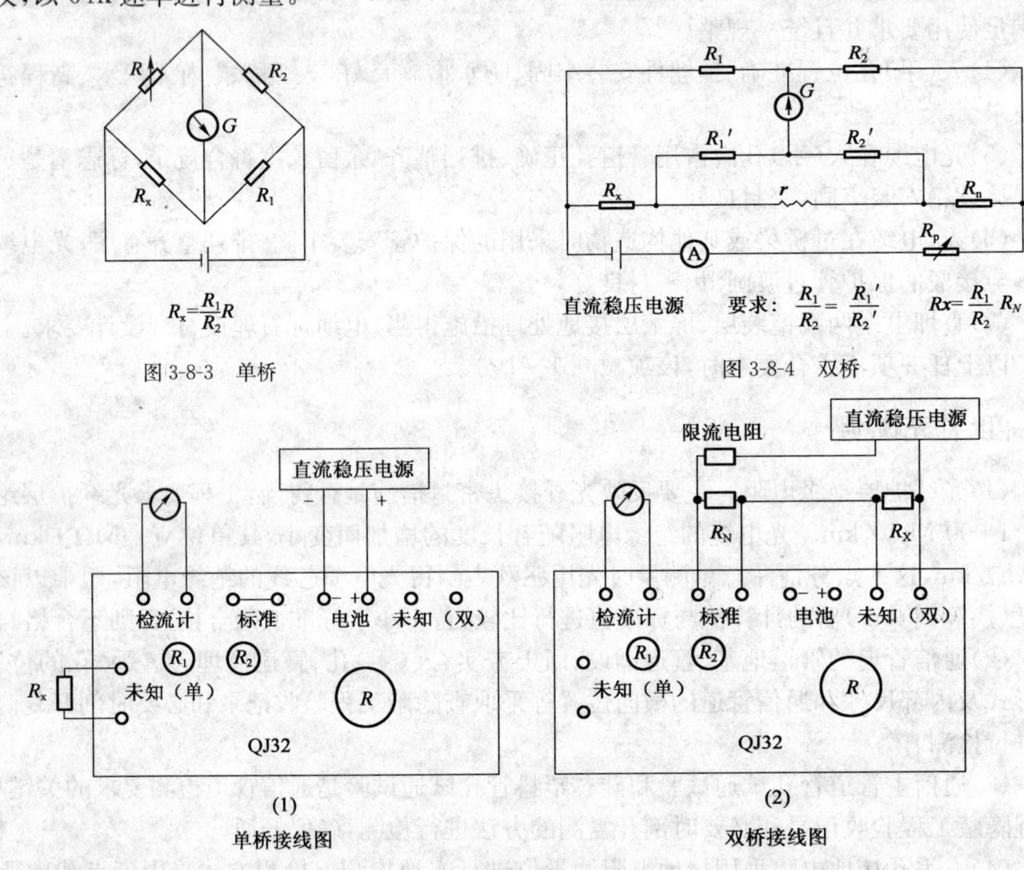

图 3-8-3　单桥

图 3-8-4　双桥

(1) 单桥接线图

(2) 双桥接线图

图 3-8-5　电桥测试连接线路图

第九章

光纤数字传输系统

第一节 基本概念

1. 基带传输

在数据通信中，由计算机或终端等数字设备直接发出的信号是二进制数字信号，其频谱包括直流、低频和高频等多种成分。在数字信号频谱中，把直流(零频)开始到能量集中的一段频率范围称为基本频带，简称基带。数字信号被称为数字基带信号，那么在信道中将基带信号不经过载波调制和解调过程而直接进行传输就称为基带传输。

在基带传输中，整个信道只传输一种信号，通信信道利用率低。

2. 频带传输

频带传输就是将基带信号进行载波调制和解调过程的传输过程。计算机网络的远距离通信通常采用的是频带传输。

基带信号与频带信号的转换是由调制解调技术完成的。

3. 光纤数字传输系统的构成

光纤数字传输系统主要包括光发射机、光接收机和光纤。还包括中继器、光纤连接器和耦合器等无源器件。

其工作原理如图 3-9-1 所示。发射机把待传输的电信号转换为光信号，接收机把光信号转换为原来的电信号，光纤把发射机发出的光信号传送到接收机。

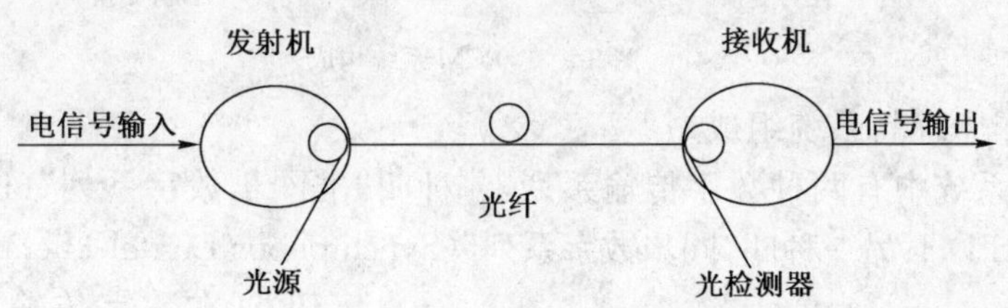

图 3-9-1 光纤数字传输系统工作原理

1)光发射机(光源)

光发射机是实现电/光转换的光端机，它由光源、驱动器和调制器组成。其功能是用光端机的电信号对光源发出的光波进行调制，成为已调光波。然后再将已调的光信号耦合到光纤或光缆去传输。

2)光接收机(光检测器)

光接收机是实现光/电转换的光端机。它由光检测器和光放大器组成，其功能是将光纤或光缆传输来的光信号，经光检测器转变为电信号，再将这微弱的电信号经放大电路放大到足够的电平送至接收端。

3)光纤或光缆传输介质

光纤或光缆构成光传输通路。其功能是将发送机发出的已调光信号，经过光纤或光缆的远距离传输后，耦合到光接收机的光检测器，完成传送信息任务。

4. PCM 工作原理与系统组成

在光纤通信系统中，光纤中传输的是二进制光脉冲"0"码和"1"码，它由二进制数字信号对光源进行通断调制而产生。而数字信号是对连续变化的模拟信号进行抽样、量化和编码产生的，称为 PCM(pulse code modulation)，即脉冲编码调制。如图 3-9-2 所示，PCM 脉冲编码调制就是对模拟信号先抽样，再对样值幅度进行量化、编码的过程。

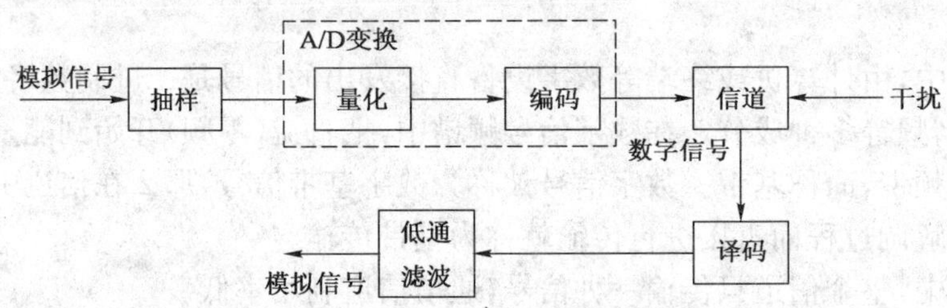

图 3-9-2 PCM 工作原理图

PCM 系统构成主要包括：模/数变换部分、信道部分(包括传输线路和再生中继器)和数/模变换三部分，见图 3-9-3。

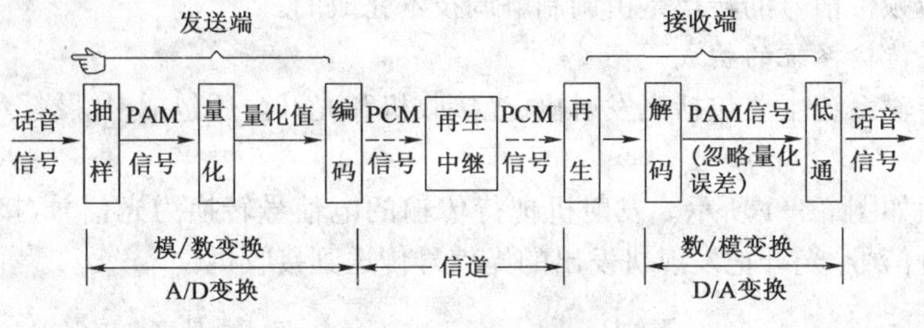

图 3-9-3 PCM 系统构成

1)PDH 工作原理与系统组成

在数字传输系统中有两种数字传输系列，一种叫"准同步数字系列"(Plesiochronous Digital Hierarchy)，简称 PDH；另一种叫"同步数字系列"(Synchronous Digital Hierarchy)，简称 SDH。

PDH 在数字传输系统中，称为"准同步数字系列"(Plesiochronous Digital Hierarchy)。目前世界上有两种 PDH 体系，通常称为欧洲体系和北美、日本体系。我国 PDH 使用的是欧洲体系，其基群速率是 2 048kbit/s，按四倍的速率异步复接为 8 448kbit/s、34 368kbit/s 和 139 264kbit/s 速率，如图 3-9-4 所示，它是一级一级复接

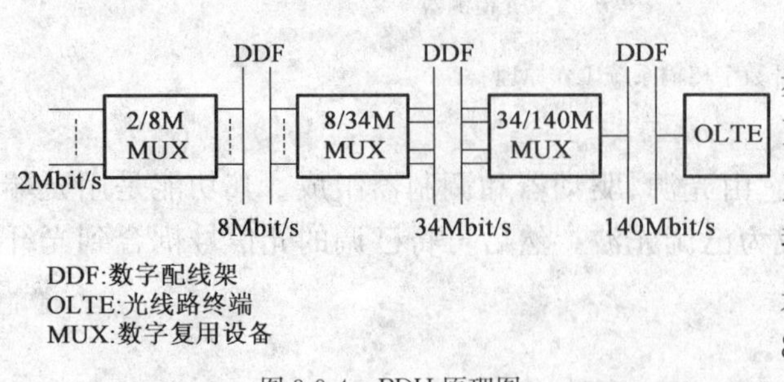

图 3-9-4 PDH 原理图

成高次群的，分接亦需逐级实行，虽然也有跳群复用设备，但在设备内部仍是逐级复接和分接的。

PDH 是在数字通信网的每个节点上都分别设置高精度的时钟，这些时钟的信号都具有统一的标准速率。这种同步方式严格来说不是真正的同步，所以叫做“准同步”。PDH 系列对传统的点到点通信有较好的适应性，但各生产商提供的接口不兼容，不适应大容量传输网的组建。

2)SDH 工作原理与系统组成

SDH 传输系统是在准同步数字系列(PDH)系统的基础上发展起来的，是一种将复接、线路传输及交换功能融为一体、并由统一网管系统操作的综合信息传送网络，是美国贝尔通信技术研究所提出来的同步光网络(SONET)基础上发展起来的，可进行同步数字传输、复用和交叉连接的标准化数字信号的等级网络结构。它通过指针一步即可完成复用或解复用，可以动态改变网络配置，及时适应用户传输功能要求，是目前国内外广泛应用的一种光纤传输技术。其原理如图 3-9-5 所示。

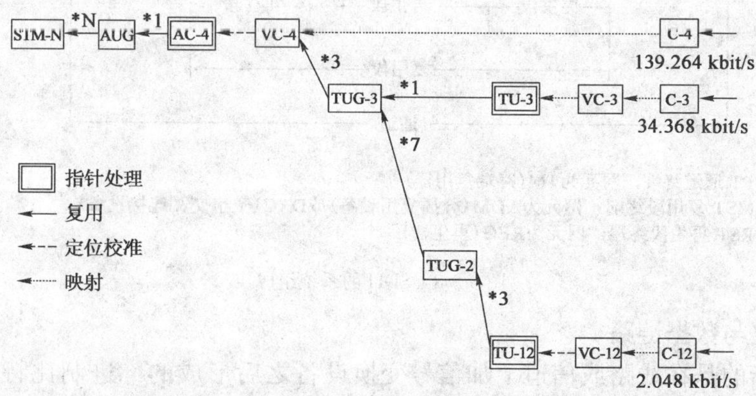

图 3-9-5　SDH 原理图

SDH 采用的信息结构等级称为同步传送模块 STM-N(Synchronous Transport，N=1，4，16，64，…)，最基本的模块为 STM-1，四个 STM-1 同步复用构成 STM-4，四个 STM-4 同步复用构成 STM-16；SDH 采用块状的帧结构来承载信息，每帧由纵向 9 行和横向 270×N 列字节组成，每个字节含 8bit(见图 3-9-6)，整个帧结构分成段开销(Section OverHead，SOH)区、STM-N 净负荷区和管理单元指针(AU PTR)区三个区域，其中段开销区主要用于网络的运行、管理、维护及指配以保证信息能够正常灵活地传送，它又分为再生段开销(Rege nerator Section OverHead，RSOH)和复用段开销(Multiplex Section OverHead，MSOH)(见图 3-9-7)。

SDH 传输系统的基本网络单元包括：同步数字交叉连接设备(SDXC)、分/插复用设备(ADM)、同步复用设备(MUX)、同步再生器(REG)，共四类网元(见图 3-9-8)。

3)杂波

杂波就是混杂在各种电气(模拟和数字)信号中的不规则波动，如果这些波动达到一定的程度和范围就会影响系统的正常运行。

实际中，设备本身产生的杂音电压和电流也能够对系统的正常运行产生一定的影响。

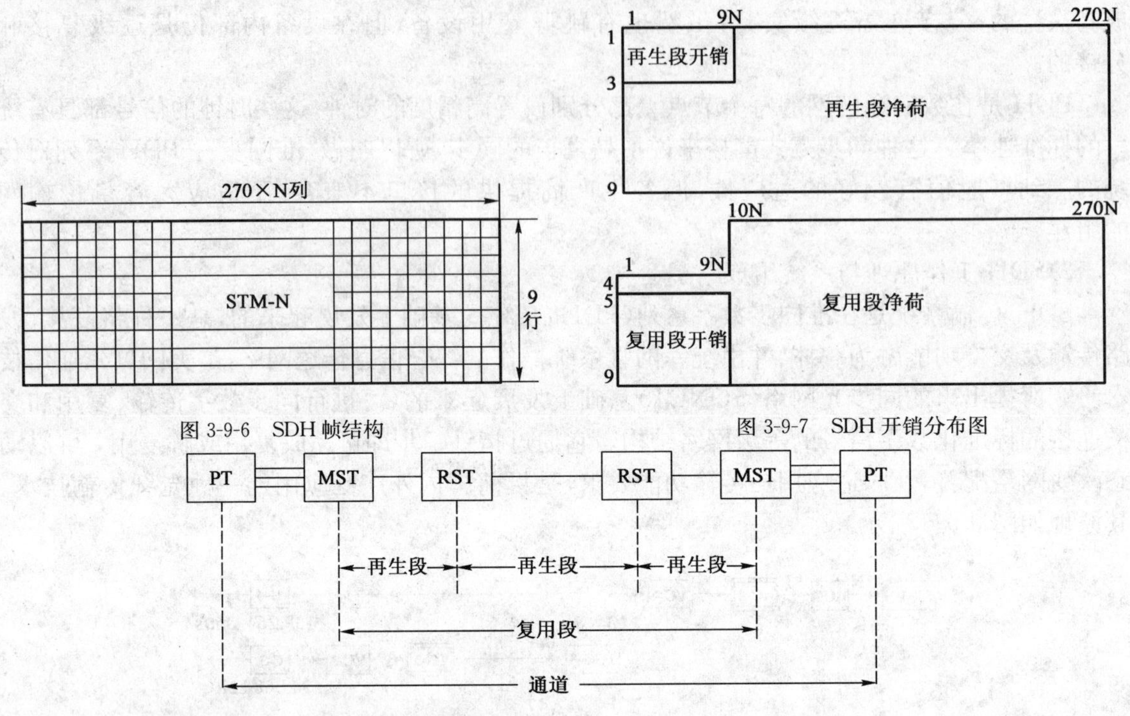

图 3-9-6 SDH 帧结构

图 3-9-7 SDH 开销分布图

PT:通道终端，网元为TM(终端复用器)
MST:复用段终端，网元为ADM(分插复用设备)或DXC(数字交叉连接设备)
RST:再生段终端，网元为REG(再生器)

图 3-9-8 SDH 的系统组成

4)数据电路与数据链路

数据电路指的是在线路或信道上加信号变换设备之后形成的二进制比特流通路,它由传输信道及其两端的数据电路通信设备 DCE(Data Communications Equipment)组成。数据电路是一条通信双方的物理电路(可以是含线传输媒体)段,中间不包含任何交换节点,又称为物理链路或简称链路。它与数据链路是两个不同的概念。

数据链路(data link)是在数据电路已建立的基础上,是除了物理线路外,还必须有通信协议来控制这些数据的传输。数据链路通过发送方和接收方之间交换"握手"信号,使双方确认后方可开始传输数据的两个或两个以上的终端装置与互联线路的组合体。所谓"握手"信号是指通信双方建立同步联系、使双方设备处于正确收发状态、通信双方相互核对地址等。加了通信控制器以后的数据电路称为数据链路。链路(link)是一条无源的点到点的物理线路段,中间没有任何其他的交换结点。一条链路只是一条通路的一个组成部分。可见数据链路包括物理链路和实现链路协议的硬件和软件。只有建立了数据链路之后,双方数据终端设备 DTE(Data Terminal Equipment)才可真正有效的进行数据传输。

5)传输信道

传输信道是数据传输的通道,其定义了在空中接口上数据传输的方式和特性。一般分为两类:专用信道和公共信道。专用信道使用 UE(User Equipment 用户设备)的内在寻址方式;公共信道如果需要寻址,必须使用明确的 UE 寻址方式。

6)调制与解调

计算机在发送数据时,先由 Modem(调制解调器)把数字信号转换为相应的模拟信号,这个过程称为“调制”。经过调制的信号通过电话载波传送到另一台计算机之前,也要经由接收方的 Modem(调制解调器)负责把模拟信号还原为计算机能识别的数字信号,这个过程我们称“解调”。

在通信系统中,将原始信号变换成其频带适合信道传输的信号,并在接收端进行反变换将原始信号还原,这种变换和反变换通常称为调制和解调。经过调制的信号称为已调信号,具有携带消息和适应在信道中传输两个基本特征。

7)同步

在数字通信系统中,传送的信号都是数字化的脉冲序列。这些数字信号流在数字交换设备之间传输时,其速率必须完全保持一致,才能保证信息传送的准确无误,这就叫做“同步”。

同步是指两个或多个信号之间在频率或相位上保持某种严格的特定关系。最简单的关系就是频率相等。

在通信术语中,同步、同步的网络、同步网定义为:

同步(Synchronization):两个或多个时钟具有相同的长期频率准确度。

同步的网络(Network Synchronization):该网络中所有正常运行条件下的时钟具有相同的长期频率准确度。

同步网(Synchronization Network):提供基准定时信号的网络。是一种支撑网,由同步链路连接同步网节点组成。

8)差错控制

差错控制是一种保证接收的数据完整、准确的方法。由于通信线路上总有噪声存在,噪声和有用信息中的结果,就会出现差错。差错控制方式基本上分为两类,一类称为“反馈纠错”,另一类称为“前向纠错”。在这两类基础上又派生出一种称为“混合纠错”。

(1)反馈纠错

这种方式在是发信端采用某种能发现一定程度传输差错的简单编码方法对所传信息进行编码,加入少量监督码元,在接收端则根据编码规则收到的编码信号进行检查,一旦检测出(发现)有错码时,即向发信端发出询问的信号,要求重发。发信端收到询问信号时,立即重发已发生传输差错的那部分信息,直到正确收到为止。所谓发现差错是指在若干接收码元中知道有一个或一些是错的,但不一定知道错误的准确位置。

(2)前向纠错

这种方式是发信端采用某种在解码时能纠正一定程度传输差错的较复杂的编码方法,使接收端在收到信码中不仅能发现错码,还能够纠正错码。

(3)混合纠错

混合纠错的方式是:少量纠错在接收端自动纠正,差错较严重,超出自行纠正能力时,就向发信端发出询问信号,要求重发。因此,“混合纠错”是“前向纠错”及“反馈纠错”两种方式的混合。

对于不同类型的信道,应采用不同的差错控制技术,否则就将事倍功半。反馈纠错可用于双向数据通信,前向纠错则用于单向数字信号的传输,例如广播数字电视系统,因为这种系统没有反馈通道。

9)并行通信与串行通信

并行通信是把一个字符的各数位用几条线同时进行传输,传输速度快,信息率高。比串行通信所用的电缆多,故常用在传输距离较短(几米至几十米)、数据传输率较高的场合。

串行通信是指数据一位一位地依次传输,每一位数据占据一个固定的时间长度。适用于计算机与计算机、计算机与外设之间的远距离通信。使用串口通信时,发送和接收到的每一个字符实际上都是一次一位的传送的,每一位为1或者为0。

10)异步传输与同步传输的概念

异步传输是一次只传输一个字符,每个字符用一位起始位引导、一位停止位结束。起始位为"0",占一位时间;停止位为"1",占1～2位的持续时间。在没有数据发送时,发送方可发送连续的停止位(又称空闲位)。接收方根据"1"至"0"的跳变来判别一个新字符的开始,然后接收字符中的所有位。这种通信方式简单便宜,但每个字符有2～3位的额外开销。

同步传输是一次传输一个数据帧块,为使接收方能判定数据块的开始和结束,须在每个数据块的开始处和结束处各加一个帧头和一个帧尾,加有帧头、帧尾的数据称为一帧(Fram)。帧头和帧尾的特性取决于数据块是面向字符的还是面向位的。

11)单工、半双工、全双工

单工数据传输只支持数据在一个方向上传输,即只能发送或者只能接收数据;半双工数据传输允许数据在两个方向上传输,既可以接收也可以发送数据,但是,在某一时刻,只允许数据在一个方向上传输,它实际上是一种切换方向的单工通信;全双工数据通信允许数据同时在两个方向上传输,能同时接收数据和发送数据,因此,全双工通信是两个单工通信方式的结合,它要求发送设备和接收设备都有独立的接收和发送能力。

第二节 公路光纤数字传输系统工程安装质量及检验评定标准

公路光纤数字传输系统工程安装质量及检验评定依据《公路工程质量检验评定标准 第二册 机电工程》(JTG F80/2—2004),主要内容如下。

一、基本要求

(1)光纤数字传输系统通信机房应整洁,通风、照明良好。

(2)光纤数字传输系统所有设备(包括机架、槽道、列柜及成端用光电缆)的配置、数量、型号规格符合设计要求,部件完整。

(3)通信机房的防雷、水暖、供电、通信电源、空调通风、照明等辅助设施安装调试完毕并通过相关专业的验收。

(4)光纤数字传输系统所有设备安装调试完毕,系统处于正常运转工作状态。

(5)隐蔽工程验收记录、分项工程自检和设备及系统联调记录、有效的设备检验合格报告或证书等资料齐全。

二、实测项目及检测方法

实测项目及检测方法见JTG F80/2—2004中表3.2.2。

三、外观鉴定

(1)槽道、机架(包括子架、DDF、ODF)及设备布局合理、安装稳固;机架横竖端正、排列整齐;拼装螺丝紧固、余留长度一致。

(2)设备安装后表面光泽一致、无划伤、无刻痕、无剥落、无锈蚀;部件标识正确、清楚。

(3)电缆及光纤连接线路由和位置正确、布放整齐符合施工工艺要求。

(4)光纤连接线在槽道内保护措施得当;分线正确、编扎排列整洁、工艺符合要求;在光配线架上路由走向正确、标识清楚、布放工艺符合要求。

(5)数字配线架上跳线的规格程式符合要求、路由走向正确、标识清楚、布放工艺符合规范要求。

(6)同轴电缆的成端余留长度统一、芯线焊接及端头处理得当、符合工艺要求。

(7)数字配线架、光配线架内布线整齐、美观;绑扎牢固、成端符合规范要求;编号标识清楚,预留长度适当。

(8)设备连接用连接线、跳线(纤)符合设计要求,长度规整统一、标识清楚。

以上任一项不符合要求时,该项减 0.1～1 分。

四、几个定义及检测方法

(1)系统接收光功率。$P_1 \geqslant P_R + M_c + M_e$。其中:$P_1$ 是系统接收光功率,一般用 dBm 表示;P_R 是灵敏度;M_c 是光缆富余度;M_e 是设备富余度。

(2)平均发送光功率。是指在正常工作条件下,光端机光源尾纤输出的平均光功率,也称入纤平均光功率。平均发送光功率与实际的光纤线路有关,其评定标准应符合设计要求和出厂检验的要求。

(3)光接收灵敏度。是指在给定的误码率(1×10^{-10})的条件下,光接收机所能接收的最小平均功率,表示 SDH 网元光接收机接收微弱信号的能力,是光接口的一个重要参数。应符合设计要求和出厂检验的要求。

(4)误码指标(2M 电口)。是只在一个相当长的时间间隔内,传输码流中出现的误码的概率。常用指标比特误差比率(Bit Error Rate)BER$\leqslant 1\times10^{-11}$,误码秒比率(Error Second Ratio)ESR$\leqslant 1.1\times10^{-5}$,严重误码秒比率(Severely Error Second Ratio)SESR$\leqslant 5.5\times10^{-7}$,背景块误码比(Background Block Error Ratio)BBER$\leqslant 5.5\times10^{-8}$。具体评定标准如下。

①SDH 网络全程端到端 27 500km 假设参考通道的误码性能指标符合表 3-9-1 的规定。

全程端到端误码性能指标　　表 3-9-1

速率(kbit/s)	2 048	34 368/44 736	139 264/155 520	622 080	2 488 320
ESR	0.04	0.075	0.16	待定	待定
SESR	0.002	0.002	0.002	0.002	0.002
BBER	2×10^{-4}	2×10^{-4}	2×10^{-4}	1×10^{-4}	1×10^{-4}

②6 800km 数字通道的误码性能(长期系统指标)应不劣于表 3-9-2 的指标(测试时间不少于 1 个月)。

6 800km 数字通道的误码性能(长期系统指标)　　表 3-9-2

速率(kbit/s)	2 048	34 368/44 736	139 264/155 520	622 080	2 488 320
ESR	1.63×10^{-3}	3.06×10^{-3}	6.53×10^{-3}	待定	待定
SESR	8.16×10^{-5}	8.16×10^{-5}	8.16×10^{-5}	8.16×10^{-5}	8.16×10^{-5}
BBER	8.16×10^{-6}	8.16×10^{-6}	8.16×10^{-6}	4.08×10^{-6}	4.08×10^{-6}

③实际通道误码应按表 3-9-2 指标乘以实际通道长度与 6 800km 之比进行计算。

④420km 假设参考数字段误码性能(长期系统指标)应不劣于表 3-9-3 的指标(测试时间不少于 1 个月)。

420km 假设数字段的误码性能(长期系统指标)　　表 3-9-3

速率(kbit/s)	2 048	34 368/44 736	139 264/155 520	622 080	2 488 320
ESR	2.02×10^{-5}	3.78×10^{-5}	8.06×10^{-5}	待定	待定
SESR	1.01×10^{-6}	1.01×10^{-6}	1.01×10^{-6}	1.01×10^{-6}	1.01×10^{-6}
BBER	1.01×10^{-7}	1.01×10^{-7}	1.01×10^{-7}	5.04×10^{-8}	5.04×10^{-8}

⑤实际数字段误码应按说明表 3-9-3 指标乘以实际数字段长度与 420km 之比进行计算，实际数字段长度小于 30km 的应按 30km 计算。

⑥6 800km 数字通道的误码性能(短期系统指标)应不劣于表 3-9-4 的指标(测试时间不少于 24h)。

6 800km 数字通道段的误码性能(短期系统指标)　　表 3-9-4

速率(kbit/s)	2 048			34 368/44 736			139 264/155 520			622 080			2 488 320		
	S1	S2	BISPO7	S1	S2	BISPO7	S1	S2	BISPO7	S1	S2	BISPO7	S1	S2	BISPO7
ES	43	74	411	89	131	771	204	266	645	*	*	*	*	*	*
SES	0	6	21	0	6	21	0	6	21	0	6	21	0	6	21

⑦工程数字段的误码性能(短期系统指标)应不劣于表 3-9-5 的指标(测试时间不少于 24h)。

工程数字段的误码性能(短期系统指标)　　表 3-9-5

速率(kbit/s)	2 048			34 368/44 736			139 264/155 520			622 080			2 488 320		
	S1	S2	BISPO7	S1	S2	BISPO7	S1	S2	BISPO7	S1	S2	BISPO7	S1	S2	BISPO7
ES	0	1	NA	0	1	NA	0	2	5	*	*	*	*	*	*
SES	0	1	NA	0	1	NA	0	1	0	0	1	0	0	1	0

(5)电接口允许比特容差。具体指标及其评定标准见表 3-9-6 的相关规定。

电接口允许比特容差评定标准　　表 3-9-6

标称比特率(kbit/s)	比特率容差(ppm)	码　型
2 048	±50	HDB3
34 368	±20	HDB3
139 264	±15	CMI
155 520	±20	CMI

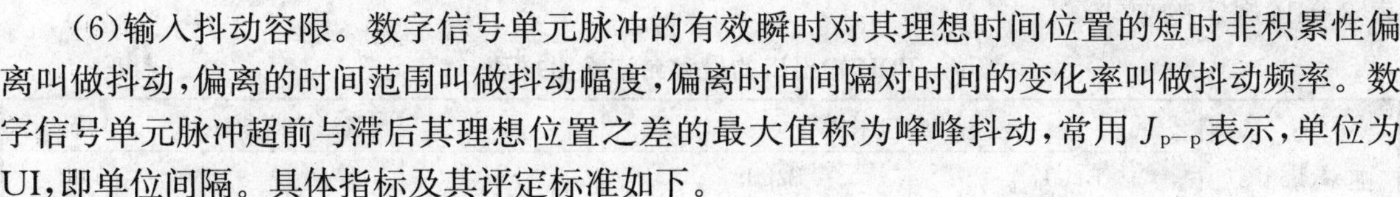

(6)输入抖动容限。数字信号单元脉冲的有效瞬时对其理想时间位置的短时非积累性偏离叫做抖动，偏离的时间范围叫做抖动幅度，偏离时间间隔对时间的变化率叫做抖动频率。数字信号单元脉冲超前与滞后其理想位置之差的最大值称为峰峰抖动，常用 J_{p-p} 表示，单位为UI，即单位间隔。具体指标及其评定标准如下。

①SDH 网络接口抖动性能

a. SDH 网络接口允许的最大输出抖动(滤波器频率按 20dB/10 倍频程滚降，低频部分按－60dB/10倍频程滚降，测试时间为 60s)。SDH 网络输出口的最大允许输出抖动，应不超过表3-9-7中规定的数值。数字段输出口的最大允许输出抖动，应不超过表 3-9-7 括号中规定的数值。

SDH 网络输出口的最大允许输出抖动　　表 3-9-7

速率(kbit/s)	网络接口限值		测量滤波器参数		
	$B1UI_{p-p}$	$B2UI_{p-p}$	f_1(Hz)	f_3(kHz)	f_4(MHz)
	$f_1 \sim f_4$	$f_3 \sim f_4$			
STM-1(电)	1.5(0.75)	0.075(0.075)	500	65	1.3
STM-1(光)	1.5(0.75)	0.15(0.15)	500	65	1.3
STM-4(光)	1.5(0.75)	0.15(0.15)	1 000	250	5
STM-16(光)	1.5(0.75)	0.15(0.15)	5 000	1 000	20

注：STM－11UI＝6.43ns，STM－41UI＝1.61ns，STM－161UI＝0.402ns。

b. SDH 设备 STM－N 输入口的抖动和漂移容限。SDH 设备 STM－N 输入口允许的正弦调制输入抖动和漂移，应符合图 3-9-9 和表 3-9-8 规定的要求。

SDH 设备 STM－N 输入口输入抖动和漂移容限的参数　　表 3-9-8

STM 等级	抖动幅度(UI_{p-p})					频　率									
	A_0(18us)	A_1(2us)	A_2(0.25us)	A_3	A_4	f_0(Hz)	f_{12}(Hz)	f_{11}(Hz)	f_{10}(Hz)	f_9(Hz)	f_8(Hz)	f_1(Hz)	f_2(kHz)	f_3(kHz)	f_4(MHz)
STM-1(电)	2 800	311	39	1.5	0.15	1.2E－5	1.78E－4	1.6E－3	1.56E－2	0.125	19.3	500	6.5	65	1.3
STM－1(光)	2 800	311	39	0.075	0.15	1.2E－5	1.78E－4	1.6E－3	1.56E－2	0.125	19.3	500	3.25	65	1.3
STM-4(光)	11 200	1244	156	1.5	0.15	1.2E－5	1.78E－4	1.6E－3	1.56E－2	0.125	9.65	1 000	25	250	5
STM-16(光)	44 790	4977	622	1.5	0.15	1.2E 15	1.78E－4	1.6E－3	1.56E－2	0.125	12.1	5 000	100	1 000	20

②PDH/SDH 网络边界的抖动性能。

a. 由 SDH 网络传送的 PDH 信号在 PDH/SDH 网络边界，应符合原有 PDH 网络的抖动性能要求。

b. PDH 网络输出口的最大允许输出抖动，应不超过表 3-9-9 中规定的数值(滤波器频率响应按 20dB/10 倍频程滚降，测试时间为 60s)。

c. SDH 设备 PDH 支路输入口的抖动和漂移容限。SDH 设备 PDH 支路输入口允许的正弦调制输入抖动和漂移，应符合图 3-9-10 和

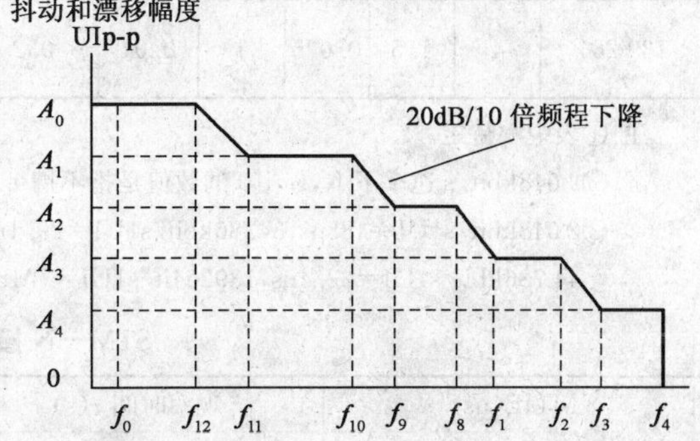

图 3-9-9　STM－N 设备输入口输入抖动和漂移容限(SDH)

表 3-9-10规定的要求。

PDH 输出口的最大允许输出抖动　　表 3-9-9

速率(kbit/s)	网络接口限值		测量滤波器参数		
	B1UI$_{p-p}$	B2UI$_{p-p}$	f_1(MHz)	f_3(Hz)	f_4(kHz)
	$f_1 \sim f_4$	$f_3 \sim f_4$			
2 048	1.5	0.2	20	18	100
34 368	1.5	0.15	100	10	800
44 736	5.0	0.1	10	30	400
139 264	1.5	0.075	200	10	3 500

(7)输出抖动。具体指标评定及其标准见表 3-9-7 规定。

(8)2M 支路口漂移指标。在 24h 内，2M 支路口的最大时间间隔误差 MTIE≤18us(24h)、在 40h 内，2M 支路口滑动不应大于 1 次。在 SDH 网络中任何 STM－N接口上的漂移限值以最大时间间隔误差(MTIE)来规范，应符合表 3-9-11 的要求。

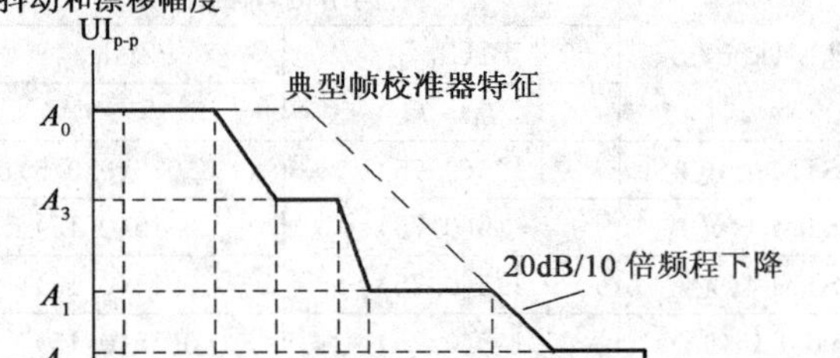

图 3-9-10　STM 设备 PDH 支路输入口输入抖动和漂移容限(PDH)

SDH 设备 PDH 支路输入口输入抖动和漂移容限的参数　　表 3-9-10

速率(kbit/s)	抖动幅度(UI$_{p-p}$)				频　率								伪随机测试信号
	A_0 us	A_1 UI	A_2 UI	A_3 us	f_0 (Hz)	f_{10} (Hz)	f_9 (Hz)	f_8 (Hz)	f_1 (Hz)	f_2 (kHz)	f_3 (kHz)	f_4 (kHz)	
2 048	18	1.5	0.2	8.8	1.2E－5	4.88E－3	0.01	1.667	20	2.4	18	100	2E15－1
34 368	4	1.5	0.15	1	0.01	0.032	0.13	4.4	100	1.0	10	800	2E15－1
44 736	18	5.0	0.1	*	*	1.2E－5	*	*	10	0.6	30	400	2E20－1
139 264	4	1.5	0.075	1	0.01	0.032	0.13	2.2	200	0.5	10	3500	2E23－1

注:①表中＊待定。

②2 048kbit/s 速率下 f_8,f_9,f_10 的数值是指不携带同步信号的 2 048kbit/s 接口特性。

③2 048kbit/s1UI＝488ns,34386kbit/s1UI＝29.1ns。

44 736kbit/s1UI＝22.4ns,139264it/s1UI＝7.18ns。

STM－N 接口上的漂移限值　　表 3-9-11

MTIE(us)	观察时间 τ(s)	MTIE(us)	观察时间 τ(s)
7.5τ	$\tau \leqslant 1/30$	$5\times10^{-3}\tau+2$	$17.5<\tau\leqslant 1\,200$
$0.1\tau+0.25$	$1/30<\tau\leqslant 17.5$	$1\times10^{-5}\tau+8$	$>1\,200$

(9)音频电路和低速数据电路测试。通路电平、衰减频率失真、增益变化、信道噪声、总失真、路基串话等指标符合设计要求。

(10)安全管理功能。安全管理功能应能拒绝未经授权的人进入网管系统,并对试图接入的申请进行实时监控。

(11)自动保护倒换功能。具备工作环路故障或大误码时自动倒换到备用线路的功能。

五、主要项目测试方法

(1)系统设备安装连接的可靠性。由现场检测人员采用橡皮锤轻轻敲击设备基架和网管计算机主机的配线背板 15min 后,观察系统是否无告警、无误码。

(2)接地连接的可靠性。由现场检测人员采用万用表测量和目测检查的方法进行检测。

(3)系统接收光功率:系统接收光功率是指系统在接受机处耦合到光纤的伪随机数据序列的功率在 R 参考点上的测试值。采用光功率计测试,每个监控中心(站)检测 1 个光口。测试示意图见图 3-9-11。

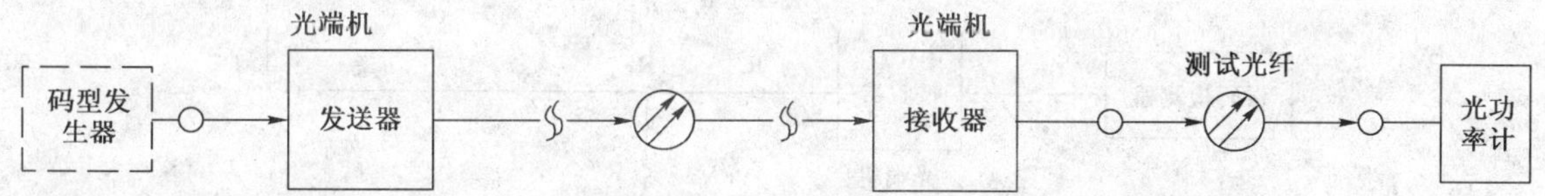

图 3-9-11　接收光功率检测示意图

接收光功率测试方法及步骤如下:

①按测试配置图连接好设备。

②对于 SDH 设备输入口一般不需要送信号;如果需要送信号,按输入的速率等级选择适当的伪随机序列,向输入口送入测试信号。

③从接收器连接器取出线路光纤插头,用测试光纤分别插入接收器端连接器和光功率计连接器。

④核对激光器的偏置电流(或输入功率)及温度,确认在正常的工作状态;

⑤将光功率计设置在被测光波长上,待输出功率稳定,从光功率计读出系统接受光功率的测试值。

(4)平均发送光功率。应符合设计要求和出厂检验的要求。采用光功率计测试,每个监控中心(站)每个传送级别各检测 1 个光口(STM1、STM4、STM16)。测试示意图见图 3-9-12。

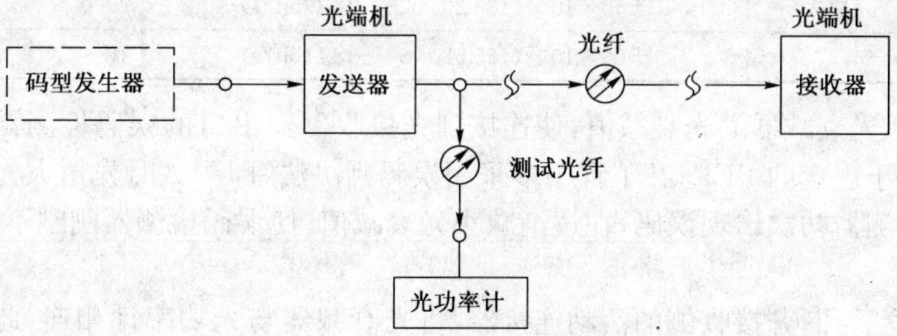

图 3-9-12　发送光功率检测示意图

平均发送光功率测试方法及步骤如下：

①按测试配置图连接好设备。

②对于 SDH 设备输入口一般不需要送信号；如果需要送信号，按输入的速率等级选择适当的伪随机序列，向输入口送入测试信号。

③从光传输设备的发送器连接器取出线路光纤插头，用测试光纤分别插入发送器端连接器和光功率计连接器。

④核对激光器的偏置电流（或输入功率）及温度，确认在正常的工作状态；

⑤将光功率计设置在被测光波长上，待输出功率稳定，从光功率计读出平均发送光功率。

(5)光接收灵敏度。应符合设计要求和出厂检验的要求。采用光功率计和误码仪测试。每个监控中心(站)每个传送级别各 1 个光口(STM1、STM4、STM16)。测试示意图见图 3-9-13。

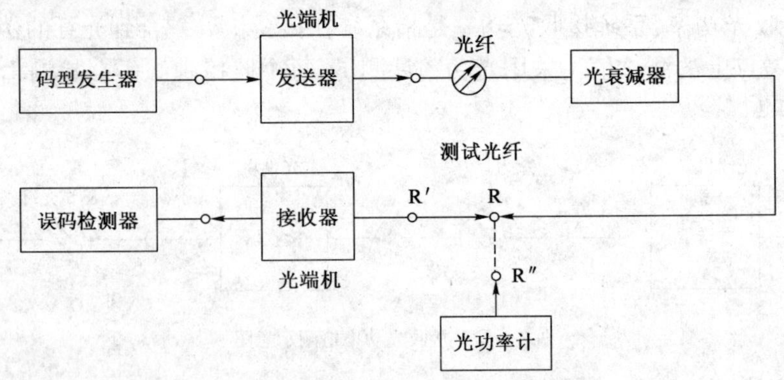

图 3-9-13 光接收灵敏度检测示意图

光接收灵敏度测试方法及步骤如下：

①按测试配置图连接好设备，图中的图案发送和误码检测分别是通信性能分析仪的发送和接收部分。

②分析仪向发送器输入接口选择传送适当速率等级的伪随机二元序列(PRBS)，对应关系见表 3-9-12。

比特率、容差、测试用 PRBS 表 3-9-12

比特率(kbit/s)	容 差	测试用 PRBS
2 048(VC－12)	$\pm 50\times 10^{-6}$(2 048 000±103bit/s)	$2^{15}-1$
34 368(VC－12)	$\pm 50\times 10^{-6}$(34 368 000±688bit/s)	$2^{23}-1$
139 264(VC－4)	$\pm 50\times 10^{-6}$(139 264 000±2 089bit/s)	$2^{23}-1$
155 520(VC－4)	$\pm 50\times 10^{-6}$(155 520 000±3 111bit/s)	$2^{23}-1$

③逐渐增大光衰减器的光衰减值，使连接到光接收器输出口的误码检测器测到的误码尽量接近，但不大于规定的 BER；在工程中多采用误码判决法，即测试时先增大光衰减器的光衰减值，使误码检测器初次出现误码，在逐渐减小光衰减值，使误码检测器刚刚不出现误码，并观察 2min。

④稳定观察后，断开接收侧的活动连接器，将光衰减器与光功率计相连，此时测得的光功率即为光接收机灵敏度。

(6)误码指标(2M 电口)。具体指标评定标准有:比特误差比率(Bit Error Rate)BER=1×10^{-11},误码秒比率(Error Second Ratio)ESR=1.1×10^{-5},严重误码秒比率(Severely Error Second Ratio)SESR=5.5×10^{-7},背景块误码比(Background Block Error Ratio)BBER=5.5×10^{-8}。采用误码仪进行测试,每块 2M 电路板抽测 3 条 2M 支路。1 个支路测试时间 24h,其他支路 15min。允许将多条支路串接起来测试。测试示意图见图 3-9-14。

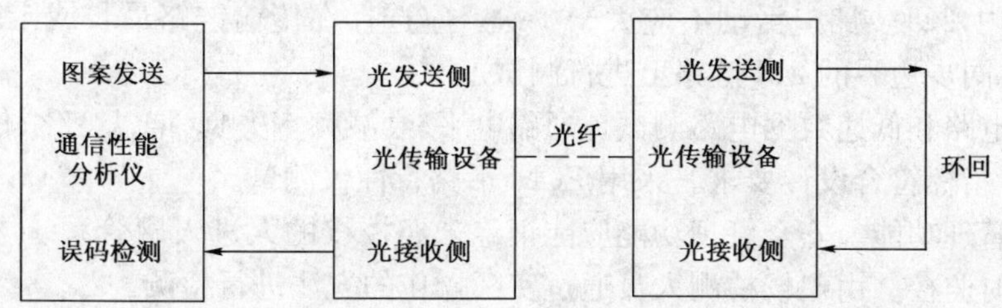

图 3-9-14 误码指标检测示意图

误码测试方法及步骤如下:

①按测试配置图连接好设备。

②按输入的速率等级选择适当的伪随机序列,向输入口送入测试信号。

③先测试 15min,作为一个周期,如果没有出现任何异常,则确认系统正常;若在此周期内出现误码或其他异常,应重复测试一个周期,最多测试至第三个周期,如果出现异常,则系统需要查明原因,进行调试。

④如果需要长期考察系统性能指标,按指标要求设置观测时间(如 24h)。工程上对光纤通信系统的测试中,检测到的 ONU 误码性能合格的基础上,常常对网络的 OLT 做 24h 误码测试。我国标准中,采用的是连续 24h 无误码的要求。

(7)电接口允许比特容差。采用 PDH/SDH 通信性能分析仪进行测试。测试目的:通常用于检测光传输设备输入口 PDH 速率的抗频偏能力。

比特容差测试方法:连接和设置同误码测试,在通信性能分析仪的输出口设置频偏,在不发生误码时频偏的最大值为测试结果。

(8)输入抖动容限。采用 PDH/SDH 通信性能分析仪进行测试。输入抖动容限测试方法及步骤如下:

①按测试配置图(与误码测试基本相同)连接好设备(一般采用具有自动测试输入抖动和漂移容限功能的仪表),确认系统工作正常。

②根据被测支路输入口速率等级,选择适当的 PRBS 测试信号,并向输入口送入测试信号。

③在测试仪表上设置选用模板(输入抖动容限图)。

④用误码检测仪监视与被测输入口相关的输出口,当输入抖动在容限图以下强度时,设备不应出现误码。

⑤测试完毕时,观察仪表上的测试曲线与容限图的对比结果。

(9)输出抖动。采用 PDH/SDH 通信性能分析仪进行测试。输出抖动测试方法及步骤如下:

①按测试配置图(与误码测试示意图基本相同)连接好设备。

②按被测接口速率等级,按照标准要求设置带通滤波器(通常由一个高通滤波器和一个低通滤波器叠加构成),分别测试。

③连续测试不少于60s的时间,读出最大抖动峰—峰值。

(10)2M支路口漂移指标。在24h内,2M支路口的最大时间间隔误差MTIE≤18us(24h)、在40h内,2M支路口滑动不应大于1次。应选择在传输链路最长或定时链路经过网元最多、通过不同步边界的2M链路上进行测试。

(11)音频电路和低速数据电路测试。通路电平、衰减频率失真、增益变化、信道噪声、总失真、路基串话等指标符合设计要求。采用PCM话路特性仪测试。

(12)安全管理功能。安全管理功能应能拒绝未经授权的人进入网管系统,并对试图接入的申请进行实时监控。由现场检测人员通过实际操作的方法进行检测。

(13)自动保护倒换功能。具备工作环路故障或大误码时自动倒换到备用线路的功能。由现场检测人员通过实际操作测试一个环路的方法进行检测。

(14)远端接入功能。具备通过网管添加或删除远端模块的功能。由现场检测人员通过实际操作的方法进行检测。

(15)配置功能。能对网元部件进行增加或删除配置,并以图形方式显示当前配置。由现场检测人员通过实际操作的方法进行检测。

(16)公务电话功能。应能配置公务电话,并且声音清楚。由现场检测人员通过实际操作的方法进行检测。

(17)网络性能监视功能。能实时采集分析网络误码等性能参数。由现场检测人员通过实际操作的方法进行检测。

(18)激光器自动关断功能。无光输入信号时应能自动关断。由现场检测人员通过实际操作测试备用板的发光口。

(19)故障定位功能。能模拟系统常见故障类型,并且能对故障进行准确定位。由现场检测人员通过实际操作的方法进行检测。

(20)信号丢失告警。在信号丢失时能实时产生告警提示。由现场检测人员通过实际操作的方法进行检测。

(21)电源中断告警。电源中断时能实时产生告警提示。由现场检测人员通过实际操作的方法进行检测。

(22)帧失步告警。帧失步时,能实时产生帧失步告警提示。由现场检测人员通过实际操作的方法进行检测。

(23)AIS告警。具备告警指示信号功能。由现场检测人员通过实际操作的方法进行检测。

(24)64kb/s输入信号消失告警。64kb/s输入信号消失时,能实时产生告警提示。由现场检测人员通过实际操作的方法进行检测。

(25)参考时钟丢失告警。参考时钟丢失时,能实时产生告警提示。由现场检测人员通过实际操作的方法进行检测。

(26)指针丢失告警。指针丢失时,能实时产生告警提示。由现场检测人员通过实际操作的方法进行检测。

(27)远端接收失效 FERF 告警。远端接收信号失效时，能实时产生告警提示。由现场检测人员通过实际操作的方法进行检测。

(28)远端接收误码 FEBE。远端接收到误码时，能实时产生误码告警提示。由现场检测人员通过实际操作的方法进行检测。

(29)电接口复帧丢失(LOM)。电接口复帧丢失时，能实时产生告警提示。由现场检测人员通过实际操作的方法进行检测。

(30)信号劣化(BER>1×10^{-6})。信号劣化时，能实时产生告警提示。由现场检测人员通过实际操作的方法进行检测。

(31)信号大误码(BER>1×10^{-3})。信号传输发生大误码率时，能实时产生告警提示。由现场检测人员通过实际操作的方法进行检测。

(32)环境检测告警。具备环境指标检测功能，当检测到环境指标异常时，能实时产生告警提示。由现场检测人员通过实际操作的方法进行检测。

(33)机盘失效告警。机盘失效时，具备自动倒换功能，并能产生告警提示。由现场检测人员通过实际操作的方法进行检测。

第十章

数字程控交换系统

第一节　概　　述

高速公路数字程控交换系统作为整个路网语音传输平台，包括了高速公路业务电话系统、指令电话系统、与电信连接的对外电话系统，以及移动通信的接入系统，主要为高速公路沿线各管理部门提供业务电话(BT)和指令电话(CT)等通信业务。

一、定义与组成

高速公路数字程控交换系统是以通用计算机平台为基础、以局域网为技术支撑，采用客户机/服务器方式的控制结构，具备灵活的组网能力和呼叫处理能力，具有高可靠性、良好的兼容性和可扩展性的电话业务系统。

数字程控交换系统通常由交换网络、接口子系统和控制子系统3部分组成。

从硬件接口来看，主要由话路系统、控制系统和网络交换机组成，如图3-10-1所示。

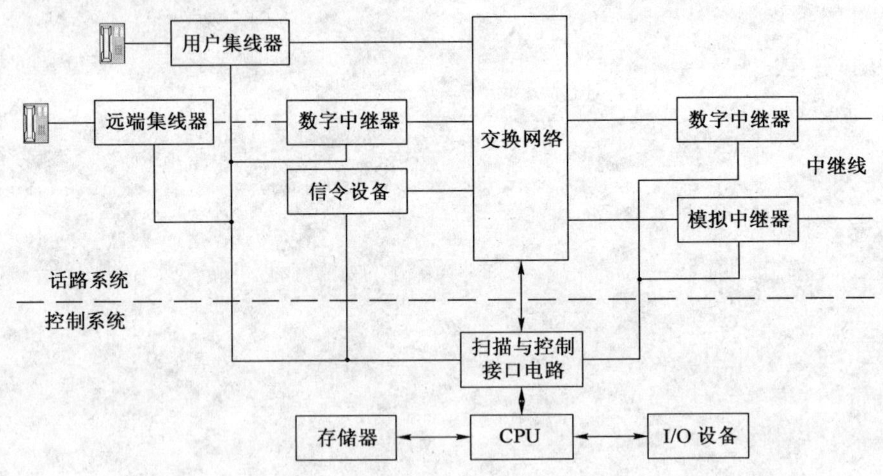

图3-10-1　数字程控交换机硬件结构

(1)接口子系统的作用是将来自不同终端(如电话机，计算机等)或其他交换系统的各种传输信号转换成统一的数字程控交换系统内部的工作信号，并按信号的性质分别将信令传送给控制系统，将消息传送给交换网络。

(2)交换网络的任务是实现输入输出线上信号的传递或接续。

(3)控制系统则负责处理信令，按信令的要求控制交换网络完成接续，通过接口发送必要

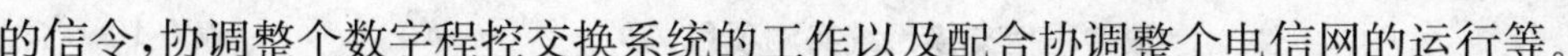

的信令,协调整个数字程控交换系统的工作以及配合协调整个电信网的运行等。

数字程控交换系统按照不同的信息传递方式,可分为:

①模拟交换系统:以模拟信号交换设备为主体。空分式电子交换和脉幅调制(PAM)的时分式设备都属于这一类的电子交换设备。

②数字交换系统:以数字信号交换设备为主体。常用的有数字信号为脉冲编码调制(PCM)的信号和对 PCM 信号进行交换的数字交换设备。目前,最具有代表性的是数字程控交换系统,采用计算机常用的“存储程序控制”方式来控制整个交换工作。

二、功能与作用

目前,在公路专用通信网中,数字程控交换系统发挥着重要作用,为公路运营管理提供了高效的通信服务,不仅能够完成基本的点对点的话音、传真、图像等数据的传输,还提供了一点对多点的指令电话、电话会议等特殊服务。

第二节　高速公路数字程控交换系统安装质量及检验评定标准

高速公路程控交换系统不同于日常生活中的经常使用的数字程控自动电话交换机,主要体现在容量小,用户少、线缆对数少等。《数字程控自动电话交换机技术要求》(GB/T 15542—1995)对数字程控自动电话交换机的技术要求进行了详细的规定。本部分主要从高速公路对数字程控交换系统的功能和技术需求角度进行叙述。《公路工程质量检验评定标准 第二册 机电工程》(JTG F80/2—2004)对高速公路数字程控交换系统的技术要求及其技术参数进行了功能规定:主要包括业务性能、呼叫处理功能、编号、信号方式、计费、话务统计等。除此之外还有一些客观技术指标,如:障碍率、接通率、处理能力等。

一、基本要求

(1)数字程控交换系统通信机房应整洁,通风、照明、环境温湿度条件良好。

(2)交换设备、辅助设备、控制台及各种电路板的数量、型号及安装位置符合要求。

(3)设备及其辅助设备安装牢固、标志齐全。

(4)设备的各种开关置于指定位置。

(5)设备的各级熔丝规格符合要求。

(6)列架、机架及各种配线架接地良好。

(7)设备内部的电源布线无接地现象。

(8)所有设备安装连接到位并经过严格的系统检查,稳定性达到要求。

(9)隐蔽工程验收记录、分项工程自检和设备及系统联调记录、有效的设备检验合格报告或证书等资料齐全。

二、实测项目及检测方法

实测项目及检测方法见表 3-10-1。

数字程控交换系统实测项目　　表 3-10-1

项次	检查项目	技术要求	检查方法
1	△工作电压	−57～−40V	用万用表实测
2	系统再启动功能	系统紧急关机后启动或作系统倒换后，系统应能恢复正常运行	实际操作
3	△修改用户号码功能	用软件修改后不影响原话机的连接通信功能	实际操作
4	△修改单个用户的号码属性	用软件修改后不影响原话机的连接通信功能	实际操作
5	修改用户数限	主要对用户的长途呼叫进行限制	实际操作
6	计费功能	能修改费率，并打印显示费额和通话记录	实际操作
7	话务管理	自动记录话务信息	实际操作
8	△故障诊断、告警	故障告警	模拟故障
9	系统交换功能	本局呼叫、出入局呼叫、新业务等功能	实际操作
10	△指令电话功能	使用数字程控交换机特殊功能，建立一点对多点的快速通话功能	实际操作
11	局内障碍率	$\leqslant 3.4\times10^{-4}$	模拟呼叫器
12	接通率	＞99.96％	模拟呼叫器
13	处理能力(BHCA)	系统达到 BHCA 值是，对人机命令的响应 90％均应在 3s 以内	模拟呼叫器

三、外观鉴定

(1)槽道、机架及设备布局合理、安装稳固；机架横竖端正、排列整齐，符合设计要求；拼装螺丝紧固、余留长度一致。

(2)设备安装后表面光泽一致、无划伤、无刻痕、无剥落、无锈蚀；部件标识正确、清楚。

(3)电缆及光纤连接线路由和位置正确、布放整齐符合施工工艺要求。

(4)电缆在槽道内保护措施得当；分线正确、编扎排列整洁、工艺符合要求；在配线架上路由走向正确、标识清楚、布放工艺符合要求。

(5)配线架上跳线的规格程式符合要求、路由走向正确、标识清楚、布放工艺符合规范要求。

(6)同轴电缆的成端余留长度统一、芯线焊接及端头处理得当、符合工艺要求。

(7)配线架内布线整齐、美观；绑扎牢固、成端符合规范要求；编号标识清楚，预留长度适当。

(8)设备连接用连接线、跳线(纤)符合设计要求，长度规整统一、标识清楚。

以上任一项不符合要求时，该项减 0.1～1 分。

四、几个主要参数检测方法

1. 数字程控交换系统的交换功能

采用实际操作的方法进行测试。用模拟呼叫器向被测交换系统进行呼叫，加入相等的收、发呼叫量，累计呼叫成功次数。测试连接如图 3-10-2 所示。

2. 数字程控交换系统接通率

采用模拟呼叫器进行测试，测试连接图如图 3-10-2 所示。方法及步骤如下：

(1)按接线要求，正确连接模拟呼叫器端口与待测交换机；

(2)设置呼叫参数，并为模拟呼叫器各端口设置呼叫号码和呼叫顺序；

(3)进入测试界面开始测试；

(4)达到总呼叫次数，停止测试，记录模拟叫次数和呼叫错误数；

(5)计算呼损率或接通率。

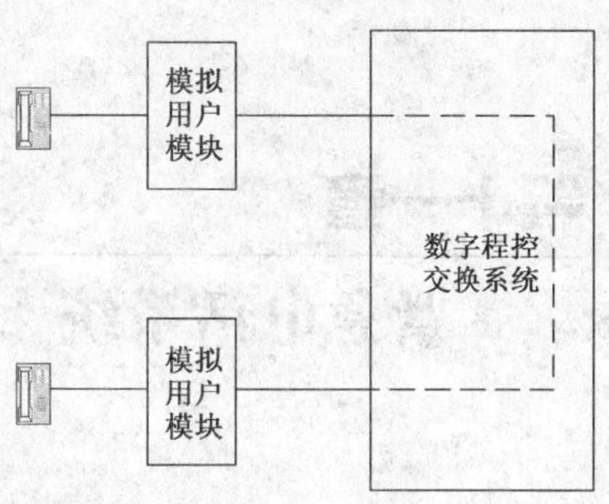

图 3-10-2　程控交换系统测试示意图

3. 局内障碍率

采用模拟呼叫器进行局内障碍率的测试，测试方法及步骤如下：

(1)按接线要求，正确连接模拟呼叫器端口与局内待测交换机；

(2)设置呼叫参数，并为模拟呼叫器各端口设置呼叫号码和呼叫顺序；

(3)进入测试界面开始测试；

(4)达到总呼叫次数，停止测试；

(5)记录模拟呼叫次数和呼叫障碍次数，并计算局内障碍率。

4. 处理能力(BHCA)

数字程控交换系统的处理能力(BHCA)采用模拟呼叫器进行测试。测试方法和步骤如下：

(1)按接线要求，正确连接模拟呼叫器端口与待测交换机；

(2)设置呼叫参数，并为模拟呼叫器各端口设置呼叫号码和呼叫顺序；

(3)进入测试界面，当交换机达到 BHCA 值时，开始测试；

(4)达到总呼叫次数，停止测试；

(5)记录人机命令的响应次数、响应时间；

(6)统计人机命令响应时间。

第十一章

紧急电话系统

第一节　概　　述

一、功能与作用

紧急电话系统是沿高等级公路设置的应急通信设施，是高速公路使用者主动向高速公路运营管理单位呼叫救援的重要手段。一般公路根据情况选择使用，在公路发生交通事故、车辆出现故障或遇到其他紧急情况时，能提供紧急通话业务。使用人员可以通过外场紧急电话机与紧急电话控制台直接通话，以便得到有关方面的帮助和处理。

二、分类与组成

紧急电话系统分为有线式和无线式两大类。无线式又分为模拟式无线方式和基于 GSM 或 CDMA 网络的数字方式。

公路紧急电话系统一般由三部分组成：主机（控制中心设备）、路侧基础和报警分机（受话器和送话器）和通信线路（传输介质）。传输介质可采用电缆或光缆。

控制中心设备由主控设备、打印机和防雷配线模块组成。主控设备主要包括：主控机、值班话机、录音单元（可含于主控机内）。

紧急电话系统容量不小于 480 台路侧报警分机，覆盖范围不小于 50km。配置至少 2 部值班话机。

第二节　技 术 要 求

《高速公路有线紧急电话系统技术要求》（GB/T 19516—2004）在有线式紧急电话系统的技术要求方面进行了详细的规定和要求，《公路 GSMCDMA 数字紧急电话系统》（JT/T 621—2005）是关于数字式无线紧急电话系统的技术要求。

一、有线式紧急电话系统的技术要求

有线式紧急电话系统是供公路使用者处于困境中求援时所使用，控制中心设备和路侧分机应具有以下主要功能和技术要求如下：

1. 控制台

1）功能要求

(1)能实时接收路侧分机的呼叫,识别呼叫分机的位置,以振铃音和显示方式给出提示,并可对任一路侧分机进行呼叫;

(2)能够建立和拆除话务员与呼叫分机之间的话音通路;

(3)具有对路侧分机、电池电压等进行检测的功能,应能够按定期自动巡检、人工巡检和人工抽检三种方式进行检测;

(4)可对任一通话进行自动录音,并可记录日期、时间等信息;

(5)具有录音回放功能,可按条件检索到某条通话记录,并播放其对应的通话录音;

(6)当同时有多个呼叫,应能接受每一个呼叫,并对其进行排队处理;

(7)当进行无论何种方式的系统检测时,不能影响正常接收、处理路侧分机的呼叫;

(8)具有对呼叫及处理情况进行记录、分类统计并输出的功能;

(9)具有自动和人工启动系统检测并进行异常告警的功能;

(10)具有对系统检测结果进行记录、分类统计并输出的功能;

(11)配置与监控计算机通信的串行接口,按附录 A 的规定向监控计算机传送紧急电话系统的使用状态和设备状态。

2)环境条件

(1)环境温度:0～+40℃;

(2)相对湿度:45%～75%;

(3)大气压力:86～106kPa;

(4)环境噪声:≤60dBA。

3)信号特性

(1)呼叫信号、系统检测信号、数据及应答信号等应为平衡传输的电平信号或调制信号。

(2)经 15km 仿真线传输,信号传输误码率不大于 10^{-6}。

4)话音特性

主控机配备的值班话机,其通话传输特性需符合 GB/T 15279—1994 中 4.2 的要求。

5)振铃特性

振铃声压级应可调,其最大声压级应不小于 80dB(A)。

2.路侧分机

1)功能要求

(1)具有发出呼叫信号的功能,此呼叫信号应能给出自己所在位置。

(2)接收来自控制中心的呼叫信号,并根据控制命令建立和拆除话音通路。

(3)通话采用免提方式,通过扬声器和麦克风与控制中心进行双向通话。

(4)接收来自控制中心的检测信号,并配合控制中心设备完成检测过程。

2)环境条件

(1)安装环境:户外无气候防护;

(2)相对湿度:RH≤95%;

(3)环境温度:应满足表 3-11-1 中给出的六种户外气候类型中的一种或几种。

3)信号特性

(1)呼叫信号、系统检测信号、数据及应答信号等应为平衡传输的电平信号或调制信号。

(2)经 15km 仿真线传输,信号传输误码率不大于 10^{-6}。

4)话音特性

(1)频率响应曲线

路侧分机不带用户线时,发送频率响应在图 3-11-1 所示范围以内;接收频率响应在图 3-11-2所示范围以内。

户外六种气候类型绝对极值划分表　　表 3-11-1

气候类型	低温(℃)	高温(℃)	气候类型	低温(℃)	高温(℃)
寒冷	−55	40	干热	−30	45
寒温 I	−40	40	亚湿热	−15	45
寒温 II	−45	35	湿热	0	40
暖温	−30	45			

注:考虑到日光辐射影响,在高温时还应在表 3-11-1 绝对极值数上再增加 5~10℃。

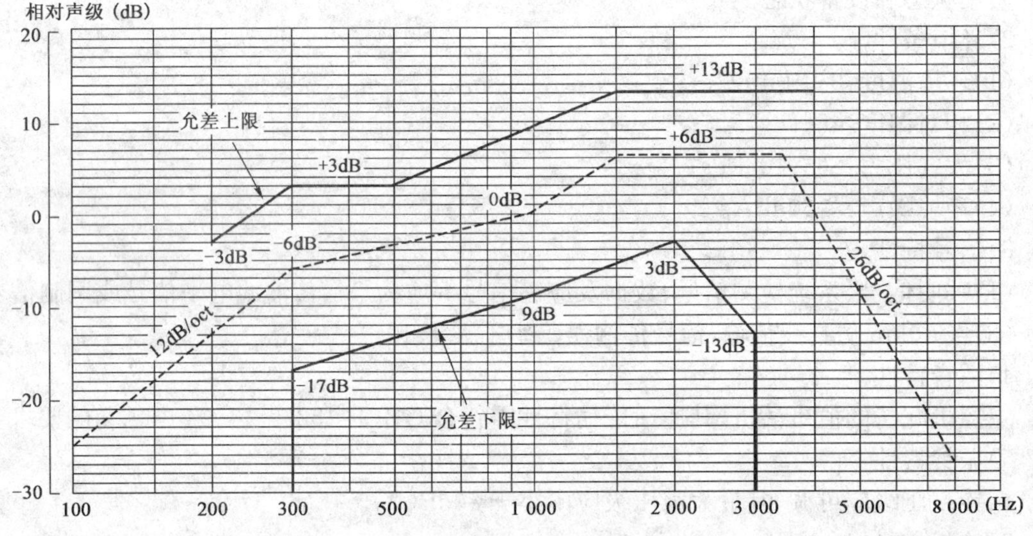

图 3-11-1　路侧分机发送频率响应

(2)响度评定值

路侧分机发送、接收响度评定值应符合表 3-11-2 的要求。

响 度 评 定 值　　表 3-11-2

仿真线长度(km)	0	15
发送响度评定值 SLR(dB)	≥+18	≤+36
接收响度评定值 RLR(dB)	≥−25	≤−10

(3)非线性失真

路侧分机在通话状态时,发送、接收非线性失真均应不大于 10%。路侧分机正常使用时应无振鸣现象。

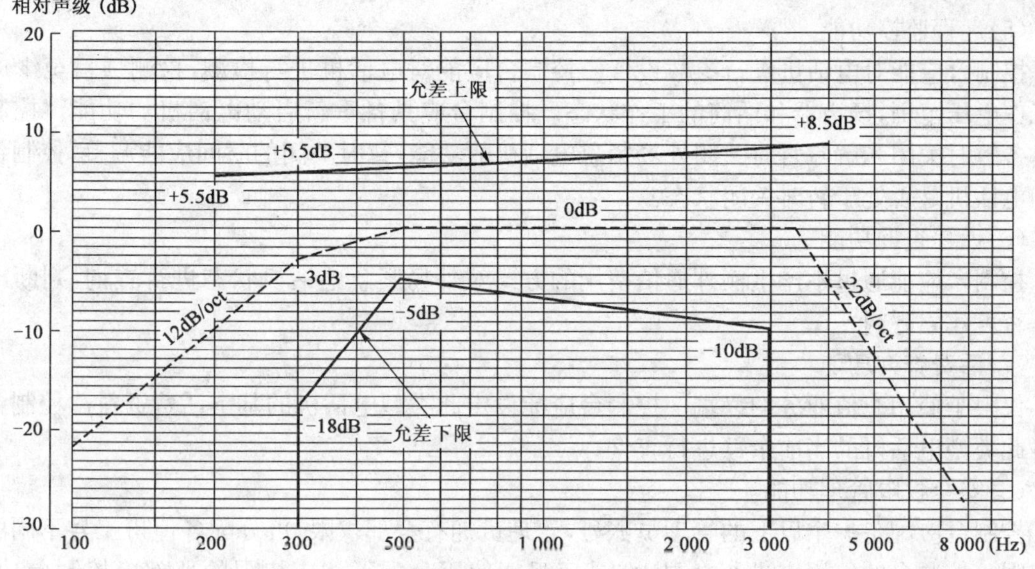

图 3-11-2　路侧分机接收频率响应

二、无线紧急电话系统的技术要求

1. 控制台

(1)基本功能

控制台应能够接受电话机发出的呼叫。控制台分机振铃,同时以显著的方式显示电话机在地图中的位置,控制台上显示电话机的编号、桩号和呼叫时间,摘机后进入通话状态。

控制台应能够简便地呼叫电话机。控制台上应能显示被呼叫电话机的状态、编号和呼叫时间。控制台应能同时进行多路通话和排队等待功能。

(2)录音、播放和话务量统计功能

控制台应能均衡对所有的呼入、呼出通话同时进行数字式录音,录音的开始与结束应为全自动方式。控制台应能显示当前是否处于录音状态、录音时长并可改变录音存放路径。控制台应能对通话录音进行查询、播放和转存,播放中应能进行快进、后退、暂停的控制。控制台应具备播放功能,通过音箱将被监听的通话实时播放出来,而且不应影响通话和录音的效果。监听的开始和结束应为全自动方式。控制台能按时间段、按电话机编号进行话务量统计,统计的项目至少应包括呼叫次数总计、通话时间总计和平均通话时间。

(3)呼叫记录

控制台接收到电话机的呼叫时应具备信息录入功能。所有的呼叫记录应储存,可查阅。控制台应能对呼叫记录按时间段、终端编号、值班工号进行分类查询,查询的结果可以用报表的形式打印输出。在查阅某条呼叫记录时,能同时播放其录音内容。

(4)告警功能

控制台应能接受所有电话机的各类告警信息,显示告警的时间、电话机编号以及告警的内容,同时自动储存。控制台应能对告警信息按内容、时间段、终端编号、值班工号进行分类查询,查询的结果可以用报表的形式打印输出。

(5)远程监控功能

控制台应能对电话机进行参数设置。控制台应能对电话机进行检测,检测项目至少应包括工作电压范围,扬声器和话筒的工作状态。控制台应具备重新启动电话机的功能。控制台应具备暂时关闭和解除暂时关闭外场紧急电话机的功能,暂时关闭的时间应能调整,控制台可查询电话机是否处于暂时关闭状态。

(6)远程查询功能

控制台应能通过不产生额外通信费用的方式对外场紧急电话机状态进行查询,判断电话机是否可建立呼叫。

(7)话费查询功能

仅限于使用充值业务的终端。控制台应能设定此类型电话机的基本话费资料。控制台应能对此类型电话机的当前余额进行查询。

(8)安全权限管理功能

控制台应配备一个以上的管理员账号,管理员拥有全部权限,可分配各值班工号不同的使用权限。控制台的使用应进行登录,登录后只能使用分配了相应权限的那部分控制台功能。控制台程序关闭时应进行密码确认。

(9)操作日志功能

控制台应能对所有值班人员登录后的操作进行记录,其内容应至少包括时间、值班工号、操作事项。控制台应能对操作日志分类查询,其结果可以用报表的形式打印输出。通过授权,所有记录均可备份、删除和恢复。

2.路侧分机

(1)基本功能

电话机呼叫控制台时,能给使用者清晰的语音提示,自动报警并发出地址信息,使控制台能识别出报警电话机的位置。地址信号应随呼叫同时到达控制台。电话机能够自动接受控制台的呼叫、应答。所有通话复原方式为控制台控制方式,在控制台挂机后外场紧急电话机自动复原。电话机应具备拒绝应答功能,与系统无关的电话来话拒绝应答并给出忙音信号。电话机应设置 SIM 卡或 LAIN 卡专用密码。

(2)告警功能

电话机应具备开门告警功能。电话机应具备电压检测能力,对于使用太阳能及可充直流后备电源供电系统,应在后备电源电压低于限定值时向控制台发送欠压告警,当后备电源电压恢复后向控制台发送欠压恢复信号。电话机应具备呼叫按钮长时间不释放告警、按钮不释放解除告警功能,当按钮持续按下超过 3min 时,电话机向控制台告警。当呼叫按钮释放后,电话机功能自动恢复正常,同时向中心发送按钮释放信号。

(3)自检功能

电话机应具备定期自动检测功能,被检测部件至少应包括扬声器、话筒和系统电路等,自检发现故障后应向控制台告警。电话机应能接收控制台的检测命令并执行检测,检测项目至少应包括电话机的工作电压范围,扬声器和话筒工作状态。测试结果应及时回送到控制台。

(4)远程维护功能

电话机可响应控制台的命令,对电话机的参数进行远程调整或修复,修改参数不需在外场现场操作。每个电话机的扬声器和话筒的增益在控制台可以远程分别调整。电话机可响应控制台的命令,将电话机暂时关闭,暂时关闭的时间可调整,并可以随时响应控制台的恢复命令,使电话机由关闭恢复正常。对于使用充值类业务的电话机应具备通过控制台进行远程充值的功能。

(5)电话机的声压等级

电话机与控制台通话时,距电话机受话器 40cm 处,声压应不小于 90dB(A)。

(6)电话机的电源

电话机采用太阳能供电电源,配备可充直流后备电源。在无条件使用太阳能供电的情况下,也可使用外供交流电源。采用太阳能供电电源方式时,在标准光强时,待机状态下,可充直流后备电源的容量应能保证电话机在无法充电的情况下至少连续待机工作 20h。

(7)高、低温性能

电话机在高温状况和低温状况时,应保证工作正常。

(8)储存性能

电话机分别经－40℃、＋55℃储存温度,在正常条件下恢复后,应保证工作正常。

(9)耐湿热

电话机经＋40℃,相对湿度 95%,应保证工作正常。

(10)耐振动

电话机在通电状态振动试验后,功能正常,结构不受影响,零部件无松动。

(11)耐冲击

电话机经加速度为 $100m/s^2$,脉冲持续时间为 11ms,累计碰撞 1 000 次后,应保证工作正常。

(12)防雷能力

能承受电压脉冲波形为 10/700μs,峰值为 5 000V 的过电压脉冲的冲击,导通电压应在 $1.5U_n \sim 2.0U_n$ 之间(U_n 是最大工作电压)。

如果电话机外壳采用金属导体材料,则应保证外壳整体的良好导通性能(接触电阻应不大于 0.01Ω)。电话机保护接地的冲击接地电阻宜不大于 10Ω。

(13)安全

电话机应有防雷保护措施,以确保人身和设备安全。应有防非法拆卸、开启、操作的措施。

(14)传输网络

电话机可基于 GSM 方式、CDMA 方式或其他标准的数字式公用网格传输,其无线特性和音频性能应符合该传输方式的相应国家或国际标准或营运商的入网标准。

(15)采用 GSM 公网传输产品的其他要求

①电话机应符合 EISI 的相应 GSM 标准。

②电话机应具备在 900MHx 和 8llONiI-h 两个频段工作的能力。

③电话机应能在信号强度大于-9ldbm 的情况下工作正常。

④电话机应能使用符合公网要求的 SIM 卡或 UIM 卡。

⑤电话机开启时应具备 PIN 密码保护措施。

第三节 施工与安装质量要求

紧急电话系统的施工内容是分机基础施工(包括接地工程和防护栏杆)、分机安装与接线、主分机联调。

紧急电话系统施工安装质量的要求依据《公路工程质量检验评定标准》(JTG F80/2—2004),主要内容如下:

一、基本要求

(1)紧急电话分机、主机的数量、型号符合要求。

(2)紧急电话分机安装位置正确,机箱外部完整、门锁开闭灵活。

(3)紧急电话分机上的标志应符合 GB 5768 的要求,反光膜应使用高强级反光材料。

(4)安装方位符合路线走向要求,并按要求安装必要的防护措施。

(5)电源、通信线路按规范要求连接到位,主、分机连通并处于正常工作状态。

(6)隐蔽工程验收记录、分项工程自检和设备调试记录、有效的设备检验合格报告或证书等资料齐全。

二、实测项目

实测项目及检测方法见 JTG F80/2—2004 中表 3.4.2。

三、外观鉴定

(1)防雷接地要求与接地极焊接,焊缝要饱满,焊后清渣并做防腐处理。

(2)基础混凝土表面应刮平,无损边、无掉角;法兰及地脚螺栓规格符合设计要求,应用热浸镀锌作防腐层,裸露金属基体无锈蚀。

(3)分机机身与基础连接牢固、端正,安装后外露螺纹长度一致。

(4)分机表面光泽一致、无划伤、无刻痕、无剥落,金属机箱或部件无锈蚀。

(5)机箱内电力线、信号线、元器件等布线平直、整齐、固定可靠,标识正确、清楚。

(6)机箱的出线管与箱体连接密封良好,箱体关键部位无积水、尘土、霉变。

(7)太阳能供电的分机,太阳能电池板自身密封以及与分机的密封状况良好,无积水、无渗透。

以上任一项不符合要求时,该项减 0.1~1 分。

第十二章

无线移动通信系统

第一节　概　　述

一、功能与作用

公路无线移动通信系统主要功能是满足公路巡逻、灾情、交通事故报告、调度等管理功能。在多数高速公路和公用移动通信覆盖的经济发达地区已不再使用，而一些早期建立的网站改建项目和部分特殊路段仍在使用无线移动通信系统。

二、分类与组成

按照国家无线频段资源管理规定，目前有两种公路无线调度通信系统：

(1)自建 450MHz 无线调度通信系统，系统由调度总机、中转台、车载台、手持台、天线等设备组成，调度总机设在监控调度中心，中转台设在沿线无人通信站，车载台装在巡逻车上，养护人员配备手持台，可实现调度与移动人员间，移动人员相互间的语音通信。该方案系统组网方便、设备简单、造价较低，且具有交通管理所需的调度功能。

(2)可利用无线委员会批给交通部的 30 对频点，自建的 800MHz 集群移动通信系统。系统由基站设备、无线交换机、天线等组成，基站配置多信道收发信机和控制器，通过中继线与无线交换机连接，无线交换机通过数字中继与程控数字交换机连接。移动用户为车载台和手持台。移动用户间，移动用户与固定用户间均能通信。

450MHz 无线移动通信接入系统简图如图 3-12-1 所示，系统设备由以下 4 部分组成：

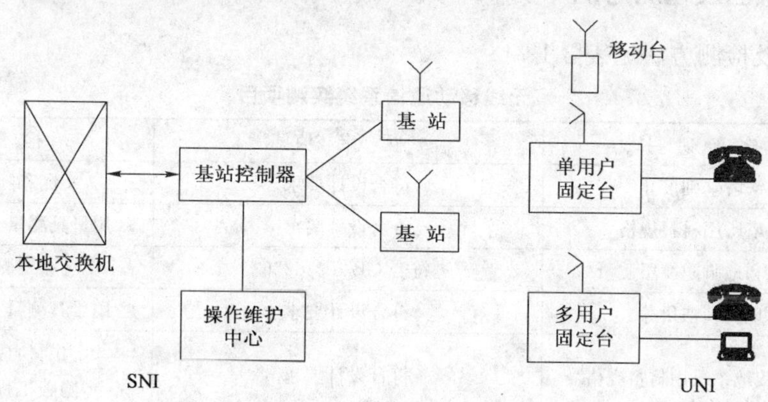

图 3-12-1　无线移动通信接入系统简图

(1)用户单元(SU):最终为用户提供电话、传真、数据业务等终端的标准接口。它与基站通过无线接口相接,并向终端用户透明地传送文换机所能提供的业务和功能。用户单元分为移动台、单用户固定台和多用户单元固定台。

(2)基站(BS):受基站控制器控制,为一个小区或同站址的多个小区服务的无线收发信设备。通过无线接口提供与用户单元之间的无线信道。

(3)基站控制器(BSC):功能是提供与基站、交换机网络侧和操作维护中心的接口。基站控制器提供无线信道控制和基站监测等功能,并完成与交换机的转接。基站控制器与本地交换机的接口采用 V5 接口,也可采用 Z 接口。

(4)操作维护中心(OMC):负责整个无线接入系统设备的操作与维护,其功能包括配置管理、故障管理、性能管理和安全管理。操作维护中心通过 Q_3 与电信管理网(TMN)相连接。

根据我国已经开通的高速公路的管理运营经验,用 450MHz 无线调度系统即可满足现阶段路政管养和道路监控对无线调度应用的需求。本部分是基于 450MHz 无线调度系统编制的。

第二节　无线移动通信系统安装质量及检评

一、基本要求

(1)无线移动通信系统所用设备(包括基地台、中转台、便携台、车载台、有无线转接设备、天线、铁塔、馈线、电源等)的数量、型号符合设计要求,部件完整。

(2)铁塔基础设置位置正确、按规范要求施工、铁塔安装牢固达到设计要求,并通过验收。

(3)天线铁塔安装的防雷系统符合设计要求。

(4)天线、馈线、收发控制设备、电源设备等安装到位,系统经过了联调并经过了严格测试,处于正常工作状态。

(5)隐蔽工程验收记录、分项工程自检和设备调试记录、安装和非安装设备及附(备)件清单、有效的设备检验合格报告或证书等资料齐全。

二、实测项目及检测方法

实测项目及检测方法见表 3-12-1。

无线移动通信系统实测项目　　表 3-12-1

项次	检查项目	规定值	检查方法
1	铁塔基础尺寸	符合设计要求	实测和随工记录结合
2	铁塔所用材料规格	符合设计要求	用量具测量必要时取样检测
3	铁塔和地脚防腐层质量	符合 GB/T 18226	涂层测厚仪实测
4	地脚规格尺寸	符合设计要求	用量具测量必要时取样检测
5	防雷接地系统用材料规格	符合设计要求	用量具测量和核查 隐蔽工程记录相结合

续上表

项次	检查项目	规定值	检查方法
6	防雷接地电阻	≤10Ω	接地电阻测量仪测量
7	基地台发射功率	符合设计要求	按 YD/T 1009
8	中转台发射功率	符合设计要求	按 YD/T 1009
9	车载台发射功率	符合设计要求	按 YD/T 1009
10	手持台发射功率	符合设计要求	按 YD/T 1009
11	基地台接收灵敏度	符合设计要求	按 YD/T 1009
12	中转台接收灵敏度	符合设计要求	按 YD/T 1009
13	车载台接收灵敏度	符合设计要求	按 YD/T 1009
14	手持台接收灵敏度	符合设计要求	按 YD/T 1009
15	△电波覆盖范围	≥90%	基站监测,实地测量
16	△基地台与车载台通话功能	建立、释放响应灵敏、通话清楚	实际操作
17	△基地台与手持台通话功能	建立、释放响应灵敏、通话清楚	实际操作
18	△手持台与手持台通话功能	建立、释放响应灵敏、通话清楚	实际操作
19	△手持台与车载台通话功能	建立、释放响应灵敏、通话清楚	实际操作
20	手持台与业务电话通话功能	建立、释放响应灵敏、通话清楚	实际操作
21	车载台与业务电话通话功能	建立、释放响应灵敏、通话清楚	实际操作
22	用户之间群呼、组呼、选呼功能	建立、释放响应灵敏、通话清楚	实际操作

三、外观鉴定

(1)无线移动通信系统所用设备安装稳固端正、排列位置符合设计要求。

(2)设备之间的连接线端部连接头处理措施符合规范要求,连接稳固、标识清楚,排列绑扎规整。

(3)安装设备和手持台表面光泽一致、无划伤、无刻痕、无剥落、无锈蚀;可动部件动作灵活、标识正确、清楚。

(4)天线铁塔基础混凝土表面应刮平,无损边、无掉角;法兰及地脚螺栓规格符合设计要求,应用热浸镀锌作防腐层,裸露金属基体无锈蚀。

(5)铁塔塔靴与基础地脚用双螺母固定,螺母拧紧后,螺栓外露丝扣不少于 2 扣。

(6)天线铁塔制作工艺符合规范要求,装配部件齐全、规整,外形美观。

(7)天线及馈线安装牢固;馈线两端连接接件部件完整、装配符合工艺要求;馈线绑扎均匀,穿墙保护措施得当。

(8)防雷接地引下线与接地极采用焊接,焊缝要饱满,焊后清渣并做防腐处理。

以上任一项不符合要求时,该项减 0.1~1 分。

第十三章

通信电源

第一节 概 述

一、功能与作用

通信电源是向通信设备提供交直流电的电能源，被喻为高速公路通信网和通信设备的“心脏”，在高速公路通信网中的地位极其重要。一般公路机电工程的监控、通信、收费三大系统都需要备用电源。如果高速公路通信电源系统发生故障，易造成整个高速公路通信系统中断、甚至瘫痪，后果将不堪设想。

可靠性和稳定性是对高速公路通信电源系统的基本要求。所以为保证对通信负荷和重要动力负荷的可靠供电，应配置发电机组作为备用电源。对那些通信负荷要求无间断和无瞬变的交流供电时，宜采用 UPS 电源或者逆变器电源。要求无瞬间停电的直流供电时，应设置蓄电池组。另外，由于市电条件存在较大差异(特别是变电所、光波通信站、监控机房等)，所以市电要求双路或多路输入、交流和直流互为备用，同时要求电源设备具有更宽的工作电压范围，否则就要增加稳压装置。

现代电源技术发展得很快，高频开关电源已经得到广泛使用，它利用电源控制技术和计算机技术，将交流配电单元、直流配电单元、监控单元和整流模块集中于同一机柜上，实现了集中监控整流模块与交直流配电单元的各种参数和状态，非常适合于程控交换机和各种通信设备配套使用。

二、系统组成

一个完整的高速公路通信电源系统主要由 5 个部分组成：

(1)信息监控系统；

(2)直流配电单元；

(3)交流配电单元；

(4)整流分配模块；

(5)UPS 蓄电池组。

第二节 高速公路通信电源工程安装质量检验评定标准

一、基本要求

(1)通信电源设备数量、型号符合设计要求，部件及配件完整。

(2)所有设备安装到位并已连通,处于正常工作状态。

(3)配电、换流设备都做了可靠的接地连接。

(4)蓄电池的连接条、螺栓、螺母做了防腐处理,并且连接可靠。

(5)隐蔽工程验收记录、分项工程自检和设备调试记录、安装和非安装设备及附(备)件清单、有效的设备检验合格报告或证书等资料齐全。

二、实测项目及检测方法

实测项目及检测方法见 JTG F80/2—2004 中表 3.6.2。

三、外观鉴定

(1)配电屏、设备、列架布局合理、安装稳固、横竖端正、排列整齐。

(2)设备安装后表面光泽一致、无划伤、无刻痕、无剥落、无锈蚀;部件标识正确、清楚。

(3)电源输出配线路由和位置正确、布放整齐符合施工工艺要求。

(4)设备内布线整齐、美观、绑扎牢固,接线端头焊(压)结牢固、平滑;编号标识清楚,预留长度适当。

(5)设备抗震加固措施符合设计要求。

以上任一项不符合要求时,该项减 0.1～1.5 分。

四、通信电源产品防雷技术要求

通信电源系统设备的防雷有 H 型、M 型和 L 型三级,具体技术要求如下:

(1)H 型防雷电源设备技术要求

①交流电源接口线对地应承受 20kA(8/20μs)的标称放电电流的冲击试验。

②直流电源接口线对地应承受 10kA(8/20μs)的标称放电电流的冲击试验。

③通信接口线对地应承受 5kA(8/20μs)的标称放电电流的冲击试验。冲击电流试验后,设备应工作正常,各项技术指标应符合要求。

(2)M 型防雷电源设备技术要求

①交流电源接口线对地应承受 15kA(8/20μs)的标称放电电流的冲击试验。

②直流电源接口线对地应承受 5kA(8/20μs)的标称放电电流的冲击试验。

③通信接口线对地应承受 3kA(8/20μs)的标称放电电流的冲击试验。

冲击电流试验后,设备应工作正常,各项技术指标应符合要求。

(3)L 型防雷电源设备技术要求

①交流电源接口线对地应承受 5kA(8/20μs)的标称放电电流的冲击试验。

②直流电源接口线对地应承受 1kA(8/20μs)的标称放电电流的冲击试验。

③通信接口线对地应承受 300A(8/20μs)的标称放电电流的冲击试验。

冲击电流试验后,设备应工作正常,各项技术指标应符合要求。

五、主要项目检测方法

1. 开关电源输出杂音

主要包括:电话衡重杂音、0～300Hz 峰值杂音、3.4～150kHz 和 0.15～30MHz 宽频杂音，均采用杂波表实测。检测方法描述如下。

(1)电话衡重杂音测试框图见图 3-13-1。

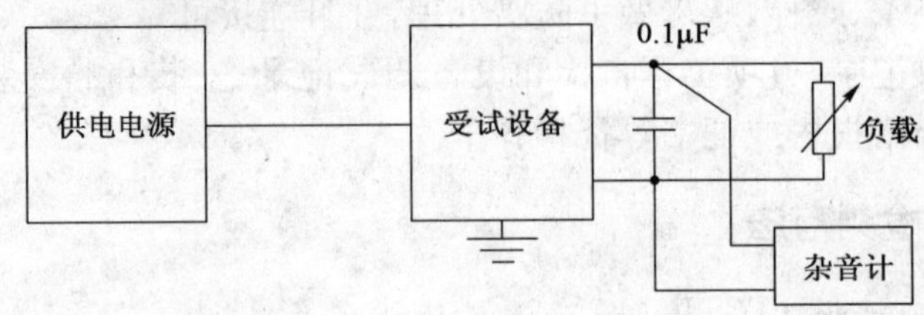

图 3-13-1 电话衡重杂音测试框图

测试步骤：

①输出端并接 0.1μF 直流无极性电容；

②附加加权网络；

③杂音计接加权网络输入。

(2)0～300Hz 峰值杂音测试框图见图 3-13-2。

测试步骤：

①输出端并接 0.1μF 直流无极性电容；

②示波器探头接入电容引线两端；

③示波器与市电隔离，机壳不接地；

④读出最大杂音脉冲幅度。

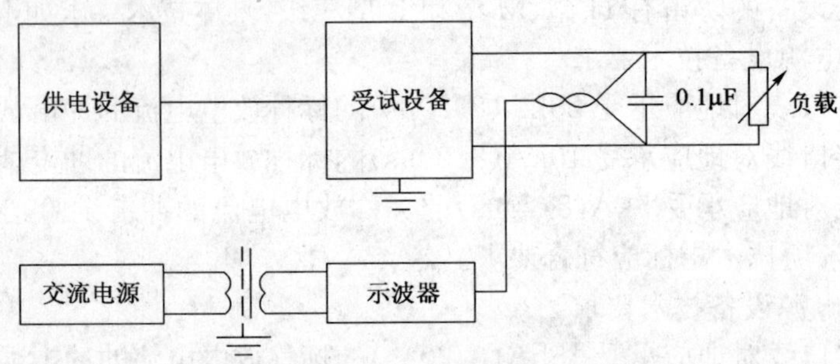

图 3-13-2 0～300Hz 峰值杂音测试框图

(3)3.4～150kHz 和 0.15～30MHz 宽频杂音测试框图同电话衡重杂音的测试框图类似。步骤如下：

①输出端并接 0.1μF 直流无极性电容；

②杂音表接入电容引线两端；

③测试框图类似电话衡重杂音测试框图。

2. 通信电源系统单相交流电源的耐雷电冲击能力

检测方法及步骤如下：

(1)试验接线如图 3-13-3 所示，图中 R 为阻性额定负载；

(2)进行冲击试验时，被测试品(电源设备)应处于正常工作状态；

(3)开关 K 分别放在 1 和 2 位置，冲击电流试验波形的极性采用正极性、负极性各重复试验 5 次，每次间隔不少于 3min；

(4)电流幅值按试品耐雷电标称放电电流确定；

(5)冲击电流试验后，试品应工作正常，通信接口应工作正常，各项技术指标应正常。

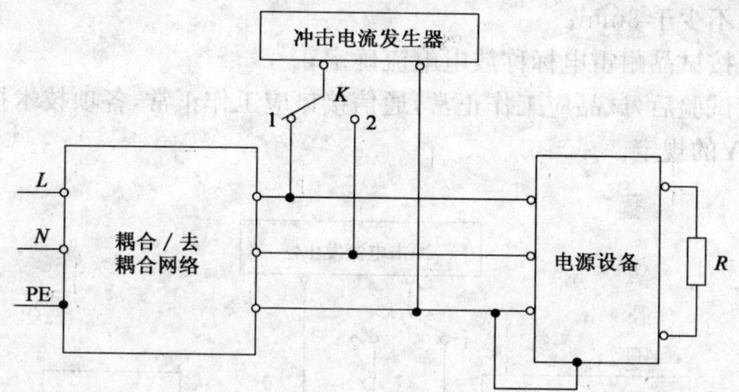

注：来自 YD/T 944—2007《通信电源设备的防雷技术要求和测试方法》第 4 页

图 3-13-3　单相交流电源的耐雷电冲击能力测试框图

3.通信电源系统三相交流电源的耐雷电冲击能力

检测方法及步骤如下：

(1)试验接线如图 3-13-4 所示。图中 R 为阻性额定负载；

(2)进行冲击试验时，被测试品(电源设备)应处于正常工作状态；

(3)开关 K 分别放在 1、2、3 和 4 位置，冲击电流试验波形的极性采用正极性、负极性各重复试验 5 次，每次间隔不少于 3min；

(4)电流幅值按试品耐雷电标称放电电流确定；

(5)冲击电流试验后，试品应工作正常，通信接口应工作正常，各项技术指标应正常。

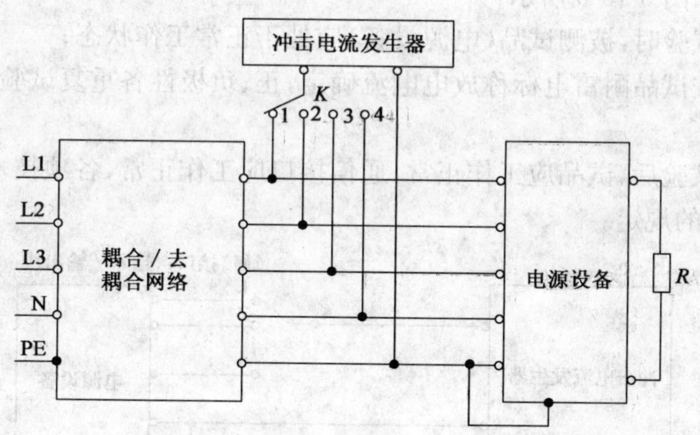

注：来自 YD/T 944—2007《通信电源设备的防雷技术要求和测试方法》第 5 页

图 3-13-4　三相交流电源的耐雷电冲击能力测试框图

4.通信电源系统直流电源的耐雷电冲击能力

检测方法及步骤如下：

(1)试验接线如图 3-13-5 所示。图中 R 为阻性额定负载；

(2)进行冲击试验时,被测试品(电源设备)应处于正常工作状态;

(3)开关 K 分别放在 1 和 2 位置,冲击电流试验波形的极性采用正极性、负极性各重复试验 5 次,每次间隔不少于 3min;

(4)电流幅值按试品耐雷电标称放电电流确定;

(5)冲击电流试验后,试品应工作正常,通信接口应工作正常,各项技术指标应符合 YD/T 944—2007 附录 A 的规定。

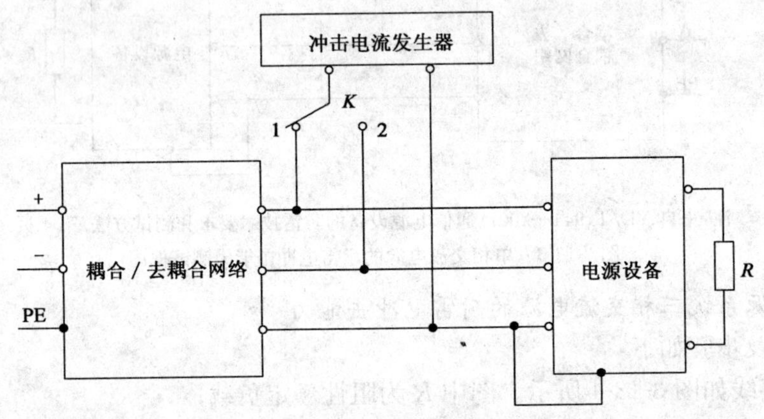

注:来自 YD/T 944—2007《通信电源设备的防雷技术要求和测试方法》第 6 页

图 3-13-5 直流电源的耐雷电冲击能力测试框图

5. 通信电源系统设备通信接口耐雷电冲击能力

检测方法及步骤如下:

(1)试验接线如图 3-13-6 所示;

(2)进行冲击试验时,被测试品(电源设备)应处于正常工作状态;

(3)电流幅值按试品耐雷电标称放电电流确定,正、负极性各重复试验 5 次,每次间隔不少于 3min;

(4)冲击电流试验后,试品应工作正常,通信接口应工作正常,各项技术指标应符合 YD/T 944—2007 附录 A 的规定。

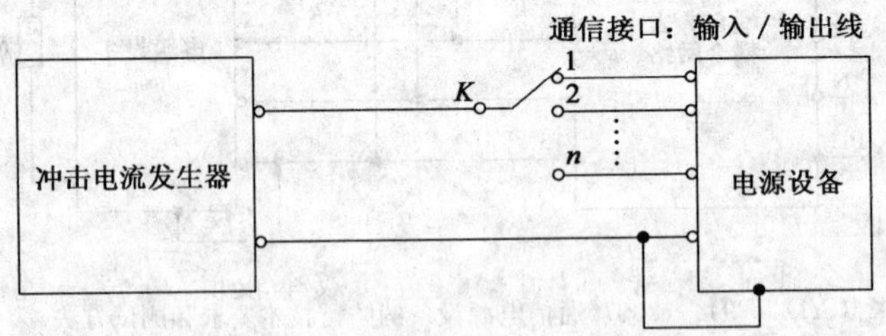

注:来自 YD/T 944—2007《通信电源设备的防雷技术要求和测试方法》第 6 页

图 3-13-6 通信接口(包含三遥接口)耐雷电冲击能力测试框图

第十四章

收费站入口车道设备

第一节　概　　述

一、收费的意义、制式及特点

1.收费的意义

收费系统是经营型高速公路的重要组成部分，它的基本功能是：收取通行费用，用以偿还建设投资贷款，进行公路养护维修、道路运营，员工薪酬等投入及开销，并最终服务于高速公路的管理。收费系统一般由收费车道系统、收费站管理系统和收费中心管理系统三级构成，主要设备包括收费亭、电动（手动）栏杆、车道控制器（车道计算机）、收费员显示终端、专用键盘、费额显示器、报警器、车道信号灯、天棚信号灯、车辆检测器、摄像机、收发（打）卡设备等。

2.收费系统的制式及特点

依据《公路收费制式》（GB/T 18277—2000），收费制式（toll collection mode）是根据公路条件划分不同区段作为收费基本单位（各区段内按统一费额收费）的制度及相应的收费模式。

1)费制式的分类及特点

公路收费制式可分为均一制、开放式、封闭式和混合式四种类型。

(1)均一制是全线按统一费额收费的制式，也称为全线均等收费制。均一制收费效率较高，收费站规模较小，但数量较多，其经济性较好；但均一制一般不能按行驶区段区别收费，其合理性较差。

(2)开放式是将全线划分为若干路段，各路段内按统一费额收费的制式，也称为按路段均等收费制、栅栏式或路障式。开放式收费效率较高，收费站规模较小，数量也较少，其经济性较好；但开放式一般不能严格按行驶区段区别收费，其合理性较差；另外，当两个主线收费站之间存在两个以上入出口时，可能出现部分漏收问题。

(3)封闭式是指将全线以各互通立交为界划分为若干区段，各区段根据里程长短按不同费额收费，跨区段按区段累计收费的制式，也称为按互通立交区段收费制。封闭式可以严格按行驶区段区别收费，公平合理；但封闭式（出口）收费的效率较低，收费站规模较大，数量也较多，经济型较差。

(4)混合式是指综合运用开放式和均一制收费的制式，也称为混合收费制。混合式收费的效率较高，收费站规模较小，数量也较少，其经济型优于封闭式。混合式可以大致按行驶区段区别收费，其合理性优于均一制和开放式，但不及封闭式。混合式可以做到无漏收或基本无漏收。

2)选择收费制式的原则

在选择并确定收费制式时应综合考虑以下因素：

(1)收费系统自身的经济性——包括工程成本和营运成本；

(2)公路使用者通行费负担的公平合理性；

(3)受收费制式影响的收费效率和收费次数等。

最终确定收费制式应以获取最大经济效益，并有利于吸引交通为原则。

3)不同收费制式的收费站布设及适用条件

(1)均一制

①均一制收费站的一般布设及收费模式

均一制收费站一般设置在收费公路各入口处(包括主线两端入口及互通立交入口)，出口不再设收费站。车辆进入收费公路时根据车型按统一费额一次性缴费后即可自由行驶。

②均一制的特殊情况

如有特殊需要，收费站可以建在各出口处，实行出口收费。另外，对于现状的收费公路，各收费站也可按距终点里程的差别而制定不同的费额。

③均一制的适用条件

均一制主要适用于总行驶里程较短(约 40km 以下)，大部分车辆行驶里程差距不大的收费公路。特别适用于交通量很大、收费广场规模受到严格限制的城市收费道路。

(2)开放式

①开放式收费站的布设及收费模式

开放式的收费站一般设在路段内主线的某个位置上。距离较长的收费公路可以划分多个路段，各路段主线站的间距宜大于 40km。

该制式下各入口不设收费站，车辆可以自由进出不受控制，收费公路对外界呈“开放状态”。但在公路内部，车辆需在经过的主线收费站根据车型按统一费额一次性(或多次性)交费。因控制距离不同，各路段费额可以有所差别。

②开放式的适用条件

开放式主要适用于独立收费的桥梁、隧道和不封闭(含有多处平交路口)的收费公路。对于不封闭的收费公路，应尽量选择交通流量较大、且不易绕行其他平行路线的路段设置主线收费站。

(3)封闭式

①封闭式收费站的布设及收费模式

封闭式的收费站设在收费公路的所有入出口处，包括主线起终点收费站和互通立交匝道收费站。每处收费广场的收费车道分为入口车道和出口车道。车辆进出收费公路都要经过收费站并受控制，但在公路内部可以自由行使，收费公路对外界呈“封闭状态”。(注：收费系统中的封闭式和高速公路要求的“全封闭”概念有所不同，后者是用互通立交、隔离网等设施将公路“封闭”起来，以排除横向干扰，与采用何种收费制式没有直接联系。)

一般封闭式应采用入口发通行券、出口收费的模式。车辆进入收费公路，首先在进入收费站的入口车道领取通行券，通行券上记录该收费站的名称或编号(或称入口地址编码)等信息。车辆驶离收费公路时，驶离收费站的出口车道将根据车型和行使里程的区段(由通行券记录的入口地址确定)累计收费。

②封闭式的适用条件

封闭式适用于里程较长(约 40km 以上)、含有多个互通立交入出口、车辆行驶里程差距较大、且主线和匝道交通量较大的收费公路。

(4)混合式

①混合式收费站的布设

与开放式相似,布设混合式收费站时首先应根据路线长度和互通立交的分布情况,以某互通立交为界将全线划分成若干路段,每个路段设置一处主线收费广场,条件允许时主线广场宜结合互通立交设置在入出匝道之间,主线广场的间距宜大于 40km。

与均一制相似,在路段内的互通立交设置匝道收费广场。其中建有主线收费广场的互通立交需设全部匝道收费广场,路段内的其他互通立交则设部分匝道收费广场,从而在同一区段的两个方向分别实行入口收费和出口收费。以下互通立交可以不建匝道收费广场:路段分界处的互通立交;距离路段分界处很近的互通立交(因收费区段短造成通行费收入很低);匝道交通量很小的互通立交(因交通量小造成通行费收入很低)。

②混合式的收费模式

混合式收费站根据车型按统一费额一次性(或多次)收费。主线收费广场收取所控路段的通行费;互通立交的匝道收费广场按行驶方向分别实行入口收费或出口收费,并分别收取所控区段的通行费。

③混合式的适用条件

混合式适用于互通立交间距较大或主线和互通立交交通量不大的收费公路。

二、收费系统三级构成模式

高速公路收费系统一般采用收费车道系统、收费站管理系统和收费中心管理系统三级构成模式。

1. 收费车道系统

收费车道是收费系统的基础设施单元。我国高速公路目前主要采用封闭式、半自动收费,即车道收费员人工判别车型,计算机收费,闭路电视监控。依据此收费模式,收费入口车道内主要有如下设备:车道控制机、收费终端、收费键盘、亭内摄像机、IC 卡读写器、对讲设备、报警设备、自动栏杆机、车道通行灯、车道摄像机、抓拍线圈、计数线圈等,此外,出口车道增加票据打印机与费额显示器。收费车道入口、出口系统构成如图 3-14-1、图 3-14-2 所示。

它完成征收路费和采集实时数据两大功能,主要包括:①按照车道操作流程正确工作,并将收费处理数据实时上传至收费站计算机系统;②接收收费站下传的系统运行参数(同步时钟、费率表、黑名单和系统设置参数等);③对车道设备的管理与控制,具备设备状态自检功能;④保存一个时间段内的收费数据,可降级使用,但不丢失数据;⑤作为通信终端时,具有后备独立工作能力;⑥为车辆提供控制信息等;⑦将各种违章报警信号实时传送到收费站控制室。

2. 收费站管理系统

收费站主要由收费计算机系统、收费监视系统、有线对讲及紧急报警系统组成,收费计算机系统由数据服务器、收费管理计算机、多媒体服务器、服务器、打印机等组成,典型收费站计算机系统网络结构图如图 3-14-3 所示。闭路电视监视系统由摄像机、数字图像叠加、传输设备、视频矩阵切换控制器、图像显示设备组成，一般收费站还配备有硬盘录像机；有线对讲系统由对讲主机、若干分机、通信线路和电源构成；紧急报警系统由设在收费亭内的报警开关、设在监控室的紧急报警器和信号电缆组成，设计报警录像功能的系统还要有与闭路电视矩阵切换器联动的报警控制器。

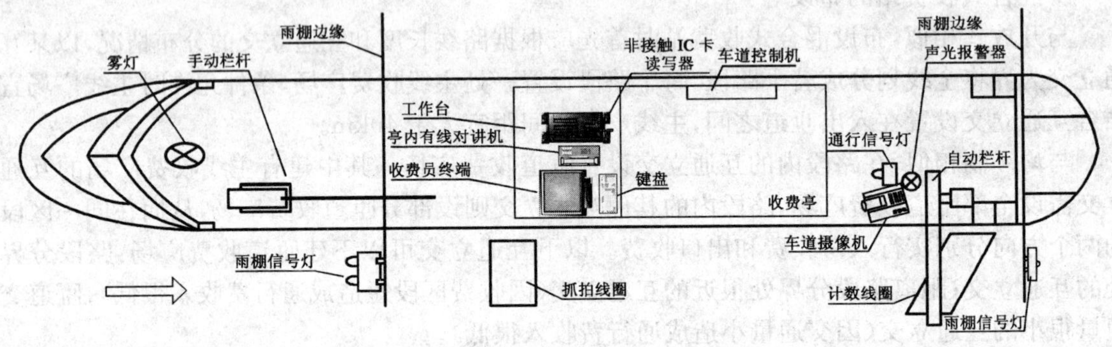

图 3-14-1 入口车道系统构成图

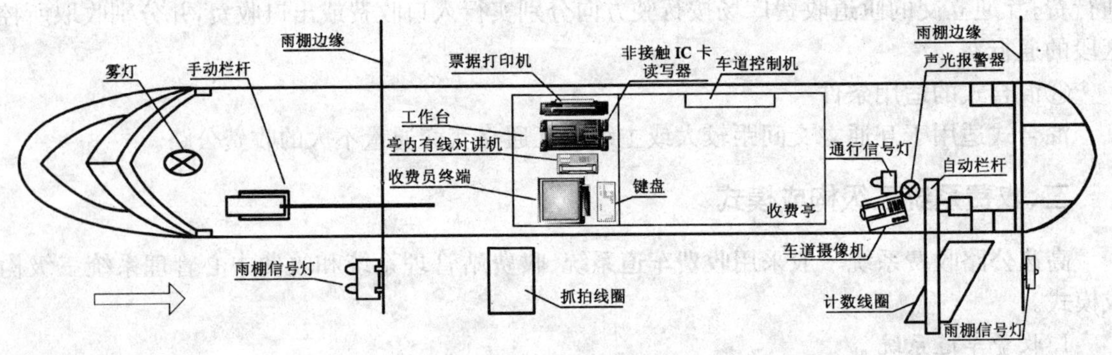

图 3-14-2 出口车道系统构成图

收费站管理系统的功能主要包括：①轮询所有收费车道，实时采集收费车道的每一条原始数据；②对收费车道的运行状况实施实时检测与监视，具有故障自动检测功能；③向收费中心或收费结算中心传输收费业务数据（输入、交通、管理）；④接收收费中心下传的系统运行参数（费率表、同步时钟、系统设置参数等），并下传给收费车道；⑤收费员录入班次的收费额；⑥值班员录入欠（罚）款和银行缴款数据；⑦票证（收据、定额票）的管理；⑧非接触 IC 卡的管理（封闭式收费系统），包括非接触 IC 卡站内调配和非接触 IC 卡流失的管理；⑨抓拍图像的采集与管理，包括图像文档的生成、上传以及图像文档的备份、核查与打印。

3.收费（分）中心系统

收费中心计算机系统是实现收费（分）中心功能的关键组成部分，其一般采用双绞线星型开放网络结构。该系统主要由微机服务器（或小型机服务器）、交换机、客户机（管理计算机、多媒体计算机）、路由器、打印机、数据备份设备和 UPS 电源等等构成，构成示意图 3-14-4 所示。

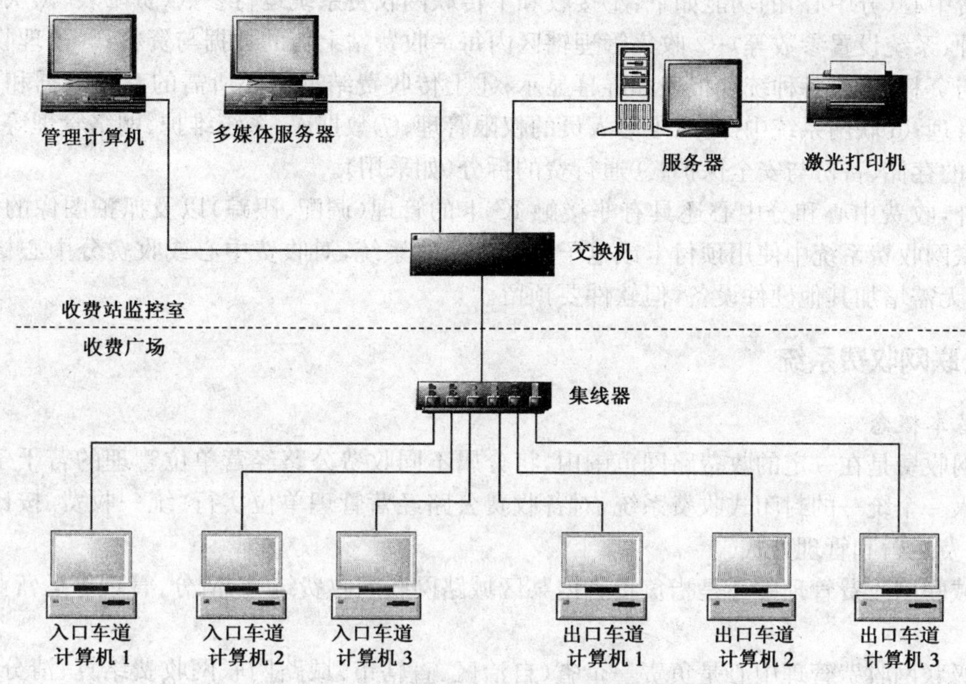

图 3-14-3　典型收费站计算机系统网络结构图

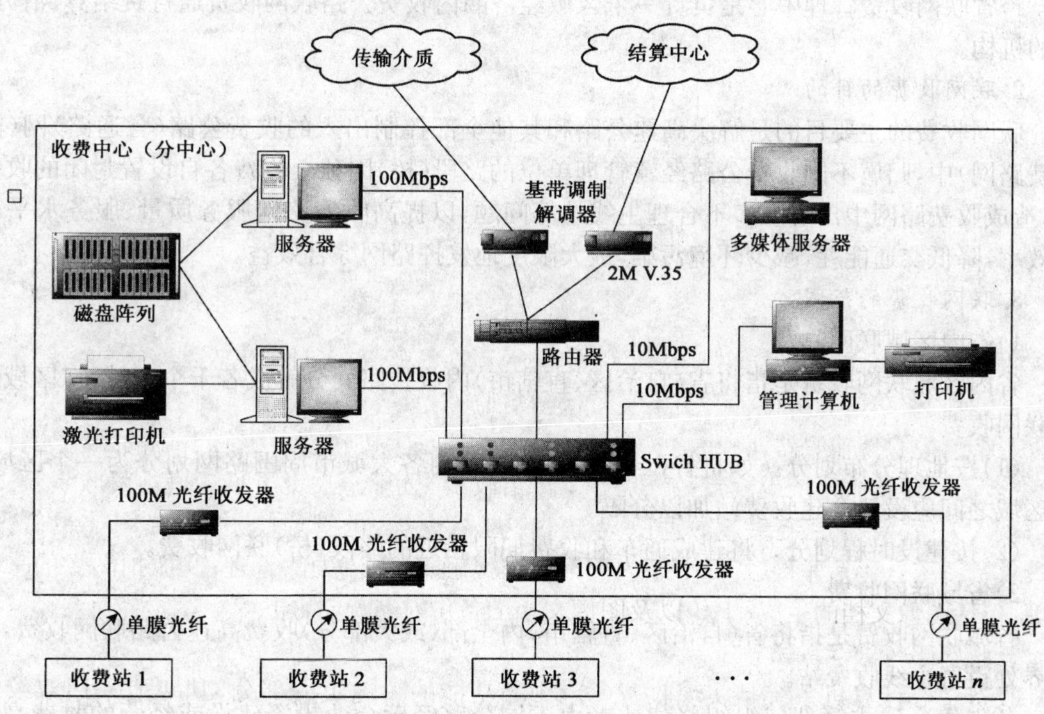

图 3-14-4　收费(分)中心结构示意图

收费中心(分中心)的功能如下:①接收和下传联网收费系统运行参数(费率表、黑灰名单、同步时钟、系统设置参数等);②收集管理辖区内每一收费站上传的数据与资料;③处理收集到的数据与资料,形成各种统计报表和屏幕显示;④上传收费结算中心所需的有关数据和资料;⑤票证管理;⑥联网系统中操作、维修人员的权限管理;⑦数据库、系统维护、网络管理等;⑧数据、资料的存储、备份与安全保护;⑨通行费的拆分(如采用)。

此外,收费中心和分中心还具有非接触 IC 卡的管理(调配、跟踪)以及抓拍图像的管理。如果在联网收费系统中使用预付卡或电子不停车收费系统,对收费中心或收费分中心构成而言,一般无需增加其他硬件设备,但软件要预留。

三、联网收费系统

1. 基本概念

联网收费是在一定的收费路网范围内,将分属不同收费公路经营单位管理的若干条收费公路纳入一个统一的封闭式收费系统,对各收费公路经营管理单位实行"统一收费、按比例分成"的收费运营和管理方式。

区域联网收费管理中心是指负责省内某区域路网联网收费结算、清分、管理等运营业务的机构。

省级联网收费管理中心是负责一个省(自治区、直辖市)域路网联网收费结算、清分、管理等运营业务的机构。

跨省联网收费管理中心是负责一个区域经济圈内收费公路联网收费通行费结算、清分、管理的机构。

2. 联网收费的目的

联网收费的主要目的是解决高速公路和其他全部控制出入的收费公路(含通路)网(简称收费路网)中,归属不同收费公路经营管理单位的路段(桥)因独立收费各自设置封闭的收费设施,造成收费路网中出现众多不合理主线站等问题,以提高收费路网服务质量、服务水平和使用效率,降低交通能耗,减少环境污染,最大限度地发挥路网综合效益。

3. 联网收费的范围

1)省内区域联网收费

省内区域联网收费是指将省(自治区、直辖市)内收费路网分解成若干个区域,在区域内实行联网收费。

(1)按地理分布划分。如将省(自治区、直辖市)内各大城市周围路网划分为一个区域,相邻区域之间应设置合建收费站加以分隔。

(2)按建设时程划分。将建成通车和收费期限相近的路段(桥)联网收费。

2)省域联网收费

省域联网收费是指将省(自治区、直辖市)内全部(或大部分)收费高速公路联网收费,仅在省界处设置主线收费站。

各省级交通主管部门组织修建或者由不同公路经营企业投资建设或经营的收费高速公路,应当实行"统一收费、按比例分成"的管理方式。对现有收费设施应根据联网收费的技术要求逐步进行改造。

3)跨省(区、市)国道主干线联网收费

在一定社会经济背景下,可将国道主干线分属不同省(自治区、直辖市)分期分段建管的高速公路组成一个跨省(区、市)国道主干线收费区域路网,实施封闭式联网收费。如跨省市国道主干线京沈高速公路联网收费。

4)跨省(区、市)区域联网收费

在条件许可时,将国家重点发展的区域经济圈内的高速公路网实施跨省(区、市)区域联网收费。如长三角、京津冀、泛珠三角、东三省、川渝等区域经济圈。

第二节 入口车道设备技术要求及试验方法

收费入口车道设备主要由车道控制机、收费终端、收费键盘、亭内摄像机、IC卡读写器、对讲设备、报警设备、自动栏杆机、车道通行灯、车道摄像机、抓拍线圈、计数线圈等构成。

一、公路收费车道控制机技术要求及试验方法

公路收费车道控制机的主要质量评定标准为《公路收费车道控制机》(JT/T 602—2004)。依据该标准,公路收费车道控制机安装在公路收费车道收费亭内,用来管理收费车道的各种外围设备。它主要由工业控制计算机、输入输出模块、配电模块和设备机箱等组成。其技术要求及试验方法如下:

1.技术要求

1)适用条件

(1)安装及使用环境:收费亭内;

(2)环境温度:产品适合使用温度为:−15～+50℃;

(3)相对湿度:不大于95%。

2)材料要求

(1)控制机机箱外壳应由坚固材料制成,具有良好的抗振、耐腐蚀、防尘、防水溅、阻燃功能,且散热性能良好,坚固耐用。

(2)主要部件应具有合格证或质量保证书。

3)外观质量

(1)产品构件应完整、装配牢固、结构稳定,边角过渡圆滑,无飞边、无毛刺。

(2)箱体宜采用不锈钢或镀锌钢板表面喷涂有机涂层,涂层厚度不小于0.076mm;机箱及连接件的防护层色泽均匀、无划伤、无裂痕、无机体裸露等缺陷。

(3)箱体内的所有金属构件应采取防腐措施,并符合国家标准《高速公路交通工程钢构件防腐技术条件》(GB/T 18226—2000)。

(4)机箱设计应方便检查、维修和日常维护。机箱内的设备及部件安装应牢固端正、位置正确、部件齐全、整齐美观;箱体出线孔开口合适、切口整齐,出线管与箱体连接密封良好;箱体内接线整齐,回路编号清楚,走线横平竖直,符合工艺和视觉美观要求;箱锁应采用防水、防锈措施;箱门开闭灵活轻便,密封良好,箱体内外清洁。

(5)散热降温:车道控制机应采取降温措施,采用风扇降温时,通风口应加过滤网。

4)功能要求

车道控制机应至少具有如下基本功能：

(1)按规定的收费流程控制收费亭及车道设备，完成收费操作；

(2)采集原始操作数据和交通流数据；

(3)将收费数据及图像文件上传到收费站计算机系统，同时接收其下传的数据和管理指令；

(4)采集车道摄像机摄取的通行车辆的图像，并具有字符叠加功能(通过字符叠加设备实现)，在车道图像上进行数据叠加并对图像进行压缩存储；

(5)为车道摄像机的视频图像提供必要信息，通过字符叠加设备叠加在视频图像上；

(6)在收费车道与收费站之间的通信出现故障时，车道控制机能独立工作并存储不小于30天的原始收费处理数据。在通信线路恢复后自动将存储的数据上传给上级计算机系统；

(7)在误操作和掉电等非正常情况下，收费处理数据不应被破坏；

(8)系统恢复应简单、易于操作；

(9)具有对所连接的外部设备的自检功能；

(10)能直观地显示车道设备的工作状况。

5)配置要求

(1)采用符合工业标准的工业控制计算机，充分电磁兼容设计，低功耗，具有全面故障自我诊断能力及报警提示。主板的 MTBF 不小于 20 000h，MTTR 不大于 0.5h。

工业控制计算机应配置：

①一个标准以太网接口，速率为 10M/100Mbps 自适应或 100Mbps；

②至少两个标准 RS-232C 串行和一个并行接口；

③标准的键盘接口与鼠标接口；

④足够的 ISA 和 PCI 总线插槽，在满足基本模块的要求后，还至少留有一个 ISA 和两个 PCI 插槽；

⑤CPU 时钟频率大于 800MHz；

⑥256M 以上 RAM(可扩展)；

⑦40GB 以上硬盘，带有防震保护措施；

⑧64M 以上电子盘(可选)；

⑨16M 以上显存；

⑩1 块 16 位彩色/黑白图像采集卡(或独立的视频图像处理模块)，捕获图像分辨率不应低于 756×288(单场)，图像捕获速率不应低于 25 帧/s，图像处理速度：从接收到图像抓拍信号到抓拍完成的时间小于 0.1ms。

(2)输入输出模块应配置：

①至少 16 路带隔离的数字 I/O 通道(八路输入，八路输出)；

②至少四个带隔离保护的标准 RS-232C 串行接口；

③可控的四路交流输出：交流 220V，3A；直流输出：直流 12V，3A；

④所有接口板和功能板应附有隔离保护措施；

⑤接口提供防误插、机械锁定功能。

(3)配电模块应配置：

①车道控制机需对总电源、工控机及外设等各独立设备电源分别控制，并作抗干扰处理；

②开关电源输出：DC5V，不小于4A；DC12V，不小于4A；DC24V，不小于2A；

③应有防雷装置；

④电源输入：交流电源220(1±15%)V，50(1±4%)Hz；

⑤接口提供防误插、机械锁定功能。

6)电气安全性能

(1)绝缘电阻：产品的电源接线端子与机壳的绝缘电阻应不小于100MΩ。

(2)介电强度：在产品的电源接线端子与机壳之间施加频率50Hz、有效值1 500V正弦交流电压，历时1min，应无火花、飞弧和击穿现象。

(3)安全接地：产品应设安全保护接地端子，接地端子与机壳连接可靠，接地端子与机壳的接触电阻应小于0.1Ω。

(4)产品应适应电网波动要求，在以下条件下应可靠工作

电压：交流220×(1±15%)V，频率：50×(1±4%)Hz。

(5)产品的供电接口和通信接口按照GB 7450的要求，应采取必要的防雷电和过电压保护措施，采用的元器件和防护措施应符合有关标准要求。

(6)产品应采取防雨、防尘措施，外壳的防护等级按GB 4208的规定应不低于IP55级。

7)环境适应性能

(1)耐低温存储性能：在−20℃条件下试验8h，应正常起动与关闭、系统引导正确，应用软件运行正常，外围设备工作逻辑正确。

(2)耐低温工作性能：在−15℃条件下试验8h，控制机应正常起动与关闭、系统引导正确，应用软件运行正常，外围设备工作逻辑正确。

(3)耐高温工作性能：在+50℃条件下试验8h，控制机应应正常起动与关闭、系统引导正确，应用软件运行正常，外围设备工作逻辑正确。

(4)耐湿热性能：在温度+40℃，相对湿度(95±2)%条件下，试验48h，控制机通电运行，控制机应正常起动与关闭、系统引导正确，应用软件运行正常，外围设备工作逻辑正确。

(5)耐机械振动性能：产品通电工作时，经20个循环的振动试验，控制机应正常起动与关闭、系统引导正确，应用软件运行正常，外围设备工作逻辑正确，结构不受影响，零部件无松动。

(6)耐盐雾腐蚀性能：产品的外壳防腐层经168h中性盐雾试验，无明显锈蚀现象，金属构件应无红色锈点。

2.试验方法

1)试验条件

除特殊规定外，一般试验条件如下：环境温度+15～+35℃；相对湿度45%～75%；大气压力86～106kPa。

2)材料检验

原材料和元器件的材质证明单应齐全有效，必要时可对原材料的主要性能指标(如物理化学性能)进行检验。

3)外观质量

用目测和手感法测试外观质量,应符合本标准的相关要求。

4)功能要求

连接显示器、键盘等计算机外围设备,接通电源打开工控机电源,连接模拟车道设备,运行车道测试软件,车道设备运行应正常,应满足本标准相关功能要求。

5)配置检验

打开车道控制机箱门,核对车道控制机内安装的部件,应符合本标准相关配置要求。

6)电气安全性

(1)绝缘电阻:用精度 1.0 级、500V 的兆欧表在电源接线端子与机壳之间测量。

(2)介电强度:用精度 1.0 级的耐电压测试仪在电源接线端子与机壳之间测量。

(3)接触电阻:用精度 0.5 级、分辨力 0.01 欧姆的电阻表在机壳顶部金属部位与安全保护接地端子之间测量。

(4)电源适应性试验用自耦变压器或可调交流电源给控制机供电,测试电压分别为 185V→200V→220V→240V→255V→230V→210V→185V。每调整到一档电压并稳定后,都分别开启和关闭控制机电源开关,试验结果逻辑和功能应正常。

(5)产品的防水、防尘及安全防护试验,按《外壳防护等级》(GB 4028—2008)的方法进行,详见下篇第一章。

7)环境适应性能

六项环境适应性试验方法详见第一篇第五章和第三篇第一章。

8)测试结果的处理

除特殊规定,一般对可重复的客观测量项目进行三次测试,取算术平均值为测试结果,根据需方要求,可给出标准差和不确定度。对于目测项目,测试人员应不少于三人,测试结果分为两级:合格和不合格。

二、电动栏杆主要技术要求及试验方法

电动栏杆的主要质量评定标准是《收费栏杆技术条件 电动栏杆》(JT/T 428.1—2000)。依据该标准,电动栏杆由栏杆臂、机箱、连接件、控制开关机机箱内部电机、电控装置与一系列机械装置等组成。其技术要求及试验方法如下。

1. 技术要求

1)适用条件

(1)安装及使用环境:户外无气候防护。

(2)环境温度。产品适合使用温度分为三级:A 级－20～＋55℃;B 级－40～＋50℃;C 级:－55～＋45℃。

(3)相对湿度:≤95%。

2)材料要求

箱体宜采用厚 2mm 以上的 Q235 钢板制成,也可以采用不锈钢等强度相当的材料;栏杆臂可采用普通铝合金,也可用 PVC、碳素纤维等材料制成。栏杆臂应有一定强度,不允许因自身重量、手扳或风吹而产生明显的挠度。

3)形状、尺寸要求

(1)机箱为长方体,其长、宽、高尺寸符合表 3-14-1 所示。

(2)栏杆臂长度可为 3 000mm、3 500mm 或 4 000mm。

栏杆机机箱尺寸(mm)　表 3-14-1

长	240～480
宽	240～480
高	800～1 200

(3)栏杆臂下边缘距机箱底平面的高度应在 650mm～950mm 之间。

4)功能要求及技术指标

(1)一般要求。产品应至少具备以下两种驱动控制方式:手动按钮操作和检测器控制自动操作;栏杆臂的关闭应由电机驱动,不允许自动下落;在栏杆臂下落至水平关闭位置的过程中,只要收到打开信号,栏杆臂应能立刻抬起;栏杆臂应贴敷红白相间的反光膜,红白间距为 250mm。

(2)起落角度。栏杆臂起落角度在 0°～90°范围之内。处于关闭位置时为 0°;打开至最大位置时为 90°,容许误差为±3°。

(3)起落时间。电动栏杆的起落总时间分为三档:$t<2$s;2s$\leqslant t \leqslant$4s;4s$<t\leqslant$5s。

(4)产品平均无故障起落次数应不小于 1 500 000 次。

(5)终点位置。正常工作下,在水平关闭重点位置或垂直开启终点位置时,栏杆臂应被锁定,不应抖动。

(6)防撞要求。栏杆臂应能承受 300Pa 的风压,但在受到车辆撞击时应能及时水平转开或脱离机箱。

(7)故障处理。在电源故障或机械失效时,处于关闭位置的栏杆臂能被手动开,或者自动回复至打开位置。

(8)自检功能。产品应设置自检功能,当产品发生故障时,应能够发出示警信息。

5)电气安全性能

(1)绝缘电阻。栏杆机电源输入端与外壳之间的绝缘电阻不小于 100MΩ。

(2)介电强度。在产品的接线端子与机壳之间应能承受有效值为 2 000V/50Hz 正弦交流电压,历时 1min,无击穿、闪络等异常现象。

(3)接地电阻。产品应设安全保护接地端子,接地端子与机壳连接可靠,接地端子与机壳的接触电阻应小于 0.01Ω。

(4)机箱所有的外露金属构件(电压超过 50V 的带电部件)都应具有可靠的防触电保护,控制装置应有短路保护、欠电压及过电压保护。

(5)电源适应性。电动栏杆机应在单项交流电压 220(1±10%)V,频率 50(1±4%)V 条件下可靠工作。

(6)电动栏杆所使用的电动机必须能满足频繁反复启动的要求,宜长时间运行在堵转状态。电机外壳防护等级按《旋转电机整体结构的防护等级》(GB/T 4942.1—2006)的规定不低于 IP55 级。

(7)机箱防护等级。机箱外壳的防护等级按相关规定应不低于 IP55 级。

6)噪声要求

电动栏杆在正常工作时所产生的噪声,用声级计测量应不大于 65dB(A)。

7)环境适应性能

(1)耐高温性能。在+55℃(+55℃,+50℃,+45℃)条件下,将产品试验8h后,产品应能正常起动、运转。

(2)耐低温性能。在-20℃(-40℃,-55℃)条件下,将产品试验8h后,产品应能正常起动、运转。

(3)恒温恒湿试验。在40℃±2℃,相对湿度95%±2%条件下,按规定的方法将产品试验8h后,产品应能正常启动、运转。

(4)机械抗振性能。栏杆通电工作时,在振动频率1~150Hz的范围内进行扫频试验,在1~9Hz时按振幅控制,振幅7.5mm;9~150Hz时按加速度控制,加速度为20m/s^2。1→9→150→9→1Hz为一个循环,经历20个循环,产品应能正常启动、运转,产品功能正常,结构不受影响,零部件无松动。

(5)耐盐雾腐蚀性能。产品经过168h的试验后,产品外壳应无明显锈蚀现象。

8)电磁兼容性要求

电动栏杆电磁兼容要求有三项:①电快速瞬变脉冲群抗扰度要求;②静电放电抗扰度要求;③辐射电磁场抗扰度要求详见下篇第一章。

9)防腐要求

机箱内的所有金属构件如连杆件、弹簧、螺栓等需提供有效的防腐措施,并应符合相关国家标准的规定。

10)外观质量

箱体内外与栏杆臂防护涂层色泽应均匀、无划伤、无裸露基体等损伤,其理化性能指标应符合国家或行业相关标准的要求;栏杆臂与机箱内杆件连接安装应方便、可靠,安装完毕后应无明显变形、凹凸等缺陷。机箱内部各构件应装配牢固,机械活动各部件应灵活、无卡滞现象;机箱体、栏杆臂喷涂色应符合《安全色》(GB 2893—2008)中的有关规定,并与贴敷在栏杆臂上的反光膜颜色相区别;机箱体设计应方便检查、维修与日常维护。箱体出线开孔位置、大小应合适,切口整齐,出线管与箱体开孔要密封良好;箱内接线整齐,回路编号清楚,走线横平竖直,符合视觉美学要求。箱锁应采取防水与防锈措施,箱门密闭良好。箱门不应朝向行车道。面板上所有文字、符合应清晰、正确、牢固。

2.试验方法

1)试验条件

除特殊规定外,一般试验条件如下:环境温度+15~+35℃;相对湿度45%~75%;大气压力85~106kPa。

2)测试结果的处理

除特殊规定外,一般要求对重复的客观测量项目进行三次测试,取技术平均值为测试结果,根据需方要求,可给出标准差和不确定度。对主观测试项目,测试人员应不少于3人,测试结果分为两级:合格和不合格。

3)材料试验

应核查原材料的材质证明单是否齐全有效,必要时刻对原材料的主要性能指标(如物理力学性能)进行试验。

4)外形尺寸

用精度为0.5mm的钢卷尺测量。

5)外观质量

用目测和手感法,为主观评定项目。

6)电气安全要求

绝缘电阻、介电强度、接触电阻、电源适应性等四项性能试验方法参见公路收费车道控制机部分。

电机防护等级和产品外壳防护等级试验分别参照GB 4942.1及相关试验方法进行。

7)功能要求及技术指标试验

(1)用角规测量电动栏杆开和角度,应满足本标准要求。

(2)用秒表检测起落杆总时间,应满足本标准要求。

(3)在户外无气候防护的环境下,给电动栏杆通电,是栏杆臂连续起落10min,用计时器控制,处于关闭位置5min,用计数器记下15min内连续起落次数,周而复始,平均无故障工作次数应满足本标准要求。

(4)给电动栏杆通电,发出关闭指令,观察栏杆臂的关闭过程至水平关闭位置,发出打开指令,观察栏杆臂的打开过程直至垂直打开位置,应符合本标准终点位置的要求。

(5)给电动栏杆通电,发出关闭指令,栏杆臂至水平关闭位置后,给栏杆臂中部先、后分别施加120N、300N压力,结果应符合本标准的防撞要求。

(6)给电动栏杆通电,发出关闭指令,拉杆臂至视屏关闭位置后,断开电源,产品应符合本标准故障处理要求。

8)噪声试验

噪声测试时可采用普通声级计进行,采用A声级。测试应在环境噪声水平比产品和环境总噪声低10dB的条件下进行。环境噪声应当是在本标准确定的每个参考点紧接在产品进行试验前和试验后进行测量,取其平均值。

产品放置在周围空间3m内没有声音反射面的地方(除地板或地面外)。正对产品外壳前面中心开始,从上看以顺时针方向围绕产品按每间隔1m取一个参考点,应当取不少于4个参考点。每个参考点离产品外壳的距离应为1m。传声话筒应置于参考点上离地面1.2~1.5m高处,正对着设备的主噪声产生源,且距离测量人员身体0.5m以上。在每个参考点上测量一次噪声,取其平均值作为产品的噪声水平。

9)电磁兼容性能试验

详见第三篇第一章。

10)环境适应性能试验

高低温等五项环境适应性能参照第一篇第五章和第三篇第一章。

三、手动栏杆主要技术要求及试验方法

手动栏杆的主要质量评定标准是《收费栏杆技术条件　手动栏杆》(JT/T 428.2—2000)。依据该标准,手动栏杆主要由横杆、旋转轴、底座等组成。根据横杆旋转方式分为水平转动式(S型)和垂直起落式(C型)两种类型。其技术要求及试验方法如下。

1. 技术要求

(1)横杆、立柱等主要金属构件宜采用不锈钢制成,其他易腐蚀的金属构件应按相关国家标准作相应的防腐处理等。横杆应有一定强度要求,不能因手扳、风吹而产生明显的挠度。

(2)横杆与旋转轴连接应灵活、无卡滞现象。

(3)横杆处于关闭位置时应保持水平。

(4)横杆长度宜在 3 500～5 000mm 之间;横杆下边缘距底座水平面的高度在 650～950mm 之间。

(5)横杆表面应贴敷红白相间的反光膜,红白间距为 250mm,并在横杆中部悬挂禁止驶入标志。

(6)各部件表面应光滑平整,无明显凹凸变形,边角过渡圆滑;金属构件防护层色泽均匀,无划伤、裂痕等损伤。

2. 试验方法

1)材料试验

应核查原材料的材质证明单是否齐全有效,必要时刻对原材料的主要性能指标(如物理力学性能)进行试验。

2)外观质量

用目测和手感法,测试人员应不少于 3 人,测试结果分为合格、不合格两级。

3)外形尺寸

用精度为 0.5mm 的钢卷尺测量,横杆长度及安装高度应满足本标准相关要求。

4)测试结果处理

除特殊规定外,一般要求对重复的客观测量项目进行三次测试,取技术平均值为测试结果,根据需方要求,可给出标准差和不确定度。对主观测试项目,测试人员应不少于 3 人,测试结果分为两级:合格和不合格。

四、收费键盘主要技术要求及试验方法

收费键盘的主要质量评价标准是《收费专用键盘》(GB/T 24724—2009)。依据该标准,收费专用键盘是安装在收费亭内,由可拆卸的单独按键开关组成,通过标准接口与收费车道控制机连接,供收费员完成收费功能。收费专用键盘一般由按键、印刷电路板和外壳等部分组成。其技术要求及试验方法如下。

1. 技术要求

1)适用条件

(1)安装及使用环境:收费亭内。

(2)环境温度:－20～＋55℃。

(3)相对湿度:不大于 95％。

2)一般要求

(1)键盘上按键的排列距离符合 PC 标准键盘的相关标准。

(2)键盘上各种键的布置应便于收费员快速操作而不发生操作错误。

(3)键盘应具备锁定功能，当同时按下两个以上的按键时，只承认第一个按下的键，在该键放开之前，按其他键无效。

(4)键盘连接线应选用线径 4.5mm 以上、铜芯线径加粗且带单屏蔽网的线缆，线长应不低于 2.5m。

3)外观质量

(1)产品构件应完整、装配牢固、结构稳定，边角过渡圆滑，无飞边、无毛刺。

(2)安装连接件应符合相关标准，以便于安装连接。其活动零件应灵活、无卡滞现象，机壳及安装连接件应无明显变形缺陷。

(3)外壳及连接件的防护层色泽应均匀，无划伤、无裂痕、无基体裸露等缺陷，其理化性能指标应符合相关国家或行业标准要求。

4)按键组成

收费专用键盘的按键一般由数字键区、常用键区和功能键区组成。不同区域可选用不同颜色的键帽，以示区分。

(1)数字键区：由 0～9 共十个按键组成，可使用该区域按键输入工号、密码等信息。

(2)常用键区：包括车型键、车种键、上/下班键、修改键、确认键等。本区域出现的按键在整个键盘中出现频度最高，因此可设置为大键，便于操作。

(3)功能键区：由特殊情况处理键，如卡损键、模拟键等组成。

5)按键使用寿命

在正常工作条件下，单键使用寿命大于 10 000 000 键次。并且键帽上的文字或字符在千万次操作后仍可识别。

6)防水与防尘

键盘应采取密封措施，防止雨、雪、其他水和灰尘等进入内部产生有害影响。外壳的防护等级为按《外壳防护分类》(GB 4208—2008)的规定应不低于 IP55 级。

7)电磁兼容性能

电磁兼容有三项要求，详见下篇第一章。

8)环境适应性能

(1)耐低温性能。键盘在－20℃条件下，产品应启动正常，逻辑正确。

(2)耐高温性能。键盘在 55℃条件下，产品应启动正常，逻辑正确。

(3)耐温度交变性能。键盘应能耐受温度由－20～＋55℃变化的影响，在温度循环变化后，产品应启动正常，逻辑正确。

(4)耐湿热性能。键盘在温度 40℃、相对湿度 95%的条件下，产品应启动正常，逻辑正确。

(5)耐机械振动性能。包装后的键盘在振动频率 2～150Hz 的扫频循环振动下，产品功能应正常，结构不受影响，零部件无松动。

(6)耐盐雾腐蚀性能。键盘的印刷电路板、传动机构和外壳防腐层及其支撑底板(其他部件由供需双方协定)应无明显锈蚀现象，金属构件应无红色锈点，印刷电路板经过 24h 自然晾干后功能正常。

9)可靠性

键盘的平均故障间隔时间(MTBF)应满足：MTBF 不小于 30 000h 的要求。

2.试验方法

1)试验条件

一般在测量和试验的标准大气条件下进行试验:①环境温度:15～35℃;②相对湿度:25%～75%;③大气压力:86～106kPa。

2)一般要求

使产品处于正常工作状态下,按"使用说明书"中的操作程序,对一般要求中的功能逐项进行功能验证。

3)外观质量和按键组成

用目测法进行。

4)按键使用寿命

对单键连续进行千万次操作试验。可用人工操作,也可以用机械装置模拟人手操作,但机械装置的表面材质和操作力度应与人手相仿。

5)防水与防尘

按《外壳防护等级》(GB 4208—2008)规定的试验方法进行。

6)电磁兼容性能试验

三项试验详见第三篇第一章。

7)环境适应性能

六项环境适应性试验方法详见第一篇第五章和第三篇第一章。

8)可靠性试验

按《设备可靠性试验》(GB 5080.7—1986)规定执行。

五、LED车道控制标志主要技术要求及试验方法

LED车道控制标志是安装于收费车道(入口车道或出口车道),用于对车道状态进行指示的设备,其主要质量评定标准是《LED车道控制标志》(JT/T 597—2004),技术要求和试验方法详见下篇第五章LED车道控制标志部分。

第三节 安装质量及检验评定标准

一、基本要求

(1)入口车道设备数量、型号规格符合设计要求,部件及配件完整。

(2)收费亭、电动(手动)栏杆、车道控制器(车道计算机)、收费员显示终端、键盘、信号灯、车辆检测器、摄像机、发(打)卡设备等主要设备是符合国家或行业标准的定型产品。

(3)收费亭内操作台、设备安装符合要求。

(4)收费亭、控制器、发(打)卡机、UPS、电动栏杆等设备的接地连接符合规范要求。

(5)电动栏杆、信号灯、摄像机等安装方位和位置正确。

(6)收费亭至收费岛、天棚上安装设备的裸露的电源线、信号线按设计要求进行保护处理。

(7)所有设备安装到位并连通,处于正常工作状态。

(8)隐蔽工程验收记录、分项工程自检和设备调试记录、安装和非安装设备及附(备)件清单、有效的设备检验合格报告或证书等资料齐全。

二、实测项目

收费系统入口车道设备实测项目见 JTG F80/2—2004 中表 4.1.2。

三、外观鉴定

(1)收费亭外设备安装稳固、端正。

(2)收费亭内操作台、座椅、设备、配线列架等整齐、有序、无明显歪斜,标志清楚、牢固。

(3)所有设备安装后,外观无划伤、刻痕,以及防护层剥落等缺陷。

(4)设备及收费亭内布线整齐美观、固定可靠、标识清楚;过墙、板、地下通道处有保护套管,并留有适当余量。

(5)设备之间连线接插头等部件连接可靠、紧密、到位准确;布线整齐、余留规整、标识清楚;固定螺丝等紧固,无松动。

(6)配电箱内信号线、动力线及其接插头要求明显区分,标识清楚,有永久性接线图。

(7)电动(手动)栏杆挡杆上反光标记完整醒目,落下时应处于水平位置。

第十五章

收费站出口车道设备

第一节　概　述

高速公路收费制式的不同导致收费车道设备的配置和功能有很大的差别。开放式收费按车型一次性收费，不需要通行券，车道设备配置重点放在识别车型和准确收费上，并且每个收费车道的设备配置完全相同；封闭式收费需同时确认车型和行驶里程，因而要增加读、写通行券数据和控制信息的能力，设备配置重点为识别车型、读写信息和准确收费。同时，在封闭式收费系统中，由于进出车道的流程不同，所配备的设备也不尽相同。

就出口车道而言，其主要是检验车辆携带的通行券，校核车型并根据它们的计算、收取通行费，打印收费票据，放行车辆。因此，出口车道在硬件配置上除具备与入口车道相同的设施外，还配备费额显示器、收费票据打印机和字符叠加器。此外，由于出口收费涉及现金，对出口车道的监控系统要求很高，通常必备收费车道摄像机和对讲机。

第二节　出口车道设备技术要求及试验方法

出口设备中的车道控制机、LED 车道控制标志、电动栏杆机、手动栏杆机、收费键盘等设备已在入口设备技术要求及试验方法中进行了介绍，本节主要对出口车道设备配置中特有的车牌识别系统、费额显示器、票据打印机等设备进行介绍。

一、汽车号牌视频自动识别系统主要技术要求及试验方法

汽车号牌视频自动识别系统是用来对车辆号牌使用图像抓拍、分析识别的方法，最终输出车辆号牌信息的系统。汽车号牌视频自动识别系统的主要质量评定标准是《汽车号牌视频自动识别系统》(JT/T 604—2004)。依据该标准，其技术要求及试验方法如下。

1.技术要求

1)系统构成

汽车号牌视频自动识别系统由(或至少由)图像采集模块和识别分析模块构成。

2)系统基本功能

汽车号牌视频自动识别系统应具备如下功能。

(1)系统功能

对以 0～120km/h 的速度通过系统捕获范围的车辆号牌可以识别并输出识别结论；对所识别的车辆号牌和不能识别的车辆号牌，均能输出所采集的全幅 JPG 格式的数字图像；系统

提供主动模式和受控模式两种工作模式。主动工作模式是指系统被触发后，立即主动将车辆号牌识别结论通过输入输出接口按输出的结果记录协议格式输出识别结论；受控工作模式是指系统被触发后，等待控制机通过输入输出接口发送获取识别结论命令，系统收到获取识别结论命令后，通过输入输出接口按输出结果记录协议输出识别结论。

(2)图像采集模块功能

图像采集模块将车辆通过触发装置时抓拍的车辆图像采集并输出。

(3)识别分析模块功能

对输入的车辆图像进行处理，并输出对图像中所含车辆号牌信息的识别结论。

3)接口形式与协议

(1)触发信号。识别系统触发接口可以使用各类信息源作为触发信号。

(2)输入输出接口与协议。

①物理接口。系统的信息输入输出接口使用标准 RS-232 串口或 10/100MB 以太网接口等。当使用标准 RS-232 串口时，端口设置满足如下要求：

a. 通信波特率范围：9 600～115 200bps。

b. 数据位、起始位、停止位、校验方式均可设置。

c. 出厂设置为：通信波特率为 9 600bps，起始位 1 位，数据位 8 位，停止位 1 位，无校验。

②输入输出协议。汽车号牌视频自动识别系统的通信输入输出协议详见行业标准 JT/T 604—2004，在此不作详述。

4)性能要求

(1)图像采集模块。采集的车辆图像不低于如下规定：

分辨率不小于 768×288 像素(单场)；

色彩：彩色，不小于 16 位。

(2)识别分析模块。系统识别率不小于 97%；识别分析的平均时间自触发信号发出开始到系统给出识别结论为止总耗时不大于 800ms。

5)环境适应性

(1)温度。系统正常工作温度：－40～70℃。

(2)湿度。系统正常工作湿度：不大于 95%。

(3)耐机械振动。在振动频率 2～200Hz 的范围内进行扫频试验。在 2～9Hz 时按位移控制，位移 3.5mm；9～200Hz 时按加速度控制，加速度为 $10m/s^2$。2Hz→9Hz→200Hz→9Hz→1Hz 为一个循环，扫频速率为 1oct/min，共经历 20 个循环后，系统功能正常，结构不受影响，零部件无松动。

6)电气性能

(1)电源。系统使用的电源应为 AC 220×(1±15%)V，50×(1±4%)Hz 交流电。

(2)耐压性。系统的电源端子和单元外壳之间应能耐受频率为 50Hz、1 500V 交流电压 1min。在该条件下，系统应无飞弧、火花或击穿现象。

(3)绝缘性。系统的电源端子和外壳之间的绝缘电阻应大于 100MΩ。

2. 试验方法

1)功能与性能检测

汽车号牌视频自动识别系统的功能与性能检测方法如下。

(1)功能检测

功能检测在室外环境中进行。环境温度为−20～+30℃,晴朗或多云天气,能见度大于500m,在正常光照强度(日光或照明灯光)环境下。按产品要求连接产品,并与测试用控制机连接,加电运行。测试控制机根据本标准规定的通信协议,将汽车号牌视频自动抓拍系统设置为主动模式。测试车辆正常悬挂肉眼可以识别的车牌,以40～50km/h的速度通过系统捕获范围,这时系统应通过信息输入输出接口向控制机发送车牌识别结果。

共进行以上试验20次,控制机接收全部20次结果时,判定系统功能符合标准要求。

(2)性能检测

①识别率检测

识别率检测在室外环境中进行。环境温度为−20～+30℃,晴朗或多云天气,能见度大于500m,在正常光照强度(日光或照明灯光)环境下。按产品要求连接产品,并与测试用控制机连接,加电运行。

在测试控制机上编制测试软件,测试软件根据本标准规定的通信协议,将汽车号牌视频自动抓拍系统设备为受控模式。测试车辆正常悬挂肉眼可以识别的车牌,以40～50km/h的速度通过系统捕获范围时,通过通信接口按标准规定的协议要求系统返回车牌识别结果,并接收系统返回的识别结果。记录返回的结果,并与实际车牌情况进行对比,记录为"识别正确"或"识别错误"。

在日光照明条件下进行1 000次测试,在夜晚灯光照明条件下进行1 000次测试,计算记录为"识别正确"的数量所占比率R,R不小于97%时判定系统符合标准要求。

②识别时间检测

装配系统,使系统处于常温室外环境中,与测试所使用的控制机连接。在控制器环境下编制测试软件,使用控制机控制触发的方式,控制汽车号牌视频抓拍系统进行车牌识别并记录时间。用来进行车牌识别的测试车辆停在系统不厚范围内,正常悬挂车牌。

测试软件控制系统连续进行100次的触发识别,记录每次从触发系统到系统输出识别结果的时间;更换另一辆测试车辆,再进行100次的触发识别,记录每次从触发系统到系统输出识别结果的时间。

求200次试验的时间平均值T_1作为试验结果,如果T_1大于800ms,则判定系统性能不符合标准。

2)环境适应性能检测

高温、低温、湿热详见第一篇第五章,振动试验见第三篇第一章。

3)电气性能测试

耐压绝缘试验详见第三篇第一章。

二、费额显示器主要技术要求及试验方法

公路收费用费额显示器其主要质量检验评定标准是《公路收费用费额显示器》(JT/T 641—2005),依据该标准,公路收费用费额显示器是由显示单元组成的显示屏幕,安装在收费亭外或收费岛尾,通过一定的控制方式,以文字形式(可辅以语音)向道路使用者显示缴费信息

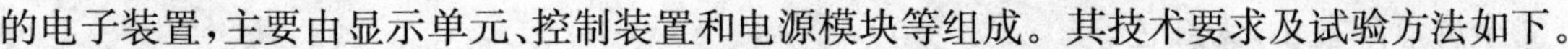

的电子装置，主要由显示单元、控制装置和电源模块等组成。其技术要求及试验方法如下。

1. 技术要求

1）适用条件

（1）安装及使用环境：收费亭外。

（2）相对湿度：不大于95%。

（3）环境温度：A型－20～＋55℃；B型－40～＋50℃；C型－55～＋45℃。

2）形状和尺寸要求

机箱为长方形，其长、宽、厚度尺寸见表3-15-1、图3-15-1和图3-15-2。

费额显示器机箱尺寸表（单位：mm）　　表3-15-1

安装方式	长	宽	厚
附着式	660	270	150
独立式	570	450	150

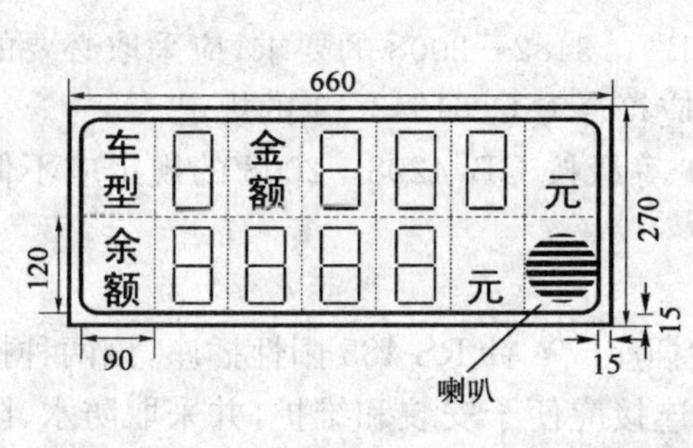

图3-15-1　附着式费额显示器的外形尺寸（尺寸单位：mm）

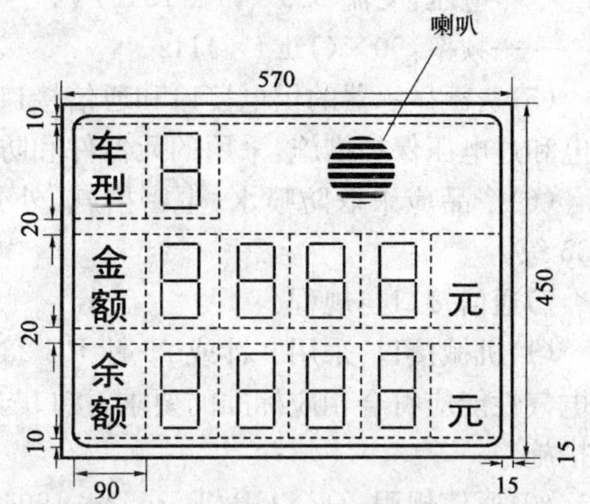

图3-15-2　独立式费额显示器的外形尺寸（尺寸单位：mm）

3）费额显示器外观及其材料要求

（1）材料：费额显示器外壳可采用钢、铝合金等材料，前面板采用亚光不锈钢或PC板。外壳应采用非反光材料或进行消除反光处理，结构坚固、美观。

（2）外观：费额显示器外壳无明显划痕，显示单元无松动剂管壳破裂。

4）安全要求

（1）费额显示器属于GB 4943—2001规定的Ⅰ类安全设备。

（2）温升：费额显示器正常使用时在达到热平衡后，金属部分的温升不超过45℃，绝缘材料的温升不超过70℃。

5）性能特性

（1）显示功能。

①LED数码管显示分固定字符和动态数字分别显示，其中固定字符采用反光膜形式或丝印反光字，为红色；底色宜为浅灰。

②全屏点阵显示，为红色。

③数字显示应稳定、清晰无扰，数码字符在不显示时应尽可能与字符底板的颜色相近。

(2)发光强度。不小于 1 500cd/m^2。

(3)视认性能。静态视认角不小于 30°，静态视认距离不小于 30m。

(4)声学特性。对于语音型费额显示器，在设备正前方 1m，离地高 1.2m 处接收的等效声级值为 70～85dB(A)可调，非线性失真应小于 10%。

6)电气安全性能

(1)绝缘电阻。费额显示器的电源接线端子与机壳的绝缘电阻应不小于 100MΩ。

(2)介电强度。在费额显示器的电源接线端子与机壳之间施加频率 50Hz、有效值 1 500V 正弦交流电压，历时 1min，应无火花、飞弧和击穿现象。

(3)安全接地。费额显示器应设安全保护接地端子，接地端子与机壳连接可靠，接地端子与机壳的连接电阻应小于 0.1Ω。

(4)产品应适应电网波动要求，在以下条件下应可靠工作：

——电压：交流 220×(1±15%)V；

——频率：50×(1±4%)Hz。

(5)费额显示器的供电接口和通信接口按照 GB/T 3482—2008 的要求，应采取必要的防雷电和过电压保护措施，采用的元器件和防护措施应符合 IEC 61643—1 的规定。

(6)产品应采取防喷水、尘密措施，外壳的防护等级按 GB 4208—2008 的规定应不低于 IP65 级。

7)通信接口与规程

(1)机械接口：采用 9 针或 25 针 RS-232C 阴性插座或 4 针 RS-485 阳性插座，该两种接口的电气性能应符合相应标准的要求，接口与外部的连接应便于安装和维护，并采取防水、防尘等措施。

(2)通信规程：符合 GB/T 3453—1994 的有关规定。

(3)通信方式：异步、半双工。

(4)通信速率：1 200～19 200bit/s。

(5)在满足(1)～(4)的条件下，可以按需求提供其他接口和规程，以便与收费控制系统连接。

8)环境适应性能

(1)耐低温储存性能。在－20℃(或－40℃、－55℃)条件下，试验 8h，费额显示器与收费控制系统应能正常通信，收费信息显示正确。

(2)耐低温工作性能。产品通电工作，在－15℃(或－35℃、－50℃)条件下，试验 8h，费额显示器与收费控制系统应能正常通信，收费信息显示正确。

(3)耐高温工作性能。在＋50℃(或＋45℃、＋40℃)条件下，试验 8h，费额显示器与收费控制系统应能正常通信，收费信息显示正确。

(4)耐湿热工作性能。在温度＋40℃，相对湿度(98%±2%)RH 条件下，试验 48h，费额显示器与收费控制系统应能正常通信，收费信息显示正确。

(5)耐机械振动性能。在振动频率 1～150Hz 范围内，试验经历 20 个循环后，费额显示器与收费控制系统应能正常通信，收费信息显示正确。结构不受影响，零部件无松动。

(6)耐盐雾腐蚀性能。外壳防腐层(其他部件由供需双方协定)应无明显锈蚀现象，金属构件应无红色锈点，消除反光的外涂材料不脱落。

9)电磁兼容性能

三项性能详见第三篇第一章。

2.试验方法

1)试验条件

除特殊规定外，一般试验条件如下：

(1)环境温度：+15～+35℃；

(2)相对湿度：45%～75%；

(3)大气压力：86～106kPa。

2)试验

(1)材料试验

主要核查原材料和元器件的材质证明单是否齐全有效，必要时可对原材料的主要性能指标(如物理化学性能)进行试验。

(2)外观质量

用目测和手感法。外观质量应符合本标准的相关要求。

(3)功能测试

连接费额显示器及收费控制系统，接通电源，运行车道收费软件，检验费额显示器运行是否正常，逐项核查功能是否满足标准的相关要求。

(4)电气安全性能

①绝缘电阻。用精度1.0级、500V的兆欧表在导电端子与机壳之间测量。

②介电强度。用精度1.0级的耐电压测试仪在导电端子与机壳之间测量。

③连接电阻。用精度0.5级、分辨力0.01Ω的毫欧表在机壳顶部金属部位与安全保护接地端子之间测量。

④用自耦变压器或可调交流电源给费额显示器供电，测试电压分别为185V→200V→220V→240V→255V→230V→210V→185V。每调整到一档电压并稳定后，接通费额显示器，检查显示功能是否正常。

⑤产品的防雨、防尘及安全防护，按GB 4208—2008的试验方法进行。

⑥其他安全性能试验按GB 4943—2001试验方法进行。

(5)通信接口与规程

该项的测试方法为主观评定和客观测试两部分，客观测试方法将由相关标准具体规定。对每个区段的每个显示字进行测试，应能正确显示。主观评定方法是把费额显示器连接到收费控制系统后，评定该产品与系统的通信情况，可用24h失步次数来评价产品的通信性能。

(6)环境适应性能

六项环境适应性能详见第一篇第五章和第三篇第一章。

(7)电磁兼容性

三项电磁兼容性见第三篇第一章。

三、票据打印机主要技术要求及试验方法

票据打印机的主要质量评定标准是《票据打印机》(GB/T 24723—2009)。依据该标准，票据打印机是安装在高速公路、普通公路、铁路、停车场等场所的收费亭及售票处，通过标准接口与上位机连接，完成发票、车票等票据打印功能的设备。票据打印机一般由打印头、碳带、切纸刀和机壳等部分组成。其技术要求及试验方法如下。

1.技术要求

1)适用条件

(1)安装及使用环境：收费亭内。

(2)环境温度：－20～＋55℃。

(3)相对湿度：不大于95%。

2)外观和结构要求

(1)票据打印机表面应光滑、平整、美观、涂层色泽均匀，无锈蚀、凹痕、划伤、裂缝和变形，无裸露基体等缺陷。

(2)票据打印机各操作开关、按键应灵活、可靠、方便。供用户使用的选择开关应便于操作。机箱锁应牢固有效，使用对应的钥匙开启时应灵活方便。

(3)票据打印机应便于部件更换和维护，打开机箱后，应能在不使用工具的情况下，更换纸带、碳带及排除卡纸等异常现象。

(4)铭牌上所有文字和符号清晰、正确、牢固。

3)功能要求

(1)显示功能。能够显示电源及工作状态指示，发生故障时能够显示故障类型。

(2)自检功能。上电过程中票据打印机能够自检，并向上位机上报必要信息。

(3)报警功能。按GB/T 17540—1998的有关规定，在出现卡纸、纸尽、硬件出错等情况时应发出报警信号。

(4)数据通信接口。票据打印机应采用计算机通用的通信接口。

4)性能要求

(1)打印质量：打印的字符字形应完整、能正确识别，字迹清晰牢固。按GB/T 9312—1988的有关规定，打印位置误差为±0.4mm。

(2)单行打印时间：小于2s。

(3)噪声：正常工作时小于60dB(A)。

5)电气安全性能

(1)绝缘电阻。产品的电源接线端子与机壳的绝缘电阻应不小于100MΩ。

(2)电气强度。在产品的电源接线端子与机壳之间施加频率50Hz、有效值1 500V正弦交流电压，历时1min，应无闪络或击穿现象。

(3)安全接地。产品应设安全保护接地端子，接地端子与机壳(包括带电部件的金属外壳)连接可靠，接地端子与机壳的连接电阻应小于0.1Ω。

(4)电源适应性。产品应适应电网波动要求，在以下条件下应可靠工作：

——电压:交流 220×(1±15%)V;

——频率:50×(1±4%)Hz。

(5)防水与防尘。产品应采取密封措施,防止雨、雪、其他水和灰尘等进入内部产生有害影响。外壳的防护等级为 GB 4208—2008 规定的 IP55 级。

6)电磁兼容性能

三项电磁兼容性要求详见第三篇第一章。

7)环境适应性能

(1)耐低温性能。票据打印机在－20℃条件下,产品应启动正常,逻辑正确。

(2)耐高温性能。票据打印机在 55℃条件下,产品应启动正常,逻辑正确。

(3)耐温度交变性能。票据打印机应能耐受温度由－20～55℃变化的影响,在温度循环变化后,产品应启动正常,逻辑正确。

(4)耐湿热性能。票据打印机在温度 40℃、相对湿度 95%的条件下,产品应启动正常,逻辑正确。

(5)耐机械振动性能。包装后的票据打印机在振动频率 2～150Hz 的扫频循环振动下,产品功能应正常,结构不受影响,零部件无松动。

(6)耐盐雾腐蚀性能。票据打印机的印刷电路板、传动机构和外壳防腐层及其支撑底板(其他部件由供需双方协定)应无明显锈蚀现象,金属构件应无红色锈点,印刷电路板经过 24h 自然晾干后功能正常。

8)可靠性

票据打印机的平均故障间隔时间(MTBF)应满足:MTBF 不小于 30 000h 的要求。

2. 试验方法

1)试验条件

一般在测量和试验的标准大气条件下进行试验:

(1)环境温度:15～35℃;

(2)相对湿度:25%～75%;

(3)大气压力:86～106kPa。

2)外观和结构要求

用目测法进行。

3)功能试验

使产品处于正常工作状态下,按“使用说明书”中的操作程序逐项进行功能验证。

4)性能试验

(1)打印质量。目测验证票据的打印质量,用手轻擦打印好的票据,上面的字迹不应有掉色、模糊等现象。用精度为 1 级的游标卡尺测试打印位置误差。

(2)单行打印时间。用精度为 0.1 级的秒表进行测试。

(3)噪声检测。用声强计在与设备等高、距设备 1m 处测得,在 4 个方向各测试一次,平均后得出噪声值。

5)电气安全性能

(1)绝缘电阻。用精度 1.0 级的兆欧表在电源接线端子与机壳之间施加 500V 直流电压

1min 后读取测量结果。

(2)电气强度。用精度 1.0 级的耐电压测试仪在接线端子与机壳之间测量。

(3)连接电阻。用精度 0.5 级、分辨力 0.01Ω 的毫欧表在机壳顶部金属部位与安全保护接地端子之间测量。

(4)电源适应性。

①电压波动适应性:用自耦变压器或可调交流电源给票据打印机供电,测试电压分别为 180V→200V→220V→240V→255V→230V→210V→180V。每调整到一档电压并稳定后,都分别开启和关闭票据打印机电源开关,检查逻辑和功能是否正常。

②频率波动适应性:用可调频交流电源给票据打印机供电,电源电压为交流 220V,测试频率分别为 48Hz→49Hz→50Hz→51Hz→52Hz。每调整到一档并稳定后,都分别开启和关闭票据打印机电源开关,检查逻辑和功能是否正常。

(5)防水与防尘。按 GB 4208—2008 规定的试验方法进行。

6)电磁兼容性能试验

电磁兼容性试验详见第三篇第一章。

7)环境适应性能

高低温等六项环境适应性能试验详见第一篇第五章和第三篇第一章。

8)可靠性试验

按 GB/T 5080.7—1986 规定执行。

第三节 安装质量及检验评定标准

一、基本要求

(1)出口车道设备数量、型号规格符合设计要求,部件及配件完整。

(2)收费亭、电动(手动)栏杆、车道控制器(车道计算机)、收费员显示终端、专用键盘、费额显示器、信号灯、车辆检测器、摄像机、收(打)卡设备等主要设备是符合国家或行业标准的定型产品。

(3)收费亭内操作台、座椅、设备安装符合设计要求。

(4)收费亭、控制器、收(打)卡机、UPS、电动栏杆等设备接地连接正确。

(5)电动栏杆、费额显示器、信号灯、摄像机等安装方位和位置正确。

(6)车道设备的电源线、信号线按设计要求进行保护处理。

(7)所有设备安装到位并连通,处于正常工作状态。

(8)隐蔽工程验收记录、分项工程自检和设备调试记录、安装和非安装设备及附(备)件清单、有效的设备检验合格报告或证书等资料齐全。

二、实测项目

车口车道设备实测项目见 JTG F80/2—2004 中表 4.2.2。

三、外观鉴定

(1)收费亭外设备安装稳固、端正。

(2)收费亭内操作台、座椅、设备、配线列架等整齐、有序、无明显歪斜，标志清楚、牢固。

(3)所有设备安装后，外观无划伤、刻痕，以及防护层剥落等缺陷。

(4)设备及收费亭内布线整齐美观、固定可靠、标识清楚；过墙、板、地下通道处要有保护套管，并留有适当余量。

(5)设备之间连线接插头等部件要求连接可靠、紧密、到位准确；布线整齐、余留规整、标识清楚；固定螺丝等要求紧固，无松动。

(6)配电箱内信号线、动力线及其接插头明显区分，标识清楚，有永久性接线图。

(7)电动(手动)栏杆挡杆上反光标记完整醒目，落下时处于水平位置。

第十六章

收费站设备及软件

第一节 概 述

收费站是收费系统的基本管理机构。收费站计算机系统是收费站的功能核心部分，包括硬件和软件。其中硬件指收费计算机系统及其外部设备，如服务器、管理计算机、多媒体计算机、打印机、网络设备及其他辅助设备；软件包括操作系统、数据库系统、网络通信及收费控制、管理软件等。

收费站的主要功能如下：

(1)实时采集收费车道的每一条收费数据，并将各车道的收费数据传输到服务器数据库中；

(2)数据的统计、处理、存储、管理功能，将从车道采集的数据按照管理规定的格式进行统计，形成规定的报表，显示、查询、检索规定时间内收费数据的历史记录；

(3)图像管理功能，可查询、打印各车道抓拍的图像；

(4)具备对本站人员、票据和通行卡的管理功能；

(5)具备收费监视功能，可监视各车道、亭内图像，对收费车道运行车况实时检测，一方面防止收费作弊情况，另一方面对收费状况实时监控，有利于紧急情况的发现和处理；

(6)紧急报警信息处理功能；

(7)作为收费车道和收费(分)中心之间的中间管理机构，实现相关信息的上传与下载。收费站可向收费(分)中心上传数据，并下载规定的数据。

第二节 收费站设备性能及软件测试技术要求

一、收费站设备性能

1. 网络服务器

收费站服务器是收费站所有计算机中配置最高的，它不但要存储收费站所有的收费数据、交通量数据、班次管理数据和图像，还负责收费站局域网的网络管理。收费站服务器功能主要包括以下几点。

(1)数据管理：实时接收车道的数据和图像等收费数据并在数据库归类保存、数据定期自动备份、记录收费员排班表、出错次数超出规定的收费员名单统计、记录设备运作情况、故障报警等。

(2)系统管理:发布(转发收费上级管理单位)系统指令、时钟(根据收费上级管理单位发布的时钟,发布日期和时间)、收费费率(接受并公布上级管理单位下达的费率表)、口令(设置存储站各级身份口令等)。

(3)数据通信:收费站根据需要设计分界点,独立打包并加密处理,发往上级管理单位;定时或按指令接收中心数据,包括时钟、费率标准等。

除进行数据管理、安全管理、时钟服务、数据库服务等功能外,服务器应用软件应具备如下数据库:

(1)系统基本属性数据库:是其他数据库参照的重要属性数据库,主要数据表有收费站代码表、车型标准表、收费费率表、交易清分准则表、数据库参数表、交易代码表、工作人员表等。

(2)IC卡数据库:是与IC卡相关的资料数据,主要包括卡资料表、卡损耗表、黑卡表、卡调度记录表等。

(3)历史交易数据库:存放全部历史交易流水数据。

(4)业务统计数据库:为业务统计数据,包括各种报表、统计分析数据、财务数据等。提供业务管理的相关数据,包括人员操作记录表、设备管理表、备件配备管理表、报警事件表等。

网络服务器的主要技术要求包括CPU、主频、内存、硬盘和接口等。实际设计中需要根据具体要求进行选择。

2.多媒体计算机

收费站要完成对车道数据和图像的管理,通常需要配备图像监控计算机,也称多媒体计算机。多媒体计算机在存储空间的配置方面,应考虑图像存储占用大量的存储空间这一特点,在接收车道控制计算机发来的图像捕获请求时,通常以串口为主接口,以网络为辅助接口,在检测到报警信息时,实时打印相关信息并存储,故应预留所需接口。多媒体计算机应具备较高的分辨率,选用大屏幕显示器。多媒体计算机的主要功能包括:

(1)车道监视功能。多媒体计算机可以直接从收费站服务器调出各车道处理信息,并显示车道状态及正在操作的收费员或维修人员等。

(2)图像管理功能。主要用于抓拍车道视频图像,并进行存储及管理。

多媒体计算机的主要技术指标包括CPU、主频、内存、硬盘、显示器分辨率及尺寸等。

3.管理计算机

管理计算机主要完成各种数据处理、查询、统计和报表打印等功能,包括对图像数据进行进一步的查询统计。主要功能包括:①从服务器数据库中提取数据,并统计交通量、业务收入、工作人员班次等;②输入收费员上缴先进,调出服务器中收费作业原始数据库,并由此产生新的财务统计数据库;统计业务收入报表;核对收费员收费金额收缴情况等;③按需求进行报表打印。

管理计算机的主要技术指标包括CPU、主频、内存及硬盘等。

4.打印机

收费站打印机主要用于各种统计报表和抓拍图像的打印。其主要技术指标包括速度、分辨率、接口等。

5. 网络设备

收费站网络设备包括网卡、调制解调器、集线器及路由器等。其主要技术指标包括接口、速度、端口数量等。

6. 辅助设施

收费站系统主要附属设施包括各种收费综合控制台和电视墙及系统需要的光缆、电缆、配电箱等辅助设施。

二、收费软件测试技术

收费软件的主要质量评定标准是《信息技术 软件包 质量要求和测试》(GB/T 17544—1998),依据该标准可对收费系统软件从功能度、安全可靠性、效率、易用性、兼容性、可扩充性和用户文档等方面进行测试。

目前收费系统软件多进行功能度的测试,本书仅对收费软件的功能测试进行说明。

收费系统软件功能测试主要围绕计算机软件功能测试的几个方面,按照收费系统收费车道、收费站、收费(分)中心各级管理机构的功能要求展开。收费系统软件功能测试主要是对软件界面、数据、操作、接口等几方面的测试。对于界面的测试主要包括收费车道、收费站、收费(分)中心各级软件的程序安装、启动是否正常,进入操作界面后是否有相应的提示框或错误提示;系统的界面是否清晰美观,功能逻辑清楚,符合使用者的习惯;进入操作界面后相应菜单,按钮是否操作正常、灵活,可处理一些异常操作或对异常操作有错误提示;收费软件关于操作测试内容主要软件是否可接受正确的输入,对异常数据的输入是否有提示、容错处理等;数据的输出结果是否准确;系统的各种状态是否按照业务流程而变化,并保持稳定;收费软件接口测试包括硬件接口和软件接口,检查系统是否能配合多种硬件周边环境;软件升级后,是否能支持旧版本的数据。而对于收费软件最重要的测试是软件的每一项功能是否符合实际使用要求。

1. 软件测试流程

对功能符合性的测试需要做好测试的先期准备,包括制订测试计划、测试用例设计、配备测试所需资源等。

1)制订测试计划

在进行测试前首先制订测试计划与方案,明确测试的内容和目的。另外测试计划中需确定测试范围、测试用例的设计、测试中各方的配合条件、所需资源及日程安排。测试计划中需明确测试的性质,属于工程交、竣工验收测试还是委托测试。不同的测试性质,测试的依据也不同,目前对收费系统软件功能测试的主要依据为《公路工程质量检验评定标准 第二册 机电工程》(JTG F80/2—2004)中相关内容及工程合同文件中规定的技术要求。测试计划中需列明测试中各方的配合条件,例如需建设方或委托测试方提供相应软件的操作、访问权限,数据的查询、处理、统计、汇总的权限,需要对方提供配合的人力、物力条件,测试所需资源与环境的要求及测试日程安排等,以保证测试工作的顺利进行。

另一方面,收费软件功能测试和其他软件测试一样使用黑盒测试法,主要应用测试用例的输入,验证软件功能的准确性、完备性和符合性,测试用例的设计也采用黑盒测试用例的设计方法,依据这些方法设计正常输入、错误输入、边界输入的用例,也可以依据经验做错误推断,但错误推断法不是系统的测试方法，只能作为辅助的测试手段。

2)执行测试方案

在完成测试计划及测试用例设计后，就可依据测试需要设置测试环境，配备测试资源，执行测试计划的日程了。在执行测试方案中关键的一个环节是进行缺陷记录，也可以理解为不符合项记录，并谨记缺陷的三要素：在哪里，什么情况(前提)下，发生了什么样的问题。这是进行结果分析、软件质量评价及形成测试报告的依据。

3)测试结果分析及处理

软件功能测试最后一个环节即是对测试结果进行分析，形成测试报告。在执行测试方案后，根据使用测试用例得出软件实际输出结果与测试预期结果进行比较，进行软件质量评价，对于我们收费系统软件功能来说主要表现为对标准要求和工程技术文件要求的符合性。

2. 收费站软件测试要求

收费站软件功能主要围绕数据管理和收费监视展开，各项要求也是为保障数据安全和图像的准确、安全。对收费站软件的测试主要验证功能实现的准确性和稳定性，不考虑软件对错误输入的响应。

对车道实时监控功能：指收费站计算机可查看车道最后一辆车处理信息及车道状态、操作员信息，监视计算机可监视、显示车道设备及操作情况。

数据管理：通过专用服务器和收费管理计算机可查询、统计原始数据。收费数据的统计管理是收费站计算机网络的主要功能，收费数据包括收费站人员管理，收费站票卡管理，通行费管理，交通流量统计等。收费人员管理包括收费人员班次报表，记录收费员姓名、上岗时间、班次、特殊操作统计；票据管理包括通行卡的调入、调出、本站发出、本站回收、各收费员回收、各班次回收等信息的统计管理，票据管理包括计算机自动打印发票、人工手撕票据的统计管理。通行费管理是收费站软件职能的重中之重，按收费员统计、按时间统计、按班次统计、按车道统计等各种形式的通行费收入日报表、月报表、年报表。交通流量统计指根据本站发出与回收的通行卡或车道车辆检测器计算出入本站的车流量。查看费率表功能是收费站另外一个查询功能，尤其是在路段管理模式下，费率表由路段公司管理，收费站必须能查询到本路段的费率。但目前联网收费的路段不断增加，费率表的制定和管理都由联网中心负责，由联网中心下发至收费站服务器，收费车道定时向收费站服务器读取最新的费率。

收费站另外一项重要功能是图形管理功能，包括图像稽查、报警录像、主监视器切换显示各车道及收费亭摄像机功能。《公路工程质量检验评定标准　第二册　机电工程》(JTG F80/2—2004)对“图像稽查功能”的技术要求是可稽查所有出入口车道“有问题”车辆图像。多数路段都是在出口车道安装抓拍设备，而且抓拍对象只针对军警车、公务车、降档车、违章车等特情车。

收费站是收费车道与收费分中心之间的二级管理机构，所以它还需具备通信功能，即与车道数据通信，与收费中心通信。与车道数据通信包含两方面内容：一方面下发车道收费管理数据，包括费率表、时钟等；另一方面是接收车道上传的数据，包括收费数据、车流量数据、车道设备状态数据等。与车道数据通信功能在测试中可不单独设计测试用例，可以通过查原始数据等的功能测试中同时进行。与收费中心的通信功能同样包含两方面，上传与接收规定的数据，数据传输准确。在测试用例的设计中应选取可查询、可追溯的数据作为测试数据。

第三节　安装质量要求及检验评价标准

一、基本要求

(1)收费站内设备数量、型号符合要求,部件完整。

(2)设备安装到位并连通,处于正常工作状态,并进行了严格测试和联调。

(3)提交了分项工程自检和系统联调记录、设备及附(备)件清单、有效的设备检验合格报告或证书等资料。

二、实测项目

收费站设备及软件的实测项目见JTG F80/2—2004中表4.3.2。

三、外观鉴定

(1)站内设备安装稳固、端正。

(2)收费站内操作台、座椅、设备、配线列架等整齐、有序、无明显歪斜,标志清楚、牢固。

(3)所有设备安装后,外观无划伤、刻痕,以及防护层剥落等缺陷。

(4)设备及收费站监控室内布线整齐美观、固定可靠、标识清楚;过墙、板、地下通道处有保护套管,并留有适当余量。

(5)设备之间连线接插头等部件要求连接可靠、紧密、到位准确;布线整齐、余留规整、标识清楚;固定螺丝等紧固,无松动。

(6)配电箱内信号线、动力线及其接插头要求明显区分,标识清楚,有永久性接线图。

第十七章

收费中心设备及软件

第一节　概　　述

收费(分)中心是路段收费模式中高速公路的最高管理机构,肩负管理职能。其功能主要包括运行参数的管理,收费数据的汇总管理,人员、票、卡的管理及通信功能。其中,运行参数的管理指接收和下传收费系统运行参数,同步时钟、费率表、车型分类表、黑名单等;收费数据汇总管理是指可接收管辖区内每一收费站上传的数据与资料,并处理收集到的信息与资料,形成各种统计报表;本路段使用的票证、通行卡、身份卡的管理;收费系统中操作、维修人员权限的管理;作为收费数据的最终管理单位,收费(分)中心必须具备数据、资料的存储、备份与安全保护功能,并且具备数据库、系统维护和网络管理功能;部分收费(分)中心需要与监控中心传输规定的数据,如车流量等,这样需要(分)中心可与监控中心通信。

收费中心设备及软件的主要功能:接收收费站计算机上传的统计信息并上报到收费中心;接受总中心转发的各种信息,并下传给收费站计算机;整理、统计、存储、打印所辖收费站上传的数据;通信线路故障时,中心计算机可独立工作。

第二节　收费(分)中心软件测试技术要求

收费中心计算机系统是实现收费(分)中心功能的关键组成部分,其一般采用双绞线星型开放网络结构。该系统主要由微机服务器(或小型机服务器)、交换机、客户机(管理计算机、多媒体计算机)、路由器、打印机、数据备份设备和UPS电源等构成,上述硬件设备的要求已在上一章进行了介绍。收费(分)中心的软件测试流程与收费站相同,本节主要结合收费(分)中心的要求,介绍收费(分)中心的软件测试用例。

收费(分)中心主要对所辖区域高速公路的收费、交通流量、通行卡和票据进行统计分析和有效管理,费率、车型分类表、时钟等信息的设定、下发与管理。完成各种数据分析管理的前提是数据正确传输,所以收费(分)中心软件测试的第一项内容是与收费站的数据传输功能,要求定时或实时轮询各收费站的数据。对于此功能有两种测试方法:其一是在车道上以特殊工号操作产生的数据为测试依据,核查上传至(分)中心的数据的准确性;其二是以上传至(分)中心的历史数据为测试依据,用不同统计方法的统计数据作横向比较,核查(分)中心收费数据的准确性。

收费(分)中心承担数据存储、备份的服务器是需要持续可靠7×24小时提供服务的系统,因此为保证数据的安全性和服务的可靠性,收费(分)中心服务器一般选取双机热备份系统(以下简称双机热备)。双机热备从广义上讲,就是对于重要的服务,使用两台服务器,互相备份,共同执行同一服务。当一台服务器出现故障时,可以由另外一台服务器承担服务任务,从而在不需要人工干预的情况下,自动保证系统能持续提供服务。从狭义上讲,双机热备特指基于active/standby方式的服务器热备。服务器数据包括数据库数据同时往两台或多台服务器写,或者使用一个共享的存储设备。在同一时间内只有一台服务器运行。当其中运行着的一台服务器出现故障无法启动时,另一台备份服务器会通过软件诊测将standby机器激活,保证在短时间内完全恢复正常使用。但是一般意义上的双机热备都会有一个切换过程,在切换过程中,服务是有可能短时间中断的,切换完成后,服务将正常恢复。对双机热备功能的技术要求是当主机宕机时,从机能够自动接管,保证业务的连续性和正确性。因此对此功能的测试采取人工宕机的方式检测功能的实现性及切换时间的符合性。对服务器的切换时间依据设计文件的规定。

收费(分)中心一项重要功能是报表统计管理与打印功能,对此功能的要求不仅是能够进行数据的统计管理,同时要求数据严格准确。收费(分)中心统计报表中的数据一般包括收费数据、交通流量数据、票卡管理数据、人员管理数据。对报表统计管理功能的测试核查方法也有两种:一是依据车道模拟数据;二是核查历史数据。测试核查方法参考收费站报表统计管理测试用例设计。

通行卡管理功能指收费(分)中心可通过授权正确制作通行卡、公务卡、身份卡,并能记录、统计、查询本中心发行卡的信息。对于以路段为单位的管理模式来说,制作通行卡、公务卡、身份卡的功能由收费(分)中心完成,但目前对于大部分联网收费的路段制作各种功能卡由联网收费结算管理中心负责制作与发放,所以一般来讲路段收费(分)中心无此功能,但是收费(分)中心可记录、统计、查询本中心发行卡的信息,并能对通行卡流通路径进行查询。收费(分)中心其他功能测试用例设计如表3-17-1所示。

收费(分)中心其他功能测试用例设计 表3-17-1

功能	测试用例	测试预期结果
费率表、车型分类参数的设置与变更	将费率表、车型分类参数设置、变更为与正常值可区别的值,并下发至收费站	收费站接收中心下发的费率表与车型分类参数,将其下发至收费车道,车道按照下发值进行收费操作
系统时间设定功能	将系统时间设定为与正常时间可区别的时间,并下发至收费站	收费站服务器时间同步为收费中心下发时间
图像稽查功能	查询收费中心历史数据中"有问题"车辆的图像并依据历史数据进行核查或查询车道模拟操作中特殊情况的车辆,依据操作情况进行核查	可查询图像与统计数据吻合
对各站及车道CCTV图像切换及控制功能	将各站监控图像在中心主监视器上进行切换,并依据设计要求进行控制	可切换、可控制
与监控中心计算机通信功能	向监控中心传输设定的数据	数据传输准确
数据完整性测试	模拟系统或电源故障	系统重新启动时,能自动引导至正常工作状态,不丢失任何历史数据

第三节　安装质量及检验评定标准

一、基本要求

(1)收费中心设备数量、型号符合要求,部件完整。

(2)设备安装到位并已连通,处于正常工作状态,并进行了严格测试和联调。

(3)分项工程自检和系统联调记录、设备及附(备)件清单、有效的设备检验合格报告或证书等资料齐全。

二、实测项目

收费中心设备及软件的实测项目JTG F80/2—2004中表4.4.2。

三、外观鉴定

(1)收费中心收费设备安装稳固、端正。

(2)收费中心监控室内操作台、座椅、设备、配线列架等整齐、有序、无明显歪斜,标志清楚、牢固。

(3)所有设备安装后,外观无划伤、刻痕,以及防护层剥落等缺陷。

(4)设备及收费监控室内布线整齐美观、固定可靠、标识清楚;过墙、板、地下通道处要有保护套管,并留有适当余量。

(5)设备之间连线接插头等部件要求连接可靠、紧密、到位准确;布线整齐、余留规整、标识清楚;固定螺丝等要求紧固,无松动。

(6)配电箱内信号线、动力线及其接插头要求明显区分,标识清楚,有永久性接线图。

第十八章

IC卡发卡编码系统

第一节　概　　述

IC卡发卡编码系统是公路收费系统的重要组成部分，主要完成收费系统通行卡的收、发以及收费站的编码等功能，收费系统中IC卡发卡编码系统的可靠性及效率是影响整个收费系统效能的关键。公路收费非接触式收发卡机是IC卡发卡编码系统的重要设备。

第二节　公路收费非接触式IC卡收发卡机技术要求及试验方法

公路收费非接触式IC卡收发卡机主要质量评定标准是《公路收费非接触式IC卡收发卡机》(JT/T 603—2004)。依据该标准，公路收费非接触式IC卡收发卡机主要由卡传动机构、非接触式IC卡读写器及天线、卡箱及其驱动结构、控制电路、机壳、通信接口、状态显示及报警装置等部分组成。其技术要求及试验方法如下。

一、技术要求

1.外观结构要求

(1)卡机表面光滑、平整、美观，涂层色泽均匀，无锈蚀、凹痕、划伤、裂缝和变形，无裸露基体，其理化性能指标应符合国家或行业相关标准的要求。卡机箱体设计应方便检查、维修与日常维护。

(2)卡机箱体出线开孔位置、大小应合适，箱门开、闭灵活，能防尘和防水流入。箱内接线整齐，走线横平竖直，符合视觉美学要求。亭外型收发卡机还要求出线管与箱体开孔密闭良好，箱锁应采取防水与防锈措施，箱门密闭良好。

(3)卡箱具有较高的机械强度和尺寸精度，长时间使用不变形。

(4)铭牌上所有文字和符号清晰、正确、牢固。

2.工作环境条件

(1)工作环境温度。亭内型：－5～＋55℃；亭外型：　A级，－5～＋55℃；B级，－20～＋55℃；C级，－40～＋50℃；D级，－55～＋45℃。

(2)相对湿度：不大于95%。

(3)大气压力：86～106kPa。

(4)电源电压：交流220×(1±15%)V，频率50×(1±4%)Hz。

3. 功能要求

卡机能够完成自检，能够根据上位机的命令自动地完成收卡或发卡、读写卡、计数(增加/减少)、装入卡箱等一系列动作，并将卡机的操作结果和当前状态向上位机报告。

(1)非接触式 IC 卡数据读写功能。内置非接触式 IC 卡读写模块及天线，可对非接触式 IC 卡进行读写。

(2)显示功能。能够显示电源及工作状态指示，显示卡箱状态和卡的数量。

(3)卡机功能和要求。

①上位机可以通过命令控制卡机读写模块对身份卡、公务卡等进行读写及处理。

②卡机有下列处理功能:收卡机能将插入的通行卡收到读写天线位置;收卡机可以对停留在读写位置的通行卡进行读写;收卡机可以将停留在读写位置的通行卡退出或收入卡箱;发卡机能将卡箱内的通行卡收到读写天线位置;发卡机可以对停留在读写位置的通行卡进行读写;发卡机可以将停留在读写位置的通行卡发出;操作人员可以根据需要随时更换卡箱;断电能自动保存卡数;卡机工作过程中，应上报比较信息。

③变形的卡翘曲高度小于卡标准厚度的两倍时卡机能正常收或(和)发卡。

(4)卡箱功能。卡箱内的卡按回首顺序整齐存放;卡箱内应有可能断电的数据记忆存储单元，以记录卡箱内卡数和卡箱的唯一 ID 号，并在任何卡机上均可读出。

(5)自检功能。上电过程中卡机自检，并向上位机上报必要信息;每次安装卡箱后，卡机自动检测卡箱中卡数，并向上位机上报并显示。

(6)报警功能。卡箱中的卡已发完或将收满时有不同声/光提示，卡被卡住或读写错误时有不同声/光报警。

(7)数据通信接口。卡机应采用计算机通用的通信接口。

4. 性能要求

(1)卡收或发时间:小于 3s。

(2)可接受外形尺寸符合 JT/T 452.1—2000 的规定。

(3)滞卡率:小于 1/20 000。

(4)平均无故障工作时间(MTBF)不少于 5 000h;平均故障修复时间(MTTR)不大于 0.5h;使用寿命不少于 100 万张。

(5)换卡箱时间:少于 30s/次。

(6)噪声:正常工作时小于 60dB。

5. 亭外型收发卡机机箱防护等级

亭外型卡机的机箱符合 IP53 要求。

6. 电气安全性能

产品的基本安全应符合 GB 8898—2001 中 I 类设备的有关要求。

(1)绝缘电阻:产品电源接线端子与卡机机壳的绝缘电阻应不小于 100MΩ。

(2)介电强度:接线端子与卡机外壳间应能承受有效值为 1 500V、50Hz 交流电压，持续 1min，无飞弧、无击穿现象。

(3)安全接地:产品应设安全保护接地端子，并清除注明“⏚”标示。接地端子与卡机机壳连接可靠，接地端子与机壳的接触电阻应小于 0.1Ω。

7. 电磁兼容要求

三项要求详见第三篇第一章。

8. 环境适应性能

(1)亭外型卡机的耐盐雾腐蚀性能。亭外型卡机产品的印刷电路板、传动机构和外壳防腐层以及其支撑底板(其他部件由供需双方协定),按 GB/T 2423.17—2008 的方法,经 168h 试验后,应无明显锈蚀现象,金属构件应无红色锈蚀,印刷电路板经过 24h 自然晾干后功能正常。

(2)机械环境适应性能。卡机通电工作时,在振动频率 2～150Hz 范围内按 GB/T 2423.10—2008的方法及逆行扫频试验。在 2～9Hz 时按位移控制,位移 3.5mm;9～150Hz 时按加速度控制,加速度为 $20m/s^2$。2Hz→9Hz→150Hz→9Hz→2Hz 为一个循环,扫频速率为每分钟一个倍频程,共经历 20 个循环后,产品功能正常,结构不受影响,零部件无松动。

(3)耐候性能。产品的外壳防腐层及其支撑底板(其他部件由供需双方协定)经过两年自然曝晒试验或经过人工加速老化试验累积能量达到 $3.5\times10^2kJ/m^2$ 后,产品外观应无明显褪色、粉化、龟裂、溶解、锈蚀等老化现象,非金属材料的机械力学性能保留率应大于 90%。

二、试验方法

1. 试验条件

标准中除气候环境、可靠性试验外,其他试验均在下述条件下进行:环境温度25℃±1℃;相对湿度 50%±5%;大气压力 85～106kPa。

2. 外观结构检查

用目测法进行,应符合标准的外观结构要求。

3. 功能试验

使产品处于正常工作状态下,按"使用说明书"中的操作程序,至少满足相关标准的功能要求。

4. 性能试验

(1)卡箱容量。卡箱应能装入厚度为 0.76mm、不少于额定规格张数的通行卡。

(2)滞卡率。滞卡率测试采用表面亚光质地的新卡及逆行,卡厚 0.76mm,表面无污染,卡面平整无翘曲变形。使卡机连续进行收卡或发卡操作,每次收或发卡到额定规格张数时更换卡箱。连续测试 10 万张,卡被卡住的次数不大于 5 次。

(3)平均无故障工作时间 MTBF 和平均故障修复时间 MTTR。按 GB/T 5080.7—1986 的规定进行,应符合标准的相应要求。

(4)卡收或发时间和换卡箱时间。用精度为 0.1 级秒表进行测试,应符合标准相应要求。

(5)噪声检测。使用声强计在与设备等高、距设备 1m 处测得,在四个方向各测试一次,平均后得出,应符合标准相应要求。

5. 电源适应性试验

用自耦变压器或可调交流电源给卡机供电,测试电压分别为 187V→200V→220V→253V→220V→200V→187V。每调整到一档电压并稳定后,都分别开启和关闭卡机电源开关,并检查逻辑和功能是否正常。

6. 亭外型卡机机箱外壳防护性能

按有关试验方法进行。

7. 电气安全性能试验

(1)绝缘电阻。用精度1.0级、500V的兆欧表在电源接线端子与卡机机壳之间测量,应满足标准相关要求。

(2)介电强度。用精度1.0级的耐电压测试仪在电源接线端子与卡机机壳之间测量,应满足标准相关要求。

(3)接触电阻。用精度0.5级、分辨力0.01Ω的电阻表在卡机机壳顶部金属部位与安全保护接地端子之间测量,应满足标准的相关要求。

8. 电磁兼容性试验

三项试验详见第三篇第一章。

9. 环境适应性试验

六项试验详见第一篇第五章和第三篇第一章。

10. 运输试验方法

按SJ 3213—1989规定进行,产品结构不受影响,零部件无松动,产品的各种动作、功能及运行逻辑应正常。

第三节　安装质量及检验评定标准

一、基本要求

(1)IC卡编码系统的设备数量、型号符合要求,部件完整。

(2)设备安装到位并已连通,处于正常工作状态。

(3)分项工程自检和设备调试记录、设备及附(备)件清单、有效的设备检验合格报告或证书等资料齐全。

二、实测项目

IC卡发卡编码系统实测项目见JTG F80/2—2004中表4.5.2。

三、外观鉴定

(1)设备安装后,外观无划伤、刻痕,以及防护层剥落等缺陷。

(2)设备安装稳定、机箱内布线整齐美观、固定可靠、标识清楚。

(3)设备之间连线接插头等部件要求连接可靠、紧密、到位准确。布线整齐、余留规整、标识清楚;固定螺丝等要求紧固,无松动。

(4)收发卡箱边角圆滑、携带方便。

第十九章

内部有线对讲及紧急报警系统

第一节　概　述

一、内部有线对讲系统

内部有线对讲系统为收费站控制室值班人员与收费员提供直接的双向语音通路。在每个收费亭内安装一个对讲分机，以传送收费员在收费作业时的语音内容；在监控中心安装一套对讲主机，监控中心即可与每个收费员进行对话或监听/记录收费员的语言行为，也可与收费人员之间进行语音交流。结合闭路电视监控系统，监控中心的监控员能及时准确掌握收费站的情况。

内部有线对讲系统主要是单向呼叫功能，收费员之间不能相互通话，主机面板上有带指示灯的分机通话按钮、扬声器的音量控制旋钮，“群呼”按钮和状态指示灯，检评时要注意这些指示数的状态是否正常。

内部有线对讲系统的主要构成设备包括：

(1)对讲主机；

(2)对讲分机；

(3)双向音频光端机；

(4)中间光纤传输相关设备。

二、紧急报警系统

紧急报警系统是实现现场收费人员在紧急事件发生时能及时向监控管理中心发送语音紧急报警信号，并可向 CCTV 系统提供报警输出信号。紧急报警系统主要由安装在收费亭内的手动/脚踏报警开关、设在监控室的紧急报警器、设在站上的报警警笛和信号电缆组成。设计报警录像功能的系统还要有与闭路电视矩阵切换器联动的报警控制器。

第二节　内部有线对讲及紧急报警系统安装质量及检验评定

内部有线对讲及紧急报警系统安装质量及检验评定按照《公路工程质量检验评定标准　第二册　机电工程》(JTG F80/2—2004)执行，主要内容如下。

一、基本要求

(1)内部有线对讲及紧急报警系统的设备数量、型号符合要求，部件完整。

(2)设备安装到位并已连通，处于正常工作状态。

(3)分项工程自检和设备调试记录、设备及附(备)件清单、有效的设备检验合格报告或证书等资料齐全。

二、实测项目及检测方法

实测项目及检测方法见表 3-19-1。

内部有线对讲及紧急报警系统　表 3-19-1

项次	检查项目	技术要求	检查方法
1	△主机全呼分机	按下主控台全呼键，站值班员可向所有车道收费员广播	实际操作
2	△主机单呼某个分机	主机可呼叫某个分机	实际操作
3	△分机呼叫主机	分机可呼叫主机	实际操作
4	△分机之间的串音	分机之间不能相互通信	主管评定
5	主机对分机的侦听功能	能侦听分机试图呼叫分机的操作	实际操作
6	扬声器音量调节	可调	实际操作
7	话音质量	话音清晰，音量适中，无噪音，无断字等缺陷	实际操作
8	按钮状态指示灯	主机上有可视信号显示呼叫的分机号	实际操作＋目测
9	△手动/脚踏报警功能	按动报警开关可驱动报警	实际操作
10	报警器故障监测功能	信号电缆出现断路故障时产生报警	断开信号电缆线
11	报警器向 CCTV 系统提供报警输出信号	报警器可向闭路电视系统提供报警输出信号	实际操作
12	报警器自检功能	报警器具有自检功能	实际操作

三、外观鉴定

(1)主、分机安装位置正确、方便使用。

(2)设备安装后，外观无划伤、刻痕及防护层剥落等缺陷。

(3)主分机之间布线整齐美观、固定可靠、标识清楚；过墙、板、地下通道处有保护套管，并留有适当余量。

(4)设备之间连线接插头等部件连接可靠、紧密、到位准确；布线整齐、余留规整、标识清楚。

以上任一项不符合要求时，该项减 0.1～1.5 分。

第二十章

低压配电设施

第一节 概 述

一、作用与构成特点

配置合理的公路低压配电系统是满足公路专用电气负荷安全与电能质量的基础条件之一。公路交通机电系统与电子信息设施的供电电源一般取自就近的10kV/6kV公用电网，由设置于监控中心、收费站、服务区等场区的10kV/0.4kV变配电所，分别向各自有效供电半径范围内的动力、照明等设备提供符合正常工作要求的220V/380V电力。

鉴于目前相关行业管理划分的现实情况，公路用户通常是以场区变配电所低压配电柜(屏)的配电回路断路器(或空气开关)出线端为界面，并由其引出电源提供公路附属设施中的房建电气设备、电子信息和通信系统、各类功能的照明系统等负荷的工作电能。该电能输送链路所构成的系统称为公路低压配电设施。

由上所述，本章所指的低压配电系统主要是由隔离电器、配电电缆、设备侧配电柜(箱)、开关电器、保护电器、接地装置、无功电容补偿、故障保护与应急电源等产品和设施构成。由于施工阶段所选用的产品与设施均符合相关标准要求，并已通过了相应的试验检测验证，因此，工程检测重点是对低压配电系统的安装质量进行功能和性能检验。

公路沿线用电设施的特点是:容量一般不大，用电点分散，距离供电点较远，配电系统的技术可靠性与经济可行性矛盾突出。例如，优化解决散布在公路沿线，诸如气象检测器、车辆检测器等仅有十余瓦功率监控设备的长距离、低功耗供配电难题就很有代表性。

二、原则与要点

针对公路低压配电系统特点，一般会采取如下设计原则。

(1)公路沿线站点设施一般为三级负荷。

(2)位于变配电所正常供电区域内，当大部分用电设备为中小容量且无特殊要求时，宜采用树干式配电。

(3)当部分用电设备距离供电点较远，而彼此间却相距很近且容量均较小时，可采用链式配电，但每一回路链接设备不宜超过5台，其容量总和不宜超过10kW。

(4)当采用220V/380V的TN及TT系统接地形式且不存在较大功率的冲击性负荷时，照明和其他电力设备宜由同一台变压器供电。

(5)在TN及TT系统接地形式低压电网中，当变压器选用的是Yyn0接线组别的三相变压器时，其由单相不平衡负荷引起的中性线电流不得超过低压绕组额定电流的25%，且其任一相的电流在满载时不得超过额定电流值。

(6)低压配电一般采用220V/380V电压。因特殊场所安全需要，可选用安全超低压方式(SELV)供电，但须采取电气分隔或相应的安全隔离措施。当普通配电方式线路损耗较大时，也可以在局部支线回路利用升/降压方式供电，从而减少线路损耗，节省导线截面耗材。

(7)太阳能、风能条件适宜的地区，可以因地制宜地选择光伏、风力或风光互补等技术提供新型能源。当采用集中供电时，其配电系统的电压确定、接线方式、电能质量以及安全保护等特性，均须满足用电设备的工作需要。

(8)连续稳定工作要求等级较高的公路机电系统或设备，应根据当地供电条件配备相应的应急电源，其供电、投切与保护方式应能满足相应的可靠性规定。

三、带电导体形式

(1)带电导体是指正常通过工作电流的导体，包括相线和中性线(N线及PEN线)，但不包括PE线。常见的形式有：单相二线制、两相三线制、三相三线制、三相四线制及三相五线制。

(2)交流配电电缆芯线的相间额定电压不得低于使用回路的工作线电压；电缆的冲击耐压水平应满足系统绝缘配合要求。

(3)电缆截面选取应满足持续允许电流、短路热稳定、允许电压损失等要求。

四、常用接线方式

公路低压配电系统常用接线方式主要有放射式、树干式、链式三种。

(1)放射式：若某一配电线路发生故障，各回路之间互不影响，供电可靠性较高，断电维修时对系统波及较小。放射式适用于电负荷集中或容量较大的设备，但消耗缆线较多，造成建设成本增加。

(2)树干式：由电源干线通过各个支线回路给设备供电。该方式的灵活性较好，消耗缆线较少。树干式适用于负荷均匀分布且容量不大的用电系统，但干线若出现故障则会波及线路上所有末端设备的工作正常。

(3)链式：与干线式配电特点较相似，是由路经附近的配电干线T接出支线，直接供给设备用电。该方式所链接的设备不宜超过5台，其容量总和不宜超过10kW。

第二节 技术要求

一、技术要求

1. 通用要求

(1)电器的额定电压应与所在回路标称电压相适应。

(2)电器的额定电流不应小于所在回路的计算电流。

(3)电器的额定频率应与所在回路的频率相适应。

(4)电器应适应所在场所的环境条件。

(5)电器应满足短路条件下的动稳定与热稳定的要求。用于断开短路电流的电器,应满足短路条件下的通断能力。

(6)配电装置及馈电线路的绝缘电阻值不应小于0.5MΩ。

2.配电缆线的要求

(1)线路电压损失应满足用电设备正常工作及启动时端电压的要求。

(2)按敷设方式及环境条件确定的导体载流量,不应小于计算电流。

(3)导体应满足动稳定与热稳定的要求。

(4)导体最小截面应满足机械强度的要求。

(5)直接敷设在土壤中的电缆,应采用敷设处历年最热月的月平均温度。当沿不同冷却条件的路径敷设绝缘导线和电缆时,若冷却条件最坏段的长度超过5m,应按该段条件选择绝缘导线和电缆的截面,或只对该段采用大截面的绝缘导线和电缆。

(6)在三相四线制配电系统中,中性线(N线)的允许载流量不应小于线路中的最大不平衡负荷电流,且应计入谐波电流的影响。以气体放电灯为主要负荷的回路中,N线截面不应小于相线截面。

(7)保护线(PE线)采用单芯绝缘导线时,按机械强度要求,有机械性保护时为2.5mm^2;无机械性保护时为4mm^2。

(8)装置外可导电部分禁用作保护中性线(PEN线)。在TN—C系统中,PEN线严禁接入开关设备。

3.配电线缆的保护

(1)配电线路应装设短路保护、过负载保护和接地故障保护,其目的在于切断供电电源或发出报警信号。

(2)配电线路采用的上下级保护电器,其动作应具有选择性;各级之间应能协调配合。但对于非重要负荷的保护电器,可采用无选择性切断。

(3)保护电器应装设在操作维护方便,不易受机械损伤,不靠近可燃物的地方,并应采取措施避免保护电器运行时意外损坏对周围人员造成伤害。

(4)保护电器应装设在被保护线路与电源线路的连接处,但为了操作与维护方便,可设置在离开连接点的地方,并应符合线路长度不超过3m的规定;应采取将短路危险减至最小的措施;保护电器不靠近可燃物。

(5)短路保护电器应装设在低压配电线路不接地的各相(或极)上,但对于中性点不接地且N线也不引出的三相三线配电系统,可只在二相(或极)上装设保护电器。

(6)在TT或TN—S系统中,若N线的截面与相线相同,或虽小于相线但已能为相线上的保护电器所保护,N线上可不装设保护;若N线不能被相线保护电器所保护,应另在N线上装设保护电器保护,将相应相线电路断开,但不必断开N线。

(7)在TT或TN—S系统中,N线上不宜装设电器将N线断开,当需要断开N线时,应装设相线和N线一起切断的保护电器;当装设漏电电流动作的保护电器时,应能将其所保护的回路所有带电导线断开。在TN系统中,当能可靠地保持N线为地电位时,N线可不需断开。在TN—C系统中,严禁断开PEN线;不得装设断开PEN线的任何电器。当需要在PEN线装设电器时，只能断开相应相线回路。

(8)当维护、测试和检修设备需断开电源时，应设置隔离电器。

二、电能质量的技术要求

(1)配电系统的电能质量包括：电压质量、波形质量(谐波)和频率质量(频率偏差)。电压质量则包括：电压偏差、电压波动和电压闪变、不对称(不平衡)等性能指标。

(2)正常运行情况下，用电设备端子处电压偏差允许值(以额定电压的百分数表示)宜符合下列要求。

①电动机：±5%。

②照明：在一般工作场所为±5%；对于远离变电所的小面积一般工作场所，难以满足上述要求时，可为+5%、-10%；应急照明、道路照明和警卫照明等为+5%、-10%。

③其他用电设备当无特殊规定时：±5%。

(3)采用电力电容器作为无功补偿装置时，宜就地平衡补偿。

(4)低压电容器组宜加大投切容量或采用专用投切接触器。当在受谐波量较大的用电设备影响的线路上装设电容器组时，宜串联电抗器。

三、应急电源的技术要求

1.公路负荷等级

公路负荷等级多数情况下属于三级；仅有区域或省级收费结算中心、监控管理中心等信息实时通信的网络系统和数据处理储存系统，可以列为一级负荷；因断电会造成较大经济损失或影响安全通行的收费和通信系统部分用电设备，可以列为二级负荷。

2.公路机电系统的应急电源种类

因为多数地方的公路沿线电力条件有限且很不稳定，所以有必要在负荷等级要求较高的场所配置应急电源。应用于公路机电系统的应急电源种类主要有以下几种。

(1)蓄电池装置：适用于允许停电时间为毫秒级，且容量不大又要求直流电源的重要负荷。

(2)静止型不间断供电装置(UPS，Uninterrupted Power Supply)：适用于允许停电时间为毫秒级，且容量不大又要求交流电源的重要负荷。

(3)快速启动的柴油发电机组：适用于停电时间允许15s以上的，需要驱动电动机且启动电流冲击负荷较大的重要负荷。(注：一般快速自启动的发电机组自启动时间为10s左右。)

3.柴油发电机组

柴油发电机组主要由柴油机、发电机和控制屏三部分组成；有移动式和固定式两种安装形式。作为应急电源使用时，应选择G2级以上的自动化柴油发电机组(柴油发电机组性能分为G1、G2、G3、G4共四个等级)。其功能要求如下。

(1)自动维持：机组应急启动和快速加载时的机油压力、机油温度、冷却水温度应符合产品技术条件的规定。

(2)自动启动和加载：接收自控或遥控指令或市电供电中断时，机组能自动起动供电。机组允许3次自动起动，每次起动时间为8～9s，起动间隙为5～10s。第3次失败时，应发出起动失败的声光报警信号。当有备用机组时，应能自动地将起动信号传递给备用机组；机组自动起动的成功率不低于98%，市电失电后恢复向负荷供电的时间一般为8～20s。对于额定功率不大于250kW柴油发电机，首次加载量应不小于50%的额定负荷；大于250kW柴油发电机首次加载量应按产品技术条件规定。

(3)启动停机：接收自控或遥控的停机指令后，机组应能自动停机；当电网恢复正常后，机组应能自动切换和自动停机，由电网向负载供电。

(4)自动补给：燃油、机油、冷却水应能够自动补充；机组启动利用蓄电池自动充电。

(5)有过载、短路、过速度(或频率)：冷却水能够自动补充，机组起动利用蓄电池自动充电。

(6)有表明正常运行或非正常运行的声光信号系统。

4. 不间断电源

不间断电源(UPS)一般由整流器、蓄电池、逆变器、静态开关和控制系统组成。5kV·A以下小容量UPS电源可分为后备式和在线式两种，通常采用在线式UPS。不间断电源的功能要求如下：

(1)静态旁路开关的切换时间一般为2～10ms。

(2)用市电旁路时，逆变器的频率和相位应与市电锁相同步。

(3)对于三相输出的负荷不平衡度，最大一相和最小一相负载基波的方均根电流之差，不应超过不间断电源额定电流的25%，而且最大的线电流不得超过其额定值。

(4)三相输出的系统输出电压不平衡系数(负序分量对正序分量比)应不超过5%，输出电压的总波形失真度不超过5%(单相输出允许10%)。

(5)不间断电源给计算机系统供电时，单台UPS的输出功率应大于计算机系统各设备额定功率总和的1.5倍；对其他设备供电时，为最大负荷的1.3倍。负荷冲击电流不应大于不间断电源设备的额定电流的150%。

(6)为保证用电设备按照操作顺序进行停机，其蓄电池的额定放电时间可按停机所需最大时间来确定，一般可取8～15min。

5. 蓄电池和充电装置

(1)蓄电池

①蓄电池通常分为碱性蓄电池和酸性蓄电池，常用的有：铅酸蓄电池、镉镍碱性蓄电池、铁镍蓄电池、金属氧化物蓄电池、锌银蓄电池、锌镍蓄电池、氢镍蓄电池、锂离子蓄电池等。蓄电池按其供电性质可分为：经常负荷、事故负荷和冲击负荷(可能会是出现事故初期1min的初期冲击负荷，也可能是出现在事故末期或事故过程中的5s瞬时冲击负荷)。

②铅酸蓄电池不宜采用降压装置；镉镍碱性蓄电池组应设置降压装置。

③国内常用蓄电池计算方法有两种：容量换算法(也称电压控制法)和电流换算法(也称阶梯负荷法)。

④蓄电池试验放电装置按额定电压和额定电流选择，额定电压应不小于蓄电池组的额定电压，额定电流应为(1.10～1.30)I_{10}(镉镍电池为I_5)。

(2)充电装置

①充电装置主要有两种类型：高频开关型和晶闸管整流型。目前广泛应用的是高频开关模块型充电装置。

②充电器应满足蓄电池组的充电和浮充电要求。在均衡充电时，若带有经常性负荷，则需

特别注意充电装置的容量。

③充电装置的直流输出电压(通常称为标称电压)一般指 220V 或 110V,而实际上长期连续工作电压为 230V 或 115V,应该高出额定电压的 5%。

④充电装置应具有良好的稳流、稳压和限流性能,并应具有自动和手动浮充电、均衡充电和稳流、限流充电等功能。

⑤充电装置的交流电源输入宜为三相制,频率为 50Hz,额定电压为 380(1±10%)V。小容量充电装置可采用 220(1±10%)V。

第三节 施 工 工 艺

一、配电线路的敷设

1. 一般技术要求

(1)应使电缆不易受到机械、振动、化学、地下电流、水锈蚀、热影响、蜂蚁和鼠害等各种损伤;便于维护;避开场地规划中的施工用地或建设用地;电缆路径较短。

(2)对于露天敷设的电缆,尤其是有塑料或橡胶外护层的电缆,应避免日光长时间的直晒;必要时应加装遮阳罩或采用耐日照的电缆。

(3)电缆在屋内、电缆沟、电缆隧道和竖井内明敷时,不应采用黄麻或其他易延燃的外保护层。

(4)支承电缆的构架,当采用钢制材料时,应采取热镀锌等防腐措施;当处于较严重腐蚀的环境中时,应采取相适应的防腐措施。

(5)电缆的长度,宜在进户处、接头、电缆头处或地沟及隧道中留有一定余量。

(6)在经常会受到振动的桥梁上敷设电缆,应有防振措施。桥墩两端和伸缩缝处的电缆,应留有松弛冗余部分。

2. 电缆沟内敷设

(1)电缆沟应采取防水措施;其底部排水沟的坡度不应小于 0.5%,并应设置集水坑,积水可经集水坑用泵排出;当有条件时,积水可直接排入下水道。

(2)在多层支架上敷设电缆时,电力电缆应放在控制电缆的上层;在同一支架上的电缆可并列敷设。当两侧均有支架时,1kV 及以下的电力电缆和控制电缆宜与 1kV 以上的电力电缆分别敷设于不同侧支架上。电缆支架的长度不宜大于 350mm。

(3)电缆沟一般采用钢筋混凝土盖板,盖板的质量不宜超过 50kg。

3. 埋地敷设

(1)公路沿线用电设备的配电电缆敷设,一般采用在路肩或边坡下方直埋的敷设方式。直埋敷设的电缆,严禁位于地下管道的正上方或下方。

(2)电缆直接埋地敷设时,沿同一路径敷设的电缆数量不宜超过 8 根。

(3)电缆在屋外直接埋地敷设的深度不应小于 700mm;应在电缆上下各均匀铺设细砂层,其厚度宜为 100mm,在细砂层应覆盖混凝土保护板等保护层,保护层宽度应超出电缆两侧各 50mm。在寒冷地区,电缆应埋设于冻土层以下。当受条件限制不能深埋时,可增加细砂层的厚度，在电缆上方和下方各增加的厚度不宜小于 200mm。

(4)直埋敷设的低压配电电缆与通信电缆平行敷设最小间距为 0.1m，交叉敷设最小间距为 0.5m。与建筑物基础平行敷设最小间距为 0.6m，与公路平行敷设最小间距为 1m，与排水沟平行敷设最小间距为 1m；特殊情况时可视现场条件，在采用必要保护措施后可以酌减且最多能减少一半值。

(5)建筑物和构筑物的基础、散水坡、楼板和穿过墙体等处，铁路、道路处和可能受到机械损伤的地段，引出地面 2m 至地下 200mm 处的一段和人容易接触使电缆可能受到机械损伤地方，电缆通过上述场所，其保护穿管的内径不应小于电缆外径的 1.5 倍。

(6)电缆与建筑物平行敷设时，电缆应埋设在建筑物的散水坡外。电缆引入建筑物时，所穿保护管应超出建筑物散水坡 100mm。

(7)电缆与热力管沟交叉，当采用电缆穿隔热水泥管保护时，其长度应伸出热力管沟两侧各 2m；采用隔热保护层时，其长度应超过热力管沟和电缆两侧各 1m。

(8)电缆与道路、铁路交叉时，应穿管保护，保护管应伸出路基 1m。

(9)埋地敷设电缆的接头盒下面必须垫混凝土基础板，其长度宜超出接头保护盒两端 0.6～0.7m。

(10)电缆沿坡度敷设时，中间接头应保持水平；多根电缆并列敷设时，中间接头的位置应互相错开，其净距不应小于 1.5m。

(11)电缆在拐弯、接头、终端和进出建筑物等地段，应装设明显的方位标志，直线段上应适当增设标桩，标桩露出地面宜为 150mm。

4. 架空敷设

(1)低压配电缆线架空敷设时一般采用水平排列，并可与高压线路同杆架设，但直线杆横担不宜超过四层(包括路灯线路)。高低压同杆时宜少于四回路(允许有两路高压)，且高压线路在上，低压线路在下；路灯照明回路应在最下面。

(2)三相四线配电的架空低压绝缘线在引入用户处应将零线重复接地。接地体埋深不应小于 0.6m，接地体不应与地下燃气管、送水管接触。接地电阻不应大于 10Ω。

二、低压强电和弱电设施的机房工程

(1)机房一般等效均布活荷载为 5～7kPa，UPS 机柜与电池间的楼板荷载一般为 10kPa。

(2)面积超过 50m^2 的机房应设两个门，并应是外开防火门。

(3)设备(柜、台、盘)前操作距离应≥1.5m；背后开门的设备，背面距墙不宜小于 0.8m；并排布置的设备总长度≥4m 时，两侧均应设置通道。

(4)一般墙挂式设备安装高度宜为底边距地面 1.3～1.5m，尺寸较大的设备安装高度宜为设备中心距地面 1.5m，侧面距墙应≥0.5m。

(5)设置防静电活动地板的机房，活动地板距地坪高度宜为 350～200mm。活动地板下至各设备的线缆应敷设在封闭的金属线槽中。

(6)强电和弱电线槽应分槽敷设，两种线路交叉处应设置有屏蔽分隔板的分线盒。线槽交叉、转弯或分支处也应设置分线盒。线槽的直线长度≥6m 时，宜加装分线盒。

(7)机房宜采用联合接地方式，接地电阻应≤1Ω。机房内的工作接地、保护接地、防雷接地，活动地板防静电接地等均应接至接地端子箱，形成等电位联结。接地可采用S型接法、M型接法或S/M型接法。

三、蓄电池室、直流屏柜布置

1. 机房条件要求

(1)蓄电池室内照明灯具应为防爆型，且应布置在通道的上方，地面最低照度应为30lx，事故照明最低照度应为3lx。蓄电池室内照明线宜穿管暗敷，室内不应装设开关和插座。

(2)蓄电池室内应有良好的通风设施。室内的通风换气量应按保证室内含氢量(按体积计算)低于0.7%，含酸量小于2mg/m^3来计算。通风电动机应为防爆型。

(3)蓄电池室的门应向外开启；应采用非燃烧体或难燃烧体的实体门，门的尺寸不宜小于750mm×1960mm(宽×高)。

2. 蓄电池布设要求

(1)蓄电池容量在200Ah及以下时，应采用直流成套装置；容量在200Ah以上时，应采用直流柜和蓄电池组分别布置。

(2)阀控密封铅酸蓄电池的钢架(台架)整体高度应不超过1600mm，台架底层距地面高度不得小于150～300mm；瓷砖或水泥台架高不得小于250～300mm；通道宽度不得小于800mm。

(3)普通防酸电池和镉镍电池的瓷砖或水泥台架高不得小于250～300mm；通道宽度不得小于800mm。

(4)蓄电池裸导体间距离：当电压为65～250V时，不应小于800mm；当电压超过250V时，不应小于1000mm；距地和建筑物距离不应小于50mm；母线支持点间距离不应大于2000mm。

四、防雷及过电压保护与接地

(1)公路低压配电设施(包括外场设备和敷设电缆)一般不会遭受直击雷，重点是防范雷电感应和防雷电波侵入。

(2)公路沿线建筑物和设施一般属于三类防雷，其防雷电感应的接地装置应和电气设备接装置共用，其冲击接地电阻不宜大于30Ω。

(3)室外低压配电线路宜全线采用直接埋地敷设，且非金属铠装电缆在入户前穿钢管保护的长度不应小于15m。在入户处应将电缆的金属外皮、保护钢管接到等电位连接带或防雷电感应接地装置上；在入户处的总配电箱内是否装设SPD(电涌保护器)，应根据气体情况确定。

(4)接地引下线宜采用圆钢或扁钢，宜优先选用圆钢。圆钢直径不应小于8mm；扁钢截面不应小48mm^2，其厚度不应小于4mm。

(5)埋入土壤中的垂直人工接地体，宜采用角钢、钢管或圆钢；人工水平接地体，宜采用扁钢或圆钢。圆钢直径不应小于10mm，扁钢截面不应小于100mm^2，其厚度不应小于4mm；钢管壁厚不应小于3.5mm。在腐蚀性较强的土壤中，应采取热镀锌等防腐措施或加大接地体截面。

(6)人工垂直接地体的长度宜为2.5m;垂直接地体间的距离及水平接地体间的距离宜为5m;当受地方限制时可适当减小。接地体埋设深度不应小于0.5m。

(7)SPD必须能承受预期通过它们的雷电流,并应符合通过电涌时的最大箝压和有能力熄灭雷电通过后产生的工频电流两个要求。

(8)220V/380V设备耐冲击电压额度值为:电源处设备为6kV(Ⅳ类耐冲击过电压);配电线路和最后分支线设备为4kV(Ⅲ类耐冲击过电压);用电设备为2.5kV(Ⅱ类耐冲击过电压);需要特殊保护的设备为1.5kV(Ⅰ类耐冲击过电压)。

(9)一般情况下,当线路上多处安装SPD且无准确数据依据时,电压开关型SPD之间的线路长度不宜小于10m,限压型SPD之间的线路长度不宜小于5m。

第四节 施工质量要求及检测方法

一、中心(站)内低压配电设备

1.基本要求

(1)电源设备数量、型号规格符合设计要求,部件及配件完整。

(2)电源室内市电油机转换屏(柜)、交直流配电、动力开关柜、UPS、室外配电箱、发电机组、发电机组控制柜等设备安装稳固,位置、方位正确。设备、列架排列整齐、有序,标志清楚、牢固。

(3)进入配电(箱)柜的所有电缆接头按规范进行开剥、焊接、镀锡、绑扎、密封和热塑封合防潮处理。

(4)设备、列架内以及设备之间的连接布线符合规范要求。所有进出线都进行标记,并附有配电简图。

(5)蓄电池组的连接条、螺栓、螺母进行防腐处理,且连接可靠。

(6)所有设备安装到位,工作、安全、防雷等接地连接可靠。

(7)经过通电测试,处于正常工作状态。

(8)电源室、发电机组室通过安全、消防验收。

(9)隐蔽工程验收记录、分项工程自检和设备调试记录、安装和非安装设备及附(备)件清单、有效的设备检验合格报告或证书等资料齐全。

2.实测项目

(1)室内设备、列架的绝缘电阻:符合设计要求,无要求时应≥2MΩ(设备安装后);用500V兆欧表在设备内布线和地之间测量。

(2)安全接地电阻:≤4Ω;联合接地电阻:≤1Ω;发电机组控制柜接地电阻≤4Ω;用接地电阻测量仪测量。

(3)设备安装的水平度:≤2mm/m;设备安装的垂直度:≤3mm;用铅锤和量具实测。

(4)发电机组控制柜绝缘电阻≥2MΩ(设备安装后);发电机组控制柜绝缘电阻≥2MΩ(设备安装后)。

(5)检验发电机组启动及启动时间、发电机组容量测试、发电机组相序和发电机组输出电压稳定性。

(6)检验自动发电机组自启动转换功能测试与机组供电切换对机电系统的影响。

3.外观鉴定

(1)配电屏、设备、列架布局合理、安装稳固、横竖端正、排列整齐。

(2)设备安装后表面光泽一致、无划伤、无刻痕、无剥落、无锈蚀;部件标识正确、清楚。

(3)电源输出配线路由和位置正确、布放整齐,符合施工工艺要求。

(4)设备内布线整齐、美观、绑扎牢固,接线端头焊(压)接牢固、平滑;编号标识清楚,预留长度适当。

(5)设备抗振加固措施符合设计要求。

二、外场设备电力电缆线路

1.基本要求

(1)室内外配电设备、电缆程式、保护管道、人(手)孔形式等设施的数量、型号规格、技术要求符合设计规定,部件及配件完整。

(2)电缆路由符合设计要求、人(手)孔及管道设置安装齐全、防水措施良好。

(3)室内外配电箱等设备安装稳固,位置、方位正确。标志清楚、牢固。

(4)室外配电箱应作双层防腐处理并有明显的"高压危险"字样及图案等标志。

(5)进入配电(箱)柜的所有电缆接头都按规范进行了开剥、焊接、镀锡、绑扎、密封处理,最后并进行热塑封合防潮处理。

(6)设备、列架内以及设备之间的连接布线符合规范要求。所有进出线都进行了标记,并附有配电简图。

(7)直埋电缆符合相关施工规范要求。

(8)所有设备安装到位并作可靠的接地连接。

(9)经过了通电测试,处于正常工作状态。

(10)提交了隐蔽工程验收记录、分项工程自检和设备调试记录、安装和非安装设备及附(备)件清单、有效的设备检验合格报告或证书等资料。

2.实测项目

(1)配电箱基础尺寸及高程:符合设计要求;用量具测量。

(2)配电箱涂层厚度:符合设计要求,无要求时按GB/T 18226执行;用涂层测厚仪实测。

(3)电缆埋深:符合设计要求;查验隐蔽工程记录或实测。

(4)电源箱、配电箱、分线箱安全接地电阻:≤4Ω;用接地电阻测量仪实测。

(5)配线架对配电箱绝缘电阻:≥10MΩ;用兆欧表实测。

(6)相线对绝缘护套的绝缘电阻:≥2MΩ(全程);用兆欧表实测。

3.外观鉴定

(1)基础混凝土表面应刮平,无损边、无掉角;联结地脚及螺栓规格符合设计要求,外观无锈蚀现象。

(2)配电箱安装后,防腐涂层光泽一致,无划伤、无刻痕、无剥落等缺陷。

(3)箱体开孔合适、切口整齐;出线管与箱体连接密封良好;箱门开闭灵活。

(4)箱内接线整齐、回路编号齐全正确。

(5)机箱密封良好,机箱内应无积水、无明显尘土和霉变。

(6)接地焊接牢固,焊缝饱满并做防腐处理;机箱应接地可靠,连线标识清楚,走线横平竖直,符合视觉美观要求。

(7)电缆成端符合规范要求,沿电缆井引入时,电缆排列整齐有序、绑扎牢固;进入墙壁有保护套管,预留长度满足使用要求。

(8)直埋电缆两端铠装层接地处理措施得当,电缆标石埋设符合设计要求。

第二十一章

照明设施

第一节 概 述

一、作用与构成

(1)为了保证交通安全视认性以及视觉效果的舒适性,可在公路一般路段、互通立交、收费广场及收费天棚、特大桥、隧道、平面交叉路口等区段设置照明设施,满足机动车安全行驶与交通管理的需要。

(2)公路照明系统主要是由照明光源、灯具与电器附件等装置、配电与控制设施、安全防护设备等组成。

(3)公路照明应以路面平均亮度(或路面平均照度)、路面亮度均匀度和纵向均匀度(或路面照度均匀度)、眩光限制、环境比和诱导性等作为评价指标。

二、常用术语

(1)路面有效宽度:用于道路照明设计的路面理论宽度,它与道路的实际宽度、灯具的悬挑长度和灯具的布置方式等有关;当灯具采用单侧布置方式时,道路有效宽度为实际路宽减去一个悬挑长度;当灯具采用双侧(包括交错和相对)布置方式时,道路有效宽度为实际路宽减去两个悬挑长度;当灯具在双幅路中间分隔带上采用中心对称不布置方式时,道路有效宽度即道路实际宽度。

(2)诱导性:沿着道路恰当地安装灯杆、灯具,可以给驾驶员提供有关道路前方走向、线形、坡度等视觉信息,称其为照明设施的诱导性。

(3)标准规定的照度值为作业面或参考平面上的维持平均照度值。

(4)路面维持平均亮度(照度):路面平均亮度(照度)维持值。它是在计入光源计划更换时光通量的衰减,以及灯具因污染造成效率下降等因素(即维护系数)后,设计计算时所采用的平均亮度(照度)值。

(5)维护系数:照明装置在同一表面上维护平均照度(即使用一定周期后)与新装设时的初如平均照度之比。当光衰减至70%时,应更换光源和清扫灯具。

(6)设计时的照度计算值与选定的照度标准值之间允许有±10%偏差。

(7)路面平均亮度:按照国际照明委员会(CIE)有关规定,在路面上预先设定点上测得的或计算得到各点亮度的平均值。

(8)路面亮度总均匀度:路面上最小亮度与平均亮度的比值。

(9)路面亮度纵向均匀度:同一条车道中心线上最小亮度与最大亮度的比值。

(10)路面平均照度：按照 CIE 有关规定在路面上预先设定点上测得的或计算得到各点照度的平均值。

(11)路面照度均匀度：路面上最小照度与平均照度的比值。

(12)灯具的上射光通比：灯具安装就位时，其发出的位于水平方向及以上的光通量占灯具发出的总光通量的百分比。

(13)眩光：由于视野中的亮度分布或者亮度范围的不适宜，或存在极端的对比，以致引起不舒适感觉或降低观察目标或细部的能力的视觉现象。

(14)失能眩光：降低视觉对象的可见度，但不一定产生不舒适感觉的眩光。

(15)阈值增量：失能眩光的度量。表示为存在眩光源时，为了达到同样看清物体的目的，在物体及其背景之间的亮度对比所需要增加的百分比。

(16)光源颜色包含光源色表和显色性。

①光源色表按相关色温分为三组：暖色（色温＜3 300K）；中间色；（色温介于 3 300～5 300K）；冷色：（色温＞5 300K）。

②显色性是光源对物体色表的影响，以显色指数 R_a 表示，如收费亭、监控中心等场所为 80，收费天棚下方地面则可根据辨色要求选择 60、40 或 20。

(17)灯具效率：在相同的使用条件下，灯具发出的总光通量与灯具内所有光源发出的总光通量之比。

(18)环境比：车行道外边 5m 宽状区域内的平均水平照度与相邻的 5m 宽车行道上平均水平照度之比。

(19)交会区：位于道路的出入口、交叉口、人行横道等区域。在这种区域，机动车之间、机动车和非机动车及行人之间、车辆与固定物体之间的碰撞有增加的可能。

(20)道路照明功率密度(LPD)：单位路面面积上的照明安装功率（包含镇流器功耗）。

①按照选用的光源、灯具及布置计算照度，在符合标准值后验算实际 LPD 值，以不超标准规定的 LPD 限值为合格，低于 LPD 限值为节能。

②不能用规定的 LPD 限值作为单位面积功率去计算照度。

三、评价指标

公路照明应以路面平均亮度（或路面平均照度）、路面亮度均匀度和纵向均匀度（或路面照度均匀度）、眩光限制、环境比和诱导性等作为评价指标。

第二节　技 术 要 求

《公路照明技术条件》(JT/T 367—1997)已经作废，现行有效的版本是国家标准 GB/T 24969—2010。本节重点介绍该标准的主要内容。

一、照明质量要求

1. 照明等级

公路照明等级可按适用条件分为一级和二级，见表 3-21-1。

公路照明等级　　表 3-21-1

公路照明等级	适用条件
一级	车流密度较大或/和视距条件较差或/和公路自身条件复杂的照明路段
二级	车流密度适中、视距条件良好、公路自身条件良好的照明路段

2. 照明质量要求

(1)公路照明应具有良好的视觉诱导性。

(2)公路照明质量应符合表 3-21-2 的要求。

公路照明质量要求　　表 3-21-2

公路照明等级	亮度要求			照度要求		眩光限制阈值增量 T_I(%)	环境比 SR
	平均亮度 L_{av}(cd/m²)	总均匀度 U_o	纵向均匀度 U_l	平均照度 E_{av}(lx)	总均匀度 U_o(E)		
	最小维持值	最小值	最小值	最小维持值	最小值	最大初始值	最小值
一级	2.0	0.4	0.7	30	0.4	10	0.5
二级	1.5	0.4	0.6	20	0.4	10	0.5

注①:表中所列数值仅适用于干燥路面。

②:照度要求仅适用于沥青混凝土路面,水泥混凝土路面照度要求可相应降低不超过 30%。

③:公路照明的维护系数可按 0.70 确定。

④:公路照明质量宜优先符合亮度要求。

⑤:公路照明测量方法参见 GB/T 5700—2008。

(3)公路交会区和公路沿线特殊设施及场所照明质量应符合表 3-21-3 的要求。

公路交会区和公路沿线特殊设施及场所照明质量要求　　表 3-21-3

照明区域		照度要求:平均照度 E_{av}(lx)	照度要求:总均匀度 U_o(E)	眩光限制
		最小维持值	最小值	
公路交会区	与一级照明等级公路相连	50	0.4	与灯具向下垂直轴夹角在 80°和 90°的观察方向上的光强应分别不大于 30cd/1 000lm 和 10cd/1 000lm
	未与一级照明等级公路相连	30	0.4	
公路沿线特殊设施及场所	收费站广场	20～50	0.4	应防止照明设施给行人、机动车驾驶员和作业者造成眩光
	服务区	10～20	0.3	
	养护区	10～20	0.3	
	停车区	15～30	0.3	

注①:公路交会区指交叉区、匝道及进出口区、限制宽度车道等。

②:公路照明的维护系数可按 0.70 确定。

二、光源和灯具

1.照明光源

(1)公路照明光源的选择应综合考虑光效、使用寿命和显色性等因素。

(2)常规路段照明宜采用高压钠灯,不应采用白炽灯。

(3)对显色性有较高要求的设施及场所可采用一般显色指数较高的光源。

(4)公路照明也可采用能够符合公路照明要求的新型光源,如LED光源、无极灯等。

2.照明灯具及附属设施

(1)公路照明应采用截光型或半截光型灯具。

①截光型灯具:灯具的最大光强方向与灯具向下垂直轴夹角在0°～65°之间,90°角和80°角方向上的光强最大允许值分别为10cd/1 000lm和30cd/1 000lm的灯具。不管光源光通量的大小,其在90°角方向上的光强最大值不得超过1 000cd。

②半截光型灯具:灯具的最大光强方向与灯具向下垂直轴夹角在0°～75°之间,90°角和80°角方向上的光强最大允许值分别为50cd/1 000lm和100cd/1 000lm的灯具,且不管光源光通量的大小,其在90°角方向上的光强最大值不得超过1 000cd。

③非截光型灯具:灯具的最大光强方向不受限制,90°角方向上的光强最大值不得超过1 000cd的灯具。

(2)公路照明灯具的安全要求应符合GB 7000.1和GB 7000.5的规定。

(3)公路照明灯具的防护等级按GB 4208—2008的规定应不低于IP55,环境污染严重、维护困难的路段和区域,照明灯具的防护等级应不低于IP65。

(4)公路照明灯具应具有耐腐蚀性能和耐候性能。

(5)公路照明应选用金属灯杆或钢筋混凝土灯杆。当采用金属灯杆时,其防腐性能要求应符合GB/T 18226的规定。

三、照明布设要求

1.照明布设一般要求

(1)根据公路横断面形式、宽度、照明器具的配光性能和照明要求,灯具的布设可在单侧布置、双侧交错布置、双侧对称布置、中心对称布置和中心布置的方式中选择。

(2)照明灯具的间距应根据安装高度(H)、公路宽度、灯具的配光性能以及照明质量的要求设置,一般灯杆间距宜为$3H \sim 4.5H$。采用泛光灯照明时,高杆灯的灯杆间距宜为$4H \sim 6H$。

(3)照明灯具的悬挑伸延长度一般不宜超过灯杆高度的1/4,灯具的仰角不宜超过15°。

2.曲线路段照明布设要求

(1)平曲线半径大于等于1 000m的曲线路段,可按直线路段进行照明布设。

(2)平曲线半径小于1 000m的曲线路段,照明灯具的布设间距宜为直线段的0.5～0.7倍。半径越小,间距也应越小。

(3)在反向曲线路段上,宜固定在单侧设置灯具,产生视线障碍时可在曲线外侧增设附加灯具。

(4)当曲线路段的路面较宽需采取双侧布置灯具时,宜采用双侧对称布置。

(5)曲线路段的照明灯具不得安装在直线路段照明灯具的延长线上。

3. 公路交会区和公路沿线特殊设施及场所照明布设要求

(1)公路沿线特殊设施及场所照明应根据其范围和不同功能的要求进行照明布设。小型收费站广场宜采用低杆、中杆照明方式;大型收费站广场和互通式立体交叉应根据其特点及照明要求采用高杆照明方式;停车场宜采用高杆照明方式。当采用高杆照明方式时,宜优先选用升降式高杆照明设施。

(2)特大型桥梁照明宜根据桥梁结构形式采用与之相适应的照明灯具和布设方式。桥梁照明应防止眩光,必要时采用严格控光灯具,不得使用对船舶航行等水上交通及渔业活动造成不利影响的照明设施。

(3)有照明设施且平均亮度高于 1.0cd/m^2 的公路的出入口,应设置照明过渡段。

四、照明供电要求及控制

1. 照明供电安全要求

(1)公路照明配电回路应设保护装置,每个灯具应设有单独保护装置。

(2)可触及的金属灯杆和配电箱等金属照明设备均需保护接地,接地电阻不大于 4Ω。

(3)高杆灯或其他安装在高耸构筑物上的照明装置应配置避雷装置,并应符合 GB 50057 的规定。

2. 照明控制要求

(1)照明控制宜优先采用定时控制和光电控制相结合的控制方法。定时控制应根据公路所在地区的地理位置和季节变化合理确定;光电控制的开关时间应按照满足照明质量要求的原则合理确定。

(2)对照明系统采用远程控制方式时,照明系统应具有本地控制功能。

五、照明节能要求

1. 照明灯具及器件节能要求

(1)气体放电灯线路功率因数应在 0.85 以上。

(2)常规照明灯具的性能指标应符合国家现行有关能效标准规定的节能评价值要求。

2. 照明功率密度值

公路照明应以照明功率密度值作为照明节能的评价指标,连续照明的常规路段其照明功率密度值应符合表 3-21-4 的要求。

公路照明功率密度值要求 表 3-21-4

公路照明等级	车道数(条)	照明功率密度值(W/m^2)	照度值(lx)
一级	≥6	≤1.05	30
	<6	≤1.25	
二级	≥6	≤0.70	20
	<6	≤0.85	

注:本表仅适用于光源为高压钠灯的条件,当采用其他光源时,应将照明功率密度值适当换算。

六、CJJ 45—2006 标准对照明配电及控制要求简介

(1)道路照明总功率较大时,宜采用专用变压器。

(2)电压偏差较大时,为保证照明质量和光源寿命并有利节能,宜采用有载自动调压变压器。

(3)一般照明光源电压采用 220V、1 500W 及以上高强度气体放电灯的电源电压宜采用 380V。照明灯具输入端的端电压不宜大于其额定电压的 105%,且不宜低于 90%。

(4)照明配电宜采用放射式和树干式结合的系统。配电箱宜设置在靠近照明负荷中心便于操作维护的位置。

(5)照明配电线路应设置短路保护、过负载保护和接地保护,每段配电线路的首端应装设保护电器(熔断器或断路器)。除配电回路设保护器外,每个灯具应设单独的保护器。

(6)三相配电干线的各项负荷宜分配平衡,最大相负荷不宜超过三相负荷平均值的 115%,最小相负荷不宜小于其 85%。

(7)每一单相分支回流的电流不宜超过 16A,所接光源数不宜超过 25 个;连接组合灯具时,回路不宜超过 25A,光源数不宜超过 60 个。单相分支回路宜单独装设保护器,不宜采用三相断路器对三个单相分支回路进行保护和控制。

(8)供气体放电灯的配电线路,宜在线路或灯具内设置电容补偿,使功率因数不低于 0.9。气体放电灯的频闪效应对视觉有影响的场所,采用电感镇流器时,相邻灯具应分接在不同相序,以降低频闪深度。

(9)道路照明宜采用 TN—S 或 TT 接地形式。当采用Ⅰ类灯具时,灯具的外露可导电部分应可靠接地(直接接地或与 PE 线联结)。

(10)照明配电线应采用铜芯绝缘电线或电缆,分支线截面不应小于 1.5mm²。

(11)应根据所在地区的地理位置(纬度)和季节变化合理确定开关灯时间,并根据天空亮度修正。黄昏时天然光照度宜为 15lx 时开启路灯,清晨天然光照度为 20lx(对次干路和支路)或 30lx 时(对快速路和主干线)时关灯。

(12)道路照明应采用集中遥控方式,有条件时最好采用光控和时控相结合的控制方式,所有情况都应具有集中手动控制功能。

(13)道路照明同一电杆装有两只光源时,半夜时应能关闭一个;只装一个光源时宜采用功率转换控制(如双功率镇流器等方式),半夜时能转换至低功率状态运行。

第三节 升降式高杆照明装置

1.灯杆

(1)灯杆分为圆形拔梢状和多边形拔梢状两大类。对于圆形拔梢状灯杆,其截面圆度误差不超过 3‰;对于多边形灯杆,其截面各内角偏差不超过±1.5°,边长误差不超过 2mm。

(2)每 10m 灯杆,其轴线测量的直线度误差不超过 0.5‰,灯杆的全长直线度误差不超过 1‰。

(3)灯杆的壁厚根据使用地区和设计文件确定。多边形灯杆的插接长度不小于插接直径

的1.5倍。灯杆小门内下部应设有接地螺栓。

2.灯盘

(1)灯盘直径与灯杆高度之比宜控制在1∶5～1∶7之间。

(2)灯盘造型可为圆形或对称多边形,也可为框架式功能型。

(3)灯盘结构应有足够的机械强度,其结构可分成2～3瓣,采用现场拼接。

3.升降系统和安全保护装置

(1)升降系统采用单根钢丝绳作主绳的,应设置防止灯盘发生意外坠落的制动装置,其钢丝绳设计安全系数不小于8。

(2)升降系统采用2根及以上钢丝绳作主绳的,其单根钢丝绳设计安全系数不小于6。

(3)灯盘上必须设置橡胶轮或橡胶圈,以防止在升降过程中灯盘与灯杆之间的碰撞。

(4)钢丝绳升降传动滑轮轴最大应力应小于材料屈服点应力的30%,其传动滑轮直径应大于钢丝绳直径的12倍。电源电缆线随钢丝绳升降用的导向滑轮的直径应大于电缆直径的8倍。

(5)升降系统应设电气、机械限位装置和过扭矩保护装置。

(6)升降系统应具备电动、手动两种功能。电动时,灯盘的升降速度不宜超过2m/min;手动时,操作应轻便灵活。

(7)采用单根主钢丝绳的升降系统在灯盘升至工作位置后,应具有自动卸载装置,将灯盘可靠地挂置在灯杆上,使牵引钢丝绳卸载。当使用两根或两根以上不锈钢丝绳作主绳时,灯盘上升至工作位置后,允许钢丝绳处在负载状态。

4.防腐处理

升降式高杆照明装置的各加工部件,以及标准件中作改装的部件均应做防腐处理。防腐处理采用热浸锌、热铝喷涂以及涂漆等。对于沿海等腐蚀较严重的地区,应采用热浸锌或热铝喷涂方式进行结构防腐蚀处理。热浸锌层厚度不应低于85μm;热铝喷涂防腐蚀铝喷涂厚度不小于80μm;所涂底漆厚度不得小于40μm,涂完面漆后总厚度为125～175μm。

5.防雷装置

高杆照明设施的防雷接地装置接地电阻不大于10Ω。灯杆的避雷针一般采用圆钢或焊接钢管制成,选用圆钢时直径不小于16mm;选用钢管时直径不小于25mm。

第四节 施工质量要求与检测方法

一、基本要求

(1)照明器和亮度传感器的类别、规格、适用场所、有效范围、数量、位置、安装间距、安装质量等应符合要求。

(2)设备的电力线、信号线、接地线的类别、规格、数量、布设方式、位置、连接质量等应符合要求。

(3)路面照明、建筑物(构造物)的景观照明、航空障碍灯、桥墩障碍灯等照明设施应完整、协调。

(4)高杆灯应由取得相应资质的单位供货,并有可靠的测试记录和报告。

(5)隐蔽工程验收记录、分项工程自检和设备调试记录、有效的设备检验合格报告或证书等资料应齐全。

二、实测项目

(1)灯杆基础尺寸:符合设计要求;长、宽用量具测量,埋深查隐蔽工程验收记录或实测。

(2)灯杆壁厚:符合设计要求;金属灯杆用超声波测厚仪测量,混凝土灯杆查隐蔽工程验收记录。

(3)灯杆、避雷针(接闪器)高度、法兰和地脚几何尺寸:符合设计要求;用全站仪测量灯杆和避雷针高度,用量具测量其他尺寸。

(4)金属灯杆防腐涂层壁厚:镀锌≥85μm,其他涂层符合设计要求;涂层测厚仪测量。

(5)灯杆垂直度:≤5mm/m;用经纬仪测量。

(6)灯杆横纵向偏差:符合设计要求;用经纬仪测量。

(7)照明设备控制装置的接地电阻:≤4Ω;用接地电阻测试仪测量。

(8)灯杆接地电阻:≤10Ω;用接地电阻测试仪测量。

(9)高杆灯的灯盘升降功能测试:符合设计要求;实际操作。

(10)路段直线段照度及均匀度、路段弯道段照度及均匀度、大桥桥梁段照度及均匀度、立交桥面段照度及均匀度、收费广场照度及均匀度、收费天棚照度及均匀度:符合设计要求;用照度计测量。

(11)自动、手动两种方式控制全部或部分照明器的开闭、亮度传感器与照明器的联动功能、定时控制功能:可控性检验;模拟或实际操作验证。

三、外观鉴定

(1)灯柱、机箱及灯具安装位置和方位正确、牢固、端正。

(2)各部件表面光泽一致、无划伤、无刻痕、无剥落、无锈蚀。

(3)基础混凝土表面应刮平,无损边、无掉角;机箱、立柱、法兰及地脚螺栓规格应符合设计要求,防腐措施得当,裸露金属基体无锈蚀。

(4)高杆灯防雷接地焊接牢固,焊缝饱满并做防腐处理;防雷引下线及接地体用材料规格、防腐与连接措施、安装位置符合设计要求;金属机箱与安全保护地连接可靠,接地极引出线裸露金属基体无锈蚀。

(5)机箱的出线管与箱体连接密封良好,箱体内无积水、尘土、霉变。

(6)机箱内电力线、信号线、元器件等布线平直、整齐、固定可靠,标识正确、清楚,插头牢固。

(7)灯杆、灯具装配安装后,线形与道路线形在横向、纵向、高度协调一致,线形美观。

第二十二章

隧道机电设施

第一节　概　　述

为充分发挥隧道的通行能力，保证隧道的运营安全，公路，特别是高速公路隧道大都配备了相对较为完善的隧道机电系统，该系统对于保障隧道的安全高效运营，改善隧道交通事故的应急处理能力，提高隧道通行能力起到了积极的作用。

一、公路隧道断面参数

根据《公路隧道设计规范》(JTG D70—2004)，在隧道横断面设计中，公路隧道建筑限界如图 3-22-1 所示，其主要参数如下：H 为建筑限界高度；W 为行车道宽度；L_L 为左侧向宽度；L_R 表示右侧向宽度；C 为余宽；J 为检修道宽度；R 人行道宽度；h 为检修道或人行道的高度；E_L 建筑界限左顶角宽度；E_R 建筑界限右顶角宽度。

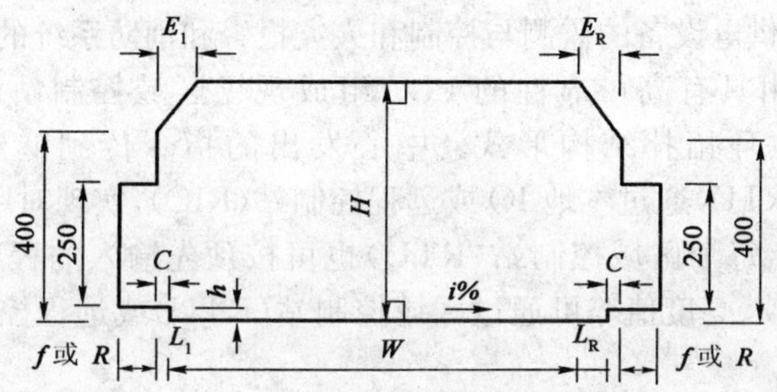

图 3-22-1　公路隧道限界图(尺寸单位：cm)

隧道内轮廓标准，即拱部为单心半圆，侧墙为大半径圆弧，仰拱与侧墙间用小半径圆弧连接。两车道隧道标准内轮廓断面如图 3-22-2 所示。

图中隧道内轮廓断面的主要参数有：R_1 为拱部圆弧半径；R_2 为拱部与侧墙连接段圆弧半径；R_3 为侧墙圆弧半径；R_4 为侧墙与仰拱连接段圆弧半径；R_5 为仰拱圆弧半径；H_1 为路面至起拱线的高度；H_2 为侧墙结构高度；H_2' 为设仰拱时的侧墙结构高度(侧墙与仰拱连接点至起拱线的高度)；θ_1 为起拱线与 R_3 的夹角；θ_1' 为设仰拱时起拱线与 R_2 的夹角；θ_2 为隧道结构中心线与 R_5 的夹角；$\theta_3=90°-(\theta_1'+\theta_2)$；$\theta_4$ 为半径为 R_1 的拱部圆弧段夹角；θ_5 表示半径为 R_2 的圆弧段夹角。

二、隧道机电系统构成

隧道机电系统一般由中央控制系统、现场总线系统、闭路电视系统、隧道信息采集系统、火灾报警系统、交通控制系统、通风照明控制系统、通信系统和供配电系统等组成，具体介绍如下。

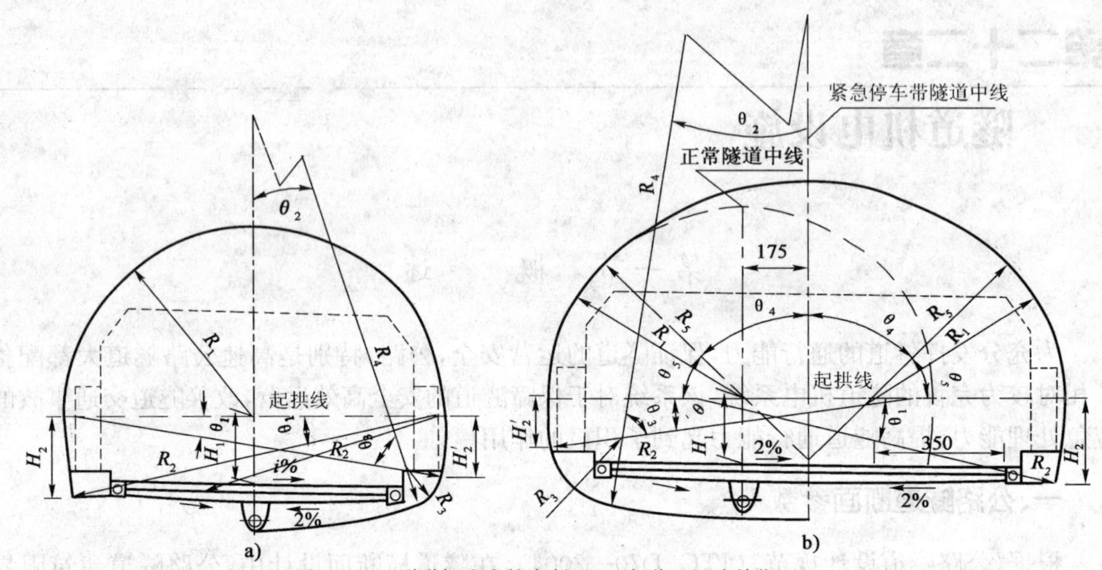

图 3-22-2 隧道标准内轮廓断面(双车道)(尺寸单位:cm)

a)标准断面;b)紧急停车带断面

中央控制系统 主要由监控分中心监控计算机系统及辅助设施构成，是隧道监控系统的核心部分，包括对交通检测、交通控制、环境检测、通风控制、闭路电视、紧急电话、有线广播、亮度检测和照明控制、变供电设备的监测与控制和火灾报警和消防系统的中心控制。

现场总线系统 由具有高可靠性的 PLC 组成现场区域控制站(RTU)和远程控制站(RIO)组成，采用自愈环拓扑结构形式。中心发出的指令传到隧道现场的区域控制站(RTU)，区域控制站(RTU)通过本地 IO 或远程控制站(RIO)，实现对照明系统、通风系统、交通系统等的控制；同时，每个区域控制站(RTU)也可按预先输入的程序控制现场设备运行。VI/CO 值、风向/风速值、亮度值等可通过区域控制站(RTU)或远程控制站(RIO)采集，然后上传到隧道监控中心。

闭路电视系统 由外场摄像机、视频传输设备、控制设备、显示设备和录像设备组成。在正常的运行期间用以掌握交通状况，采集交通信息，便于为交通控制提供必要的依据；在发生交通事故或火灾等意外情况时用以确认，并发出相应的报警信息，采取相应的救援及事故处理等一系列活动，充分发挥隧道实时监控的功能。

隧道信息采集系统 主要由交通信息采集系统和环境信息采集系统组成，包括视频交通事件事故检测系统、车辆检测器、光强检测器、CO/VI 检测器、风向/风速检测器等设备，用于系统正常运行的数据支持。

火灾报警系统 包括火灾自动报警系统、手动报警按钮、火灾探测器、监控中心消防计算机及软件等。报警信号上传至隧道监控分中心监控计算机网络后，通过声光报警器发出声光报警，经操作员进行确认，由监控分中心监控计算机网络采取相应的交通控制方案，包括启动通风、隧道照明、消防系统、调整各外场设备的信息等，以便快速、有序地疏导隧道内的车辆和人员，保证隧道的安全运营。

交通控制系统　包括信息发布子系统和有线广播子系统。信息发布子系统主要由交通信号灯、车道控制标志、可变情报板和可变限速标志等组成。主要用于道路的正常交通、交通事故异常、道路施工及隧道正常交通、火灾、交通事故、检修施工等各种工况时的交通控制。

通风照明控制系统　根据隧道信息采集系统采集上传的数据，产生并下发控制策略，由本地控制器控制通风设备配电箱内的软启动器对风机的正转、反转和停机进行控制，隧道照明设备配电箱内的交流接触器对隧道照明回路进行控制。

通信系统　包括传输设备、光缆、隧道现场光纤环网及紧急电话系统等，主要为隧道控制系统和总线系统提供通信通道，也为隧道运营管理部门提供业务电话，还为与省高速公路通信专网实现数据、图像、语音的互联互通提供通信平台。

供配电系统　包括变电所、箱式变电站、不间断电源(UPS)、应急电源(EPS)等，为隧道机电系统供电。根据隧道区段各用电设施的供电要求，可分别为隧道监控、隧道应急照明、隧道消防、隧道通风、隧道照明等用电系统划分用电等级，实行用电优化配置，保障机电系统运行。

第二节　环境检测设备性能、安装质量及检验评定标准

一、概述

隧道环境检测设备主要包括隧道一氧化碳检测器、能见度检测器(也称为烟雾检测器)和风速风向检测器等，它们是隧道监控系统环境信息采集的关键部件，其收集的信息直接影响通风设施是否启动，是高速公路隧道监控和应急处理策略的主要信息源，也是公路隧道安全保障系统的重要组成部分。

在隧道环境检测设备中，一氧化碳检测器(英文简称 CO)，主要分为电化学式一氧化碳传感器和红外线检测一氧化碳传感器两类，可快速、准确、连续地自动测定给定点的一氧化碳浓度。能见度检测器(英文简称 VI)，主要分为光电感烟烟雾传感器和离子感烟烟雾传感器两类，可快速、准确、连续地自动测定给定点的烟雾透过率，监测隧道内的能见度。风向风速检测传感器(英文简称 TW)，主要分为风速感应元件直接输出电信号测量风流速度和采用超声波时间差方法监控隧道内风速风向的传感器两类，可快速、准确、连续地自动测定给定点的水平风速值，检测隧道内的风向。

二、环境检测设备技术要求及试验方法

环境检测设备主要质量评定标准是《公路隧道环境检测设备技术条件》(JT/T 611—2004)，依据该标准，公路隧道环境检测设备的技术要求及试验方法如下。

1. 环境检测设备技术要求

1)环境检测系统设备认证

环境检测系统设备应有国家认可的产品质量检测机构的检验合格证明，并符合国家相关标准、规范的规定。

2)一般要求

(1)传感器的结构应保证调试、维修和安装的方便与可靠，应有适应隧道安装条件的结构。

(2)传感器的表面不应有明显的划痕、外壳表面涂层应牢固、金属部件不应有锈蚀和变形、接插件应紧固、开关按键操作应灵活、可靠。

(3)传感器外壳、接插件和零件应采取防腐措施,印制电路板的焊点应美观、无虚焊、应涂覆两遍三防(防腐、防霉、防潮)绝缘漆。

(4)装入隧道内的设备应符合《低压电器外壳防护等级》(GB/T 4942.2—1993)中IP65的要求。

3)工作环境

如应用场所无特殊要求,安装在隧道内的环境检测设备应满足以下环境要求:温度:−15～+45℃;相对湿度:30%～90%;大气压力:80～110kPa;风速:0～10m/s。

4)功能

(1)实时CO、VI、TW监测。在控制器计算机上应以汉字、数字、图形等多种形式不间断显示被监测现场的CO浓度值、VI值、TW值等信息。

(2)报警值设定。具有警报功能的传感器应能在测量范围内任意设置警报点。

(3)故障显示。环境检测系统发生下列故障之一时,控制器应显示故障信息或报警:

①主电源故障——主电过压、欠压、短路;

②无应答故障——传感器电源短路或通信线缆断路。

5)主要技术指标

(1)CO传感器。测量范围:$(0\sim300)\times10^{-6}$;测量精度:$\pm2\times10^{-6}$;输出:4～20mA的隔离输出,最大负载500Ω或RS422通信接口。

(2)VI传感器。测量范围:0～0.0015/m;测量精度:±0.0002/m;输出:4～20mA的隔离输出,最大负载500Ω。

(3)TW传感器。测量范围:−20～20m/s;测量精度:±0.2m/s;输出:4～20mA的隔离输出,最大负载500Ω。

6)负载特性

将传感器在空气中稳定时外接负载电阻为500Ω和0Ω时输出信号之差,分别换算为CO浓度值、VI值、TW值,其值应符合传感器量程范围和测量精度的要求。

7)稳定性

(1)CO传感器。稳定性试验后,传感器的指示值和输出信号应符合标准物质的测定值和测量精度的要求。

(2)VI传感器。稳定性试验后,传感器的指示值和输出信号应符合标准物质的测定值和测量精度的要求。

(3)TW传感器。稳定性试验后,传感器的指示值和输出信号应符合标准物质的测定值和测量精度的要求。

2.试验方法

1)试验环境

除环境试验或有关标准中另有规定外,试验应在下列环境中进行:

温度:15～35℃;

相对湿度:45%～85%;

大气压力：80～100kPa；

风速：0～10m/s。

2)试验用仪表

(1)气体流量计：测量范围 0～30L/min；

(2)秒表：分度值为 0.01s；

(3)直流毫安表：0～100mA；

(4)频率计：0～1 000kHz；

(5)直流稳压电源：0～30V、2A；

(6)风速仪：0～20m/s。

(7)烟尘浓度测定仪：0～0.2mg/m^3。

3)外观

用目测法检查。

4)工作环境温度试验

工作状态的环境温度试验按 GB/T 2423.1 和 GB/T 2423.2 的规定进行。

5)传感器负载特性

将传感器在空气中稳定时外接负载电阻为 500Ω 和 0Ω 时输出信号之差，分别换算为 CO 浓度值、VI 值、TW 值。试验次数不少于 5 次，取值分别为平均值、最大值、最小值。

6)稳定性

(1)CO 传感器。把调整好的传感器安装在特制的注气装置内，连续运行 7d，每隔 24h 按标定的流量依次通入清洁空气和空气中一氧化碳等标准物质各 3min，记录指示值和输出信号值。试验期间不得调整传感器。

(2)VI 传感器。把调整好的传感器安装在特制的发烟装置内，连续运行 7d，每隔 24h 点燃发烟源，熄灭火焰，保持连续冒烟，记录指示值和输出信号值。试验期间不得调整传感器。

(3)TW 传感器。把调整好的传感器安装在计量标准器是低速的风洞内，连续运行 7d，每隔 24h 启动无级调速风机提供风量，记录指示值和输出信号值。试验期间不得调整传感器。

三、安装质量及检验评定标准

1.基本要求

(1)环境检测器及其配置的 CO 传感器、烟雾传感器、照度传感器、风向风速传感器的数量、型号规格符合要求，部件完整。

(2)环境检测器及其配置的传感器安装位置正确，符合要求。

(3)按规范要求连接环境检测器及其传感器的保护线、信号线、电力线，排列规整、无交叉拧绞，经过通电测试，处于正常工作状态。

(4)隐蔽工程验收记录、分项工程自检和设备调试记录、安装和非安装设备及附(备)件清单、有效的设备检验合格报告或证书等资料齐全。

2.实测项目

隧道环境检测设备的实测项目见 JTG F80/2—2004 中表 7.5.2。

3. 外观鉴定

(1)环境检测器控制箱安装稳固、位置正确，表面光泽一致、无划伤、无刻痕、无剥落、无锈蚀。

(2)控制箱门开关灵活、出线孔分列明确、密封措施得当，机箱内无积水、无霉变、无明显尘土，表面无锈蚀。

(3)控制箱内电力线、信号线、接地线分列明确，布线整齐、美观、绑扎牢固，接线端头焊(压)接牢固、平滑；编号标识清楚，预留长度适当、规整。

(4)控制箱至传感器的电力线、信号线、接地线端头制作规范；按设计要求采取了线缆保护措施、布线排列整齐美观、安装牢固、标识清楚。

(5)传感器的布设位置正确、排列整齐美观、安装牢固、标识清楚。

(6)传感器表面光泽一致、无划伤、无刻痕、无剥落、无锈蚀。

第三节　报警与诱导设施

一、概述

隧道报警与诱导设施是指隧道运营过程中发生火灾等紧急情况时，为现场人员提供报警并引导现场人员撤离的机电设施。其设置的合理性与科学性与隧道运营安全息息相关；其性能及可靠性直接关系到隧道使用者的安全性。

隧道报警与诱导设施主要由火灾手动报警器、隧道紧急电话、车道指示器、可变限速标志、可变信息标志、主动发光隧道诱导标、紧急疏散照明灯等构成。其中，可变信息标志、可变限速标志、紧急电话、车道指示器(LED 车道控制标志)等的技术要求及试验方法，已在监控系统、收费系统的相关章节中进行了介绍，火灾手动报警设施将在隧道消防设施中介绍。

二、安装质量及检验评定标准

1. 基本要求

(1)报警与诱导设施的数量、型号规格符合设计要求，部件完整。

(2)报警与诱导设施的安装位置正确，符合要求。

(3)按规范要求连接报警与诱导设施的保护线、信号线、电力线，排列规整、无交叉拧绞，经过通电测试，工作状态正常。

(4)隐蔽工程验收记录、分项工程自检和设备调试记录、安装和非安装设备及附(备)件清单、有效的设备检验合格报告或证书等资料齐全。

2. 实测项目

隧道报警与诱导设施实测项目见 JTG F80/2—2004 中表 7.6.2。

3. 外观鉴定

(1)警报器和诱导设施控制箱安装稳固、位置正确，表面光泽一致，无划伤、无刻痕、无剥落、无锈蚀。

(2)控制箱柜门开关灵活、出线孔分列明确、密封措施得当，机箱内无积水、无霉变、无明显尘土，表面无锈蚀。

(3)控制箱内电力线、信号线、接地线分列明确，布线整齐、美观、绑扎牢固，接线端头焊(压)接牢固、平滑；编号标识清楚，预留长度适当、规整。

(4)控制箱至警报器和诱导设施的电力线、信号线、接地线端头制作规范；按设计要求采取线缆保护措施、布线排列整齐美观、安装牢固、标识清楚。

(5)警报器和诱导设施的布设位置正确、排列整齐美观、安装牢固、标识清楚。

(6)警报器和诱导设施表面光泽一致，无划伤、无刻痕、无剥落、无锈蚀。

第四节　通 风 设 施

一、概述

公路隧道的通风系统是保证隧道行车安全的关键系统，其原理是通过向隧道内注入新鲜空气，稀释洞内由汽车排出的废气和烟雾，使得隧道内的空气质量和烟雾透过率能保证驾乘人员的身体健康和行车安全。隧道通风设施主要由轴流风机、射流风机、软件启动器等组成。

公路隧道通风系统的目的不仅要保证正常营运时的需风量，更重要的还要保证火灾时的通风有利于人员逃生和救灾。正常营运时，隧道的通风系统主要稀释隧道内的 CO、烟雾和空气中的异味，提高隧道行车的舒适性和安全性。

公路隧道通风方式通常可分为纵向式、半横向式、全横向式以及在这三种基本方式基础上的组合通风方式。

二、隧道通风基本要求及测量方法

1. 隧道通风基本要求

依据《公路隧道设计规范》(JTG D70—2004)，公路隧道通风的基本要求如下[详细的隧道通风系统设计要求请见《公路隧道通风照明设计规范》(JTJ 026.1—1999)]。

(1)公路隧道通风设计应综合考虑交通条件、地形、地物、地址条件、通风要求、环境保护要求、火灾时的通风控制、维护与管理水平、分期实施的可能性、建设与应用费用等因素。

(2)隧道通风应符合以下要求：

①单向交通的隧道设计风速不宜大于 10m/s，特殊情况下可取 12m/s；双向交通的隧道设计风速不应大于 8m/s；人车混合通行的隧道设计风速不应大于 7m/s。

②风机产生的噪声及隧道中废气的集中排放均应符合环保的有关规定。

③确定的通风方式在交通条件等发生变化时，应具有较高的稳定性，并能适应火灾工况下的通风要求。

④隧道内营运通风的主流方向不应频繁变化。

(3)隧道通风主要应对一氧化碳(CO)、烟雾和异味进行稀释。

(4)CO 设计浓度取值要求如下：

①采用全横向通风方式与半横向通风方式时，CO 设计浓度可按表 3-22-1 取值；采用纵向通风式，CO 设计浓度可按表 3-22-1 所列各值提高 50ppm 取值。

CO设计浓度 δ（一） 表3-22-1

隧道长度(m)	≤1 000	≥3 000
δ(ppm)	250	200

注：隧道长度为1 000～3 000m时，可按插入法取值。

②交通阻滞（隧道内各车道均以怠速行驶，平均速度为10km/h）时，阻滞段的平均CO设计浓度可取300ppm，经历时间不超过20min。阻滞段的设计长度不宜大于1km。

③人车混合通行的隧道长度不宜超过2 000m，其CO设计浓度应按表3-22-2取值。

CO设计浓度 δ（二） 表3-22-2

隧道长度(m)	≤1 000	≥2 000
δ(ppm)	150	100

注：隧道长度为1 000～2 000m之间时，可按插入法取值。

(5)烟雾设计浓度取值要求如下：

①采用钠灯光源时，烟雾设计浓度应按表3-22-3取值；采用荧光灯光源时，烟雾设计浓度应提高一级。

烟雾设计浓度 K 表3-22-3

设计速度(km/h)	100	80	60	40
K(m^{-1})	0.006 5	0.007 0	0.007 5	0.009 0

②当烟雾浓度达到0.012m^{-1}时，应按采取交通管制措施考虑。

③隧道内进行养护维修时，应按现场实际烟雾浓度不大于0.0035m^{-1}考虑。

(6)稀释异味应符合以下要求：

①隧道空间不间断换气频率不宜低于每小时5次；交通量较小或特长隧道，可采用每小时3～4次。

②采用纵向通风的隧道，隧道内换气风速不应低于2.5m/s。

(7)通风设计时必须考虑火灾对策，长度大于1 500m且交通量较大的隧道应考虑排烟措施。火灾时的排烟风速可按2～3m/s取值。

(8)选用的风机，在环境温度为250℃情况下其可靠运转时间应不低于60min。

2.隧道断面风速的测试方法

进行隧道断面风速试验前应检查风机的功能是否正常，风机进出口之间不得存在未规定的气体循环。根据隧道通风系统设计文件确定其工作模式，开启风机，并应确定所测试的隧道内的气流处于稳定状态（不存在紊流等非稳定状态）。

1)断面选择

隧道风速测试断面的选择，应根据隧道通风设施的抽样情况，在所抽中的射流风机或通风区段前根据隧道线形、湍流、逆流等情况确定测试断面。

2)测点分布

根据《工业通风机现场性能测试》(GB/T 10178—2006)以及隧道主洞轮廓，将该断面划分为16个测试区域，并将该断面测点设于每个测试区域的形心，如图3-22-3所示。

实际测试时，可根据隧道的断面轮廓、通风设施安装位置等选择合理的测点数量及分布。

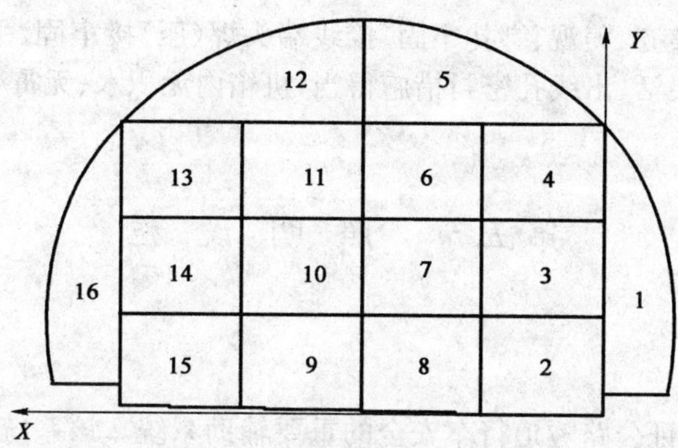

图 3-22-3　隧道测试断面测点分布图

3)断面平均风速计算

根据断面测点分布、通风系统流线及现场实施条件，搭建隧道断面风速测试装置，利用风速计多次测量该断面的 16 个测点处的风速值 $V_i(i=1,2,\cdots,16)$。

则该测试断面的平均风速 $\overline{V}$ 可根据下式计算：

$$\overline{V}=\frac{\sum_{i=1}^{16}V_iA_i}{A} \tag{3-22-1}$$

式中：A_i——与风速 V_i 对应的小块面积(m^2)；

A——断面总面积(m^2)，其计算公式如下：

$$A=\sum_{i=1}^{16}A_i \tag{3-22-2}$$

三、隧道通风设施安装质量及检验评定标准

1. 基本要求

(1)通风设备及缆线的数量、型号规格、程式应符合设计要求，部件及配件完整。

(2)通风设备安装支架的结构尺寸、预埋件、安装方位、安装间距等应符合设计要求，并附抗拔力的检验报告。

(3)通风设备安装牢固、方位正确。

(4)按规范要求连接通风设备的保护线、信号线、电力线，应排列规整、无交叉拧绞，并经过通电测试，工作状态正常。

(5)隐蔽工程验收记录、分项工程自检和设备调试记录、安装和非安装设备及附(备)件清单、有效的设备检验合格报告或证书等资料应齐全。

2. 实测项目

隧道通风设施的实测项目见 JTG F80/2—2004 中表 7.8.2。

3. 外观鉴定

(1)通风设备安装稳固、位置正确。

(2)通风设备的电力线、信号线、接地线端头制作规范；按设计要求采取线缆保护措施、布线排列整齐美观、安装固定、标识清楚。

(3)设备表面光泽一致、无划伤、无刻痕、无剥落、无锈蚀。

(4)控制柜内布线整齐、美观、绑扎牢固,接线端头焊(压)接牢固、平滑;编号标识清楚,预留长度适当;柜门开关灵活、出线孔密封措施得当,机箱内无积水、无霉变、无明显尘土,表面无锈蚀。

第五节 照明设施

一、概述

隧道照明系统是保证公路隧道行车安全的重要辅助系统。该系统可以改善交通条件,减轻驾驶员疲劳,提高隧道行车舒适性,保证隧道行车安全。隧道照明系统由隧道照明设施(隧道照明灯具)、照明控制器和照明配电箱等组成。

二、隧道照明基本要求及试验方法

1. 隧道照明基本要求

依据《公路隧道设计规范》(JTG D70—2004),公路隧道通风的基本要求如下(详细的隧道通风系统设计要求请见《公路隧道通风照明设计规范》(JTJ 026.1—1999)。

(1)长度大于100m的隧道应设置照明。

(2)照明设计应综合考虑环境条件、交通状况、土建结构设计、供电条件、设计与营运费用等因素。

(3)照明设计路面亮度总均匀度(U_0)应不低于表3-22-4的要求,路面亮度纵向均匀度(U_1)应不低于表3-22-5的要求。

路面亮度总均匀度 U_0 表3-22-4

设计交通量 N(辆/h)		U_0
双车道单向交通	双车道双向交通	
≥2 400	≥1 300	0.4
≤700	≤360	0.3

路面亮度总均匀度 U_1 表3-22-5

设计交通量 N(辆/h)		U_0
双车道单向交通	双车道双向交通	
≥2 400	≥1 300	0.6~0.7
≤700	≤360	0.5

(4)中间段亮度要求如下:

①中间段亮度可按表3-22-6取值。

②当双车道单向交通700辆/h<N≤2 400辆/h,双向交通360辆/h<N≤1 300辆/h,且通过隧道的行车时间超过135s时,可按表3-22-9的80%取值。

③人车混合通行的隧道中,中间段亮度不得低于2.5cd/m²。

④隧道两侧墙面2m高的范围内,宜铺设反射率不小于0.7的墙面材料。

中间段亮度（cd/m²）　　表 3-22-6

设计速度 v(km/h)	双车道单向交通 N＞2 400 辆/h 或双车道双向交通 N＞1 300 辆/h	双车道单向交通 N≤700 辆/h 或双车道双向交通 N≤360 辆/h
100	9.0	4.0
80	4.5	2.0
60	2.5	1.5
40	1.5	1.5

⑤灯具布置应满足闪烁频率低于 2.5Hz 后高于 15Hz 的要求。

⑥中间段灯具的平面布置形式可采用单光带布置、两侧交错布置或两侧对称布置。

⑦紧急停车带宜采用荧光灯光源，其照明亮度应大于 7cd/m²。

⑧连接通道亮度应大于 2cd/m²。

(5)入口段亮度可按下式计算：

$$L_{th}=k\cdot L_{20}(S) \tag{3-22-3}$$

式中：L_{th}——入口段亮度（cd/m²）；

k——入口段亮度折减系数，可按表 3-22-7 取值；

$L_{20}(S)$——洞外亮度（cd/m²）。

入口段亮度折减系统 k　　表 3-22-7

设计交通量 N(辆/h)		k			
		设计速度 v_1(km/h)			
双车道单向交通	双车道双向交通	100	80	60	40
≥2 400	≥1 300	0.045	0.035	0.022	0.012
≤700	≤360	0.035	0.025	0.015	0.010

注：当交通量在其中间值时，可内插取值。

(6)过渡段照明要求如下：

①过渡段亮度。过渡段由 TR_1、TR_2、TR_3 三个照明段组成，与之对应的亮度可按表 3-22-8 取值。

过渡段亮度　　表 3-22-8

照明段	TR_1	TR_2	TR_3
亮度	$L_{TR1}=0.3L_{th}$	$L_{TR2}=0.1L_{th}$	$L_{TR3}=0.035L_{th}$

②过渡段长度。各过渡段的长度可按表 3-22-9 取值。

过渡段长度 D_{TR}（m）　　表 3-22-9

设计速度 v(km/h)	D_{TR1}	D_{TR2}	D_{TR3}
100	106	111	167
80	72	89	133
60	44	67	100
40	26	44	67

(7)出口段照明要求如下：

①在单向交通隧道中，应设置出口段照明；出口段长度宜取60m，亮度宜取中间段亮度的5倍。

②在双向交通隧道中，可不设出口段照明。

(8)对到照明灯具的防护等级应不低于IP65。

2.隧道照明测量方法

依据《公路隧道通风照明设计规范》(JTJ 026.1—1999)，隧道照明系统的设计参数即为路面亮度及亮度均匀度(路面亮度总均匀度和纵向均匀度)。因此，对于隧道照明系统最直观的测量方法是进行隧道路面亮度的检测，然而由于亮度的测试相对于照度而言条件较为严苛。目前隧道照明系统的工程测试多采用先采用照度测试，然后根据平均亮度与平均照度间的换算关系进行换算。即：

平均亮度与平均照度间的换算关系一般取值为：按沥青路面(15～22)$lx/cd\cdot m^{-2}$；水泥混凝土路面(10～13)$lx/cd\cdot m^{-2}$。

对于隧道照明系统中测量区域的抽样可按照隧道设计的入口段、过渡段、中间段、过渡段和出口段，将每个段内划分为若干百米段，在每公里的10个百米段内，抽取3个百米段进行测量。

依据《照明测量方法》(GB/T 5700—2008)，以下分别给出了隧道照明系统照度和亮度测量方法。

1)照度测量方法

(1)仪器要求

分辨力不低于0.1lx的照度计。

(2)照度测量范围

沿隧道纵向，为同一侧两个灯具之间的区域；沿隧道横向，当灯具采用单侧布置时，应为隧道路面的路宽；当灯具采用双侧交错布置、双侧对称布置、中心对称布置和中心布置时宜为隧道的半条路宽。

(3)照度测量点

将测量范围内的路段划分为若干大小相等的矩形网格。沿隧道纵向宜将测量范围10等分，当同一侧两个灯具间距大于50m时，宜增加划分的网格数，使每一个网格边长不大于5m；沿隧道横向宜将每条车道2等分。当隧道路面的照度均匀度较好或相对测量的准确度要求较低时，划分的网格数可少些。纵向网格边长可与上面的取值相同，而道路横向的网格边长可取每条车道的宽度。

对应每个测量矩形网格区域，可选择下列的照度测量方法。

①四点法(图3-22-4)。测点应布置在网格的四角，测量网格四角点上的照度。

②中心法。测点应布置在每个网格的中心点(图3-22-5)，测量网格中心点的照度。

实际测试时，照度测量点多选为每个矩形网格的中心点，高度为隧道路面。

(4)平均水平面照度和照度均匀度的计算

①四点法的平均水平面照度的计算：

$$E_{hav}=\frac{1}{4MN}(\sum E_{\theta}+2\sum E_{0}+4\sum E) \quad (3\text{-}22\text{-}4)$$

式中：E_{hav}——隧道路面的平均水平照度(lx)；

M——纵向网格数；

N——横向网格数；

E_{θ}——测量区域四个角处的测点照度(lx)；

E_{0}——除 E_{θ} 外，四条外边上的测点照度(lx)；

E——四条外边以内的测点照度(lx)。

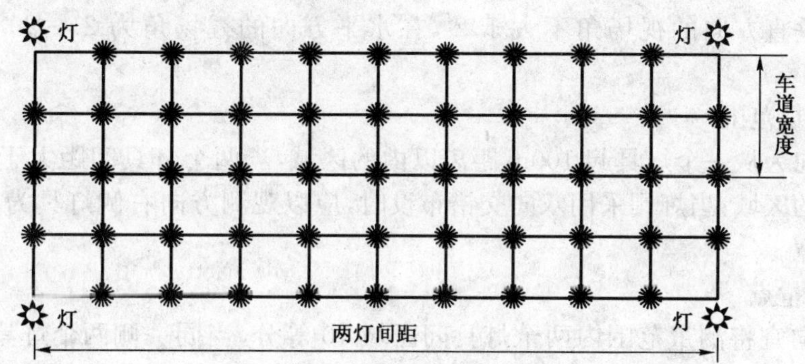

图 3-22-4　四点法测点布局

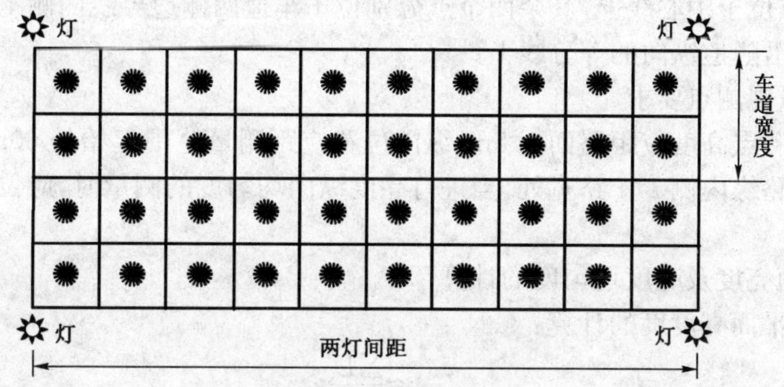

图 3-22-5　中心法测点布局

②中心法的平均水平面照度的计算：

$$E_{hav}=\frac{1}{MN}\sum E_{i} \quad (3\text{-}22\text{-}5)$$

式中：E_{hav}——平均水平照度(lx)；

E_{i}——第 i 个测点上的照度(lx)；

其他符号意义同式(3-22-4)。

③照度总均匀度的计算：

$$U_{0}=\frac{E_{hmin}}{E_{hav}} \quad (3\text{-}22\text{-}6)$$

式中：U_{0}——照度总均匀度；

E_{hmin}——测点的最小照度值(lx)；

E_{hav}——按式(3-22-4)或式(3-22-5)求出的平均水平面照度(lx)。

④照度纵向均匀度的计算：

$$U_1=\frac{E'_{min}}{E'_{max}} \tag{3-22-7}$$

式中：U_1——隧道路面照度纵向均匀度；

E'_{min}——沿隧道行车方向同一车道内中心线的路面照度最小值(lx)；

E'_{max}——沿隧道行车方向同一车道内中心线的路面照度最大值(lx)。

2)亮度测量方法

(1)亮度测量仪器要求

应使用在垂直方向的视场角不大于 2′，在水平方向的视场角为 2′～20′的亮度计进行测量。

(2)亮度测量范围

沿隧道纵向为从一个灯具起 100m 距离以内的区域，当两个灯具间距大于 100m 时，应为两个灯具之间的区域；当灯具采用双向交错布设时，应以观测方向右侧灯具为参考；沿隧道横向宜为整条路宽。

(3)亮度测量点

沿隧道纵向宜将测量范围内两个灯具间区域 10 等分，当同一侧两个灯具间距大于 50m 时，宜增加等分数，使两个相邻等分线间距不大于 5m；沿隧道横向宜将每条车道横向布置 3 个测量点，其中一点位于中心线上，其余两个点分别位于车道两侧边界线内侧 1/6 车道宽处。亮度测量点应位于沿隧道纵向的等分线上。

(4)亮度测量观测点要求

亮度计的观测点高度应距路面 1.5m；纵向位置应距测量范围起始处 60m；横向位置应位于观测方向右侧路缘内侧 1/4 路宽处，当进行亮度纵向均匀度的测量时，应位于每条车道的中心线上。

(5)隧道路面亮度及亮度均匀度的计算

①隧道路面平面亮度度的计算：

$$L_{av}=\frac{\sum L_i}{M} \tag{3-22-8}$$

式中：L_{av}——隧道路面的平均亮度($cd\cdot m^{-2}$)；

M——总测点数；

L_i——第 i 个测点上的亮度($cd\cdot m^{-2}$)。

②亮度总均匀度的计算：

$$U_0=\frac{L_{min}}{L_{av}} \tag{3-22-9}$$

式中：U_0——亮度总均匀度；

L_{min}——测点的最小亮度值($cd\cdot m^{-2}$)；

L_{av}——路面平均亮度($cd\cdot m^{-2}$)。

③亮度纵向均匀度的计算：

$$U_1=\frac{L'_{min}}{L'_{max}} \tag{3-22-10}$$

式中：U_1——隧道路面亮度纵向均匀度；

L'_{min}——沿隧道行车方向同一车道内中心线的路面亮度最小值（$cd \cdot m^{-2}$）；

L'_{max}——沿隧道行车方向同一车道内中心线的路面亮度最大值（$cd \cdot m^{-2}$）。

三、隧道照明设施（公路隧道照明灯具）技术要求及试验方法

公路隧道照明灯具是满足公路隧道照明特点、使车辆进出隧道并在隧道内行驶时，驾驶员能够识别各种情况的专用照明灯具。隧道照明设施的主要质量评定标准是《公路隧道照明灯具》(JT/T 609—2004)，依据该标准，公路隧道照明灯具按采用光源，可分为钠灯灯具和荧光灯灯具；按光源布置形式及反光器形式可分为对称光带灯具、非对称光带灯具、逆光带灯具；按是否调光，可分为调光灯具和非调光灯具。其技术要求及试验方法如下。

1.技术要求

1)一般要求

(1)公路隧道照明灯具应按经批准的图样和技术文件制造。

(2)公路隧道照明灯具光源采用荧光灯时，在额定电压的90%～110%的范围内应能正常启动和燃点，应配电子镇流器和熔断器。

(3)公路隧道照明灯具内所有电器元件应采用防潮、无自爆、耐火或阻燃产品。

(4)公路隧道照明灯具应具有防眩特性。公路隧道照明灯具的配光性能应满足隧道照明要求，并应符合《公路隧道通风照明设计规范》(JTJ 026.1—1999)的有关要求。

2)外观质量

公路隧道照明灯具表面应光滑，以防污物堆积和便于清洗；无损伤、变形、涂层剥落，玻璃罩应无气泡、明显划痕和裂纹等缺陷。

3)公路隧道照明灯具的材料

(1)公路隧道照明灯具所采用的电线（缆）、光源和电器部件（如镇流器、电容等），均应符合相应的国家标准或行业标准的规定要求。

(2)插销、铰链、螺钉和其他外部构件，应采用不锈钢或其他耐腐蚀（耐废气、盐和隧道中烟雾的腐蚀）材料制成。公路隧道照明灯具及其安装构件不应受混凝土的化学反应腐蚀。

(3)公路隧道照明灯具密封件，应耐温、耐老化和抵御隧道内的腐蚀性气体，并应方便更换。

4)结构要求

(1)公路隧道照明灯具的结构应符合《灯具　第1部分：一般要求与试验》(GB 7000.1—2007)（以下简称GB 7000.1—2007）中的有关规定。

(2)同一企业的相同型号的公路隧道照明灯具应有良好的互换性。

(3)公路隧道照明灯具应坚固耐用，并能承受一定的机械应力、电动应力和热应力。

(4)公路隧道照明灯具反光器应结构牢固，表面应无明显划痕；清洗和拆装不变形；表面应进行抛光、氧化或镀膜处理。

(5)公路隧道照明灯具应便于灯具使用中的维护、便于更换光源和附件；宜采用前开门式。

(6)公路隧道照明灯具应安装方便，安装角度应能灵活调节。

(7)公路隧道照明灯具应有特设的导线出（入）口密封装置。

(8)公路隧道照明灯具的外部接线和内部接线穿过硬质材料时,应有保护措施;其外部接线和内部接线的要求应符合 GB 7000.1—2007 中的有关规定。

(9)公路隧道照明灯具内应有电源接线端子。灯具内部所有型号的螺纹接线端子、无螺纹接线端子(或电气连接件)的要求应符合 GB 7000.1—2007 中的有关规定。

5)性能要求

(1)耐腐蚀性。公路隧道照明灯具应具有良好的耐腐蚀性能;公路隧道照明灯具上的油漆部件涂层应符合《灯具油漆涂层》(QB/T 1551—1992)中 II 类使用条件的要求;公路隧道照明灯具上的电镀或化学覆盖件,其覆盖层应符合《灯具电镀、化学覆盖层》(QB/T 3741—1999)中 III 类使用条件的要求。

(2)玻璃罩特性与透射比。公路隧道照明灯具应配备一个耐温骤变、废气、烟雾和隧道内大气中含有其他化学物质制成的玻璃罩。玻璃罩应由钢化玻璃组成,厚度应不小于 5mm,耐高温,透射比应达到 86%以上。

(3)电路连续性。公路隧道照明灯具光源采用钠灯时,在额定电压的 92%~106%范围内应能正常启动和点燃;应采用中心触点伸缩式灯头和低损耗型镇流器。当选用电感式镇流器时,应配有专用触发器,能够在短暂停电后 80s 内回复启动灯泡重新发光;应有匹配的补偿电容,使功率因数不低于 0.85;此外,还应配有熔断器,作短路保护。

(4)接地连续性。公路隧道照明灯具必须有良好的接地措施,非带电金属应形成整体,要求应符合 GB 7000.1—2007 中的有关规定。安装时其接地装置与隧道照明系统接地干线相连。

(5)防触电保护。公路隧道照明灯具的防触电保护应达到 GB 7000.1—2007 中的 I 类防触电保护的要求。

(6)防尘和防水。公路隧道照明灯具的防尘和防水要求应达到 GB 7000.1—2007 中的 IP65 级。

(7)绝缘电阻和电气强度。公路隧道照明灯具的绝缘电阻和电气强度的要求应符合 GB 7000.1—2007 中的有关规定。

(8)爬电距离和电器间隙。公路隧道照明灯具爬电距离和电器间隙的要求应符合 GB 7000.1—2007 中的有关规定。

(9)耐久性和耐热性。公路隧道照明灯具的耐久性和耐热性的要求应符合 GB 7000.1—2007 中的有关规定。

(10)耐热、耐火和耐电痕。公路隧道照明灯具上绝缘材料制成的部件,其耐热、耐火、耐电痕的要求应符合 GB 7000.1—2007 中的有关规定。

(11)灯具效率。公路隧道照明灯具效率应不低于 70%。

(12)光度性能。公路隧道照明灯具应提供符合《灯具分布光度测量的一般要求》(GB/T 9468—2008)中有关规定的光度数据报告。

(13)噪声。公路隧道照明灯具的噪声等级不大于 55dB(A)。

6)寿命

公路隧道照明灯具光源的平均寿命应符合《高压钠灯》(GB/T 13259—2005)和《双端荧光灯性能要求》(GB/T 10682—2002)中优质品的规定。

7)工作条件

公路隧道照明钠灯灯具应在－40～＋40℃条件下正常启动和燃点；公路隧道照明荧光灯灯具应在－10～＋35℃条件下正常启动和燃点。

2.试验方法

1)结构试验

(1)公路隧道照明灯具的外部接线和内部接线的试验应符合 GB 7000.1—2007 中的有关规定。

(2)公路隧道照明灯具内接线端子的试验应符合 GB 7000.1—2007 中的有关规定。

2)性能试验

(1)耐腐蚀性。公路隧道照明灯具上油漆部件涂层的试验应按《灯具油漆涂层》(QB/T 1551—1992)的要求进行；电镀或化学覆盖件的试验应按《灯具电镀、化学覆盖层》(QB/T 3741—1999)的要求进行。

(2)玻璃罩特性与透射比。玻璃罩特性试验应按《道路与街路照明灯具安全要求》(GB 7000.5—2005)中的有关要求进行；透射比试验应按《钢化玻璃》(GB/T 9963—1998)中的有关要求进行。

(3)电路连续性。电路连续性试验应按《高压钠灯》(GB/T 13259—2005)中的有关要求进行。

(4)接地连续性。接地连续性试验应按 GB 7000.1—2007 中的有关规定进行。

(5)防触电保护。防触电保护试验应按 GB 7000.1—2007 中的有关规定进行。

(6)防尘和防水。防尘和防水试验应按 GB 7000.1—2007 中的有关规定进行。

(7)绝缘电阻和电器强度。公路隧道照明灯具的绝缘电阻和电气强度试验应按 GB 7000.1—2007 中的有关规定进行。

(8)爬电距离和电气间隙。隧道灯具的爬电距离和电气间隙的试验应按 GB 7000.1—2007 中的有关规定进行。

(9)耐久性和耐热性。公路隧道照明灯具的耐久性和耐热性的试验应按 GB 7000.1—2007 中的有关规定进行。

(10)耐热、耐火和耐电痕。公路隧道照明灯具上耐热、耐火和耐电痕试验应按 GB 7000.1—2007 中的有关规定进行。

(11)灯具效率。公路隧道照明灯具的效率测试方法应按《灯具分布光度测量的一般要求》(GB/T 9468—2008)的有关规定进行。

(12)光度性能。公路隧道照明灯具光度性能试验应按《灯具分布光度测量的一般要求》(GB/T 9468—2008)的有关规定进行。

(13)噪声。公路隧道照明灯具的噪声测试应按《声学 声压法测定噪声源声功率级 消声室和半消声室精密法》(GB/T 6882—2008)的有关规定进行。

四、隧道照明设施安装质量及检验评定标准

1.基本要求

(1)照明设备及缆线的数量、型号规格、程式应符合设计要求，部件及配件完整。

(2)照明灯具安装支架的结构尺寸、预埋件、安装方位、安装间距等应符合设计要求。

(3)照明设备及控制柜应安装牢固、方位正确。

(4)按规范要求连接照明设备的保护线、信号线、电力线,应排列规整、无交叉拧绞;经过通电测试,工作状态正常。

(5)隐蔽工程验收记录、分项工程自检和设备调试记录、安装和非安装设备及附(备)件清单、有效的设备检验合格报告或证书等资料应齐全。

2. 实测项目

隧道照明设施实测项目见 JTG F80/2—2004 中表 7.9.2。

3. 外观鉴定

(1)照明灯具应安装稳固、位置正确,灯具轮廓线形与隧道协调、美观。

(2)照明设备的电力线、信号线、接地线端头制作规范;按设计要求采取线缆保护措施、布线排列整齐美观、安装固定符合要求、标识清楚。

(3)设备表面光泽一致、无划伤、无刻痕、无剥落、无锈蚀。

(4)控制柜内布线整齐、美观、绑扎牢固,接线端头焊(压)接牢固、平滑;编号标识清楚,预留长度适当;柜门开关灵活、出线孔密封措施得当,机箱内无积水、无霉变、无明显尘土,表面无锈蚀。

(5)照明灯具应发光均匀、无刺眼的眩光。

4. 补充说明

隧道照明设施安装质量检验评定标准的重点如下。

(1)基本要求:照明设备的规格、数量;安装位置、质量;各种接线的质量;提交的资料。

(2)实测项目:设备的安全保护、路面照度。照明灯具的控制方式与相应功能验证。

第六节 消 防 设 施

一、概述

隧道消防设施主要由火灾探测器、消防控制器、火灾报警器、消火栓、灭火器、加压设施、供水设施及消防专用连接线缆、管道、配(附)件等构成。它是在隧道发生火灾时用于灭火及应急救援的重要设施,也是隧道机电设施的重要组成部分。

二、公路隧道火灾报警系统技术要求及试验方法

公路隧道火灾报警系统主要质量评定标准是《公路隧道火灾报警系统技术条件》(JT/T 610—2004)。依据该标准,火灾自动报警系统用于火灾自动探测、报警,由火灾探测传感器、下位机、手动报警按钮、火灾报警控制器等设备构成。其技术要求及试验方法如下。

1. 技术要求

1)系统的设置与设备配置

(1)火灾报警系统的设置应符合《高速公路隧道监控系统模式》(GB/T 18567)的相应规定。

(2)每一系统应至少配置一台火灾报警控制器,其余设备的选取见表 3-22-10。

火灾报警系统设备配置　表 3-22-10

<table>
<tr><th colspan="2" rowspan="3">设 备 名 称</th><th colspan="4">隧 道 部 位</th><th rowspan="3">配 置 要 求</th></tr>
<tr><th rowspan="2">隧道内</th><th colspan="3">隧道工程建筑物内</th></tr>
<tr><th>中控室及设备房</th><th>配电房及地下风机房</th><th>发电机房备用</th></tr>
<tr><td colspan="2">室外下位机</td><td>√</td><td></td><td></td><td></td><td>每 100m 一台</td></tr>
<tr><td colspan="2">室内下位机</td><td></td><td>√</td><td>√</td><td></td><td>在建筑物相应位置进行设置</td></tr>
<tr><td colspan="2">手报按钮</td><td>√</td><td>√</td><td>√</td><td>√</td><td>隧道内不大于 50m 一个;与消防设备同址设置,建筑物内按需设置</td></tr>
<tr><td rowspan="3">探测器</td><td>线型感温</td><td>√</td><td></td><td></td><td></td><td>沿隧道长度分段布设</td></tr>
<tr><td>点型感烟</td><td></td><td>√</td><td>√</td><td></td><td>按 GB 50116 设计规范设置</td></tr>
<tr><td>点型感温</td><td></td><td></td><td></td><td>√</td><td>按 GB 50116 设计规范设置</td></tr>
</table>

注:有"√"的设备宜设置。

2)系统设备认证

(1)火灾报警系统设备应有具备资质的检测机构出具的检验合格证明,并符合国家相关标准、规范的规定。

(2)国外引进的火灾报警系统设备,无论其是否取得国际防火联合会的认可,均需办理中国国家消防电子产品质量认可证明,并符合国家相关标准、规范的规定。

3)系统设计

(1)火灾报警系统的设计应符合《火警自动报警系统设计规范》(GB 50116—2008)的相关规定及表 3-22-14 中的配置要求,传感器宜选择线缆式感温传感器。

(2)连接各设备的所有缆线,除铠装电缆及线性感温探测器外,应穿管保护并封堵。

(3)装于隧道壁上设备,若无特殊规定,应暗装。

(4)火灾报警系统应采用一级负荷,并采用单独的配电回路。

4)功能

(1)实时温度监测。在控制器计算机上应以汉字、数字、图形等多种形式不间断地显示被监测现场的温度、温升速率等信息。

(2)报警温度设定。线性感温探测器的定温报警温度及差温报警温升速率,应由相应级别的人员根据应用场所的要求进行设定或修改设定。

(3)传输介质。火灾报警系统应满足传输介质为光缆与电缆的要求;导电线芯最小截面积不应小于表 3-22-11 的规定。

铜芯绝缘导线和铜芯电缆线芯最小截面面积　表 3-22-11

序　号	类　别	线芯最小截面面积(mm^2)
1	穿管敷设的绝缘导线	1.00
2	线槽内敷设的绝缘导线	0.75
3	多芯电缆	0.50

(4)通信。火灾报警系统(含手动报警与自动报警)的数据通信应正常、可靠,同时应具备与中央控制计算机、PLC或其他设备进行数据通信与联动控制的能力,并具有以太网接口。

(5)系统软件。火灾报警系统的软件应满足《火灾报警控制器》(GB 4717—2005)(以下简称GB 4717—2005)中相关规定的要求。

5)工作环境

如应用场所无特殊要求,安装在隧道内的火灾自动报警系统设施应满足以下环境要求:温度,-15~+45℃;相对湿度,35%~90%。

6)性能

(1)绝缘性能。火灾报警系统设备电源接点(接地点除外)与设备外壳间应能耐受1 500V、50Hz交流电压,历时(60±5)s的耐压试验。试验期间设备不应发生表面飞弧、扫掠放电或击穿现象。

(2)接地。火灾报警系统接地装置的接地电阻值应符合下列要求:

①采用专用接地装置时,接地电阻值应不大于4Ω。

②采用共用接地装置时,接地电阻值应不大于1Ω。

7)系统指标

(1)火灾报警。分为手动火灾报警和自动火灾报警两种。

①手动火灾报警:按下手动报警按钮,控制器应发出声、光报警信号,报警响应时间不超过60s。

②自动火灾报警:发生火灾时,火灾控制器须同时进行省、光报警,火灾自动报警响应时间应不超过60s。火灾报警区间应不大于100m。

(2)故障报警。火灾报警系统发生下列故障之一时,控制器应发出声、光报警信号,报警响应时间不超过100s。

①主电源故障:主电过压、欠压、断路。

②无应答故障:下位机电源断路或通信线缆断路。

③探测器、手报按钮断路、短路。

(3)防护等级。装入隧道内的火灾报警系统设备,如下位机、火灾探测传感器、手动报警按钮等应符合IP65的要求。

(4)寿命

①火灾探测传感器:在工作环境下,连续正常工作寿命(未发生过火灾)应不少于10年。

②下位机:在工作环境下,隧道内下位机连续正常工作寿命(未发生过火灾)应不少于5年。安装在室内的下位机连续正常工作寿命(未发生过火灾)应不少于10年。

2.试验方法

1)试验环境条件

如火灾自动报警场所没有特殊要求时,则各项试验均在下述大气条件下进行:温度,-15~+45℃;湿度,35%~90%;气压,86~106kPa。

2)性能试验

(1)绝缘性能

①试验设备。满足下述技术要求的绝缘电阻试验装置(在不具备专用测试装置的条件下,

也可以用兆欧表或摇表测试)：试验电压(500±50)VDC；测量范围 0～500MΩ；最小分度 0.1MΩ；计时(60±5)s。

②试验方法。通过绝缘电阻试验装置，对火灾报警系统设备电源输入接点(接地点除外)，设备外壳之间施加(500±50)V 的直流电压，持续时间为(60±5)s。试验时，应保证接触点有可靠的接触，引线间的绝缘电阻应足够大，以保证度数正确。

(2)接地电阻

①试验设备。地阻仪。

②试验方法。将地阻仪与被测试系统相接，其阻值应符合 GB 4717—2005 的相关规定。

(3)系统指标试验

①火灾报警。下述火灾报警均在火灾报警系统处于正常工作状态下进行。对于手动火灾报警，随机按动一手动火灾报警按钮，控制器应符合 GB 4717—2005 的相关规定；对于火灾自动报警，应按规定在隧道中实施模拟点火试验，应符合 GB 4717—2005 的相关规定。

②故障报警。下述故障报警均在火灾报警系统处于正常工作状态下进行。

a. 主电源故障：将控制器主供电回路接入 1 000W、可调范围 0～250V 的调压器。当出现下列情况之一时，控制器应符合本标准的相关规定：主电断路——断开主电源或将调压器调至 0V；主电过压——将调压器调至 242V 以上；主电欠压——将调压器调至 187V 以上。

b. 无应答故障：随机断开一火灾探测器线路或随机断开一通信电缆，控制器应符合 GB 4717—2005 的相关规定。

c. 探测器、手报按钮断路、短路：随机断开或短路探测器、手报按钮，控制器应符合 GB 4717—2005 的相关规定。

3)火灾报警系统模拟点火试验规则

(1)要求

在实体隧道进行定点(火盆位置固定)点火试验；按本规则点火后，控制器应发出火灾报警声、光信号，报警响应时间不超过 60s；按本规则点火后，报警区间应不大于 100m。

(2)试验方法

①试验设施与材料。

a. 火盆：面积(0.632×0.632)m^2，火盆高度不小于 150mm，火盆不得泄漏燃油。

b. 燃油：3L90 号以上汽油。

c. 灭火器：有效灭火器若干桶。

d. 风速仪：便携式风速仪，精度不小于 0.1m/s。

e. 时钟：便携式时钟，精度不小于 0.1s。

f. 支架：面积不小于火盆面积，高度为 90cm，由不易燃烧材料制成。

②试验工况。

a. 风速：考虑正常运营与火灾时运营两种情况，包括 7.5m/s、2.5m/s 两种工况。

b. 阻挡：火灾探测器安装于隧道洞壁时应做该项因素影响程度测试，以应用场所主要车型车辆作为阻挡物，试验时将车辆停在下位机正前方。

c. 光照：感光型火灾自动检测系统进行试验检测时应做该项因素影响程度测试，包括大型汽车停在传感器上游25m用车灯照射传感器和隧道照明灯全开两种，试验时火盆应置于隧道加强段照明处。

d. 污染：包括探测器被污染50%、25%、10%三种工况。

e. 明火：火盆内仅存放燃油，以棉纱引燃盆内燃油。

f. 烟火：火盆内先存放燃油，在火盆上放湿树枝或其他着火时现有浓烟后起明火不易燃烧物若干，用棉纱引燃盆内燃油。

g. 探测区间：包括传感器布置于一个探测区间、两个探测区间、三个探测区间、四个探测区间4种工况。

h. 点火位置：包括火盆置于某个探测区间中间、火盆置于某连续两个探测区间中间两种工况。

③试验项目。

a. 火灾探测传感器响应时间试验。

火灾探测传感器响应时间试验：可将有一个探测区间时火灾报警响应时间作为火灾探测传感器响应时间。

工况确定：仅设置一个火灾探测区间，除线缆式感温型火灾自动报警系统可不考虑阻挡和光照工况外，安装于隧道洞壁的其他类型火灾自动报警系统均应对上述所有试验工况进行组合试验检测。

b. 系统响应时间试验。

系统响应时间：系统报警时间与火灾探测传感器响应时间之差，可根据不同探测区间系统响应时间确定探测距离与系统响应时间之间的关系。

工况确定：除火灾探测区间变化外，其他与火灾探测传感器响应时间试验工况相同。

c. 系统报警时间试验。

可根据火灾探测传感响应时间试验结果和探测距离与系统响应时间的关系，确定不同探测距离系统报警时间。

④试验次数。每种工况至少应进行3次试验。

⑤试验资料。生产商至少应提供本标准要求的相关证明材料；生产商可提供系统响应时间的说明书、计算公式、图表作为试验结果评定的参考资料。

⑥试验准备。点火试验前，应制订试验方法与记录表格；点火试验前，应检查试验设施并确保工作正常；点火时，隧道内应禁止车辆通行，无关人员不得在试验区内行走、停留；点火时，火盆左右各50m范围内不得有易燃、易爆或其他危险物品，也不得有车辆停放；移动点火时，试验范围内不得有上述物品及无关车辆。点火现场应备足相应的灭火器材，并安排专人负责点火安全，预先组织拟定好对点火以外事故的处置方案、方法及实施步骤。

⑦点火试验。点火前将点火计时表与控制器计算机时钟校准；准备工作完成后，将规定的燃油、引燃物置于火盆内，实施点火，并记录点火时间；一次点火后，应待火盆冷却后，再倒入燃油进行下次点火试验。

(3)试验报告

①有效试验。某一工况连续三次试验结果误差不超过5%，则其可作为该工况有效试验结果，否则，应增加重复试验次数直到满足该规定为止。某一工况连续六次试验结果仍不能满

足本规范的要求时，可认为该工况被检测的火灾自动报警系统不稳定。

②试验评定。试验结果分为合格与不合格两个等级；应对每种试验工况分别评定合格或不合格；若上述任一工况不合格，被检测的火灾自动报警系统应评定为整体不合格。

③报告内容。试验报告至少包括各个工况的火灾探测传感器响应时间、系统最大探测范围（报警时间为60s时对应的探测区间长度）、误报区间、总体结论等内容。

三、隧道消防设施安装质量及检验评定标准

1. 基本要求

(1)消防设施的火灾探测器、消防控制器、火灾报警器、消火栓、灭火器、加压设施、供水设施及消防专用连接线缆、管道、配(附)件等器材的产品质量应符合国家或行业标准，其数量、型号规格应符合设计要求，部件完整。

(2)消防设施的安装支架、预埋锚固件、预埋管线、在隧道内安装孔位、安装间距等应符合设计要求。

(3)明装的线缆、管道保护措施应符合设计要求。

(4)所有安装设施应安装到位、方位正确、不侵入公路建筑限界，设备标识清楚。

(5)按规范要求连接消防设施的保护线、信号线、电力线，线缆应排列规整、无交叉拧绞；标识应完整、清楚；消防系统应经过通电测试、联调，工作状态正常。

(6)隐蔽工程验收记录、分项工程自检和设备调试记录、安装和非安装设备及附(备)件清单、有效的设备检验合格报告或证书等资料应齐全。

2. 实测项目

隧道消防设施的实测项目见 JTG F80/2—2004 中表 7.10.2。

3. 外观鉴定

(1)消防设施安装稳固、位置正确，与隧道协调、美观。

(2)消防设施的电力线、信号线、接地线端头制作规范；按设计要求采取了线缆保护措施、布线排列整齐美观、安装固定、标识清楚。

(3)设备表面光泽一致、无划伤、无刻痕、无剥落、无锈蚀。

(4)控制箱内布线整齐、美观、绑扎牢固，接线端头焊(压)接牢固、平滑并进行了热塑封合；编号标识清楚，预留长度适当；箱门开关灵活、出线孔密封措施得当，机箱内无积水、无霉变、无明显尘土，表面无锈蚀。

4. 补充说明

隧道消防设施现场检测要点如下。

(1)基本要求

现场检测的要点是消防设备的规格、数量；安装位置、质量；各种接线的质量；提交的资料。

(2)实测项目

实测项目包括：各设备的安全保护；用水、用气设施的水压、气压。还应进行功能测试：首先是能够检测到火灾并启动报警；其次是消防设施（各种灭火器）能够正常工作（自动喷水灭火系统的自动启动，手动灭火设备的灭火功能）。

第七节 本地控制器

一、概述

本地控制器是隧道监控系统中区域控制器的中央处理单元，也是隧道监控的关键和核心设备。它通过交通监控设施（如车辆检测器、可变信息标志、通行信号灯等）、火灾报警设施、通风设施、照明设施、风速风向检测器、能见度检测器、温度检测器和有害气体浓度（或烟感）检测器等，检测和控制单元的数据通信，完成系统的逻辑功能。

二、本地控制器技术要求及试验方法

目前，隧道本地控制器主要质量评定标准是《隧道可编程控制器》（JT/T 608—2004），依据该标准，本地控制器的主要技术要求及试验方法如下。

1. 本地控制器技术要求

1）工作条件

除了特别规定更加严酷的使用环境要求外，一般工作条件如下所述。

（1）安装地点：隧道监控站室内或隧道洞壁内固定安装。

（2）大气压力：86～106kPa。

（3）环境温度：－5＋55℃。

（4）相对湿度：30％～90％RH。

（5）电源容差：AC220×（1±15％）V，频率：50×（1±5％）Hz；其他电源条件应符合《标准电压》（GB 156—2003）的规定。

2）基本功能与配置

（1）基本功能

①监控系统中的应用功能。隧道可编程控制器是隧道监控系统中区域控制器的中央处理单元，通过交通监控设施（如车辆检测器、可变信息标志、通行信号灯等）、火灾报警设施、通风设施、照明设施、风速风向检测器、能见度检测器、温度检测器和有害气体浓度（或烟感）检测器等，检测和控制单元的数据通信，完成系统的逻辑功能。

②隧道可编程控制器分类。隧道可编程控制器按照其安装位置的不同可分为隧道监控站内和隧道洞内的区域可编程控制器。其中，隧道监控站内的可编程控制器是指：a. 隧道监控系统的中央节点，公路交通监控子系统（隧道监控）的主节点端机；b. 与公路监控（分）中心远程通信，执行（分）中心上位机的动作指令和本机的控制程序。隧道洞内的区域可编程控制器是指：a. 环网（或总线）拓扑结构的隧道监控子系统（区域监控）的节点端机；b. 通过光、电传输介质的连接，执行隧道站上位机的动作指令和本机的控制程序。

（2）基本配置

隧道可编程控制器通常包括：

①硬件构成。主处理器、内存、电源、数据处理模块，输入/输出模块、通信模块（包括支持 RS 232/485、以太网、FDDI、TCP/IP 等协议）、总线连接器和防护机箱等；

②软件系统。操作系统与可编程的应用软件;外围工作器件与安全防护装置等。同时,防护机箱内应备有功能测试和检修维护时所必需的电源和信号端口。

其他相关的数据处理模块、通信模块、传感器、执行器、人机接口和电源等器件以及编程语言应符合《可编程序控制器　第3部分:编程语言》(GB/T 15969.3—2005)的相关规定。

3)技术要求

(1)防护性能

①防护机箱。机箱密封性能应符合《外壳防护等级(IP代码)》(GB 4208—2008)的相关规定,不低于IP65的防尘、防潮等级。

②防腐蚀涂层。机箱防腐涂层应符合以下要求:机箱外壳宜采用不小于1.5mm厚度的冷轧钢板或机械强度相当的户外型材料;有机防腐蚀涂层厚度应不小于0.076mm;镀锌防腐蚀层厚度应不小于72μm;镀铝防腐蚀涂层厚度应不小于44μm;机箱其他组件的相关要求应符合《高速公路交通工程钢构件防腐技术条件》(GB/T 18226—2000)的相关规定。

(2)结构稳定性

落地或隧道洞壁内安装的机箱,其质量大于25kg时,工作及检修状态下不应倾倒。

(3)机械强度

①耐恒定作用力。机箱外壳在承受一定外应力时,箱体表面不应出现损伤、龟裂、凹痕和掉落碎片等现象。

②耐机械冲击力。机箱受到一定外冲击力时,产品功能正常,结构不受影响,零部件无松动。

(4)布线和端接

①布线和保护。机箱内部布线应以适当方式联机、支撑、夹持或固定,线孔护口和线槽折角应平滑、无锋利棱角。

②线缆端接。电源、信号、地线等线缆的端接装置(端子排、焊接、压接、插接等)应保证产品正常使用时,连接点不会发生位移、松动和脱落,且各连接点之间的爬电距离和电气间隙应符合《信息技术设备的安全》(GB 4943—2001)的相关规定。

(5)电气安全

①绝缘电阻。电源输入线缆端子与箱体外壳的绝缘电阻应不小于100MΩ。

②抗电强度。设备被试部分承受AC1 500V/50Hz的电压,漏电流不大于3.5mA,并保持1min,期间绝缘不应击穿。

③接触电阻。产品安全保护接地端子应与机箱外壳紧固连接,接地端子与箱体顶部最长距离测试点的接触电阻应不大于0.01Ω。

(6)后备电源

一般工作条件下:后备电源可维持数据存储时间应大于300h;更换后备电源或向后备电池充电时,存储资料不应丢失。

(7)电磁兼容性能

①涌(冲击)抗扰度。电源输入端口浪涌器标称导通电压一般为$U=2.2U_n$(U_n为额定电压);信号输入/输出端口能承受电压脉冲波形为10/700μs、峰值为5kV的过电压脉冲的冲击,导通电压应在$1.5\sim2U_n$之间(U_n为最大工作电压)。

②工频、脉冲、阻尼振荡磁场抗扰度。如产品安装现场存在产生漏磁通的大功率电气设备(变压器等)、保护系统的接地导体、敷设间距小于30m的中压(6kV)回路或高压母线(不小于10kV)等环境，则工频磁场、脉冲和阻尼振荡磁场应为4级抗扰度。

③电压跌落和中断。电源短时间扰动，即电压跌落至AC44～187V(额定电压的20%～85%之间)，产品主机应保持正常工作；电源瞬间中断，产品主机应保持正常工作或者进入预先设定的状态；掉电停机重新起动后，产品主机应无操作系统错误和任何异常动作。

(8)环境适应性

①耐低温待机。在－25℃条件下，8h后，在室温条件下恢复2h，应起动和关机正常、系统引导正确，应用软件满足功能要求，并能通过测试程序的验证，外围设备工作逻辑正确。

②耐低温工作。在－5℃条件下，通电运行8h，应关机与起动正常、系统引导正确，应用软件满足功能要求，并能通过测试程序的验证，外围设备工作逻辑正确。

③耐高温工作。在＋55℃条件下，通电运行8h，应关机与起动正常、系统引导正确，应用软件满足功能要求，并能通过测试程序的验证，外围设备工作逻辑正确。

④耐湿热工作。在温度＋40℃，相对湿度93%±2%条件下，通电运行48h，应关机与起动正常、系统引导正确，应用软件满足功能要求，并能通过测试程序的验证，外围设备工作逻辑正确。

⑤振动。通电状态振动试验后，产品功能正常，结构不受影响，零部件无松动。

⑥耐盐雾腐蚀。有机涂层除划痕部位任何一侧0.5mm内，应无起泡、剥离、生锈等现象；金属防腐蚀材料应无红色锈斑等现象。

(9)通信规程

主机与外围设备或周边系统的DTE/DCE数据通信接口和传输协议，应符合《数据通信基本型控制规程》(GB/T 3453—1994)及《数据终端设备(DTE)和数据电路终接设备(DCE)之间的接口电路定义表》(GB/T 3454—1982)的相关规定。

(10)平均无故障时间

主机MTBF大于20 000h。

2. 本地控制器试验方法

1)试验条件

(1)除特殊规定外，一般试验条件如下：温度，＋15～＋35℃；湿度，35%～75%RH；气压，86～106kPa；额定电源，AC220V，50Hz。

(2)如果有关条文中没有说明，则各项试验数据允差范围为±5%。

2)试验结果判定

除特殊规定外，一般对可重复的测量项目进行3次试验，取算术平均值为试验结果。试验结果分为合格与不合格两级判定。

3)功能测试

(1)功能测试条件。各项功能验证应在符合基本配置规定的产品上进行；硬件和软件被测平台应具备完整的产品属性，为合格产品；制造商需提供实现产品功能验证所必需的测试程序；制造商需提供正确运用测试程序的方法；外围设备或周边系统的功能响应，可由软件模拟工作信号或者直接与外围设备进行实物连接测试(包括试验室内搭建模拟系统环境)。

(2)功能测试内容。不应出现硬件失控和损坏;不应发生操作系统和测试程序的修改,及程序执行的变化;不应出现功能、部件的信息路径逻辑紊乱;各项工作状态正确提示(显示、指示灯、报警信号、寄存器自检结果等);验证正常启动和停机、冷/热重新启动、编程、装载、监视等基本操作;验证设备部件的初始化和复位条件;对模块、单元、外部输入/输出接线、可拆卸连接器进行100%范围测试(适用于熔断器、电池等);若标准未作具体规定,但为实现产品功能需要的特殊性能也应当进行测试。

4)防护性能试验

(1)机箱防护性能试验。按《外壳防护等级(IP代码)》(GB 4208—2008)的规定进行,符合本标准的相关要求。

(2)机箱防腐蚀涂层试验。用电子涂层测厚仪,按平均法取样测量,符合本标准的相关要求。

5)结构稳定性试验

在箱门呈最大开启状态,距离地面2m以下高度的任意方向施加相当于箱体自重20%的推/拉力(但该力不大于250N),符合相关规范的要求。

6)机械强度试验

(1)耐恒定作用力试验。通过一个直径30mm的圆形试验平面依次施加250N±10N的恒定作用力到机箱的顶面和侧面,持续5s,符合相关标准的要求。

(2)耐机械冲击力试验。用一个直径50mm、质量500g±25g,光滑的实心钢球,从距离机箱试验面上方1.3m处自由跌落,符合相关标准的要求。

7)布线和端接测试

目测验证,应符合相关标准的技术要求。

8)电气安全试验

(1)绝缘电阻试验。用精度1.0级、500V的兆欧表在电源接线端子与机壳之间测量,符合相关标准要求。

(2)抗电强度试验。用精度1.0级的耐电压测试仪在电源接线端子与机壳之间测量,符合相关标准的要求;因试验引起电流以失控方式迅速增大,则视为绝缘已被击穿;电晕放电和单次瞬间闪络则不视为绝缘击穿。

(3)接触电阻。用精度0.5级、分辨力0.001Ω的电阻表在机壳顶部金属部位与安全保护接地端子之间测量,符合相关标准的要求。

9)电源性能试验

(1)电源容差试验。用自耦变压器或可调交流电源分别给出测试电压185V—200V—220V—240V—255V—230V—210V—185V。每调整一挡电压达到稳定后(持续时间大于10s),分别关闭和开启主机电源开关,检查逻辑和功能,应符合相关标准的要求。

(2)后备电源试验。断掉外供电源,每12h对产品进行一次功能序列测试,应符合相关标准的要求。

10)电磁兼容性能试验

(1)浪涌(冲击)抗扰度试验。按《电磁兼容　试验和测量技术　浪涌(冲击)抗扰度试验》(GB/T 17626.5—2008)的规定,进行测试冲击波形为3kA、6kV,限制电压8/20∞s条件以及测试冲击波形为 5kV,10/700μs 条件下试验,符合本标准的相关要求。

(2)工频、脉冲、阻尼振荡磁场抗扰度试验。按《电磁兼容 试验和测量技术 工频磁场抗扰度试验》(GB/T 17626.8—2006)、《电磁兼容 试验和测量技术 脉冲磁场抗扰度试验》(GB/T 17626.9—1998)与《电磁兼容 试验和测量技术 阻尼振荡磁场抗扰度试验》(GB/T 17626.10—1998)的规定,应符合本标准的相关要求。

(3)电压跌落和中断试验。试验方法按《电磁兼容 试验和测量技术 电压暂降、短时中断和电压变化的抗扰度试验》(GB/T 17626.11—2008)的规定进行,应符合本标准的相关要求。电源跌落至 AC44～187V(额定电压的 20%～85%之间),共试验 20 次,每次间隔不小于 1s,应符合本标准的相关技术要求。电压瞬间中断,持续时间不大于 10ms,共试验 20 次,每次间隔不小于 1s,应符合本标准的要求。模拟掉电停机,以正常电压平缓重新起动,共进行两次,两次试验间隔不大于 10s,应符合本标准的相关要求。

11)环境适应性试验

(1)耐低温待机试验方法。按 GB/T 2423.1 的规定,适应性应符合本标准的要求。

(2)耐低温工作试验方法。按 GB/T 2423.1 的规定,适应性符合本标准的要求。

(3)耐高温工作试验方法。按 GB/T 2423.2 的规定,适应性符合本标准的要求。

(4)耐湿热工作试验方法。按 GB/T 2423.3 的规定,适应性符合本标准的要求。

(5)振动试验方法。按 GB/T 2423.10 的规定,适应性符合本标准的要求。振动频率范围:1～150Hz,适用于三个相互垂直轴的每一个轴,一个扫频循环:1Hz—9Hz—150Hz—9Hz—1Hz,持续 20 次;振动幅值:1～9Hz 范围按振幅控制,振幅 7.5mm;9—150Hz 范围按加速度控制,加速度为 $10m/s^2$。

(6)耐盐雾腐蚀试验。取规格为 65mm×142mm 的机箱外壳试样共九件,按 GB/T 2423.17 的规定,经过 168h 的盐雾试验,耐盐雾腐蚀应符合本标准的要求。

12)通信规程测试

按本标准的相关要求验证符合性,同时测试 24h 数据传输误码率(要求≤10^{-8})。

13)平均故障时间(MTBF)测试

按 GB 5080.7 的要求,应符合相关标准的要求。

三、本地控制器安装质量及检验评定标准

1.基本要求

(1)本地控制器及其配件的数量、型号规格符合要求,部件完整。

(2)本地控制器安装方位正确、不侵入公路建筑限界,设备标识清楚。

(3)明装的线缆、管道保护措施符合设计要求。

(4)本地控制器至控制中心以及隧道内下端设备的保护线、信号线、电力线的连接符合设计要求。线缆排列规整、无交叉拧绞,标识完整、清楚。

(5)与下端设备及控制中心计算机消防进行通电测试、联调,工作状态正常。

(6)隐蔽工程验收记录、分项工程自检和设备调试记录、有效的设备检验合格报告或证书等资料齐全。

2. 实测项目

隧道本地控制器的实测项目见 JTG F80/2—2004 中表 7.11.2。

3. 外观鉴定

(1)本地控制器安装稳固、位置正确,设备表面光泽一致、无划伤、无刻痕、无剥落、无锈蚀。

(2)与外部连接的电力线、信号线、接地线端头制作规范;按设计要求采取线缆保护措施、布线排列整齐美观、安装固定符合要求、标识清楚。

(3)控制箱内布线整齐、美观、绑扎牢固,接线端头焊(压)接牢固、平滑并进行热塑封合;编号标识清楚,预留长度适当。

(4)箱门开关灵活、出线孔密封措施得当,机箱内无积水、无霉变、无明显尘土,表面无锈蚀。

应注意:隧道本地控制器的安全防护、密封防潮应是检查重点之一,一方面是靠目测,另一方面要查看检验报告。

第八节　隧道监控中心设备及软件

一、概述

与公路监控中心设备及软件类似,隧道监控中心设备及软件亦是整个隧道机电系统的指挥中枢,是整个隧道监控系统安全、高效运行的核心。主要由隧道监控中心设备和计算机控制系统软件构成。在集中控制的隧道控制模式下,隧道监控中心计算机控制系统软件,主要完成以下功能:

(1)能准确及时采集交通流、交通环境和主要交通设施运行状态的各种信息。

(2)能探测和确认交通事件,能监测冬季路面状态。

(3)能对交通事故作出快速响应,迅速准确地提供事故信息。

(4)根据已掌握的信息,迅速作出有针对性的处理和优化控制方案,并立即执行。

(5)有多种信息发布渠道,为用户提供信息服务。

二、隧道监控中心设备及软件安装质量及检验评测标准

1. 基本要求

1)隧道监控中心设备

(1)所有设备型号规格、数量、性能参数和配置符合设计和合同要求。

(2)隧道监控中心机房的防雷、接地、水暖、供电、空调通风、照明等辅助设施安装调试完毕并通过相关专业的验收。

(3)隧道监控中心机房应整洁,通风、照明良好。

(4)计算机控制系统所有硬件设备安装调试完毕,并与外场所有子系统通过了联调,系统处于正常运转工作状态。

(5)隐蔽工程验收记录、分项工程自检和设备及系统联调记录、有效的设备检验合格报告或证书等资料齐全。

2)计算机控制系统软件

(1)具有采集隧道段交通流、气象参数、隧道内环境参数、火灾信息、声音图像信息、隧道段主要交通设施运行状态信息的功能。

(2)具有自动探测和确认隧道内异常事件并作出快速响应的功能。

(3)具有建立隧道段交通数据库的功能。

(4)按国家相关标准进行软件的稳定性、可靠性测试并附报告;编制并提供符合规范的软件手册及相关文档。

2. 实测项目

隧道监控中心设备及软件实测项目见 JTG F80/2—2004 中表 7.12.2。

3. 外观鉴定

(1)监控中心计算机设备安装稳固、端正。

(2)中心监控室内操作台、座椅、设备、配线列架等整齐、有序、无明显歪斜,标志清楚、牢固。

(3)所有设备安装后,外观无划伤、刻痕,以及防护层剥落等缺陷。

(4)设备及收费监控室内布线整齐美观、固定可靠、标识清楚;过墙、板、地下通道处要有保护套管,并留有适当余量。

(5)设备之间连线接插头等部件要求连接可靠、紧密、到位准确;布线整齐、余留规整、标识清楚;固定螺钉等要求紧固,无松动。

(6)配电箱内信号线、动力线及其接插头要求明显区分,标识清楚,有永久性接线图。

参 考 文 献

[1] 任福田,刘小明,荣建,等. 交通工程学. 北京:人民交通出版社,2003.

[2] 陈宝智. 安全原理. 北京:冶金工业出版社,2002.

[3] 张智勇,朱传征,等. 公路机电工程检测技术. 北京:人民交通出版社,2008.

[4] 赵祥模,关可,靳引利. 高速公路通信系统理论及应用. 北京:电子工业出版社,2003.

[5] 王立吉. 计量学基础. 北京:中国计量出版社,1997.

[6] 南仁植. 粉末涂料与涂装技术. 北京:化学工业出版社,2000.

[7] 邓忠礼,赵晖,等. 光同步数字传输系统测试(修订版). 北京:人民邮电出版社,2001.

[8] 胡志先,刘泽恒,等. 光纤光缆工程测试. 北京:人民邮电出版社,2001.

[9] 交通工程现行行业标准和国家标准,如《公路波形梁钢护栏》(JT/T 281—2007)、《公路交通安全设施质量检验抽样及判定(JT/T 495—2004)》、《高速公路交通工程钢构件防腐技术条件(GB/T 18226—2000)》、《公路沿线设施塑料制品耐候性要求及测试方法》(GB/T22040－2008)等.

[10] 中华人民共和国国家标准. 道路交通标志和标线(GB 5768.1—2009～ GB 5768.3—2009). 北京:中国标准出版社,2009.

[11] 中华人民共和国国家标准. 道路交通标志板及支撑件(GB/T 23827—2009). 北京:中国标准出版社,2009.

[12] 中华人民共和国交通行业标准. 公路交通标志板等十七项(JT/T 280、595、596、598～600—2004). 北京:人民交通出版社,2005.

[13] 中华人民共和国交通行业标准. 公路交通工程施工标准规范汇编. 北京:人民交通出版社,2001.

[14] 中华人民共和国交通行业标准. 公路交通安全设施设计规范(JTG D81—2006). 北京:人民交通出版社,2006.

[15] 中华人民共和国交通行业标准. 公路工程质量检验评定标准 第一册 土建工程(JTG F80/1—2004). 北京:人民交通出版社,2004.

[16] 中华人民共和国交通行业标准. 公路工程质量检验评定标准 第二册 机电工程(JTG F80/2—2004). 北京:人民交通出版社,2004.

[17] 中华人民共和国交通行业标准. 高速公路监控系统地图板装置等十四项(JT/T 601～612—2004). 北京:人民交通出版社,2004.

[18] 交通工程现行行业标准和国家标准. 高速公路 LED 可变信息标志(GB/T 23828—2009)等.

参考文献